KB052622

서상일의 정치 · 경제 사상과 활동

서상일의 정치 · 경제 사상과 활동

초판 1쇄 발행 2019년 9월 30일

지은이 | 김 일 수
펴낸이 | 윤 관 백
펴낸곳 | 도서출판 선인

등 록 | 제5-77호(1998.11.4)
주 소 | 서울시 마포구 마포대로 4다길 4 곶마루 B/D 1층
전 화 | 02)718-6252/6257
팩 스 | 02)718-6253
E-mail | sunin72@chol.com

정가 48,000원

ISBN 979-11-6068-293-9 93900

· 잘못된 책은 바꿔 드립니다.

서상일의 정치 · 경제 사상과 활동

The Political · Economic Thought and Activity of Seo, Sang-il

김일수

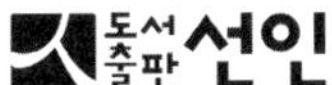

책머리에

동암 서상일 연구에 대한 관심은 박사과정을 이수하는 가운데 생겨나기 시작하였다. 해방공간과 1950년대를 염두에 두면서 대학원 석사과정에 진학했으나 실제적으로는 일제강점기를 대상으로 공부를 시작하였다. 또한 당시 학계에서는 지역에 대한 관심이 크게 형성되는 분위기였다. 그에 따라 지역을 배경으로 한 일제강점기 민족해방운동을 해명하는 것에 목표를 두게 되었다. 여기에는 미진한 연구와 부분적인 해명을 넘어서기 위해 '발굴과 재발견'이라는 문제의식이 밑바탕이 되었다. 그렇게 시작된 공부는 경북 예천의 사례 발표를 계기로 본격적으로 이루어지는 가운데 지역의 민족해방운동을 규명하는데 집중되었다. 아울러 연구 대상 시기도 근대 계몽운동으로 앞당겨지는 동시에 대학원 현대사 수업을 통해 연구 시야를 일제강점기에서 벗어나 해방공간과 분단, 1950년대와 4월혁명, 1960년대에 이르는 한국현대사에까지 넓혀 나갔다.

그런 가운데 중대한 문제의식에 맞부딪혔다. 곧 한국근현대 정치지형을 보다 체계적으로 구성하기 위해서는 보수적 성향과 중간적 성향을 함께 이해할 필요가 있다는 문제의식이었다. 또 한국근대를 적절히 규명하기 위해서는 지역과 중앙을 관통해 이해할 수 있는 문제의식을 가져야 할 필요가 있다는 생각이 들었다. 그리고 한국사회를 적절히 이해하기 위해서는 근대를 분절하기보다는 근대 백년을 관통하는 역사 해명이 필요하다는 생각이었다. 이러한 세 가지 문제의식을 해명할 수 있는 공부

거리를 탐색하는 가운데 서상일을 발견하게 되었다. 그를 통해 한국 근대에서부터 4월혁명에 이르기까지 정치 · 경제 사상의 구조적 분석과 동태적인 실천 과정을 해명할 수 있을 것이라는 판단이 섰다. 특히, 부르주아 민족주의계열에 대한 본격적인 분석을 통해 한국근현대사의 역사 흐름의 한 맥락을 밝힐 수 있을 것으로 기대하였다.

서상일은 한일합방 직전인 1908년에서부터 시작하여 군사쿠데타가 발생한 1961년까지 정치 활동을 벌인 대단히 정력적인 인물이었다. 그는 정치 활동가로서 기업 활동을 벌인 자본가였고, 이론까지 갖춘 특징적 인물이었다. 대한제국 시기 계몽운동에서 시작된 그의 사회활동은 1910년대 재건 달성친목회와 강유원간친회를 이끌어 내면서 국내 민족운동의 한 맥을 이루었다. 1920년대에는 부르주아 민족주의 우파의 입장에서 문화운동, 경제활동, 정치활동을 펼쳤다. 특히, 일제강점기 최대 논쟁인 자치운동을 이론적으로 정리한 『합법운동과 비합법운동에 관한 사견』은 민족사회에 대한 자신의 입장과 우파의 노선과 입장을 가장 잘 정리한 탁월한 저작으로 평가할 만하다. 해방 후 서상일의 사상과 정치활동은 부르주아 민족주의 노선에서 우익의 정치 · 사회적 노선을 대변하면서도, 반이승만 노선을 지렛대로 하여 민주사회주의 노선으로 전환하였다. 이러한 서상일의 정치노선과 정치활동은 부르주아 민족주의 계열에서는 찾아보기 힘든 매우 독특한 것이었다.

조금 더 자세히 정리해 보면, 그는 1908년에서부터 1961년까지 정치 활동을 벌인 대단히 정력적인 인물이었다. 그는 정치 활동가로서 이론까지 갖춘 특징적 인물이었고, 아울러 경제 활동을 벌인 자본가였다. 그의 정치 활동을 외형적·현상적으로만 보면, 아주 많은 변화가 많은 것처럼 볼 수 있지만 내용적 · 내면적으로 보면 크게 부르주아 노선 시기와 민주사회주의 노선 시기로 구분할 수 있다. 그 사이 반이승만 노선이 가로 놓여 있었다. 부르주아 노선의 경로는 계몽운동 → 문화운동 → 합법운동과 예속화 → 해방 후 단선·단정 노선으로 귀결되었다. 그 직후 반이승만 노선을 걸으면서 보수 세력과 결별하고, 민주사회주의 노선으로 전환하였다. 그 활동 경로는 민주국민당 확대강화 → 민주대동신당운동 혹은 범야통합운동 → 민주혁신정당운동에서 4월혁명을 계기로 사회대중당 → 통일사회당으로 귀결되었다. 따라서 그는 부르주아 노선에서 반이승만 노선을 지렛대로 하여 민주사회주의 노선으로 전환한 보기 드문 특징을 보인 인물이었다.

물론, 이러한 서상일의 활동 범위는 박사학위논문을 마무리하면서 정리할 수 있는 것이었다. 서상일의 연구로 집약되는 것이지만 관련 자료는 대한제국 계몽운동에서부터 1960년대 4월혁명을 규명할 수 있어야 하고, 서상일의 활동이 시간적으로 길고, 다양한 방면에 걸쳐 있기에 참으로 다양하고, 양이 방대할 수밖에 없었다. 자료 수집에는 학계의 여러 선생님, 여러 유족, 선·후배, 자주 다니는 헌책방의 도움이 있어 가능했다.

그 가운데 서상일의 정치 사상과 활동 밖에도 경제적 구상과 전망에 대해서도 규명함으로써 사회의 토대가 되는 한국사회의 경제 구조를 둘러싼 다양한 이해 방식을 도출할 수 있었다. 그의 경제 활동은 1910년대 태궁상점(또는 태궁상회)으로 비롯되어 1920년대 대구농촌사, 대구상공협회로 이어지고, 해방 후 농지개혁 법안 처리 과정과 1950년대 이후 민주사회주의 노선으로 연계되었다. 또한 그는 사회 구성에 대해서도 일제강점기에는 조양동우회를 통해 문화운동을 펼쳤고, 해방 후에는 4월혁명을 제2해방으로 규정하면서, 제3해방 곧 경제적 해방을 역사적 과제로 제시하였다. 이처럼, 정치·경제·사회 등 사회 구성의 주요 요소를 망라해 전망을 제시하고 실천한 인물이었다.

박사학위논문을 구성하는 과정에서 가장 중요한 지점은 일제강점기

자치운동, 1950, 60년대 민주사회주의 노선 곧, 혁신정치였다. 특히, 그의 일제강점기 합법운동의 목표는 자치 곧 조선의회 설립에 있었다. 향후 일제강점기 민족문제의 전망을 제대로 해명하기 위해서 학계는 반드시 논의의 장을 만들어야 하는 과제를 갖고 있다.

사실, 이것보다 더 어려운 과정이 있었는데, 그것은 1910년대 민족운동인 달성친목회에 대한 평가였다. 아울러 보수적 성향의 정치 인물이 1950년대 진보당과 4월혁명기 사회대중당 등 혁신정치를 펼친 것에 대한 평가 역시 쟁점이 되기에 충분했다. 앞의 것은 기존의 학계 입장을 정면으로 부딪쳐야 하는 것이었고, 뒤의 것은 일반적인 것이 아닌 특징적인 흐름이었기에 큰 고민과 에너지를 투여할 수밖에 없었고, 심사 교수의 신뢰와 격려가 있어 가능했다.

이 책은 2000년 8월의 박사학위논문 『서상일의 정치 · 경제 이념과 활동』을 수정, 보완한 것이다. 오래전부터 정리를 마무리해 책으로 출간할 생각이었지만, 그간의 여러 사정과 게으름이 발목을 잡아 이제야 출간하게 되었다. 박사학위논문이 제출된 이후에도 본 주제와 관련된 연구가 거의 생산되지 않고 있는 사정을 고려할 때, 많이 늦었지만 출간의 필요성이 절실해지는 느낌이었다. 하지만 현실적으로는 계속해서 생기는 여러 일과 현실적 사정이 게으름에 더해 출간을 미루게 하는 방해 역할을 했다. 이러한 현실과 상황을 극복하게 한 것은 서상일과 같은 인물이 우리 역사에 끼친 의미를 학계에서 평가할 필요성이 높아져 가고 있기 때문이라고 여겨진다. 동시에 개인적으로는 이 책의 간행이 오랫동안 어깨를 짓눌렀던 무거운 짐을 벗게 할 것이라는 기대를 갖게 하기에 충분했다.

이 책의 출간으로 서상일을 매개로 한 한국근현대사의 연구가 심화되길 기대한다. 앞에서도 언급이 있었지만 몇 가지 주제로 다시 제시하면 다음과 같다. 첫째, 1910년대 국내 민족운동의 연구, 곧 재건 달성친목회와 광복회의 연구이다. 이와 관련해 연구 결과가 어느 정도 생산된 것으로 생각할 수도 있지만 여전히 기초 자료를 기반으로 한 연구가 진행될 필요가 있다. 둘째, 1920, 30년대 부르주아민족주의 우파의 자치운동에 대한 연구이다. 서상일처럼 자치권 획득이 조선의회의 설치에 있다고 하는 주장은 새로운 논쟁을 불러일으킴으로써 일제강점기 민족모순의 해결을 둘러싼 논의를 심화시킬 수 있을 것이다. 셋째, 1950, 60년대 한국정치계의 혁신정치에 대한 이해를 깊이 할 필요가 있다. 반이승만 노선에 대한 제3의 길로써 혁신정치가 가능한 것인지에 대한 분석과 혁신정치가 한국정치에서 갖는 역사적 의미를 어떻게 평가할 것인가에 대한 논의가 필요한 것이다.

이 책을 출간은 큰 도움을 주신 많은 분들의 덕분이 있어 가능하였다. 더욱이 많은 시간이 흐른 뒤에 출간하는 사정으로 인해 도움을 주신 분들께 감사의 뜻을 전하는데도 아쉬움과 송구함이 너무도 크다. 한국근현대사를 이해하는 바람직한 길을 가리키며 학문의 길을 열어 주신 지도교수 서중석 선생님께 감사의 말씀을 드린다. 논문 심사에서 알뜰히 살펴봐 주신 고 이장희 선생님과 신해순 선생님, 심사교수로 기꺼이 글의 논지를 신뢰하고, 존중해 주신 연세대학교의 고 방기중 선생님과 경남대학교 심지연 선생님께 미리 출간으로 인사드리지 못해 송구하면서도 감사의 말씀을 드린다. 박사과정 중 멀리 지방에서 이동하며 공부하던 나에게 따뜻하게 대해 주셨던 조동원 선생님을 비롯한 과의 선생님께도 감사의 말씀을 드린다. 아울러 결혼 후 뒤늦게 대학원에 진학한 나를 아낌없이 연구자의 길로 이끌어주신 김도형 선생님, 이윤갑 선생님, 김무진 선생님, 노중국 선생님 등의 도움이 컸다.

'밥팀'으로 10여 년 가까이 한 달에 한 번씩 밥 먹고, 매년 역사 답사를 다니며 우리 근현대 역사의 숨을 느끼게 해 주셨던 고 성대경 선생님의 모습이 많이 그립다. 밥팀의 선배와 후배들과 하는 듯 마는 듯하며 역사에 대한 되새김질은 참으로 공부를 깨치게 하였고, 『한국근현대사와 사회주의운동』, 『시대를 앞서 간 사람들』을 함께 작업하며 연구를 이어올 수 있었다. 또한 지역에서도 도움을 주신 분들이 많다. 『대구역사문화연구소』 회원을 비롯해, 금오공과대학교의 박인호 선생님, 김석배 선생님, 경운대학교의 윤선오 선생님을 비롯한 벽강교양대학 선생님과 인문학진흥 선생님들, 여러 연구과제 수행을 도움을 준 선 · 후배님들께 감사를 드린다.

언제나 든든한 지원군이 되어준 가족이 있어 공부를 이어올 수 있었다. 경제적으로 어려운 처지에서 시작한 공부이기에 늘 자식으로서, 사위로서 부족하고, 또 남편으로서 아버지로서 부족함에도 언제나 믿고 견뎌 준 아내, 딸과 아들에게 고맙고 감사할 따름이다.

그리고 오래전 서상일 연구를 진행할 수 있도록 기초 자료와 인터뷰를 마다하지 않으신 유족과 관계자 여러분께 깊은 감사의 말씀을 드린다. 뿐만 아니라 어려운 출판업계의 사정에도 기꺼이 출판을 맡아준 도서출판 선인의 윤관백 사장님 및 직원 여러분께 고마운 말씀을 드린다.

2019년 7월

김일수

차례

서 론

1. 연구 방법과 목적

한국근현대사는 민족 주체성을 회복하는 과정 속에 있다. 한편으로는 제국주의 침략과 국제 관계에 의해 규정된 외적 요인, 다른 한편으로는 민족 내부의 대립·갈등에 의해 구조화된 내적 요인에 의한 굴절·왜곡된 역사의 회복이다. 한국근현대사를 체계적으로 이해하기 위해서는 한국 사회의 구조와 변동에 대한 해명을 통시적이고, 지속적 연속선상에서 접근할 필요가 있다.

한국근현대사와 관련해 일제강점기와 해방 후의 한국 사회를 하나의 연관성 위에서 파악하려는 시도가 제기되었다.[1] 이를 통해 한말·일제하를 중심에 둘 경우 분단 구조의 필연적 귀결을 구명할 수 있고, 해방 후를 중심에 둘 경우 분단 구조의 배경과 기원을 해명할 수 있었다. 그 후 이 연구들의 업적을 계승하여 특정 시기에 쏠리는 연구 경향을 넘어서서 두 시기를 유기적으로 이해하려는 노력이 제기되었다.[2]

그런데 남북으로 재편된 한국사회는 한국전쟁을 거쳐 분단이 고착화되는 가운데 비민주 독재 정치지배구조를 형성하였고, 독재 권력은 4월

---

1) 김용섭, 『增補版 韓國近代農業史硏究』 (上)·(下), 일조각, 1984 ; 김용섭, 「近代化過程에서의 農業改革의 두 方向」, 『韓國資本主義 性格論爭』, 대왕사, 1988 ; 김용섭, 「日帝强占期의 農業問題와 그 打開方案」, 『동방학지』 73, 1991 ; 김용섭, 『韓國近現代農業史硏究－韓末·日帝下의 地主制와 農業問題』, 일조각, 1992 ; 강만길, 『분단시대의 역사인식』, 창작과 비평사, 1978 ; 강만길, 『한국민족운동사론』, 한길사, 1985 ; 강만길, 『조선혁명당과 통일전선』, 화평사, 1991 ; B. 커밍스, 『한국전쟁의 기원』 상·하, 청사, 1986 ; 서중석, 『한국현대민족운동연구－해방후 민족국가 건설운동과 통일전선－』, 역사비평사, 1991.

2) 홍성찬, 『한국근대농촌사회의 변동과 지주층－20세기 전반기 전남 화순군 동복면 일대의 사례－』, 지식산업사, 1992 ; 방기중, 『한국현대사상사연구－1930·40년대 백남운의 학문과 정치경제사상－』, 역사비평사, 1992 ; 김기승, 『한국근현대사회사상사연구－배성룡의 진보적 민족주의－』, 신서원, 1994 ; 이호룡, 「한국인의 아나키즘 수용과 전개」, 서울대 박사학위논문, 2000.

혁명을 계기로 일단락되었다. 이러한 한국근현대사의 흐름은 대한제국 시기에서부터 일제시기와 해방을 거쳐 4월혁명에 이르기까지 변동의 성격과 연속의 성격을 동시적으로 내포하고 있다. 따라서 한국근현대사를 체계적이고 역동적으로 구명하기 위해서는 한국근현대의 전체시기를 통시적으로 해명할 수 있는 역사 연구로 진전될 필요가 있다.

이러한 인식에서 한국근현대 정치세력의 사상과 실천행동이 한국사회의 구조 변동에 어떻게 작용하고, 역으로 그 구조 변동 과정에서 정치세력의 사상과 활동이 어떻게 변천되었는가를 이해할 필요가 있다. 나아가 한국 사회의 변동, 정치세력의 활동, 사상의 변화가 한국근현대사의 특질과 성격을 어떻게 규정하였는가를 구명할 필요가 있다.

이 글에서는 일제시기를 기준으로 할 때 민족국가를 건설하기 위한 이념 · 노선 · 활동에 관련된 자본주의 노선과 사회주의 노선 그리고 두 노선 사이의 '중간 노선' 가운데서 자본주의 노선을 지향한 부르주아 계열의 정치 · 경제 노선과 활동을 검토하고자 하였다. 그 가운데서도 일제시기부터 4월혁명에 이르기까지 부르주아 계열의 이념 · 노선 · 활동 등에서 큰 영향력과 독자성을 지닌 동암東庵 서상일徐相日(1886～1962)을 통해 규명하고자 한다.

서상일이 속한 자본주의 노선에 대한 기존 연구의 현황을 살펴보면, 한말 지주적 노선에서 부르주아민족주의 이념에 입각하여 지주 · 자본가를 주체로 하는 자본주의 근대화 노선으로 계승된 것으로 평가되었다.[3] 이러한 부르주아 정치세력의 이후 경로는 1920년대 문화운동 · 자치운동에서 1930년대 친일 · 반민족 입장을 보였다가 해방 후 한국민주당으로 집결하며 극우세력을 형성함으로써 남한 지배세력으로 등장하였다. 정

---

[3] 방기중, 위의 책, 15쪽.

부 수립 후 이승만과의 '정치 균열'로 인해 민주국민당으로 다시 민주당으로 또 다시 민주당 신·구파의 분열로 이어졌다.

먼저, 일제하 부르주아 노선에 관한 연구는 물산장려운동, 민립대학설립운동 등 실력양성운동을 중심으로 이루어졌다. 이 연구들은 종래 근대성, 민족성 등을 강조[4]하는 것에 반해 타협적 성격의 개량주의운동으로 보았다. 또 이 노선을 두 운동의 좌절 후 자치운동론을 거쳐 친일화·반민족 입장으로 귀결되었다고 보았다.[5] 그에 따라 자치론의 대두 배경과 과정,[6] 개량주의의 논리구조의 해명,[7] 그 실천운동으로서의 자치운동의 전개과정 및 성격[8] 등에 관한 연구들이 진행되었다. 여기서의 최대 논쟁은 그 계급적 기반을 민족부르주아 상층의 계급적 이해관계로[9] 볼 것인가 아니면 예속부르주아로[10] 볼 것인가 하는 것이었다. 최근에는 문화운동과 자치운동의 계급적 기반을 구분하여 전자는 민족부르주아 상층으

4) 조기준, 「조선물산장려운동의 전개과정과 그 역사적 성격」, 『역사학보』 40, 1969 ; 이현희, 「1920년대 초의 민족실력양성운동－자작회, 조선물산장려회의 활동」, 『대구사학』 제7, 8호 ; 김호일, 「일제하 민립대학설립운동에 대한 일고찰」, 『중앙사론』 1, 1972.

5) 진덕규, 「일제 초기 친일관료엘리트의 형성과 성격」, 『현상과 인식』 2-1, 1978 ; 강동진, 『일제하 식민지배정책사』, 한길사, 1980.

6) 강동진, 위의 책.

7) 서중석, 「한말 일제하의 자본주의 근대화론의 성격」, 『한국근현대의 민족문제연구』, 지식산업사, 1989 ; 안태정, 「1920년대 이광수의 민족운동론의 분석－논설을 중심으로－」, 고려대 석사학위논문, 1988.

8) 박찬승, 『한국근대정치사상사연구－민족주의 우파의 실력양성운동론－』, 역사비평사, 1992. 저자는 "자치운동은 자본의 확대재생산을 앞세우면서 예속자본으로 전화하고 있던 민족자본 최상층과, 정치적 욕구충족을 일차적으로 생각하고 있던 일부 타협주의자들이 일제지배자들과 야합하여 진행하고 있었던 이 운동의 본질적 성격을 은폐하기 위한 논리에 지나지 않는다"고 파악하였다.

9) 허장만, 「반일민족해방운동에서 민족개량주의자들의 반동적 책동과 그를 반대한 공산주의자들의 투쟁」, 『력사과학』 1963년 제6호 ; 허장만, 「1920년대 민족개량주의자들의 계급적 기초」, 『력사과학』 1966년 제4호.

10) 강동진, 앞의 책 ; 김희일, 「민족개량주의의 계급적 기초는 예속부르주아지이다」, 『력사과학』 1966년 4월호.

로, 후자는 예속자본가가 이동하고 있는 민족자본 상층으로 살펴보는 것으로 나누어져 있다.[11] 또한 자치운동 세력을 민족운동의 범주에 포함시켜 민족주의 우파로 간주하는 경우와 아예 배제시키는 경우가 있다.[12] 최근 자치운동을 일제강점기라는 제한적 공간 속에서 실질적 이익을 얻기 위한 정치운동으로 평가하는 연구도 나왔다.[13] 또 자치가 특정 계급의 정치운동 차원인가 아니면 계급 연대를 통한 운동역량에 의해 뒷받침되는가에 따라 독립을 지향한 실리적 정치운동 혹은 제국주의 지배에 대한 타협의 논리 모두가 될 수 있다는 주장도 제기되었다.[14] 이러한 논쟁에 대해 부르주아 정치사상의 입장 분화는 운동의 주도층인 자본가층의 물적 기반 및 재생산조건의 변화와 경제정책에서 기인하는 것으로 이해하는 연구가 진행되었다.[15]

일제하 부르주아 정치세력은 대체로 해방 후 한국민주당(이하 한민당)으로 집결된다. 그에 따라 한민당에 관한 연구는 자주적 통일민족국가의 건설이라는 민족 과제의 내적 구조와 그것의 외화된 형태를 이해함에 있어 반드시 필요하다. 이에 대한 연구에서 친일파 지주 · 자본가의 정당이

---

11) 박찬승, 앞의 책.

12) 박찬승, 위의 책 참고. 여기에서는 그는 민족주의 우파의 실력양성론은 '日鮮同化'의 입장에서 제기된 친일주구 · 예속자본가 · 친일지주의 그것과 구별해서 보아야 한다고 주장하였다. 또한 민족주의 우파를 비판적인 입장에서 지칭하는 '민족개량주의'에서 대해서 민족주의 우파로 간주하는 경우와 민족주의의 범주에서 아예 제외시키는 경우가 있다고 보았다. 전자는 허장만 · 진덕규의 경우이며, 후자는 김희일 · 서중석 · 강동진의 경우이다. 다만, 서중석의 경우 민족주의의 범주를 사회주의 일부까지 포괄하는 '광의의 민족주의'로 설정하고 있어, 김희일 · 강동진과 입장을 달리하는 것으로 보았다.

13) 김동명, 「支配 抵抗 狹間」, 東京大學綜合文化硏究科 國際社會科學專攻 博士論文, 1997.

14) 이태훈, 「1920년대 초 유민회의 자치청원운동과 자치 구상」, 『역사와 현실』 제39호, 2001. 3.

15) 오미일, 「한말~1920년대 조선인 자본가층의 형성 및 분화와 경제적 지향」, 성균관대 박사학위논문, 1997.

라고 규정한 위에서 친미반공국가를 수립시키고자 했던 미군정과 연합했다거나 이승만의 단정노선을 적극적으로 지지했던 것으로 파악하고 있다.[16] 또 한민당의 구성원을 파악하여 그 인물들의 차별성을 인정하고, 민족통일전선의 대상에서 배제시킨 것은 잘못이라는 견해도 제기되었다.[17]

정부수립 이후 1950년대에 걸쳐 부르주아 정치세력은 정치 균열의 연속적 진행이라는 특징을 보인 한국 정치 구도와 맞물려 있었다. 그에 따라 이 시기에 대한 연구는 정치적 대립의 내적 계기와 실제적 구조를 밝히고, 냉전 체제에 규정된 한국 사회의 극복 방향을 모색한다는 측면에서 반드시 구명해야 할 작업이다.[18] 그렇지만 지금까지의 연구는 자유당·민주당의 결성 과정과 양당 구도의 형성을 분석하는 데 머물고 있는 실정이다.

그런데 서상일의 경우 한민당의 변모 과정에서 민주대동을 주창하며 민주당이 아닌 제3의 길을 선택한 정치운동가였다. 이 과정에서 1950년대 정치 균열의 가장 특징적인 형태로 등장한 진보당(가칭)이 등장하였다. 여기에 참여한 정치세력을 혁신정치 세력이라 할 때, 그것은 4월혁명 시기까지 이어졌다. 이에 대한 기존의 연구는 주로 해방공간의 통일민족국가 수립운동의 맥락을 이은 민족민주운동의 성장과 발전 과정을 해명·복원한다는 차원에서 진행되고 있다.[19] 다양한 정치세력이 혁신정

16) 심지연, 『한국민주당연구』(1), 풀빛, 1982 ; 심지연, 『한국현대정당론－한국민주당연구－』(2), 창작과 비평사, 1984 ; 진덕규, 「이승만의 단정론과 한민당」, 『현대사를 어떻게 볼 것인가』(1), 동아일보사, 1987.

17) 박태균, 「해방 직후 한국민주당 구성원의 성격과 조직개편」, 『국사관논총』 58, 1994.

18) 한국역사연구회 엮음, 『한국역사입문』 3, 풀빛, 1996, 676～694쪽(정용욱, 「이승만정권·자유당·민주당」) 참조.

19) 진보당 및 혁신정당의 대한 연구사는 홍석률의 「혁신정당과 민족민주운동」(『한국역사입문』 3, 풀빛, 1996)을 참고할 것.

당에 참여했던 점을 고려할 때, 혁신정당의 결성 과정과 그 정치 노선 및 지향성에 대한 이해를 풍부하게 할 필요가 있다. 또한 혁신세력의 중요한 한계로 지적되는 분파문제에 대한 이해를 다변화시킬 필요가 있다. 그리고 혁신정당의 결집과 분리에 대해 단순한 권력욕 · 주도권 쟁탈보다는 그들 내부에 존재했던 현실인식과 대응에 대한 다양한 편차를 구명할 필요가 있다.

이와 같이 부르주아 정치세력에 대한 기존의 연구 성과는 시대 · 사상을 배경으로 하여 많은 진척이 이루어졌지만 한국사회의 구조와 변동을 체계적으로 이해하기 위해서는 거시적이고 연속성에 기반한 각 시대간의 유기적인 연구가 진행될 필요가 있다는 과제를 안고 있다.

본 연구는 그간의 연구 성과를 밑거름으로 하여 부르주아 세력의 이념 · 노선 · 활동은 서상일을 통해 구명하고자 하였다. 서상일에 대한 연구는 부르주아 정치세력의 특수성 혹은 다양성을 발견할 수 있고, 이를 통해 부르주아 정치세력에 대한 이해의 폭을 넓힐 수 있으며, 이를 배경으로 하여 부르주아 정치세력의 이념과 노선 그리고 활동에 대한 연구를 심화시키는 의미를 가질 수 있다.

서상일은 다음과 같은 특징적인 인물이었다. 첫째, 그의 1910년대부터 1960년대 초에 이르기까지 장기간에 걸쳐 지속적이고 역동적인 활동은 한국근현대의 구조와 변동에 밀접히 연관되어 있다. 그는 '합방' 직전 달성친목회의 활동을 시작으로 일제강점기에는 1910년대에 대동청년단, 구인결사동맹, 3 · 1운동 시기 독립운동을 전개하였고, 1920년대 전통적 대동사상을 내재한 가운데 문화운동을 전개한 후 합법운동을 벌였다. 해방 후 국가건설 과정에서는 보수 정치세력의 계급적 · 정치적 입장을 적극적으로 대변한 보수 정치세력의 주류였다. 정부 수립 후에는 이승만과의 권력 배분 갈등으로 인해 촉발된 정치적 균열에서 이승만정권을 '부르주아독재'로 규정하고 이승만정권 반대운동의 중심 역할을 수행하였다. 한국전쟁 이후 야당통합 과정에서 '부르주아 독재'를 극복하기 위한 '민주대동파'에 속하면서 민주사회주의 노선을 수용하여 혁신정치를 표방하였다. 혁신세력의 분화 과정에서 한국 특유의 극우반공주의와는 차별되면서, 조봉암으로 상징되는 사회민주주의와는 차이를 가진 혁신 우파를 자처하였다. 그러한 그의 정치 노선과 활동은 부르주아 계열의 일반적 흐름과는 일치되지 않는 독자적인 유형을 보여주었다.

둘째, 그는 정치운동가이면서 일제시기에 경제 활동을 전개한 자본가였다. 그의 경제 활동으로 태궁상점을 경영하였고, 태궁상점은 자신이 펼친 민족운동의 기반이었다. 1920년대 이후 미곡업과 연관되는 각종 회사의 설립에 참여하였다.

셋째, 한국사회에 대해 견해와 전망을 가진 이론가로서의 면모를 갖추었다. 정치적으로는 일제시기에 문화운동론 · 합법운동론을 제기하였고, 해방 후 입법의원 및 제헌의원으로서 국가의 이념, 1950년대 민주대동론, 또 혁신정당의 민주사회주의에 대한 이념을 제시하였다. 경제적으로는 1920년대에서 1930년대 초에 이르기까지 '민족경제권'의 확보를 위한 논리를 제기하였다.

필자가 서상일을 집중연구 대상으로 선정하게 된 이유는 다음과 같다. 첫째, 그를 통해 한국근현대사상 자본주의 정치경제사상의 특질과 변동구조의 내적 연원을 이해하는데 도움이 될 수 있을 것으로 판단하였다. 그 가운데서도 각 시기에 조응하는 부르주아의 정치적 입장과 실천 활동양식의 특질을 이해하는 데 중요한 단서를 제공하고 있다고 보았다. 둘째, 일제강점기 자치운동을 전개한 부르주아 우파의 논리를 이해하는데 있어 서상일이 가장 적합한 대상이라고 판단하였다. 그는 부르주아 우파 가운데서 『합법운동과 비합법운동에 대한 사견』을 통해 자치운동에 관한 가장 체계적인 성과를 생산한 인물이다. 이를 통해 그는 자치운동을 합법운동으로 규정하면서 국민운동에 의한 자치의회의 획득을 목표로 하였고, '민족경제권'을 지향하고, 중소자본 중심의 상공업진흥론을 주창하였다. 이것이 여타 자치운동론자와 구별되는 점이며, 그의 현실인식에 밑바탕을 둔 지향성의 특징을 해명할 수 있을 것으로 보았다. 셋째, 그는 해방 후 보수우익의 입장을 적극적으로 대변하며, 단선 · 단정 수립에 가장 앞장섰지만 이승만과의 정치적 균열 과정에서 민주대동론을 주창하며 혁신운동을 전개했던 점에 주목하였다. 서상일처럼 부르주아 우파세력이 혁신정치 세력으로 전환한 경우가 매우 드물었고, 그러한 변화를 뒷받침하는 논리를 갖춘 경우 또한 매우 이례적이기 때문이었다. 따라서 서상일과 보수우익 세력과의 반이승만 세력 결집 방식의 상이성과 사회건설론의 차이를 구명할 수 있다. 나아가 진보당의 조봉암 세력과 결별하게 되는 내적 원인을 이해할 수 있다.

이러한 서상일에 대한 본격적인 연구는 전무한 실정이다. 서상일의 전 시기에 걸친 활동에 대해 개략적인 정리가 있었다.[20] 또 대한제국 시기에서 1920년대까지 한정하여 조선인 자본가층의 형성 및 분화와 경제적 지향을 파악하는 가운데 그 사례로 대구지역을 분석하면서 부분적으로 서상일에 대한 접근이 이루어졌다.[21] 이 연구에서 서상일은 1910년대 민족운동을 벌였으나 1920년대 이후 부르주아 세력의 정치 · 경제적 이익을 대변하는 입장에서 자치운동으로 기울어진 인물로 보았다. 또한 경제적으로는 1910년대 중반까지도 빈한했으나 1920년대 이후 미곡거래소의 회원이 되면서부터 엄청난 자본을 축적하였는데, 이것은 일제와의 정치적 관계가 변수로 작용했을 것으로 파악하였다. 따라서 이 연구에서 서

---

20) 김일수, 「서상일」, 『근대 대구 · 경북 49인』, 혜안, 1999.

21) 오미일, 앞의 논문 참고.

상일은 1910년대 경제적으로 빈한할 때 민족운동을 전개했고, 1920년대에는 일제와의 정치적 관계로 부를 축적하면서 자치운동을 전개한 것으로 파악되었던 것이다. 그에 따라 서상일은 민족운동에서 자치운동으로 기울은 민족개량주의자였다는 것이다.

그러나 이 연구의 서상일에 대한 분석과 평가는 재검토의 필요성이 있다. 첫째, 그의 서상일의 부의 축적 계기를 1920년대 미곡거래소 회원과 일제와의 관계에서 찾으면서, 대자본가로 보는 것은 잘못되었다. 왜냐하면 연구에서 서상일의 부의 축적 계기 및 과정을 설명하고 있지 못하며, 일제와의 관계도 구체적인 증거를 제시하지 못하고 있기 때문이다. 또한 대구미곡거래소는 1922년 대구곡물시장의 개장에 이어 1931년 12월에 설립이 인가되었다. 그리고 서상일의 경우 1920년대에 들어 미곡을 매개로 많은 부를 축적한 것은 사실이지만 대자본가의 범주에 들지 못한다.[22] 연구자가 조선인산업대회 · 대구농촌사 · 대구상공협회 등을 '민족경제권'의 성격을 띠는 것으로 간주했으면, 여기에 적극 참여하고 주도했던 서상일 역시 '민족경제권'을 지향하고 있었던 것으로 이해하는 것이 바람직하다. 둘째, 정치적인 측면에서 1910년대 대구지역의 대표적 비밀결사인 달성친목회를 설명하면서, 서상일의 주도적인 역할에 대해 주목하지 않

22) 김일수, 「일제하 대구지역 자본가층의 존재형태에 관한 연구」, 『국사관논총』 94, 2000 참고, 이 논문에서 필자는 대구의 대자본가의 범주를 1920년대 대구의 일반은행인 대구은행과 경일은행에서 중복되는 대주주 및 중역인 장길상 · 장직상 · 이병학 · 정재학 · 이종면 · 이영면 · 진희규 · 최준 · 박기돈 · 장직상 · 이일우 · 서병규 · 정해붕 · 서병규 등으로 보았다. 또 이들 외에 두 은행 중 한 은행의 대주주이면서 2만 원 이상 기업에 투자한 이장우 · 서병오 · 서병조 등도 대자본가로 분류하였다. 그런데 이들은 1906년 대구어음조합, 대구농공은행의 설립 주체와도 대체로 일치할 뿐 아니라 1913년 당시 전답 50두락 이상을 소유한 지주들로 구성된 지주조합의 조합원과도 중복된다. 특히 서상돈(아들 서병조) · 정재학 등은 백만 원 이상의 대부호였다. 따라서 일제시기 대구지역 대자본가의 범주는 금융자본 · 회사자본 · 토지자본 등을 동시에 갖춘 층으로 설정할 수 있다.

았다.[23] 또 두 단체의 상관관계에 대해서도 설명이 부족하다. 이럴 경우 1910년대 서상일의 민족독립에 대한 견해와 활동을 제대로 파악할 수 없다. 따라서 서상일의 이념과 활동에 대해 일제시기에 한정되더라도 면밀히 재검토되어야 할 필요성이 제기된다.

이 글에서는 서상일에 대해 전체 생애를 통시적 연구시기로 설정하여, 사상사적 측면에서 이념의 형성과 성격 및 의미에 주목하는 동시에 이념의 실천 활동을 중심으로 살펴보고자 하였다. 곧 이 글에서는 대한제국에서 일제시기와 해방을 거쳐 1960년대 초에 이르기까지 서상일의 정치 · 경제 이념의 구조적 분석과 동태적인 실천 활동을 구명하고자 한다. 나아가서 서상일의 개인 연구를 통해 한국근현대사에 있어 부르주아 계열의 정치 · 경제에 관한 논리적 구조와 체계의 형성 · 정립 · 변화의 내적 계기 등을 검토하고자 한다. 그러한 이념적 구조 및 지향성이 현실에 적용되는 실천 활동을 검토하고자 한다. 이런 입장에서 서상일과 부르주아 계열과의 일치성과 차이성을 확인하고 그가 부르주아 계열에서 분화되는 계기와 과정을 고려하면서 부르주아 세력의 역사적 성격과 의미를 규명하고자 한다.

이 글에서는 이러한 문제의식에서 다음과 같은 점에 중점을 두어 연구를 추진하였다. 첫째, 서상일의 정치적 이념이 형성되는 배경을 그의 가정환경, 대구지역 계몽운동, 그의 구체적 활동 등과 관련지으면서 파악하고자 하였다. 특히 필자는 1910년대 서상일의 구체적 이념과 활동이 무엇이었는지, 그의 활동이 독립운동선상에서 어떤 위치를 점했는지에 주목하였다. 그 가운데 달성친목회에 주목하면서, '조선국권회복단사건'의 실체가 재건 달성친목회이었다는 새로운 사실을 밝혀보고자 하였다.

---

23) 강영심은 「조선국권회복단 연구」(『한국독립운동사연구』 4, 1990)를 통해 '조선국권회복단'이 서상일에 의해 주도되었던 것으로 이해하였다.

둘째, 서상일은 자치운동 세력 가운데 자치론을 가장 깊이 있게 다룬 『합법운동과 비합법운동에 관한 사견』을 서술하였다. 그의 글을 통해 그가 주장하는 합법운동론의 구조와 성격을 구명하고자 하였다. 여기서 청년회 운동론, 조양동우회 운영 원리 등을 통해 합법운동론이 그의 1920년대 민족문제에 대한 논리 및 활동을 내적으로 심화시키는 과정의 정점이었음을 밝히려 노력하였다.

셋째, 서상일이 자치론자였기에 그의 경제적 기반이 대자본가층에 속하거나 일제와의 관계가 깊을 것으로 파악되기 쉬운데, 필자는 그가 1930년대 초까지 미곡을 중심으로 한 중소자본가층에 속했고, 대동사상을 배경으로 하여 산업조합·이상촌 등을 전망함과 아울러 조선인 본위의 산업 혹은 경제자립운동을 지향했음을 밝히고자 하였다.

넷째, 서상일이 해방 후 우익의 정치적 입장을 대변한 활동의 전개 과정을 밝히면서 이승만 반대운동을 거쳐 민주사회주의를 배경으로 한 혁신정치 세력으로 전환하게 된 내적 연원에 중점을 두면서 그 논리와 활동을 밝혀 보고자 하였다.

서상일의 정치경제 활동과 그 사상에 대한 연구를 통해 한국근현대사에 있어 부르주아 계열의 노선과 활동의 한 궤적을 구명할 수 있을 것이다. 특히 민주사회주의 노선으로 귀결된 그의 정치 노선은 현대 한국사회에서의 민주주의의 실현을 위한 모색 과정이었고, 그 과정은 독점적 권력 구조를 형성한 '보수 정치'에 대한 '반성적 입장'의 역사적 의미를 찾을 수 있을 것이다.

2. 논문 구성과 자료

본 연구의 본론은 크게 네 개의 장으로 구성되어 있다. 제1장에서는 서상일이 1910년대에 가졌던 현실인식과 실천 방법의 배경으로서 그의 성장 배경 및 형제들의 특징과 학적 편력 과정, 그리고 대한협회 대구지회의 계몽운동의 영향과 관계를 검토하였다. 또한 1910년대 달성친목회達城親睦會와 태궁상점太弓商店을 중심으로 서상일의 독립운동에 관한 이념과 활동을 구체적으로 검토하였다.

제2장에서는 서상일의 문화운동 논리와 활동 또한 '민족경제권'을 전망한 경제이념과 미곡 유통을 기반으로 한 자본가로서의 기업 활동 그리고 일제시기 정치 · 경제 노선의 귀결점으로서 자치론을 심화시킨 합법운동론을 검토하였다.

제3장에서는 해방 이후 한국전쟁까지 한국민주당 창당과 제헌국회 활동을 거쳐 이승만과의 정치적 균열로 인한 이승만 반대운동으로의 전환 과정을 해명하는 데 중점을 두었다. 곧 이승만과의 정권연합형성 과정, 권력배분 갈등을 계기로 발생한 정치적 균열, 야당통합운동 과정에서 보수우익과의 결별, 진보세력과의 연합과 결별하는 내외적 계기를 밝히고자 하였다. 그의 이 시기 활동을 통해 해방 후 부르주아의 정치경제적 이해에 조응하는 한국자본주의 국가 건설의 방향성을 파악할 수 있다.

제4장에서는 서상일의 이승만 반대운동을 통한 보수우익 강화운동에서 혁신정치운동으로 전환하게 되는 내적 계기를 검토하였다. 서상일의 민주사회주의론의 내용과 성격을 분석하고, 자유당 · 민주당과의 차별성과 진보당계와의 차이성을 해명하고자 하였다.

이 글이 서상일을 통한 한국근현대 정치사상과 실천 활동을 해명하기 위한 연구이기에 그가 남긴 저작의 발굴이 반드시 필요하였다. 필자가 자료 발굴을 위해 다방면으로 수소문한 끝에 그 자신의 한국 사회에 대한 전망과 이념을 이해할 수 있는 다수 자료와 회고 형태의 글 등을 처음으로 확보할 수 있었다.[24] 그렇지만 인물연구에서 연구 대상의 사상을 이해하는 데 중요한 단서가 되는 유년기 성장환경과 청년기 학적·사상적 편력 과정 그리고 일기·회고록·체계적 저작 등이 남아 있지 않아 그의 사상을 풍부하게 이해하는 데에는 부족한 측면이 없지 않다.

서상일이 남긴 회고 형태의 글인 「나의 정치생활은 이렇게 흘러가고」 「험난할 망정 영광스런 이 길」 「자화자찬自畵自讚」 「피거름 속에서만 민주주의는 소생한다」 등을 검토하였다. 서상일의 입장과 활동과 관련하여 많이 활용한 주요 신문, 잡지는 『황성신문』 『대한매일신보』 『동아일보』 『매일신보』 『조선일보』 『자유신문』 『한국일보』 『민족일보』 『남선경제신문』 『영남일보』 『대구일보』 『대구매일신문』 『대한협회 회보』 『교남교육회잡지』 『대한협회 대구지회록』(필사본) 『개벽』 『별건곤』 『산업계』 『신세계』 『새벽』 『사상계』 『신태양』 『세계』 『민족지성』 등이다.

서상일의 정치·경제 활동과 이념에 있어, 1910년대 달성친목회 논리와 활동에 대해서는 『한민족독립운동사자료집』(7~9) 『고등경찰요사高等警察要史』 등을 검토하였다. 1920년대 이후 서상일의 정치 이념에 대해서는 「조선청년회의 이상과 그 사업」 「조양동우회 개요」(팜플렛) 「중외일보사에 대한 전후관계」(필사본) 『합법운동과 비합법운동에 대한 사견』(필사본) 등이 큰 도움이 되었으며, 기업 활동과 경제 이념에 대해서는 『조선은행회사조합요록』 『조선공장명부』 「대구상공협회록」 등을 검토하였다. 해방 후 국가건설 이념에 대해서는 『남조선과도입법의원속기록』 『제

---

24) 유족들의 증언에 따르면, 서상일 자신은 살아생전에 꼼꼼히 자료 관리를 했을 뿐 아니라 집안 식구들에게도 자료 관리에 만전을 기해 줄 것을 자주 언급했던 것으로 보인다. 동암 서상일기념사업회, 『멀고 먼 영광의 길-동암 서상일선생 유고를 중심으로-』, 2004.

헌국회속기록』 등을 주로 활용하였고, 대구 · 경북지역의 우익세력의 동향에 대해서는 『경북총람慶北總覽』 「기독교관계문서철」 「반탁관계문서철」 등을 활용하였다. 1950년대 이후 정치 활동과 이념에 대해서는 『현하現下의 국난타개책』을 비롯하여, 필사본 형태의 「정치인의 량식에 소訴함」(1, 2) 「당원의 상식문제」 「내가 보는 정당정치」 「제2해방을 전망하며」 등이 큰 도움이 되었다.

그리고 연구 성과가 불충분하거나 자료가 부족한 연구 대상 시기에 따라서는 기존 연구서로부터 많은 도움을 받았다. 해방정국기에 한민당에 관한 자료는 심지연의 『한국민주당연구』 1(풀빛, 1982)과 『한국현대정당론』(창작과 비평사, 1984)에서 많은 도움을 받았으며, 1950년대 한국 정치사회와 구조에 대해서는 서중석의 『조봉암과 1950년대』(역사비평사, 1999), 정태영의 『한국사회민주주의정당사』(세명서관, 1995) 등이 큰 도움이 되었다. 또한 서상일과 관련된 인물들의 회고록 및 평전을 검토하였다.

서상일

제1장

대한제국 · 1910년대 민족운동

1. 성장과 계몽운동의 영향

1) 가계와 학력 그리고 성장

서상일은 1886년 7월 9일 대구 남산동에서 태어났다. 본관은 달성達城이고, 부친 서봉기徐鳳綺(자字 응경鷹卿, 1847～?)[1]의 6남 2녀 가운데 3남이다. 달성達城 서씨徐氏의 시조는 신일神逸인데, 신일은 이천 서씨의 시조이며, 모든 서씨의 도시조가 된다. 이천 서씨에서 달성 · 장성 · 연산 · 남평 · 평당 · 부여 등이 갈렸다. 달성 서씨의 시조는 고려 때 군기소윤軍器少尹을 지낸 서한徐閑이었다. 서한의 증손자 진晋이 고려에서 봉익대부奉翊大夫로 판도판서版圖判書를 지냈고, 그의 아들 기준奇俊과 손자 영穎에 이르기까지 3대가 달성군達城君에 봉해졌다. 그 후 후손들이 달성에 세거하면서, 관향貫鄕으로 삼았다. 서상일은 도渡를 중시조로 하는 학유공파學諭公派의 24대손이었다. 그런데 달성 서씨는 고향에 남아 벼슬과는 인연 없이 지내온 향파鄕派와 서울에 올라와 벼슬을 지낸 경파京派로 크게 갈라진다. 향파는 한閑의 증손인 진晋을, 경파는 한閑의 6대손인 익진益進을 각각 중시조로 하고 있다. 조선 영조대인 1736년 경파가 대구 서씨로 분리되었다. 두 파는 대동보大同譜도 따로 만들고 있으나 세계상世系上으로는 향파가 큰집이다. 서상일은 달성 서씨의 향파에 속했다.

서상일의 부친 서봉기徐鳳綺는 한말 대구군의 주사로 봉직하면서, 대구 지방의 유력 인사와 교류를 갖게 되었던 것으로 보인다. 서봉기는 후술하는 바와 같이 대한협회 대구지회의 발기인으로 참여한 이래, 지회의 부회장과 회장을 차례로 역임하였다. 또한 같은 시기 대구공립보통학교

---

1) 서봉기(徐鳳綺)는 호적상의 이름이고, 족보에는 서봉년(徐鳳年)으로 되어 있다.

학무위원(1908. 11. 16), 수창학교 교장 그리고 1909년 6월 대구 양성학교 내에 설립된 사립측량 야학강습소의 소장으로 교육 활동을 전개하였다. 이처럼 서봉기는 국채보상운동이 침체된 1908년부터 식민지로 전락하기 직전인 1909년까지 대구지역 계몽운동의 중요 인물이었다.[2)]

서봉기는 대지주이거나 재산가는 아니었지만 스스로 벌인 계몽운동이 서상일을 비롯한 그의 자식들의 인격 형성에 일정한 영향을 끼쳤을 것이다. 서상일의 큰형 서상규徐相奎는 1907년 8월부터 대구군大邱郡 주사를 시작으로 동년 관찰도 참사관을 거쳐 다음해 1월에 경상북도 도사무관(주4)이 되었으며, 1909년 8월에 사직하였다. 서상규는 같은 해 말 박중양朴重陽[3)]이 관찰사로 재직하고 있을 때 모종의 사건에 연루되어 체포를 피해 국외로 망명하였다. 그 후 러시아령 니콜리스크에 정착하여 무장독립운동에 참여한 것으로 보인다. 그리하여 한 신문에서는 "상규는 요사이 일본사람 삼백여 명을 참혹히 함몰시킨 까닭으로 세상의 이목을 놀라게 한 노령 니콜리스끄에서 과격운동을 하는 중이더라"고 보도하였다.[4)]

둘째 형 서상락徐相洛(자字 정우政禹)은 1898년 12월 대구공립소학교에 재학 중일 때 동교 15세 이상의 학생을 대상으로 계몽운동의 성격을 지닌 개진협회開進協會를 구성한 바 있었다.[5)] 그 후 그는 학교를 졸업하고 잠시 대구군 주사로 봉직하다가 중국으로 건너가 신흥무관학교에 들어

---

2) 『대한매일신보』, 1908. 12. 22 ; 『대한매일신보』, 1909. 6. 9 ; 『大韓協會錄』.

3) 박중양(朴重陽, 1874~1958?)은 경기도 양주 출신으로 1906년 대구군수 겸 경북 관찰사 서리를 지내면서 일본인의 요구에 따라 대구성곽, 대구객사, 공자묘 등을 헐거나 팔아먹은 자였다. 또한 대구의 대표적 근대교육기관으로써 공공건물에 있던 협성학교를 쫓아내고, 수창학교를 폐지하고자 하는 일을 꾸민 자였다. 그 후 그는 1915년에 중추원참의가 되었고, 3 · 1만세운동 때는 독립운동을 진압코자 대구 자제단을 만들고 스스로 단장이 되었다(김도형, 「박중양」, 『대구 · 경북 근현대 49인』, 혜안, 1999, 312~319쪽).

4) 『동아일보』, 1920. 6. 12.

5) 『독립신문』, 1898. 12. 26, 「開進協會」.

갔다. 그리고 그는 1919년 11월 9일 중국 길림에서 열린 의열단 창단에 신철휴申哲休(고령출신), 이종암李鍾岩(대구출신) 등과 함께 참여하였다.[6)]

서상일의 셋째 동생 서상한徐相漢(1901~1967)은 1914년에 대구고등보통학교에 입학할 정도로 수재였고, 재학 중 1918년에 일본으로 건너가 메이지대학明治大學 전문부에 입학하여 경제학을 공부한 후 정칙영어학교正則英語學校에 입학하였다. 이때 그는 학비를 마련하기 위해 신문배달 · 우편배달 · 노동 등의 일도 마다하지 않았다. 그는 "만약 대사를 일으킨다면 내 목숨을 아끼지 않겠다"고 말할 정도로 일제에 대한 저항 의식을 품고 있었다. 그러던 중 영친왕 이근李垠과 일본 황족 방자方子와의 가례일嘉禮日이 1920년 4월 29일에 거행될 것이라는 소식을 접한 뒤, 이를 계기로 하여 거사를 일으킬 것을 계획하였다. 그 구체적 방법으로 우편배달부로 위장하여 이근 가례 행렬이 지나갈 때 폭탄을 투척한 후 일본 천황의 마차와 조선 총독 그리고 내무성 및 경시청 등에 폭탄을 던지려 하였다.[7)] 그러나 그의 계획은 중앙대학에 재학하면서 일본경찰의 밀정으로 활동하던 조선인 유학생 신모申某의 밀고로 말미암아 좌절되었다. 이후 서상한은 같은 해 7월 검사로부터 징역 6년형을 구형 받고, 동경지방재판소에서 징역 4년을 선고받은 후 즉시 항소했다.[8)] 이때 서상일은 동생의 재판을 돕기 위해 직접 일

서상한
(『동아일보』, 1920년 6월 12일자)

6) 염인호, 『김원봉연구』, 창작과 비평사, 1993, 38쪽 ; 박태원, 『약산과 의열단』, 1947, 26쪽.

7) 『동아일보』, 1920. 6. 12.

8) 『동아일보』, 1920. 7. 18 ; 7. 22 ; 8. 2. 그는 출옥 후 일본에서 노동운동과 무정부주의 운동을 전개하였다. 그가 사망하자 재일한인 사회에서는 단체장으로 장례를 거행하

東京爆彈犯人
徐相漢公判은
금이십사일
공판에참석하고자
그형서상일씨가가

서상한 재판을 찾은 서상일
(『동아일보』, 1920년 6월 24일자)

본으로 건너가기도 하였다.[9] 이러한 서상일의 형제들을 가리켜 언론에서는 '형제가 모두 불평객'이라고 지칭하기도 하였다.[10]

서상일에게 동생 상기相箕와 상하相河가 있었으나 생몰 년대와 활동 여부에 관해서 파악하기가 쉽지 않다. 또한 서상일에게 두 명의 누이가 있었는데 그중 숙인淑人 서씨徐氏는 대구의 명망가인 최현달崔鉉達과 결혼하였다. 최현달은 1908년 청도군수로 재직하고 있으면서, 속유俗儒의 허문虛文을 비판하고 근대 교육을 위한 문명학교文明學校의 설립을 주도하였다.[11]

이와 같이 서상일의 부친 서봉기는 대구지역의 계몽운동에 적극적으로 참여하여 명망가로서의 지위를 확고히 하였다. 어릴 적부터 부친의

였다. 그 뒤 그의 유해는 1975년 한국으로 옮겨 국립묘지에 안장되었다.

9) 『동아일보』, 1920. 6. 24.

10) 『동아일보』, 1920. 6. 12.

11) 『영남일보』, 1947. 1. 17, 한 · 일 합방 당시 淸道군수 최현달은 합방에 분격해 관직을 그만 두었다(김도형, 「한말 경북지역의 근대교육과 유교」, 『계명사학』 10, 1999, 86쪽). 최현달에게는 해종, 해청, 해태 등의 세 아들이 있었다. 해종은 한학자로 이름을 높였고, 해청은 해방 후 청구대학을 설립해 학장이 되었고, 해태는 청구대학원장을 지냈다. 청구대학은 대구대학과 통합해 현재 영남대학교가 되었다.

영향을 받고 자란 서상일 형제들은 청년으로 성장한 후 국내외에서 독립운동을 전개하였고, 이러한 집안의 분위기는 서상일에게 많은 영향을 끼쳤을 것으로 생각된다.

서상일은 어려서 한문사숙에서 전통교육 방식으로 고전을 섭렵하였고, 아명은 서성돌徐聖乭이었다. 그는 1890년대 후반에 자신의 형 서상락이 다니고 있던 대구공립소학교에 입학하여 1899년에 졸업하였다. 재학 중 형 서상락의 개진협회와 직간접으로 관계를 가졌을 것으로 생각되며,[12] 개진협회를 매개로 현실 문제를 인식하게 되었을 것으로 보인다.

서상일은 대구공립소학교를 졸업한 후 1905(6?)년에 달성학교達城學校 고등과를 졸업하였다. 달성학교는 1899년 4월 4일 칙령 제11호로 중학교 학제가 공포된 이래 동년 7월 초·중등 교과과정을 교육한 대구 최초의 근대교육기관이었다.[13] 달성학교는 "나라를 개명시키기 위해서는 근대적 학교 설립과 인재 양성이 최우선 과제"라는 인식에서 설립되었다.[14] 여기에는 지역의 장규원張圭遠 · 최극창崔克昌 · 윤필오尹弼五 · 강영상姜泳尙 · 최상의崔相宜 · 정익조鄭翊朝 · 이인수李寅秀 · 최영달崔英達 · 추교정秋敎鋌 등이 발기원으로 참여하고, 김직현金稷鉉 · 김영호金榮浩 · 신경균申慶均 · 서상욱徐相旭 · 김동식金東植 · 현방운玄昉運 · 양학수梁學壽 · 김의원金儀遠 · 박찬규朴燦圭 · 공학순孔學淳 · 이소도李小釗 · 정명수鄭命壽 등이 찬성원으로 참여하였다.

달성학교의 초대 교장은 경북관찰사 김직현, 부교장은 장규원이었다.

---

12) 서상일, 「제헌국회원 이력서철」.

13) 『황성신문』, 1899. 12. 14 ; 『제국신문』, 1900. 2. 3 ; 『황성신문』, 1900. 2. 5.

14) 光武 3年(1899) 7月, 「私立達城學校創設趣旨及校則」 참조. 학교 설립 취지서는 崔克昌 · 尹弼五 · 張圭遠 등 3명이 작성했는데, 그 가운데 장규원이 쓴 취지서를 보면 "… 國家를 開明鞏固코져 하는 者는 教育의 必要되는 事를 此言에 不據하야 自知할지니 教育에 必要를 旣知한즉 小中大學의 規模制度를 完備하야 人才을 作成하야 濟濟한 多士로 하야곰 王國에 生케 함이 國家의 急務라…" 하여 교육의 중요성을 강조하였다.

1900년 10월에 윤필오가 제2대 교장으로 취임하였다. 달성학교의 운영 경비는 정부로부터 매월 10원씩의 보조금을 받아 충당하였고, 또 경상감영의 관리 아래 있던 낙육재樂育齋와 양사재養士齋의 소유 전답을 기초로 하였다.[15] 달성학교는 일본인 니이타이 마쯔스케新谷松助를 명예교사로, 히자스키 마쓰키치藤付益吉을 명예고문으로 초빙하여 학교 교칙과 교과과정에 대해 자문을 받았다. 수업 과정은 심상과尋常科와 고등과高等科를 두고, 수업연한은 각 4년으로 하였으며, 별도로 2년 과정의 일어 전수과를 설치하였다. 서상일이 이수한 고등과의 교과과정을 보면, 독서(대학 · 중용 · 논어 · 맹자 등 사서), 일어, 역사(일본 · 중국 · 동양 · 세계사), 지리(조선 · 일본 · 중국 · 세계), 작문, 습자習字, 수신修身, 산술算術, 체조, 이과理科, 화학, 부기簿記 등 12과목이었다. 이 교과과정으로 볼 때 달성학교는 신구학新舊學 절충적 교육론을 견지하였다.[16] 이 달성학교는 1906년 대구에서 관과 대구광문사大邱廣文社 및 대구광학회大邱廣學會 등 계몽운동 단체의 교육진흥과 학교설립－흥학설교興學設校－운동이 전개되기 전까지 교육의 중심적 역할을 수행하였다.

서상일은 달성학교를 졸업한 후 탁지부度支部 측량과 과정을 이수하였다. 1907년 동 과정을 마친 후 탁지부 소속 측량 기수와 다음해 1월 임시재원조사국 기수(판 4)를 거쳐 동년 7월 말 임시재산정리국 기수(판 4)로 일하다가 1909년 11월에 퇴직하였다.[17] 그는 약 3년간 대한제국의 하급 관리로 종사한 후 '장래 나라에 큰 일을 이바지하기 위해서'는 공부가 최선이라 생각하고 서울로 상경하여 보성법률학교에 입학하였다.[18] 이때

---

15) 낙육재와 양사재는 경북 관할의 전통적 교육기관이었다. 낙육재는 1906년까지 학생 명부가 남아 있는 것으로 보아 통감부 설치 이후에도 일정기간 존속한 것으로 보인다.

16) 대구지역의 근대 교육에 대해서는 김도형, 「한말 경북지역의 근대교육과 유교」, 『계명사학』 10, 1999를 참조.

17) 안용식, 『한국행정사연구』(1), 대영문화사, 1994.

그의 나이가 23세였고, 서울 유학 중 한 · 일 합방을 경험하면서 인생의 전환기를 맞았다. 예컨대 비밀결사 대동청년단에의 참여, '구인결사동맹'의 결성 등 실천 활동을 벌였다.

2) 계몽운동의 영향

서상일이 청년으로 성장할 때 대구에서는 계몽운동이 활발히 전개되었다. 서상일의 부친이 대한협회대구지회大韓協會大邱支會의 발기인 및 회장을 역임하였고,[19] 서상일 자신은 대한협회 대구지회와 관련된 달성친목회達城親睦會의 회원이었다. 특히, 대한협회 대구지회가 해산된 이후에도 조직이 유지된 달성친목회에 직간접으로 관련된 남형우南亨祐 · 김응섭金應燮 · 이경희李慶熙[20] · 서병룡徐丙龍 · 윤창기尹昌基 · 안확安廓 · 홍주일洪宙一 등도 대구의 계몽운동과 연관되거나 영향을 받으면서 성장하였다. 이런 점에서 대한협회 대구지회의 계몽운동의 양상을 살펴볼 필요가 있다.

대한협회 대구지회가 결성되기 이전의 대구지역 계몽운동 단체로는 1898년 9월에 설립된 독립협회 대구지회가 최초였으며,[21] 이후 1906년 1월에 대구광문사(혹은 달성광문사)와 동년 8월에 대구광학회가 설립된 바 있었다.[22] 1906년에 설립된 두 단체는 국채보상운동을 일으킨 원동력

---

18) 서상일, 「인생회고록－나의 정치생활은 이렇게 흘러가고」.

19) 서봉기는 1908년 3월 25일 대한협회 대구지회의 특별총회에서 부회장으로 선출되고, 동년 8월 19일 특별총회에서 회장으로 취임하여 다음해 10월까지 활동하였다. 이하 대한협회 대구지회에 대한 서술에서 특별히 典據를 밝히지 않는 경우 『大韓協會 大邱支會錄』(1910)에서 인용한 것이다.

20) 李慶熙(1880～1949, 號 池吾)는 대구에서 태어나 1905년 서울의 기호학교를 졸업하고, 대구 협성학교 및 안동 협동학교 교사로 교육에 전념하였으며, 1923년 의열단 폭탄 의거에 참가한 후 신간회 대구지회장을 역임한 인물이었다.

21) 『황성신문』, 1899. 9. 22, 「又許支會」.

22) 대구지역 한말 계몽운동과 학교 설립에 관해서는 다음의 연구를 참고할 것. 권대웅,

이 되었으나 국채보상운동이 침체되면서 대구의 계몽운동도 침체에 빠졌다.[23)]

이런 상황에서 1908년 1월 3일 서봉기를 포함한 조병희趙秉禧 · 이교섭李敎燮 · 이석진李錫珍 · 박해령朴海齡 · 서흥균徐興均 등이 발기인이 되어 대한협회 대구지회 설립에 관한 윤함輪函을 공포하였다. 이어 같은 해 1월 25일 달본소학교達本小學校에서 대한협회 대구지회 발기회를 개최하여 서봉기 · 임봉식 등이 발기 취지를 설명하고, 서울 본회에의 입회 및 지회설립 청원서를 제출하기로 하였다. 그 후 3월 14일 본회로부터 대구지회의 설립이 인가됨에 따라 동 지회는 3월 25일에 특별총회를 열고 정식으로 창립되었다. 동 지회에는 당시 대구지역의 명망가 및 유지들이 대거 참여하였다. 가령 유생과 전현직 관리(박해령 · 서봉기 · 정재덕鄭在悳 · 정래욱鄭來郁 · 허협許協 · 서병오徐丙五 · 박기돈朴基墩 · 최대림崔大林 · 조병희趙秉憙 · 장상철張相轍 · 서흥균徐興均 · 강덕노姜德魯 · 윤상우尹相佑 · 양재기梁在淇 · 서기하徐基夏 · 최만달崔萬達 · 현경운玄擎運 등), 지주 · 상인층(이일우李一雨 · 이종면李宗勉 · 정재학鄭在學 · 이장우李章雨 · 정해붕鄭海鵬 · 서병규徐丙奎 · 이병학李柄學 등)이 대거 참여하였다. 이 가운데 양재기를 비롯한 徐炳和 · 서만곤徐萬坤 · 박동규朴奎東 · 김병노金秉魯(간사원) · 서상하徐相夏 등은 1902년에서 1906년 사이 경상북도 관찰부 관할의 낙육재에서 공부한 사람들이었다.[24)] 또한 신진 인물로서 정진영 · 김재열 · 이교섭 · 최재익 · 김

「한말 경북지방의 사립학교와 그 성격」, 『국사관논총』 58, 1994 ; 김도형, 「한말 대구지방 상인층의 동향과 국채보상운동」, 『계명사학』 8, 1997 ; 김도형, 「한말 경북지역의 근대교육과 유교」, 『계명사학』 10, 1999.

23) 대구의 계몽운동과 국채보상운동에 대해서는 김도형, 위의 글, 1997 참조.

24) 또한 대한자강회 고령지회장을 지낸 崔坤術 · 대구군 금연상채회의 李宗熙(평의원) · 都性浩(평의원) · 대한협회 경주지회의 崔善東 등도 낙육재 출신이었다. 이처럼 전통적 관학인 낙육재가 을사조약 이후 근대적 교육기관으로 전환해 나갔던 것과 마찬가지로 낙육재 출신들은 계몽운동 세력으로 형성되어 나갔다. 따라서 낙육재에 관한 새

봉업 · 허협 등이 회원으로 활동하였다.

대한협회 대구지회의 활동은 교육운동과 실업진흥 등 크게 두 부분으로 전개되었다. 먼저 교육운동을 보면, 동 지회가 직접 교육 활동을 진행하는 형태와 기존에 설립된 학교를 지원하는 형태가 있었다. 전자의 경우 1908년 4월 말에 법률야학회를 개설하고, 5월에는 국문야학교를 세우기로 하고, 6월에는 노동야학교를 개설하였다. 후자의 경우 수창학교壽昌學校와 협성학교協成學校의 설립과 운영에 깊이 관여하였다. 수창학교는 1907년 9월에 서봉기를 비롯한 서흥균 · 오유창 · 오세린 · 최처은 · 서기하 등이 참여한 가운데 "구학舊學이 없이는 신학新學을 교육할 수 없다"는 취지 아래 개교하였다.[25] 곧 옛 것을 근간으로 하여 새 것을 참작한다는 '구본신참舊本新參'과 신구학절충적新舊學折衷的 입장을 견지하였던 것이다. 여기에서 '옛 것'이란 유교적 덕육德育 교육을 강조하는 것이었다.[26] 특히 서봉기는 개교의 의의를 밝히는 글을 직접 짓기도 하고, 직접 교장으로 취임하여 학교를 운영하였다.[27] 수창학교는 측량야학과 노동야학을 별도로 운영하였다.[28] 이 수창학교의 학사행정 및 재정 등 학교 운영에 관한 전반적 상황은 대한협회 대구지회와 긴밀한 협의 아래 진행되었다.[29]

또한 협성학교는 1907년 11월경 경북관찰사 이충구李忠求의 노력으로 북문 안에 건물을 신축하여 개교하였다.[30] 협성학교는 중학교에 속하는

로운 자료가 발굴된다면 대구 · 경북지역의 계몽운동 활동가들의 학력 배경을 규명할 수 있을 것이다.

25) 『황성신문』, 1907. 9. 22.

26) 김도형, 앞의 글, 1997, 299~300쪽.

27) 『대한매일신보』, 1908. 12. 22, 「老當益壯」. 大邱郡 壽昌學校 校長 徐鳳綺氏가 以若七壹之齡으로 不憚勞苦하고 熱心敎育함으로 學徒가 二百七十餘名에 達하얏는대 負笈登道者가 互相勸告曰 壽昌學校 校長 徐奉綺氏가 尙無恙乎한다더라.

28) 『대한매일신보』, 1909. 2. 19.

29) 『대한협회 대구지회 회록』 참조.

30) 『대한매일신보』, 1907. 11. 14.

교육기관으로서, 낙육재와 양사재의 소유 재산을 기본으로 하여 재원을 마련하면서도 신축 교사 비용과 운영에 드는 소요 예산은 지역 유지의 협조를 받았다. 동학교는 대한협회 대구지회가 설립되자 동 지회와 학교 임원 선정 및 운영에 관해 상호 협의하였다. 그리하여 대한협회 대구지회의 서상하가 협성학교의 교장을 맡았다.[31]

그러나 두 학교의 운영은 일제의 침략 과정에서 위기를 맞기도 하였다. 먼저, 수창학교의 경우 일본인 교사 류오타로柳雄太郎가 학교와 마찰을 일으킨 것을 계기로 동학교 재학생들이 일본인 교사를 배척하기 위해 일제히 자퇴하는 사태가 벌어지기도 하였다.[32] 다음 협성학교의 경우 동학교가 고등학교 과정을 설치하려 하자 친일적 성향의 경북관찰사 겸 대구군수 박중양은 제2공립보통학교로 전환시키려 하였다.[33] 또한 박중양은 협성학교의 확장을 방해하기 위해 동학교의 재정 장부를 압수하여 조사하는가 하면 여러 방면으로 탄압을 가했다. 이에 대한협회 대구지회는 사태를 조정하기 위해 회장 서봉기의 지시로 이일우 · 김종석 · 김영수 등 3명을 총대위원으로 선정하였다. 동 지회는 총대위원 이일우의 조사를 보고 받고, 박중양의 태도에 유감을 표명하였다. 또 교남교육회嶠南敎育會에서도 강하형姜夏馨을 대구에 파견하여 협성학교 사태에 개입하였다.[34]

또한 대한협회 대구지회는 강연회 및 토론회를 개최하여 계몽운동의 의의를 고취하였다. 연사로 활동한 사람은 이일우 · 이은우 · 최대림 · 장상철 · 이쾌영 · 이윤 · 최해윤 · 서기하 · 김봉업 등이었다. 그들은 계몽운동에 대해 식견을 가진 사람들로서 대구지회의 활동에 중요한 역할을 담

---

31) 『황성신문』, 1908. 10. 8.

32) 『대한매일신보』, 1909. 12. 16.

33) 『황성신문』, 1908. 12. 12 ; 1909. 5. 9.

34) 『대한민보』, 1909. 8. 3.

당한 인물들이었다. 이일우가 행한 강연 「본회 7강령의 의지意志」는 "① 교육의 보급, ②산업의 개발, ③생명재산의 보호, ④행정제도의 개선, ⑤관민폐습의 교정, ⑥근면저축의 실행, ⑦권리 · 의무 · 책임 · 복종의 사상의 고취" 등이었다. 이것은 대한협회대구지회의 활동방향으로 제시된 것이었다. 이 연설 내용의 중심은 교육 활동 · 식산흥업殖産興業을 강조하면서, 봉건성의 극복과 근대정신의 실현이었다.[35]

뿐만 아니라 대한협회 대구지회는 대구에서 조직되어 활동하던 달성

[35] 대한협회 대구지회 강연회 개최 일람

일시	회의명	연사 및 강연 제목
1908. 3. 12.	임시총회	윤효정 「정치의 기인, 정부의 조직원의, 정당의 기인, 정당의 정신, 국민의 현상, 본회전도의 추향」
1908. 3. 30.	임시총회	이일우 「본회 7강령의 意志」, 이은우 「시간존행이 단체에 밀접 관계」 최대림 「사회교육이 亦급무」
1908. 4. 15.	통상회	張相轍 「今日 民族의 支保가 在於團體」, 李快榮 「文明의 進步가在於捨舊就新」
1908. 4. 15.	임시회	우의 – 이종면 전진수 이일우 최동길, 좌의 – 서기하 허협 최대립조병희, 좌의로 「生命上에 自由와 衣食이 塾輕塾重」 自由 右議의 得勝 연사 李潤, 「我韓 現時의 急務」(연건을 경서에서 차거하야 불환이라)
1908. 5. 14.	통상총회	崔海潤, 「社會之命運이 在於 尊公理 去私黨」, 李恩雨 「社會之主旨가 在於團體」(연제 2건을 경서에서 차거하야 불환이라)
1908. 5. 28.	특별 연설회	경본회 총무 윤효정 「大韓協會는 民聲의 機關」, 이은우 「社會의 進步할 點」
1908. 6. 13.	통상총회	이윤 「역사는 국민의 특성을 발휘하는 요소라」, 김봉업 「苦는 甘의 本始라」
1908. 7. 13.	통상총회	이쾌영 「원동력은 타동력을 산출하는 母라」, 서기하 「단체의 효력」
1908. 9. 15.	통상총회	이은우 「완병자의 거의기락하는 습성은 대방가 감대적 수단에 재함」
1909. 2. 5.	통상총회	이쾌영 「信者는 人道의 本」, 이윤 「社會는 國民活動의 機關」

* 자료 : 『大韓協會 大邱支會錄』.

친목회·애국부인회·교육부인회(여자교육회)와 유대관계를 맺었다. 먼저, 달성친목회는 1908년 9월 5일에 이근우李根雨와 대구 사립 사범학교의 학감을 역임한 김용선金容璇 등이 발기한 단체로서, 대구지역에 기반을 두고서 조선인청년의 친목도모, 교육과 실업의 장려를 표방하였다. 달성친목회의 발기인인 이근우·김용선은 대한협회 대구지회의 회원이었고, 동 친목회가 동 지회에 보낸 공함公函이 있는 것으로 볼 때 달성친목회는 대한협회 대구지회와 밀접한 관계를 맺고 있었다. 특히, 달성친목회는 대한협회 대구지회의 지도를 받았던 것으로 보인다. 때문에 일제는 달성친목회가 "대한협회와 행동을 같이 하고 비밀리에 배일사상을 고취하고 있다"라고 파악하였다.[36] 여기에 서상일은 창립 직후인 1908년 9월 12일에 이시영李始榮[37]·서병룡徐丙龍 등과 함께 가입한 것으로 보인다.

달성친목회는 교남교육회[38]와도 연계하였다. 교남교육회 회원 가운데 대구지역 출신으로 서상일을 비롯한 김광제金光濟·이윤李潤·김용선金容璇·남형우南亨祐·김응섭金應燮·이경희李慶熙 등이 있었다. 1909년 달성친목회의 제1회 창립기념식에 교남교육회의 남형우와 이원식이 교육시찰위원으로 참석하여, 남형우는 「교육과 오인吾人의 생명」이란 주제로 연설을 행하였다. 또 교남교육회는 달성친목회에 "교육과 친목이 그 이름은 다르나 장려하는 것은 같다"는 내용의 공함을 보내어 교육과 친목을 활

36) 『대한매일신문』, 1909. 9. 25 ; 大警 第2339號, 大正 8年 7月 24日, 達城親睦會 및 講遊園에 대한 復命書, 國史編纂委員會, 『韓民族獨立運動史資料集』 7, 國權回復團 1, 296쪽(이하 『자료집』으로 약칭함).

37) 李始榮(1882~1919, 號 又齋)은 대구 출신으로서 省齋 李始榮(1868~1953)과는 다른 사람이다. 두 사람을 구별하기 위해 又齋는 남재로 省齋는 북재로 불렀다.

38) 교남교육회는 1908년 3월 서울에서는 경상도 출신들이 교육진흥과 학교설립-興學設校-을 통해 교육을 진흥시키기 위하여 결성된 단체였다. 교남교육회에 관해서는 권대웅의 「한말 교남교육회 연구」(重山鄭德基博士華甲紀念韓國史學論叢, 1996. 12)를 참고.

동 목적으로 하는 것이 동일하다고 표명하였다.[39] 이처럼 교남교육회는 영남지역의 교육의 발달에 노력하였고, 활동 목적이 일치하는 대구의 달성친목회와 연계하였다.

달성친목회의 교육 활동을 보면, 우선 동 친목회관 내에 법률야학강습소를 설치하고 사법관을 강사로, 보성법률학교 강의록을 교재로 하여 법률을 강의하였다.[40] 이 강습소는 일반인보다는 지식층 · 자산층을 대상으로 하여 근대 법률의 이해를 돕고자 한 것으로 보인다. 또 달성친목회는 협성학교 내에 계절학교 형태의 하기강습소(소장 서기수徐琦洙)를 설치하였다. 하기강습소는 영남지역 각 군의 학생 200여 명을 대상으로 하여 역사와 이화학理化學을 강습하였다.[41] 또한 대구사립 달서여학교達西女學校가 설립된 지 1년 만에 학생이 50여 명으로 늘어나 교실이 비좁아지자 회관을 빌려주기도 하였다.[42]

다음으로 대한협회 대구지회는 대한애국부인회와 교육부인회(여자교육회)와도 연계하였다. 대구에서의 여성의 사회 활동은 국채보상운동의 전개에서 비롯되었다고 볼 수 있다.[43] 첫째 대구애국부인회는 1908년 12월에 관찰부 부속 청사를 빌어 사무실을 열고 공식적으로 활동한 여성 단체였다.[44] 동 부인회는 대한협회 대구지회 회원의 부인을 회원으로 구성

39) 「函達城親睦會」, 『嶠南教育會雜誌』 제6호, 31쪽.

40) 『황성신문』, 1910. 6. 15.

41) 『황성신문』, 1910. 8. 13, 「大邱講習會 盛況」.

42) 김도형, 앞의 글, 1999, 81쪽.

43) 단연상채회를 중심으로 국채보상운동이 전개될 때 대구의 부인 · 상인 · 귀생 등 다양한 신분의 여성들이 적극적으로 참여하였다. 이러한 여성들의 국채보상운동 참여는 李冕周(대한협회대구지회 회원)의 부인인 徐周媛을 중심으로 하여 대구남산국채보상부인회의 결성으로까지 확대되어 여성들의 사회참여의 시초를 이루었다(『대한매일신문』, 1907. 3. 1, 「達市義捐」; 1907. 3. 8, 「警告我婦人同胞라」; 1907. 3. 28, 「靑평論價」; 1907. 5. 17, 「大邱郡 斷煙償債會 의연한 婦人 姓氏와 金額」; 『대한매일신문』, 1907. 6. 20, 「婦人愛國」).

하고, 찬성원을 동 지회 회원으로 구성하였다. 대구애국부인회의 회장 서주원徐周媛, 총무 염복은廉卜恩 등이 중심인물로 활동하였으며, 염복은은 고아원을 설립하여 봉사활동을 벌이기도 하였다.[45] 둘째, 교육부인회(혹은 여자교육회)는 1909년에 이일우의 계수季嫂인 김화수金和秀를 비롯한 100여 명의 여성들이 결성한 단체로서, 서상돈 · 이일우 등이 발기하여 설립한 달서여학교의 운영을 지원하는 것을 주요 활동으로 삼았다. 김화수는 회원으로부터 200여 원의 기금을 모아 달서여학교에 기부하고 그 내에 부인야학교를 설립하여 20여 명에게 교육을 실시하였다.[46] 교육부인회를 통해 대구의 여성들은 계몽운동에 보다 적극적으로 참여하였고, 이를 통해 여성들에게도 근대적인 교육의 기회를 제공하여 신여성을 양성해 나갔다.

요컨대 서상일의 부친 서봉기가 주도적으로 참여했던 대한협회 대구지회는 교육진흥에 중점을 두어 활동하였고, 달성친목회 · 교남교육회 · 애국부인회 · 교육부인회 등의 계몽운동 단체와 연계하였다. 이처럼 대한협회 대구지회는 1908년에서 1910년까지 대구지역의 중심적인 계몽운동 단체였다. 특히, 서상일은 달성친목회 회원으로서 교육진흥을 중심 내용으로 한 대구지역 계몽운동을 직간접으로 경험하였다. 이 과정에서 달성학교 출신의 서병룡 · 윤창기, 우현서루友弦書樓의 이일우 · 안확, 협성학교 교사로서 안확 · 윤세복 · 홍주일 · 이경희, 그리고 서창규 · 편동현片東鉉 등이 대구의 계몽운동과 연관되었고, 1910년대 대구의 달성친목회 활동으로 연결되었다. 따라서 계몽운동은 1910년대 민족운동의 인적 기반을 형성하였다.

---

44) 『황성신문』, 1908. 12. 25, 「大邱愛國婦人會 開所式」 ; 1909. 3. 5, 「可謂 愛國婦人」.

45) 『황성신문』, 1909. 3. 5, 「可謂 愛國婦人」.

46) 『대한매일신문』, 1909. 12. 30, 「達校振言」 ; 『대한민보』, 1910. 1. 8, 「達西女學校 發展」 ; 『대한매일신보』, 1910. 4. 14, 「金氏 熱心」.

2. 1910년대 민족운동의 전개

1) 달성친목회 재건과 그 활동

달성친목회는 1910년에 대한협회 대구지회가 해산됨과 동시에 활동이 거의 정지되었다. 그 후 1913년경 달성친목회는 서상일에 의해 재건되었다. 달성친목회를 재건하기 이전 서상일의 동향은 어떠했을까.

서상일에 따르면 자신은 서울 유학 중에 대동청년단大東靑年團에 입단하고, '구인결사동맹九人決死同盟'을 조직했다고 하였다. 먼저, 대동청년단[47]에 대해서는 서상일 자신뿐만 아니라 몇몇 자료에서 확인된다.[48] 특히 서상일 자신은 그에 관한 행적에서 대동청년단의 활동을 강조하고 있고, 그를 소개한 글에서도 역시 강조되고 있다.[49]

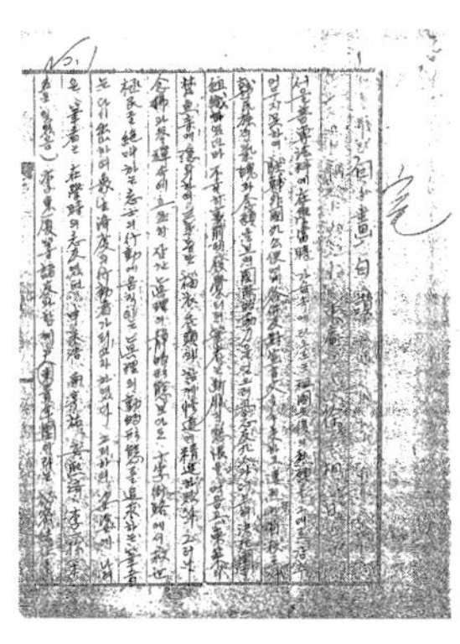

자화자찬 (1951)

---

47) 대동청년단의 결성 시기에 관해서 1907년 결성과 1909년 결성 등 두 주장이 있다. 전자는 대동청년단원으로 활동했던 신백우의 진술이다(畊夫申伯雨先生記念事業會, 『畊夫 申伯雨』, 대한공론사, 1973, 66쪽). 후자는 愛國同志援護會에서 편찬한 『韓國獨立運動史』(1956)와 金承學의 『韓國獨立史』(1965, 159쪽)에 따른 것이다. 또한 명칭에서도 대동청년단, 대동청년당 등으로 나뉘어져 있다. 전자로 보는 경우는 대동청년단원으로 활동했던 신백우, 尹炳浩 등의 입장이고, 후자로 보는 경우는 愛國同志援護會의 『韓國獨立運動史』(1956)와 김승학의 『韓國獨立史』(1965) 등의 입장이다. 그러나 동단의 결성시기와 단체 이름에 관한 객관적 자료가 발굴되지 않아 어느 주장이 타당한지 불분명한 실정이다.

48) 畊夫申伯雨先生記念事業會, 위의 책 ; 愛國同志援護會, 『韓國獨立運動史』, 상문원, 1956 ; 金承學, 『韓國獨立史』, 독립문화사, 1965 ; 이상우, 「부산의 선각자」, 『부산일보』 ; 서상일, 「인생회고록－나의 정치생활을 이렇게 흘러가고－」 ; 서상일, 「험난할 망정 영광스런 이 길」, 『신태양사』, 1957 ; 서상일, 「自畵自讚」, 『민주신보』, 1951. 12. 28 ; 「制憲國會 履歷書綴」 등.

49) 송원영, 「서상일론」, 『인물계』 1959년 7월호.

대동청년단은 경북慶北 고령高靈 출신으로 서울에 머물고 있던 남형우南亨祐의 집에서 결성되었으며,[50)] 당시 17세부터 30세 미만의 청소년 80여 명으로 조직되었다고 한다.[51)] 이에 따르면 단원들의 출신 지역은 경상도가 대부분을 차지하였다.[52)] 그 가운데 경북지역 출신으로는 대구(서상일·송전도·김삼·고병남·최윤동·배천택·김관제·이경희), 칠곡(신상태), 고령(남형우), 상주(김사용), 안동(김홍량·최인환·남백우·임현·김동삼·김기수) 등이 있었다. 이들 지역은 한말 계몽운동이 활발하게 진행된 지역이라는 공통점이 있다. 그리고 그 계몽운동의 주요인물이 동 단체에 가입한 경우가 많았다.

대동청년단의 참여 인물이 확실하다면 그 구성원은 1910년대 이후 국내외 민족운동을 주도적으로 담당한 운동세력의 상당 부분을 망라하는 셈이 된다. 그에 따라 대동청년단은 무장투쟁을 지향하는 인사들과 교육활동에 중점을 둔 계몽운동 인사들이 결합된 비밀결사로서 의병투쟁과 계몽운동을 통해 양성된 신진 지식층의 조직으로 볼 수 있다. 대동청년단의 성격에 대해 '테로' 즉 무력투쟁을 통한 독립 노선을 표방했다고 주장되기고 하고,[53)] 독립을 달성하기 위해 국내외 민족운동 세력과의 '운동

---

50) 畊夫申伯雨先生記念事業會, 앞의 책, 47쪽.

51) 지금까지 알려진 대동청년단의 단원은 다음과 같다. ▲ 단장 南亨祐 ▲ 부단장 安熙濟(2대 단장) ▲ 단원 徐相日 尹顯振 李浩然 張建相 尹炳浩 李遂榮 李慶熙 崔炳贊 尹璟湧 車秉轍 白光欽 李極魯 金甲 朴永模 尹相泰 吳尙根 金思容 徐世忠 申伯雨 朴重華 尹世復 申性模 申八均 閔疆 崔允東 宋銓度 金觀濟 崔浣 裵天澤 申相泰 郭在驥 金弘權 李範英 李炳立 朴洸 徐超 金鴻亮 崔仁煥 金東三 金三 高柄南 金奎煥 金泰熙 林玄 南百祐 金箕壽 申采浩 李時悅 高順欽 李學洙 李祐植 등.

52) 신백우는 자신이 대동청년단을 통해 영남지역 인사들과 교류할 기회를 가졌다고 회고했다.(畊夫申伯雨先生記念事業會, 앞의 책, 52쪽) ; 권대웅, 앞의 글, 79쪽.

53) 서상일, 「인생회고록-나의 정치생활은 이렇게 흘러가고」, 128쪽 ; 그리고 대동청년단의 단규는 윤병호의 회고에 의해 전해지고 있다. 곧 "① 단원은 반드시 피로 맹세할 것, ② 신입단원의 가입은 단원 2명 이상의 추천을 받을 것, ③ 단명이나 단에 관한 사항은 문자로 표시하지 말 것, ④ 경찰 기타 기관에 체포될 경우 그 사건은 본인

망'을 갖추고자 한 것으로 주장되기도 한다.[54] 그러나 결성 이후의 운동 방향과 활동에 대해서는 불명확한 실정이다. 여하튼 서상일은 대동청년단을 통해 당시 국내외적 정세와 국권회복운동을 직접적으로 경험하게 되었으며, 동단에 참여한 인사들과의 교류는 이후 사회 활동에 중요한 인맥을 형성하게 된 것으로 보인다.

다음으로 서상일 자신에 따르면 1910년 8월 우리나라가 일제가 강제병합되자 당시 서울에 주재하고 있던 공사관에 강제 병합을 규탄하고 민족 항거의 의지를 담은 선언문을 전달하기 위해 '구인결사동맹九人決死同盟'(혹 구인학생자살동맹사건九人學生自殺同盟事件, 구공사사건九公使事件)을 조직했다고 하였다.[55] 그는 그 목적이 "무력외교만을 일삼고 있는 외국정부에게 우리나라 청년들의 기백을 보여주기 위해서였다"고 하였다.[56] 동맹원들은 각 국에 전달한 선언서를 들고 각자가 맡은 공사관으로 향했고, 자신은 독일공사관을 맡았다고 하였다. 그는 비상시에 대비해 자결할 수 있는 단도를 품고 갔었다고 했다. 그러나 공사관을 경비하고 있던 일본 경찰의 삼엄한 경계망을 뚫지 못해 계획을 실행하지 못했다고 하였다. 그 후 그는 검거를 피해 부산의 범어사梵魚寺에 숨어들었다. 그는 범

에만 한하고 다른 단원에게 연루시키지 말 것" 등이었다.

54) 이동언, 「백산 안희제 연구」, 『한국독립운동사연구』 8, 독립기념관 독립운동사연구소, 1994. 여기서 연구자는 "1907년에 조직된 신민회 조직이 영남지역에는 크게 미치지 못한 점을 감안하여 신민회계열의 영남지역 인사들이 중심이 되어 항일민족의식의 결집을 공고하게 하기 위하여 결성한 단체가 아닌가 생각한다"고 하여 추측하고 있을 따름이다.

55) 서상일, 「인생회고록–나의 정치생활은 이렇게 흘러가고」, 128쪽 ; 서상일, 「험난할망정 영광스런 먼 길」, 『신태양사』, 1957 ; 서상일, 「自畵自讚」, 『민주신보』, 1951. 12. 28. 그러나 '九人決死同盟'에 대해 서상일 자신의 회고 외에 방증할 만한 구체적 자료나 다른 참가자의 증언은 현재 없는 실정이다. 그에 따라 구성원 · 선언문 등에 대해서는 구체적으로 알 수 없고 이 결사에 대해서는 전적인 신뢰를 하기 어려운 실정이다. 따라서 이 부분의 서술은 제한적이며, 이후 보완해야 할 과제이다.

56) 서상일, 「험난할망정 영광스런 먼 길」.

어사에서 불교 공부를 한 것으로 보이며, 자신의 이름을 부처 '불佛'자를 따서 '궁부弓夫'라 지었다고까지 했다. 또한 그는 범어사 운영의 명정학교에서 청소년을 가르쳤다.[57] 그는 약 3년간의 범어사 생활을 정리하고 대구로 돌아 왔다.

그 뒤 서상일은 대구로 돌아오자마자 지역 인사들과 함께 달성친목회의 재조직을 시도하였다. 그것은 1913년 정월 보름에 당시 달성군達城郡 수성면壽城面 대명동大明洞(현재 대구시 남구 대명동)에 위치한 안일암安逸菴에서 시회詩會를 통해 추진되었다. 당시 안일암의 주지는 백용성白龍星이었다.[58] 이날 모임은 서상일이 이시영李始榮 · 박영모朴永模[59] · 홍주일洪宙一[60] 등과 미리 연락한 상태에서 서병룡徐丙龍[61]을 부르고 다시 윤상태

---

57) 서상일, 「인생회고록-나의 정치생활은 이렇게 흘러가고」.

58) 근대의 고승이자 독립운동가인 白龍城(1864~1940)과는 다른 사람이다(한국정신문화연구원, 『한국민족문화대백과사전』 21, 497~498쪽).

59) 『자료집』 7, 145~146쪽(박영모 신문조서), 朴永模는 慶南 陜川 출신으로 아명은 伽壽, 字는 周元이다. 학력은 14, 15세 때까지 한문을 배운 것이 전부였다. 자산은 시가 4천 원 정도의 전답 40여 두락을 소유하였고, 직업은 종이제조업이었다. 1913, 14년부터 中國 安東縣 舊市街에서 위탁판매업을 경영하고 있던 朴洸(고령 출신)의 집에 머물며 중국인에게 종이를 판매하였다. 박영모는 중국에의 종이 판매를 통해 중국지역의 운동세력과 연계할 수 있었던 것으로 보인다.

60) 『자료집』 7, 170~174쪽(홍주일 신문조서). 홍주일은 경북 青道 출신으로 아명은 壽甲, 號는 海東이다. 1915년까지는 이름을 鑄一이라 하였다. 학력은 20세까지는 한문을 배웠고, 그 후 일본 구마모토(熊本)에서 일본어를 6개월 정도 배웠다. 그 뒤 도쿄(東京)에서 研修學館에 들어가 數學을 3, 4개월 배우다가 귀국해 義州 玉川學校에서 교사로 근무했다. 그 뒤 다시 일본으로 건너가 正則英語學校에 입학해 數理化學을 1년 반 정도 배우고 귀국하였다. 재산은 3, 4백 원 정도였다. 1916년 9월 '대구권총사건'의 주동자 崔丙圭를 숨겨 주다 범인 은닉죄로 처벌을 받은 적이 있었다. 1916년 음력 9월부터 서상일이 운영하던 태궁상점의 고용원으로 일하였다.

61) 『자료집』 7, 150~151쪽(서병룡 신문조서). 서병룡은 대구 달성 출신으로 호는 南岡이다. 학력은 20세까지 사숙에서 한문을 배웠고, 그 후 달성학교에 2년간 수학하였다. 재산은 동산 · 부동산을 합해 시가 2천 원 정도였다. 1908년부터 대구농공은행의 행원으로 근무하면서, 1918년 7월부터 지배인 대리로 승진하고, 1919년 4월부터 부지배인이 되었다. 은행에서 일하면서 윤상태, 서상일, 신상태 등을 알게 되었고, 달성친목회원에 가입하여 남형우, 김재열, 안확 등을 알게 되었다.

尹相泰[62]에게 연락을 취하였다. 그리하여 안일암에서 요양하고 있던 윤창기尹昌基[63]와 함께 시회詩會를 열었던 것이다.[64] 참석자는 모두 7명으로서, 윤상태를 제외한 나머지는 모두 옛 달성친목회 회원이었다.

이날 시회詩會의 참석자들은 단순히 시를 짓고 여흥을 즐겼던 것이 아니라 민족독립 혹은 국권회복에 대해 논의했던 것으로 보인다. 서상일과 윤상태는 참석자들에게 "수천 년의 역사를 가진 우리 조선이 한일병합으로 멸망했으니 우리들은 시조 단군태황조檀君太皇祖에 대해 미안한 일로서 어떻게 해서든지 조선을 원래와 같은 독립국으로 만들어 우리의 행복을 도모하지 않으면 안 된다"고 말하였다.[65] 이 말이 있은 후 참석자들은 "서로 형제의 의를 결의하고 반드시 장래 서로 함께 조선을 위하여 노력하자는 상의하고, 일동이 모두 그 서약을 저버리고 일치된 행동에서 벗어나면 천벌을 받겠다고 기도"하였다. 이때 이시영이 단군태황조영위檀君太皇祖靈位라고 쓴 위패를 만들었고, 그는 세력 확장을 위해 동지를 규합하는 한편 중국, 만주 간도방면의 독립운동지사들과의 단결을 공고히 하여

62) 『자료집』 7, 134~138쪽(윤상태 신문조서). 尹相泰는 달성 출신으로 이전에는 相佑라 불렸으며, 아명은 周經, 字는 聖玫, 號는 香山이다. 그의 부는 尹義淳이었다. 학력은 14세 때까지 가정교사를 통해 한문을 배웠고, 그 후는 혼자서 한학을 익혔다. 1905년 巨濟郡守로 부임하였으나 1906년에 一進會 회원과의 충돌로 인해 군수 자리를 사직하고, 1911년 고령에 日新學校를 설립하여 학생들에게 신교육을 가르쳤다. 그는 동산·부동산을 합해 10만 원 정도의 재산가로서, 倭館에 미곡유통업을 전문으로 하는 香山商會를 경영하면서, 大邱銀行에 자본을 투자하여 주식 1천 주를 소유한 대주주였다. 그는 그의 부친과 서상일의 부친이 친한 사이여서 서상일과 알고 지내게 되었으며, 서상일에게 1천 원의 자금을 대부해 주기도 하였다. 또 윤상태는 그의 소실 집이 대구에 있어 대구에 올 때마다 서상일과 만나 친분을 쌓았다. 이를 계기로 두 사람은 의형제 사이가 되었다.

63) 『자료집』 7, 50쪽(윤창기 신문조서). 尹昌基는 대구 출신으로 대구 達城學校에서 보통과와 일본어를 배우고 졸업 후에는 대구어음조합에서 일했다. 그는 어음조합이 폐지되자 大邱農工銀行에 입사하였다. 그 후 2년간 大邱農工銀行에서 근무하다가 퇴직하고 포목상을 경영하였으나 실패하고 元山으로 가서 元興商會의 고용원으로 일했다.

64) 『자료집』 7, 159쪽.

65) 『자료집』 7, 윤창기 및 서병룡의 신문조서 참조.

시기를 기해 궐기하여 생명을 걸고 독립을 쟁취하는 것이 그 목표다"라고 주장하였다.[66] 곧 재건된 달성친목회는 국내에서의 세력 규합과 동시에 국외세력과의 연계를 통해 민족독립을 달성하고자 하였다.

이처럼 이날 시회 참석자들이 민족 독립에 대해 의견을 같이할 수 있었던 것은 사전에 서로 간에 의견일치를 보았기 때문에 가능한 것이었다.[67] 그래서 홍주일은 "…그 당시에는 이전의 상태로 회복되었으면 더 이상 (좋을) 수 없다는 생각은 가졌었다. 그래서 (달성－필자)친목회원 중에는 국권회복운동을 하려고 하거나 그것을 실현하게 하려는 희망을 가진 사람도 다수 있었다…"라고 하였던 것이다.[68] 이처럼 시회는 달성친목회원에 의해 열렸고, 그들은 독립에 대한 의지를 품고 있었다. 다만, 서상일과 윤상태는 이후 달성친목회사건의 재판 과정에서 재판상 불리한 진술을 회피하면서, 시회 모임은 인정하되 독립에 대한 결의는 부정하였다.[69]

서상일이 주도한 안일암安逸菴 시회詩會에서 주목되는 것은 단군태황조 영위를 갖추었다는 점이다. 이 모임에서 향후 매년 정월 15일을 기념일로 정하여 회합하고 단군의 영위에게 제사지낼 것을 약속하였다.[70] 이 모임에서 독립 및 행동에 대해 구두 약속을 했을 뿐 조직체계나 역할에

66) 『자료집』 7, 87쪽(정진영 참고인조서).

67) 『자료집』 7, 63~65쪽(윤창기 신문조서).

68) 『자료집』 7, 30~31쪽(홍주일 신문조서).

69) 『자료집』 7, 135~137쪽. 윤상태는 "수천 년 이래 계속된 한국이 병합으로 멸망했으니 우리들 조선민족으로서는 유감천만인 것은 틀림없지만 오늘날의 시세를 볼 때 조선의 독립을 기도해도 도저히 독립의 목적을 달성할 수 없다는 것을 확신하고 있다. 그러나 세계 각 국의 盛衰興亡은 無常하므로 한국이라 하더라도 다시 독립할 기회가 없다고 한정할 수 없으니 일단 멸망한 나라가 부활하는 것은 天理自然의 運數라 그 운수가 오는 것을 기다리지 않으면 도저히 불가능하다고 믿고 있다. 그래서 현재는 그 시기가 아니기 때문에 나는 독립 등을 기도하는 것 같은 생각은 조금도 없다"고 진술하였다.

70) 『자료집』 7, 159쪽(서병룡 신문조서), 155쪽(윤창기 신문조서).

대해서는 아무런 결정을 내리지 않았다.[71] 이는 대종교大倧敎와의 관련이 있음을 알 수 있는 부분이다. 대종교는 단군교가 1909년 1월 15일 서울에서 단군태황조신위檀君太皇祖神位를 갖추고 단군교 포명서佈明書를 공포하여, 민족종교로서 새로이 중광重光된 이래 1910년 7월에 명칭을 바꾼 것이었다.[72]

그렇다면 시회 모임에 참석한 달성친목회와 대종교와는 어떻게 서로 연관되었을까. 앞서 서상일이 서울에서 가입해 활동했던 대동청년단이 대종교와 연관성을 갖고 있었으며,[73] 그를 대종교의 남일도본사南一道本司의 주요 교도로 보는 경우도 있다.[74] 또한 이시영李始榮 역시 대종교의 교도였던 것으로 보인다. 그리고 대구 협성학교協成學校의 교사로 봉직했던 윤세복尹世復이 1910년 중국으로 망명하여 대종교에 입회하였기에[75] 대구의 인사들과 교류를 가졌을 가능성이 있다. 직접적으로는 서상일이

---

71) 『자료집』 7, 95쪽. 이에 대해서 윤창기 · 서병룡 · 윤상태 · 서상일 등이 주장하였다. 그런데 일제는 정진영의 진술에 근거해 구두 약속이 문서로 작성된 것으로 간주했으나 정작 정진영은 詩會에 참석하지 않았다. 일제가 제시한 서약서의 내용은 "① 한국의 주권을 회복할 것, ② 매년 정월 15일을 기념일로 정하여 회합하고 단군의 영위에 제사지낼 것, ③ 만약 이를 위반할 경우는 神明의 誅罰을 받을 것, ④ 결사대로 하여금 살육케 할 것" 등이었다. 이는 구두로 약속한 내용을 확대한 것으로서 의심의 여지가 있다.

72) 국사편찬위원회, 『한민족독립운동사－국권수호운동 2－』 2, 탐구당, 1987, 411~417쪽. 이 자료에 의하면, 대종교는 단군교가 대종교로 명칭을 변경할 즈음 신도의 수가 서울에 2천7백여 명, 지방에 1만 8천8백여 명이 달할 정도로 교세가 확장되었던 것으로 보인다.

73) 畊夫申伯雨先生記念事業會, 앞의 책, 67쪽.

74) 국사편찬위원회, 『한민족독립운동사』 2, 1987, 427~428쪽. 南一道 本司의 주요 교도로는 金允植 · 地錫永 · 周時經 · 安在鴻 · 申伯雨 · 羅雲奎 · 安浩相 · 金科奉 · 鄭寅普 · 明濟世 · 鄭寬 · 金斗鍾 · 鄭烈模 · 申性模 · 李克魯 · 白南奎 · 柳槿 · 李容兌 · 安熙濟 등. 다만, 서상일이 어떤 경로를 거쳐서 대종교에 입교하게 되었는지 어떻게 대종교 활동을 했는지에 대해서는 분명하지 않다.

75) 위의 책, 428~429쪽. 그는 입교한 다음해인 1911년에 滿洲 桓仁縣에서 東昌學校를 설립하였다.

1919년 5월경 보안법保安法 위반으로 사법 당국에 체포되었을 때 증거 자료로 압수된 품목 가운데 '대종교大倧敎 시교문施敎文 및 시명포佈明書'가 있었다.[76] 그런데 대종교는 당시 국내외 민족운동 세력과 긴밀히 연관되어 있었음[77]을 고려할 때, 그러한 독립운동선상의 영향이 달성친목회에까지 미쳤다.

요컨대 1913년 1월 15일의 안일암安逸菴 시회詩會는 서상일의 주도로 달성친목회가 재건되는 자리였다. 그들은 서로의 종교가 다르면서도 민족독립이라는 역사적 과제 앞에서 대종교의 의식을 통해 정체성을 가졌다. 결국 달성친목회는 시회 모임을 계기로 교육 중심의 계몽운동 단체에서 독립을 전망하는 단체로 성격이 바뀌었다.

서상일은 달성친목회 재건 이후 1913년 3월에서 9월까지 중국의 장백부長白府와 러시아의 니꼴리스크를 방문하고, 하얼빈·장춘長春·봉천奉天 등을 경유하여 귀국하였다.[78] 그는 국외 방문 동안 친형 서상규·盧伯麟·이동휘李東輝·이상설李相卨 등을 만났던 것으로 보이며, 귀국 후 주변 사람에게 노백린과는 매우 친한 사이이며, 이동휘와는 형제의 맹세를 했던 것으로 말하기도 했다.[79] 따라서 상업 시찰로 위장한 그의 국외 방문은 해외 독립운동 정세를 파악하기 위해서였다.

그렇다면 그는 국외 방문을 통해 해외독립운동의 정세를 어떻게 파악

---

76) 『자료집』 7, 277쪽 ; 국사편찬위원회, 『한민족독립운동사』 2, 420~421쪽. 大倧敎는 1910년 8월에 儀式規例發佈案·施敎式·自信式·敬拜式·慶賀式 등을 내용으로 하는 儀式規例를 제정 발포하였다. 포명서에는 대종교의 교리 및 성격, 重光의 동기 등이 밝혀져 있다. 또 민족문제와 관련해서는 단군을 구심점으로 한 민족종교를 창시하여 자위투쟁을 전개해야만 국권회복을 성취할 수 있음을 주장하고 있다.

77) 조동걸, 앞의 글, 1983. 127~129쪽.

78) 『자료집』 7, 121~122쪽.

79) 『자료집』 7, 92쪽 ; 서상일, 「인생회고록–나의 정치생활은 이렇게 흘러가고」, 출처미상, 127~128쪽.

했으며, 그 결과 향후 독립운동 방향에 대해 어떻게 구상했을까. 먼저, 해외 방문에서 접한 국제 정세에 관한 인식을 살필 수 있다. "…국제정국은 우리나라에 극히 불리한 것들이었다"고 하면서 "19세기 초엽부터 러시아의 남하정책이 진행되자 미 · 영은 일본을 원조하여 러시아를 견제했고, 그 과정에서 러 · 일전쟁이 발생하였다. 이때 미 · 영은 일본을 원조하였고, 전쟁에서 승리한 일본은 우리나라에 대한 우선권을 갖게 되었고, 미 · 영은 우리나라가 일본의 세력권에 포함되는 것을 불가피한 것으로 간주했다"고 이해하였다.[80]

또한 서상일은 이들을 만나는 가운데 해외 독립운동 세력이 '파벌'로 분열되어 있다고 파악하였다. 곧 "내가 만주에 건너가서 처음 안일이었지만 나라를 위하여 독립운동을 하는 이 항일투사들이 서로 지방별로 나뉘어져서 싸움을 한다는 것은 도저히 그냥 봐 둘 수 없는 무지無知한 일이었다"고 하면서, 이동휘가 그 자신에게 자기가 기호파畿湖派로부터 습격당해 죽을 뻔한 일이 있었음을 말했다는 것이다. 이에 대해 후일 그는 '만주滿洲의 비극悲劇'이라 표현하였다.[81] 그는 이동휘李東輝 · 이갑李甲 · 이상설李相卨 등을 만나 통합과 단결을 강조했던 것으로 말하고 있다.[82] 여하튼 그는 해외 방문을 통해 국제 정세, 독립운동 및 그 세력의 현황 등에 관해서 이해를 높일 수 있었다.

그리고 향후 취할 행동을 다음과 같이 표현하였다.

---

80) 서상일, 「험난할 망정 영광스런 먼 길」, 50～51쪽.

81) 서상일, 「인생회고록－나의 정치생활은 이렇게 흘러가고」, 127～128쪽.

82) 서상일, 「自畵自讚」, 『민주신보』, 1951. 12. 28. 여기서 그는 "李東輝 · 李甲 · 李相卨 등을 歷訪하고 統合과 團結을 烈烈히 慫慂하였다. 이제 過去를 追憶컨데 지금에 버러진 한국의 사태는 벌써 당시에 萌芽를 가졌던 것이었다"고 회고하였다. 그러나 당시 독립운동가로서의 위상이나 연령 등을 고려할 때 서상일의 회고를 그대로 믿을 수는 없다. 단지 자신의 독립운동의 세력의 통합에 대한 생각을 후에 표현한 것으로 보아야 할 것 같다.

> "이상적 자아에 현실적 세계를 동화하려는 것보다 현실적 세계에다 이상적인 자아를 동화시켜 현실적 자아를 현실적 세계에 동화되게끔 하는 것이 이상적 자아에 대한 성공이라는 소이(所以)에서였다."[83]

여기서의 이성적 자아는 독립에 대한 관념을 말하는 것이고, 현실적 세계는 힘이 작동하는 현실 그 자체를 의미하는 것이며, 현실적 자아는 그러한 현실을 정확하게 파악한 실천적 자아를 의미하는 것이었다. 곧 독립에 관한 추상적인 관념을 탈피하여 현실에서의 실천을 통해 이상과 현실의 통일을 추구하여 목적을 달성해야 한다는 것이었다. 따라서 그는 이상理想보다는 현실주의에 입각하여 독립운동 노선을 택하였다.

서상일은 국외 방문 이후 재건된 달성친목회를 강화하고, 강유원간친회講遊園懇親會에 가입하였다. 먼저, 그는 국외 방문 직후인 1913년 9월 22일에 이근우李根雨·정운일鄭雲馹·서창규徐昌圭·서기수徐琦洙 등과 달성친목회를 강화하기로 결의하였다. 이를 계기로 1914년에 들어 박영모朴永模·최준명·정순영·김재열金在烈·최병규崔丙圭·김진만金鎮萬·김진우金鎮瑀·남형우南亨祐·김응섭金應燮 등이 차례로 가입하였다. 그에 따라 달성친목회는 4, 5백여 명에 달하는 회원을 확보하였던 것으로 보인다. 회원을 확보하는 데에는 종교의 역할이 컸다. 곧 윤상태는 유교를, 서상일·서창규·윤창기 등은 불교를, 홍주일은 천도교를, 김응섭·신상태 등은 기독교를 활용하였던 것이다. 달성친목회 회원은 대한협회 대구지회 시기의 이근우를 제외한 대부분 구성원들은 신진층이었다. 재건된 달성친목회는 앞서 했던 것처럼 모임 방식으로 시회를 견지했던 것으로 보인다. 그에 따라 1914년에서 1916년까지 정월 15일의 정기적 시회와[84] 그리

83) 서상일, 「인생회고록－나의 政治生活은 이렇게 흘러가고－」, 128쪽.

84) 『자료집』 7, 24~30쪽(서상일 신문조서 2회).

고 장소를 바꾸어가며 부정기적으로도 시회를 열었던 것으로 보인다.[85)]

또한 서상일은 해외 순방을 마치고 돌아온 후인 1914년경에 태궁상점太弓商店을 설립하였다.[86)] 태궁상점은 초기에 곡물 및 숯을 취급했으나 향산상회香山商會를 경영하던 윤상태로부터[87)] 1천 원의 상업자금을 차용한 것을 계기로 제유원료 · 비료 · 각종 만주특산물 · 식염 등 취급 품목을 늘였고, 가게도 남문부근에서 시장정市場町으로 옮겼다. 서상일이 윤상태로부터 상업자금을 융통할 수 있었던 것은 윤상태의 부친이 서상일의 부친과 친한 사이였고, 또 두 사람이 의형제간이여서 가능했다. 이를 계기로 서상일은 대구의 상인층과 긴밀한 상업 관계를 맺었다. 그에 따라 서상일은 1914년 혹은 1915년에 다시 중국의 안동현安東縣 · 봉천奉天 · 천진天津 · 북경北京 등지를 이일우李一雨 · 곽세헌郭世憲 · 배상락裵相洛 등의 상인층과 함께 다녀왔다. 이러한 대구지역 상인층의 국외 방문은 상업시찰의 명목 아래 해외 독립운동의 정세를 직접 체험하기 위한 것으로 볼 수 있다. 이때의 방문을 계기로 서상일의 태궁상점은 박광朴洸의 신동상점信東商店, 해송양행海松洋行, 해제상점海濟商店, 해원양행海元洋行, 태공상점泰共商店, 해천양행海天洋行 등과도 거래를 하여 국내외에 폭넓게 거래망을 확보하였다.[88)]

뿐만 아니라 같은 시기에 달성친목회의 이시영 · 박영모도 상해上海 · 봉천奉天 · 안동현安東縣 등지를 다녀왔다.[89)] 이시영의 경우 대구에서 포목상을 경영하던 중 운영 자금을 가지고 만주로 건너가 버렸다.[90)] 또 박영

---

85) 『자료집』 7, 95쪽(정진영 참고인 조서). 1915년 정월 15일에도 안일암 詩會의 참석자들이 서병룡의 집에서 대종교의 종교 의식에 따라 檀君太皇祖靈位를 갖추고 민족 독립에 대한 결의를 다지고 기도를 올렸다.

86) 서상일, 「인생회고록－나의 정치생활은 이렇게 흘러가고－」, 128쪽 ; 『자료집』 7, 148쪽.

87) 『자료집』 7, 4～5(윤상태 신문조서).

88) 『자료집』 7, 275～278쪽.

89) 『자료집』 7, 296～297쪽.

모는 종이무역을 목적으로 안동현의 박광의 집에 머물기도 하였다. 그런데 박광은 경북 고령출신으로 곡물을 취급하는 신동상회를 경영하면서 독립운동을 전개한 인물이었다.[91] 이시영과 박영모의 행동은 독립운동 자금 마련과 관련된 것으로 볼 수 있다.

또한 상업 활동에는 많은 자금이 필요한바 은행과의 거래가 필수적이었다. 달성친목회원 가운데 서병룡이 대구은행의 부지배인이었고, 신상태는 대구은행원이었고, 윤창기는 대구농공은행원으로 종사하고 있었다. 따라서 서상일 등은 상업에 필요한 자금을 은행에 근무하고 있던 달성친목회원의 협조로 쉽게 대출·대부받을 수 있었던 것으로 보인다.

그에 따라 달성친목회는 1910년대 대구에서 가장 영향력 있는 단체로 부상하였다. 이에 일제는 달성친목회에 대한 감시를 강화했고, 그 결과 1915년 9월에 비밀결사로 간주하여 강제로 해산시켰다.[92]

다음으로 서상일은 국외 방문 이후 1913년 3월 15일에 대구에서 조직되어 활동하던 강유원간친회講遊園懇親會에 가입하였다.[93] 이 단체는 오재숙·홍주일洪宙一·윤창기尹昌基·서병룡徐丙龍 등이 주도하고 있는 가운데 박연조朴淵祚·이시영李始榮·김유덕 등도 회원으로 가입하였다.[94] 이처럼 강유원간친회의 구성원과 달성친목회의 회원이 대부분 일치하여 두 단체 상호 간에 밀접한 관련을 가지고 있었다.

강유원간친회는 그 모임장소로 달성친목회 회관을 주로 이용하면서 약 40, 50여 명의 회원으로 구성되었으며, 매주 1회씩 정기 모임을 가졌

---

90) 『자료집』 7, 88쪽.

91) 강영심, 앞의 글, 160쪽.

92) 『자료집』 7, 296쪽.

93) 그런데 1919년 달성친목회의 활동을 일제 경찰에 밀고한 정진영은 講義園이라고 진술하였다. 그러나 여기에서는 참가자 및 일제 관헌이 동일하게 파악하고 있는 강유원으로 부르기로 한다.

94) 『자료집』 7, 119쪽, 297쪽 ; 『자료집』 8, 272쪽.

다. 그 목적은 해외 유학생 및 조선 내의 학생들을 규합한다는 것으로서, 표면적으로는 운동을 통해 강화講話 및 오락 활동을 진행하는 것이었다. 강유원은 학식과 명망이 있는 사람을 초빙해 지식 개발을 도모하고,[95] 유교 고전을 통해 유학적 지식을 축적하기도 하였다.[96] 그리고 달성친목회가 해산 당한 후인 1916년 경남 진주의 청년들이 청년운동회를 개최할 때 그곳으로 원정하여 교류하였다.[97] 이렇듯 강유원간친회는 학술강의 활동 · 체육 활동을 매개로 지역의 신지식층이 서로 간 공동관심사를 진작시켜 나갔다.

서상일은 강유원간친회를 매개로 하여 경남지역의 상인층들과도 긴밀한 관계를 맺었다. 그는 1913년경 경남慶南 통영統營에 상업시찰을 하러 갔을 때 서상호徐相灝 · 서상환徐相懽 등을 만났으며, 그 이후 그들과 관계를 유지시켰다.[98] 또한 이때 서상일은 경남 마산지역의 상인층인 김기성金璣成과도 관계를 맺은 것으로 보인다.[99] 그런데 김기성은 창신학교昌信學校의 교사로 봉직할 때 동료 교사 안확安廓을 알게 되었다.[100] 그 후 김기성은 교사를 사직하고, 곡물 소매상을 운영하다가 친구인 배중세裵重世가 운영하던 오○상점五○商店의 고용원이 되었다. 김기성은 이때 마산馬山에서 미곡 및 해산물 등을 취급하는 원동상회元東商會의 이형재李亨宰와 알게 되었다.[101]

---

95) 『자료집』 7, 66～68쪽(서상일 신문조서 3회).

96) 『자료집』 7, 85～95쪽(정진영 참고인조서).

97) 『자료집』 7, 66～68쪽(서상일 신문조서 3회).

98) 『자료집』 7, 5쪽, 78～79쪽.

99) 『자료집』 7, 110～112쪽(金璣成 신문조서).

100) 『자료집』 7, 44쪽, 163쪽. 安廓은 진주 출신으로 대구의 友弦書樓에서 李一雨와 함께 공부하였고, 協成學校의 교사로 활동하다 1909년 마산에 와서 私立 昌新學校의 교사로 교육에 종사하였다.

101) 『자료집』 7, 59～60쪽(정운일 신문조서).

이와 같이 강유원간친회는 경남 통영 및 마산의 유지들과 관계를 맺을 수 있었던 중요 매개고리 역할을 담당하였다. 이 강유원간친회는 달성친목회가 강제 해산 당한 후인 1916년 4월 일제 당국에 의해 강제로 해산되었다.

요컨대 달성친목회가 독립운동선상에서 실천 활동을 위한 직접 공간이 되었다면 강유원간친회는 내면 강화 및 지역 간 교류를 중점으로 하여 서로 간 역할이 일정하게 분담된 것으로 보인다. 또한 달성친목회를 강화하는 후비대 역할도 동시에 수행한 것으로 보인다. 때문에 일제는 강유원이 "내면에는 친목회와 행동을 같이하고 암암리에 불령선인不逞鮮人과 기맥을 통하여 또는 불온학생들을 단결하는 거동이 있다"고 파악하였던 것이다.[102]

2) 태궁상점太弓商店 운영과 독립운동 자금

서상일 등은 강유원간친회가 달성친목회와 함께 일제에 의해 강제 해산됨으로써 새로운 단체를 모색해야 했고, 그 기능을 자신이 경영하고 있던 태궁상점太弓商店[103]으로 전환하였다. 그런데 이 시기는 국내외적으로 주목할 부분이 있다. 즉, 1914년 세계 1차 대전에 따른 중 · 일 간의 전쟁 위기, 그리고 해외 독립운동의 발전, 1915년 광복회의 결성이 이루어졌으며,[104] 그 공간을 대구로 좁힐 경우 1916년 9월경 '대구권총사건大邱拳銃事件'이 발생하였다.[105]

---

102) 『자료집』 7, 297쪽.

103) 太弓商店이란 상호는 서상일이 범어사 생활을 하면서 지은 불교식의 '弓夫'에 큰 대자를 붙인 것으로 생각된다.

104) 趙東杰, 「大韓光復會 硏究」, 『韓國史硏究』 42, 1983, 105~106쪽.

105) 이 사건에 대해서 기존의 연구는 대한광복회와 긴밀히 연관되어 발생했다고 보는

이 사건은 김진만金鎭萬 · 김진우金鎭瑀 · 정운일鄭雲馹 · 최병규崔丙圭 등이 주도하고, 이시영李始榮 · 정순영鄭舜永 · 홍주일洪宙一 · 김재열金在烈 등이 연루되었다. 위 인물들이 1916년 9월 4일 대구의 부호인 서우순徐佑淳을 대상으로 무력적인 방법을 동원해 독립자금을 마련하기 위해 벌인 실천 활동이었으나 미수에 그쳤다. 그로 인해 1917년 8월 대구복심법원大邱覆審法院에서 김진우는 징역 12년에 김진만 · 정운일 · 최병규 등은 징역 10년을 선고받았다.[106] 이들 가운데 정운일 · 최병규 · 김진우 등은 이미 1915년 11월 무렵에 대구의 부호인 정재학鄭在學 · 이장우李章雨 · 서우순徐佑淳 등에게 각각 5만 원, 2만 원, 3만 원을 독립자금으로 내줄 것을 요구하는 서신을 보낸 바 있었다.[107]

그런데 이들은 앞에서 본 바와 같이 모두 달성친목회와 강유원간친회 회원들이었다. 따라서 달성친목회 내에 상인층은 상점 운영을 통해 독립자금을 마련하였고, 비상인층은 무력적인 방식으로 독립자금을 마련하고 있음을 알 수 있다.[108] 여하튼 이 사건으로 인해 대구지역의 민족운동

경우와 관련성이 없는 것으로 보는 경우가 있다. 전자의 입장은 권대웅의 「1910년대 경상도지방의 독립운동단체 연구」(영남대 박사학위논문, 1993)이며, 후자의 입장은 조동걸의 연구(위의 글)이다. 또 대한광복회의 주도 아래 '국권회복단'의 단원이 독자적으로 벌인 독립자금마련사건으로 보는 경우가 있다(강영심, 「조선국권회복단의 결성과 활동」, 『한국독립운동사연구』 4, 독립기념관 한국독립운동사연구소, 1990). 그런데 이 사건을 다룬 일제 사법당국은 대한광복회와의 연관성을 밝히지 못했다. 그에 따라 일제는 이 사건을 '統監團'이라 불렀고, 일각에서는 '愛國團사건' 혹은 '光復團사건' 등으로 불렸다. 따라서 1910년대 국내 민족운동의 성격을 파악하는 차원에서 이 사건에 대한 면밀한 분석이 요구된다.

106) 大邱覆審法院, 「판결원본」, 1917.

107) 경상북도 경찰부, 『고등경찰요사』, 1934, 180쪽.

108) 이에 대해 기존 연구들은 달성친목회의 독립자금마련 활동으로 파악하지 않을 뿐 아니라 상인층의 활동 방식을 실력양성 입장을 가진 '국권회복단'과 무력항쟁 입장을 가진 대한광복회 활동으로 간주하는 경향이 있었다. 그런데 이 활동을 벌인 인물들이 모두 달성친목회원이었던 점과 회원의 직업상 차이를 고려할 때 재고할 필요가 있다.

세력의 인적 기반이 크게 상실되었을 뿐 아니라 태궁상점의 활동에도 위축을 가져 왔다.

그런데 주목되는 것은 '대구권총사건'의 재판이 있을 즈음인 1917년 8월경 이광수李光洙가 대구를 방문하였던 것이다. 그는 달성친목회원이 벌인 '대구권총사건'을 '강도사건'으로 규정하고, 충격으로 받아들였다.[109] 그리하여 그는 "조선의 청년이 독립이 불능함을 깨달아 신사회에 활동한 만한 실력을 길러 사회의 중추가 될 자격과 능력을 길러야 할 것"이라고 주장하면서, 동시에 조선의 청년들을 다스리는 방법을 총독부에 건의하고 제시하였던 것이다.[110] 그는 대구에서 관계 인사·금융계 인사·유지들의 환대를 받으면서, 대구지역의 청년층에 동향에 주목하여 '신대구新大邱'로 표현하였고, 대지주·부호·양반적 관습의 온존을 '구대구舊大邱'로 간주하여 타파할 것을 강조하였다.[111] 특히, 일본조합교회日本組合教會 및 달성교회 내達城教會內 지덕수양회知德修養會의 초청을 받은 자리에서, 수양회 등의 단체들이 방황하는 청년들을 지도하는 것을 급무急務로 삼아야 한다고 주장하였다. 따라서 이광수는 대구를 방문하여 독립 사상의 '위험성'을 지적하고, 총독 정치 아래 실력양성의 추구를 강조하였다. 그의 훗날 민족개조론의 단초가 이미 「대구에서」에서 분명히 나타났던 것이다.[112]

이와 같이 '대구권총사건'의 발생과 이광수의 대구방문이 이루어진 상

---

109) 김윤식, 『이광수와 그의 시대』 1(개정증보판), 1999, 솔, 545쪽. 이광수는 『매일신보』에 「대구에서」라는 기행문의 형식을 빈 건의서에서 '대구권총사건'을 일으킨 달성친목회원에 대해 "나는 이 20여 명 청년의 대범죄를 목도함에 수만 수십만 後來靑年의 위기가 방불한 듯하여 전율을 금치 못합니다"라고 언급하였다.

110) 김윤식, 앞의 책, 543~547쪽.

111) 李光洙, 「大邱에서」 1~3, 『매일신보』, 1917. 8. 25~27.

112) 김윤식, 앞의 책, 562쪽. 그러나 이광수의 대구 방문이 서상일에게 직접적으로 어떤 영향을 미쳤는지에 대해서는 파악이 쉽지 않다. 다만, '대구권총사건'에 대한 무거운 판결이 대구사회에 큰 충격을 던져 주었을 상황에서 이광수의 대구 방문은 달성친목회에게 더욱 위축을 가져왔을 것으로 생각된다.

황에서 서상일 등은 새로운 활동 방향을 모색하지 않을 수 없었다. 그에 따라 태궁상점의 규모를 확대하기 위해 주식회사로의 전환을 시도하고, 국외보다는 국내 상인층과의 관계를 확대 강화하는 방향을 모색하였다.

서상일은 태궁상점을 주식회사 형태로 전환하기 위해 1917년 여름부터 대구를 비롯한 경북 및 경남 지역의 자산가를 접촉하기 시작하였다. 그는 자본금을 100만 원으로 늘리고, 기존의 영업 분야를 넓혀 만주에서 조와 목재류를 수입하여 판매할 것을 계획하였다.[113] 우선 1918년 무렵 그의 사업 자금에 깊게 관련된 윤상태尹相泰와 그의 어린 시절 이웃하고 살았던 서창규徐昌圭 등이 경상농공은행에 지불보증을 해주어 1만 원에 해당하는 금액을 확보할 수 있었다.[114] 그리고 그의 태궁상점에 홍주일洪宙一이 1917년 음력 9월부터 고용원으로 일했다.[115]

서상일은 1917년 3, 4월경 서창규를 통해 포항의 자산가 편동현片東鉉을 소개받고, 성주의 자산가 배상연裵相淵과 친분을 쌓았다. 그해 말 그는 서창규와 함께 포항을 방문하여 편동현과 함께 태궁상점의 주식회사 전환을 논의하였다. 이때 편동현이 서창규를 알게 된 경위는 대구에서 같은 학교를 다녔기 때문이고, 배상연과는 1918년 봄 이강李剛(이강－필자)과 함께 통영의 어기漁基 매입을 위해 서울에 갔을 때 같은 여관에 숙박하여 친해지게 되었다.[116] 편동현은 1918년 5, 6월경 백산상회의 안희제로부터 동 상회의 주식회사로의 변경에 투자해 줄 것을 제의 받고, 같은 해 9월경 서상일의 권유로 100주를 인수하고 1,250원의 불입금에 대해서는 약속어음을 건네주었다. 그리고 편동현은 1919년에 서상일의 태궁상회에

113) 『자료집』 7, 173쪽(홍주일 신문조서).
114) 『자료집』 7, 4~7쪽(윤상태 신문조서).
115) 『자료집』 7, 173쪽(홍주일 신문조서).
116) 『자료집』 7, 115~116쪽(편동현 신문조서).

1만 5,600원을 투자하였다.117)

서상일은 경북 왜관에서 쌀·소금 등을 거래하면서 알게 된 성주 자산가 배상연과도 접촉하였다. 서상일은 1919년 3월 배상연에게서 금액 5천 원씩 두 장의 어음으로 1만 원을 융통할 수 있었다. 또 배상연은 서상일의 제안으로 1918년 주식회사 백산상회의 설립 때 200주를 인수하고 2,500원의 불입금을 납부하였다. 이처럼 두 사람은 서로 친밀한 관계를 유지한 것으로 보인다.118)

서상일은 1917년부터 대구에서 곡물상을 경영한 한익동韓翼東과도 관계를 유지했다. 한익동은 어렸을 때 일본으로 가서 성성중학成城中學과 와세다대학 정치경제과를 졸업한 뒤 1913년에 조선에 돌아와 1917년부터 곡물상을 운영한 인물이었다. 한익동은 서상일을 통해 1918년 백산상회 주식 40주 인수하여 불입을 끝냈다. 같은 해 여름경 서상일이 태궁상점의 확장 계획을 언급하고 투자해줄 것을 요청하였다.119)

또한 서상일은 안희제의 백산상회白山商會와도 관계를 맺었다. 그와 안희제는 보성법률학교 동창이며, 대동청년단에서 함께 활동한 바 있었다. 그는 백산상회가 주식회사로 전환할 때 대구지역 자산가들에게 투자를 적극 권유했다. 곧 윤상태가 백산상회의 발기인이었으며, 안희제로부터 1천 주를 인수받을 것을 제의 받고 그 불입금으로 1만 2,500원의 약속어음을 써 주었다. 윤상태는 그 인수 주식을 서상일로 하여금 친분 있는 자산가에게 인수하도록 하였다. 그 인수인은 배상연裵相淵이 200주, 편동현片東鉉이 100주, 서창규徐昌圭가 100주, 엄진섭嚴瑱燮이 50주, 문재천文在千이 100주, 윤한병尹翰炳이 50주를 각각 인수한 것으로 보인다.120) 때문에 태

117) 『자료집』 7, 114~117쪽(편동현 신문조서).

118) 『자료집』 7, 37~38쪽(배상연 신문조서).

119) 『자료집』 7, 47~48쪽(한익동 증인조서).

궁상점이 백산상회의 대구연락사무로 이해하는 경우까지 있었다.[121] 그러나 태궁상점이 백산상회의 연락사무소라는 증거는 없다.

따라서 서상일의 달성친목회는 동회 해산 이후 태궁상점의 확대를 통해 운동의 조직화를 꾀해 경남북지역의 자본가와 연계망을 형성하였다. 곧 태궁상점은 국권회복에 관심을 가진 상인 자본가층의 거점 역할을 하였다. 그렇지만 조직체계 · 활동방향이나 구체적인 행동의 실천까지는 나아가지 못하였다. 계속적인 모색 · 준비과정에 머물러 있었다. 서상일 등은 3 · 1운동을 계기로 실천활동에 나섰다. 또한 서상일 자신은 태궁상점을 매개로 한 상업활동을 통해 자본가로서의 자질을 키워나갔음도 주목할 부분이다.

3) 3 · 1운동 시기 독립운동

서상일은 1919년 3월 만세독립운동이 확산되는 가운데 독립에 대한 자신의 인식을 밝히며, 독립운동 자금 모집 활동을 주도하고 독립청원서 전달 활동에 간접적으로 관계하였다.

서상일의 3 · 1운동 당시 국제정세에 대해 큰 기대감을 갖고 있었다. 먼저, 그는 다른 한국인처럼 미국 대통령 윌슨이 제창한 민족자결주의民族自決主義에 대해 강한 기대감을 표현하였다.[122] 그 부문을 옮기면 다음과 같다.

"한상십년에 은인울적하든 아조선의 사상계는 세계대전을 최선으로 정

120) 『자료집』 8, 176쪽.

121) 조기준, 「민족 기업가로서의 백산 선생」, 『나라사랑』 19, 1975.6, 36쪽.

122) 박찬승, 「3 · 1운동의 사상적 기반」, 『3 · 1 민족해방운동사연구』, 청년사, 1989, 404~405쪽.

리하기 위하야 영원히 세계의 평화를 보장하고 전쟁을 방지하랴고 미국 대통령 윌슨씨의 주창한 강화기초 14개조의 강령 중 민족자결주의라는 도화선으로 조선민족의 운동이 폭발하기 시작하얏다."[123]

그러한 그의 생각은 파리강화회의에서 미국 등 서구 열강의 지원으로 한국의 독립문제가 해결될 것으로 크게 기대하였다.[124] 그에 따라 그는 국제 정세에 조응할 수 있는 조선 청년들의 준비가 필요할 것임을 다음과 같이 주장하였다.

"세계의 대세가 변화하여 조선도 세계 각 국에서 인정받도록 되었으니 지금까지처럼 실망 낙담하고 있는 상태를 벗어나 행복한 상태가 될 것으로 생각되므로 우리 청년들은 지금부터 그 준비를 하지 않으면 안될 것이다."

라고 하였다.[125] 이처럼 그는 민족자결주의, 파리강화회의 등 국제 정세에 영향 받고, 그에 따른 준비 활동으로서 독립운동자금 모집과 독립청원서 전달사건을 벌였다.

또 서상일과 함께 활동한 서창규는 "조선의 국권을 회복하고 독립을 얻을 수 있다면 나도 그 희망은 충분히 있다. 수천 년 계속된 한국은 병합과 동시에 멸망하였으니 조선인으로서 우리들은 유감으로 생각한다. 법률상 총독정치는 조선인이 일본인에 비해 매우 차별적으로 취급되고 있는 것 같으므로 국권을 회복하여 조선인으로서 옛날처럼 독립하여 지

123) 徐相日, 「朝鮮青年會의 理想과 그 事業」, 『新民公論』 2-6, 1921. 9, 10쪽(『日帝下 雜誌拔萃 植民地時代資料叢書』 13권, 啓明文化社, 1992, 559쪽에서 재인용).

124) 박찬승, 앞의 책, 1992, 169쪽.

125) 『자료집』 7, 47~49쪽.

배하고 한 나라를 가지고 있을 수 있으면 그것을 희망하는 것은 모든 조선인이 모두 같을 것이라고 생각된다"고 하였다.[126] 서상일 등은 조선의 독립에 대한 전망을 가지면서 국제 정세의 변화에 주목하였다. 서상일은 독립을 위한 구체적 방법으로서 국외 운동세력에 대한 지원과 연대를 제시하였다. 그리하여 그는 부호들에게 "현재 조선독립에 관해서 우리들 동지들은 상해上海에 가정부假政府를 조직하여 동지인 이동휘 · 이승만은 상해 및 파리에서 독립운동에 진력하고 있으므로 그 자금을 응분 조달해야 한다"고 설득하였다.

서상일은 안확安廓 · 이형재李亨宰 · 김기성金璣成 · 남형우南亨祐 · 변상태卞相泰 · 신상태申相泰 · 김응섭金應燮 · 김재열金在烈 · 배중세裵重世 · 이순상李淳相 등과 함께 모여 중국 상해上海 가정부假政府와 연락을 취하여 조선朝鮮의 남부를 중심으로 독립운동을 지원하기로 결의하였다. 그리고 서상환徐相懽 · 서상호徐相灝 · 서창규徐昌圭 · 배상연裵相淵 · 배상렴裵相廉 · 편동현片東鉉 등과도 독립운동을 지원하기로 결의하였다.

먼저, 서상일은 1919년 음 2월 말 혹은 3월 초경 대구의 장관동에 사는 약 10만 원의 자산가인 정용기鄭龍基를 만나 해 달라고 요구하였다.[127] 다음으로 서상일은 경남지역 자산가층을 대상으로 독립운동 자금 마련에 나섰다. 1919년 3월 중순경 대구를 방문한 서상환을 윤상태와 함께 만나 조선의 사정에 관해 논의하면서, 현재 각지에서 독립운동이 치열하므로 우리들도 큰 결심을 해야 한다고 말하였다. 그러면서 서상일이 서상환에게 독립운동에 참여할 것을 권유하였고, 서상환은 흔쾌히 동의하면서 그 방법에 대해서는 추후 다시 논의할 것을 기약하였다. 그때 서상일은 서상환에게 경남 통영 지방에서 약 5, 6만 원에 해당하는 금액을 독립운동

126) 『자료집』 7, 73~77쪽.

127) 『자료집』 7, 182~184쪽(서상일 · 정용기 대질신문조서).

자금으로 모집해 줄 것을 요청하였다. 이에 서상환은 서상호徐相灝에게 그간의 사정을 전달하였고, 서상호는 2만 원의 태궁상점 주식 인수 증서를 써 주었다.[128]

한편, 서상일은 만주에서 조직된 대한독립의군부大韓獨立義軍府에서 운동자금 모집책으로 국내에 파견된 대구 출신의 정운해鄭雲海를 만났다. 두 사람이 만나게 된 계기는 홍주일洪宙一의 동생인 홍기식洪基植이 정운해를 이미 알고 있는 사이였기에 서상일과 연결될 가능성이 컸던 것이다.[129] 서상일은 1919년 4월 15일 경 정운해에게 통영의 서상호를 소개시켜 주었다. 이때 정운해는 정계원鄭啓源이라는 가명을 쓰고 활동하였다.[130] 이에 정운해는 서상호에게 독립자금 모집에 협조를 요청한 서신을 전달하였다. 이는 서상호에 의해서도 확인되는데, 서상호는 서상일의 심부름으로 정계원이 왔었고, 정계원이 보낸 서신의 발신인이 의군부義軍府로 되어 있었다고 했다.

서상일이 정운해와 서상호에게 보낸 것은 태궁상점에의 자금 출자를 외피하여 독립자금을 모집한 것과 관련이 있다. 곧 서상일이 태궁상점을

---

128) 『자료집』 8, 160~162쪽(서상환 신문조서).

129) 『자료집』 7, 14~15쪽(홍기식 참고인조서).

130) 鄭元澤, 『志山外遊日誌』, 探究堂, 1983, 178~184쪽. 大韓獨立義軍府는 1919년 정월 24일 朴南坡 · 趙素昂 · 黃尙奎 · 金佐鎭 · 朴觀海 · 鄭雲海 · 宋在日 · 孫一民 · 成樂信 · 金東平 · 呂時堂 등이 모여 독립운동에 관해 논의하던 중 같은 달 27일(음 2월)에 조직되었다. 의군부는 총재에 呂準을 추대하고, 총무 겸 외무에 朴贊翊, 재무에 黃尙奎, 군무에는 金佐鎭, 서무에 鄭元澤, 선전 겸 연락에 鄭雲海 등을 선출하였다. 같은 달 28일 의군부 부서를 정하고 시무에 착수하여, 긴급회의를 개최하고 진행 방법을 결정하였다. 곧, ①上海에 吉林대표를 파견하여 신속히 연락을 취할 것, ②馬匹과 무기를 구입할 것, ③近地 各處와 歐美에 宣言書를 발송할 것, ④西北간도와 俄領에 신속한 연락을 취할 것 ⑤ 자금모집을 위하여 비밀히 국내에 인원을 파견할 것 등이었다. 상해대표로 趙素昂이 선정되었고, 마필 및 군기 매입은 김좌진이 중국인 여러 명을 데리고 露領으로 향하기로 하였다. 선언서는 趙素昂이 기초를 하기로 하였고, 서북간도에의 연락은 성낙신 · 김문삼이 맡았다. 鄭雲海는 국내 자금 모집을 담당하기로 하고 같은 해 2월 8일 大邱로 출발하였다.

주식회사로 전환하려 할 때인 1919년 3월 중순경 서상호로부터 2만 원에 해당하는 주식 인수 증서를 받았으나 실제 불입금을 받지 못하자 두 사람을 파견한 것이었다.

또한 서상일은 상해 임시정부의 포고문 및 강령을 전달하는 활동을 벌였다. 상해 임시정부의 선포문과 강령은 신흥학우단원인 문상직文相直으로 전해 받은 것이었다. 문상직은 경북慶北 고령高靈 출신으로 1914년 만주로 건너가 당시 만주滿洲 통화현通化縣 합니하哈泥河에있는 신흥무관학교 군사과에 입학하여 병학 교육을 이수하고 1년 만에 졸업했던 인물이었다. 문상직은 1919년 3월 중순 안동현安東縣 체재 중 평산平山의원 사무원으로 일하고 있던 황대관黃大關[131]으로부터 임시정부 선포문과 강령을 국내에 배포해 달라는 요청을 받아들여 그 100여 장을 전달받고 국내로 들어 왔다. 서울에 무사히 도착한 문상직은 상주 출신으로 관훈동에서 곡물상을 운영하고 있던 김사용金思容에게 8매를 건네 주고 배포를 의뢰하였다. 그 직후 대구에서 서상일을 만나 임시정부 선포문과 강령을 전달하고 남부지역에 배포해 줄 것을 요청하였다.[132] 그 내용은 "임시정부의 설치를 선포하면서 조선민족은 일본의 통치를 벗어났으니 일본의 명령을 따른 필요가 없으며 또한 이후로 유혈의 참상을 보더라도 독립을 수행하여 완전한 정부를 조직할 때까지 조세 등 일체를 납부해서는 안 된다"는 것이었다.[133]

서상일은 칠곡 출신의 신상태申相泰에게 그 문서의 일부를 전달하고 경남지역에의 배포를 요청하였다. 곧 그는 홍주일이 대구 3 · 1운동으로 인해 3월 4일부터 4월 24, 25일까지 경찰 당국에 구금되어 있을 때 신상태

131) 당시 黃大關은 상해 임시정부 임시교통사무국 서기로 활동하고 있었다.
132) 조선총독부, 「大正 9年 2月 25日, 高警 第5070號」, 『독립운동사자료집』 11, 85~88쪽.
133) 강영심, 앞의 글, 163쪽.

와 자주 만나 대응책을 논의하였던 것이다. 그에 따라 신상태는 4월 16일 혹은 18일 무렵에 통영統營의 서상호를 만나 그 문서의 배포를 의뢰하고,[134] 또 독립운동 자금을 제공할 것을 요구하였다.[135]

그리고 1919년 5월 초순경 서상일은 자신을 찾아 온 서상호徐相灝에게 독립운동 자금이 조성되면 자신이 직접 상해로 떠날 것임을 알려주기도 하였다. 곧 그는 서상호에게 중국 안동현安東縣에서 외국 기선을 이용해 상해上海로 갈 계획을 갖고 있으며, 대구경찰서의 여행 허가서도 받아냈다고 하였고, "현재 조선 민족은 크게 활동해야 할 때이며 우리 동지는 상해에 가정부假政府를 만들어 활동하고 있으니 1만 원을 그 자금으로 내줄 것을 요구하였다"고 하였다. 그리고 「가정부령假政府令」이라는 문서를 서상호에게 보여 주었다.[136]

이러한 서상일의 노력에도 불구하고 같은 해 4월 중순까지 모집한 자금은 서창규로 교부받은 1천 원에 불과하였다. 이는 자산가들이 독립운동 자금 모집에 대단히 소극적이었음을 말해 준다. 그로 인해 서상일은 상해로 떠날 수 없게 되었다.

또한 서상일은 3월 8일경 백산상회를 통해 독립운동 자금 모집차 대구에 왔다가 일제 경찰에 체포된 남형우의 보증을 써 주기도 하였다.[137] 그리고 김재열은 달성친목회원이었던 청도淸道의 자산가인 김유덕을 통해 누룩 제조회사의 설립에 동참해 줄 것을 요청하였다. 이에 김유덕은 사촌형제인 김유경金裕經에게 그 계획을 설명하였고, 김유경은 상업자금으

---

134) 『자료집』 8, 242~243쪽(신상태 신문조서).

135) 『자료집』 8, 256~259쪽(서상호 신문조서). 서상호에 따르면, "신상태가 統營 방면에 상업 시찰을 나왔다고 하기에 만났는데, 그 자리에서 그가 오늘날은 각성하지 않으면 안 되는 시대이니 너도 각성하라, 너와 같은 재산가는 반드시 각성하라"고 말했다고 하였다.

136) 『자료집』 8, 256~259쪽(서상호 신문조서).

137) 『자료집』 7, 29~30쪽.

로 1만 원을 내기로 하였다. 이 자금이 바로 독립운동 자금으로 활용되었던 것이다.

서상일은 유림儒林들의 독립청원운동獨立請願運動(일명, 파리장서사건巴里藏書事件)과 간접적인 관계를 맺었다. 1919년 3월 경남慶南 거창居昌의 곽종석郭鍾錫, 경북慶北 성주星州의 장석영張錫英, 송준필宋浚弼 등 유림儒林의 주창으로 영남내嶺南內의 양반 유생을 규합하여 파리평화회의巴里平和會議에 한국독립청원서韓國獨立請願書를 내기로 계획되었다. 그러나 이 계획의 실천에 앞서 먼저 독립청원서를 조선총독에 제출하기로 결정하고 장석영과 송준필은 3월 중 각각 개별적으로 초안을 작성한 끝에 서로 대조하여 단일안을 만들었다. 이 안은 다시 파리평화회의로 보내는 청원서로 개고하여 곽종석에게 전달되었다. 곽종석과 송준필 등은 또 다시 김황金榥과 더불어 자구상의 수정을 가하는 한편 영남유림대표의 서명 날인을 받게 하고 자금 모집과 파견대표자 선임을 서둘렀다. 3월 말까지 서명한 자는 137명이었고 파견대표로는 성주星州의 김창숙金昌淑이 선임되었다.[138)]

윤상태는 같은 동네에 살면서 서로 알게 된 우하교를 통해 독립청원활동에 관해 협의하였다. 이때 우하교는 "금년 음력 2월 초순경부터 조선 각지에서 독립운동이 발발하여 조선 민족은 모두 조선독립을 희망하고 조선도 독립의 추세로 향하고 있으므로, 이때 파리강화회의 및 조선 총독 등에게 독립청원서를 제출하면 반드시 독립할 수 있다고 생각…"했었다. 우하교는 스스로 독립청원서를 작성한 후에 달성군 가창면에 사는 조긍섭趙肯燮을 만나 독립청원에 관한 내용을 보완하였다. 이후 우하교는 성주의 장석영에게 찾아가 독립청원서에 관해 상의하였다. 그 자리에서 장석영은 우하교에게 자신들도 이미 파리강화회의 및 조선총독 등에게

138) 大邱市史編纂委員會,『大邱市史』2, 391～392쪽 ; 심산김창숙선생추모사업회,『민족정기－애국지사 심산 김창숙선생의 생애－』, 도림정보시스템, 1990.

독립청원서를 제출하기로 하여 현재 거창의 곽종석이 그 청원서를 기초중인데 되는 대로 경남 · 북, 충청도의 일부 유학자와 함께 연합하여 연서하고 성주의 김창숙으로 하여금 파리회의에 보낼 계획이라고 하였다.[139] 때문에 윤상태 등이 계획한 파리강화회의에 보낼 독립청원 활동은 변경되어 유림단의 계획에 동참하기로 하였다.

이후 완성된 '파리장서'가 장석영張錫英에게 보내지자, 장석영은 곽종석을 통해 윤상태에게 전달하도록 하였다. 대구에 도착한 정종호는 윤상태와 알고 지내던 우하교를 만나 대신 독립청원서를 전달해 줄 것을 요청하였다.[140] 우하교를 통해 독립청원서를 전달받은 윤상태는 서상일 · 김응섭 등과 상의를 거친 뒤 경상북도 대표로 상해 임시정부로 파견될 김응섭에게 영문으로 번역하게 하여 번역 문안을 파리 강화회의에 전달하기로 결정하였다.[141]

그 후 4월 7, 8일경 김응섭은 독립청원서를 종이 심지로 하여 화물을 묶을 때 사용하는 끈으로 위장하여 상해上海로 출발하였고, 그곳에서 영어로 번역하였다. 이때 김응섭은 태궁상점과 백산상회 등이 모급한 독립운동자금을 가지고 있던 남형우와 함께 상해로 간 것이었다. 김응섭은 상해에서 자신보다 먼저 도착해 있던 김창숙을 만나 청원서를 파리로 전달하기에 노력했으나 진척이 없었다. 이 장서는 파리에 대표부를 개설하고 있었던 김규식金奎植에게 우송하여 전달케 하였다.

3 · 1운동 시기 독립운동과 관련하여 연루된 인물들을 살펴보면, 우선, 출신 지역은 대구 · 경북이 12명, 경남이 4명이었다. 대구 · 경북을 중심으로 경남지역 인사들이 함께 하는 모습을 보였다.

---

139) 『자료집』 8, 314~315쪽.

140) 『자료집』 8, 316~317쪽.

141) 『자료집』 7, 208쪽(정종호 증인조서).

연령은 1919년 당시 30대(13), 20대(2, 김기성, 배상렴), 40대(1, 홍주일) 순으로 30대가 주축을 이루었다. 학력은 외국 유학생이 홍주일 · 편동현 · 서창규 · 서상환 등 4명, 중등학교 이상이 배상렴 · 김재열 · 서상일 · 이영국 · 이순상 등 5명, 보통학교 출신이 서병룡 · 윤창기 등 2명, 한학이 윤상태 · 박영모 · 서상호 · 배상연 · 김기성 등 5명이었다. 학력면에서 16명 중 11명이 신학문을 배운 엘리트들이었다. 종교는 대부분 무교無敎였으나 윤상태가 유교, 서상일과 서창규가 불교, 홍주일이 천도교를 신봉하였다. 이들이 단군을 정체성을 나타내는 상징으로 내세우긴 했으나 종교에 크게 구애됨이 없이 여러 종교인이 함께 하였다.

직업은 윤상태 · 서상일 · 편동현 · 배상연 · 서상호 등 5명이 곡물상이었고, 배상렴 · 서창규 · 서상환 등 3명이 농업(지주)이었고, 김재열 · 박영모 등이 제조업, 이순상이 운송업, 홍주일 · 윤창기 등이 곡물상 고용인, 서병룡 · 이영국 등 2명이 은행원, 김기성이 무직이었다. 재산 규모는 윤상태 · 편동현 · 배상연 등 3명이 10만 원 이상이었고, 서상일이 3만 원 정도였고, 나머지는 500만 원에서 2천 원까지로 폭이 넓었다. 10만 원 이상의 부호 가운데 윤상태가 처음부터 활동에 관계했고, 나머지 3명은 1917년 이후 태궁상점이 주식회사로 전환할 때 관련되었다. 1910년대 접어들어 대구의 지주 · 자본가들이 대부분 민족운동과 멀어지는 경향에서 자산가층의 연대가 이루어졌다는 점은 주목할 만하다. 특히, 농업경영 그리고 그것과 관련된 곡물업에 종사한 자산가들은 지주에서 근대 자본가층으로 성장하는 세력이었다. 따라서 1910년대까지 근대 자본가로 성장해 오던 자산가층이 민족성을 여전히 갖고 있었고, 거기에서 서상일이 주도하고 있었다.

요컨대 서상일은 1915년 달성친목회와 강유원간친회가 일제에 의해 강제 해산된 이후 태궁상점을 확대해 오다가 3 · 1운동 시기 민족자결주의,

파리강화회의 등에 영향을 받아 독립운동자금 모집을 주도하고, 독립청원서 전달에 간접적으로 개입하였다. 이에 서상일의 달성친목회 활동에서 민족독립과 관련하여 실제 활동을 벌였던 시기는 3 · 1운동 이후였음이 확인되고 있다. 결국 서상일의 달성친목회는 국내에서 독립운동자금 모집을 주요 활동으로 하면서, 국외 독립운동 세력을 지원 · 연계하는 활동 노선에 주력하였다. 특히 3 · 1운동 시기 국내 정세의 변화에 크게 주목하는 특징을 보였다. 이는 1920년대 문화운동의 전개와 무관하지 않다.

4) '조선국권회복단朝鮮國權恢復團'사건의 진상

1910년대 국내 민족운동에 대한 연구는 독립운동 단체에 관한 연구에 집중되고 있다. 그 결과 독립운동 단체의 활동 및 구성원의 성향 그리고 단체의 성격 등이 구명되는 진척을 보이고 있으나 운동단체의 성립경위와 활동 등을 구명하는 초보 단계로서 논쟁점을 찾기는 어려운 실정이다.[142)]

1910년대 국내 독립운동 단체 중 대구지역과 관련되는 단체는 '조선국권회복단朝鮮國權恢復團' 및 광복회(단)光復會이다. 이 중 '조선국권회복단'(이하 '국권회복단')에 대해 구체적인 구명 작업이 필요하다.[143)] 그 이유

142) 윤경로, 「1910년대 민족운동과 3 · 1운동」, 『한국역사입문』 3, 풀빛, 1996, 427~428쪽.

143) '朝鮮國權恢復團'에 대한 대표적인 기본 자료 및 연구 성과는 다음과 같다.
① 慶尙北道警察部, 『高等警察要史』, 1934.
② 國史編纂委員會, 『韓民族獨立運動史資料集』 7 · 8 · 9(-國權恢復團 1 · 2 · 3), 1988.
③ 趙東杰, 「大韓光復會의 結成과 그 先行組織」, 『韓國學論叢』 5, 1982(『韓國民族主義의 成立과 獨立運動史研究』, 지식산업사, 1989에 재수록).
④ ______, 「大韓光復會 研究」, 『韓國史研究』 42, 1983.
⑤ 權大雄, 「朝鮮國權恢復團 研究」, 『民族文化論叢』 9, 영남대 민족문화연구소, 1988.
⑥ ______, 「1910年代 慶尙道地方의 獨立運動 團體 研究」, 嶺南大 博士學位論文, 1993.
⑦ 姜英心, 「朝鮮國權恢復團의 結成과 活動」, 『韓國獨立運動史研究』 8, 독립기념관

는 필자가 '국권회복단'이 실제로 존재했던 독립운동 단체가 아니라 일제에 의해 조작되어진 단체라고 판단했기 때문이다. 그렇다면 기존의 자료와 연구성과에서 언급되고 있는 '국권회복단'은 어떻게 이해해야 할까. 필자는 '국권회복단'의 실체에 대해, 이미 앞에서 살펴보았던 달성친목회達城親睦會 및 그와 관련된 3 · 1운동 시기 경남 · 북 독립운동이라고 파악하였다. 따라서 이러한 독립운동은 넓은 의미의 달성친목회의 활동으로 규정해야 할 것이다.

기존의 연구를 중심으로 단체 설립 과정, 구성원의 특징, 단체 활동, 단체의 검거 과정과 재판 결과 등을 검토한다. 첫째, 단체 설립 과정에 대해서는 설립 시기, 참석자, 단체명 결정, 부서 조직 및 책임자 선정, 정강 등을 살펴볼 수 있다. 이에 대해 자료 및 연구는 ①, ③, ④, ⑤, ⑥, ⑧의 경우와 ②, ⑦의 경우로 대별된다. 전자의 경우 결성 시기는 1915년으로 일치된다. 이때 단체명이 '국권회복단'으로 결정되고, 부서 및 책임자가 결정되는 것으로 간주하였다. 또한 ④에서는 후일 대한광복회의 중심인물인 박상진朴尙鎭 · 정운일鄭雲馹 · 김재열金在烈 등도 참석한 것으로 보았다. 이에 대해 후자의 경우 '국권회복단'의 자료를 이용하여 동 단의 결성시기를 1913년으로 설정하되 마산지부의 설치는 1919년에 이루어진 것으로 파악하였다. 이러한 양자의 차이는 단지 일제 관헌 자료의 상이성에서 비롯된 것이다. 또 양자 모두 단체의 이름을 '국권회복단'으로 처리한 것은 관헌 자료에서 동일하게 나오기 때문이다.

그런데 가장 중요한 점은 '국권회복단'의 결성 여부이다. 현재까지 이에 대해 분석할 수 있는 가장 풍부한 자료를 담고 있는 것은 ②이다. ②를 근간으로 하여 검토해 보면, 시회詩會의 참석자는 앞에서 언급했듯이

한국독립운동사연구소, 1990.

⑧ 유시현, 「1910년대 대한광복회 활동」, 『순국』, 순국선열유족회, 1997.

서상일 · 이시영 · 박영모 · 홍주일 · 서병룡 · 윤상태 · 윤창기 등 7명뿐이었다. '국권회복단'의 마산지부 안확 · 김기성 · 이형재 등과 후일 대한광복회의 박상진 · 정운일 · 김재열 등의 참여는 확인되지 않는다. 그것은 재판에 회부된 관계자들 모두 시회의 개최 및 시회에서의 독립에 대한 입장 표명만을 시인할 뿐 그 외 단체명, 결성 시점, 조직 체계 등에 대해서는 강력히 부인하였다. 특히, 재판부는 앞의 광복회 회원에게 '국권회복단' 결성에의 참여 여부를 추궁했으나 모두가 극구 부인하였다.[144] 그 중 재판부도 박상진의 진술을 그대로 받아들여 '국권회복단'원이 아님을 인정하였고, 여타 관계자에 대해서도 '국권회복단'원임을 밝히지 못했다. 더욱이 일제가 이 사건을 처리하면서 관련자의 집을 압수 수색하여 많은 증거물을 확보했으면서도 '국권회복단'의 명단 및 조직을 제대로 밝히지 못했다는 것은 쉽게 납득이 되지 않는다. 그로 인해 일제는 철저히 관련자의 진술에 의존하는 '촌극'을 빚었다.

무엇보다 일제가 '국권회복단'의 명단을 파악하지 못한 가장 큰 이유는 그 단체가 조직되지 않았기 때문이다. 하나의 조직체, 그것도 비밀결사가 조직되기 위해서는 일정한 시간과 합의 과정이 필요한 것인데, 사전 준비 없이 한 번의 모임으로 완결된 조직을 갖춘다는 것은 불가능한 것이다. 물론 ⑦의 경우 마산지부의 결성이 1919년에 갖추어 지는 것으로 보았으나 그것에 대한 설명은 어디에서도 찾아볼 수 없다. 또 통영統營에는 왜 지부가 결성되지 않았는지, 통영이 마산지부와 어떤 관계에 있는

144) 박상진은 '안일암의 위치도 모르며, '조선국권회복단'에 가입한 적이 없다'고 적극 주장하였다(『자료집』 7, 220쪽). 鄭雲騏도 수감 중 '조선국권회복단'에 관한 신문조서를 꾸몄는데, '대구권총사건'에 가담한 사실은 인정하고 있으나 '조선국권회복단'에 관해서는 역시 극구 부인하였다(『자료집』 7, 58~59쪽, 정운일 신문조서). 또 金在烈은 '대구권총사건'에 연루되었으나 체포당하지 않았다가 '국권회복단'에 연루되어 조사를 받았지만 그 역시 단원이 아님을 강력하게 주장하였다.

지, 백산상회와는 어떤 관계에 있는지에 대한 설명도 전혀 찾아 볼 수 없다. 이처럼 '국권회복단'은 대단히 불명확하다.

둘째, 기존 연구들은 '국권회복단' 구성원에 대한 분석에서도 오류를 범하고 있다. ⑤는 달성친목회의 회원이 '국권회복단'의 인적 기반이 되나 동 친목회와 성격을 달리하는 것으로 이해했다. ⑦은 달성친목회의 회원으로 '국권회복단'이 구성되었고, 서상일이 중심인물이었다고 파악하였다. 이처럼 두 연구가 달성친목회에 주목했으면서도 일제 관헌 자료에 매몰되어 결성되지도 않은 '국권회복단'을 실체로 인정해 버렸다.

그런데 정작 그들의 공통성은 달성친목회에 있었다. 일제는 달성친목회의 명부를 확보했고, '국권회복단'에 연루되어 신문을 받았던 사람들에게서도 그 회원을 파악할 수 있었다. 또한 재판에 연루된 자들 스스로 자신들의 공통성이 달성친목회에 있음을 밝혔다.

따라서 시회詩會 모임은 이전과 달리 식민지로 전락한 국내외 정세 속에서 교육 진흥의 계몽운동 단체에서 독립을 모색하며 조직을 전환해 간 달성친목회의 재건 및 확대강화의 출발점이었다. 그에 따라 1913년에서 1919년까지의 대구지역 민족운동은 달성친목회의 활동에서 찾아야 할 것이다.

셋째, '국권회복단'의 구체적 활동이 무엇이었는지 일제 당국이나 연구자들은 명확히 밝히지 못하고 있다. '대구권총사건' 및 3·1운동 시기 독립운동 그리고 '국권회복단'의 부서 활동 등이 좋은 예가 될 것이다. 먼저, '대구권총사건'에 대해 일제 당국은 이 사건이 '국권회복단'과 무관한 사건으로 처리하였다. 기존 연구 ④는 광복회가 독립군 자금을 마련하기 위해 취한 의협투쟁義俠鬪爭의 사례로 포함시키지 않았다. ⑥은 대한광복회과 '국권회복단'원의 밀접한 관련 속에서 전개된 사건으로 파악하였다. ⑦은 광복회 혹은 '국권회복단'도 아닌 달성친목회 회원에 의해 전개된 사건으로 파악하였다. 이처럼 '대구권총사건'을 일으킨 인물들이 어느 단체와 연관되었는지 불분명하다.

다만, ⑦과 같이 이 사건의 주모자들이 모두 달성친목회원이었던 것은 틀림없는 사실이다. 그렇다면 이 점은 어떻게 이해해야 할까. 그것은 앞에서 언급했듯이 달성친목회 구성원의 경제적 기반을 분석하면 상인층과 비상인층으로 구분할 수 있다. 그런데 달성친목회의 주요 활동이 독립운동 자금 확보에 있었음을 간주할 때, 상인층과 비상인층 회원의 운동자금 확보 방식이 다를 수 있다. 따라서 이 사건은 비상인층 달성친목회원의 독립운동 자금 활동이었고, 이후 동 친목회원이 상업망의 연계망을 갖추는데 주력하게 한 계기가 되었다. 바로 태궁상점이 주식회사로의 전환을 추진하고, 홍주일이 태궁상점의 점원이 된 때와 일치한다.

다음으로 3 · 1운동 시기 독립운동 독립운동자금 모집, 독립청원서 전달, 마산지역 만세시위운동 등에 대해서도 주의가 요망된다. 이 활동의 공통성은 운동의 전개 시기가 일치할 뿐이며 상호 간의 연관성이 불명확하다. 특히 마산지역 만세시위운동은 개별적 차원에서 진행된 것으로 보아야 할 것이다. 따라서 재조직된 달성친목회가 일제에 의해 강제 해산당한 후 태궁상점을 매개로 하여 '준비'하였고, 3 · 1운동을 계기로 비로소 실천 행동을 펼쳤던 것으로 보아야 할 것이다.

그 다음으로 '국권회복단'의 부서 활동이다. 일반적으로 부서는 특정 단체의 활동 방향과 성격을 웅변하는 것이고, 부서에 따라 활동이 이루어지게 마련이다. 그런데 '국권회복단'은 본부격인 중앙총부와 지부격인 마산지부와의 체계성이 보이지 않는다. 특히 각 부서가 어떻게 갖추어졌는지 그것의 역할과 기능에 대해 재판 및 각 연구들은 전혀 해명하고 있지 못하다. 그 이유는 그러한 조직체계 및 부서가 구성되지 않았기 때문이다.

넷째, '국권회복단'의 재판 결과에 대한 신뢰성 문제이다. 일제는 자신들이 적발한 '조선국권회복단 중앙총회'에 대해 그 누구에게도 실제 징역형을 선고하지 못했다. 곧 이 사건으로 인해 서상일 등 16명이 구류拘留로, 이시영 등 11명이 불구속不拘束으로 처리되었을 뿐 징역형을 언도 받은 사람은 아무도 없었던 것이다.[145] 일제가 미수에 그친 '대구권총사건'의 관련자들에게 징역 12년에서 10년형을 언도한 것에 비하면 지나치게 관대한 판결이 아닐 수 없다. 이런 점에서 '조선국권회복단 중앙총회'는 실체가 아니라 3 · 1운동으로 식민 지배 정책에 위기를 느낀 일제의 의도된 대응일 가능성이 짙다.

그에 따라 단체의 성격에 대해서도 서로 다른 의견들이 제시되었다. 곧 ③은 곡물상의 상업조직을 통해 독립군을 지원한 구국경제 활동 단체로, ⑥은 계몽운동계열의 독립운동의 단체로, ⑦은 의병출신 인사와 계몽주의자들이 결합한 단체에서 계몽주의적 성향이 강한 단체로 성격이 변화한 것으로 이해하였다. 오미일은 독립전쟁노선을 견지한 단체로 이해하였다.[146]

---

145) 『자료집』 7, 68~69쪽(豫審請求書). 일제의 '국권회복단'에 대한 조사 과정을 보면, 구성원들에 대해 중요도와 역할에 따라 구분하여 조사를 진행하였다. 그리하여 검찰의 신문조서를 꾸민 인사들은 배상렴 · 김재열 · 윤상태 · 서상환 · 서상호 · 서상일 · 홍주일 · 편동현 · 배상연 · 우동진 · 서병룡 · 이순상 · 이영국 · 윤창기 · 정운일 · 김기성 · 조필연 · 서창규 등 18명이었다. 그리고 검찰 측 증인은 이인원 · 백용성 · 정지원 · 이일화 · 김두하 · 백타관 · 김유경 · 양계순 · 이일우 · 한익동 · 김옥경 등 11명이었고, 참고인은 홍기식 · 변상구 · 김진만 · 김유덕 등 4명이었다. 모두 33명이 연루되었던 것이다. 이후 검찰 조사가 확대되면서 관련자의 범위가 조금 변동되었다. 일제는 검찰의 신문조서를 마친 사람 가운데 조필연 · 정운일 · 우동진 등 3명을 빼고, 박영모를 추가시켰다. 그리고 증인으로 유진한 · 정용기 · 정준기 · 정완수 · 김유준 · 정정택 · 박정식 · 황하일 · 김유경 · 정종호 등 10명을 추가시키고, 또 참고인으로 鄭震泳 · 柳明湲 · 金裕德 · 張錫英 등 4명을 추가시켰다. 그 결과 일제는 制令 제7호 혐의를 씌워 윤상태 · 서상일 · 박영모 · 홍주일 · 서병룡 · 윤창기 · 이영국 · 서창규 · 김기성 · 서상환 · 서상호 · 배상연 · 배상렴 · 편동현 · 김재열 · 이순상 등 16명을 拘留로, 이시영 · 정순영 · 김규 · 황병기 · 김응섭 · 신상태 · 변상태 · 안곽 · 남형우 · 이형재 · 배중세 등 11명을 不拘束으로 처리하였다.

그렇다면 이 사건은 어떻게 발각되고 처리되었을까. 우선, 이 사건이 일제 당국에 의해 발각된 계기를 보면, 정진영鄭震泳이 1919년 5, 6월경 대구경찰서大邱警察署의 조선인 순사 박준영朴埈永에게 밀고함으로써 이루어졌다.[147] 정진영은 대구 남문 부근의 약전골목에서 약종상을 운영하던 자로서, 윤상태尹相泰는 자신의 처남이고, 서상일 · 홍주일 · 김응섭 · 서상환徐相懽 등과는 오래 전부터 알고 지내던 처지였다. 정진영에 따르면 서상일이 3 · 1운동 직후 윤상태 · 배상연 등과 자주 만나는 것에 주목하던 중 독립운동 자금 모집 활동을 벌이고 있는 것을 알아차린 후 활동이 커져 나갈 것을 우려해 당국에 밀고했던 것이다.[148]

이후 일제는 정진영의 진술을 토대로 수사를 진행하면서 관련자들을 검거하기 시작하였다. 또한 검찰 당국이 증인으로 채택한 정용기鄭龍基도 서상일의 독립운동 자금 모집과 관련한 부분을 상세히 진술하여 수사에 적극적으로 협조하였다.[149] 이들의 밀고와 진술은 3 · 1운동으로 큰 충격을 받은 총독부의 입장에서 대구를 중심으로 하여 경남지역을 포괄하는 민족운동을 제거하기 위해서는 더 없이 좋은 기회였다.

이를 토대로 일제는 대구지역의 3 · 1운동시기 독립운동자금 모집 활

---

146) 오미일, 「한말~1920년대 조선인 자본가층의 형성 및 분화와 경제적 지향」, 성균관대 박사학위논문, 1997, 164쪽.

147) 『자료집』 7, 97쪽. 정진영 자신이 밝힌 밀고의 이유는 다음과 같다. "내가 이 일을 밀고하지 않고 이대로 두면 그들의 행동은 이로부터 더욱 발전하고 따라서 조만간 관에 발각될 것은 불을 보듯 분명할 것이며, 그때까지 이 사건을 방임해 두면 많은 부호, 그 밖의 양민이 그들의 동지로 끌려 들어가 함께 죄를 짓기에 이를 뿐 아니라 저들의 죄도 일이 발전함에 따라 더욱 무겁게 되어 사회에 해독을 끼칠 것이 더욱 심해지므로 나는 여러 가지 생각한 끝에 이렇게 하는 것이, 그들의 이익 및 사회의 이익이라고 생각하여, 또 그들은 어떻게 생각할지 모르지만 내 몸을 희생할 각오로서 지난번 대구경찰서의 형사 순사 朴埈永에게 앞에 말한 사실을 告하고 관대한 처지를 바란다는 뜻으로 신고해 둔 바로서, 먼젓번에 귀청 검사로부터 취조를 받을 때에도 똑같이 말했던 것이다."

148) 『자료집』 7, 89쪽.

149) 『자료집』 7권, 177~179쪽.

동을 중심으로 하여 독립청원서 전달 활동 및 마산지역 만세시위운동 등을 하나의 활동으로 묶고, 또 그 활동이 시작된 시점을 1913년 정월의 시회 모임으로까지 소급시켰다. 이를 통해 일제는 1910년대 대구를 비롯한 경남의 마산 · 통영지역의 민족운동의 발생과 확산을 방지할 수 있었다. 그에 따라 일제는 그러한 일련의 활동을 '조선국권회복단'으로 명명하였던 것이다.

이런 점을 종합해 볼 때, '국권회복단'을 실체로 간주하게 된 주요 계기는 정진영의 밀고를 토대로 하여 일제 당국이 확대하여 가공했기 때문에 가능한 것이었다. 그로 인해 일제는 '국권회복단'의 단체 명, 결성 시기, 조직 체계, 활동 등에 대해 명료하게 규명할 수 없었고, 연루자 모두를 구류 또는 불구속으로 처리할 수밖에 없었던 것이다. 이 때문에 이 사건이 '대구28인사건大邱二十八人事件'이라고 불려 지기도 하였다.[150]

따라서 일제가 이 사건을 달성친목회가 재조직된 이래 일련의 활동을 대상으로 하고 있는 점에 주목해야 한다. 이 점을 고려할 때 이 사건은 달성친목회사건으로 파악하는 것이 타당할 듯하다. 달성친목회는 재건되면서 교육 중심의 계몽운동 단체에서 독립운동 단체로 전환하였고, 강제 해산 이후 그 역할과 기능을 태궁상회로 옮겼으며, 3 · 1운동을 계기로 독립운동 자금 및 독립청원서 전달 활동 등의 실천 활동을 전개했던 것이다. 결국 일제는 3 · 1운동 시기 재건된 달성친목회와 그와 연관된 활동에 대해 적극적으로 탄압했다.

그럼에도 불구하고 일제가 이것을 달성친목회사건으로 간주하지 않은 이유는 동친목회가 이미 1915년에 강제 해산 당한 이래 실명實名의 조직을 결성하지 않았기 때문이었다. 그로 인해 일제는 서상일 등이 펼친 일

150) 李龍洛, 『三 · 一 獨立運動實錄』, 3 · 1동지회, 638쪽(권대웅, 앞의 글, 『민족문화논총』, 132~133쪽에서 재인용).

련의 활동을 확인할 수 있었으나 구체적인 증거는 확보하지 못한 상태에서 '조선의 국권을 회복하기 위한 운동'으로 규정하고 '조선국권회복단'이라고 명명하였다.

제2장

1920년대 이후 문화운동과 경제활동 그리고 합법운동론合法運動論

1. 문화운동론과 자치운동

1) 문화운동의 논리

(1) 청년회 운동의 구상

서상일은 3·1운동 시기 재건 달성친목회를 통해 민족운동을 벌였으나 동지의 밀고로 좌절되는 고통을 경험한 바 있었다. 그는 1920년 봄에 예심이 종결되어 방면되었다. 그 직후 1920년 4월 무렵 그의 동생 서상한의 '폭탄투척사건'이 발생하자 동년 6월 24일로 예정된 동생의 1회 재판을 방청하기 위해 6월 21일에 대구를 떠나 일본으로 향했다.[1] 서상일의 방일은 1910년대 중국 및 러시아 방문과는 달리 식민지 모국을 체험할 수 있었다는 점에서 의미가 있을 것으로 생각된다.

서상일은 1920년대 이후에도 대구청년회를 통해 사회 활동을 이어 갔다. 주지하다시피 3·1운동 이후 청년회가 전국 곳곳에 우후죽순처럼 설립되어져 문화운동이 활발하게 전개되었다. 문화운동의 대두 배경으로 3·1운동 이후 각종 외교운동의 좌절, 둘째 사회진화론의 재대두와 이 시기 국내에 소개된 개조론·문화주의 등 각종 외래 사조의 영향, 셋째 일제의 산업정책과 민족자본의 동요 등을 들 수 있다.[2]

그 가운데 서상일이 지향하고자 했던 청년회의 사회적 역할과 활동에 관한 논리는 「조선청년회의 이상과 그 사업」(『신민공론』 2-6, 1921. 6)에 잘 나타나 있다. 특히 그는 외래 사조 가운데서도 개조改造의 영향을 많이 받았다. 곧 그는 민족자결주의에 영향을 받아 조선 민족운동이 폭발

---

1) 『동아일보』, 1920. 6. 24.

2) 박찬승, 『한국근대정치사상사연구－민족주의 우파의 실력양성운동론－』, 역사비평사, 1992, 168～196쪽.

한 것으로 이해하면서, "그 시작에 여與한 희생의 대가로 언론 · 출판 · 집회 · 결사 · 산업 · 교육 · 종교 · 문예 등 각 방면으로 기분幾分의 개조와 해방의 서광이 반도 산하에 신면목을 전개하게 되얏도다"[3]라고 하였던 것이다. 그에 따라 그는 당시 시대적 조류에 "수적獸的 만행의 악폭惡暴한 무력주의 잔인한 제도는 서산에 몰락하여 가고, 인도주의의 선미한 문화주의 서광은 차차 동천에 여명하여 오는 이때이다"라고 하여 '문화주의文化主義'에 주목하였다.

그의 문화주의는 개조와 연관되어 있었다. 그런데 그의 개조는 "남들은 자기가 다 하였을 뿐만 아니라 갱일보更一步를 진進하여 전 세계를 개조하고 전 인류를 해방하려고 신운명을 개척하는 이 기회를 당한 우리들이다"[4]라고 하여 '세계 개조', '인류 해방'을 의미하였다.[5] 이러한 개조는 "남들과 같이 전 세계로 개조하고 전 인류를 해방한다"라고 하면서 '조선의 개조'를 강조하였다. 그는 '조선의 개조'에 대해 "제 할 일은 제가 알아서, 제 할 일은 꼭 제가 하여야 한다"라고 하면서, 그 주체를 조선 청년으로 설정하였다.

그런데 조선 청년의 상태는 조선의 개조, 세계 개조를 실행한 만한 역량이 없다고 파악하였다. 곧 조선의 청년은 존재 의미에 무지할 뿐 아니라 사회적 책무를 전혀 인식하지 못하는 존재로 이해하였다.[6] 그 이유는

---

3) 徐相日, 「朝鮮靑年會의 理想과 그 事業」, 『新民公論』 2-6, 1921. 9, 10쪽(『日帝下 雜誌拔萃 植民地時代資料叢書』 13권, 啓明文化社, 1992, 559쪽).

4) 위의 글, 560쪽.

5) 박찬승, 앞의 책, 177쪽. 박찬승은 '개조'라는 용어는 본래 '세계 개조', '사회 개조'를 의미하는 것으로 분석하였다. 이런 점에서 서상일도 개조에 대해서 같은 의미를 갖고 있었다.

6) 서상일, 앞의 글, 560쪽. 그는 조선 청년의 상태에 대해 "우리는 尙今도 이 세계 대세에 대한 무슨 각오도 없고 확신도 없고 진행도 없음은 고사하고도 自我 一箇에 대한 하등의 철저함도 확립됨이 없고 奮作분도 없이 優遊放浪하고 있다. 因循度了하다가 忽然何地 一風이 打起하면 慌慌然方向이 迷徨하여 所措를 莫知하고 마치 盲馬가 隨

다음과 같이 조선이 처한 환경이 극도로 빈약하기 때문이라는 것이었다.

> "무엇 하나 부富하며, 무엇 하나 강强한가. 외적생활을 성찰해 보아도 공공연하고, 내적생활을 성찰하여도 적적연하다. 개언改言하면 물질생활에도 빈약하고, 정신생활에도 빈약하다. 내외가 구공口空한 자아, 본래 독립의 인격이 없는 자아가 그 일언一言 무슨 권위가 있으며, 그 일행一行이 무슨 세력이 있느냐. 이같이 빈약한 자아를 빈약한 줄도 모르고 능한 체 하는 것이 금일로선 청년의 가장 가증가악可憎可惡한 통병痛病이 아닌가"[7]

이러한 인식에서 조선의 청년들의 가장 시급한 과제는 '자아혁신自我革新'과 '자아독립自我獨立'에 있다고 강조하였다. 그러한 자기계발과 자아극복은 민족의 독립에 우선한다고 주장하였다. 그런데 자아혁신과 자아독립은 문화주의로부터 파생된 '인격주의', '개인의 내적 개조론'으로서, 당시 일본에서 유행하던 문화주의 사조의 영향을 받은 것이다.[8]

요컨대 서상일은 조선 청년들이 실지적 자아를 획득하기 위한 방법으로서 '청년의 각성'과 '청년의 정돈'을 제시하였다. 그는 조선 청년회의 나아갈 방향으로 세계사조에 영향 받은 자아 혁신을 기조로 한 문화운동과 그런 문화운동을 통한 조선사회의 변화를 제시하였다. 자아의 혁신은 곧 청년이 주체가 되는 실력양성을 의미하였다.

서상일은 문화운동의 중심으로 청년회를 설정하였다. 청년회는 지방

鈴하듯 隣犬이 吠聲하듯 附和雷同에 바람을 따르듯 물결을 좇듯 하여 아무 일도 없는 東奔西馳에 浮沈하고 뜻 없는 甲笑乙怒에 시비를 무단히 作하다가 다시 風이 定하고 浪이 息하면 依依然 醉生夢死의 前態를 附屬하여 의미 있고 有爲한 我 一生을 無意志 無爲한 중에서 허송하여 가는 금일 우리 조선 청년의 反復無定한 生涯의 過程이 아닌가"라고 파악하였다.

7) 서상일, 앞의 글, 559쪽.

8) 박찬승, 앞의 책, 180~181쪽.

청년회, 지방연합회, 중앙연합 총회로 이어지는 조직 체계를 구상하였다. 그 가운데 현장인 지방청년회의 활성화를 가장 중요한 기반으로 설정하였다. 따라서 문화운동, 특히 자아혁신을 위한 구심점으로 각 지방청년회에 주목하였고, 그 지방청년회는 조선의 개조를 위한 중심 기관으로 설정되었다.

지방청년회의 기본 방향은 다음과 같이 제시되었다.

> "① 회원의 덕성을 함양하여 사회의 기풍을 개량할 표범表範이 되게 하며, ② 지식을 계발하여 청년의 인격을 향상시키고, ③ 체육을 연달練達하여 국민의 원기를 배양케 하며, ④ 근검역작勤儉力作하여 자작자급自作自給의 정신을 고취하고 생계의 독립과 안정을 기도케 하며, ⑤ 우의友誼를 돈후敦厚케 하여 환난상구患難相救하고 길흉상문吉凶相問하는 호상부조互相扶助의 미덕을 양성케 하려는 점을 합치하리로다. 이 공통한 진행 방법에 준하여 약논略論코자 하노라."

이를 실행하기 위해 문예부 · 산업부 · 운동부 · 자선부 · 이상촌 등 5부의 운영을 주장하였다. 이 중 산업부와 이상촌은 후술하기로 한다. 문예부는 신문, 잡지 열람소 · 도서열람소 · 육영회 · 강습회 · 강연회 · 독서회 · 논문회 · 시서화회 · 토론회 · 수양회 · 수학여행회 · 지리 조사회 · 부형 자모회 · 월보 발행 등을 담당하도록 계획하였다. 또한 운동부를 통해 건강한 정신 수양을 위한 건강한 신체의 단련을 지향하였다. 자선부의 설립 취지는 자본주의 사회 · 경제조직이 사람 간에 신의 · 덕의 · 상애하는 관계를 훼손시켰다고 보고 그것을 회복하기 위해서였다. 곧 사회 소외계층에 대한 관심과 배려를 통해 사회의 통합성을 추구하고자 하였다.

이와 같이 서상일이 제시한 청년회의 목표는 실력양성운동을 특징으로 하는 문화주의의 수행기관이자 후술하는 바와 같이 이상촌 건설의 주체로 설정되었다. 그러나 그가 청년회를 통해 구현하고자 했던 이상적 사회는 1921년 9월경 조선인산업대회의 좌절과 1922년 말 조선청년회연합회의 구상의 좌절과 함께 더 이상 진행되지 못했다. 이것은 서상일이 1923년 이후 직접 동아일보 대구지국을 운영하게 된 직접적인 계기가 되었다. 나아가 대구구락부, 조양동우회의 활동을 펼치게 된 계기로 작용하였다.

(2) 동아일보 대구지국 운영

서상일의 동아일보와의 관계는 그의 정치·경제와 사회 현실 인식을 파악할 수 있다는 점에서 대단히 중요한 의미를 갖는다. 그가 『동아일보』 세력과 교류를 시작한 때는 그의 재건 달성친목회 재판이 종결된 1920년 봄 무렵이었다. 그때 김성수는 동아일보의 창간에 필요한 자금을 확보하기 위해 전국을 순회하고 있었다. 이즈음 서상일은 1910년대부터 미곡업을 통해 친밀하게 지내던 한익동韓翼東과 함께 김성수를 대구의 유지에게 안내하였다. 그 가운데 김성수는 관료 생활 은퇴 후에 대구의 명망가로 칭송되던 시서화가 서병오를 방문한 자리에서 자신의 호를 인촌仁村으로 정하는 계기를 얻기도 했다.[9] 서울로 돌아간 김성수는 대구방문 때 보여준 서상일과 한익동의 호의에 감사하는 편지를 보내기도 했다.[10]

이를 계기로 대구 경북의 최준과 이일우 등의 자본가들이 김성수가 추

9) 仁村紀念會, 『仁村 金性洙』, 1976, 147~148쪽.

10) 그 내용은 다음과 같다. "삼가 아뢰옵니다. 일전에 귀지에 갔을 때 베풀어주신 후의에 감사한 마을 잊을 수가 없아옵니다. 여가가 없어 진작 편지를 올리지 못해 대단히 죄송합니다. 이즈음 또 먼저 인사를 받자옵고 더욱 감격하옵니다. 삼가 정초에 두 분이 안녕하시고 집안이 편안하다 하오니 반갑습니다. 弟는 근근이 지내고 있습니다. 형이 보내 주신 글을 고맙게 생각하여 곧 그 여관을 찾아갔으나 서씨가 이미 대구로 돌아간 후라 만나지 못하였으니 그리 아시기 바랍니다. 나머지는 총총하여 예를 갖추지 못하옵니다.(陰曆 정월 팔일, 弟 金性洙 올림, 韓翼東·徐相日 兩兄)"

진한 경성방직주식회사의 발기인으로 참여하였다. 그리고 1920년 1월에 열린 동아일보 발기인 총회에 대구의 정충원鄭忠源(정종원鄭宗源)·김승묵, 경주의 최준·손수문 등이 참여하였다. 동년 4월 동아일보가 창간되자 한익동은 대구지국을 맡아 운영하였다. 최준은 동년 9월에 열린 동아일보사 창립총회에도 참석하였다.[11)]

서상일은 후술하는 바와 같이 1921년 조선인산업대회의 활동에서 『동아일보』와 같은 입장에 서 있었다. 그는 1923년 7월부터 동아일보 대구지국을 인수하여 지국장으로 활동하면서 『동아일보』 세력과 밀착되어 갔다. 그는 이때부터 1940년 『동아일보』 폐간까지 직접 18년간 대구지국을 운영하였다.[12)]

서상일의 동아일보 대구지국 경영은 후술하는 바와 같이 경북청년회연합회의 추진이 좌절된 직후에 이루어진다는 점에 주목할 필요가 있다. 동아일보 지국 운영은 단순한 신문 배포망 이상의 의미를 가진다. 전국 혹은 국제적 정보와 정세 파악에 유용한 도구이며, 자신의 구상을 펼칠 수 있는 공개적 공간이 될 수 있는 것이다.

서상일의 동아일보 대구지국은 지역사회의 현안 및 민족 내 계급 갈등과 관련해 대구부 당국, 대자본가 그리고 사회주의 세력에 대해 자신의 입장을 표명하였다. 먼저 대구부 당국의 1923, 24년경 대구도시계획과 수해 대책에 대해 비판을 제기하였다.[13)] 당시 마쓰이松井 대구부윤이 1925년 도시계획안을 발표하자 대구의 조선인은 일본인을 위한 계획안으

---

11) 仁村紀念會, 앞의 책, 153~207쪽.

12) 동아일보사, 『민족과 더불어 80년』, 2000. 동아일보 대구지국은 동아일보가 창간되던 1920년 4월부터 1921년 8월까지 韓翼東, 1921년 8월부터 1년간은 崔元澤, 1922년 8월부터 1923년 7월까지는 張鴻植에 의해 운영되었다.

13) 대구도시계획 갈등과 대구수해 처리 과정에 대해서는 오미일, 「韓末~1920년대 朝鮮人 資本家層의 形成 및 分化와 經濟的 志向」, 성균관대 박사학위논문, 1988, 227~230쪽 참조.

로 규정하고 반대하였다. 당시 대구의 시가지는 민족별로 거주지가 일정하게 달랐다. 일본인은 대구역을 중심으로 밀집되었고, 조선인은 남산정南山町·덕산정德山町·봉산정鳳山町·신정新町·달성정達城町·시장정市場町 등에 밀집되었다. 특히 도시계획은 시가지에 따라 개발 정도의 차이가 있었다. 실제 서문시장과 인근의 주택지구인 남산정은 "비나 눈이 오는 때이면 진흙이 뛰어오르며 하수구도 하나 없으며, 길가의 도랑이란 것은 비가 조금만 와도 길에 넘칠 뿐 아니라 항상 악취가나 지나다니는 사람의 코를 찌르며 우편함 하나 없다. 편지를 부치려면 내왕 30, 40분이 걸려야 되고 또 가로등은 볼 수가 없다"고 할 정도로 기반 시설이 정비되어 있지 못했다.[14]

이 때문에 도시계획안을 둘러싸고 조선인은 대구구락부와 남산정진흥회를 통해, 일본인은 동지회同志會를 통해 민족의 이익을 대변하였다.[15] 서상일은 바로 대구구락부 회원이었다. 심지어는 대구부협의회에서 도시계획에 대해 토의하던 중 한익동이 "신작도로 4선이 모두 일본인시가로 가고 조선인 시가로는 하나도 가지 않는다는 점에서 70만 원의 시가정리비가 일본인시가에만 편중되고 조선인부락은 고려하지 않는다"고 비난하자 일본인 의원이 한익동에게 '바가'라고 인신공격을 퍼부었다.[16]

이러한 사정에서 동아일보 대구지국은 1923년 10월 3일부터 10월 15일까지 6회에 걸쳐 「대구의 일면관一面觀」을 연재했는데, '노대구老大邱와 신대구新大邱', '도시계획과 대구의 장래', '그럼 누구의 대구?'라는 제목의 연재기사로 대응하였다. 그 내용은 대구부 당국이 추진하려는 도시계획이 조선인과 일본인의 격차를 더 벌려 결과적으로는 일본인의 대구가 될 것

14) 『동아일보』, 1923. 12. 20.

15) 『동아일보』, 1924. 1. 27.

16) 『동아일보』, 1924. 2. 7, 「의사충돌, 대구부의 소란, 시가정리비 토의중」.

이라고 판단하였다. 이에 동아일보 대구지국은 도시계획을 둘러싼 논쟁에 대한 기사를 집중적으로 실었던 것이다.[17)]

특히, 동아일보 대구지국은 1924년 신년 기획으로 대구 도시계획에 대한 기사를 작성하였다. 그 내용은 대구의 도시계획이 일본인 위주로 진행되어 조선인을 차별하고 있다면서 "부윤은 사직하라. 군의 반성을 촉구한다"며 비난하는 것이었다.[18)] 또한 3월 9일자 신문에 「대구시가지도 태반이 일본인 소유」라는 기사와 3월 12일자 신문에 「대구 선인鮮人 시가 현상은 여차하다」 등을 실어 민족적 차이가 격심해 지고 있음을 여론화하였다.[19)] 그 가운데 당시 대구상업회의소의 평의원으로 활동하던 서상일은 대구부의 도시계획안에 반대하는 태도로서 사표를 제출하였다.[20)] 그는 "무슨 공직이던지 조선인에게 아무 의미가 없는 것인 이상 추차히 붙어 있을 의미가 없다"는 자신의 입장을 밝히며 평의원을 사직하였다. 요컨대 동아일보 대구지국은 대구부의 도시계획안에 대해 민족 차별을 부각시키며, 비난 입장을 취하는 동시에 반대 여론을 조성하였다.

---

17) 『동아일보』, 1923. 12. 13, 「대구기자단 도시문제 결의」; 『동아일보』, 1923. 12. 20, 「조선인 시민을 무시하는 대구부 당국의 태도, 조선인의 시가의 시설을 몹시 차별한 대구부 당국의 무성의」; 『동아일보』, 1923. 12. 20, 「도시계획 대구부윤 답변」; 『동아일보』, 1924. 1. 1, 「대구도시문제, 선착수가 또 一難」; 『동아일보』, 1924. 1. 2, 「年頭方言, 대구 일기자」; 『동아일보』, 1924. 1. 27, 「대구시민대회, 동지회의 결의」; 『동아일보』, 1924. 2. 7, 「의사충돌, 시가정리비 토의 중」 등.

18) 『동아일보』, 1924. 1. 2. 대구부의 도시계획을 비난하면서도, "문화정치의 根本義에 기하며, 그 소위 一視同仁의 취지에 기하야 군의 사직을 권고한다"고 하여 근본적인 비판은 아니었다.

19) 『동아일보』, 1924. 3. 10. 십이 년도 말의 조선인 소유는 겨우 4할 5분밖에 안 된다고. 대구는 금년에 이르러 더욱 더 발전되어 대구의 계획도 벌써부터 하여 오는 터인데 총면적 620정보 중에서 조선인 소유는 279정보, 일본인 소유는 311정보이고, 관공서 소유가 4정보로 조선인 총면적의 4할 5분가량을 가졌는데, 이는 지나간 1923년 말 현재라는데. 족족 일인의 세력이 팽창하여가는 이때에 앞으로는 어떠한 분수로 나뉘게 될는지 주목할 만한 일이다.

20) 『동아일보』, 1927. 7. 11. 「대구상의 평의원 서상일은 사표 제출」. 이때 대구부 협의원 韓翼東도 의원직의 사표를 제출하였다.

또 1924년 7월에 대구에 큰 수해가 발생하였다.[21] 수해가 집중적으로 발생한 곳은 천왕당 못을 메우고 설치한 서문시장이었다. 이 일대 천여 호가 물에 잠겼다.[22] 이곳은 조선인이 밀집해 있는 신정新町(오늘날 대신동)이었다. 이에 동아일보 대구지국은 그 원인이 천재가 아니라 못을 메우면서 배수구를 적절히 설치하지 못해 발생한 대구부의 실책으로 간주하며, 그 대책을 촉구하였다.[23] 대구의 대구청년회 · 대구노동공제회 · 대구구락부 · 대구여자청년회 · 교남기독교청년회 등이 응급구제단을 설치하였다. 동아일보를 비롯한 시대일보 · 조선일보 · 매일신보 등 4개 신문 지국이 구호반과 조사반을 가동하였다. 동아일보는 구호금 접수처를 마련해 구호 물품과 성금을 접수하였다.

여기에는 대구 시민뿐 아니라 대구의 조선인 유지들도 각자 성금을 기탁하였다. 서상일은 대구수해대책위원회 위원장을 맡아 1924년 7월 29일에 대구시정수해이재민대회를 개최하였지만, 일신상의 이유와 대외의 형편으로 사임하였다. 동아일보 대구지국은 대구도시계획에 이어 발생한 수해 대책에서도 대구부 당국에 비판적 입장을 견지하였다.

그런데 수해 대책을 강구하는 가운데 조선인 내에서 두 진영으로 분화되는 양상을 보였다. 대자본가인 조선인 대구부 협의원들은 수해 복구비로 대구부 예산을 사용하는 것에 반대 입장을 나타내면서, 수해대책위원회를 탈퇴해 버렸다. 반면, 대구의 중소자본가 내지 유지들은 신정 수해 복구비를 부의 예산으로 충당할 것을 주장하였다. 곧 대구의 부호들은 대구부 예산이 자신들이 집중해 살고 있는 남산정의 도시계획 정비에 사

21) 1924년 대구지역 수해 처리 과정에 대해서는, 김일수, 「일제하 대구지역 자본가층의 존재형태에 관한 연구」, 『국사관논총』 94, 2000, 153~155쪽 참조.

22) 『동아일보』, 1924. 7. 24.

23) 『동아일보』, 1924. 7. 25, 「대구홍수는 부윤의 실책으로」.

용되어야 한다는 계급 이기적인 입장을 나타냈던 것이다. 대구부 당국과 밀접한 관계를 가진 상층 자본가와 대구부민의 이해를 대변하려 했던 중소자본가 사이에 내부적 분화가 발생하고 있었던 것이다.

다음으로 동아일보 대구지국은 대구의 대자본가에 대해 비판적인 입장을 나타냈다.[24] 동아일보 대구지국은 1921년 무렵 교남학원嶠南學院이 경영난에 빠졌을 때 그 원인이 "소위 동족중 재산가 양반내의 눈물이 없는 무장공자無腸公子에 가까운 냉정한 소이所以"라고 지적하면서, "가령 이러한 현상을 통분히 덕이며 통분의 병으로 이 세상을 떠난다 할 것 같으면 재산가 양반내에게 대한 무한한 원한을 품고 돌아갈 것이다. 기妓와 주酒는 자멸적自滅的이니라 제발 각성하십시오"라며 비난하였다.[25]

또 앞서 언급한 「대구의 일면관」(5)에서 대구 재계의 인사들에 대해 '보수적이며 퇴영적'이라고 규정하고, 대구는 '재산보호의 도피민'이 몰려드는 곳으로 간주하면서, '이러한 무리들이 아무리 나날이 증가된다 하더라도 대구의 발전과는 아무 상관이 없는 것이다. 대구의 공기만 탁하여질 뿐이다. 대구는 이같이 침체할 기분뿐인고'라고 하였다.[26] 나아가 대구가 상당한 부력을 가진 도시이지만 수십 인의 재산가들에 의해 독점된 것에 정비례하여 사회 기반 시설의 허약하다고 지적하였다.[27] 따라서 동아일보 대구지국은 특집 기사를 통해 대구의 예속 상층자본가의 계급적 이기성과 취약한 사회성을 비판하는 입장에 서 있었다.

결국, 동아일보 대구지국이 비판한 재산가는 근대적 소양을 갖춘 자본가가 아니라 전근대성을 특질로 하는 부호들이었다. 동 지국은 『동아일

---

24) 대구의 대자본가는 금융자본가와 일치한다. 그들의 자본가로서의 경제 활동과 사회 · 정치 활동에 대해서는 김일수의 앞의 글을 참고.

25) 『동아일보』, 1921. 10. 3, 「大邱閑話, 嶠南學院을 보고」(大邱支局 一記者).

26) 『동아일보』, 1923. 10. 13.

27) 『동아일보』, 1926. 1. 3. 「地方論壇, 計劃과 實行」(大邱 一記者).

보』가 추구하는 중산층의 생산증식 논리와 동일한 선상에서 있었다.

이와 같이 동아일보 대구지국은 대구부의 도시계획과 수해대책위원회의 활동에서 조선인 상층자본가에 대해 "부 당국의 무성의도 말할 수 없거니와 각자 안위가 그토록 절박한 부민들의 무성의 불단결을 생각할 때 참 기막혀 언어도단할 일이 아닌가"라며 비판적인 입장을 취했다.[28]

한편, 이와 관련해 동아일보 대구지국은 대구의 발전 구상에 대해 입장을 표명하였는데, 그 핵심은 "우리는 무엇이든지 우리의 손으로 우리가 살아갈 방도方道를 어디에서든지 구하지 않으면 안 된다. 대규모 소규모를 물론하고 자작자급의 정신에 합한 기업을 힘써 가며 각자의 생의력力을 양성하여 가는 수밖에 없다"는 것이었다.[29] 곧 조선인 스스로 현실 문제 해결 능력을 배양하여야 하며, 노력과 단결만이 해결책이라고 주장하였던 것이다. 이는 자아혁신을 통한 실력 양성이 급선무임을 재차 강조한 것으로 볼 수 있다.

그 다음으로 동아일보 대구지국은 대구지역에서 사회주의운동이 활발해 지는 것에 대해서도 경계하였다. 이미 앞에서도 보았듯이 서상일은 청년은 사회주의가 아닌 민족주의를 가져야 된다고 주장한 바 있었다. 동아일보 대구지국은 1927년 1월 대구지역 사회단체들이 대구운동자간담회를 통해 '제 간판을 불사르고 단일체를 조직하자'며 사회운동 단체의 통일을 제기한 것에 대해,[30] "그래도 간판 하나쯤은 냉겨두어야 단일체라도 조직되지?"라며 조소하였다.[31]

이와 같이 서상일에 의해 운영된 동아일보 대구지국은 대구부 당국,

---

28) 『동아일보』, 1926. 1. 3.

29) 『동아일보』, 1923. 10. 15, 「大邱의 一面觀」(6).

30) 『동아일보』, 1927. 1. 15. 대구지역의 사회운동 단체들의 파벌적 경향이 지적되기도 하였다(『조선일보』, 1927. 7. 13, 「時評, 大邱青年合同」).

31) 『동아일보』, 1927. 1. 16, 「地方短評」.

조선인 부호층, 사회운동 세력에 대해 비판적인 입장을 나타냈다. 이는 동아일보 대구지국이 대구지역을 비롯한 조선사회의 발전이라는 측면에서 중산층과 지식인층에 대해 기대를 나타내는 것으로 볼 수 있다. 이러한 입장은 조양동우회 및 대구상공협회의 결성으로 이어졌다.

(3) 조양동우회의 설립

서상일은 후술하는 대구구락부의 활동이 친목과 여흥으로 흐르고, 또 자치운동이 실패로 돌아가자 1926년에 조양동우회를 통해 자신의 구상을 새로이 실현하려 하였다. 그는 1926년에 기존의 대구구락부 회관의 명칭을 조양회관으로 변경하고, 그 계기는 "단순히 대구구락부 회관으로만 의미를 탈脫하고 일반 사회적 중추기관"으로 전환하기 위해서였다고 밝혔다.[32] 그에 따라 조양동우회는 문화운동의 중추기관으로 설정되었던 것이다. 그에 따르면, "의식

조양회관 개요 (1927)

32) 「大邱朝陽會館 槪要」, 1928. "西曆 1921년 春에 幾個의 同志가 相會하야 大邱俱樂部期成會를 組織하고 部館建築의 議를 進할세, 당시 이에 상응하는 同志는 滿空의 誠意를 다하야 각자 部館旣成의 義損金을 辨出하고 會의 進行을 爲하야 捨身努力함에 會의 機運은 자못 왕성하다. 위선 제일 착수로 본진 건물 백 8평에 신축 설계를 付하야 1922년 4월에 중국인 청부업자에게 청부하고 공사를 진행함에 동년 11월에 준공을 告한지라, 이미 本진의 준공을 봄에 이를 단순히 대구구락부 회관으로만 의미를 脫하고 일반 사회적 중추기관이 되어서 근거있는 민중운동에 그 만일을 공헌하려는 本 期成會의 취지를 좇아 館號를 別號히 命名하니 「朝陽會館」이라 한다. 이리하야 1922년 11월 이후로 부속건물 증축과 내부 제반 설비 및 정리에 주력하야 사업진행에 지장이 없도록 자체의 충실을 도하는 일방, 1926년에 이르러 신년벽두를 기하야 일반 사회적 이용에 제공한다는 선전문을 撤庖하는 동시에 館을 공개하다."

분자들의 결집이 절대로 필요함을 생각하고 있던 나는 조양회관을 건립하여 주로 의식분자들의 결집과 계몽 사업에 전력을 기울였다"고 회고하였다.[33] 따라서 서상일은 조양동우회를 통해 문화운동의 중심세력을 형성하고, 또 문화운동의 중심 기관으로 활용하려 하였다.[34] 다만 1920년대 전반기 대구구락부와 달리 문화운동의 중심세력의 범주가 명망가 위주에서 일반 대중으로까지 확대되고 있다는 것이 차이점이었다.

그는 조양동우회의 설립 배경이 실천과 역행을 통한 생활창조의 초석을 쌓는데 있다고 밝혔다. 그것은 조선의 경제·사회 현실이 사선死線에 맞부딪쳐 있어 생존운동이 필요하며, 그것을 위해 오직 투쟁·역작이란 실제 과업을 대중의 집단력으로 극복하자는 인식이 밑바탕에 깔려 있었

---

33) 서상일, 「험난할 망정 영광스런 이 길」 참조.

34) 조양동우회의 誓願·規約 등은 다음과 같다. ▲ 誓願 우리는 사라야하겠다. 死線에서 까무러지려는 生의 同盟을 힘잇게 鼓動식혀서 살겟다는 강렬한 의욕으로 철저히 찻고 구하지 아니할 수 업는 生의 方途는 무엇인가. 우리는 남달은 桎梏의 괴로운 시련에 부댓기여어든 고귀한 경험에서 자기 生의 처지를 깁히 의식하게되엿다. 첫재 개인이란 사람으로나 조선인이란 사람으로나 세계인이란 사람으로써 함꾀 사라야하겟고 살리야하겟다. - 내가 사는 것은 곳 조선사람이 사는 것이며 세계사람이 사는 것이오. 나를 살리는 것은 조선사람을 살리는 것이오. 따라 세계사람을 살리는 것이다. - 이 一과 三이 一位요. 三과 一이 同體인 究竟見地에서 생존운동의 途程에 잇는 우리의 持久戰線에 부과된 당면임무는 오즉 鬪爭力作이란 실제과업을 가지고 대중의 集團力으로써 生의 새로운 전개를 발견하자는 것이다. 온 세계에 흐르는 사조나 모든 민중의 움직이는 운동도 결국은 이 원리의 분화작용이면서 통일표현에 불과한 것이다. 그럼으로 우리는 이 세계사적 사명을 깁히 의식하는 基調에 잇서셔 오즉 살겟다는 강렬한 의지와 살리겟다는 敬虔한 感激을 가진 동지들이 모히어 千萬의 理論을 닷틈보담 한 둘의 實踐과 力行을 거듭하야 生活創造의 튼튼한 礎石을 만들기에 끝까지 盟誓하면서 이 同友會를 發起하는 바이다. ▲ 規約 一. 본회 명칭은 朝陽同友會라 하야 大邱에 置함, 一. 본회 목적은 綱領을 遂行함에 在함, 一. 본회 사업은 左의 各項을 實行함에 在함, ㄱ.勤儉力行을 獎勵함, ㄴ. 團體生活을 訓練함, ㄷ.解放運動을 高調함, 一. 本會 會員은 同志로써 일정한 職業이 잇거나 特殊한 生存機能이 잇는 者로써 左의 各項을 實踐 力行함, ㄱ.會員은 産業基金으로 每月金 三十錢식 義務貯蓄함, ㄴ.會員은 敎育基金으로 每月金 三十錢식 義務貯蓄함, ㄷ.會員은 團體基金으로 每月金 一時金 十錢以上을 隨意 誠納함, ㄹ.會員은 團體經費로 每月金 三十錢식 納入함, ㅁ.會員은 團體成員으로 同志 2인 以上을 推薦함, ㅂ.會員은 加團誓約으로 斷煙을 實行함, 一. 本會機關은 委員 若干人을 置하야 會務를 委任함.

다. 그에 따라 조양동우회는 ①근검역행을 장려함, ②단체생활을 훈련함, ③해방운동을 고조함 등을 목적으로 하였다.

서상일이 제시한 조양동우회의 강령을 좀 더 자세히 살펴보면 조선 사회의 방향성을 확인할 수 있다. 조양동우회의 강령 및 강령을 요약하면 다음과 같다.

▲ 강령

一. 생계확립을 위하야 투쟁력작함.
一. 생권확보를 위하야 일치단결함.
一. 생영발양을 위하야 문화창조함.

▲ 강령 요약

一. 생계生計. 개인자활 – 자유 – 경제 – 해방
二. 생권生權. 민족공존 – 평등 – 정치 – 보장
三. 생영生榮. 인류공영 – 박애 – 교육 – 창조

조양회관 (대구광역시 망우공원 내)

우선, 생계 문제에 있어서 개인의 자활을 통해 그 무엇에 종속되지 않는 삶을 언급하고 있다. 이것은 개인의 경우에만 한정되는 것이 아니라 조선 대 일본이라는 민족 구도에서의 자활도 포괄하는 것이었다. 다시 말해 '조선 본위의 산업'을 통해 일본 경제로부터 조선 경제의 독자성의 확보를 의미하는 것으로 확대시킬 수 있다. 둘째, 생권의 경우 정치성이 분명히 드러난다. 민족공존이란 조선민족과 일본민족이 함께 존재할 수 있는 방식을 의미하는 것이다. '평등－정치－보장'이라는 것은 조선에서 일본인에 대한 조선인의 평등, 조선에서의 조선인에 의한 정치의 보장, 곧 '자치'를 의미하는 것으로 이해할 수 있다. 마지막으로 생영의 경우 '인류공영－박애－교육－창조'를 통해 인류 보편의 지향성을 언급하면서, 최종적으로 '문화 창조=생활 창조'를 내세우고 있다. 이는 한민족의 구제를 넘어 인류의 구제를 문제 삼은 것이었다. 인류의 구제는 '넓은 사랑'에 있는 것이지 투쟁에 있지 않다는 것이다. 이 논리는 사회주의를 정면으로 비판한 것으로서 변증법적 역사 발전을 부인하는 것이었다.[35] 결국 문화 창조는 경제 해방, 정치 보장의 전제이자 귀결점이다.

그런데 규약에서 보면, 근검절약은 자활의 방법이고, 단체생활의 훈련은 민족의 단결을 촉구해 정치 보장을 달성하기 위한 방법이다. 그렇다면 해방운동의 고조는 문화 창조로 연결된다. 서상일이 문화 창조를 해방운동으로 연결시켜 생각했다면, 정치보장=자치는 해방의 이전 단계 혹은 과정이라는 것이 된다. 그러나 동우회의 서원 · 강령을 통해서는 명확히 할 수 없고, 다만 그 개연성만 확인할 수 있다. 이 점은 합법운동에서 구체적으로 다룰 것이다.

그는 서원에서 우리 민족의 삶의 의미를 '세계화'－사해동포주의라는

---

35) 김윤식, 앞의 책 2, 38~39쪽. 이런 논리는 이광수의 「相爭의 세계에서 相愛의 세계에」, 『이광수 전집』 8권에서 잘 나타나 있다.

보편적 인식에서 찾고 있다. 이러한 인식은 송진우가 주장한 자유 · 생존 · 평화의 3대사상 중 세계 평화를 추구하는 것과 연결되는 측면이 있다.[36] 이는 일제의 식민지인 조선 민족 문제의 해결을 회피하는 의미를 지니는 것이었다. 곧 당시 조선에 관철되고 있던 민족모순을 주요모순으로 인식하고 있지 않은 한계를 보였다.

요컨대 서상일은 1920년대 전반기에 구성원의 성격에 다소 차이가 있는 대구청년회 · 대구구락부를 통해 양면적으로 '문화운동'을 전개했다. 그러나 두 단체의 부르주아적 행동적 한계와 민중운동의 발흥이라는 지역사회의 조건에서 문화운동의 진동은 확산되지 못했다. 1920년대 중후반 서상일은 조양회관을 매개로 한 조양동우회를 발기하여 재차 문화운동을 실행하려 했다. 특히, 조양동우회를 통해 서서히 합법운동에 관한 자신의 논리를 구체화시켜갔다는 점은 주목할 만하다.

2) 문화운동과 자치운동

(1) 대구청년회 활동

서상일은 1920년 5월 무렵 대구청년회에 가입했을 것으로 보이며, 1921년에 총무를 거쳐 1922년 5월에서부터 1924년경까지 동 청년회의 회장으로 활동하였다.

대구청년회는 1920년 1월 최종철崔鍾徹 · 남정구南廷九 · 백신칠白信七 · 한규석韓圭錫 · 서만달徐萬達 · 차성호車性鎬 · 조유환曺由煥 · 김윤성金潤聲 · 이연철李寅轍 · 김병하金秉河 · 양규식梁圭植 · 이승노李承魯 · 김승열金承烈 등의 발기인의 노력으로 결성되었다.[37] 대구청년회는 수양의 최고기관으로 설

36) 송진우, 「세계대세와 조선의 장래」, 『동아일보』, 1925. 8. 28~9. 6(古下先生傳記編纂委員會編, 『巨人의 숨결』, 동아일보사, 1990, 31~49쪽에서 재인용).

정되었고, 활동 방향은 신사회 건설에 있었다. 그러한 대구청년회의 입장은 동회 회가에 '신문명 · 신지식 수양의 최고기관' 이라거나 '문화발전 사명을 가진 대구청년회'라고 반영되었다.[38] 또한 '새 생명 넘치네'라고 하였듯이 '새 생명'이 갖추어야 할 덕목으로 '덕성 함양'과 '지식 교환'을 제시하였다. 곧 과거 봉건적 형태를 낡은 것으로 간주하여 민족성 개조를 전망하였다. 그러므로 대구청년회는 '문화 발전'의 사명을 가진 신문명 · 신지식의 수양기관이었다. 이에 대해 당시 언론은 "대구는 남선의 수부요, 청년사회의 중심인 고로 남선을 개발하고 사회를 공고히 하기 위하야 대구청년회를 조직한 것"이라는 의미를 부여하였다.[39] 따라서 신사회 건설 · 신문화 건설을 표방한 대구청년회는 1920년대 초반 문화운동의 영향 속에 있었고, 그 운동의 실행 기관이었다.[40]

대구청년회의 간부로 활동한 인물들의 성격을 보면, 대체로 국내외에서 신학문을 수학한 신흥 지식인이었다. 연령은 대체로 1890년대에서 1900년대 초에 태어난 20~30대가 중심이 되었을 것으로 추정할 수 있다. 그 가운데 서상일 · 한익동[41] · 이응복 · 김윤성 · 백동희 · 이우진[42] · 권태

---

37) 『동아일보』, 1926. 11. 17.

38) 『동아일보』 1920. 6. 27, 「靑年會會歌」. ① 팔공산이 숭엄하고 금호강 맑아 聰俊子弟 길러내어 우리 새 청년 뜨거운 피 참된 정신 모인 곳에 새 생명 넘치네, ② 德性涵養 知識交換 우리 주의는 親愛로서 실현시켜 始終 慣一히 20세기 문명무대에 오를 준비를 여기서 닦으세, ③ 새 文明을 흡수하고 새 지식을 넓혀 새 修養의 최고기관 건설할 때에 어둔 사회 광명이 될 온갖 노력은 우리의 큰 사명, ④ 신성할 우리 精神發揮하는 곳 希望登이 번쩍이네 槿花樂園에 文明花가 燦爛하고 생명 영원무궁토록. (후렴) 대구 대구 우리 대구, 청년 청년 대구 청년, 문화발전 사명을 가진 대구청년회.

39) 『동아일보』, 1920. 5. 26, 「(지방통신) 대구청년회발전」.

40) 박찬승, 앞의 책, 197~237쪽.

41) 韓翼東의 경우 慶北 淸道 만석꾼의 후손으로 어렸을 때 일본으로 가서 成城中學과 와세다대학 정치경제과를 졸업한 뒤 1913년에 조선에 돌아와 1917년부터 곡물상을 운영한 인물로서 서상일과 상업적으로 긴밀한 관계였다. 서상일을 통해 1918년 백산상회 주식 40주를 인수하여 불입을 끝냈고, 서상일의 태궁상점에 자본을 투자하였다. 1920년 이후 대동사, 조양무진주식회사, 대구곡물신탁주식회사, 대구산업금융주식회사

성[43] · 조유환 등은 중소자본가들이었다. 또한 김구金坵 · 한규석 등은 교육운동가, 최원택崔元澤 · 김승묵金昇默 · 최해종崔海鍾 등 언론 활동가, 손덕봉 등 법조인, 이상정 · 정운해 등 사회운동가, 원예 농업가 서만달 등 다양한 사회 계층이 포진되어 있었다. 이와 같이 대구청년회는 신학문을 접한 청년층이 중심 되었고, 그들은 경제 활동을 비롯한 각 방면에서 새롭게 부각되고 있던 인물들이었다.

이 시기 대구청년회의 주요 활동은 강연회에 역점을 두면서, 선전 활동 및 기금 마련 활동, 명신여학교明新女學校 원조 활동, 경북청년회연합회 결성 활동 등을 펼쳤다. 이 가운데 서상일과 관련해서 경북청년회연합회를 주목할 필요가 있다.

서상일은 당시 대구청년회 회장인 한익동과 협의한 후 1921년 9월경 경북청년회연합회의 결성을 추진하였다. 이는 당시 대구청년회의 총무였던 서상일이 4차 정기총회를 빌어 제안한 것으로 10여 명의 동의 아래 추진되었다. 그 내용은 조선청년회연합회를 탈퇴하고 새로이 도道 단위의 경북청년회연합회를 결성한다는 것이었다. 그의 제안 내용은 "조선청년회연합회는 조직적으로 느슨하여 중앙과 지방의 긴밀성이 없으므로, 이것을 극복하기 위해 지방연합기관을 조직하여 지방연합의 기초를 공

등의 중역 및 주주로 활동하면서, 대구상업회소 의원으로 활동하였다. 또한 3 · 1운동에 즈음해 대구의 친일세력이 결성한 자제단의 발기인으로 참여하는 하면, 1920년부터 1931년까지 4차례에 걸쳐 부협의회 의원을 역임하였다. 그리고 매일신보 대구지국을 경영하면서 동아일보 초대 대구지국장을 비롯하여 조선일보 · 서울신보 · 중앙일보 지국도 운영한 바 있었고, 南鮮經濟日報를 직접 창간하기도 하였다.

42) 이우진은 1920년 5월에 대동무역사주식회사(정재학)와 계림농민회사(최인국)를 통합, 설립된 대동사에 1925년부터 중역으로 활동하였고, 대동사가 경북산업주식회사로 변경된 후 사장을 역임했다. 또한 1922년 조선인산업대회의 발기인으로 참여한 바 있었고, 1921년부터 1928년까지 4번에 걸쳐 대구상업회의소 평의원을 지냈다.

43) 권태성은 안동지역에서 안동목재주식회사, 안동상공주식회사를 설립 · 경영한 자본가였다.

고히 함과 동시에 중앙적 통일정신을 관철키 위하여 지방연합기관으로 경북청년회연합회를 결정하자"는 것이었다.[44]

그렇다면 서상일이 경북청년회연합회의 결성을 추진한 배경은 무엇이었을까. 그것은 후술하는 바와 같이 산업조합 · 이상촌 건설의 중심기관으로 청년회를 설정한 것과 관련이 있다. 그는 이상촌을 전국으로 확대하는 과정에서 조직적 체계성을 강조하였던 바 그것을 청년회를 통해 추진하려 했던 것이다. 그에 따라 조직력이 탄탄한 지방연합기관이 필요했던 것이다.

그런데 그는 당국과 긴밀한 협의 아래 일을 진행시켰던 것으로 보인다. 또한 당국도 문화운동의 실행기관으로서 청년회의 발흥에 대해 적극 대응할 필요가 있었다. 곧 당국은 청년회 운동이 문화운동에서 민족운동으로 발전하지 못하도록 함과 동시에 체제 내적인 방향에서 진행되도록 유도할 필요가 있었다.[45] 그 연장선상에서 대구청년회가 경북청년회연합회의 결성을 추진하였던 것이다.

또한 서상일은 이 일을 추진하면서 내부 토론과정을 거치지 않았던 것으로 보인다. 이로 인해 그의 제안은 청년회 내부의 반론에 직면하였다. 먼저, 이상훈은 "대구청년회에서 조선청년회연합에 가입한데 대하여 당국에서 탈퇴하라 하였으나 여하간 가입한 것은 확실하다. 연합회 회원의 일분자一分子로 이런 중차대重且大한 문제는 연합회의 승낙을 득得한 후에 하는 것이 좋지 않은가"라며 절차상의 문제를 지적했다. 다음 홍순일은 "조선청년회연합회에 탈퇴하려 하고 경북연합청년회를 발기하는데 허가한다는 것은 대체 당국의 뜻이 무엇인가, 유안留案하자"며, 당국의 의도에 의심을 제기하며 경북청년회연합회에 대해 반대의 입장을 분명히 하였다.

---

44) 徐相日, 「朝鮮靑年會의 理想과 事業」, 『新民公論』 2-6, 1921. 6, 13~23쪽.

45) 박찬승, 앞의 책, 290~292쪽.

여기서 주목되는 점은 이상훈과 홍순일은 대구청년회뿐 아니라 조선노동공제회 대구지회 회원이라는 것이다. 실제 한규석·서만달 등 두 사람은 두 단체 모두에 발기인으로 참여하였다. 또한 정운해·최익준·김구·최원택·이상훈·손덕봉 등은 두 단체 모두에서 간부로 활동하였다. 그리고 최윤동·김하정·송기찬·홍순일 등도 두 단체 모두에 가입한 인물이었다.[46] 이렇듯이 대구청년회와 조선노동공제회 대구지회는 인적으로 공통되는 측면이 있으면서도, 두 단체의 지도부의 성향은 분명한 차이가 있었다.

이러한 반론에 대해 서상일은 "탈퇴하려는 것은 그때 시국의 현상에 의한 정책이며, 경북청년연합을 허가한다는 것은 현금 시국의 현상에 의한 것"이라며 당국의 정책 변화를 들어 자신의 제안을 옹호했다. 이런 점으로 인해 항간에는 대구청년회의 "회장, 총무는 당국이 지정한 회장, 총무"라 하는 소문이 나돌았다. 물론 서상일은 "그동안 지정하였다 할 만한 무슨 행동의 표시를 하는 점이 과연 얼마나 있었는가, 이는 참으로 무근이다"며 소문을 부인했다.

이처럼 경북청년회연합회 결성이 찬반양론으로 나누어지자 표결에 붙여졌다. 그 결과 경북청년회연합회의 추진은 승인되었고, 서상일과 한익동 두 사람이 추진위원으로 선정되었다.

그 후 대구청년회는 경북청년회연합회 추진 파동으로 인해 침체 국면에 접어들었다. 그로 인해 대구청년회는 1922년에 들어 매년 3월에 거행하던 정기총회를 두 차례나 연기하다 5월 1일에야 열었다.[47] 대구청년회는 회장 한익동의 사회로 진행된 정기총회에서 새 회장으로 서상일을 선

---

[46] 대구청년회와 조선노동공제회 대구지회(이후 대구노동공제회로 명칭 변경) 그리고 상미회와 중복되는 회원은 서만달·한규석·鄭雲海·최익준·金坵·최원택·이상훈·손덕봉·최윤동·김하정·송기찬·홍순일 등이었다.

[47] 『동아일보』, 1922. 5. 10.

출하였다. 서상일의 대구청년회는 동년 6월에 지역 유지와 회합하여 청년회의 진흥 방안에 대해 논의하고, 6월 20일부터 24일까지 5일간에 걸쳐 활동사진대회, 음악대회, 강연회 등을 개최하기로 하였다.[48] 또한 7월 29일에 임시총회를 개최하여 조직을 개편하고 임원을 선출하였다. 회칙을 개정하여 편집부, 산업부, 사회부 등 3부를 증설하기로 하고, 총무 이우진李愚震, 교육부장 최익준崔益俊, 운동부장 서병일徐炳一, 편집부장 최해종, 산업부장 권태성權泰星, 사회부장 김승묵金昇默, 서무부장 이응복李膺福, 평의장 남정구南廷九, 평의원 권헌길權憲吉 · 양규식 · 이상훈 · 최원택 · 백동희 등 모두 10명을 선출하였다.[49] 그리고 도서관을 설립하기로 하고 지역 유지로부터 수백 권의 도서를 기증 받기로 하였다.[50] 뿐만 아니라 이전부터 진행해오던 강연회를 지속적으로 개최하고자 하였다. 서상일이 회장으로 취임한 후 처음으로 1922년 8월 26일에 제16회 정기 강연회가 개최되었다.[51] 여기에는 대구 대성학관大成學館 관장 김구의 '최근 교육사상', 평양 사립 광성고등보통학교 강사 이상정李相定의 '우리 민족의 내력' 등의 강연이 있었다.

대구청년회는 대구지역 조선인 설립의 사립학교를 후원하는 형태의 교육운동을 전개하였다. 대구청년회원인 김구가 관장으로 있던 대성학관은 1922년 10월 무렵 학생 수가 증가하자 교실 신축을 추진하였다. 또한 규석은 직접 배영학원을 설립하였다. 그리고 1922년 9월경 대구청년회 회원을 중심으로 지역의 유지들이 모은 돈으로 대구상업학교를 설립할 수 있었다. 또한 이일우가 세운 우현서루에서 발전한 교남학원에 대해서

48) 『동아일보』, 1922. 6. 21.
49) 『동아일보』, 1922. 7. 28 ; 1922. 8. 8.
50) 『동아일보』, 1922. 8. 23.
51) 『동아일보』, 1922. 8. 30.

도 대구청년회원을 비롯한 대구지역 유지들의 도움이 있었다. 1922년 말 대구여자보통학교의 이전문제가 발생하자 유지들은 대구시민유지회를 구성해 적극 대응하였다. 여기에 대구청년회장 서상일을 비롯한 문석규 · 서기하 · 박해극 · 이선호 등 5명이 선정되어 활동하였다. 이러한 활동을 볼 때 대구청년회는 한말 대구지역 계몽운동의 교육진흥운동을 계승하는 측면이 있었다.

그러나 대구청년회는 경북청년회연합회 결성을 추진하는 과정에서 더 큰 반론에 직면하였다. 그것은 1922년 11월에 경북도청 사회과가 주최한 청년단체 강습회에서 나타났다. 경북지역 22개 청년단체가 참여한 가운데 진행된 강습회에서 동 연합회의 결성을 놓고 찬 · 반 양쪽으로 나뉘어져 열띤 토론을 벌였다. 그 결과 서울에 이미 조선청년회연합회가 있고, 그 연합회를 중심으로 청년단체의 단결이 필요하다는 의견이 다수를 이루어 동 연합회 계획은 무산되었다. 강습회에 참가한 단체 중 아직 조선청년회연합회에 가입하지 않은 청년회는 동 연합회에 가입하기로 결정하였다.[52] 그러나 실제 경북청년회연합회는 결성되지 못하였다.

서상일이 주도한 경북청년회연합회 결성의 좌절은 대구청년회의 침체로 이어 졌다. 그러한 대구청년회의 사정은 1923년 2월에 조선물산장려운동에 반영되어 물산장려운동이 큰 성과를 거두지 못하는 것으로 나타났다. 이를 좀 더 자세히 살펴보자. 대구청년회는 조선불교청년회 · 교남기독교청년회 · 해성명도회海星明道會 · 여자기독청년회 · 동아일보 대구지국 등 6단체와 공동으로 단연금주토산장려선전연설연합대회를 열고 선전활동을 벌였다.[53] 이에 자극되어 대구 시장정 총대 김광서金光瑞 등 5명이 단연회를 발기한 이래 30여 명의 회원이 모집되기도 하였다.[54]

---

52) 『동아일보』, 1922. 11. 12.

53) 『동아일보』, 1923. 2. 18.

그리고 실력양성론의 입장에 선 동아일보 대구지국은 「자멸인가 도생圖生인가－물산장려운동에 대하야 왈가왈부의 론난을 보고－」(윤영남尹嶺南)을 통해[55] 생산증식에 기반을 둔 물산장려운동을 촉구하였다. 이 글은 물산장려운동에 비판적 입장을 취한 대구노동공제회에 대해 반비판하면서, 물산장려운동은 토산품 장려보다는 생산증식에 있어야 하고, 그 주체는 중산층이어야 한다고 주장하였다.[56]

---

54) 『동아일보』, 1923. 2. 6, 「대구에도 단연회」. 대구 인근과 경북지역에서도 禁酒斷煙運動과 토산품 장려운동이 전개되었다. 달성군 성북면 산격동(현 대구)에서도 70여 명을 회원으로 하는 금주단연회가 결성되었다(『동아일보』, 1923. 2. 16, 「달성의 금주단연회」). 이후 김천에서 금주동맹금주단연회, 영천에서 금주단연동맹회, 김천군 과곡동 금주단연회, 달성군 월배면 유천동에서 금주단연 토산 장려회, 봉화 금주단, 경주 모량리 금주연 등이 결성되어 활동하였다(『동아일보』, 1923. 3. 28, 「금릉의 금주동맹」 ; 1923. 4. 10, 「영천 금주단연」 ; 1923. 4. 10 ; 1923. 4. 15 ; 1923. 4. 17 ; 1923. 4. 17). 또한 1923년 2월에 지역 청년회가 중심이 되어 경주물산장려회와 안동물산장려회를 조직하여 토산품 장려와 금주 단연을 내용으로 하는 물산장려운동을 펼쳤다(『동아일보』, 1923. 2. 23, 「경주물산장려회」 ; 1923. 3. 6, 「안동에도 물산장려」).

55) 『동아일보』, 1923. 4. 17. 尹嶺南은 한말 대구의 대지주신의 尹弼五의 아들이자 대구지역 사회주의자(서울계) 尹又烈의 형제였던 尹洪烈의 筆名인 것으로 생각된다. 그것은 윤영남이 자신의 고향을 대구라고 글에서 밝히고 있고, 서상일이 동아일보 대구지국을 인수한 뒤 지국 기자로 활동하였으며, 이후 서상일과 같은 입장에서 기자 활동을 벌였던 점에서 알 수 있다.

56) 尹嶺南은 생산증식에 반대하는 논리에 대해 '自滅論'이라고 비판한 뒤 마지막까지 실제적 자각을 통해 노력과 능률을 기해야 할 것이라고 주장하였다. 그는 물산장려운동의 의미를 "우리 민족의 자멸을 경고하고 어찌하여야 살겠느냐는 우리 민족이 각성을 촉구하는 절규"로 이해하였다. 나아가 "아무 주의자를 막론하고 특히 銓索深究할 것 없이 반대할 필요가 없을 줄로 생각한다"고 이해하였다. 또한 물산장려운동이 토산장려가 아닌 生產增殖이 되어야 하는 이유를 "生產物은 여전하고 소비에만 注重하면 새삼스레 經濟學原則을 들 것 없이 物價만 騰貴할 것은 물론이다. 만일 우리가 진정으로 물산을 장려하자고 할 것 같으면 옷 한 벌 새로 지어 입기보다는 옷 한 벌을 만들道를 강구하여야 될 것이다"고 단정적으로 언급하였다. 그는 다음으로 물산장려운동의 주체를 "제일 여가가 많은 더구나 다수인 일반 有閑寄生階級에게 이 문제를 강구하게 하지 않을 수 없다"고 하였다. 또한 "만일 이 운동으로 말미암아 現下 조선의 有閑階級 내지 中產階級의 奮起 努力을 특히 促進하게 된다면 이 '물산장려'운동은 극히 유리한 운동이라 할 수 있으며 가장 慶喜할만한 운동이라 할 수 있다"고 하였다. 이러한 주장을 "가장 가능성을 가진 一抹의 餘力이라도 가진 中產階級을 위시하여 굳센 團結로 生產增殖에 努力·奮鬪하여 보자는 물산장려운동의 眞情인줄 안다"고 정

그렇지만 대구에서 이 생산증식론에 입각한 물산장려운동의 사례는 잘 나타나지 않는다. 그 이유는 조선인산업대회에 참여했던 서상일·한익동 등 지역의 자산가 층들이 물산장려운동을 적극적으로 전개하지 못했기 때문이었다. 또한 그들이 일반 민중 설득에 실패했기 때문이기도 하다. 이것은 대구청년회에 비해 '진보적' 지식인이 다수 참여하고 있으면서 농민에 대한 장악력이 높았던 대구노동공제회의 물산장려운동의 비판과 관계가 있는 듯하다.[57] 이로 인해 물산장려운동을 추진한 세력은 반대 입장에 서 있던 사회주의 세력에 대해 좋지 않는 감정을 품게 되었고, 두 세력 사이의 대립은 한층 강해졌다.[58]

또한 서상일은 같은 시기인 1923년 2월에 대구에서 민립대학설립발기인으로 선출되고,[59] 6월 말 민립대학기성회 대구지방부의 감사로 선정되었다.[60] 민립대학기성회 대구지방부는 총 65명의 임원으로 구성되었으

리하였다.

57) 물산장려운동의 찬·반 양론에 대해서는 윤해동, 「일제하 물산장려운동의 배경과 그 이념」, 『한국사론』 27, 서울대 국사학과 1992 ; 박찬승, 앞의 책 참고. 그런데 대구노동공제회의 물산장려운동에 대한 비판은 생산증식에만 한정되지 않고 토산장려에 대해서도 비판적이었다. 이 점은 그간의 연구결과와도 상이한 것으로서 분석이 요구된다. 대구노동공제회의 물산장려운동에 비판은 다음과 같다. 곧 "원래 우리 노동자들은 그 날 그 날에 奔忙한 터이라 何暇에 土產 非土產을 선택할 여유도 없거니와 물산을 장려하려한들 할 수도 없는데 입으로나 찬성하면 무엇하느냐"는 비판적 입장을 나타냈다.

58) 權承悳, 「(思想戰線의 報告)民族運動과 社會運動」, 『彗星』 1931. 7.

59) 『동아일보』, 1923. 2. 8. 민립대학설립 발기인은 洪宙一·李宗熙·金坵·張鴻植·梁大卿·金宜均·南泌祐 등이었다.

60) 『동아일보』, 1923. 6. 26. ▲ 집행위원장 : 金宜均, ▲ 집행위원 : 洪宙一 南泌祐 金思一 金燦洙 徐丙朝 徐喆圭 朴炳兌 鄭海鵬 金元蘭 朴基敦 全炳夏 朴海克 李在榮 鄭龍基 李吉雨 李鍵熙 鄭志願 李泳勉 尹洪烈 韓翼東 崔浚麒 韓圭錫 金永瑞 白南埰 崔潤東 許鎮 金夏鼎 鄭雲海 安啓煥 朱定均 任競淳 金坵 鄭雲騏 梁大卿 金鍾元 金英鎮 徐丙五 裵斗容 嚴柱祥 閔泰貞 徐丙元 李相岳 李潤 金永培 俞萬兼 金在煥 徐永達 李愚震 朴準性 鄭光淳 張相轍 李相麟 金完燮 姜仁中 李根泳 徐禧瑗 金蔚山 李善愛 崔鳳源, ▲ 회금 보관위원 : 李宣鎬 文錫圭 徐昌圭, ▲ 감사위원 : 崔鍾徹 徐基夏 徐相日 이후 대구지방부 임원을 포함한 참여자의 사회 경력을 구분하면 다음과 같다. ▲변호

며, 여기에는 대구지역의 다양한 성향의 인사와 대구지역의 대표적 사회단체들을 대거 포괄하고 있었다. 대구의 물산장려운동과는 대조적인 모습을 보였다. 그 특징을 보면, 첫째 대구지역 사립학교의 설립자 · 교사 등 교육관계자들이 대거 참여하였다. 이들은 사립학교의 설립 주체 · 교사들이었고, 열악한 교육 환경 개선뿐 아니라 민족적인 교육을 실시하였다. 1922년 11월 사립학교 대표 10여 명으로 '사립학교 간 연락, 교육자 친목, 학술 연구 및 교육보급의 노력' 등을 지향하는 대구교육자회를 구성한 것이 민립대학 설립에 대거 참여하게 된 배경이 되었다. 둘째, 대구지역의 대표적 사회단체인 대구청년회 · 대구노동공제회 등이 적극 참여하고 있다. 특히, 사회주의자 정운해도 참여하였다. 셋째, 자본가들 가운데 이선호 · 서기하 · 서창규 · 이상린 · 이상악 · 서병조 · 서철규 · 이영면 등 상층자본가들도 다수 포함되었으나 정재학 · 이병학 · 장길상 · 장직상 · 이종면 · 이장우 등은 여기에도 불참하였다. 그밖에 의사 · 변호사 · 언론가 등 전문 직종에 종사하는 유지들도 참여하였다. 그러나 일제 당국은 김구 · 한규석이 주도한 대성학관 · 배영학원에 대해, 그들이 노동공제회 회원일 뿐 아니라 사회주의자이기 때문이라는 억지를 들어 학교 설립인가를 불허하는 등의 탄압을 하였다.[61]

사 김의균 강인중 김완섭 박해극 양대경 ▲의사 정광순 ▲유도진흥회 장상철 ▲ 언론가 윤홍렬(동아일보) · 허진(동아일보) · 이근영(조선일보대구지국장) ▲여성 서희원 · 김울산 · 이선애 ▲대구청년회 서상일 · 이우진 · 한규석 · 韓翼東 · 金坵 · 최종철 ▲대구노동공제회 김하정 · 鄭雲海 · 박기돈 · 이윤 · 배두용 · 최윤동 · 韓翼東 ▲교육가 김의균(喜瑗 順道學校) · 金坵(大成學館長) · 김하정(海成學校) · 서희원(喜瑗 順道學校) · 김울산 · 이선애(喜瑗 順道學校) · 임경순 · 홍주일(嶠南學校) · 김찬수(海成學校) · 정운기(嶠南學校) · 박해극 · 이윤 · 배두용(명신여학교) · 한규석(배영학원) · 박기돈(명신여학교) ▲자본가 南泌祐 · 金思一 · 金燦洙 · 徐丙朝 · 徐喆圭 · 朴炳兌 · 鄭海鵬 · 朴基敦 · 李泳勉 · 韓翼東 · 韓圭錫 · 白南埰 · 崔潤東 · 許鎭 · 梁大卿 · 徐丙五 · 裵斗容 · 徐丙元 · 李相岳 · 金在煥 · 李愚震 · 張相轍 · 李相麟 · 李宣鎬 · 文錫圭 · 徐昌圭 · 徐基夏 · 徐相日 · 嚴柱祥.

61) 『동아일보』, 1924. 6. 7. 당국의 불허에 대응해 金坵 한규석은 유도진흥회 경북지회장

이처럼 경북청년회연합회 추진이 좌절되면서 초래된 대구청년회의 위축은 물산장려운동의 활발한 전개를 어렵게 했을 뿐 아니라 청년회의 위상마저 실추되는 계기가 되었다. 그로 인해 대구청년회는"가판架板보다는 내용이 너무 빈약하다"는 평을 들어야 했다.[62] 그러한 상태에서 1924년 1월 대구청년회는 문예잡지 『이상촌』과 유년잡지 『보步』의 발행을 추진하기도 하였다.[63] 결국 대구지역에서 부르주아 주도의 실력양성론적 문화운동은 점차 약화되어 갔다.[64] 특히, 대구는 북성회北星會의 핵심 인물인 정운해가 대구노동공제회를 장악하고 있으면서, 농민을 대상으로 하여 자신들의 저변을 넓혀 나가고 있었다.[65] 이러한 상황을 반영하듯 대구청년회 회장 서상일은 "청년은 민족주의를 가져야지 만일, 사회주의를

장상철을 공동 설립자로 인가 신청을 했다. 그러나 당국은 金垢 한규석 등 두 사람을 제외한 장상철과 진흥회 총무 서석대를 공동설립자로 할 것을 강요하였다.

62) 「大邱漫筆」, 『개벽』 37호, 1923. 7.

63) 『동아일보』, 1924. 1. 10. 1921년 대구청년회가 발행을 추진했으나 당국의 방해로 이루어지지 못했던 것을 재추진하는 것이었다.

64) 그리하여 1924년 9월 대구청년회는 동 청년회를 이상적으로 개혁하여 명실상부한 청년회로 거듭나기 위해 회원자격을 만 18세에서 30세까지로 하고, 좌담회 개최를 계획하였다(『시대일보』, 1924. 9. 12, 「청년회 정리」).

65) 鄭雲海는 김약수 · 정태신 등과 함께 노동공제회 내 '마르크스주의 비밀결사'를 조직했다. 1922년 한해 동안 조선노동공제회 대구지회는 노동야학 개설, 소비조합 설립, 인쇄직공조합 결성, 토목공려회 결성, 인력거노우회 결성에 결정적인 역할을 했다. 1922년 말 조선노동공제회가 운동 노선과 조직 위상 등의 문제로 분열되자, 동 지회는 1923년 2월 會名을 大邱勞動共濟會로 변경하였다. 이후 大邱勞動共濟會는 '農民을 地主로부터 보호하고 農民의 生存權을 지키고자 하는 小作運動에 관한 方針'을 발표하고 대구 · 달성에 소작조합을 결성하고 소작쟁의를 일으켰다. 1923년 8월에 北星會 강연단이 대구를 방문한 이래 대구노동공제회의 지역에서의 위상은 높아졌다. 1924년 3월 남선노동총동맹 대회가 대구노동공제회의 진행 아래 대구에서 개최되어 노 · 농민의 계급적 자각과 실천성 촉구하는 분위기가 고조되었다. 특히 1922년 달성군 가창면에서 대구지주 서우순의 토지의 신구소작인이 소작권 이동을 놓고 격투사건을 벌이기도 했다. 1924년 달성군 일대에서 지주를 상대로 한 소작료 불납 투쟁, 소작지 이동 반대 투쟁이 빈발하게 발생했다. 이러한 사회적 분위기는 당국과 부르주아 세력에 위협적인 요소로 부각되었다(김일수, 「1920년대 경북지역 사회주의 운동」, 『한국현대사와 사회주의』, 2000, 역사비평사 참조).

가지면 조선의 청년이 아니다"라고까지 하였다.[66] 이 발언은 서상일의 사회주의 사상에 대한 최초의 직접적인 비판이고, 그 표현은 극단적이었다. 따라서 서상일 자신이 주장하듯 1920년대 전반기의 부르주아 민족주의가 주도하는 사회운동은 약화되었다.[67]

(2) 대구구락부 활동

서상일은 1923년 들어 대구지역 사회운동에서 대구청년회의 침체와 대구노동공제회의 발흥으로 서로 상반되는 변화가 일어날 때, 그 대응책이 필요하였다. 그에 따라 1923년 7월 7일에 서상일을 비롯한 김의균金宜均[68] · 김재환金在煥[69] · 박기돈朴基墩[70] · 백남채白南埰[71] · 서병원徐丙元 · 서

66) 「大邱漫筆」, 『개벽』 37호, 1923. 7. 이 글에서 그러한 발언을 한 서상일을 가리켜 "나팔주의자, 즉 虛言主義者 같다"고 하였다.

67) 1924년~1925년 사이 대구지역에 사회주의계 청년·사상단체가 다수 결성되었다. 1921년 상미회(1923년 12월 正午會로 개명), 1924년 12월 제4청년회(서울계), 1925년 1월 아구동맹(일월회계), 1924년 11월 신우회, 1925년 1월 용진단, 1925년 2월 신사상회(서울계), 1925년 1월 화성회(일월회계), 1925년 7월 무산청년회 등이다.

68) 金宜均(1884~?)은 김해 김씨 金烱振의 장남으로 법조계에서 활동한 인물이었다. 그는 1912년 3월부터 대구지방재판소 판사와 1913년 9월 대구복심법원 판사를 거쳐 1914년 2월 판사직을 사임하였다(안용식, 『한국행정사연구』 1, 대영문화사, 1993 참고). 그 후 대구에서 변호사로 활동하였다. 그의 셋째 아들은 김석형이었다.

69) 金在煥은 대구출신으로 1910년 경상북도 서기를 거쳐 1911년 평북 창성군수, 1912년 평북 선천군수, 1917년 경북 의성, 달성 군수를 지낸 친일관료 출신이다. 1927년 대구학교평의원 회원, 대구상업회의소 제7대 특별의원을 지냈다. 1920년에 설립된 大邱銀行의 주주였다. 그 후 경상합동은행 중역·주주, 1928년 대구조선양조주식회사를 설립하고, 경상합동은행의 주주였다. 1937년 중일전쟁 발발 후 전조선 명사 59명이 행한 제2회 각도 파견 시국 순강 때 강사로 친일 행각을 벌였다. 대구 금정(지금의 태평로) 우편소장을 지낸 인물이었다.

70) 朴基墩(1873~1948, 晦山)은 1907년 대한자강회, 1908년 대합협회 대구지회의 회원으로 활동했고, 1910년에 대구은상무소의 의장을 역임하였다. 또한 1920년 조선노동공제회 대구지회 회장을 거쳐 1924년에 대구노동공제회 집행위원장을 지냈다. 그리고 명신여학교를 운영하기도하였다. 경제적으로 大邱銀行 및 慶一銀行의 중역으로 활약하였다.

71) 白南埰(1888~1951)는 경북 경산의 기독교 가정에서 태어나 사립 계성학교, 중국 협

병조徐丙朝[72] · 서철규徐喆圭[73] · 양대경梁大卿 · 윤홍렬尹洪烈[74] · 이상린李相麟 · 이상악李相岳[75] · 이선호李宣鎬[76] · 장직상張稷相[77] · 정봉진鄭鳳鎭[78] · 한

화대학(현 북경대학)을 차례로 졸업하였다. 귀국 후 계성학교 교감 및 이사장으로 취임하였으며, 1915년 교남기독교청년회를 조직했다. 1919년 대구만세시위운동을 주도했다. 1920년 조선연화회사를 설립한 경제인으로 활동하였다. 그 후 1924년 대구학교평의원, 1926년 희도보통학교 이사장, 1929년 대구상업회의소 의원 등의 사회 활동을 했다.

72) 徐丙朝(1886~1952)는 대구에서 국채보상운동의 주동 인물인 서상돈의 아들로 태어났다. 어려서부터 일본 문화에 심취한 그는 1904년 사립 桂亭日語學校를 세웠다. 1909년 서상돈이 운영하던 대구잠업전습소를 경영하면서 경제계에 첫발을 디딘 후 1915년 경상농공은행 이사, 1916년 대구전기주식회사 주주로 활동했다. 그 뒤 1918년 10월 조선식산은행, 1919년 계림농림주식회사, 1920년 대동무역주식회사, 1924년 조양무진주식회사의 주주였다. 그 후 1932년 대구제사주식회사 등에 자본을 투자함과 동시에 경북지역에 펴져 있는 자신의 토지를 관리한 대지주였다. 1920년대에 대구상업회의소, 부협의회, 도회, 학교평의회 등 일제 관변기구에서 의원으로 활동하면서 明治神宮奉贊會, 국민협회 등 관변친일단체의 위원으로 활동하였다. 이에 당시 일본인들은 그를 "경북의 유력가로 중추원 참의가 된 우리의 충실한 협조자"로 높이 평가하였다.

73) 徐喆圭(1883~1956)는 대구의 대지주인 달성 서씨 徐炳徵의 장남으로 태어났다. 그의 장녀 서득수는 大邱銀行 두취인 鄭在學의 4남 鄭扶乭과 혼인했고, 그의 둘째 딸 서석이는 대구의 대부호인 李宗勉의 장남 李根庠과 결혼했다. 그는 1923년 韓翼東과 함께 합자회사 公湖商會를 설립하고 주주로 참여했다.

74) 尹洪烈(?~1946)은 윤필오의 아들이고, 대구의 사회주의계 청년운동의 중심인물이었던 윤우열과 형제 사이였다. 그는 동아일보 대구지국 기자로 활동하면서, 부르주아의 이익을 대변했었고, 특히 서상일의 정치적 동지로 활동한 인물이었다.

75) 李相岳(1885~1941)은 대구의 대지주이자 대자본가인 李一雨의 장남으로 태어났다. 그의 동생은 李相武, 李相侃, 李相佶 등이며, 사촌동생으로 李相定, 李相和, 李相伯 등이 있다. 그는 1924년에 설립된 조양무진주식회사 주주로 자본 활동을 벌였다. 그 후 1928년 『중외일보』 이사, 1930년 조선국제조주식회사 이사, 1937년 대구약주양조주식회사 중역 · 주주, 1937년 경북상공주식회사 이사, 1938년 경북무진주식회사 중역 · 대주주(2,381) 등 상공업에 종사한 인물이었다.

76) 李宣鎬는 안동에서 손꼽히는 양반집의 후손으로, 한말 종4품의 벼슬을 거쳐 군수로 관직 생활을 한 관료 출신이었다. 곧 1910년 경북 함창, 1911년 신령, 19194년 봉화군수를 거쳐 1915년 안동군수를 마지막으로 하여 군수직을 사임하였다. 그 후 1920년 장길상 형제가 주도한 慶一銀行의 설립에 참여하고 전무이사로 활동하였다. 그 후 1933년부터 두 번에 걸쳐 도회 의원으로도 활동하였다.

77) 張稷相(1883~1959)은 경북 칠곡(현 구미)에서 경북관찰사를 지낸 張承遠의 둘째 아들로 태어났다. 그의 형은 일제하 금융자본가이자 대지주인 張吉相이며, 그의 동생은 해방 후 수도경찰청장을 지낸 張澤相이다. 그는 1903년 경기전 참봉을 시작으로 벼슬 생활을 하여 1910년 6월에 경북 신령군수, 1913년 선산군수를 지냈고, 1915년 경북지

익동韓翼東 등이 대구구락부大邱俱樂部를 창립하였다. 서상일의 입장에서 보면, 대구구락부는 대구청년회를 계승한 문화운동의 중추 실행 기관이었다.

그런데 대구구락부에 참여한 인물들은 1921년에 구성된 대구예월회大邱例月會와 관련이 있는 듯하다. 대구예월회는 회원 상호 간 친목도모, 사회 문제 연구 등을 취지로 하여 결성되었다.[79] 당시 언론은 대구예월회가 발기인과 회원전부가 당지 일류 신사, 일류 실업가, 일류 자산가'들로 구성되어, '대구의 사회적 중심기관이 될 만한 회이다'라고 평했다. 그리하여 지역사회에서는 대구의 중추기관으로서의 자기 역할을 충분히 해 주리라고 큰 기대를 나타냈다.

그러나 기대와는 달리 대구예월회는 매월 1회씩 모여 친목을 빙자한

방 토지조사위원을 지낸 것을 끝으로 관직생활을 그만두었다. 그는 1917년 남선합동전기주식회사의 주주 및 중역으로 활동하면서 1920년에 왜관금융창고주식회사를 설립하고 대표이사가 되었다. 또한 大邱銀行, 선남은행 등에 자본을 투자한 후 慶一銀行을 설립하였다. 1929년 조양무진주식회사 주주, 동아인촌주식회사 설립, 고려요업주식회사 중역, 남선양조주식회사 주주, 1937년 경북산업주식회사 대주주로 활동하였다. 그리고 조선인으로 유일하게 대구상업회의소의 회두를 두 차례 역임했고, 대구부회, 경북 도회를 거쳐 중추원 참의를 지낸 예속자본가였다.

78) 鄭鳳鎭은 한말 · 일제 초기 대구지역의 대지주로서 계몽운동에 참여했던 정규옥의 둘째 아들이었다. 그는 1924년 조선인들이 중심이 되어 설립된 조양무진주식회사에 참여하고 중역 · 주주로 활동하였다. 李相麟은 大邱銀行 이사, 1920년 대동사주식회사 이사 · 주주, 1932년 남선금융주식회사 이사 등을 역임한 자본가였다. 徐丙元은 대구의 대지주였고, 1920년 고려요업주식회사의 중역 · 대주주였고, 1924년 조양무진주식회사 상무이사 · 대주주였다. 그 후 1928년 경상합동은행 이사 · 대주주(3,187주), 1932년 합자회사 丸一商會 주주, 1938년 경북무진주식회사 중역 · 대주주(1,439)로 활동한 자본가였다.

79) 『동아일보』, 1921. 9. 3, 「大邱閑話, 例月會에 對하야」. 대구지국 일기자(韓圭錫), 예월회의 취지는 다음과 같다. "나날이 노력하는 모든 괴로움에 싸인 心身을 每月 公暇一日을 잘 利用하야 趣味잇는 消遣으로써 休養을 하고 水平面上에 波起破滅하는 모든 問題에 대한 硏究도 이 社會識者 先輩의 階級되는 우리가 連帶解答치 아니치 못하리라는 것은 同懷하얏스리라. 그럼으로 會하야 親하며 親하는 中에서 樂하며 樂하는 中에서 識하고 究하려는 것이라"

여흥만 즐길 뿐 그 어떤 사회성을 띠지 못했다. 그에 따라 대구예월회에 대한 사회적 비판이 여론화되었다. 이렇듯 오락성의 친목만을 유지했던 대구예월회의 구성원들은 1923년에 들어와 변화되는 사회적 분위기에 대응하기 위해 대구구락부에 참여했을 것으로 생각된다.

서상일에 따르면 대구구락부를 결성하기 위한 기성회가 1921년 봄에 이미 구성되어 있었던 것으로 보인다.[80] 동 기성회는 회관을 건립하기 위한 기금을 조성하면서, 1922년 4월에 그 공사에 착수하여 동년 10월에 완공하였다.[81] 그에 의하면 대구구락부기성회의 취지는 "우리 사회의 중추기관이 되어 민중복리의 증진을 도圖하려는 성실한 봉사적 정신의 고조" 그리고 "문화운동을 전개키 위해서"였다. 따라서 대구구락부기성회는 문화운동의 중추기관임을 자임하였던 것이다.

동 기성회는 대구청년회 활동의 위축이 두드러진 1923년 7월에 정식으로 대구구락부를 결성하였다. 1923년 8월 대구구락부는 지역의 대표적 사회운동단체인 대구노동공제회 등과 더불어 서선수해대구구제동정회西鮮水害大邱救濟同情會를 구성하여 원호활동을 전개했다.[82] 서상일은 대구구락부의 참여 인물에서 보여지듯 대구지역의 대표적 부호들과 함께 문화운동을 실행하려 했다. 이처럼 서상일은 문화운동을 추진하기 위해서 예속적 성향을 보이고 있던 대부호들과도 공동보조를 취하기도 했다. 그러나 서상일의 기대와는 달리 대구구락부의 활동공간인 회관은 몇몇 '유산자有産者'의 오락장이 되고 말았기에[83] 두드러진 활동을 기대하긴 어려웠다.

---

80) 그런데 조양회관의 설립 취지에는 다른 의견이 있었던 것으로 보인다. 곧 조양회관은 구락부의 회관이 아닌 대구청년회 회관으로 하여 조성 기금을 마련했으나 준공 후에는 구락부의 회관으로 사용되었던 것으로 보인다(『개벽』 37, 1923. 7, 「大邱漫筆」).

81) 『동아일보』, 1926. 11. 20, 「순회탐방」 13.

82) 『동아일보』, 1923. 8. 17.

83) 「대구만필」, 『개벽』 37, 1923. 7.

(3) 자치운동과 『중외일보』 참여 좌절

1923년 말부터 『동아일보』는 '민족적 기치하의 대단결', '민족적 중심세력의 결집'의 '중심세력이 될 만한 단체의 결성'을 본격적으로 주장하였다. 그 주장의 필요성은 대체로 '인민의 생명 재산의 보호', '폐정의 개혁' 등 조선민족의 생존권 보장을 위해 '정치상의 유력한 발언권'의 확보가 필요하다는 것에서 제기되었다. 이는 비록 명확한 표현은 아니나 일정한 정치적 권리를 확보하기 위한 정치운동의 중심세력이 필요하다는 주장과 다름 아니었다. 그리고 그 정치적 발언권의 확보란 자치권의 확보 바로 그것이었다.[84]

서상일은 1923년 12월 하순 정치결사를 조직하기 위한 첫 모임이 김성수의 집에서 열렸을 때, 동아일보의 김성수金性洙 · 송진우宋鎭禹 · 최원순崔元淳, 천도교의 최린崔麟 · 이종린李鍾麟, 기독교의 이승훈李昇薰, 변호사 박승빈朴勝彬, 평양의 조만식 · 김동원, 조선일보 신석우申錫雨 등이 참석하였다. 이 모임에서 정치결사의 조직에 합의하고 그 조직의 명칭을 연정회研政會로 정했다.[85]

서상일은 연정회의 결성 추진을 계기로 동아일보 세력과 더욱 밀착되어 갔다. 그러나 동아일보 세력은 연정회 결성에 대해 쏟아지는 비난을 의식하여 1924년 1월 29일자 사설을 통해 "만일 오인의 제창하는 정치적 결사와 운동이라는 논지를 일인一人이라도 다른 의미로 오해한다면 이는

---

84) 박찬승, 앞의 책, 330~335쪽.

85) 인촌기념회, 앞의 책, 261~262쪽. 1924년 4월 20일에 열린 조선노동총동맹에서 김종범 등이 동아일보문제를 조사한 결과를 보고하면서, 모인 장소를 김성수의 집이 아닌 명월관이었던 것으로 발표하였다. 또한 동 보고는 마루야마 경무국장 휘하의 고관을 방문하고 상호협조의 양해를 얻어 그 취지를 선전하기 위하여 동아일보 지상에 「민족적경륜」을 발표하였다고 하였다(『조선일보』, 1924. 4. 22, 「노농총동맹 임시대회」; 박찬승, 앞의 책, 334쪽에서 재인용). 그런데 『제등실문서』(일본 국회도서관)에 따르면 연정회라는 정치결사를 조직하기 위한 합의는 1924년 1월 중순에 열린 것으로 기록하고 있다(박찬승, 앞의 책, 333쪽).

그 책責이 수사의 졸拙에 있을지언정 결코 논문의 문지文旨가 아닌 것을 자玆에 일언一言한다"고 해명하였다.[86] 또한 동년 4월 23일자 「양문제兩問題의 진상眞相」이라는 글을 통해 연정회 결성에 관한 합의의 이루어지지 못했다고 해명했다.[87] 결국, 동아일보 측이 추진한 정치결사인 연정회의 결성은 실패로 끝났다.

1925년에 들어 자치론은 『경성일보』의 사장 소에지마 미치마사副島道正가 총독부에 자치제 실시 건의를 함으로써 재등장하였다. 『경성일보』는 1925년 11월 26~28일에 걸쳐 「조선통치의 근본 의義」라는 제목의 논설을 통해 조선인의 참정권 부여를 반대하면서, "일본의 일부인 조선에 참정권을 주지 않는 이상…자치는 필연적인 목표"라며 자치제 실시를 주장하였다.[88] 또한 조선인들을 독립이라는 정신적 모르핀 중독에서 구해 내고, 과격한 자극적 사상 대신에 영양가 있는 정신적 식물을 주어 자포자기의 상태에서 각성시키려면 자치의 희망을 주는 것이 효과적이라고 주장하였다. 이 글에서 소에지마는 조선의 독립을 극력 부정하면서, 자치도 장래 어느 때로 한정하였다.[89]

자치론이 다시 등장하는 분위기에서 서상일은 동아일보 대구지국을 활용하여 연정회 참가 후 조선사정연구회朝鮮事情研究會[90]의 회원으로 있

86) 인촌기념회, 앞의 책, 260쪽.

87) 박찬승, 앞의 책, 334쪽.

88) 임종국, 「연정회」, 『한국민족문화대백과사전』(한국정신문화연구원 편), 376쪽에서 재인용.

89) 서중석, 「한말·일제침략하의 자본주의 근대화론의 성격－도산 안창호 사상을 중심으로－」, 『한국근현대의 민족문제연구』, 지식산업사, 180쪽.

90) 朝鮮事情研究會는 1925년 9월 15일에 결성되었고, 安在鴻·白南薰·白南雲·朴璨熙·白寬洙·洪性夏·朴勝喆·金俊淵·崔元淳·鮮于全·韓偉健·趙炳玉·洪命熹·崔斗善·俞億兼·曺正煥 등을 회원으로 구성하였다. 이 연구회에 대해서는 강동진의 『일제의 한국침략정책사』(한길사, 417~420쪽)와 고정휴, 「태평양문제연구회 조선지회와 조선사정연구회」, 『역사와 현실』 6호(역사비평사, 1991) 참조.

던 최원순崔元淳을 초청하여 강연회를 개최하였다. 1926년 12월 24일에 최원순은 「변천하는 세상에 직면하여」라는 제목으로 강연하였다.[91] 이 강연 내용을 확인할 수 없으나 강연자의 성향으로 볼 때 사회주의운동에 부정적 입장을 나타내면서 자치운동에 관해 선전한 것으로 생각된다. 이처럼 서상일의 동아일보 대구지국은 사회주의 세력을 견제하면서 장차 민족운동의 구심세력 형성을 도모하는 가운데 조선사정연구회 내 동아일보 계열의 입장을 지역에 선전하기 위해 초청 연설회를 개최하였던 것이다.

1926년 9월 말 자치주의자들이 운동단체의 조직을 결의하고, 10월 초순 그 조직준비에 착수하였다. 이때의 모임은 표면으로는 시사간담회 이름으로 준비위원회를 개최할 예정이었고, 박희도朴熙道 · 김준연金俊淵 · 조병옥趙炳玉 · 최남선崔南善 · 이광수李光洙 · 변영로卞榮魯 · 홍명희洪命熹 · 박승철朴勝喆 · 백관수白寬洙 · 홍병선洪秉璇 · 김필수金弼秀 등이 참석했다.[92] 그러나 자치운동에 반대하는 안재홍安在鴻과 김준연 등이 조선민흥회朝鮮民興會에 알림으로써 연정회 부활 기도는 실패로 일단락되었다.

서상일은 위에서 언급한 바와 같이 1920년대 전반기 자치운동에는 참여했으나 1920년대 중반에는 참여하지 않은 것으로 보인다. 그러면서도 동아일보 지국을 매개로 동아일보 세력과 지속적인 관계를 유지했던 것으로 보인다. 동시에 그는 대구에서 1926년 조양동우회, 1927년 대구상공협회의 설립에 주력하면서 신간회 대구지회의 설립에는 참여하지 않았다.

서상일의 『중외일보』[93] 창간에의 참여 시도와 좌절은 그의 자치운동

---

91) 『동아일보』, 1926. 1. 27, 「대구강연 성황」.

92) 그런데 이 모임에 참석한 이광수와 조병옥은 修養同友會(1926. 1. 8, 창립)의 회원이었고, 안재홍 · 김준연 · 박승철 등은 興業俱樂部(1925. 3. 23, 창립)의 회원이었다.

93) 『時代日報』는 최남선이 주간으로 있던 잡지 『東明』(1922년 9월 창간-1923년 6월 3일 폐간)의 후신으로 1923년 발행되었다. 재정난으로 인해 1923, 24년에 친일 종교세력인

에 대한 당시 사회 일각의 인식을 살펴볼 수 있는 좋은 사례가 된다. 그는 『중외일보』가 직면한 재정난을 해결하기 위해 동분서주하고 있을 때인 1927년경에 동 신문사와 접촉을 가졌다. 이때의 『중외일보』 사정에 대해서 상세히 알려져 있지 않은 실정이나 서상일의 「중외일보사에 대한 전후관계」(1928)를 통해 살펴볼 수 있다.[94)]

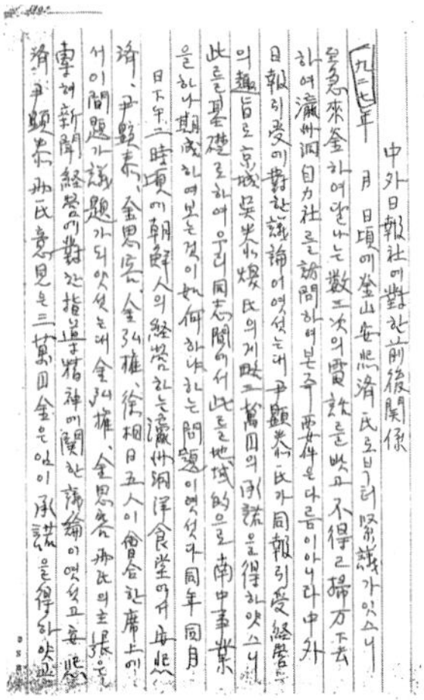

중외일보사에 대한 전후관계
(서상일, 1928)

동아일보와 깊은 연관을 맺고 있던 서상일이 중외일보사와의 최초 접촉은 1927년 부산에서 백산상회白山商會를 운영하고 있던 안희제로부터 『중외일보』 인수 문제를 논의하자는 제안을 받고서부터였다. 그 자리에서 안희제는 서상일에게 부산의 대자본가인 윤현태尹顯泰가 동보 인수 경영의 취지로 서울의 오태환吳泰煥으로부터 3만 원의 자본투

에 대한 普天教가 『時代日報』에 자본을 출자하여 경영권을 인수하자 사회에서는 비판 여론이 제기되기도 하였다. 그 후 1925년 6월에 홍명희가 사장이 되면서 새로운 모습을 갖추었다. 그러나 재정난을 극복하지 못해 폐업에 들어갔고, 그 후 1925년 9월 李相協이 인수해 제호를 『중외일보』로 바꾸었다. 1926년 1월 회사 조직을 주식회사로 전환하고 창간 제1호를 발행하였다. 그 뒤에도 재정난은 계속되었고, 게다가 1928년 12월에 3개월간의 무기 정간을 당하는 어려움을 겪었다. 그 뒤 1929년 9월에는 사장 안희제와 이우식 중심으로 발행을 계속하였으나 재정난으로 1930년 10월 15일에 휴간하였다.

94) 이때의 『중외일보』의 사정을 알 수 있는 자료는 거의 없는 실정이다. 서상일이 육필로 남긴 「중외일보사에 대한 전후관계」(1928)가 유일하다. 일제하 조선인 발행의 중앙일간지 가운데 재정난으로 인한 변동이 가장 심했던 『중외일보』의 사정을 알 수 있다는 점에서 대단히 중요한 자료이다. 다만, 서상일 자신이 직접 기록한 것이어서, 객관성이 다소 떨어질 수도 있다. 이 자료는 크게 두 부분으로 나뉘어지는데, 앞 부분은 1927년경 『중외일보』 재발간에 대한 사정을 기술되어 있고, 뒷부분은 『중외일보』 참여자의 서상일에 대한 비난을 서상일 자신이 해명하거나 재질의 하는 내용으로 구성되어 있다. 전체적으로 자신의 『중외일보』에 대한 입장을 해명하는 형태의 글이다.

자 승낙을 받아 놓았으니 이를 기초로 남부지역의 동지들이 나서는 것이 좋겠다는 입장을 나타냈다. 그 다음 서상일은 안희제 · 윤현태 · 김사용 · 김홍권 등과 회합하여 신문경영에 따른 지도정신에 관해 논의하였다. 그 자리에서 경영 책임자를 추천하였는데, 윤현태는 안희제를, 안희제는 서상일을, 서상일은 윤현태 · 안희제 두 사람을 각각 천거하였다. 그리고 경영상 필요한 자본금을 10만 원으로 설정하고 자금 동원에 대해 논의하였다. 따라서 『중외일보』 재조직은 경남지역 민족자본가와 서상일을 중심으로 진행되었다.

1928년 대구의 최윤동崔胤東이 『중외일보』 인수 모임에 새로이 참여하였다. 그는 경남지역 자본가들과 경북지역 자본 참여에 관해 논의하였다. 그는 서울에 머물면서 서상일에게 서신을 보내 사장 후보로 안희제와 서상일이 물망에 올라 있다고 전했다. 그러나 서상일은 사장 선출의 선전보다는 사업이 먼저 성사되길 희망한다는 내용의 답신을 보냈다.

동년 최윤동 · 김홍권金弘權 · 이호연李浩然 · 임모林謀 등이 서상일을 방문하여 『중외일보』 인수에 관해 15만 원 규모의 주식회사를 발기했다고 전하고, 서상일에게 발기인 및 주식 2백 주를 현금으로 인수할 것을 요청하였다. 그러나 서상일은 태궁상점의 채무 정리, 소규모의 주식을 여러 사람으로부터 인수케 하여서는 사업이 성사되지 못한다는 생각에 발기인은 사양하고 백 주의 주식을 인수할 것이라 답했다. 대신 서상일은 안희제 · 이우식[95] 두 사람이 적극 나서면 사업이 성사될 것이라고 제안하였

95) 李祐植(1891～1966)은 경남 의령 출신으로, 일본 東京 英語正則學校, 東洋大學 哲學科를 차례로 졸업하였다. 1919년 의령 만세시위운동을 주동하였고, 검거를 피해 중국 上海로 망명하였다. 1920년 귀국하여 안희제 · 김효석 등과 함께 백산무역주식회사를 설립하였다. 1929년 10월 조선어연구회의 조선어사전편찬회에 가입하여 재정을 지원하였다. 1942년 이극로 · 이윤재 등과 인재양성을 목적으로 朝鮮養士院을 조직하려다 실패하였다(『한국민족문화대백과사전』, 114쪽).

다. 김홍권은 서상일의 제안에 대해 이우식은 자력사自力社[96]에 년 만 원 이상을 투자하는 관계로 『중외일보』 인수에 적극적으로 나설 수 없는 형편이라고 전했다. 그 다음날 모임에서도 서상일은 같은 입장을 보였고, 그에 대해 최윤동 · 김홍권은 서상일의 소극적 자세에 강한 불만을 토로했다. 이때부터 서상일은 『중외일보』 인수 모임에 소극적인 자세를 취했다.

그 뒤 이진만 최윤동 · 김홍권 · 이경희[97] 등이 서상일을 찾아와 앞서 제안을 반복 요청하였으나 서상일 역시 같은 이유로 발기인 및 2백주 주식의 인수를 거절하였다. 사정이 이러하자 안희제가 직접 대구에 와 김관제가 주선한 자리에서 서상일에게 거듭 앞선 제안을 수락할 것과 서상일의 사업을 보장하겠다는 추가 제안을 내놓았다. 서상일은 동일한 이유로 거부 입장을 분명히 밝혔다. 그 뒤 김홍권 · 최윤동 · 오성환 · 황상규 · 이호연 등이 다시 서상일을 찾아와 명의만이라도 빌려달라는 제안을 했고, 서상일은 자신이 관여하고 있는 동아일보와의 관계를 정리하지 않는 이상 어렵다는 답변을 했다. 계속되는 『중외일보』 인수 모임의 서상일에 대한 참여 종용이 있었으나 조양회관의 재단법인을 추진하는 일, 새로운 회사 설립을 추진하는 계획 때문에 참여할 수 없다고 하여 자신의 입장을 바꾸지 않았다.

그때 서상일은 장택상으로부터도 전 『중외일보』 사장 이상협李相協과 협력하여 『중외일보』를 인수해 보자는 제안을 받았다. 서상일은 장택상

---

96) 자력사는 1927년 안희제가 이우식 · 이시목 등과 함께 협동조합운동의 차원에서 설립한 것이었으며, 기관지 『自力』을 발행하였다.

97) 李慶熙(號 池吾, 1880~1949)는 大邱 無怠에서 출생한 인물로서, 비밀결사 신민회 회원으로 활동하였다. 그리고 1910년에 청년학우회의 한성연회 회원으로 활동하였다. 3 · 1운동 이후 1921년에 조선노동공제회의 의사원으로 활동하였고, 1923년에 의열단 폭탄암살사건에 연루되어 투옥되기도 하였다. 1927년에 신간회 대구지회 설립에 참여하고 회장에 선출되었다. 그의 활동 경력이 말해 주듯 대구지역의 대표적 민족주의 좌파에 속했던 인물로서, 지역에서 신망을 가지고 있던 인물이었다. 해방 후에는 미군정하에서 초대 경상북도 대구부윤을 지내기도 하였다.

에게 5백 주의 주식을 인수할 용의가 있으면 자신도 5백 주를 인수하겠다는 입장을 보였다. 그러나 그 뒤 장택상이 『중외일보』 인수를 더 이상 추진하지 않았던 것으로 보인다. 그 뒤 서상일은 중국에서 상업에 종사하고 있던 박광朴洸으로부터도 『중외일보』 주식 인수를 요청받았으나 몇 가지 이유를 들어 난색을 표명하였다. 서상일은 객관적 조건으로 ① 이우식의 적극진출과 절대 신임의 보장, ② 동지의 이해, ③ 중역의 이해 등과 주관적 조건으로 ① 개인의 공사公私 경제 문제, ② 인사문제, ③ 경영문제 등을 들어 거절했던 것이다.

그러나 서상일은 중외일보사 인수 작업이 마무리되고, 이우식이 동 회사 사장에 취임하자 이전의 소극적 자세와 달리 적극적인 자세를 취했다. 서상일은 서울의 춘경원에서 김사용 · 최윤동 · 이호연 · 이경희 · 김홍권 등과 만나 『중외일보』 중역 인선 문제와 후원회 결성 문제를 논의하는 자리에서 부사장에 안희제, 상무에 자신을 추천하는 등 적극적이었다. 그러나 참석자들로부터 자천은 불가하다는 의견으로 공식화되지 못했다. 대구로 돌아온 서상일은 『중외일보』 사장 이우식에게 대구지역에서 주신 인수 자금을 적극적으로 모집하겠다는 입장을 서신으로 표명하고, 또 안희제를 만나 동참하겠다는 의사를 표명하였다.

이 일이 있은 후 서상일의 『중외일보』에의 참여를 적극 권유했던 김관제 · 최윤동 · 김홍권 · 이경희 · 이호연 · 이시목 · 이진만 등이 이우식과 서상일을 성토하였다. 그 성토는 대부분 서상일에게 집중되었는데, 그 내용은 "서상일은 ① 자치주의자요 우경사상가며, ② 발기 초에는 냉담하다가 1년 간 혈血과 한汗으로 설립한 기성사업을 계획적으로 횡령 탈취하려 한다, ③ 최태욱崔泰旭[98]의 입사는 대구파大邱派의 선발대 음모다"라는

---

98) 최태욱은 1920년 설립된 백산무역주식회사의 상무이사, 1928년 청도주조주식회사의 대표이사로 활동했으며, 1929년 곡물비료 및 일반 농기구를 판매하는 합자회사 대구

것이었다.

서상일은 자신을 비난한 모임에 관해 듣고 최태욱·이경희·박광 등을 차례로 만나 대책을 마련하려했으나 적절한 방법을 찾지 못했다. 그에 따라 서상일은 '자기의 입장'이라는 장문의 해명과 질의를 담은 글을 작성하여 자신을 비난한 사람들에게 보냈다. 그 글에서 서상일은 처음부터 참여하지 않은 이유를 "① 사무私務의 미정돈未整頓, ② 대주주의 중심도 없는 것, ③ 장래 성권成權을 의문으로 생각"했기 때문이라 하였다. 이를 구체적으로 보면, 서상일은 중외일보사 인수에 이우식 등 대자본가의 주도가 필요하며, 신문 발행의 정신성 등이 필요한데, 그러한 점들이 부족했기 때문에 초기에 참여하지 않았다는 것이다. 중외일보사 인수 후 참여의사를 밝힌 이유는 "① 주식 불입금이 상당히 입수된다면 무방하고, ② 이우식·안희제 등의 직접 참여 교섭이 있었고, ③ 그동안 제씨諸氏의 권고가 성의에서 나온 것이라 확신"했기 때문이라고 하였다. 덧붙여 서상일은 대구파의 음모론·최태욱 음모 선발대 등에 대해서도 음해라며 강력히 반발하였다.

그 다음 중외일보사에 질의를 하였는데, 그 내용은 "① 악인惡人이라 하니 무엇이 악인이며, ②자치주의라 불가라 하니 처음에는 자치주의자라도 가하더니 지금은 불가하단 말인가, ③처음부터 노력한 자만이 주식회사에 참여할 수 있는 것인가, ④주식회사의 노력의 기준은 무엇인가, ⑤처음에 같이 하자고 하더니 지금 무시하는 것은 감정상 용서할 수 없다"는 것이었다.

특히 그는 자신을 자치주의자로 규정한 것에 대해 "무엇을 자치라 하

상회의 주주로 참여한 경제인이었다. 그리고 부산에서 공태상회를 운영하면서 1919년 11월 부산지역 민족자본가들이 결성한 기미육영회의 간사를 역임하였다(中村資良, 『朝鮮銀行會社組合要錄』 1920, 1929판 참고).

며, 자치는 어떤 사상이며, 그 표준은 무엇이며, 대조는 누가 하는 것인가"라며 격앙하였다. 이를 좀 더 구체적으로 언급하면 다음과 같다.

> "정치란 문제는 그리 단순한 개념적인 절조론節操論이 아니라 현실이요 세력이요 민중생활의 관건입니다. 적어도 정치운동을 하는 그 사람에게 독립주의자라 자치주의자라 하는 칭호도 적당하며 존귀할 수 있습니다. 신문이란 정의와 사명이 무엇이며 식민치하에서 발행하는 신문을 어떻게 경영하려는 주견主見이며 방침인데 독獨 자치주의自治主義와 우경사상만 불가하며 현재 중외일보는 무슨 주의와 사상으로 발행하고 있으며, 현사장現社長 이하 신임 중역 제씨諸氏와 소위 일 년 간 혈血과 한汗을 흘린 제씨諸氏는 무슨 주의와 사상을 가졌습니까."

서상일은 정치는 힘의 역관계인 것으로 정리하면서, 자치운동도 독립운동과 마찬가지로 엄연한 정치운동이라고 주장하였다. 그는 자치운동도 식민지 현실에서 제기될 수 있는 한 노선이라며 자치주의의 정당성을 주장하였다. 또한 자신을 비판한 세력에게 중외일보사가 표방하는 주의와 사상이 무엇이냐며 정치사상 논쟁을 제기하였다. 그리하여 그들의 사상을 '절조론節操論'으로 규정하였다. 그가 말한 절조론이란 민족운동의 전개에서 현실성과 과학성이 박약하면서도 민족적 투쟁만을 강조하는 형태를 말하는 것으로 보인다.

이와 같이 서상일의 중외일보사와의 관계는 안희제의 요청으로 맺게 되었으나 서상일의 태도와 그것을 비판한 사람들 간에 심한 갈등이 표출되었고, 서상일은 참여할 수 없었다. 그 과정에서 서상일은 과거 같은 민족적 입장을 가진 동지들로부터 자치주의자·우경주의자로 규정되고, 정치적·동지적 신의가 없는 사람으로 규정되었다. 이후 『중외일보』는 1929년 9월 재창간되었고, 4년 동안 안희제·이우식 중심으로 운영되었다.

2. 조선 상공업진흥론과 기업 활동

1) 1920년대 전반기 '민족경제' 옹호 활동의 전개와 논리

서상일의 경제 활동 기반이었던 대구는 조선후기 이래 한말에 걸쳐 경상도 내륙지방의 상업중심지로 부각되었다.[99] 대구는 경북에서 생산되는 미곡 중심의 면화 · 대마 등의 의료衣料, 인삼 · 지황 등의 약재류, 감 · 밤 등의 과실류, 연초 등 상품작물의 집산지였다. 대구의 상업적 농업의 발전은 낙동강을 통한 어염미두魚鹽米豆 무역을 기반으로 성장했고, 경부선 개통으로 곡물수출의 전진 기지 역할을 담당하면서 더욱 심화되었다. 또한 대구는 행정 중심지였기에 상업이 더욱 발전하게 되었다.

1919년부터 1922년까지 4년 동안의 대구무역은 제1차 세계대전이라는 전시경기의 영향으로 최고 호황을 누렸다. 동 기간의 무역총액을 보면, 1919년에 13,467,000원, 1920년에 10,559,000원, 1921년에 12,307,000원, 1922년에 12,499,000원에 달했다. 이는 1911년의 1,050,000원, 1918년의 6,569,000원에 비해 10배에서 2배의 높은 신장률을 보였다.

그러나 이 기간 중 이미 1921년경 대구 경제계에 불황이 닥쳐오고 있었다. 곧 전쟁으로 인한 호황이 불황으로 반전되면서 대구의 상인층의 사정은 급격히 악화되었다. 특히, 대구에서도 조선인 상인층이 장악한 경정京町(오늘날 종로)의 경우 파산자가 속출할 정도로 사정이 심각하였다. 그러한 사정은 다음과 같이 당시 김기전金起瀍이 전국 순회 도중 만난 대구의 모 은행 관계자를 통해서 확인되었다.[100]

---

99) 조선 후기 이래 일제시기까지 경북지역의 상업적 농업변동에 대해서는 이윤갑, 「한국 근대의 상업적 농업 연구－경상북도 지역의 농업변동을 중심으로－」, 1993, 연세대 박사학위논문 참조.

"1차 대전 후 공황으로 인해 …금융은 고갈되고 물가는 붕락崩落하얏습니다. 우리 상인들은 경제계의 졸변猝變에 끽경喫驚하얏스나 여하히 할 수가 업섯습니다. 수중水中에 잇던 돈은 대출주貸出主에게로 모조리 회수되고 상품은 잇스나 물가의 붕락으로 팔수가 업스며 … 대구로 말하면 경정京町(오늘날 종로)이 우리 조선사람 상업중심지이외다. 그러나 대풍大風을 지낸 후인 금일의 상황을 보면 말할 수 업시 쓸쓸합니다. 그리고 전일前日로 말하면 대구에 누구누구(약기명略其名)는 재산가라 하얏지요. 그러나 그들도 벌서 병든지 오랫습니다. 시試하야 그들의 재산을 가지고 대차대조표를 꾸미어 청산淸算을 행한다하면 과연 남는 것이 잇슬가 업슬가가 문제입니다"

이런 대구 경제계의 불황은 1923년 무역총액의 규모가 5,749,000원으로서 1918년 이전 수준으로 격감되는 것으로 나타났다.[101] 물론 무역구조에서 수출보다는 수입이 많은 수입초과를 나타내고 있었다.

서상일은 대구 상공업계의 처지를 전국과 마찬가지로 파멸과 몰락의 과정에 있는 것으로 이해하였다. 1910년 '한일병합' 이후 20년 동안 일본의 상업자본, 산업자본, 금융자본이 조선경제를 지배해 나가는 가운데 '한일합방' 이전의 봉건적 상업자본 토지자본의 몰락과 함께 소수 조선인에 의한 상회, 공장만이 근대적 산업형태를 유지하고 있는 것으로 보았다. 곧 조선은 일본자본의 상품시장, 원료자원 공급지, 자본투하지, 노동력의 공급지로서 기능하고 있음을 지적하였던 것이다.[102] 이를 바탕으로 조선 내 민족별 비교를 통해, 공업에서 일본인 자본가의 독점적 지위를 지적하였고, 농업에서 일본인에 의한 토지집적 현상과 조선농민의 소작

100) 金起瀍, 「우리의 産業運動은 開始되었도다」, 『開闢』 15, 1921. 9, 14~27쪽.

101) 『大邱府史』, 府政編, 170~172쪽.

102) 徐相日, 「大邱 商工界의 一瞥」, 『별건곤(別乾坤)』 5권 9호, 1930. 10, 1)에서 특별한 전거가 없는 경우는 이 글의 인용임.

재대구 일본인거류민단

농으로의 몰락을 지적하였다. 이를테면 제국주의 일본의 금융자본이 조선의 고혈을 착취하고 있다고 파악하였던 것이다.[103]

그는 이러한 특징을 보인 대구를 '조선인의 대구가 아닌 일본인의 대구다'라고 하였다. 1893년 9월 무렵 오카야마현岡山縣 출신 매약상賣藥商 2명이 대구에 들어온 이래 1894년 청일전쟁을 거쳐 러일전쟁과 경부선 철도 공사 때에 급증하여 1,800여 명에 달했다. 그 후 1923년경 대구의 일본인 인구는 호수 3,677호에 인구 15,310명으로서 전체 대구 인구의 1/5을 차지하였고, 그들이 토지가옥의 8할 이상을 차지하였다.[104]

또한 그는 농업지대인 대구의 경우 봉건적 정치세력의 몰락에도 불구

103) 서상일, 『합법운동과 비합법운동에 관한 私見』, 1931, 12~19쪽.
104) 「朝鮮文化의 基本調査 其二, 慶北道號 上」, 『開闢』 36호, 1923. 6, 40쪽.

하고 봉건적 지주세력이 유지된 것을 대구경제계의 특징으로 이해하였다. 1913년 대구 주재 지주는 약 158명으로 집계되었으며, 그 가운데 전답田畓 50두락 이상을 소유한 자로는 김덕경金德卿 · 박병윤朴炳允 · 서병조徐丙朝 · 이장우李章雨 · 최만달崔萬達 · 서철규徐喆圭 · 정재학鄭在學 · 이일우李一雨 · 정해붕鄭海鵬 등 10여 명에 달했다.[105] 그렇지만 봉건적 지주세력 이외 상공업의 경우 대구는 서울에 비해 질적 · 양적으로 비교할 수 없을 만큼 저급한 수준을 보이고 있고, 지주세력 마저도 금융자본의 농촌에의 침투로 인해 성장에 상당한 제한을 받고 있는 것으로 파악하였다.

더욱이 그는 지주세력의 잔존은 사회의식에도 강한 영향을 끼친다고 보았다. 지주세력은 현실적으로 자신들이 소유한 상당한 부력을 토지에 사장키시고 있고, 소작인 착취와 고리대금에 관심이 있거나 동양척식주식회사나 조선식산은행을 통해 자금을 대출 받아 토지매입에만 열을 올리고 있다는 것이었다. 그들은 '겹겹으로 싼 벽돌담 안 고루광실高樓廣室에서 고리대금과 기생축첩을 챙길 뿐으로 일반 사회에 하등 이익이 없어 대중으로부터 질시의 대상이 될 뿐인 것'으로 보았다.[106]

그러한 전근대적 · 보수적 특성을 가진 지주세력은 용단력과 진취성이 결여되어 있어 시대의 변화에 능동적으로 대처하거나 적절히 조응하지 못하게 하고 있다고 보았다. 이러한 현상의 대구는 단결이 취약하고 공익성이 결여된 노인의 세력이 완고한 지역으로서 사상성이 박약한 도시

---

105) 『매일신보』, 1913. 5. 31.

106) 大邱支局 一記者, 「都市의 行進曲 第2陣 大邱」, 『新東亞』 2권 6호, 1932. 6. 『매일신보』는 1932년 말에 개최된 전조선지주대회에 참가한 지주들에게 농촌 파괴현상에 대한 설문 조사를 하였다. 대구의 대지주인 鄭海鵬은 '소작인의 궁상의 원인'이 그들의 소비생활에 문제가 있는 것으로 답하였고, '자작농 창정'에 대해서는 "생각해 본 일이 없다"고 답했고, 대구의 대지주 徐丙龍도 또한 '자작농 창정'에 대해 "생각해 본 일이 없다"고 답했다. 예컨대 지주들은 소작농의 몰락 현상이 식민지지주제에 기인한다기보다는 소작농의 소비생활에 원인이 있는 것으로 간주했고, 자작농 창정에도 별 관심이 없음을 표명하였던 것이다(『매일신보』, 1933. 1. 1~3).

로 이해되기도 했다.[107] 또한 대구의 부호들 가운데 상당수는 과거 신분으로 볼 때 다수가 향리계층이었고, 그들은 옛 신분제도가 무너진 뒤에도 오히려 양반행세를 한다고 비판하는 경우까지 있었다.[108] 요컨대 서상일은 지주세력이 봉건적 지주경영과 소유 토지 규모의 확대에만 관심을 가질 뿐 자신의 자본을 근대적 상공업으로 전환하지 못하는 자들이라고 비판하였다. 또 그러한 강고한 보수성향의 온존이 변화에 능동적으로 대처하지 못하게 할 뿐 아니라 사회성이 취약하거나 단결력의 약화를 초래하고 있다고 보았다.

이러한 대구 경제계의 현실과 그것에 대한 서상일의 이해는 조선인 산업의 발달을 위한 일단의 실천 활동을 전개케 하였다. 그것은 1921년 6월 말부터 시작된 조선인산업대회에 적극적으로 참가하는 것으로 나타났다. 조선인산업대회는 당시 조선인들이 총독부가 조선산업정책을 수립하기 위하여 산업조사위원회를 구성한다는 소식을 전해 듣고, 그 위원회에 조선인들의 요구를 반영시키기 위하여 발기되었다.[109]

동아일보는 조선인산업대회가 발기되자 사설을 통해 조선 경제의 객관적 상황 조사, 조선인 생존권 확보, 조선인의 적극적인 참여 등을 촉구하였다.[110] 또한 동아일보는 '경제연구단체의 필요'라는 사설을 통해 조선 경제의 발전을 위해 조선인산업대회의 필요성을 옹호하였다. 그리고 '산업정책의 근본방침'이라는 사설을 통해 "일반 민중의 행복을 기도하는

---

107) 「朝鮮文化의 基本調査 其二, 慶北道 上」, 『開闢』 36호 1923. 6.

108) 『동아일보』, 1926.1.1, 「大邱迎新－死大邱 生大邱」(大邱農村社 徐萬達).

109) 『동아일보』 1921. 6. 28, 「朝鮮人産業大會 發起」.

110) 『동아일보』, 1921. 7. 1, 「朝鮮人産業大會 開催에 對하야」. 여기서 『동아일보』는 다음과 같은 4가지 입장을 밝혔다. "一. 朝鮮人의 目下 經濟狀況을 명백히 하는 동시에, 二. 조선인의 생존권을 附隨하는 경제상 절실한 요구를 천하에 공포할 터이며, 三. 이와 같이 하야 경제와 인생의 긴밀한 관계를 開明하야써 일반인중의 자각을 促進하고, 四. 조선인의 산업가가 동일한 처지와 형편에 在함을 명백히 하는 功效를 奏할 기회를 作하는 까닭이다."

의견을 표하기를 희망하노라"는 입장을 밝히면서, "일반 민중을 주체 삼아 사업을 경영케 함이 불가하다함은 일종의 편견이며 종래 경제학의 미신을 미탈未脫한 자이라 하노라"며 일반 민중 본위의 산업정책을 제안하였다.

그 후 전국 각지에서 발기인을 모집하여 동년 7월 30일 산업대회 발기 총회 개최하였다. 이 대회 경과보고 및 회칙통과를 진행시키고 임원을 선출하였다.[111] 여기에 대구지역에서는 서상일을 비롯하여 이영국李永局·한익동韓翼東·이우진李愚震·김홍조金弘祖·홍주일洪宙一·편동현片東鉉(포항)·최준崔浚(경주) 등이 참여하였고, 대회 위원으로 서상일·이우진, 최준의 동생 최순崔淳 등이, 지방위원으로 한익동이 선출되었다. 이들 가운데 서상일·한익동·이우진·편동현 등은 미곡상, 편동현·최준 등은 지주·자본가, 홍주일은 태궁상점의 직원, 김홍조는 대구에서는 한약상·부산에서는 금융업 등에 종사하였다. 또한 서상일·이영국·한익동·홍주일·편동현 등은 1910년대 서상일이 중심이 된 재건 달성친목회에 직간접으로 관계된 인물이었다. 그러나 총독부의 산업조사위원회 위원으로 활동한 대구은행장 정재학과 정해붕·서병조·장길상·이종면·이병학 등 대구의 대지주·대자본가들은 참여하지 않았다. 따라서 조선인산업대회에 참여한 사람들은 김홍조·최준 등을 제외하고는 모두 1910년대 민족운동과 관련이 있으면서 폭이 넓긴 하지만 신흥 중소자본가에 속했다. 이들 대구지역 신흥 중소자본가들이 이 대회에 큰 관심을 보인 것은

111) 『동아일보』, 1921. 8. 1, 「朝鮮人産業大會 創立經過」. ▲ 위원장 朴泳孝 ▲ 위원 尹致旲 柳秉龍 李豊載 宋鎭禹 朴海遠 張德秀 趙鍾九 高元勳 李範昇 朴容喜 吳祥根 韓重銓 崔八龍 金圭源 安國善 張斗賢 李康賢 金鍾範 徐相日 李愚震 安炳憲 張道斌 金性洙 朴珥圭 崔淳 金東轍 ▲ 지방위원 경기 朴承稷 충북 閔泳殷 충남 李基升 경북 韓翼東 경남 金致洙 전북 白寅基 전남 玄俊鎬 평남 金東元 평북 吳相殷 함남 安廷協 함북 金淅炳 황해 李承謨. 그 외 추가 발기인 가운데 崔浚(경주) 吳國泳(의성) 金弘祚 등 경북지역 인물이 포함되었다.

당시 대구 경제의 불황과 관련이 있었다.

발기 총회 이후 동아일보는 산업대회에 계속적인 관심을 나타냈다. '산업대회의 발기총회를 보고'라는 사설을 통해 '경제문제가 모든 문제의 근본이며, 각지 인사가 다수 향응하는 것을 축하하는 동시에 더욱 분발하기를 희망한다'고 격려하였다.[112] 또한 '산업대회 총회 개최에 대하야'라는 사설을 통해 "조선산업사상의 제일 시험일뿐 아니라 장래 조선 산업발달의 지침과 기초를 정하는 중요한 회의이며 따라 조선인의 생존권 확보에 대한 의사를 표명하는 회의"라며 큰 의미를 부여하였다.[113]

조선인산업대회에서는 9월 12일 총회를 통해 '조선인의 생존권 확충과 그 발달의 확보'를 건의 내용으로 하는 결의문과 '조선인 본위의 산업정책 및 조선산업의 보호정책'을 내용으로 하는 강령을 채택했다.[114] 이러한 산업대회의 강령은 조선 사회의 여론은 반영하면서, 조선 산업의 방향성을 제시하고 있다.

이에 동아일보는 '조선인본위산업정책의 의의'라는 사설을 통해 "조선인 본위는 일본인을 전부 구축하라는 의意가 아니라 조선인 산업발달을 주요한 목표로 정책을 확립하라 함이로다"라고 하여, 산업대회를 적극 지지함과 동시의 기존의 입장을 재확인하였다.[115] 또한 조선일보도 "조선의 산업정책은 조선인을 본위로 하되 특히 현재 조선인이 경영에 계係

112) 『동아일보』, 1921. 8. 2.

113) 『동아일보』, 1921. 9. 11.

114) 『동아일보』, 1921. 9. 14, 「産業大會決議案」. ▲ 결의문 산업의 발달 여부는 사회의 흥망성쇠를 결정하는 기초문제라. 이제 오인은 조선인의 생존권을 확충하며 그 발달을 확보하기 위하야 左記 강령을 결의하는 동시에 집행위원으로 하야금 此 강령을 일반 사회에 선포케 하며 조선총독부에 건의케 함. ▲ 강령 一. 朝鮮人 本位의 산업정책을 확립하되 소수 유산계급의 이익을 목적하지 말고 일반 다수 民衆의 幸福을 목표로 할 것, 一. 農業을 토대로 하야 商工業의 發達을 기하되 保護政策을 채용하야 경쟁의 심화를 除却할 것.

115) 『동아일보』, 1921. 9. 20.

한 산업기관으로써 자본이 결핍하야 영업 계속 난難에 빈貧한 자는 국가에서 특별히 보조를 여與하야 조선인을 중심으로 하는 산업개발의 방침을 확립치 안이면 안 될 것이다"라고 하여 조선인본위의 산업방침을 지지하였다.[116]

이와 같이 조선인산업대회에서 제시된 '조선인 본위의 산업개발'은 그 개발의 방향이나 주체, 그리고 구체적인 시행방안에서 조선인 자본이 주체가 되는 산업개발을 지향하였다. 산업대회에 제시한 주체는 조선인 부르주아지를 의미했으며, 그들을 통해 조선인의 독자적인 자본축적을 위한 전망을 모색하였다.[117]

그러나 총독부가 추진한 산업조사위원회에서 제시된 조선 산업정책의 기본방침은 일본제국의 산업정책에 순응하는 것이어야 함을 분명히 규정하였다.[118] 조선인산업대회나 여론의 기대와는 정반대의 정책이 결정되었던 것이다. 이에 동아일보는 산업조사위원회의 결의안을 "조선인 본위의 반대인 일본인 본위의 정책이라 규정하면서, 일본은 조선에 대해 평화의 관계가 아닌 학살의 관계를 설정"한 것이라고 주장하였다.[119] 나아가 조선인에게 조선인은 이제 전장에 서 있다고 규정하면서 승리를 위해 경계와 분투를 촉구하는 가운데 근면, 단결, 문명제도 이용 및 선진제국의 산업경험의 종합 등을 실행할 것을 촉구하였다.[120]

이와 같이 서상일은 대구 경제계의 불황을 탈피하고, 조선인 상공업의 발전을 모색하기 위해 조선인산업대회에 적극적으로 참여하여 활동하였다.

---

116) 『조선일보』, 1921. 9. 15, 「사설－朝鮮産業調査會 開會에 際하야」(1).

117) 오미일, 앞의 논문, 327쪽.

118) 박찬승, 앞의 책, 195쪽.

119) 『동아일보』, 1921. 9. 23, 「사설, 산업조사회의 결의안」.

120) 『동아일보』, 1921. 9. 24, 「사설, 산업발달에 대하야 조선인에게 경고하노라」.

또한 그는 조선인산업대회가 진행될 때인 1921년 9월 『신민공론』에 「조선청년회의 이상과 사업」을 발표한 바 있었다. 여기에서 그는 모든 사람의 생활의 모든 조건이 경제를 제외하고는 있을 수 없다는 경제관이 깔려 있었다. 그리하여 조선의 긴박한 문제는 자작자급에 기초하여 개인 생계의 독립을 기도하며, 식산흥업을 통해 생활 기초를 공고히 하여야 한다고 주장하였다. 나아가 조선인의 경제는 조선인에 의해 이루어져야 한다는 '민족경제'의 자립을 주장하였다.

서상일은 이러한 논리에 기초하여 경제자립을 지향하는 방안으로 산업조합의 설립과 이상촌을 전망하는 집단농촌의 건설을 강구하였다. 먼저, 산업조합에 대해 살펴보면, 그는 대지주와 대자본가의 대기업에 대항하여 소농공小農工의 산업을 경영하고 발전시키기 위해서는 조합의 조직이 반드시 필요한 것이라고 간주하였다. 또한 그는 "우리의 경제기초를 확립하려면 먼저 이 산업을 조직치 아니치 못하겠도다"라고 하여 산업조합을 지방 경제뿐 아니라 조선 경제기초 확립의 전제로 간주하였다. 그것은 소농 · 소공업 등의 중소 규모의 산업의 진작을 통해 조선 경제의 발전을 구상하였던 것이다. 그러한 산업조합의 종류로 신용조합 · 산업조합 · 구매조합 · 판매조합 · 소비조합 · 겸업조합 등으로 세분화시켜 구체적으로 제시하였다. 이러한 산업조합의 필요성은 부의 증진과 민중 구제책으로 제기되는 방안이기도 하였다.[121]

다음으로 그는 이상촌의 건설을 지향하였다. 그의 이상촌은 "조선은 농본국이라. 차此를 이離하고는 사회문제도 없을 것이오. 경제론도 하등의 가치가 없으리라"는 농업관에 기초하고 있었다. 그에 따라 농업의 발전을

121) 崔瑗浩, 「朝鮮人의 생활과 산업조합의 필요」, 『學之光』 12(6-2), 1917. 4 ; 一書生, 「産業組合概論」, 『我聲』 4, 1921. 10 ; 한중전, 「산업조합경영의 기초관념을 논함」, 『개벽』 33, 1923. 3.

조선 산업의 기초로 간주하고, 소규모의 농업 경영에서 출발하여 장차 대규모의 경영을 전망하였다. 그런데 여기에는 경작지의 확보가 필수적인데, 그는 사유지가 없는 경우 소작 또는 조차租借를 통해서도 전답田畓을 확보해야 할 것이라고 하였다. 이는 당시 토지소유관계의 현실을 어느 정도 인정하는 수준에서 제시된 농업생산력 증진 방안이었다. 이에 기초하여 확보된 경작지에는 쌀과 보리 · 콩과 팥 · 삼과 모시 · 면화棉花 · 연초煙草 · 과수果樹 · 화초花草 등 다양한 작물이 재배될 것으로 기대하였다.

그는 1920년에 제주도를 방문했을 때의 경우를 그 사례로 들었다. 곧 대구에 살고 있다는 서모徐某라는 한 청년이 빈손으로 제주도에 들어와 노동으로 벌은 약 10전의 돈으로 뽕나무 수천 그루를 사들인 다음 농가를 방문해 집의 빈터나 전답의 제방에 심었고, 그로부터 몇 해 지나지 않아 군郡 전체가 뽕나무밭이 되었다는 것이다. 그는 이 사례를 통해 농업에 전망을 가진 청년지식인에 주목하였다.

이처럼 조선 산업에 있어 농업의 중요성을 인식하고, 동시에 청년지식인에 주목한 서상일은 농촌사회의 이상촌을 구상하였다. 그가 구상한 이상촌은 1942년 대구청년회의 문예잡지 『이상촌』 발행 추진과도 관련이 있었다. 그가 구상한 이상촌의 구성 방식은 목사 · 의사 · 교사 · 기사 등을 망라하여 십 호에서 수십 호를 하나의 단위로 하였다. 여기에 참여한 각 개인이 균등하게 낸 자금을 합해 하나의 이상촌에 필요한 전답을 확보하고자 하였다. 여기에서 논의 경우 하나의 마을을 건설할 만한 택지 · 공동보육원 · 유치원 · 소학교 · 교당 · 구락장 · 목욕탕 · 공무소 · 비료장 · 목축장 · 창고 · 공장 · 농포 · 묘장苗場 · 임원林園 등 설비에 필요한 두락斗落이나 평수坪數를 확보하고자 하였다. 밭의 경우 한 마을의 경작에 필요한 두락이나 평수를 확보하고자 하였다.

그는 이러한 하나의 단위에서 공동 경작과 공동제작을 통해 생산된 생산물을 공동 배급하고, 나아가 공동 교육 · 공동 오락을 시행하여 한 마을이 한 가정처럼 공동생활을 목표로 하였다. 그는 이러한 하나의 이상촌을 동→면→군→도 나아가서는 전국으로 확대시켜, 조선 전체를 '세계적 이상 낙원'으로 만들고자 하였다.

그의 이상촌이 지향하는 공동체는 개별경영의 자립성을 높이고 농가경제의 안정을 도모하는 수준을 넘어서서 '태평건곤太平乾坤, 요순세계堯舜世界'의 전통적 농촌 이상세계였다.[122] 나아가서 그의 이상촌은 농업개혁론의 맥락에서 보더라도 '비자본주의적' 농업 발전을 지향할 뿐 아니라 '비자본주의적' 삶의 세계를 지향하였다. 또한 유학의 전통을 이어받은 한말 계몽운동의 영향이 내재하고 있었다.[123] 따라서 그의 이상촌은 경제적 공동체 지향뿐만 아니라 삶의 공동체까지를 전망한 대동주의大同主義의 표현이었다.

그러나 그의 이상촌 건설은 일제 초기의 제 조건 속에서 실천 대안으로 구상되었지만 이 시기에 곧바로 실행되지는 못하였다. 그의 이상촌의 건설은 조선인산업대회를 통한 '민족경제권'의 구현이 총독부에 의해 좌절된 것과 동시에 유보되었다.

그 후 그의 경제 자립의 지향성은 당국의 정책과 일정한 거리를 두었다. 곧 총독부가 산업 정책의 입안 활동으로 진행된 산업조사위원회를 지방으로 확대할 때인 1922년 8월 무렵 구성된 경상북도산업조사회慶尙北

122) 방기중, 「日帝末期 大同事業體의 經濟自立運動과 理念」, 『韓國史研究』 95, 1996. 12, 166~167쪽. 이 글에서 논자는 대동사업체의 지향이 개별경영의 자립성을 높이고, 농가경제 안정을 도모한 일종의 '이상적농촌건설운동'에 있음을 밝혔고, 대동사업체가 '비자본주의적' 농업 발전을 지향한 것으로 규정하였다. 이를 농업개혁론의 전통에서 보면, 조선 후기 이래 실학파와 그 후예들이 주장한 '농민적 토지개혁론'의 농업개혁론에 연결되는 것으로서, 농민적 농업개혁의 근대적 전환의 한 코스를 보여주는 것이라고 주장하였다.

123) 안건호, 「1920년대 전반기 청년운동의 전개」, 『한국근현대청년운동사』, 청년사, 1995, 63쪽.

道産業調査會[124]에 참여하지 않았다. 이 산업조사회는 농업·면작·잠업·축산·수산·임업·상공·금융 등 9개 분야에 걸쳐 조사를 실행하였다. 이를 위해 경상북도는 조선인 및 일본인으로 산업자문회를 구성하고, 그 아래 3개 분야를 두었다.[125] 산업자문 위원인 진희규秦喜葵·정해붕鄭海鵬·이일우·서병조 등은 대구의 대표적인 지주·자본가이고, 문명기文明琦[126]는 경북 영덕의 자본가이며, 김명옥金明玉은 경북 청도의 대지주였다. 반면, 산업자문 위원 가운데 조선인산업대회에 참여했던 사람은 한익동뿐이었다. 그에 따라 산업자문회의 조선인 위원은 일찍이 예속화한 자본가로 구성된 특징을 보였던 것이다. 이처럼 경북지역도 중앙과 마찬가지로 조선 산업정책의 입안 과정에서 조선인의 요구나 입장이 배제된 채 총독부의 주도로 진행되어 갔다.

서상일은 총독부 주도의 경상북도산업조사회 활동에 참가하지 않았지만 1922년 말 경북청년회연합회의 구상이 좌절된 후인 1923년 무렵 동아일보 대구지국을 인수하고, 동아일보 세력과 친밀해지면서 경제 활동에 있어 일정한 변화를 보였다. 그것은 1923년 후반 총독부가 조선 산업의 진흥책으로 계획한 전국특산품진열대회의 개최지가 대구로 확정되면서였다.[127] 그는 지역의 일본인 및 조선인 자본가들로 전국특산품진열대회 대구협찬회를 결성하고, 상임이사 및 선전부 위원이 되었다.[128] 진열대

---

124) 『매일신보』, 1922. 8. 5, 「今秋新開할 慶北産業調査」.

125) 『동아일보』 1922. 12. 16, 「慶北産業諮問」. 이 가운데 각 분야별 조선인 자문위원은 다음과 같다. ▲농업 : 朴炳采 金明玉 裵東玉 秦喜葵 李豊煥 金龜鉉 鄭海鵬 申命煥, ▲임업·산업·상공업·부업 : 李一雨 禹象學 權丙宣 韓翼東 朴正準 李起韶 文明琦, ▲실업교육시설 : 徐丙朝 金南洙 南廷卓 鄭元朝 金相基.

126) 文明琦(1878～?)는 평남 안주의 빈농 출신으로 慶北 盈德에 정착하여 제지 공장과 광산개발을 통해 많은 자본을 축적한 후 영덕전기회사·강구주조합자회사 등을 운영한 경북 굴지의 사업가였다. 또한 그는 경북지역의 대표적인 경제적 친일파로 활동한 인물이었다(김정미, 「문명기」, 『근대 대구·경북 49인』, 혜안, 1999, 320～325쪽).

127) 『매일신보』, 1923. 10. 14, 「全國特産品大會」.

회는 같은 해 10월 14일에 조선 및 일본에서 보내온 8만여 점을 전시하였다. 이 대회에 맞추어 선전을 벌이기 위한 전국기자대회도 동시에 열렸다. 당국에 따르면, 10월 28일에 폐회된 이 대회에 13만 6천여 명이 입장한 것으로 조사되었다.[129)]

이와 같이 서상일은 조선인산업대회에의 참가와 이상촌 건설 구상을 통해 '민족경제권'을 전망하였다. 그러나 그것이 총독부의 정책에 의해 좌절되자 조선물산장려운동에 참여하였다. 그렇지만 그 마저 대구지역에서 성과를 거두지 못하자 총독부 주관인 전국특산품진열대회가 대구에서 열리는 것을 계기로 대구협찬회에 참여하였다. 이처럼 그의 1920년대 초반 경제 활동은 '민족경제권'의 전망에서 당국, 일본인 자본가 그리고 조선인 예속자본가와 함께 활동함으로써 동요하는 모습을 보였다.

2) 1920년대 후반기 경제자립운동의 전개와 논리

1920년대 전반기 서상일의 경제자립의 논리는 1925년에 접어들면서 현실적으로 구체화되었다. 그것은 1925년 7월에 설립한 대구농촌사와 1927년 결성한 대구상공협회로 나타났다.

우선, 대구농촌사를 살펴보자. 첫째, 농촌사의 창립과 주도 인물에 대해서 보면, 농촌사의 설립은 서상일의 '이상농촌건설 구상'이 구체적으로 실행되는 측면을 가졌다. 또한 당시 대구지역의 소작쟁의의 빈발과 지주

---

128) 『동아일보』, 1923. 8. 19, 「대구협찬회상임이사회」. 1923년 8월에 열린 상임이사회에서 '매점의 지대를 정하는 건, 역할변경의 건, 입장료 제정 건, 역전 대간판 지출의 건, 여흥 건' 등을 결정하였다. 그리고 임원을 새로이 선출하였는데, 서무 伊藤吉三郎 외 1인, 회계 向坂庄吉 외 1인, 설비 이우진 외 8인, 접대 吉山英三郎 서병조 외 위원 전부, 여흥 李英煥 외 9인, 장식 정해붕 외 8인, 선전 서상일 외 4인, 매점 이장우 외 5인, 기록 韓翼東 등이었다.

129) 『동아일보』, 1923. 10. 14, 「대구에서 개최되는 특산품진열대회」; 1923. 10. 18, 「대구기자대회」; 1923. 10. 29, 「대구특산물진열대회」.

층 및 당국의 대응이 첨예화되는 농촌 상황과 밀접히 관련되었다.130)

첫째, 농촌사의 주도인물은 경영을 맡은 서상일, 서무를 맡은 정운해, 편집을 맡은 서만달 등이었다. 정운해는 사회주의계의 북풍회北風會와 대구노동공제회의 핵심 인물이면서, 조선노농총동맹 및 조선공산당 간부로 활동한 인물이었다.131) 정운해는 달성군의 소작조합 설립운동과 소작쟁의 옹호 활동을 펼친 인물이었다. 또 「소작운동의 현재와 장래」를 통해 지주층의 봉건성을 비판하고, 조선 농민운동이 궁극적으로 지향해야 할 목적으로 '생산자를 본위로 한 토지의 사회화'를 제시한 인물이었다.132) 서상일이 정운해와 알게 된 계기는 앞서 본 바대로 서상일이 3·1운동 시기 대한독립 의군부 단원으로 독립자금을 마련하기 위해 국내에 잠입한 정운해에게 협조한 경험에서였다. 또한 서만달의 직업은 원예가였고, 그는 대구청년회 발기인, 조선노동공제회 대구지회 등에서 활동한 바 있으며, 「대구영신大邱迎新－사대구死大邱와 신대구新大邱」라는 글을 통해 대구는 구제도 몰락 후에도 구제도의 신분인 양반행세가 여전한 곳이라고 진단하면서, 봉건 지주층의 타도 및 노농운동의 성장을 시대적 과제로 설정한 인물이었다.133) 서만달은 위에서 언급한 바대로 제주도 뽕나무 묘목 이야기의 주인공이었던 것으로 보인다.

이처럼 대구농촌사의 주도 인물들은 지주적 농업 경영을 비판하고 민족적 경제 자립 및 농민대중의 경제 자립을 실천적으로 해결하고자 했던

130) 오미일, 앞의 논문, 223~225쪽. 이 논문에서 논자는 서상일과 같은 부르주아가 대구농촌사에 참가하게 된 직접적인 동기가 "소작쟁의로 인해 부르주아층의 경제적 기반이 조선인 경제의 토대를 이루는 농촌사회의 안정기조가 동요되는 것을 원치 않았기 때문"이었던 것으로 파악하였다. 그러나 이것은 서상일의 '이상농촌건설 구상'의 한 실천 과정으로 보아야 하며, 그러할 때 서만달·정운해가 지향하는 농민적 농업경영과도 일치성을 가질 수 있는 것이다.

131) 김일수, 「정운해」, 『근대 대구·경북 49인』, 혜안, 1999, 209~215쪽.

132) 『시대일보』, 1925. 1. 1.

133) 『동아일보』, 1926. 1. 1.

점에서 공통점이 있었다. 또한 농촌사 구성원의 수가 많지 않지만 당시 지주제가 강화되는 농촌 현실에서 사회주의 세력과 민족주의 세력이 연대할 수 있는 논리가 뒷받침되고 있었다.[134] 그에 따라 농촌문제에 대해 지역의 민족주의계와 사회주의 농민운동가가 인식을 같이 할 수 있었다. 이런 점에서 대구농촌사는 농민적 농업개혁론의 맥락에서 중요한 의미를 갖는다.

둘째, 대구농촌사는 농촌의 상황을 조사 연구하여, 농촌의 개량발달을 도모하는 것을 목적으로 한 농촌연구기관이었다.[135] 농촌사의 구체적 활동 계획은 '① 농촌상황 조사연구, ② 농사개량 및 부업장려에 관한 실현발표, ③ 농촌에 관한 강습회, 강연회 등 개최, ④ 월간잡지 『농촌』 발행, ⑤ 농촌의 실제 문제 및 사업설계에 관한 문의와 위촉에 응함, ⑥ 농촌문제에 관한 인쇄물 간행, ⑦ 농촌계발에 유익한 사업의 장려 또는 원조' 등이었다.

이처럼 대구농촌사는 농촌상황에 대한 조사 연구를 바탕으로 하여 소작조합의 조직 및 소작쟁의의 지도를 통한 활동보다는 농민의 생산력 증대에 주안점을 두었다. 다시 말해 농촌사는 당시 농촌 상황에서 농민층에게 현실적으로 실현 가능한 경제생활의 개선을 지도하여 농민경제의 안정을 기하기 위해 설립된 단체였던 것이다. 그러므로 서상일은 대구농촌사를 통해 경제인이 아닌 원예농민 · 사회운동가와 함께 농촌 문제를 개선하기 위한 활동을 펼쳤고, 이는 농민경제의 자립을 실현하기 위한 모색 과정이었다. 그러나 대구농촌사는 동년 10월 말 창간된 잡지 『농촌』

---

134) 김명구, 「1920년대 전반기 사회운동이념에 있어서의 농민운동론」, 『한국 근대 농촌사회와 농민운동』, 열음사, 1988, 328~330쪽. 김명구는 1924~1926년의 농민운동 이념은 반제반봉건운동노선으로 정립되었고, 운동 주체로서는 민족부르주아지를 포함한 반제반봉건을 포함한 국민일반이 상정되었다고 분석하였다.

135) 『동아일보』, 1925. 7. 9, 「大邱農村社」.

이 일제 경찰에 의해 압수당하는 탄압을 받고, 정운해가 '조선공산당사건'으로 검거되면서 활동을 지속할 수 없었다.

다음으로 대구상공협회大邱商工協會를 살펴보자. 서상일은 1926년에 문화운동의 실행기관으로 조양동우회를 설립한 후 1927년에 접어들어 대구의 자본가를 규합하여 대구상업회의소와 별개로 독자적인 상공단체의 결성을 본격적으로 추진하였다. 그런데 이 활동은 1923년 4월부터 대구의 상공업 실정에 대한 조사를 진행하는 것에서부터 비롯되었다. 이후 1925년 봄 대구지역 상공업자의 통일적 단체 구성에 대해 심의 과정을 거치면서 준비 작업에 착수했다.

1927년 2월부터 전국을 대상으로 상공업자 동업단체에 대한 실태 조사를 진행한 후 같은 해 9월 18일 조양회관에서 단체 결성을 위한 상공업자 간담회를 개최하였다. 이 간담회에는 진행 측의 서상일을 비롯한 김문재 · 김홍조 · 박노익 · 김상원 · 전홍관 · 이근무(도서업) · 강원식 · 임명준 · 백낙희(양조업) · 허지 · 김정오 · 윤영렬 · 배영덕 · 강치운 · 이한성 · 박인순 · 이경욱 · 박승원(도서업) · 유종우(잡화상) 등이 참여하였다. 이를 주도한 서상일은 상공협회의 발기에 대해 다음과 같은 취지 설명과 경과 보고를 진행하였다.

> "현하現下 우리네의 경제계가 극도로 핍박逼迫함은 그 원인이 전혀 조선상공계의 조령凋零에 기인基因함인바 이를 조금이라도 만회함에는 상공계를 단결하야 이 문제를 우리 스스로가 해결하고 우리 운명을 우리 서로가 개척하여야될 의미에서 그 방침은 각지 상공단체가 공고히 단결하야 전조선적으로 경성에서 조선상공연합회가 있어서 공동적 이해문제와 나아가 우리네의 생권生權 발휘를 도圖하자."[136]

136) 『동아일보』, 1927. 9. 20.

곧 서상일은 취지 설명을 통해 대구상공협회의 필요성에 대해 지역경제가 파탄되고 위기에 직면했다는 상황 판단에서 지역경제가 처한 문제를 해결 · 극복하려는 차원에서 제기했던 것이다. 이로써 대구상공협회는 대구지역의 동업조합을 뛰어 넘는 상공업 단체였고, 전국적으로도 가장 빨랐다. 이 자리에서 참석자들로부터 적극적인 참여 의사와 지지를 받은 후 배영덕 · 박인순 · 강치운 · 윤영렬 · 김정오 · 허지 · 백남희 · 김상원 · 박노익 · 지이홍 · 서상일 · 이한성 등 12명의 대구상공협회발기준비위원회를 구성했다.[137)]

준비위원회는 1927년 10월 18일 조양회관에서 모여 28일에 발기총회를 개최할 것을 결정하였다. 100여 명이 참석한 가운데 열린 발기총회에서 서상일의 취지 설명과 경과보고에 이어 회비 · 회원자격 · 임원 후보 결정 · 총회일자 등에 관해 결정하였다.[138)]

다음날 대구상공협회총회준비위원회를 개최하여 발기인은 기존 118명에 62명을 추가하기로 하고, 회장 후보는 서기하 등 10명 및 평의원 후보 60여 명을 선정하였다. 또 서상일(서무)을 비롯한 김상원 · 박만성 · 이한

---

137) 대구상공협회가 발간한 『大邱商工協會會報』는 현재 1호만이 알려져 있다. 그러나 원본은 찾을 길이 없고, 다만 회보 1호를 분석한 金峻憲의 「大邱商工協會의 實體-會報를 통해서 본-」(『省谷論叢』 14, 1983. 4)를 통해서만 확인할 수 있을 뿐이어서 전체적인 면을 이해하는 데에는 한계가 있다. 회보는 발간사, 취지 및 경과, 대구상공계 현상과 其 振興策, 회계보고, 雜錄 등의 순서로 편집되어 있다. 이하 특별한 전거가 없는 것은 앞 논문의 자료에 해당한다.

138) 발기총회에서의 결정사항을 다음과 같다. 一. (가)회비의 결정, (나)회원자격을 '大邱府內 및 附近地에 居住'한 자로 결정, (다)특별회원, 月額金을 60전, 입회원을 50전으로 결정, 一. 임원 후보 결정에 관하여는 총회준비위원회에 一任케하고 全準備委員을 선거로 선출함. 지이홍 · 박노익 · 김상원 · 백남희 · 허지 · 박만성 · 김정오 · 윤영렬 · 배영덕 · 강치운 · 최종해(음식업) · 정치규 · 김내명 · 이경욱 · 최석윤 · 양상학 · 김영언 · 김병희 · 이효철 · 서상일 · 이한성 박인순, 一. 발기인 및 후보 선정에 관해서는 前者 발기인됨을 승인한 者 및 발기총회에 출석한 인원을 全員 발기인으로 看做하고 그 외는 一切 준비위원회에게 일임키로 한다. 一. 총회일자를 11월 9일 오후 2시로 결정. 一. 위원 一人이 회원 15인 이상을 引受하고 총회일 이내로 모집 결정.

조양회관에서 바라 본 대구 전경 (『동아일보』, 1926년 11월 8일자)

성(선전) · 강치운 · 배영덕 등 6명을 상무위원으로 선정하였다.

그 후 두 차례의 창립총회준비위원회를 가진 후 11월 9일 조양회관에 회원 6백여 명이 운집한 가운데 대구상공협회大邱商工協會의 창립총회가 개최되었다. 여기에서 서상일의 취지 설명, 김정오의 경과보고가 있었고, 개성상우회 · 신간회 대구지회 상임위원 장인환張仁煥 · 대구청년동맹 조사부장 박명줄朴明茁 등의 축사가 있었다.[139] 그 후 규약 및 예산에 대해 원안대로 통과시키고, 회장의 구두 호천呼薦으로 최익준 · 지이홍 · 김정오 · 윤병혁 · 김상원 · 최종해 · 박만성 · 정치규 · 박노익 · 이한성 등 전형위원 10명을 선정하고, 그 전형위원이 70인의 평의원을 선출하기로 결정하였다.

이런 과정을 거쳐 대구상공협회가 구성한 임원진을 보면 다음과 같다.

▲ 회　장 : 서기하徐基夏
▲ 부회장 : 김정오金正悟
▲ 이　사 : 이한성李漢星

139) 『동아일보』, 1927. 11. 11 ; 『중외일보』, 1927. 11. 11.

▲ 상무평의원 : 김내명 서상일 김상원 배영덕 백남희 이효철 양상학 김상숙 허지 박만성 지이홍 최홍해 박노익 강치운 정치규 박인순 배유형 윤영렬 백남채 이도명 홍운정 김홍빈

▲ 평의원 : 채재홍 김문재 한익동 윤치도 이일근 김창록 김영민 임명준 우도형 최극용 윤병혁 진병철 박성실 정기택 최석윤 이은우 정봉진 이경욱 양규식 서병원 서진갑 정동완 이재희 전홍관 강종하 김병희 이상무 김자린 이응복 김경삼 김성진 김화일 김홍진 김성규 서상현 추인호 홍재우 홍진구 윤복기 현영건 이제필 우차학

대구상공협회의 임원진은 대구상번회 · 대구포목상조합 · 대구포목상공조회 · 대구미곡상조합 · 대구한약상조합 · 대구해륙산위탁조합 · 대구어물상조합 · 대구건물소매상조합 · 대구양조조합 · 대구주조조합 · 대구여인숙조합 · 대구음식업조합 · 대구이발업조합 · 대구조선인고물상조합 · 대구서적업조합 · 대구목공조합 · 대구질옥(전당포)조합 · 원대동미곡상조합 · 대구공업친목회 등 18개 동업조합의 소속회원들로서 각 조합을 대표하였다. 이들은 대구의 중 · 소 상인층이었다. 정확히 말하면 서상일 · 서기하 · 서상현 · 한익동 등을 제외하고는 자본금 1만 원 이하의 영세 소상인층이었다.

대구상공협회는 중소자본가를 주축으로 하면서도 지역의 대자본가들과의 연대를 꾀했다. 곧 동 협회의 고문으로 서철규 · 이종면 · 서병오 · 박중양 · 이병학 · 정해붕 · 이일우 · 정재학 · 장길상 · 이장우 등을 추대하려는 계획을 세웠다. 이는 자본가 상층이 대구의 경제를 장악하고 있는 현실을 고려할 때, 중소자본가와 대자본가와의 연대가 불가피할 뿐 아니라 대구상공협회의 결성이 대자본가와 대립한다는 오해를 불러일으킬 필요가 없었다.

그러나 대구의 대자본가들은 보기 좋게 상공협회의 제의를 거절하였

다. 그들 대자본가들은 대구상공협회가 자신들의 이익단체인 대구상업회의소의 영역을 침해하는 것으로 간주했을 가능성이 높다. 그것은 이미 1924년 대구의 수해 처리 과정에서 검증된 바 있다. 또한 그들은 정치·경제적으로 예속화된 상태에서 대구상공협회가 내세운 조선 경제권의 공동이해라거나 조선인의 생존권 발휘 등의 취지가 부담스러웠을 것으로 생각된다. 이런 이유로 대구지역의 대자본가는 상공협회의 제의를 거부하고, 일제와의 긴밀한 연관 속에서 자본 활동을 전개하였다. 이로써 대구상공협회는 대자본가와의 협조 관계를 맺지 못한 채 대구지역 중·소 상인층의 이익 단체로 활동하게 되었다.

대구상공협회의 경제계에 대한 인식을 살펴보자. 우선, 대구상공협회는 발간사를 통해 조선 산업이 처한 현실을 "현하 조선의 산업이 많이는 봉건형이나 심지어 원시상태를 훨씬 벗어나지 못했다"고 파악하였다. 또 식민지 조선이 "세계자본주의 말기의 대조류와 합치하지 아니할 수 없는

대구상공협회 창립 광경 (『동아일보』, 1927년 11월 11일자)

운명에 강제되어, 부득이 식민지경제에서 생겨나는 모든 불리한 조건이라는 조건은 전체적으로 모조리 가졌다"라고 보았다. 이러한 인식은 서상일이 창립총회에서 행한 대구상공협회 설립 취지 설명에서도 "현대는 경제적으로 그 생존을 경쟁한다. 전선全鮮의 대세는 오직 상공업의 성쇠여하에 움직이나니 그러면 오인이 경제내용과 상공현상은 과연 어떠한 경우에 절박하였는가. 나날이 조령凋零하여 오는 상황과 파탄되어 가는 경영은 백척간두에 당도하였다"고 한 것과도 일치하였다.

나아가 대구의 산업에 관해서 "놀랄 만큼 빈약하다"라고 규정하면서, 다음과 같이 파악하였다.

> "대구상공업의 현상을 대개는 관측할 수 잇슬 것이나 조선인 인구에 비하야 기반이 못되는 일본인은 기 부력에 잇서 조선인 전체의 배 이상을 가지고 잇스니 결국 매 일인을 비교하여 보면 5대 일의 비례가 되는 터이다. 그러나 이런 우월한 자력에다가 금융의 세력과 기회의 우선 등으로 상업계에 잇서 그 비례가 일층 우심하며 더구나 공업에 이러서는 그에다 기술의 부족을 가하엿슨 즉 거진 참담한 현융이 잇서 조선인의 공업이란 망건, 제화가 아니면 유기, 금은세공이요 겨우 공업의 면모를 가진 듯 한 기개의 염직소 등이 잇스나 그 설비와 생산이 족히 거론할 것이 업스며 타인은 기하야 다시 주사 보고코자 한다.…(중략)…무직업자수는 각 기 인구에 비하야 조선인은 기 1/14을 점하고 기 1/110에 당한다. 유직자有職者중에도 부내에 거주하는 조선인 직업의 다수를 점하는 농업이란 대개 유한계급有閑階級이 속한 무직자로 간看한다면 조선인은 전인구全人口의 1/14은 무직자라 할 수 있다.…중략…제세諸稅를 통하여 일호 평균 부담액을 평분하여 보면 일본인은 조선인의 약 5배五培 강强을 부담하고 있다. 이것은 일면으로 부富의 차등을 설명하는 것이며 그 중에도 국세에 있어 더욱 현저한 차가 있다…(중략)…매년 적지 않은 수이출輸移出 초과가 되는 것은 대구부세大邱府勢로 보아 발전이라 할 수 잇스니 이상의 제 숫자를 상

소하면 초과한 이윤은 물론이오 기 생산 및 수익액收益額의 대부분이 그 실 어대로 가는가 알 수 있다."

대구상공협회가 진단한 대구 경제계의 빈약한 원인이 금융 경색, 기술 유치, 경영방법의 불합리, 대자본의 압박 등이었다고 파악하였다. 우선, 금융 경색은 당시 대구의 조선인 일반은행의 대출 형태를 통해 살펴보면 잘 드러난다. 대구의 조선인 중심의 일반은행 대구은행과 경일은행의 경우 1920년대 중반 감배를 실시하였다. 예출금에서 예금에 비해 만성적 대출 초과가 원인이었다. 1919년 6월 말 현재 대구은행의 예금이 478,893원, 대출이 989,253원으로 예금액에 비해 대출액이 2배 정도 많았다. 1925년의 경우도 두 은행 모두 대출액이 예금액에 비해 훨씬 초과하였다. 두 은행의 대출 형태를 보면 1920년대에 대부금>당좌대월>할인어음>위체수형 등의 순으로 장기성을 가진 고정 대부가 압도적이었다.[140] 대출 담보별에서 가장 큰 비중을 차지한 것이 부동산이었기에 그에 따른 자금회수율이 장기화되었다. 이렇게 대출된 자금의 용도는 상업>잡자금>공업>농업 순으로 상업이 압도적 비중을 차지하였다. 상업부문에의 대출은 미곡관련 회사에 집중되었다. 이런 점에서 지점도 미곡생산지 및 집산지인 안동 · 왜관 · 경주 · 포항(1927년 현재 대구은행), 밀양 · 영천 · 예천 · 대구 서부(1927년 현재 경일은행)에 설치하였던 것이다. 따라서 미곡관련 이외 은행으로부터의 자금 대출은 용이하지 않았던 것이다. 결국, 일반은행으로부터 미곡 상업 이외 다른 상공업 분야가 대출을 받기란 구조적으로 어려운 일이었다.

둘째, 기술의 유치는 대구의 공업 구조를 살펴보면 알 수 있다. 대구의 공업은 생산재 공업은 동양염직소를 제외하고는 전무하다 시피하며 소

140) 堀和生, 앞의 글, 39쪽 ; 장기돈, 앞의 책, 225~226쪽.

비재 일변도적인 양상을 보이고 있다. 그중 수이출산업의 가공부문으로서 정미업이 있고, 수입상품과의 비경쟁 부분으로 연초 제조업, 양조업, 기와공장 등이 있을 뿐이었다.[141)]

셋째, 경영방법의 불합리에 대해서는 동 협회 회원들에 의해 지적되었다. 먼저, 배영덕은 "부력富力에 대하여도 다수의 자산가를 가진 대구의 상공업자는 사업의 원동력인 자력自力이 풍부하겠다고 추상할지나 사실은 오히려 상공업자의 수완과 성의가 부족함에 인因함인지 자산가 측의 사업에 대한 이해가 적은 탓"에 대구상공업이 부진하다고 진단하였다. 지이홍은 "의무와 이권 관념이 없는 무질서한 사회"이기 때문에 대구의 상공업이 부진하다고 파악하였다. 김문재는 대구의 상공업자는 외국인 상공업자에 비해 성의가 부족하고, 그 때문에 지속성이 결핍되어 도중 파멸하는 경우고 많다고 보았다. 또한 조선인 상공업자는 신용과 친절이 부족하고, 가격 불이행, 약속 기일 불이행 등이 농후하여 사업이 발전하지 못한다고 하였다. 결국, 상공업자 스스로 상공업을 발전시킬 수 있는 자기 개발이 결핍되어 있다고 파악한 것이었다.

넷째, 대자본의 압박은 대구 경제계에서 일본 자본의 지배적인 현상을 말하는 것이었다. 상업 · 공업 등 모든 분야에서 일본인이 중심이 되고, 그 주변에 조선인이 형성된 것을 말하는 것이었다.

이러한 대구 경제계의 현실을 극복하기 위해서 경제 단체의 설립과 상공진흥 방법론을 제시하였다. 우선, 경제 단체의 필요성에 대해서 "다만 단결의 위력偉力에 의依하야 이것을 다소多少라도 구제救濟하랴는 우리 상공협회의 임무가 얼마나 광범하며 전도다난前途多難하며, 따라서 그의 사업이 얼마나 조대浩大하랴"고 하였고, 단결의 가치는 "자기의 존재를 표현

141) 大邱商工會議所 編, 『大邱經濟總攬』, 1985, 33~38쪽.

하기 위하야 또 단결을 공고히 하며 사상을 선전하며 계획을 발포하기 위하야" 거나 "산업전을 위하야" 필요하다고 주장하였다. 서상일 또한 취지 설명을 통해 "이 산궁수진처山窮水盡處에서 구사九死의 일생一生을 득得함에는 자기반구自己反求에 귀歸하여 우리 문제는 우리 스스로가 강구하며 우리 운명은 우리 서로가 해결하는 데에만 있다. 이 의미에서 동병同病을 상련相憐하는 우리 상공업자는 먼저 상호보장이 될 만한 무슨 연대적 강고한 결합체를 두지 않을 수 없어 이 상공협회를 창설한다"고 주장하였다.

여기에서 주목되는 바는 서상일의 취지 설명, 발간사에 대구 상공업의 발전을 "전선의 대세", "산업전" 등 전쟁으로 묘사하고 있는 점이다. 이 점은 앞서 살펴보았듯이 1921년 조선인 자본가들이 조선인산업대회를 통해 총독부에 건의했던 '조선인 본위의 산업정책 및 조선 산업 보호 정책'이 무산되면서 가졌던 '경제적 전장'과 같은 맥락이었다.

그렇다면 대구상공협회가 '경제적 전쟁'에서 승리하기 위해 혹은 상공업 발전책에 대해 제시한 방법은 어떠했을까. 그 대안은 자본운동의 강화, 상공업자로서의 자세 교정 등으로 크게 구분된다. 우선, 자본운동의 강화를 위해서 광범위한 조선인의 대자본 회사의 설립, 조선인 중심의 상공업 · 생산 애호운동의 진작 등을 제시하였다. 다음으로 상공업자로서의 자세 교정을 위해서는 견인堅忍과 권고勸告(김정오), 권리와 의무의 자각(지이홍), 친절 · 염매 · 진열 개선(박만성), 무성의 극복, 불친절 · 기일불이행 · 가격 부정의 교정, 신용 · 근면 등이 필요 사항이라고 제시하였다. 나아가 조선인 상공업자의 공존과 공영, 곧 각성과 통일 그리고 단결을 촉구하였다. 또 조선 물산 혹은 조선 상공업에 대한 애호 · 선전을 촉구하였다. 이것은 1920년대 후반 조선물산장려운동이 일어날 수 있는 배경이 되기도 하였다.

다음은 대구상공협회의 활동을 보자. 동 협회의 활동은 회칙 제4조에

협회의 사업에 관한 규정인 '① 상공업의 발달할 방안을 연구 실행할 것, ② 상공업의 상황과 조사 소개할 것, ③상공업자의 의뢰하는 사항을 조사 소개할 것, ④ 상공업에 관계된 중재 조정할 것' 등에 기초하였다.

이에 우선, 동 협회는 기금 조성 활동을 벌이고자 했다. 그것을 위해 동 협회는 동 협회가 부내 동문시장과 서문시장의 사용료 징수권을 확보하고자 당국과 교섭하였다. 또 동 협회 회원을 대상으로 달력을 제조코자 하였다. 둘째, 동 협회 회원에게 상공업 정책에 관한 정보를 제공하거나 동 협회 회원의 영업 기획전을 후원하였다. 그에 따라 1927년 12월에 열린 상무평의원회에서 대구상번회와 관련된 세모 대매출, 대구약령시장과 관련된 약령시진흥, 동업조합 결성 등을 주요 의제로 채택하여 논의하였다. 또 1928년 1월부터 개정 실시하게 된 비료취체령에 대해 비료상, 곡물상, 양조업자에게 그 대처 방안을 제공했다. 그리고 대구상번회 주최의 세모歲暮 대매출을 후원하는 활동을 벌였다. 셋째, 물산장려와 부업장려 사업을 진행코자 했다. 그것은 추인호의 동양염직소에서 생산된 동양목과 동양직 직판을 후원하는 것이었다. 또한 부업 장려 차원에서 동 협회 회원 부인과 무직 부인에게 '녹자문'(속칭 홀치기)을 보급하는 행사를 개최하였다. 넷째, 동 협회에 가입한 동업조합인 음식점조합과 주조조합 사이에서 발생한 상호 불매 동맹 분쟁을 조정하는 역할을 맡았다. 이는 동 협회를 통한 대구지역 상공계의 통일 · 단결을 도모하는 활동이었다.[142)]

이와 같이 대구상공협회는 대구지역 동업조합의 총결합체로서 결성되어, 중 · 소자본가의 이익단체로서의 성격을 나타냈다. 동 협회는 상공업

---

142) 이 분쟁의 발생 원인은 酒造組合이 음식점에 공급하는 막걸리의 가격을 1斗에 2원 50전으로 올리려 하자 음식점 조합에서는 2원 20전을 주장하면서 비롯되었다. 이에 상공협회의 서상일과 대구부청의 중재한 가격인 1斗에 2원 35전에 양 조합이 합의하면서 일단락되었다(『매일신보』, 1928. 9. 24).

의 경쟁을 '전장戰場'이라 규정하면서, 조선인 중·소자본가의 민족적 결합을 강조하면서, 대자본의 형성 및 상공업자로서의 자세 교정을 통해 자신들의 발전을 전망하였다. 그러나 동 협회는 결성 2년을 경과하면서 침체 상태에 접어들었다.

한편, 대구상공협회가 결성될 즈음에 신간회대구지회·경제연구회經濟研究會 등이 거의 동시에 설립되었다. 경제연구회는 1927년 10월 16일 발기총회를 통해 창립되었는데, 30여 군에서 108명의 발기인이 참여하였다. 준비위원으로 이경희李慶熙·박해돈朴海暾·이선호李宣鎬·최준崔浚·이상린李相麟·장직상張稷相·이도화李鍍和·최해종崔海鍾·김승묵金昇黙·이근영李根泳·권태소權泰韶 등이 선출되었고, 대표는 김승묵, 최해종이 맡았다. 경제연구회는 강령으로 '① 민중생활을 개선하여 조선인 경제운동을 환기함, ② 유민遊民의 인습因襲을 타파하고 노동의 관념을 고취함, ③ 농촌문제를 연구하고 경제교육을 보급함, ④ 실지의 사업을 흥기하여 산업의 발전을 조장함' 등 4개 항이었고, 민중생활의 개선을 통한 경제의 발달을 표방하였다.[143]

그런데 경제연구회에 대한 지역의 여론은 대구상공협회와는 달리 대단히 부정적이었다. 곧 대구청년동맹은 경제연구회에 대해 '취지를 검토한 결과 운동선을 혼란시키는 반동단체 혹은 이류단체'로 규정하고, '반대 궐기문을 작성하여 대구시내 각 사회단체 연합대책강구회의 소집을 결의하였다.'[144] 또 신간회대구지회도 경제연구회가 '신간회 권내의 사업에 아무 지장이 없을 것이니 회가 성립되게 해달라'고 요청해온 것에 대해, '모든 민중이 단일당의 기치 밑에 모여드는 터인데 경제연구회란 것을 조직함은 상대적 혹은 반동적이니 양해할 필요가 없다'고 하여 부정적

143) 『동아일보』, 1927. 10. 19, 「經濟研究會」.

144) 『동아일보』 1927. 11. 2.

인 입장을 표방하였다.[145)]

지역사회가 경제연구회에 대해 부정적 입장을 취한 것은 그 경제연구회의 주도세력의 사회 활동에 대한 불신이 깔려 있었던 것으로 보인다.[146)] 또한 경제연구회가 표방한 강령의 실효성에 강한 의문을 나타낸 것으로 보인다. 따라서 지역사회의 여론은 경제연구회가 신간회와 같이 민족적·정치적 입장을 지니지도 못한 것이었고, 대구상공협회와 같이 민족적·경제적 입장을 가지지 못한 것으로 판단하였다.

요컨대 서상일이 주도한 대구상공협회는 중소 부르주아지를 육성하여, 지역의 상공업을 발전시키고자 하였다. 중소 부르주아지를 통해 조선 산업의 발전을 꾀해 민족경제의 기반을 마련하고자 했다. 특히 그의 정치사상과 관련해서는 대체로 예속화한 대자본가를 대신하여 중소자본가를 주축으로 한 정치운동을 전개하고자 했던 점을 고려할 때 대구상공협회는 반드시 필요했다. 그리고 대구상공협회의 설립 시기가 신간회와 거의 일치하는 것으로 볼 때 신간회에 참여했던 민족주의 좌파에 맞서 자신의 논리를 실행했던 것으로 이해할 수 있다.

145) 『조선일보』, 1927. 11. 14.

146) 이선호는 慶一銀行 전무, 산내식금고제조회사 경영, 경북도평의회 의원 등으로 활동하였다. 장직상은 왜관금융창고주식회사, 慶一銀行, 동아인촌주식회사, 조양무진주식회사 등을 설립하거나 자본을 투자했고, 대구부회·경북도평의원으로 활동하면서, 1927년 당시 대구상업회의소 회두로 활동하였다. 최준은 경주의 만석꾼의 지주로서 백산상회·大邱銀行·경남은행·경성방직 등에 자본을 투자하였고, 식산은행장이며 총독부의 오른팔이었던 아리이(有賀光豊)와 두터운 관계를 가진 인물이었다. 김승묵은 대구청년회 사회부장·반관적인 사회사업연구회의 서기를 역임하면서 신문기자로 활동하였다. 최해종은 대구청년회원으로 활동하면서, 1923년 동아일보의 대구지국장이 된 서상일 밑에서 기자로 활동했던 인물이다.

3) 대구 미곡 시장과 기업 활동

서상일의 경제 활동은 앞서 살펴보았듯이 1914년 태궁상점의 운영에서부터 시작되었다. 그는 1917년 태궁상점을 주식회사의 전환을 꾀하기 위해 대구의 윤상태, 성주의 배상연·배상렴, 영일(포항)의 편동현, 경남 통영의 서상호 등과 접촉하고, 마산의 안확·김기성·이형재, 원산의 윤창기, 만주의 박광 등과도 만났다. 그리고 대구의 미곡상 이일우·한익동, 청도의 김유경 등과도 긴밀한 관계를 맺었다. 이때는 경남의 백산상회가 주식회사로 전환한 시점과 일치하였다. 서상일의 태궁상회 운영은 정치적으로는 독립운동자금을 확보하기 위한 것이기도 했다.

서상일은 태궁상점을 경영하면서 경제인으로서도 성공한 인물이었다. 특히, 태궁상점이 시가 변동이 심하고 투기성이 강한 미곡을 주요 품목으로 취급했다는 점에서 그의 경제 변동에 대한 감각은 상당한 정도였다.

서상일을 비롯한 대구의 미곡상들은 1914년 9월 총독부가 미곡 유통을 위해 발포한 시장 규칙에 근거해 미곡취인米穀取引所(이하 '미곡거래소') 설립을 위해 활동하였다. 미곡취인소는 일제하 일본의 식량문제 해결을 전제로 한 미곡생산과 쌀의 집중과 자본주의적 대규모 가공 등을 통해 집산 가공된 미곡을 대규모로, 그리고 신속하게 이출케 하는 미곡 유통기구로 기능하였다. 그러한 기능을 통해 거래에 개입한 농회사·지주·미곡이출입상·정미업자들은 미곡거래상 안정적인 수익을 확보할 수 있었다. 또 그들의 위치를 지속적으로 보장받을 수 있었다.[147] 이 때문에 미곡상들은 거래소의 설립에 적극적이었다. 그러나 총독부는 경제상황

147) 이형진, 「일제강점기 米豆·證券市場정책과 '朝鮮取引所'」, 연세대 석사학위논문, 1992, 6~30쪽.

의 후진과 사행심 조장 등을 이유로 인가하지 않았다.[148)]

이에 서상일 등 대구의 미곡상은 1917년 1월에 동업조합인 대구미곡상조합大邱米穀商組合을 결성하여, 비공식적으로나마 미곡의 중개거래를 시작하였다. 대구미곡상조합은 1919년부터 미곡 거래상 투기성이 강한 청산거래淸算去來의 형태인 연거래延去來를 시작하였다.[149)] 그 후 대구의 미곡상은 1922년 9월 초에 총독부로부터 '시장규칙'의 법적 통제를 받는 대구곡물시장의 개장을 허가받았다. 또 미곡거래소의 이전 단계에 해당되는 대구곡물시장은 조합조직으로 운영하면서, 쌀과 콩 등의 곡물을 현물거래와 연거래로 취급하였다. 이 곡물시장은 선물거래가 갖는 투기 특징으로 인해 대규모의 자본이 유입되는 동시에 현물 거래를 압도하였다.

그러나 대구의 미곡상은 완전한 연거래가 이루어지는 미곡거래소의 설치를 원했다.[150)] 그리하여 서상일 등의 미곡상들은 대구곡물시장이 개장된 뒤에도 미곡거래소를 설치하기 위해 노력하였다. 이에 대구의 미곡상들이 1922년 11월 초 목포에서 열린 조선미곡상대회에 참석하여 대구미곡시장을 미곡취인소로 전환해 줄 것을 요망하였다.[151)] 또 1923년 2월 22일 대구의 미곡상들은 '취인소설립기성동맹회取引所設立旣成同盟會'를 결성하고, 그 위원으로 대구상업회의소의 대표 오구라小倉武之助와 약물상조합장 와카바야시若林 등을 선정하여 총독부에 파견하였다. 그러나 총독부 관계자로부터 대구의 미곡 거래량이 부산釜山이나 군산群山에 비해 크지 않으

148) 위의 글, 39쪽.

149) 淸算去來는 투기에 필요한 자본을 절약하기 위해 만들어진 거래방법이다. 매매거래는 결제의 시점이 언제냐에 따라 현금·현물거래로부터, 화폐이건 상품이건 간에 한쪽의 지불을 나중에 행하는 상업신용적인 방법을 경과하여 쌍방의 지불을 후일로 연기시키는 先物去來로 발전하였다. 따라서 청산거래는 반대매매로 결제되는 선물거래이며, 당사자는 현금·현물을 사용하지 않고 가격변동 차액의 수수만으로 투기를 완료하는 投機信用의 한 형태이다(이형진, 앞의 논문, 20쪽).

150) 『동아일보』, 1923. 10. 26, 「大邱取引問題」.

151) 『동아일보』, 1922. 11. 9, 「穀商大會」.

므로 미곡취인소 설립은 고려하고 있지 않고 있다는 답변을 듣게 되었다.

이에 취인소설립기성동맹회는 긴급회의를 개최하여 위 두 명에 동척 지점장 등을 포함한 총 3명을 일본 도쿄東京에 파견하기로 결정함과 동시에 시민대회를 열기로 하였다.[152] 그에 따라 1923년 3월 7일 기성동맹회는 대구좌大邱座에서 미곡거래소 설립을 위한 대구시민대회를 열고, 미곡거래소 설립 인가를 얻기 위한 결의문과 선언서를 채택하였다. 또 미곡취인소 설립 인가를 얻기 위해 스기하라 쵸타로杉原長太郎 등 일본인 6명과 서상일을 더해 7명의 실행위원을 선정하였다. 그리고 시민대회에서 거래소 설립의 당위성과 의지를 담은 '필사必死의 노력'(이우진), '분기하라, 대대구 건설의 도정' 등의 연설이 있었다.[153] 그리고 일본 도쿄東京로 건너간 대표 3인들로부터 거래소 설립이 극히 부정적이라는 전보가 도착하자 기성동맹회는 3월 10일에 경북실업가대회를 개최하여 설립 의지를 다지려하였다. 그러나 경북실업가대회는 기일이 촉박했던 관계로 일단 연기되었다.[154]

이때 대구미곡거래소 설립을 놓고 일본인과 조선인 사이에 민족적 갈등이 빚어지기도 했다. 그 이유는 일찍부터 대구상업회의소를 통해 미곡거래소 설립을 추진해 온 일본인 미곡상들이 기성동맹회를 장악하기 위해 조선인들을 의도적으로 배제시켰기 때문이었다.[155] 그 때문에 조선인들은 독자적으로 3월 25일 만경관萬鏡館에서 거래소 설립을 위한 연설대

152) 『매일신보』, 1923. 3. 7, 「大邱市民大會」.

153) 『매일신보』, 1923. 3. 11, 「대구시민대회」.
〈決議文〉 朝鮮에 取引所制度가 施行됨을 作하야 大邱市民大會는 大邱府에 米穀取引所를 設置한 者로 함, 〈宣言書〉 朝鮮取引所制度 施行과 共히 大邱에 米穀取引所를 設置하는대 對하야 大邱府民은 一致協力하야 언제까지던지 其 目的을 達成하도록 努力하기를 期함.

154) 『매일신보』, 1923. 3. 15 ; 3. 18.

155) 『매일신보』, 1923. 4. 10, 「大邱府 取引 問題의 紛糾」.

회를 개최하기로 결정하였다.156) 연사와 연설 제목은 자포자기(정재학), 인무원려人無遠慮면 필요근우必有近憂(이종면), 권리와 의무(박해극), 취인소와 조선(서병조), 대대구의 건설(정해붕), 취인소와 대구(김사일金思一), 미정未定(김의균金宜均, 서상일, 장직상, 이우진) 등이었다. 이 연설대회에서 조선인 미곡상들은 거래소 설립을 위한 선언서와 결의문을 채택하고, 미곡거래소 실행위원으로 정해붕 · 이종면 · 김사일 · 정재학 · 장직상 · 정도균 · 이우진 등 7명을 선출하였다.157)

이들 실행위원들은 대구를 대표하는 지주 · 자본가들이었다. 그들은 한말 대구지역의 계몽운동에 참여하였고, 대구농공은행 · 대구은행 · 경일은행 등 금융기관 설립을 주도한 인물들이었다. 또한 대구지역의 각종 회사를 설립한 주체들로서 지역의 대표적인 자본가들이었다.158)

---

156) 『매일신보』, 1923. 3. 27, 「大邱取引所 問題로 演說大會를 開催」.

157) 『매일신보』, 1923. 3. 30, 「聲援演說大會」. ▲ 宣言書 時代의 進運과 社會의 要求에 依하야 將來 我朝鮮에도 取引所令이 制定施行된다는 事는 旣히 一般이 主旨하는바이나 此가 實現될 時는 我大邱에도 米穀取引所 設置한 事를 要望하고 府民은 一致合力하야 此의 目的을 到達하도록 最後의 勞力을 期할 事. ▲ 決議文 朝鮮에 取引所令이 制定施行되는대 對하야 旣히 取引所 大邱旣成同盟會가 設立된 바 吾人은 一致步調를 取하야 極力으로 聲援하는 同時에 大邱에 米穀取引所 許可의 必要를 認함.

158) 대구미곡거래소 7인 실행위원의 참여 회사 일람

이름	자본 참여 회사
정재하	大邱銀行, 동양기류주식회사, 대흥전기주식회사, 경북산업주식회사, 경상합농은행, 慶一銀行, 소선미곡주식회사, 내구조신구성보주식회사
이종면	대동사, 경성방직주식회사, 大邱銀行, 慶一銀行, 경상합동은행, 公瑚商會합자회사
장직상	선남은행, 慶一銀行취, 동아인촌주식회사, 왜관금융창고사장, 경북산업주식회사, 경북화물자동차주식회사, 남선수력전기주식회사, 남선양조사주식회사, 남선합동전기, 주식회사, 대구상공은행
이우진	경북산업주식회사
정해붕	금호수리조합, 경상합동은행, 大邱銀行, 경상북도양곡주식회사
정도균	대구조선주양조주식회사, 三共商會합자회사, 포항전기주식회사, 영덕전기주식회사
金思一	왜관금융창고주식회사, 왜관곡물상조합장

* 자료 : 『朝鮮銀行會社組合要錄』 참고.

그러나 당국은 조선인 미곡상이 신청한 연설대회를 불허하였다. 이후 대구곡물상들의 미곡거래소 설립 활동은 일단 소강상태에 접어들었다.

그렇다면 대구곡물상조합은 대구곡물시장의 운영을 통해 어느 정도의 이윤을 내고 있었을까. 1924년 곡물상조합 총회에서 밝혀진 동년도 상반기 영업 실적을 보면, 수수료 8만 406원에 잉여금이 2만 5,156원에 달했다. 이 잉여금은 조합원 잉여금 1만 2,200원, 역원상여금 2,500원, 적립금 3,500원, 특별상여금 1,000원, 후기 적립금 2,456원 등으로 사용되었다.[159] 더욱이 1927년 하반기의 영업실적을 보면, 1924년 잉여금의 3배인 3만 9,432원에 이르렀다. 이처럼 대구곡물상조합원은 수집·생산한 미곡을 일본으로 이출하여 이윤을 남겼을 뿐 아니라 곡물시장의 운영을 통해서도 큰 이윤을 남겼다. 이런 이유에서 미곡상들은 곡물상조합원이 되기 위해 노력하였고, 나아가 미곡거래소의 설립을 강력하게 원했던 것이다.

이와 같이 서상일은 대구곡물상조합원으로서 미곡유통을 통해 많은 부를 축적할 수 있었다. 또한 그는 대구미곡거래소 설립을 위해 일본 자본에 예속된 조선인 자본가뿐 아니라 총독부 및 일본 정부의 지원을 요구하고, 지역의 일본인들과 공동보조를 취하였다. 다시 말해 그는 미곡거래소의 설립 인가를 위해 대단히 현실적 이익을 추구하였던 것이다.

또한 서상일은 1920년대 전반기에 직접 회사를 설립하여 경제 활동을 벌이면서 정치 활동의 물적 토대를 넓혀 나갔다. 먼저, 그는 1921년에 대구곡물신탁주식회사의 설립하였다. 이 회사는 곡물 매매를 전문으로 하는 법인이었고, 서상현徐相鉉·하마사키濱崎喜三郎·와카바야시若林誠助·미쯔나리光成友三郎·고마다高田眞豊·사카모도坂本俊資 등 조선인과 일본인이 공동 출자하여 세웠다. 이 회사는 불입자본금이 50만 원이었고, 1만 주의

159) 『매일신보』, 1924. 7. 17, 「大邱穀物組合 上半期 業績」.

주식을 발행하였다. 총 주주는 66명이었는데, 최대주주는 1,840주를 소유한 대구곡물상조합이었고, 서상일은 세 번째로 많은 270주를 소유하였다. 서상일은 한익동과 함께 이사를 맡았고, 또 다른 조선인 주주인 서상현은 감사로 선출되었다. 서상일은 1925년도에 전무이사로 승진하였다. 그 후 1929년 그의 보유주식은 220주로 50주가 줄었고, 임원 명단에서도 빠졌다.[160)]

또한 서상일은 1922년에 미곡 운송을 전문으로 하는 대구운송주식회사의 설립에 참여하였다. 이 회사는 중보사重寶社 · 환공우송점丸共運送店 · 환다운송점丸た運送店 등 세 개의 운송점이 통합되어 설립된 일본인 중심의 법인이었다. 주주와 경영진의 대부분이 일본인인 가운데 사상일은 감사로 활동하였다. 그렇지만 운영이 잘 되었던지 설립 당시의 자본금이 20만 원이었지만 1922년 11월에 자본을 반감했다.[161)]

그리고 미곡업은 특정 시기, 특히 미곡 출하기에 많은 자금을 요하는 업종이다. 그에 따라 자금의 원활한 조달이 사업의 승패에 중대한 영향을 미친다. 그 때문에 미곡상들이 사업 자금의 안정적 확보를 위해 금융업에도 관계하는 것이 일반적이었다. 이런 관계에서 서상일은 목적은행인 조선식산은행 대구지점과 시중은행인 대구은행 · 경일은행 등과도 금융거래를 했지만 직접 많은 자본을 투자하거나 중역으로 활동한 적은 없었다. 그 대신 1924년에 대구의 조선인 자본가들과 함께 자본금 100,000원(1주당 50원)의 조양무진주식회사朝陽無盡株式會社 설립에 참여하였다. 그는 이 회사의 주식 100주 정도를 가졌고, 동시에 이사로 활동하였다.[162)]

---

160) 東洋經濟時報社編,『朝鮮銀行會社組合要錄』, 1921년 · 1923년 · 1925년 · 1927년 · 1929년 참고.

161) 東洋經濟時報社 編, 앞의 책, 1923년 · 1925년 · 1927년 참고.

162) 東洋經濟時報社 編, 앞의 책, 1921년 · 1923년 · 1925년 · 1927년 · 1929년 참고.

설립 당시의 경영진과 대주주는 모두 조선인이었다. 먼저 경영진으로는 대표이사에 서병조, 전무이사에 허억許億, 상무이사 서병원徐丙元 · 서상현徐相鉉, 이사 서상일 · 서창규 · 서병주徐炳柱, 감사 이상악李相岳 · 정봉진鄭鳳鎭 · 서병화徐炳和 등이었다. 대주주로는 서병조(215주) · 서병원(200주) · 서상악(200주) · 서창규(150주) · 서병주(150주) · 허억(100주) · 그 외 4명(각 100주) 등이었다. 이 회사의 임원 변동을 보면, 1927년에 대표이사가 서병조에서 서병원으로 변경되었고, 서상일은 경영진에서 물러났다. 1929년도에는 상무이사를 폐지하였고, 감사에 새로이 김찬수金燦洙가 선출되었다. 또 윤상태 · 장직상 등이 각각 200주와 130주의 주식을 사들여 새로이 대주주가 되었다.

이와 같이 서상일은 1920년대에 대구곡물신탁주식회사 · 대구운송주식회사 · 조양무진주식회사 등에 자본을 투자하고 경영 활동에 참여하였다. 그의 기업 활동은 태궁상점 등 미곡업을 중심으로 전개된 특징을 보였다. 따라서 그는 전형적인 미곡상이었다. 그런데 그의 회사 활동은 1927년을 기점으로 하여 위축되는 양상을 보였다. 이때 대구상공협회가 설립되었던 점을 고려하면, 동 협회의 설립과 기업 활동의 위축이 일정하게 연관됨을 알 수 있다. 그런데 그의 기업 활동의 행위양식을 보면, 한편으로 자신의 자본 축적과 조선 경제 일반이 일본인과 일본 본국과 경쟁관계에 있으면서도, 다른 한편으로 총독부나 일본의 정책적 지원을 바라거나 재조선 일본인 자본과 협력하기도 하였다. 따라서 서상일은 민족에 호소하면서도, 총독부의 지원을 기대하는 등 이중적인 태도를 견지했다.[163)]

163) 정용욱, 「일제하 민족자본가의 존재양태와 민족주의」, 『역사비평』 1992년 봄호, 347~348쪽.

3. 민족운동에 대한 이해와 합법운동론

1) 민족운동에 대한 이해

(1) 합법운동의 대두 배경과 조선 정세 인식

1920년대 전반기와 중반기에 대두되었던 자치운동은 1929년 8월 사이토 마코토齋藤實 총독의 재임 및 최린崔麟의 구미여행 뒤 귀국과 함께 재개되었다.[164] 최린은 조선 민족의 나아갈 방향으로 '자치'를 제시하며, 천도교 신파의 지지 획득에 나섰다. 그리하여 최린은 1929년 12월 신파의 법회를 통해 도령都領으로 취임하고, 1930년 12월 천도교 신·구파의 합동을 이끌어냈다.[165]

또한 동아일보 세력들은 사이토 총독의 재임을 계기로 하여 다시 자치운동에 나섰다.[166] 그 가운데 동아일보는 일제의 지방자치 확장 방안에 대해 1930년 3월 13일 사설을 통해 관료적·허구적이라고 비판하고, "오인은 원래 조선문제에 관하여 독자獨自의 견해가 있다"고 밝혔다.[167] 그 독자의 견해란 '자치'를 암시하는 것이었다. 동아일보 세력은 자치운동의 첫걸음으로 1930년 여름 동아일보 각 지국 주최의 지방발전좌담회를 개최하였다. 이는 동아일보 세력의 신간회 평양지회 설립, 송진우의 경성지회 입회 등 신간회를 이용하려는 계획을 수정하여 자치운동의 독자적인 세력을 규합하기 위한 지역사회의 유력자 포섭작업이었다.[168] 그리고

---

164) 姜東鎭, 『日帝의 韓國侵略政策史』, 한길사, 1980, 360쪽, 425~429쪽.

165) 박찬승, 앞의 책, 343~345쪽.

166) 강동진, 앞의 책, 428쪽.

167) 『동아일보』, 1930. 3. 13. 지방자치확장안에 대해 "…선거라 하되 선거의 虛名뿐이요 그 實이 없으며, 決議機關이라 하되 決議의 形式뿐이요, 實質이 없는 木偶的 怪物을 作成하였으니 民衆을 愚弄함이 이어서 더 深한 者가 없을 것이다"라고 주장하였다.

168) 박찬승, 앞의 글, 345~346쪽.

수양동우회 및 기독교 신우회信友會는 1930년 여름 최린의 천도교 신파와 긴밀한 접촉을 갖으며 자치운동에 나섰다.[169]

이러한 자치운동의 동향은 1929년 말 광주학생운동진상보고대회 겸 민중대회사건 이후 김병로金炳魯 체제로 전환된 신간회 내부로까지 파급되었다. 그리하여 신간회에서 합법운동이 제기되고, 이것이 신간회 해소론이 대두 · 전개되는 계기로 발전하였다.[170] 따라서 이 시기 신간회 내의 합법운동은 민족운동의 진로를 둘러싼 가장 격렬한 논쟁의 대상이었다.

서상일은 자치운동이 재개되는 상황에서 이렇다 할 움직임을 보이지 않은 채 정세를 관망하였다. 그러던 중 그는 1931년 『삼천리三千里』 신년호에 합법운동과 비합법운동에 대한 특집 기획을 준비하던 삼천리사로부터 원고 청탁을 받았다. 그가 청탁 받은 부분은 '조선의 현하現下 정세' 또는 '합법운동과 비합법운동의 호교관계互交關係' 혹은 '제외 각국의 사적 고찰' 등이었다.[171] 그러나 서상일은 1931년 3월에야 비로소 합법운동'에 관한 자신의 입장을 정리한 『합법운동과 비합법운동에 관한 사견私見』(이하 『사견』으로 약칭함)을 완성하였다. 그는 『사견』을 집필하면서 1925년 「민족적 경륜」, 1927년경 신간회 운동론 그리고 1930년에서 1931년 3월까지 각종 잡지에 실린 신간회 해소 논쟁 및 조선 민족운동에 관련된 글을

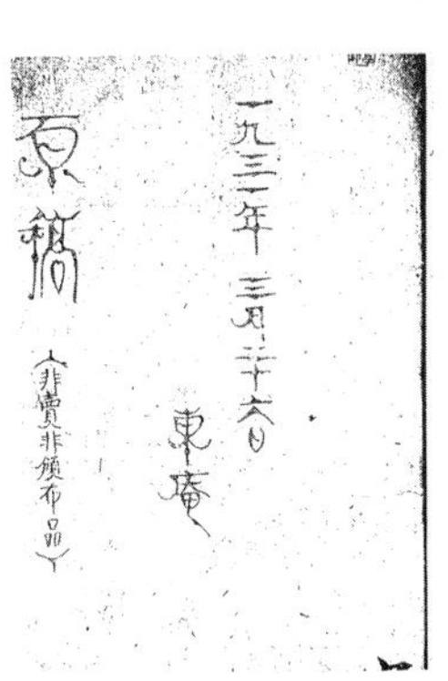

『합법운동과 비합법운동에 관한 사견』 표지

169) 서중석, 「韓末 · 日帝侵略下의 資本主義 近代化論의 性格」, 『한국근현대의 민족문제 연구』, 지식산업사, 1989, 186~187쪽.

170) 신간회의 합법운동론, 당면이익 획득 투쟁 등의 대두와 논쟁에 대해서는 박찬승의 앞의 책, 347~355쪽 참고. 신간회 해소론 대두와 전개에 대해서는 이균영의 『신간회 연구』(역사비평사, 1993) '5장 해소', 381~534쪽 참고.

171) 삼천리사 金東煥이 서상일에 보낸 원고청탁서.

참고하였다.[172] 『사견』은 크게 전언前言·현실 조선의 객관적 상세·역사적 임무의 특수성·합법운동과 비합법운동의 본질·종언 등 5부분으로 구성되었다.

그 후 그는 자신의 글을 전국의 여러 사람에게 보낸 것으로 보인다. 그것은 송진우·백남수·조만식·고원훈 등의 『사견』에 대한 소감에서 확인된다. 고원훈은 『사견』이 사회주의자와 민족주의 좌파에 대해 충분한 대응 논리가 될 수 있을 것이라고 하였다.[173] 백남수는 『사견』을 읽은 후 '구국의 정성이 지극하였으니', '우리나라 사상계에서 유수한 것'이라고 평한 후 '대구는 비록 작으나 사람이 없지 않아 감격하였다'고 하였다.[174]

---

172) 서상일이 참고한 자료는 다음과 같다. 제목 및 일자의 오류가 있을 수 있다. 이광수, 「민족적경륜」, 『동아일보』, 1925. 신년호 ; 홍기문, 「정치운동에 대한 오인의 태도」, 『조선지광』 1927. 1 ; 若櫻生, 「정치운동 촉성 방략에 대한 일고」, 『조선일보』, 1927. 9. 15 ; 장일성, 「당면의 제문제」, 『동아일보』, 1927. 11. 17~11. 30 ; 「사설, 여론환기에 냉담한 조선」, 『중외일보』, 1929. 10. 5 ; 「사설, 무관심 불가한 공직자 선거」, 『조선일보』, 1929. 11. 19 ; 魏水春, 『현단계의 조선』(팜플렛), 1930. 5. 1 ; 白陽宇 『急進觀念病者ニ抗シテ』(팜플렛), 1930. 8. 29 ; 천도교 청년당 동경부, 「조선민중에게」(선언문), 1930. 10. 1 ; KH生, 「사회운동」, 『별건곤』 1930. 11 ; 「사설, 합법비합법」, 『조선일보』 1931. 1. 24 ; 「민족적 대협동기간의 필요의 유무와 그 가능성 有無」, 『혜성』 창간호, 1931. 3 ; 戰旗社, 『朝鮮問題』, 1930. 7 ; 홍양명, 박문희, 「신간회해소 비판」, 『삼천리』, 1931. 1 ; 김동수, 「해소론과 해소운동 비판」, 『조선일보』, 1931 ; 「신간회 해소론 찬부 비판」, 『별건곤』 1931. 2 ; 「신간회해소론 비판 전망」, 『삼천리』, 1931. 2 ; 「신간회 인천지회 성명서」, 『조선일보』, 1931. 2. 16 ; 金八峰, 「신간회 해소 문제는 어디로 귀결될 것인가」, 『해방』 1931. 3 ; 김준모, 「신간회는 어떻게 될까」, 『별건곤』 1931. 3.

173) 合法運動과 非合法運動에 關한 原稿는 今日까지 겨우 快讀一編하였나이다. 第 結論의 明快淸白함과 引證의 透切浩汎함은 과연 吾兄의 平日 蘊蓄이 尋常치 아니한 것을 歎服함을 말지 아니하나이다. 貴論에 의하여 社會運動者의 昏迷를 開牖하며 觀念民族運動者의 說辯을 說服할 수 있으면 吾等의 將來 進路에 對하여 一大光明을 얻을 것이외다. 원컨대 吾兄은 益益奮鬪하여 理想의 運動이 日一日 促進하도록 餘祝. 兄體順時健康 不備上 8月 4日 秋人生 二拜. 東庵兄 學窓下.

174) 東庵先生 情覽, 오래 내 스승의 향명 흠모하였음이 마치 가물에 비 바라듯 하였습니다. 생은 시정의 용렬한 인재로 어릴 때부터 배우지 못하여 스승을 얻지 못하였고, 형이 세상을 떠난 후 가정교육을 받지 못해 高談雄論에 이르러서는 우물 안 개구리에 지나지 못하오나, 문장의 의미를 알아 날마다 문을 닫고 책을 읽었습니다. 마침 이웃 마을에서 온 어떤 손님과 시사를 이야기하다가 말이 선생의 저서에 미치어 그

송진우가 서상일의 『합법운동과 비합법운동에 관한 사견』을 읽고 보낸 편지

평양의 조만식도 '탁견'이라고 평하면서 '생의 진로에 유일의 지침과 선거가 되겠나이다'라고 하였다.[175] 송진우는 "글의 뜻이 넓고 곁으로 통하여 실로 근래에 보기 드문 문자라"며 호평하였다.[176] 다만, 송진우는 서상일에게 『사견』의 출판을 늦추자고 제안하였다. 그 이유는 후술하겠지만 『사견』의 내용 가운데 당국이 꺼려할 점이 내포되어 있고, 유언비어가 될 부분이 있어 염려가 되기 때문이라는 것이었다. 이처럼 서상일의 『사견』에 대해 민족주의 우파세력들은 대체로 크게 환영을 나타내는 반응이었다. 그러나 자치운동에 대한 논쟁을 심화시킬 수도 있었던 『사견』은 끝내 출판되지 않았다.

서상일의 『사견』은 자치운동의 재개 움직임과 관련해 합법운동의 논리 구조와 성격에 대한 이해를 풍부하게 할 수 있는 좋은 사례이다. 그리

것을 한 번 보기를 원하고 있었는데, 마침내 소망을 이루어 읽어보니 말은 비록 어려우나 뜻이 깊어 구국의 정성이 지극하였으니, 생각건대 선생의 노력은 참으로 우리나라 사상계에서 유수한 것이었습니다. 이에 책을 놓고 대구는 비록 작으나 사람이 없지 않다고 감격하였습니다. 글의 뜻을 살피어 모두가 臥薪嘗膽하는 강개한 뜻이 연나라 선비와 같으니 어찌 이… 1932년 2월 19일 横町 白南壽.

175) 1931년 7월 21일 생 조만식 배사, 서상일 선생 귀하.

176) 1931년 4월 27일, 弟 송진우 拜.

고 『사견』은 당시 세계대공황의 국제정세와 그에 따른 일제 지배정책의 변모 그리고 조선 민족운동의 고양과 변화 속에서 합법운동이 차지하는 역사적 위치를 구명할 수 있다는 점에서 큰 의미를 갖는다.

서상일은 합법·비합법운동의 발생 조건으로서 조선의 객관적 정세와 역사적 특수성을 파악하고자 하였다. 첫째, 식민지 조선의 지위에 대해 조선은 농업이 지배적이면서도 약간의 공장과 프롤레타리아트가 발생한 터어키 및 이집트의 범주에 속하며, 일본 국가독점자본과 금융자본에 의해 지배당하고 있다는 점에서 인도와 중국 등의 범주에 속한다고 보았다.[177] 이는 조선이 영국의 식민지와 유사하며, 문화와 민족으로는 아일랜드에 경제적으로는 인도에 비교한 송진우와는 다른 인식이었다.[178]

둘째, 일제의 정치적 지배정책에 대해는 일제는 지배 초기 일선日鮮동화정책에서 새로이 일선日鮮 공존공영의 기치 아래 일본연장주의(내지연장주의－필자) 정책을 펼치고 있다고 보았다. 이어서 조선은 일본연장주의 아래 일본 본국의 독점 금융자본을 본위로 한 자본주의적 식민지 경영이 진행되고 있는 조건 아래 놓여 있다고 보았다. 특히, 그는 그러한 일제의 일선 공존공영에 대해 '미려하고 기만적 새 표어'로 간주하였다.[179]

셋째, 일제의 식민지인 조선의 경제적 관계에 대해서는 이타니 젠이치猪谷善一의 『조선경제사』를 참고하여, 조선이 일본자본의 상품판매시장·원료자원 공급지·자본투하지·노동력의 공급지 등으로 기능하고 있음을 지적하였다.[180] 그는 이타니의 지적과 마찬가지로 대구의 경제계가

177) 서상일, 『사견』, 7~8쪽.

178) 송진우, 「朝鮮의 世界的 地位」, 『批判』 1931. 5.(古下先生傳記編纂委員會編, 『巨人의 숨결－古下宋鎭禹關係資料文集』, 東亞日報社, 1990, 68~69쪽에서 재인용) 특히 자치주의자의 아일랜드에 대한 관심은 1926년 9월에서 1928년 초까지 구미를 여행한 최린에서도 잘 드러난다(강동진, 앞의 책, 426쪽).

179) 서상일, 『사견』, 9~12쪽.

180) 서상일, 『사견』, 12~19쪽.

몰락과 파탄지경에 처해 있다고 보았던 것이다.[181]

넷째, 식민지 조선의 사회적 관계에 대해 다음과 같이 정리하였다. 먼저, 사회적 조건을 살피고 있다. 사회적 조건의 일반 사정으로 민족 무산론 및 교양·지식의 척박을 지적하였다. 사회적 조건의 특수사정으로 농업의 상품화 과정에서 자본의 농민에 대한 착취, 자본주의 독점화 과정에서 조선상공업이 몰락하고 있음을 지적하였다. 다음으로 식민지 조선의 사회적 모순을 타파하기 위한 변혁 원리와 노력의 필요성을 제기하였다. 식민지 조선사회는 현실적으로 "반제 민족해방의 혁명전이 진행되는 중"에 있으며, 민족해방의 달성 여부는 '힘力의 투쟁 관계'에 의해 규정된다고 보았다. 그런데 그는 조선의 경우 전체적으로 민족해방을 달성할 수 있는 힘이 없다고 보았다. 다만, 천도교·기독교 등의 종교단체와 학생층만이 민족해방을 달성할 수 있는 힘이 남아 있다고 보았다.[182] 따라서 그가 조선의 역사적 과제를 반제 민족해방으로 설정하면서도, 민족해방을 달성할 수 있는 민족역량이 부족한 것이 현실이라고 간주한 것은 합법운동을 제기하기 위한 기본 고리였던 것이다.

(2) 조선 민족운동에 대한 견해

서상일은 서구의 자유주의 사상과 민주주의 사상이 국내에 유입되어 조선 사회에 큰 영향을 미친 것으로 이해하였다. 곧, "18세기 말~19세기 초의 불란서 혁명의 동력인 「루소」의 자유주의 사상이 오늘의 전 세계의 민주주의 사상이 된 것이다"고 하였다.

서상일의 근대 인식은 먼저, 유교에 대한 비판으로 나타났다. 그는 조선이 유교 사상을 수입하여 경제적 생활과 정치적 생활에서 정체와 배타

181) 본 논문 2장의 2절 1)을 참고.

182) 서상일, 『사견』, 20~43쪽.

성을 품게 되었다고 보면서, 유교 윤리 · 질서 등을 강하게 비판하고, 타파할 것을 다음과 같이 주장하였다.

첫째, 유교 윤리의 근본법칙이 주종관계에 있기 때문에 조선의 경우 자유와 독립 정신이 부정되고 의존심만 생겼다고 주장하였다. 조선은 개국에서부터 스스로 사대주의事大主義와 중화사상中華思想을 펴 중국의 속국이 되길 자처하면서 독립성을 상실했다고 보았다. 그로 인해 사육신사건, 사화와 당쟁 등으로 정치세력이 분열되는 정치적 악순환이 거듭 일어나 결국, 조선이 쇠망의 길을 걸을 수밖에 없었던 것으로 간주하였다. 곧 조선의 역사가 유교적 질서로 인해 속박을 자처했고, 그 결과 사회의 통합보다는 분열 성향이 강했던 것으로 이해하였다. 둘째, 유교의 근본 윤리가 소인과 군자를 엄격히 구별하여 개인의 사소한 언행과 행동거지를 억압하는데 매몰되어 있기 때문에 사사로운 싸움과 파쟁派爭을 촉발하여 분열과 갈등을 조장하였다고 보았다. 셋째, 유교 윤리가 지나치게 효孝를 강조함으로써 창조적인 인생관을 가질 수 없게 한 것으로 생각하였다. 삼년상三年喪과 같은 조상숭배와 가부장적 가족제도에 비판의 초점을 맞추었다. 이는 사회적 속박을 강제하는 낡은 관습의 폐해로 간주하였다.[183)]

이와 같이 조선은 유교의 영향아래 유교의 테두리 속에 사상이 봉쇄된 채 지내온 관습으로 인해 외래의 사상에 의탁하는 성향이 강하고, 그것에 고착되는 경향이 강하다고 보았다. 그로 인해 외래 사상을 독창적으로 수용하지 못하고, 역사와 사회성에 조화시키는 능력이 부족하여 민족적 사상으로 발전시키지 못했다고 주장하였다. 그러한 결과 이미 수용된 사상에 대해서는 교조적 관념으로 굳어지고, 신사상의 수용에는 대단히

183) 서상일, 『사견』, 44~48쪽.

소극적 태도를 취하게 되어 민족적 사상의 창의성이 빈약하고 외부사상을 추수하는 경향을 보이게 된 것이라고 주장하였다.[184)]

다음으로 조선의 민족성에 대해 비판하였다. 이 비판은 이광수, 최현배 등에서 일찍 제기된 바 있었다.[185)] 서상일은 조선의 민족성이 유교 윤리와 질서로 인해 고착성固着性·의뢰성依賴性·사투성私鬪性이 강하고, 이 때문에 사회 변화에 저항적인 민족적 성향을 지닌다고 보았다. 특히, 우리 민족의 특성에 맞는 민족성이 취약하며, 사회적 규범이 결여한 것으로 보았다. 그는 인간을 "절해고도絕海孤島에서 독자생활獨居生活을 못함으로 하여 사회를 결성하여 유무有無를 상통相通하고 문화文化를 같이하여 생활하여 가는" 존재로 이해하였다. 또한 사회를 인간의 교호작용交互作用의 총체라고 규정하였다. 이런 점에서 인간의 사회생활은 공동적이며 집단적이고, 일정한 기준 법칙이 있으며, 그 법칙에 상호의존하지 않을 수 없을 것이라고 생각하였다. 따라서 사회의 성장과 쇠퇴는 그 사회의 구성원인 각 개인의 영고榮枯를 반영하는 것이어서, 개인이 자기의 영고에 관심을 기울이려면 생활의 총체인 사회의 성쇠盛衰에 관심을 가져야 할 것이라고 주장하였다.

그는 조선 사회의 급선무로 사회적 규범의 개발을 주장하였다. 그 내용은 "우리도 자가의 해방을 구하여, 문화사회를 건설하려면 고원高遠한 인생관을 가지고 사회를 단위로 한 공덕심을 가지며 사회인으로서의 책임감을 절실히 가지지 아니하면 안 될 것이다"라는 것이었다.[186)] 따라서 그는 상호부조의 미덕과 엄격한 규율을 근간으로 하는 공동생활, 곧 집

---

184) 서상일, 『사견』, 51~54쪽.

185) 이광수의 민족성 비판에 대해서는 안태정, 「1920년대 일제의 조선지배논리와 이광수의 민족개량주의 논리」, 『史叢』 35, 1989 참조.

186) 서상일, 『사견』, 45~50쪽.

단적 사회생활을 영위한 사회성을 개발해야 한다고 주장하였다.

서상일의 근대 민족운동에 대한 인식을 살펴보자. 그의 민족운동에 대한 인식은 한말과 일제강점기로 구분해 볼 수 있다. 우선, 그는 한국역사에서 중세에서 근대로의 이행의 특징을 개항 대 봉쇄로 이해하였다. 이런 특징 때문에 조선을 변화·발전시킬 서구사상의 수용이 방해를 받았고, 정치세력의 분열과 갈등이 빚어진 것으로 생각하였다.[187] 그는 그 사례로 개항 이전의 '민씨세력과 대원군의 대립', 개항 이후의 '사대당과 개화파의 대립', 광무년간光武年間의 친러세력 대 친일세력의 대립과 대한자강회 대 일진회의 대립 등을 들었다.

먼저, 개항부터 '한일병합'까지의 변혁운동에 대한 인식에서 개화운동과 계몽운동을 농민운동과 의병운동에 비해 높이 평가하였다. 예컨대 갑오개혁을 '갑오혁명'이라고 규정하였다. 또한 대한협회에 대해 "이 때에 조선에서는 지상운동으로는 각 학교 학교기관, 언론기관 등 각종 문화운동이 족생族生하였고, 지상운동으로는 정치적 비밀결사운동이 내외지內外地에서 기맥氣脈을 상통相通하였다"고 파악하였다. 또한 계몽운동가를 '지사志士'로 표현하면서, 그들은 "오직 조선 정신을 사수할 정신을 고취 선전하는 것이 최대 임무이었다"고 평가하였다.[188] 이러한 개화운동과 계몽운동에 대한 적극적인 평가는 송진우의 경우도 마찬가지였다.[189] 반면, 갑오농민전쟁에 대한 설명은 완전히 배제되었다. 또한 임오군변壬午軍變과 의병전쟁義兵戰爭 등 무력 항쟁에 대해서는 "…의병과 합작하여 5개

187) 서상일, 『사견』, 51~52쪽.

188) 서상일, 『사견』, 120~121쪽.

189) 송진우, 「世界大勢와 朝鮮의 將來」, 『東光』 3-6, 1931. 6(古下先生傳記編纂委員會編, 앞의 책, 70~71쪽에서 재인용). 여기서 송진우는 조선이 세계문화와 접촉하게 된 최초의 계기는 갑신정변이었고, 이 사조가 조선사회에 중대한 파동과 영향을 일으켜 향후 독립운동·헌정운동·사회개혁운동·신교육 보급운동 등의 토대가 된 것으로 이해하였다.

년 동안이나 전조선 각지에서 무력적 대반란운동을 계속하여 왔으나…" 거나 "…관념으로 근본정신만 찾는 고집 불통한 생각…"이라 하여 부정적으로 평가하였다.

다음으로, 일제강점기 민족운동에 대한 인식을 살펴보자. 우선, 그는 3·1운동에 대해 그는 "세계민족운동의 영향과 1918년 미국 대통령 윌슨이 제창한 베르사이유강화조약 기초 강령 14조 중의 민족자결주의의 조선적 표현"이라고 평가하였다. 그는 3·1운동이 민족자결주의에 영향을 받으면서, 천도교 및 기독교의 공동 전술에 의해 운동이 발생한 것으로 이해하면서, 3·1운동을 "미증유未曾有한 대중적 운동大衆的 運動"으로 높이 평가하였다. 그는 3·1운동의 역사적 의의는 "민족의식의 각성통일과 교육의식의 각성통일"에 있다고 평가하였다.[190] 이처럼 그는 3·1운동에 대한 부르주아 민족주의자들의 인식과 동일선상에 있었다.[191] 또한 그는 물산장려운동을 높이 평가하였다. 곧 조선물산장려운동이 "인도의 스와라지운동, 즉 조국운동의 사조"에 영향을 받아 발생한 것으로 이해하였다.

나아가 그는 1920년대 민족운동을 두 시기로 나누어 이해하였다. 1925년까지는 지상운동의 문화운동, 사상운동의 시대로 간주하였다. 1926년부터는 표면적으로는 노동운동, 신간운동의 시대이나 이면적으로는 공산당운동, 학생맹휴운동의 시대로 이해하였다. 그 가운데서 그는 광주학생운동에 주목하였다.

---

190) 서상일, 『사견』, 121쪽.

191) 3·1운동에 대한 부르주아 민족주의자들의 인식에 대해서는 다음의 글이 참고가 된다. 박찬승, 「3·1운동의 사상적 기반」, 『3·1민족해방운동연구』, 청년사, 1989 ; 고정휴, 「3·1운동과 미국」, 같은 책 ; 조민, 「제1차 세계대전 전후의 세계정세」, 앞의 책 ; 프랭크 볼드윈, 「윌슨, 민족자결주의, 3·1운동」, 『3·1운동50주년기념논집』, 동아일보사, 1969.

따라서 그는 3 · 1운동과 1920년대의 민족운동에는 자유주의 사상, 민족자결주의, 스와라지, 맑스-레닌주의 등이 사상이 기본을 이루었던 것으로 이해하였다. 반면, 전통적 유교세력도 엄연히 세력을 형성하고 있어 무시할 수 없는 현상이라고 간주하였다.

서상일은 근대 이후 조선의 사상이 봉건주의, 민주주의, 사회주의 등의 세 가지 경향으로 체계화된 것으로 이해하였다. 봉건주의는 '절대적 토지제도의 지주화'를 추구하면서, 보수주의(추세운동趨勢運動)의 낡은 세력과 신일본주의(동화주의)를 내세운 새로운 세력으로 분화된 것으로 이해하였다. 민주주의는 '전제적專制的 정치조직의 민주화'를 지향하고, 자치주의(합법운동)를 추구하는 완緩세력과 자유분리주의自由分離主義(비타협운동)를 추구하는 급急세력으로 분화된 것으로 이해하였다. 사회주의는 '독점적 경제조직의 사회화'를 지향하고, 사회민주주의(협조운동)를 추구하는 우파세력과 공산주의(혁명운동)를 추구하는 좌파세력으로 구분하였다.

[조선의 사상 체계]

봉건주의 - 절대적 토지제도의 지주화
구舊 : 보수주의(추세운동) - 국민회國民會, 지지단체 - 유노신흥회 등
신新 : 신일본주의(동화운동) - 국민협회, 지지단체 - 지주회 등

민주주의 - 전제적 정치조직의 민주화
완 : 자치주의(합법운동) - 연정회研政會, 지지단체 - 계명구락부啓明俱樂部 등
급 : 자유분리주의(비타협운동)
협동(민주주의 急과 사회주의) : 신간회, 지지단체 - 물산장려회 등

사회주의 – 독점적 경제조직의 사회화
우 : 사회민주주의(협조운동)
좌 : 공산주의(혁명운동) – 공산당, 지지단체 – 노총, 농총 등[192)]

이와 같이 그는 우리 근대 역사에 있어 개항이 자유주의·민주주의 등 세계 사조를 수용하게 된 계기였고, 그 이후 봉건주의·민주주의·사회주의 등의 사상사적 흐름을 보였던 것으로 이해하였다. 그는 그러한 조선의 사상 체계에 대한 이해에 바탕으로 하여 3·1운동 이후 민족운동에 대해, "3·1운동은 기미년의 역사적 임무였고, 공산당운동은 그 기간의 과정적 시련이었으며, 신간회 운동은 오늘까지의 단계적 전력이었다"고 평가하였다.[193)]

한편, 서상일은 사회주의에 대해 사회주의 사상이 조선 사상계의 한 축을 이루었던 것으로 인정하면서도 비판적인 태도를 취했다. 그는 사회주의 세력과 두 번 정도 직접 맞부딪친 경험을 갖고 있다. 첫 번째는 그가 경북청년회연합회를 추진할 때, 사회주의의 영향이 강했던 대구노동공제회로부터 비판을 받았던 경험이 있다. 둘째, 1923년 물산장려운동이 좌절된 후 조선의 청년은 사회주의 사상이 아닌 민족주의 사상을 가져야 한다고 주장하여 사회주의를 비판한 경험이 있다. 이로 인해 여론이 그에 대해 '반공주의자反共主義者'로 평가하기도 했던 것이다. 또한 그는 자신의 근대 역사 인식에서 사회주의운동과 노동운동·농민운동 등 대중운동의 전개에 대해 일절 언급을 유보하고 있다.

그의 사회주의운동에 대한 비판은 합법운동을 제기하면서 더욱 강해진 것으로 보인다. 먼저, 조선의 사회주의 세력이 반제 민족해방의 역사

---

192) 서상일, 『사견』, 56쪽.
193) 서상일, 『사견』, 74~76쪽.

를 과제를 실현한 만한 역량을 갖추고 있지 못한 것으로 간주하였다. 앞서 언급한 바와 같이 그는 조선 민족운동의 역량은 종교조직과 학생층에게만 유지되고 있는 것으로 보았던 것이다. 그리하여 그는 국내 사회주의 세력에 대해 "계급해방과 사회혁명의 큰 역할을 가진 전위 제군이여 제군의 계급은 얼마만한 조직 노동자 농민의 집적한 훈련을 가진 대중적 집단력을 가졌느냐"며 반문하면서, 일본의 무산운동과 중국공산당의 군대에 비교하여 비판하였다.[194] 계속해서 그는 "제군이여 현하 조선의 강권적 고압정치 상세의 객관적 환경에 있어서 제군은 무슨 힘을 어떻게 결성 집중하여서 제군의 원대한 이상을 어떻게 실현하겠다는 구체적 계획과 방략을 가졌는가"며, 민족해방을 위한 운동세력이 미약하고 운동 노선이 정립되지 않았다고 비판하였다. 그리하여 그는 "실제적 행동을 내포하지 아니한 이상은 언제든지 아름다운 이상뿐 일 것이다"며, 사회주의 세력은 내용과 실천이 미진하다고 비판하였다. 따라서 그는 사회주의 운동과 그들과 연관된 신간회에 대해 '간판운동'에 불과하다고 폄하했다.

다음으로 그는 사회주의 세력의 역량 부족 원인으로 사상 수용에 있어 조선 사회의 특수한 조건을 고려치 않는 교조주의적 경향이 있음을 지적하였다. 그 대표적 사례로 일본의 후쿠모토주의福本(和夫)主義와 야마카와山川均의 방향전환론을 들었다. 이러한 노선은 일본의 특수한 사정에서 제기된 것인데도 불구하고, 조선의 사회주의자들이 국내 사정을 살피지 않고 무비판적으로 수용했다고 비판하였다. 또 코민테른의 테제를 잘못 이해하여 신간회 해소운동이 벌어졌다고 비판하였다.[195] 곧 신간회의 창립과 해소가 주체적이고 객관적인 민족해방운동의 노선에서 전개된 것이

---

194) 서상일, 『사견』, 20~43쪽.

195) 이 논리는 "해소운동은 東京의 해소를 인위적으로 조선에 이식하는 기계적 관념행동에 지나지 아니한다"라는 것과 일맥상통한다(김동수, 「各社會團體解消論－그 發展方向의 再吟味－」, 『彗星』, 1931. 5).

아니라 외부의 사조를 검토 없이 수용한 결과였다고 주장하였다. 그리하여 그는 후쿠모토주의와 방향전환론을 수용한 것에 대해 소아병적小兒病的 좌익관념이라고 비판하고, 신간회 해소운동에 대해서는 정조주의貞操主義 급진론急進論이라며 비판하였다. 그의 신간회 비판은 자치운동과 관련되었고, 신간회 해소운동 비판은 자치주의 세력의 신간회 이용론과 우경화된 신간회 간부의 당면이익획득운동과 논리적으로 관련되는 것이었다.[196]

따라서 서상일은 국내 사회주의 세력에 대한 비판의 핵심은 운동세력 결집 부족, 운동 노선의 불완전 정립, 교조주의적 경향 등이었다. 실력양성론적 문화운동을 펼쳐 온 서상일은 사회주의 세력과 대립하는 위치에서 있었고, 향후 활동에서 사회주의 세력과 갈등 관계를 유지할 가능성을 내포하였다.

또한 서상일의 『사견』은 합법운동의 공간에 대한 것이므로, 신간회 운동에 집중되는 것은 당연하였다. 그는 세계사적 규범에서 조선운동의 규범은 민족공동전선의 형성을 통한 피압박민족해방의 국민운동을 추진하는 것에 있다고 보았다. 또 레닌주의의 민족문제 일반적 원칙에 따른 조선운동의 역사적 임무가 민족해방운동에 있다고 보았다. 따라서 그는 민족해방운동의 전술의 현재화가 바로 신간회인 것으로 규정하였다. 그런데 주의할 점은, 합법운동의 운동론에서 살피겠지만, 1927년에 창립된 신간회 운동을 곧바로 지지한 것은 결코 아니었다.

그는 신간회 운동의 유래는 3·1운동 이후 조선노동공제회朝鮮勞動共濟會, 무산자동맹無産者同盟, 조선청년총동맹朝鮮青年總同盟, 조선노동총동맹朝鮮勞農總同盟, 사상단체思想團體 등의 사회운동에서 찾았다. 또한 신간회 창

196) 박찬승, 앞의 책, 340~341쪽, 348~349쪽.

립의 경로는 1922년 코민테른의 민족문제 테제에서 조선의 민족운동 논리가 발생하였고, 이것이 1924 · 1925년 『동아일보』, 『개벽』에 민족운동과 사회운동과의 협동 제기로 이어졌으며, 이어 1926년 조선민흥회의 발기를 거쳐 1927년 신간회가 창립된 것으로 보았다.[197] 그리하여 신간회의 성격에 대해 '민족적 공동전선의 매개체'로 규정하면서, 조선 민중에게 다음과 같은 정치적 기대를 갖게 했다고 평가하였다.

> "① 우리는 정치적 경제적 강성을 촉진함, ② 우리는 단결을 공고히 함, ③ 우리는 기회주의를 일체 부인함 이라는 삼대 강령을 가지고 '신간회의 깃발 아래로 민족적 총역량을 집중하자, 단일전선당을 촉진하여 구체적 정치적 투쟁으로 진출하자'라는 당면 '슬로건'을 높이 들고 전조선 2천만 민중에게 새로운 복음을 주겠다고 우렁찬 소리를 불렀다. 전조선 각 도부는 군에 백유여百有餘 지 · 분회와 5만여 회원이 일시에 결집하여서 조선민중의 일대 정치적 기대를 주었던 것이다. 그리하고 공산당은 지하운동에 들어갔던 것이다."[198]

그렇지만 신간회는 창립 이래 4년 동안 활동하였으나 민족의 기대를 충족시키지 못한 채 해소운동이 벌어져 해산된 것으로 평가하였다. 그는 신간회의 해산 원인에 대해 근본적으로는 국민운동 차원에서 전개되었어야 할 신간회가 강령과 조직 그리고 지도부 역량 부족뿐 아니라 신간회 운동의 전략전술에 오류에 있었다고 지적하였다. 다시 말해 신간회가 조직적으로는 각종 각 계급의 중심인물을 망라하지 못했고, 경제적 조건이 허약했던 것으로 파악했다. 또한 신간회가 '표현운동'인 이상에는 총독부의 각종 탄압을 받지 않을 권위를 가졌어야 했으나 그렇지 못했다는

---

197) 서상일, 『사견』, 103~104쪽.

198) 서상일, 『사견』, 104~105쪽.

것이다.[199] 여기에서 조직 부문은 자신을 포함한 자치운동 세력이 빠진 것을 의미하였다.[200]

다음으로 강령을 통해 신간회에 대한 문제점을 지적하였다. 신간회의 강령은 총독부의 허가와 관련하여 변경되었다.[201] 서상일은 (1)항과 (3)항을 문제 삼았다. 우선 (1)항에 대해 (1)항은 계몽운동을 표명한 것으로 판단하여, 지금은 계몽운동의 시대가 아니라 구체적 실제운동 즉, '국민운동'을 전개할 때라고 주장하였다. 다음 (3)항의 '기회주의'에 대해 무엇을 의미하는지 불분명하며 문구대로라면 강령이 될 수 없다고 주장하였다.[202] 그는 이것이 "비타협주의를 암시한 것이라면, 기회주의와 타협주의와는 그 성질이 다르다"고 하면서, 그 표현은 "기회를 짓는 것도 부인한다는 것과 같이 해석하기가 쉬울 것 같다"고 하였다.

그 다음으로 지도부의 역량 부족을 들었다. 여기에서 서상일은 인도의 간디를 예를 들어 신간회에는 그만한 지도자가 없다고 꼬집었다.[203] 이 점은 신간회 추진세력의 사회적 명망을 극단적으로 부정하는 것이면서, 동시에 자치운동 세력이 포함되지 못한 것에 대한 비판이었다. 이에 대

---

199) 서상일, 『사견』, 105~107쪽.

200) 이균영, 『신간회연구』, 역사비평사, 1993, 104쪽. 신간회 창립의 객관적 배경은 민족협동전선론－반자치론이며, 사회주의자들이 가담한 배경은 코민테른의 식민지 조선에 대한 통일전선론과 특히 전술상으로는 福本主義가 반영된 것이었다.

201) 신간회의 원래 강령은 "(1) 조선민족으로서 정치, 경제의 구경적 해결을 도모한다, (2) 우리는 단결을 공고히 하는 것을 목적으로 한다, (3) 우리는 기회주의를 일체 부인한다" 등 3개 항이었는데, (1)항이 총독부의 허가문제와 관련해 '우리는 정치적 경제적 각성을 촉구한다'로 변경되었다(이균영, 앞의 책, 97~98쪽).

202) 서상일, 『사견』, 107~108쪽.

203) 이 점은 이광수가 1931년 7월 『동광』에 발표한 「指導者論」에 반영되었다. 곧 이광수는 신간회에 대해 "신간회는 지도 단체라고 할 만한 자격이 없었다. 첫째는 그는 민족이 따를 만한 이론을 가지지 못하였고, 둘째로 신간회에는 중심될 만한 이론을 지도자가 없었고, 셋째로 신간회의 주의, 정신을 생명으로 하는 단원이 희소하였다"고 평가하면서, 나아가 "신간회는 지도 단체의 삼요소를 구결하였던 것이다 조선민족은 전혀 지도 단체와 지도자를 결한 散民이다"라고 주장하였다.

해 그는 조선의 "지도 동지 서로가 대동을 위하여는 소이小異를 버리고 공분公憤을 위하여는 사투私鬪를 버리고 혼일한 일체가 되어서 임의 원대한 목표가 동일하였고, 운동의 과정이 규정된 이상에는 초계급 범민족적 일대국민운동으로 추진할 동력이 아닐 수 없다"고 주장하였다.[204] 달리 말해 자신들이 신간회에 참여하지 못한 것은 신간회 추진세력이 의도적으로 자신들을 배제했기 때문이라는 것이다.[205] 그 때문에 그는 자치운동 세력이 빠진 신간회에 대해 "지도계급에 있는 이들이 그만한 역량과 의도가 없이 언론만으로서 운동을 부르짖고 관념에서만 혁명을 꿈꾼다고 현실조선에 당면한 문제를 어찌 할 수 있을까"라고 폄하했던 것이다.[206]

마지막으로 신간회 운동이 전략전술에 오류가 있다고 지적하였다. 그는 조선의 운동은 역사적 단계로 보아 국민운동의 전개에 있다고 주장하였다. 그는 일회색一灰色(민족개량주의－필자)의 침투로 인해 위기에 빠진 신간회의 근본정신을 회복하자는 경성지회의 통의문에 대해 '정조론적 급진공론貞操感的 急進公論'으로 규정하였다.[207] 그는 이러한 논리가 1910년대에 나타난 활용되던 것으로서 1931년의 전략 전술로는 부적합하다고 주장하였다.[208] 또한 신간회가 노동계급의 혁명의 동력을 저해할 소부르주아지에게 장악되어 해소가 불가피하다고 주장한 인천지회 해소론에 대해 '소아병적 좌경관념小兒病的 左傾觀念'으로 규정하였다.

---

204) 서상일, 『사견』, 111쪽.

205) 인촌기념회, 앞의 책, 301～307쪽.

206) 서상일, 『사견』, 112쪽.

207) 서상일, 『사견』, 123쪽.

208) 서상일, 『사견』, 35쪽, "…이러한 暗陰한 氣圍氣의 검은 장마속에서 대중의 자연생장성에만 맡겨두고 國際狀勢의 機會成就만 坐視하면서 右傾·左傾만 부르고 貞操論만 高調하야 節義感을 배부르게 가지고 觀念과 理論으로서 1910년의 전략전술이 1931년에도 그대로 現實 朝鮮을 推進할 수 있다는 생각에서 自然推移의 成長을 할 수 있을까."

2) 합법운동론의 논리

(1) 민족운동의 성격 · 방향성

서상일은 일제하 조선의 민족해방운동의 성격과 특수성을 사회주의권의 식민지 · 반식민지 국가의 민족문제에 관한 '테제'속에서 찾아내었다. 이 점이 여타 자치론자와 비교되는 독특한 특징이다. 그가 테제에 주목한 이유는 첫째, 전통적 봉건사상에서 민족문제의 극복이 여의치 않다고 느낀 점이다. 둘째, 사회주의 테제가 민족문제의 극복에 세계사적 보편성 위에서 분명한 입장을 취하고 있는 것으로 보았기 때문이다. 셋째, 국내 사회주의 세력의 영향력이 증대하는 현실에서, 그것에 대항할 수 있는 논리를 찾아낼 필요성을 인식했기 때문이다. 특히, 셋째 이유가 서상일에 있어 사회주의운동의 이론을 분석하게 된 가장 중요한 배경이었다.

서상일은 조선운동은 세계사적 보편성 위에서 피압박민족의 해방운동으로 진행되어야 한다고 주장하였다. 곧 조선은 사회발전 단계로 보아 모로코와 같이 반제국주의 국민 전선을 형성하거나 중국 · 이집트와 같이 노동자 · 농민 계급이 소부르주아지와의 혁명적 블록(중국의 경우 '국민당')을 형성해야 한다고 주장하였다.[209] 또한 러시아의 예를 들어 1907년에서 1912년까지의 혁명의 퇴조기에 의회진출 및 의회 활동을 통한 합법운동이 벌어질 때 공산당은 비합법적 활동을 일시 중지하지 않을 수 없었다고 하였다.[210]

서상일은 세계사적 규범에서의 조선운동은 다음과 같이 사회주의 혁명이 아닌 민족해방운동이며, 그 형태는 '국민운동國民運動'이어야 한다고 규정하였다.

---

209) 서상일, 『사견』, 100~102쪽.

210) 서상일, 『사견』, 142~143쪽.

> "세계사적 규범에서의 조선운동은 제국주의의 지배로부터 분리의 자유를 획득하려는 민족해방운동인데 있다. 약소민족해방운동의 체계에는 양대 역사적 과정에 있으니 제1은 반제국주의 민족해방운동인데 이것은 민주주의혁명단계이오, 제2는 반제국주의 무산자해방운동인데 이것은 사회주의혁명단계이다. 제1단계 운동은 제2단계 운동보담 선행 임무를 가졌음으로 제2단계운동의 지지를 요구하게 되고 제2단계운동은 제1단계 운동보담 후행 역할을 가졌음으로 제1단계운동을 지도하며 원조할 의무를 가졌다. 그는 투쟁목표가 반제국주의 대상이 동일함과 민족해방보담 계급해방을 선행할 혁명세력, 즉 주체적 조건이 성숙치 못한 이유에서 있다. 그럼으로 하여서 후진국 공산주의자는 계급이해의 상반이 제국주의에 대한 공통한 이해관계보담 커지지 않는 한에 있어서는 공동전선을 지어서 피압박민족해방의 국민운동을 추진하는 것이다."[211]

그는 세계 자본주의시대 이래 대두된 민족문제에 관해 현대적 의의와 임무를 '맑스'주의적으로 밝힌 것이 레닌이었다고 평가하였다. 1차 세계대전 이전의 제2인터내셔널에서는 "민족문제를 항상 단독히 민족으로만 취급하였던 좁은 범위에서나마 국한되어왔다"고 간주하면서, "말하자면 노자협조주의에서 암연히 기대를 상상하였던 반혁명적 견해를 가져왔던 것만은 사실이었다"고 생각했던 것이다. 이러한 민족문제가 레닌에 왔어 비로소 민족문제를 피압박민족해방과 프롤레타리아트혁명과의 양면으로 이해하게 되었고, 동아시아의 민족해방운동이 세계혁명의 발전단계에 있어 주요한 조건으로 인식하게 되었다고 하였다.

그는 조선 민족운동의 정당성을 스탈린의 『레닌주의의 기초에서』를 인용하면서, 제국주의 대 식민지 간의 투쟁으로 보고, 그러한 보편적 세계정세에서 구하고 있다. 조선 민족운동의 특수성에 대해서는 1920년 7월

211) 서상일, 『사견』, 76~78쪽.

코민테른 제2회 대회에서 채택된 '민족 및 반식민지 문제에 관한 보정補定 논강'을 인용하면서, "농민 및 노동자의 공산주의적이 아닌 조직을 수립하여서" 또는 "식민지에서의 혁명은 초기에는 공산주의 혁명이 아닌 것이다. 혁명발전 제1단계에 있어서 식민지의 혁명은 토지분배와 같은 순수한 소부르조아적이며 개량주의적인 요구 강령을 가지고 진행치 아니하면 아니 될 것이다"라는 점에 특히 주목하였다. 서상일은 조선의 독립이 혁명적 투쟁을 통한 전취에 있다고 강조하면서도 그 방향성에 대해서는 노동자 · 농민 계급에 의한 혁명보다는 소부르주아에 의한 개량주의적인 것이어야 한다고 보았던 것이다. 곧 자신의 정치 · 경제적 관점에서 테제를 이해하였다.[212]

그는 이러한 예를 통해 스탈린의 「전략과 전술」을 참고하여, '혁명과 개량'의 관계를 이끌어냈다. 공산당에게 있어 개량은 다음과 같이 혁명의 부산물이라고 이해하면서, 혁명에서 개량의 필요성을 강조하였다.

> "혁명가가 개량을 승인하는 것은 그들이 개량으로서 합법적 활동과 비합법적 활동과를 연결하는 고리環이라고 보는 까닭이며 또는 부르주아지를 격파하기 위한 대중에게 혁명적 훈련을 준비하려함에 당하여 비합법 활동을 강화함에 있어서 은폐하기에 소용되는 까닭이다. 제국주의의 관계

212) 코민테른 2차 대회에서 채택된 '민족 · 식민지문제에 관한 테제'에서 중요하게 제기된 점의 하나는 민족해방혁명의 사회주의혁명으로의 전화의 명제이다. 이 문제는 전자본주의적인 관계가 지배하고 있는 나라들에 소비에트체제의 기본원칙을 적용하는 문제와 관련을 가짐과 동시에 민족해방혁명에 있어서 프롤레타리아트의 헤게모니가 강조된 것이었다. '보족 테제'에서도 "식민지 혁명은 최초의 시기에는 공산주의 혁명이 아닐 것이다. 그렇지만 최초부터 공산주의적 권위가 그 선두에 선다면 혁명적 대중은 올바른 길로 인도되어 혁명적 경험을 점차 획득함에 따라 내세워진 목적에 도달할 것이다"라 하여 공산주의적 권위, 즉 프롤레타리아트의 헤게모니를 강조하고 있다(松元幸子, 「코민테른과 民族 · 植民地問題」, 『植民地時代 韓國社會와 運動』, 사계절, 1985, 269~273쪽). 이런 점에서 '테제'와 '보족테제'에 대한 서상일의 이해는 원래의 의미보다는 자신의 계급적 입장에서 바라 본 것이라고 할 수 있다.

하에서 개량과 협조의 혁명적 이용의 본질은 실로 이것이다. 그런데 개량주의자의 개량은 모든 혁명적 활동을 거부할 혁명을 위한 대중의 훈련을 태만하며, 증물贈物로서 보면 개량의 치하治下에 휴지休止코저 함에 불과한 것이다. 개량주의적 전술의 본질은 곧 여기에 있다. 제국주의의 조건 하에 개량과 타협은 이상과 같은 것이다"[213]

그는 조선 혁명운동의 전략 전술이 "1단계 민주주의 획득단계, 2단계 분리 자유의 획득 단계, 3단계 무산자 권력의 획득단계" 등 3단계로 구성된 것으로 이해하였다. 그 가운데 현재 조선 혁명운동은 1단계에 놓여 있는 것으로 이해하였다. 그는 민주주의 획득 단계를 부르주아민주주의혁명 단계와 동일의 차원으로 이해하였다. 그 단계에서 다음과 같은 이유에서 지도권은 소부르주아지에게 있다고 간주하였다. 곧 중·소부르주아지 주도론을 제기했던 것이다.

"조선운동은 부르주아민주주의혁명임으로서 부르주아지가 그 영도권을 가지는 것이지마는 조선부르주아지는 혁명성을 결여함과 무력함으로서 코민테른에서는 프롤레타리아를 맹주로 한 부르주아민주주의혁명을 지도하라고 규정하였으나 조선프롤레타리아도 그 인텔리겐챠들의 아직 그 의식과 조직과 훈련이 미숙함으로서 실제에 있어서 소부르주아지에게 영도권을 양여하고 있다."

이렇게 조선혁명에 관해 자기 방식대로 이해한 서상일은 조선운동의 역사적 특수성으로 인해 다음과 같이 정치운동이 전개되어야 한다고 주장하였다. 곧 조선과 같이 모든 조건이 불리한 처지에 있는 나라의 경우 정치운동이 반드시 필요하다고 주장했던 것이다.

---

213) 서상일, 『사견』, 146~148쪽.

"정치는 생활이오. 생활은 현실이다. 현실은 힘力이요. 힘力은 정치이다. 정치운동은 곧 생활운동이요. 생활운동은 곧 현실행동이다. 이 현실행동에서만 정치의 힘力을 획득하는 것이다. 정치의 힘力을 획득함에서만 생활문제는 해결되는 것이다. 우리가 당면한 일상적 실제생활 문제를 해결하려면 정치적 힘力의 획득을 운동치 아니할 수 없는 불가결의 전제조건이다. 여기에서 우리는 이천만 국민과 함께 정치전쟁으로 향하여 정치운동을 전개치 않고는 아니 될 결정적 운명을 가지고 있다. 그리하여서 이 구사九死에서나마도 일생을 가구可求할 승로勝路가 보이는 것밖에는 아무 다른 길은 없다."[214)]

이러한 논리는 민족단체 건설론을 의미하는 것이었고, 그 방식은 다수 자치주의자들과 달리 범민족적 민족단체 건설론에 가까웠다. 그것도 소부르주아 주도 아래 진행되는 범민족적 민족단체 건설론이었다. 결국, 서상일의 민족단체 건설론은 소부르주아 주도론을 내용으로 하는 범민족적 민족단체 건설론이었다.

한편, 부르주아민족주의 진영에서도 민족단체 건설론이 제기되었다.[215)] 『조선일보』의 경우 민족협동전선으로서 신간회의 유지와 그 역할이 있는 것으로 이해하면서, 해소론을 펼친 사회주의 세력에게 원망을 토로하였다.[216)] 또한 안재홍安在鴻은 조선일보의 주장과 같은 입장을 나타냈다. 곧 그는 "조선의 소부르주아들은 한바탕 해내기는커녕 너무 무기력하여서 그 과정적 소임도 다할 가, 못할 가 큰 의문이니 어디선가 주장한 것처럼 신간회의 민족주의적 소부르주아층에다가 중국국민당에서와 같은 의구심을 두는 것은 이제 길게 논평할 바 아니오. 이토록 무기력한 조선

---

214) 서상일, 『사견』, 152~154쪽.

215) 박찬승, 앞의 책, 353~355쪽.

216) 朴德昌, 「反解消派의 頭上에 一棒」, 『批判』 1931. 7. 8.

의 소부르주아인 만큼 그들을 추만推挽 규합하여서 좀 더 정치적으로 진출케 하는 것이 도리어 퍽 긴요한 것입니다"[217]고 주장하였다. 또한 이인李仁은 강령에 당면이익투쟁, 곧 경제운동을 추가시켜 민중지지 기반을 확충한다면, 신간회는 새롭게 활동을 진행할 수 있을 것이라며 신간회의 유지를 주장하였다.[218]

민족주의 우파의 경우 사회주의자들을 제외한 부르주아민족주의자들만의 민족단체 건설론을 제기하였다. 신간회 해소론 등장 직후인 1931년 1월 1일 『동아일보』는 사설 「조직과 조선」을 통해 민족주의와 사회주의와의 분리를 주장하면서, 민족주의 세력의 단결을 통한 새로운 결사의 조직을 주장하였다.[219] 송진우는 '동지규합이 필요'하다고 주장하였고, 김경제는 '민족의 총역량을 집중할 수 있는 단결이 절실하다'고 주장하였다. 신흥우는 "민족주의자와 결합하고 사회주의자는 사회주의자끼리 결합하여 전민족의 공동전선으로 진출함이 가할 듯 합니다"라는 주장을 펼쳤다. 김병준은 "민족주의와 사회주의가 피차에 주의가 다르고 정책과 전술이 다른 이상에는 무조건하고 막연하게 합동하여 민족단일당과 같은 것을 조직한다는 것은 사실에 될 수 없는 일이요. 실지에 아무 일도 되지 않을 것이다"라고 하여 민족주의자만의 단체 결성이 필요하다고 노

217) 安在鴻, 「解消反對者의 處地에서」, 『批判』 1931. 5.

218) 「大協同機關組織의 必要와 可能如何?－民族的當面問題 移動大座談會－」, 『혜성』 1931. 3.

219) 『동아일보』, 1931. 1. 1, 사설 「組織과 朝鮮」. "新幹會는 아마 一種의 分離運動 어떻게 본다면 淨化運動을 통과하야 新生의 變化를 받지 아니하면 안될 形勢에 있을 것이며, 그뿐 아니라 內外를 물론하고 民族主義者들은 10년 내의 그들의 經驗과 學得과 각성을 기초로 하여 반드시 일대 단결운동을 일으키지 않으면 안될 형세에 있다. …中略… 中國내에 僑居하는 民族運動者들이 주의자와 손을 끊고 民族主義者들끼리 大同團結을 하려는 것은 明若觀火한 일이다. …中略… 이리하여 內로나 外로나 一方으로는 團體의 分解運動에 있는 동시에 一方으로는 未曾有하게 분명한 主義 綱領과 未曾有하게 廣大한 範圍에서 民族運動의 大同團結運動이 일어날 것이라고 믿는다."

골적으로 표현하였다.[220] 이광수도 이즈음 '조선민족운동의 3기초 사업'을 발표하여, 신간회의 해소를 전제로 하면서, 첫째 인텔리층 결성, 둘째 협동조합운동, 셋째 농민·노동자 계몽과 생산 향상 등을 추진할 것을 주장하였다.[221] 반면, 박희도는 "전민족 역량을 집중한 단체의 결성이 필요하다"고 주장하였는데, 범민족단체 건설론과 유사하였다.[222]

서상일의 출신 지역인 대구에서도 신간회의 해소를 둘러싸고 신간회 대구지회에 참여한 민족주의 진영 내에서도 찬·반 양론으로 나뉘었다. 채충식蔡忠植과 같은 민족주의 좌파는 신간회의 해소를 반대하면서 신간회의 유지를 마지막까지 주장하는 활동을 펼쳤다. 반면, 최윤동崔胤東은 신간회를 '기분적·개념적 운동'으로 규정하면서, 현실운동, 곧 정치운동을 펼칠 새로운 단체의 조직을 주장하여, 동아일보와 같은 입장을 나타냈다.

(2) 합법운동론과 그 성격

합법운동의 개념은 당시에는 1929년 말 일본의 노동농민당이 합법정당으로 출발하면서 조선 내에도 크게 유행하기 시작한 용어였다.[223] 서상일의 합법운동이란 일본의회에 조선인의 참여를 주장한 참정권 운동이 아닌 '조선의회를 별도로 설립하는 자치권 획득'을 의미하였다.

먼저, 그는 합법운동을 통해 달성되어야할 자치권 획득을 논증하기 위해 맨 먼저 '합법운동과 비합법운동의 본질'을 제시하였다. 그는 합법운동은 공개적 정당운동이고, 비합법운동은 비밀결사인 공산당운동과 같

---

220) 송진우, 「동지규합이 필요」; 신흥우, 「현실투쟁으로」; 김병준, 「各團을 토대로」.

221) 李光洙, 「朝鮮民族運動의 三基礎事業」, 『東光』 1932. 2.

222) 박희도, 「시기가 느젓다」; 최윤동, 「실력이 문제」, 「대협동기관조직의 필요와 가능여하?-민족적당면문제 이동대좌담회-」, 『혜성』 1931. 3.

223) 박찬승, 앞의 책, 350쪽.

은 것이라고 말하면서, 이 둘은 법률의 보증유무를 경계로 하여 구별되는 것이라고 언급하였다.[224] 나아가 합법운동 또는 비합법운동은 법률의 보증 유무보다는 근본적으로 계급세력의 상호작용에 있다고 하였다. 따라서 무산계급운동은 지배계급에게 대하여 부단히 합법에 의한 비합법 영역의 극복과정이라는 것이었다.[225]

다음으로 그는 그러한 합법운동을 조선운동의 행동방침으로 설정하였다.[226] 여기서 제시된 합법운동은 전술에서 공통되면서도 일관된 것은 합법성을 획득함에 있어 대중의 압력이 필요 불가결한 것이며, 정치적 자유는 대중 압력의 증대에 의해서만 획득될 수 있다는 것이다. 또 식민지 조선과 식민지 모국 일본과의 관계를 힘 대 힘이라는 역학관계로 설정하면서, 조선의 투쟁력이 일본의 지배력을 압도하고 있지 못하다는 현실인식에서 제기되는 것이었다. 곧 합법성 획득에는 대중의 압력이 관건이 된다는 것이다. '대중의 압력'을 가능하게 할 수 있는 운동의 형태는 '국민운동'이며, 국민운동은 지상운동, 곧 합법운동이라고 하였다.

그는 조선에 있어 운동의 방향은 비합법성을 내포하는 합법적 운동의 수준에서 정치적 자유를 획득하고, 이후 민족적 해방을 거쳐 무산자권력

224) 서상일, 『사견』, 154~155쪽.

225) 서상일, 『사견』, 159~160쪽.

226) 여기서 제시된 행동방침은 다음과 같다. ① 합법운동은 소극적으로 법률의 범위 외에 나가지 않고 또는 나갈 수 없는 대중운동 – 지상운동의 행동방침인 것, ② (2)합법운동은 법률상 긍정된 운동과 법률상 부정 여하에 不關하고 事體上 默認케 한 운동인 것(스트라이크운동), ③ 합법운동은 지배계급에 대하여 부단히 합법에 의한 비합법영역에 극복과정이오. 또한 실천적으로 비합법영역을 학대하면서 발전하여 가는 것, ④ 합법운동은 비합법적 운동과를 연결하는 環이 되는 것, ⑤ 합법운동은 민주주의 확립을 위하여 정치적 의식이 저급한 대중동원의 무기가 되는 것, ⑥ 합법운동은 운동의 투쟁과정, 조직과정에 있어서 일체 운동의 합법성 획득 과정인 것, ⑦ 합법운동은 대중의 혁명적 훈련을 준비함에 있어서 비합법적 활동을 강화케 하는 은폐에 소용되는 것, ⑧ 합법운동은 운동의 합법성을 여지없이 이용함에서만 대중의 세력을 조직하는 것.

획득이라는 단계를 밟아야 하는 것으로 간주하였다. 이때 정치적 자유획득은 민주주의혁명에, 민족적 해방은 국민혁명에, 무산자권력획득은 사회혁명에 해당하는 것으로 설명하였다. 그 중 민주주의 혁명은 그 기본목적이 정치적 자유획득과 의회정치에 있고, 부차적 목적은 민족적 해방과 계급적 해방에 있는 것으로 간주하였다. 이 의회획득은 종주국 부르주아지의 전제지배로부터 정치적 자유를 보장하는 민족적 방어막이며, '분리의 자유' 곧 독립으로 비약할 수 있는 단계를 점하는 것이라 했다. 이를 정리하면, 민주주의혁명은 합법적 운동에서 출발하여 대중의 압력을 조성하는 것을 무기로 하여, 한편으로는 비합법적 영역을 극복하고 다른 한편으로는 비합법적 영역을 확대하여 발전해 가면서 정치적 자유를 획득하는 것으로서 의회정치를 통해 법률적 권리로서의 헌법상 보장에서만 획득할 수 있다는 것이었다.[227]

그는 자신이 주장한 조선운동의 방향이 세계사적 보편성을 확보하고 있다는 타당성을 입증하기 위해 선진 자본주의 국가와 약소민족국가의 사례를 분석하였다. 곧, 독일, 영국, 러시아, 일본 등의 무산계급운동의 사례를 분석하여 모든 나라들이 사회민주주의 정당과 공산당까지도 합법적 의회주의를 선언하고 강령으로 채택하였다고 주장하였다. 또한 아일랜드, 인도, 베트남 등의 약소민족의 민족운동을 분석하여

"약소민족운동에 있어서도 계급적 상반한 이해가 민족적 상합相合한 이해를 초과치 아니한 범위와 한도에 있어서 합법적 수단으로서 초계급 범민족적 국민운동의 압력적 무기를 가지고 비합법적 영역을 확대 발전시켜 가면서 종주국 부르주아지의 전제지배로부터 정치적 자유를 보장할 국민의회의 관문關門에서 자치권을 획득치 않고 분리의 자유로 비약한 해

227) 서상일, 『사견』, 164~167쪽.

방운동을 보지 못하였다."

고 하였다.[228)]

요컨대 서상일은 각 국 무산계급운동의 경우 의회주의, 약소민족운동의 경우 자치권 획득을 위한 운동이 일반적·보편적인 것으로 이해하였다. 특히 조선과 같은 약소민족의 경우 민족적 이해가 계급적 이해에 우선하는 범위에서는 더욱 그러하다는 것이었다.

그는 자치권획득의 정당성을 '합법운동과 비합법운동과 의회운동의 연관성'을 들어 더욱 구체적으로 입증시키고자 하였다. 우선, 그는 합법운동의 발생 조건을 소극적 조건과 적극적 조건, 둘로 나누어 설명했다. 소극적 조건이란 대중의 미조직이라는 주체적 조건의 미숙未熟과 일제의 탄압에 비해 조선의 저항력이 미약하다는 객관적 조건의 불리라 하였다. 적극적 조건이란 지도계급의 정치적 의식의 투철함과 전략전술의 능숙이라 하였다. 이에 따라 그는 합법운동의 특성과 관련성을 언급하면서 "합법운동은 비합법운동의 무기가 되는 동시에 고급투쟁형태－의회운동－를 취하려 하는 수단이 되는 것이다"라고 하였다. 이러한 인식에서 신간회 운동도 이러한 법칙에 의하여 합법적 운동으로 진출한 것이라고 생각하였다.[229)]

그 다음으로 비합법운동의 특성과 관련성을 언급하였다. 사회주의 진영의 합법운동에 대한 비판을 반박하였다.[230)] 곧 사회주의 진영이 합법

228) 서상일, 『사견』, 168~245쪽.

229) 서상일, 『사견』, 247~253쪽.

230) 당시 사회주의 세력의 자치운동에 대한 비판을 몇 가지 들면 다음과 같다. 우선, 박일형은 "자치운동은 그것이 한갖 **주의자의 장단에 맞추어 춤추는 도깨비의 幼衛에 불과한 것이니 구태여 그 정체의 여하를 말할 필요도 없으려니와…" 같이 비난하였다(「協同戰線의 今後 展望」, 『批判』 1931. 6). 또 陳榮喆은 "조선에서 급진적인 소부르주아지는 자기의 역량을 過重 評價하면서 민족운동의 지도자로써 자임하여 가지

운동에 대해 "합법운동은 반혁명으로 오해함에서 합법운동이니 타협운동이라 하여 계급성을 몰각하고 민족혼을 혼미케 하야 혁명의식을 말살하려는 것"으로 잘못 이해하였다고 주장하였다. 다시 말해 그는 합법운동과 비합법운동은 혁명을 위한 같은 의미의 투쟁수단이라고 보았다. 그에 따라 그는 "혁명과 비합법적 활동과 합법적 활동과의 관계는 혁명은 투쟁의 목표가 되고, 비합법적 활동은 급진이나 좌경이라 할 것이고, 합법적 활동은 완진이나 우경으로 볼 수 있다. 그러나 이 우경·완진·후퇴는 항상 그 좌경·급진·전진을 전제로 하는 것"이라고 주장하였다.[231]

그는 비합법운동에는 자연생장적인 경우와 목적의식적인 경우 등 두 흐름이 있다고 보았다. 전자의 예로 원산소작쟁의, 용천소작쟁의, 평양고무쟁의 등을 들었고, 후자의 예로 정치동맹파업, 의회 보이콧트운동(*1929년 3월 경남 도평의회의 예산반환문제사건) 등을 들면서 조선에서는 학생맹휴, 공산당, 비밀결사 등이라고 하였다. 나아가 그는 비합법운동이란 대중적 규모의 압력으로서 비합법적 영역을 합법화시켜 가는 투쟁 형태임을 강조하였다.

그에 따라 "합법운동은 비합법운동의 은폐며 무기요, 비합법운동은 혁명운동의 동력이며 전술이다"고 하였다. 여기에서 서상일이 지적한 의회와의 연관성을 보면, "의회가 있는 나라에서는 비합법운동의 투쟁진영이 되는 것이요, 의회가 없는 나라에서는 비합법운동의 투쟁목표가 되는 것이다"라고 하였다.[232] 그는 이러한 인식을 바탕으로 하여 식민지국가가

고 때로는 인도의 스와라지당도 모방하고, 중국의 국민당도 모방하려 있다"고 하면서, "민족적 소부르주아지층은 식민지민족의 동향을 계급적연대성에서 이해하지 못하고 민족운동의 방향을 독립된 관념적 민족주의의식에 입각시킨 채 객관적조건이 전략적 방향을 결정해주는 유물변증법적 인식방법을 전혀 이해하지 못하는 것이다"라고 비판하였다(「朝鮮運動의 新展望-민족문제의 테제-」, 『혜성』 1931. 10).

231) 서상일, 『사견』, 256~259쪽.

232) 서상일, 『사견』, 260~263쪽.

자치권을 획득해야 하는 이유에 대해 자치권, 곧 의회의 개설이라야만 언론·출판·집회·결사의 자유라는 기본권뿐 아니라 완전한 정치적 자유와 민족적 동권 보장을 얻고 나아가서 그 경험을 토대로 하여 완전 또는 절대적 해방으로 나아갈 수 있기 때문이라 하였다.[233]

그러면서 그는 조선이 정치적 자유를 획득할 수 있는 길이 세 가시 있다고 하였다. 곧 일본의회에 참여할 참정권, 조선의회를 별도로 설립한 자치권 획득, 완전한 독립을 통한 자결권의 획득 등이었다. 우선, 합법운동=자치권 획득=의회 획득에 비판적이거나 반대하는 입장에 대해 반박하였다. 먼저, 공민권 획득 주장에 대한 반박이었다. 그는 공민권이란 부분적 지방행정에 참여하는 권리라 규정하면서, 조선에는 이미 공민권이 허용되어 있을 뿐 아니라 그 주장을 광의로 해석한다 해도 완전한 공민권 획득은 자치의회를 획득하지 않고서는 불가능하다고 주장하였다.

다음 참정권 획득 주장에 대해 반박하였다. 참정권이란 중앙정치에 참여하는 것이라고 규정하면서, 종속국 자치의회를 통한 것과 종주국의회를 통해 참여하는 것, 두 형태가 있다고 보았다. 그는 참정권의 두 형태에서 후자, 곧 일본인들은 내지연장주의에 입각하여 일본의회에 참여시킬 가능성이 것으로 보았다. 그러나 그는 참정권 획득은 기만적 회유정책이며 해방으로 비약할 수 없을 것이라고 주장하였다.[234]

그 다음으로 그는 그가 역설한 자치권 획득을 비판하는 정치세력에 대해 과학적으로 연구하지도 않으면서 무조건 이유여하를 불문하고 거부한다고 반박하였다. 그는 그 이유를 나름대로 5가지 정도가 될 것이라고 보았다. 첫째, 자치론 비판론자들은 '관념적 공론'에 빠져 있다. 둘째, 조선 전체의 이해가 아닌 부분적 이해를 관철시키려 하기 때문이다. 셋째,

---

233) 서상일, 『사견』, 277쪽.

234) 서상일, 『사견』, 279~283쪽.

개량과 혁명과의 관계를 정확히 파악하고 있지 못하다. 곧 개량이 혁명의 부산물인 동시에 개량이 혁명의 무기·은폐임을 알지 못한다. 넷째, 민족 독립이라는 비약적 획득을 실천투쟁 없이 자연추이에 기대하는 책임 없는 생각에 젖어 있다는 것이다.[235]

이를 통해 그는 다시 한 번 조선의 현실을 고려할 때 실제적 단계운동으로서 조선의회의 설립을 통한 자치권 획득의 정당성을 주장하였다. 나아가 자치권 획득을 통해 해방운동을 전개해야 한다고 주장하였다. 여기에는 일본 역시 조선의 독립 요구를 희석시키기 위해서라도 조선의 자치를 허용하지 않을 수 없을 것이라는 낙관적 전망이 깔려 있었다. 특히, 세계적 정세가 일본에 불리하게 급변하지 않는 이상 자치권 획득은 역사적 필연성을 지닌다고 강조하였다.[236] 그런데 그는 자치권 획득은 자력에 의해서만 얻을 수 있는 것이라고 주장하였다. 곧 조선민족의 국민운동을 통해서만 자치권 획득이 가능할 것이라고 보았던 것이다. 다시 말해 그는 일제의 조선에 대한 자치권 허용은 일제의 정책에 의해 일방적으로 주어지는 것이 아니라 조선 대중의 압력, 곧 정치운동의 결과로 획득되는 것이라고 강조하였다.

그는 자치권 획득을 비판하면서, 국제 정세의 변화에서 독립을 기대하는 자들에게도 자치권 획득이 필요함을 역설하였다. 당시 세계대공황에 따른 자본주의의 위기와 사회주의 세계의 혁명 고양과 관련하여 세계정세가 급변할 것이라는 예상이 제기되었다. 다시 말해 당시 여타 정치세력들이 1920년대 후반부터 불어 닥친 세계공황으로 인해 자본주의의 위기가 가중될 것이고, 그로 인해 국제 정세에 변동이 일어난다면 조선의

---

235) 서상일, 『사견』, 283~287쪽.

236) 그 한 예가 1925년 경성일보 사장 소에지마(副島道正) 등이 제기한 자치권, 곧 조선의회의 설립을 그 근거로 들었다. 그런데 서상일은 자치권 획득에 있어 일제와의 관계에 대한 서술은 최소화시키고 있다.

독립이 가능할 것이라는 전망을 갖고 있었다. 서상일은 국제정세에 관해 살펴본 다음 유럽을 중심으로 하여 영국과 미국의 대립, 프랑스와 이탈리아의 갈등과 아시아를 중심 삼아 일본과 미국의 각축이 있는 것으로 분석하였다. 또한 장래에 제국주의 전쟁이 일어나거나 사회주의 혁명이 발생할 가능성이 있을 수 있다고 보았다. 또한 사회주의 혁명, 중국 혁명, 일본 혁명에 대해서도 가능성이 있다고 보았다. 특히, 중국혁명이 성공할 경우 러시아혁명으로 인한 네덜란드의 해방처럼 중국 만주滿洲지역의 백만의 조선인이 완전한 해방을 얻는 동시에 백만의 군대를 확보할 수 있을 것으로 보았다. 그리고 일본공산당이 혁명을 성공시킬 경우 일본은 조선에 대해 영국의 인도에 대해 취한 정책을 시행할 수 있을 것이라고 보았다.[237]

그러나 문제는 그것의 발생시기인데, 그는 그 시기에 대해서는 누구도 정확히 예측할 수 없다고 하였다. 또한 그러한 조선의 사정은 외부에서 전쟁과 혁명이 일어나기만 기다릴 수 없는 상황이라고 하였다. 그리하여 그는 국제정세의 변화에만 의존하기보다는 민족 스스로의 힘으로 합법운동=자치권 획득=의회 설립을 위해 의식적·계획적으로 노력을 기울이는 가운데 세계정세의 변화에 조응하는 것이 바람직하다고 주장하였다. 부정한다면 그것은 관념이고 이론도 실제도 아닌 것으로, 그는 국제정세와 관련해서는 '현단계 투쟁론' 혹은 '준비론'을 제기하면서 자치권 획득을 비판하였다.

서상일은 조선운동의 특질인 합법운동을 실현하기 위한 구체적 방략을 제시하였다.[238] 그는 조선운동은 종단운동과 횡단운동이 동시에 진행되어야 한다고 주장하였다. 그의 종단운동이란 '분과운동'으로 표현되었

237) 서상일, 『사견』, 299~334쪽.

238) 서상일, 『사견』, 335~337쪽.

는데, 지도계급이 공장과 농촌에서 노동조합·농민조합운동을 설립하여 계급의식과 투쟁력을 높여나가야 하는 것이었다. 이는 합법적 투쟁을 위한 대중적지지 기반을 확보하는 것이었다. 그에 따르면, "주의에 철저한 선위들은 관념으로만 좌경을 부르짖지 말고 모름지기 합법적 수단을 가질 장래의 비합법적 투쟁무기를 준비"하는 것이었다. 횡단운동이란 '통일운동'이란 것인데, 초계급·범민족적 국민운동을 의미하였다. 그는 종단운동과 횡단운동을 통일적으로 결합시켜 합법운동(자치권)을 획득해야 할 것이라고 주장하였다. 따라서 서상일은 신간회 해소 이후 합법운동의 범주 속에 범민족적 민족운동을 조직화시켜, 조선 민족의 궁극적 과제인 해방을 실현하기 위해 현단계적 특수 임무로서 자치권을 획득할 것을 주장하였던 것이다.[239)]

결국, 강령에 나타나듯 서상일 논리의 핵심은 '합법운동', '현단계의 역사적 임무' 곧 '자치 획득'이었다. 그것을 달리 말하면 표어와 같이 '민족적 동권 요구' '정치적 자유 획득'이었다. 그 과정은 소부르주아지가 영도하여 대중적 압력을 가할 수 있는 '국민운동'에 있으며, 국민운동을 통해 일본제국의회와는 별개의 조선의회를 설립하여 자치권을 획득하는 것이었다. 나아가 자치권 획득이 민족의 자결·분리 곧 독립의 기반이 될 것이며, 해방을 쟁취할 수 있을 것이라고 주장하였던 것이다.

그렇다면 서상일의 합법운동론의 성격은 어떻게 정리될 수 있을까. 서상일은 『사견』을 통해 조선 운동은 반제 민족해방의 혁명전의 성격을 띠고 있다고 보았다. 그러나 그 과제를 실현할 민족의 역량이 부족하다고 보았다. 그에 따라 선진 자본주의 국가 및 식민지 반식민지 국가의 세계

---

239) 서상일, 『사견』, 338쪽. ▲綱領 아등은 2천만 민중의 공통한 이해를 대함을 기함. 아등은 합법적 수단에 의하여 정치적·경제적·사회적 해방을 기함. 아등은 대중의 공고한 조직적 압력으로서 현단계의 역사적 임무를 수행함을 기함. ▲標語 민족적 동권 요구, 정치적 자유 획득.

사적 보편성에서 합법운동이 진행되어야 한다고 주장하였다. 합법운동의 목표는 정치적 자유 획득 및 조선의회 획득에 있었다. 그것은 민족해방운동 전단계의 현단계적 특수임무인 것으로 주장하였다. 그 목표를 달성하기 위한 운동 노선은 국민혁명이었다. 그 혁명의 주체는 중소상공업자 및 지식인 등 중산층이며, 그 중산층(소부르주아지)의 지도를 받는 대중과의 계급적 연대에 의해 달성될 수 있는 것으로 보았다. 그 가운데 지방자치의 확대를 반대하고, 참정권의 실시를 반대하는 특징을 보였다. 따라서 서상일의 합법운동이란 자치운동을 의미하는 것이었고, 그것의 궁극적 목표는 조선의회의 획득이었다.

그에 따라 그는 독립을 자치의 하위 개념으로 내려 앉혔다. 조선의회의 획득은 결국 민족독립을 유보하는 의미를 지녔던 것이다. 그러나 그의 주장대로 중산층이 스스로 존립 · 성장을 가능케 할 수 있는 물적 토대를 일본 독점자본주의와 식민지권력으로부터 자율성을 스스로 확보해 나가면서, 민족성을 견지하는 가운데 식민지 민중과 계급적 연대를 추구하면서 민족 전체의 이익을 추구한다면, 그것은 식민지 조선의 독립을 지향하는 현실적 · 실리적 정치운동이 될 수 있을 듯하다.

그러나 그는 자치운동이 그의 의도대로 적절히 진행되지 못했지만 1934년에 시중회時中會를 조직하여 일제의 동화정책에 함몰되어 버린 최린처럼 곧바로 '전향'하지는 않았다.[240] 그렇지만 일제가 조선에 대한 직접 지배방식을 간접 지배방식으로 전환할 정책이 세워지지 않는 입장에서 그의 합법운동이 실현될 가능성은 거의 없었다. 그 때문에 그가 국민혁명을 주장했지만 자신이 주장하듯 민족이 이념세력으로 분열된 상태에서, 그것도 중산층이 민중에 대한 우위를 견지하는 태도가 계속되고

---

240) 朝鮮總督府, 「最近 朝鮮治安狀況」, 1938, 21~22쪽.

있는 한 조선의회를 획득하기 위한 국민혁명이 발생할 가능성은 희박한 것으로 판단된다. 그에 따라 그는 합법운동의 국민혁명을 운운하지만 총독부나 일본 정부에 '압력' 혹은 '호소'하는 수준 이상의 것은 아니었다. 다만, 국민혁명을 제시하면서, 사회구성체론 사회발전단계론 등의 사회과학을 논리 전개의 무기로 삼았다는 점이 여타 자치주의자와 달랐던 점이다.

또한 서상일은 조선 경제의 침체와 몰락에 대해 언급하면서, 『사견』이 집필되던 1930년대 초 일제의 파쇼에 대해서는 아무런 언급이 없다. 다시 말해 조선의 자치 혹은 참정권 허용 논의를 백지화한 일본의 식민지배 정책에 대해 이해가 부족했던 것이다. 이것은 서상일이 조선의회의 설립을 지나치게 낙관적으로 인식한 것에서 비롯된 것이었다. 이에 연관되어 그는 일제의 전쟁확대 과정에서 동요를 보이며, 일제의 정책에 편승하여 점차 예속화되는 과정을 보게 된다. 결국, 일제 말기에는 전쟁동원정책을 선전하는 부일협력 활동에 참여하게 되었다.

따라서 서상일의 합법운동은 인식과 행위양식이 일치하지 않는 모순을 보였다. 그는 자신의 장황한 논리 전개에도 불구하고, 그 어떤 실효를 거두지 못한 채 합법운동은 막을 내렸고, 출판 또한 할 수 없었다. 결국 그의 합법운동은 1930년대 초반 일제가 만주를 침략하고 조선에 대한 지배 정책을 강화하는 가운데 민족문제 해결의 방법론에 대한 소모적 논쟁만 불러일으킨 채 식민지 민족해방운동의 전선을 분열시키는 한 요소로 작동하였다.

4. 전시동원체제기 서상일의 동향

1930년대 초 세계 대공황, 일제의 만주침략 등 객관적 정세의 변화는 조선 경제의 구조를 전반적으로 변모케 하였다. 일본 독점자본의 국내 진출과 일제의 만주침략으로 인한 '엔블럭의 형성' 등은 조선 경제계의 성장과 예속화를 규정하였다.[241] 그 가운데서도 만주침략을 계기로 한 '조선공업화정책'은 이 시기 조선의 상업에 엄청난 변화를 초래케 하였다. 특히, 조선의 공업화가 미곡단작米穀單作 농업정책의 파탄을 한 요인으로 하여 급속히 진행되었던 것[242]을 고려할 때 미곡유통업의 변동은 불가피하였다. 또한 미곡 유통업은 일본의 농촌 변동에 따른 식량 수급 상황과 만주 경제권의 형성으로 인해서도 변동이 불가피하였다.

1931년 대구부大邱府 조사에 따르면 조선인 호수 16,639에 인구 73,150명에 비해 일본인 호수는 7,265에 인구는 30,117호로 일본인 인구의 급증세를 보였다. 또한 1931년 조세 공과 부담을 민족별로 보아도, 국세의 경우 조선인 80,320원에 비해 일본인은 190,662원을 부담하였고, 지방세의 경우 조선인 25,279원에 비해 일본인은 76,818원에 달했고, 부세府稅는 조선인 71,550원에 비해 일본인은 152,922원에 달했다.[243] 이처럼 대구의 경우 일본인의 부력이 조선인을 압도하였다. 1930년 무렵 당시 대구에는 천석 규모의 지주가 50인 이상인 것으로 파악되었고,[244] 5천 원 이상의 부호 정재학 · 이장우 · 서병국 · 서병조 · 정해붕 · 이종면 · 추영구 등이 있을 정도였다.[245]

---

241) 정용욱, 앞의 글, 348~351쪽.

242) 지수걸, 「1930年代 前半期 부르주아 民族主義者의 '民族經濟 建設戰略'」, 『國史館論叢』 51집, 1994, 43쪽.

243) 大邱支局 一記者, 「都市의 行進曲 第2陳 大邱」, 『新東亞』 2권 6호, 1932. 6, 48~49쪽.

244) 위와 같음.

서상일은 그러한 대구 경제계의 처지를 상공업의 실태를 들어 재확인하였다. 우선, 그가 파악한 대구 상업계의 실태이다. 그는 1931년경 당시 1931년 대구의 무역총액은 2,075,000원으로 급격한 하락세를 보이고 있으면서, 대구역이 취급한 화물 총톤수인 27만 4천 톤 중에서 해산물을 예로 들어 조선인의 상업이 차지하는 비중을 설명하였다.[246] 대구역을 통해 조선인이 취급한 해산물은 강치운姜致雲의 염류 약 5천 톤, 최상근崔相根 외 몇 명의 북어 등 어물漁物 약 2천 톤에 불과하고, 곡비류穀肥類에서도 미곡생산고가 2백만 석, 잡곡수입고가 10만 석에 달하면서도 조선인 상인 가운데는 1만 톤을 무역하는 사람이 없을 정도로 빈약하다고 보았다. 80만 원의 어물을 취급하는 대구어채시장大邱魚采市場[247]에 5천 원의 자금을 가진 조선인 상인이 없다고 보았다. 또 수입액이 3백만 원에 달하는 주단포목에도 이를 취급하는 조선인 상인이 없다고 보았다. 대구의 전통적, 대표적 시장인 약령시의 무역고도 약 1백만 원에 달하지만 개성출신 김홍조金弘祖[248]만이 10만 원 규모를 취급할 뿐이었다고 보았다.

1933년 당시 대구의 조선인 인구의 직업별 구성을 보면, 농림·목업 19.4%, 공업 15.3%, 상업·교통업 41.3%, 공무·자유업 12.0%를 차지하였

245) 觀相者, 「全朝鮮二百八富戶 財閥家總點考」, 『第一線』 2권 5호, 1932. 6.

246) 1930년의 경우 대구역을 통한 화물톤수는 28만 6천여 톤이었는데, 조선인 염상 강치운이 5천여 톤, 북어류를 취급하는 최상돈이 2천여 톤에 불과하였다(大邱支局 一記者, 앞의 글, 49쪽).

247) 대구의 어채시장은 대구어채주식회사가 맡아 경영하였는데, 종전의 대구어채거래조합이 경영하던 시장의 관리권을 계승하여 1915년에 설립되었다. 어채시장은 ①수산물, 과실 및 소채의 판매위탁을 받아 경매를 하는 생선, 청과물 겸영의 시장, ②수산물만을 위탁받아 경매하는 어물전문 시장 등 2종류가 있었다(대구상공회의소 편, 『대구경제총람』, 1985, 42쪽).

248) 金弘祖는 개성 출신으로 1892년경부터 약령시에서 인삼행상을 하며 부를 축적하여, 10만 원 이상의 거상으로 성장하였다. 그 후 경남은행와 고려요업주식회사에 대주주 겸 이사로 활동했으며, 김홍조약방주식회사를 직접 운영하였다(『매일신보』, 1927. 1. 7).

다.[249] 여기에서 상업이 가장 많은 비중을 차지하였는데, 이는 전국평균 6.3%에 비해 무려 35%나 크게 웃도는 것이었다. 때문에 대구는 상업도시로서의 성격을 갖기에 충분하였던 것이다. 그러나 그 상인의 극히 일부를 제외한 대다수는 소매상인에 불과하였다. 그에 따라 대구 경제의 발전에는 상업의 발달이 큰 몫을 담당할 수밖에 없던 실정이었다.

그로 인해 1930년대 초반 대구의 상업 발전에 대한 전망을 놓고 낙관론과 비관론이 대립하였다. K·M·L이란 자는 자본가들의 정체적인 분위기 속에서도 조선인 신흥 소장 상업가들이 점차 성장하고 있고, 상업회의소에도 소장 상인들이 진출하고 있다는 낙관론을 펼쳤다.[250] 그는 그 예로 서점계로는 무영당서점茂英堂書店, 성호사서점星湖社書店, 상문당尙文堂 등, 양품잡화계로는 동아부인상회지점東亞婦人商會支店, 무영당양화부茂英堂洋品部, 대구양말소大邱洋襪所, 복운당본점福運堂本店, 서부잡화점西部雜貨店, 안창양말소安昌洋襪所 등, 주단포목계로는 지이홍상점池二弘商店, 김창록상점金昌錄商店, 김성재상점金成在商店, 태창상점泰昌商店 등 기타 상신사商信社, 달서양화점達西洋靴店,[251] 동양염직소東洋染織所, 대구피혁상회大邱皮革商會 등을 꼽았고, 상업회의소로 진출한 배영덕裵永悳, 이응복李應福 등을 꼽았다.[252] 반면, 『동아일보』 대구지국은 대구상공업계가 쇠퇴일로에 있는 반면 전당포만 번창하고 있다고 꼬집으면서, 중소상은 10년간 불황에 허덕이고 있다고 하면서, "적지 않은 대지주를 끼고 있는 대구는 상업도시

249) 達捨藏, 『慶北大鑑』, 291~292쪽.

250) K·M·L, 「新興하는 大邱商業界」, 『別乾坤』 5권 9호, 1930. 10, 84~85쪽.

251) 林命俊이 경영하던 達西洋靴店은 종업원 10여 명이 매월 평균 5백 족의 양화를 제조·판매한 남조선 최대 양화제조업체였다. 그는 18세 때부터 양화점 직공으로 들어가 구두 제조 기술을 익힌 뒤 1916년경 친구가 운영하던 양화점을 외상으로 인수하여 달서양화점을 개업하였다. 그는 1927년경 1만 5천 원의 자금을 가진 중소기업인으로 성장하였다(『매일신보』, 1927. 1. 4).

252) 대구지역 조선인 중소자본가 가운데 대자본가의 독무대였던 대구상업회의소의 의원으로 진출한 자는 7대(1927~1928)의 지이홍, 8대(1929~1930)의 배영덕 등이 있었다.

도 아니오 공업도시는 더구나 아니고 일종 농산물 집산 도시"라고 평가하였다.[253)]

다음으로 그가 파악한 공업계의 실태를 보기로 한다. 추인호秋仁鎬 경영의 동양염직소東洋染織所[254)]만이 동양저東洋苧 생산량 10만 필, 총가액 20여만 원에 불과하고, 백남채白南埰 경영의 생산량 2백만 매, 가액 45만 원에 불과한 조양연와공장朝陽煉瓦工場만이 가동될 뿐이라고 파악하였다. 실제 1932년 무렵 대구의 공장 현황을 보면, 방직공업의 경우 생사 공장 33개 가운데 조선인 경영의 공장은 20개였다. 그러나 제사공업製絲工業의 구조構造는 산십제사山辻製絲(1918) · 가다쿠라제사片昌製絲(1919) · 조선제사朝鮮製絲(1919) 등 대규모 일본 자본으로 운영되고 있고, 그 아래 일본인계의 중소규모의 제사공장이 있으며, 또 그 아래 일본인 공장의 폐품을 처리하는 조선인 공장이 가동되었다. 예컨대 대구의 제사공업은 경북에서 생산되는 농작물을 가공 처리하는 식민지형 공업 구조를 보이면서도, 조선인의 경우 일본계 제사공장의 하부구조를 형성하였던 것이다. 그리고 금속공업金屬工業 공장, 요업, 식료품 공업 공장 등은 일본인 경영의 공장이 압도적 다수를 차지하는 가운데 소규모, 소수의 공장만이 조선인의 손에 의해 가동될 뿐이었다. 기계기구 공업, 화학공업, 제재製材 및 목제품 공업 등의 공장 가운데 단 하나의 조선인 소유의 공장은 없었다.[255)] 따라서 대구의 공업계에서 조선인이 차지하는 비중은 지극히 미비한 실정이었던 것이다.

이에 반해 금융기관의 경우 정재학계鄭在學[256)]系의 경상합동은행慶尙合

253) 『동아일보』, 1933. 8. 3, 「지국 10주년 대구기념호」.

254) 1911년 추인호에 의해 설립 동양염직소는 대구에서 유일한 조선인 경영의 공장으로 연생산액이 4만여 원에 달했고, 종업원 백여 명에, 주요생산품으로서는 동양저, 동양단, 동양주 등이었다(『매일신보』, 1927. 3. 17).

255) 『朝鮮工場名簿』, 1932년판 참고.

同銀行, 장길상계張吉相系의 경일은행慶一銀行, 서병원계의 조양무진주식회사朝陽無盡株式會社[257] 등이 그나마 활발한 운영을 하고 있는 것으로 보았다. 그렇지만 대구지역의 조선인 금융기관은 점차 한성은행漢城銀行과 같이 일본 자본에 예속화될 것이라고 전망하였다. 실제 대구지역 금융기관의 운영은 미곡을 중심으로 한 대출에만 관심을 보임으로써 재무구조의 악화를 보였고, 그에 따라 국책은행의 경영 간섭을 받지 않을 수 없었다. 더구나 일본의 식민지 금융정책에 따라 조선인 경영의 일반은행은 언제든지 통폐합될 수 있는 불안정한 기반 위에 서 있었다.

이같이 서상일은 대구 경제계의 구조가 파행적인 단면을 내포하고 있다고 보았다. 그는 이러한 대구 경제계의 현실을 극복하기 위해서는 조선인 경제인의 단결이 급선무라고 생각하였다. 그러한 이유에서 자신의 주도로 설립된 대구상공협회大邱商工協會의 침체를 아쉬워했다.[258] 왜냐하면 그는 근대적 정신을 갖춘 조선인 상공업자를 자신이 추구하는 정치활동의 중심세력으로 육성하고, 그 중심기관으로 대구상공협회를 설립했기 때문이었다. 다시 말해 대구상공협회는 경제적 실력양성운동의 중

---

256) 鄭在學은 대구를 대표할 만한 지주·자본가로 서문 밖 시장에서 원산에서 생산되는 명태를 판매하는 건어물 장사를 통해 재산을 모았고, 그 후 낙동강을 배경으로 한 魚鹽米豆 무역을 통해 막대한 부를 축적하였다. 축적된 부를 매개로 경북 개령, 순흥군수가 될 수 있었다. 그는 大邱銀行(이후 경상합동은행)을 비롯한 동양기류주식회사, 대흥전기주식회사, 경북산업주식회사, 慶一銀行주식회사, 조선미곡주식회사, 대구조선주양조주식회사 등에 중역 및 대주주로 참여하였다.

257) 徐丙元(1885~1961)은 1917년 대구 矯風會, 1919년 대구 自制會團 발기인 등 조선총독부의 지방 통제 장치에서 활동하였고, 고려요업주식회사(1921)·환일상회합자회사(1932)·경북무진주식회사(1938) 등의 회사에 자본을 투자한 예속자본가였다. 조양무진주식회사는 1924년 자본금 10만 원으로 대구의 조선인 자본가들이 설립한 회사였다. 설립 당시 회사 중역으로는 대표이사 서병조, 전무이사 許億, 상무이사 徐丙元·徐相鉉, 이사 徐相日·徐昌圭·徐炳柱, 감사 徐相岳·鄭鳳鎭·徐炳和 등이었고, 대주주로는 서병조(215)·서병원(200)·서상악(200)·서창규(150)·서병주(150)·허억(100) 등이 있었다(中村資良, 『朝鮮銀行會社組合要錄』, 1921년판).

258) 2장 2절 2) 1920년대 후반기 경제자립운동의 전개와 논리 참조.

심세력 및 중심 기관으로 설정되었다.

그리하여 그는 대구 경제계가 발전하기 위해서는 “무지에서 자각으로 관념에서 현실로”라는 인식전환의 필요성을 강조하면서, “노력과 투쟁의 부단한 집적”을 강하게 주장하였다. 곧, 대구 경제계를 발전시키기 위해서는 실천實踐과 역행力行을 원리로 하는 경제적 실력양성운동이 절대적으로 필요하다고 주장하였다.

이러한 식민지 상업 구조의 변동은 서상일과 같은 미곡상에게 존립과 성장이라는 과제 실현을 위해 자기혁신을 강제하였다. 동시에 미곡상은 적어도 몰락하지 않기 위해 지배 당국의 경제정책이 자신들에게 유리하게 정립될 수 있도록 민족성에 호소하거나 총독부에 지원을 요청하였다.

대구의 미곡상들은 1931년 9월 총독부의 미곡취인소령米穀取引所令 발포를 계기로 대구곡물상조합을 중심으로 하여 거래소 설립을 다시 추진하였다. 동년 11월말 정관 및 회원 수를 결정하고, 서상일 등 24명으로 구성된 회원의 연서를 총독부에 제출하였다.[259] 그 직후 동년 12월 22일에 총독부로부터 대구미곡거래소의 설립을 인가 받았다.[260] 그런데 회원의 구성을 보면 총 24명 가운데 일본인 14명, 조선인 8명, 법인 2개로 일본인이 조선인에 비해 많았다. 설립 과정에서 임원 선정 문제로 민족 갈등이 있었으나, 이사장에 하마사키濱崎喜三郎, 부이사장에 한익동, 이사에 서상현, 감사에 서상일 등이 선정되었다.[261] 미곡거래소의 회원이 되지 못한 미곡상은 법인 주주로 참여하여 간접 투자한 경우도 있었다. 그밖에 대구의 대부호인 이병학은 인천취인소의 후신인 조선취인소의 회원이 되

---

259) 『매일신보』, 1931. 11. 30, 「大邱米穀商組合에서 米穀取引所 申請」. 濱崎喜三郎, 朝鮮物産商會, 李相武, 若林誠助, 韓翼東, 大邱穀物株式會社, 高田眞豊, 高木昌治, 坂本俊資, 徐相日 徐相鉉, 秦喜泰, 鄭海鵬, 張吉相, 秦□洪 등(조선인 8명).

260) 『매일신보』, 1931. 12. 25, 「大邱米穀取引所」.

261) 『동아일보』, 1932. 2. 1, 「大邱米穀取引所 役員 問題 解決」.

었다.[262)]

그러나 미곡거래소는 일제의 조선 미곡통제정책으로 인해 위기를 맞기도 했다. 이때는 일제가 1920년대 후반부터 불어 닥친 공황을 탈피하기 위하여 군수지출의 증대를 축으로 하는 재정인플레이션 정책적 기조로 전환하고, 만주침략을 감행한 시기였다. 이런 사정에서 일제는 특히 농업공황으로 몰락 위기에 처했던 자국 농업을 보호하기 위해 조선 쌀의 이입移入을 통제했던 것이다. 그 과정을 보면, 1920년대 후반기에 접어들면서 쌀 가격이 상대적 고수준을 벗어나 서서히 하락하기 시작하면서 일본 내에서 식민지 쌀 통제에 대한 여론이 일기 시작하였다. 그리하여 1932년에 접어들어 일본정부 및 일본지주들은 식민지 미이출입米移出入 제한을 본격적으로 추진시켜 나갔다.[263)]

일본정부는 1932년 11월에 지속적인 미곡통제확정안을 마련하기 위해 미곡통제조사위원회를 구성해 그 대책을 강구한 결과 '곡량穀量의 조절, 가격의 조절, 조선미朝鮮米 및 대만미臺灣米의 살도殺到를 방지키 위하야 적절한 방도의 강구' 등을 결정하였던 것이다.[264)] 그리하여 1933년 3월에 「미곡통제법안」이 공포되어, 조선에 대해서는 미곡의 계절적 출하수량을 조절하기 위한 매입과 매도, 율粟, 수수, 기장의 수입제한 또는 수입세의 증감을 규정하고자 했다.[265)]

이러한 일본의 입장에 대해 1932년 7월에 대구를 비롯한 전국의 지주, 미곡상, 금융업자들은 조선미옹호기성회를 결성하고 강력한 반대운동을

262) 이병학은 다음의 회사 설립 및 경영에 참여하였다. 鮮南銀行, 大邱銀行, 慶一銀行, 高麗窯業株式會社, 호전농구, 동양축산흥업주식회사, 대구주조주식회사, 京城現株市場, 慶尙合同銀行, 대구상공은행, 대동사주식회사, 대흥전기주식회사 등.

263) 田剛秀, 「植民地 朝鮮의 米穀政策에 관한 硏究－1930～45년을 중심으로－」, 서울대 박사학위논문, 1993, 28～48쪽.

264) 『동아일보』, 1933. 1. 16. 「사설, 미곡통제안에 대하야」.

265) 전강수, 앞의 논문, 47쪽.

전개하였다. 또한 대구에서는 같은 해 7월 25일 조선미옹호대구기성회가 조직되어 선언문을 채택하고, '조선미朝鮮米를 차별적으로 취급하고자 한 미곡통제정책은 농촌경제도시인 대구를 사지에 빠뜨리며 반도 농업경제를 파무하는 것으로 본회는 극력 이것을 저지의 목적을 수행하기를 기期한다'는 결의문을 발표하였다.[266] 이러한 사정은 〈표 1〉과 같이 당시 대구미곡거래소의 거래량에도 곧바로 반영되어 1930년과 1931년에 현물 및 선물 거래량이 격감하였다. 다만, 1932년부터 선물거래량이 다시 증가하는 추세를 보였고, 이는 미곡거래소에 있어 투기성이 증폭하는 양상이었다.

〈표 1〉 대구 미곡거래소 거래고

연도	현물거래		선물거래		합계		선물거래 수도석수	개시 일수
	석수	가격	석수	가격	석수	가격		
1928	52,700	1,346,450	9,799,000	267,949,230	9,791,700	269,295,680	88,700	295
1929	50,700	1,316,130	11,882,600	307,874,780	11,933,300	309,190,910	118,800	296
1930	38,700	891,999	9,701,800	209,754,450	9,740,500	210,646,449	110,300	296
1931	9,600	139,928	7,461,000	134,386,220	7,470,600	134,526,148	270,300	293
1932	–	–	13,711,200	290,429,091	13,711,200	290,429,091	273,400	
1933	–	–	10,039,400	210,528,895	10,039,400	210,528,895	163,200	294

* 1933년부터 미곡통제법이 발효됨에 따라 거래가 격감하여 전년에 비하여 3,671,800석의 큰 폭의 감소를 보게 되었다.
* 逵捨藏, 『경북대감』, 1936, 135~136쪽.

266) 『매일신보』, 1932. 7. 15, 「朝鮮米擁護의 期成會를 組織」; 7. 27, 「大邱朝鮮米擁護期成會活躍」. (宣言) 近時 內地에 있어서 農村救濟의 .... 政府.. 米穀統制政策으로서 內地 農村에 偏重하여 鮮米에 대하여 强力으로 重壓을 加할 것 같으니 如斯히 되면 農村經濟都市인 大邱는 死滅할 수 밖에 없으며 更히 我半島 一般 財界를 混亂하여 二千萬 民衆으로서 一大 苦境에 陷할뿐 아라 朝鮮統治上에 重大한 累를 미치지 않을 것을 保證키 難한바로 實로 一大 問題로 한 本會는 一視同仁의 趣旨에 基하야 不公平한 政策에는 絕對反對하며 어데까지 鮮米를 擁護하고저 함.

이런 과정에서 1932년 8월 말 대구곡물상조합을 중심으로 경북 도내 곡물업자 379명이 참여한 가운데 경북곡물협회가 결성되어, 조선미朝鮮米 옹호 활동을 벌였다.[267] 또한 대구상공회의소에서도 미곡통제안에 반대하는 활동을 참여하면서, 부산釜山 등 상공회의소의 동의를 얻어 전선상공총회全鮮商工總會를 결의하였다.[268] 나아가 곡물업자들은 1934년 2월 3일에 서상일 등이 참여한 가운데 경북도민궐기대회慶北道民蹶起大會의 개최를 결정하였다. 같은 해 2월 7일 대구공회당에 3천여 명이 운집한 가운데 열린 조선미곡 옹호를 위한 경북도민대회에서 "이입제한移入制限 등 외지미外地米에 대해 차별적差別的 통제統制를 강행하려는 것은 그 효과를 기대할 수 없는 것이다. 정부는 속히 미곡통제법을 외지에 연장하여 전국 일관一貫의 통제를 행하라"는 결의문을 채택하였다.[269] 이 대회 이후 미곡통제 반대 움직임은 경주慶州·영주榮州·영일迎日 등에서도 조선미옹호군민대회朝鮮米擁護郡民大會가 개최되어 경북지역 전역으로 확산되어 갔다.[270]

그렇다면 미곡통제 정책이 경북지역에 미친 영향을 어느 정도일까. 대구의 엄성문에 따르면 미곡생산자에게는 약 13만 석을 수이출할 수 없을 만큼의 손실이 발생한다고 주장하였다.[271] 그것은 대구미곡거래소의 거래 규모와 금액을 보면 알 수 있다. 곧 1933년 4월부터 8월까지 대구거래소에서 매매된 규모를 보면 666만 7,900석의 1억 3,790만 4,245원이던 것이 미곡통제 실시 이후 283만 7,900석이 줄어들었고, 금액도 9,001만 원이 줄어 든 4,789만 3,170원에 그쳤다.[272]

---

267) 『매일신보』, 1932. 9. 1.
268) 『매일신보』, 1932. 11. 5.
269) 『매일신보』, 1934. 2. 5 ; 1934. 2. 9 ; 『동아일보』, 1934. 2. 9, 「조선미문제 각각 악화」.
270) 『동아일보』, 1934. 2. 14, 「경주군민대회」, 「영주군민대회」, 「영일군민대회」.
271) 『동아일보』, 1933. 7. 2 ; 1933. 7. 9.
272) 『매일신보』, 1934. 9. 22.

미곡 수이출의 감소는 정미업계에도 그대로 반영되었다. 1934년 말 현재 정미 과정을 거치지 못한 미곡이 약 만여 석에 달했고, 정조 검사도 강화되어 대량의 불합격품이 속출함으로써 더욱 더 어려운 지경에 빠졌다. 그로 인해 대구의 20여 곳의 정미공장이 휴업하였고, 거기에 종사하는 노동자 8천여 명이 실업상태가 되었다.[273] 특히, 정미업의 상당수가 영세 중소기업에 속했던 점에서 미곡통제법은 대구지역 중소자본가의 존폐 위기를 초래하였다.[274]

또한 미곡통제법안에 따라 조선 미곡의 일본 이출수량을 월별 평균적으로 조절하기 위하여 농업창고가 설치되었다. 이 과정에서 대구미곡거래소는 지정창고 설정 주체를 둘러싸고 민족 간 분쟁이 발생하여 거래가 중지되는 사태까지 발생하기에 이르렀다.[275]

이에 대구에서는 일본인이 앞장 서 대구부에 주식거래소의 인가 신청을 제출하는가 하면 대구주식취인소설치기성회大邱株式取引所設置期成會를 결성하기까지 하였다.[276] 이는 투기성 자본이 미곡거래소에서 점차 증권거래소로 이동하는 단초였다. 또한 미곡거래소에서도 미곡통제정책 실시에 따른 손실을 보전하기 위해 총독부에 '출장소 설치, 거래소세를 절반으로 줄일 것, 미곡·주식 겸영' 등을 진정하였다.[277] 따라서 서상일의 경우도 일제가 미곡통제 정책을 통해 조선 미곡에 대한 미곡통제 및 가격통제가 강화함에 따라 미가의 등락과 투기성 거래를 통해 시세차익을 얻을 수 있는 가능성이 그만큼 줄어들었다.[278]

---

273) 『동아일보』, 1935. 1. 19 ; 1935. 1. 27 ; 1935. 6. 18.

274) 『동아일보』, 1937. 6. 20.

275) 『매일신보』, 1934. 3. 14, 「大邱 米取 立會를 停止」.

276) 『매일신보』, 1933. 11. 17, 「大邱의 株式取引所 設置準備 進陟」 ; 1934. 1. 24, 「大邱株式取引所設置期成會」.

277) 『매일신보』, 1934. 9. 22, 「米穀統制에 의한 犧牲補充을 要望」.

서상일은 일제의 미곡통제 정책으로 인해 자본가로서의 성장에 제동이 걸리자 기업에 자본 투자를 늘리는 동시에 업종의 다변화를 꾀해 위기를 돌파하고자 했다. 먼저, 그가 참여했던 대구곡물신탁주식회사는 1931년 12월에 이르러 자본금 변동 없이 이름을 대구산업금융주식회사大邱産業金融株式會社로 바꾸었다. 이때 그는 주식을 300주로 늘렸고, 1935년도에는 400주로 늘렸다. 이 회사는 1934년 하반기에 대구미곡거래소가 종래의 수수료를 철폐하자 영업상 치명적인 타격을 받아 주주들 사이에 존속 대 해산 두 파로 나뉘어져 갈등을 빚었다. 이에 같은 해 12월에 대표이사 하마사키濱崎喜三郎를 경질하고, 새로이 나니와難波幸作를 선출하였다. 또 미곡을 안정적으로 확보하기 위해 영업 목적을 일부 변경하여 중국 길림성吉林省의 신경新京에 지점을 설치하고, 약 2천 정보를 확보하여 농장을 운영키로 하였다.[279] 따라서 그는 일제의 만주침략으로 인해 구축된 엔블럭 속에서 형성된 만주붐에 편승하여 경제적 이익을 추구하였다.[280]

또한 그는 1937년에 토지·건물의 매매를 주업종으로 하는 경북상공주식회사慶北商工株式會社의 설립에 참여하였다. 이 회사는 자본금 50만 원에 1만 주(1주당 50원)를 발행하였다. 설립 당시 대표이사는 윤상태, 이사는 서창규徐昌圭·김대원金臺原·서병주徐炳柱·이상악李相岳 등, 동 지배인은 서병룡徐丙龍·임상조林尙助·유신희柳□熙·서상일·구철서具哲書·윤학기尹學基, 감사는 최윤동崔胤東·정운기鄭雲麒·서병기徐丙麒 등이 선출되었다. 이 회사는 순수 조선인으로 구성되었으며, 최대 주주는 2천 주를 소유한 대표이사 윤상태였다.[281] 그런데 서상일은 1942년경 동 회사의 경영 일

278) 이형진, 앞의 논문, 108~111쪽.

279) 東洋經濟時報社 編, 『朝鮮銀行會社組合要錄』, 1931년·1935년·1939년 참고.

280) 지수걸, 앞의 글, 53~58쪽.

선에서 물러난 것으로 보인다.

그리고 서상일이 참여하였던 조양무진주식회사는 1938년에 이르러 대구무진주식회사 · 포항무진주식회사 · 김천무진주식회사 등 경북지역의 대표적 무진회사와 합병하여 경북무진주식회사慶北無盡株式會社가 되었다. 이 회사는 대구에 본점을 두고, 대구 · 김천 · 포항 등에 지점을 설치하였다. 이 회사는 자본금 2백만 원(1주당 50원)에 4만 주를 발행하였고, 대주주의 수는 111명이었다. 설립당시 대표이사는 옛 조양무진주식회사의 서창규가 맡았다. 전무이사에는 타카스기高杉權藏가 선출되었으며, 이사에 이상악 · 서병원 · 서병주 · 서병화 · 서상현 · 정영균 등의 조선인이 선임되었다. 주주 가운데 최대 주주는 일본인 마쓰바라松原純一(3,880주)였다. 조선인으로서 이상악(2,381주) · 정영균(1,585주) · 윤상태(1,499주) · 서창규(1,498주) · 서병원(1,439주) · 서병주(1,415주) 등이 대주주로 참여하였다. 이 회사는 1940년에 조선중앙무진주식회사에 합병되었다.[282]

한편, 일제가 전쟁을 강화하던 1940년대 들어 강력한 통제경제 정책을 실시하는 가운데 미곡업에도 통제를 가했다. 이에 일제는 1942년에 경상북도양곡주식회사를 설립케 하여 경상북도에서 생산된 미곡을 매입하거나 조선양곡주식회사로부터 미곡을 매입하여 도내에 배급케 하였다. 이 회사는 자본금 4백만 원에 8만 주의 주식을 발행하였다. 대표이사에는 일본인 다카다高田麻吉이 맡았고, 조선인 가운데 서상일과 정해붕은 이사로 선출되었다. 대주주들은 대부분 일본인이었는데, 다카다가 4만 주, 조선미곡시장이 1만 주를 소유하였다. 그리고 대구에 본점을 두고, 김천 · 영천 · 경주 · 안동 · 상주 등지에 지점을 설치하였다.[283] 지점이 설치된

281) 東洋經濟時報社 編, 앞의 책, 1937년 · 1942년 참고.

282) 東洋經濟時報社 編, 위의 책, 1923년 · 1927년 · 1931년 · 1935년 · 1939년 · 1942년 참고.

283) 東洋經濟時報社 編, 위의 책, 1942년 참고.

지방은 경북도내에서도 낙동강을 끼고 있는 수도작지水稻作地로서 주요 미곡생산지였다. 거기에서 생산된 미곡을 행정 · 교통 · 상업의 중심지인 대구로 집산케 하였다.

이와 같이 서상일의 1930년 이후 경제 활동은 일제의 만주침략으로 인한 객관적 조건의 변화 속에서 전개되었다. 1930년 이후 침략 확대에 따른 일제의 경제정책의 변모는 조선인 자본가의 변동을 촉진시켰다. 그에 따라 서상일과 같은 대구의 미곡상들은 대구미곡거래소의 설립으로 자본 축적의 기회를 얻는 것처럼 보였지만, 일본의 조선 미곡 통제 정책 때문에 자본 활동에 제동이 걸렸다. 이후 그는 자신이 투자한 대구산업금융주식회사를 매개로 당면이익을 추구한 것과 같이 일제의 정책에 편승하여 기업 활동을 벌였다. 이처럼 1930년대 이후 그의 경제 활동은 1920년대의 '민족'을 놓고 동요하는 모습을 넘어 총독부의 정책 속에 예속되는 양상을 보였다.

서상일의 경우 경제적 측면에서 나타난 예속적 양상은 정치적 행위 양식에도 그대로 반영되었다. 그는 1910년대에서 1920년대에 걸쳐 총독부의 자문기관이나 관변 기관에서 활동한 적은 없었다. 다만 1920년대 전반기 제3대 대구상업회의소의 위원으로 활동하였으나 대구부의 수해 처리에 대한 불만으로 사임한 경험이 있었다. 그의 그러한 행동은 1930년대 이후에도 이전과 마찬가지였다.

그러나 일제의 침략이 확대되고, 황국신민화정책이 전개되는 가운데 동원정책에 협력하기도 하였다. 곧 그는 1942년 1월 조선임전보국단 부인부 경북지부 결성식에 참가하여 생활부장의 명의로 축하 인사를 행하였다.[284] 또 그는 대구지역의 학생들을 대상으로 학병에 나갈 것을 촉구

---

284) 『매일신보』, 1942. 1. 19.

하는 연설을 행하였다. 이 연설이 일본어판 신문인 대구일일신문大邱日日新聞에 실리기도 하였다.[285] 이처럼 서상일은 전쟁동원정책에 편승하여 물적·인적 자원의 전쟁동원을 선전하는 활동을 벌여 일제에 협력하는 모습도 보였다.

---

285) 金鎭和, 『日帝下 大邱의 言論研究』, 영남일보사, 1978. 저자는 이 일이 대구일일신문의 기자이면서 국민총력연맹 대구 관계자인 石輔의 장난에 의해 일어난 것이라고 하였다.

제3장
해방 후 국가건설 활동과 내각책임제 개헌 추진

1. 한국민주당 활동과 국가건설 활동

1) 해방 직후 한국민주당 활동과 대구지역 정치 활동

8·15 해방은 일제의 침략으로 인한 민족적 억압과 탄압을 구축케 하였다. 아울러 해방은 우리 민족에게 자주적이며 통일된 민족국가의 수립이라는 과제를 부여하였다. 그렇지만 민족의 해방이 타율적으로 이루어짐에 따라 한반도에 대한 외세의 영향력을 고려하지 않을 수 없었다. 따라서 해방 후 민족국가의 건설은 민족 내부의 통합과 외세의 영향력이라는 관계 속에서 달성해야 하는 대단히 어려운 문제였다.

해방이 되자 서상일은 정치 활동을 재개하였다. 자신의 고향인 대구에서 정치적 성향을 같이하는 사람들과 함께 정치세력을 형성하고, 중앙 정치에 능동적으로 참여하였다. 서상일의 해방 후 첫 정치 활동은 8월 15일 조선군대구지구 헌병대장 간다神田로부터 치안을 안정시켜 달라는 부탁을 받으면서 시작되었다.[1] 서상일은 8월 16일 조양회관朝陽會館에서 백남채白南埰·배은희裵恩希·엄성문嚴成文·서동진徐東辰·장인환張仁煥·이재영李在榮·송기찬宋箕贊·정운일鄭雲馹·이경희李慶熙 등과 함께 치안을 유지할 단체 결성에 합의하였다.[2] 8월 17일 이들은 대구일일신문사에서 경북치안유지회를 결성하고,[3] 서상일을 대표로 선출한 다음 8월 18일 공회당에서 정총대町總代 회의를 열어 협력을 요청할 계획이었다.[4]

---

1) 정영진, 『폭풍의 10월』, 한길사, 1990, 33~34쪽.

2) 대구시사편찬위원회, 『大邱市史』 3권, 1973, 92쪽.

3) 영남일보사, 『慶北總鑑』, 1946, 1~2쪽.

4) 이원식, 『잃어버린 나의 반세기 노트』, 1964, 8쪽. 이원식은 16일 밤에 石輔, 이갑기, 김종구, 임재화 등과 치안 유지에 대한 대책을 토의한 후 서상일을 찾아가서 치안대책을 위한 단체 결성의 필요성을 제안하였고, 이에 서상일이 동의함으로써 경북치안유지회가 결성된 것으로 회고하였다.

백남채는 기독교계 인사로, 계성학교 교사로서 3 · 1운동에 참여한 경험이 있었고, 1923년 대구구락부 창립회원으로 서상일과 함께 활동한 경험이 있었으며, 대구요업주식회사를 운영한 사업가였다.[5] 송기찬과 장인환은 언론인으로서 각각 동아일보와 조선일보 기자로 활동하였다. 송기찬은 기자로 활동하면서 서상일과 밀접한 관계를 맺었고, 장인환은 신간회대구지회원으로 활동한 바 있었다. 서동진은 대구의 대표적 서양화가로서 계성학교와 교남학교의 미술교사로 일한 바 있으며, 동아일보 대구지국 기자로 활동하였던 윤홍렬과 외척관계에 있었다. 서동진의 아버지는 대구의 유명한 서예가였던 서병오인데, 서상일은 동아일보 창간관계로 대구를 방문했었던 김성수를 서병오에게 인사시켜 준 바 있었다. 이재영은 대구에서 구세의원을 운영하고 있던 의료계 인사였다. 배은희는 3 · 1운동에 참가한 후 경주慶州를 거쳐 전북 전주全州에서 종교 활동을 한 기독교 목사였다.[6] 정운일은 일제하 '대구권총사건'의 핵심 인물이었다. 이경희는 신간회대구지회장을 역임한 인물이었다. 이처럼 경북치안유지회의 구성원들은 언론인 · 의료인 · 종교인 · 교육인 · 민족운동가 등으로 지역의 유지급 인사였다.

서상일의 경북치안유지회는 8월 22일에 앞서 김관제金觀濟 · 채충식蔡忠植 · 정운해鄭雲海 · 이상훈李相薰 등이 결성한 건국준비위원회 경북지회와 합동하여 건국준비경북치안유지회(이하 위원회)로 개편되었다. 동 위원회는 위원장으로 김관제金觀濟, 부위원장에는 백남채白南埰를 선출하였다. 서상일은 고사에도 불구하고 총무부장으로 선출되었으나 이내 사퇴한 것으로 보인다. 좌 · 우익적 성격을 가진 두 단체의 위원회로의 통합에는 지역에서의 합동 노력의 결실로 맺어진 것이었다.[7] 그리하여 동 위원회

---

5) 김희정, 「백남채」, 『근대 대구 · 경북 49인』, 혜안, 1999, 150~155쪽.

6) 배은희, 『나는 왜 싸웠나?』, 한국인쇄주식회사, 1955 참고.

는 대구 · 경북의 독립운동가와 유지를 망라한 단체로 인식되었다.[8] 서상일의 입장에서 보더라도 경북치안유지회의 주요 인물들과는 일제시기부터 민족운동과 관련해 연관을 맺고 있었던 처지였기에 낯선 만남은 아니었다. 서상일과 김관제와의 관계는 달성친목회사건 때 서상일이 경찰에 압수당한 품목 가운데 서로 주고받은 편지가 있을 정도로, 서로가 잘 알고 지내던 사이였다. 또 채충식[9]이 1932년에 작성한 '통부각처通訃各處'(일종의 부고 연락처 목록)에는 경북을 포함한 전국 각 지역에 독립 활동과 관련 있는 자들의 명단이 있는데, 대구에서는 서상일을 포함한 윤상태 · 정운일 · 최윤동 등의 민족주의 진영의 인물과 정운해 · 이상훈 · 신철수 등의 사회주의 진영의 인물도 함께 적혀 있었다. 또 정운해와는 1920년대 대구농촌사를 설립한 경험이 있었다. 이처럼 대구에서는 전국적으로도 드물게 해방초기부터 좌 · 우익의 통일전선이 형성되었다.[10]

해방 후 서상일의 중앙 활동은 1945년 8월말부터 시작되었다. 이때는 대구에 머물고 있으면서, 중앙에서 결성된 단체에 자신의 이름이 거론되

7) 이원식, 앞의 글 ; 정영진, 앞의 책, 72~73쪽 ; 박진목, 『내조국 내산하』, 계몽사, 1994, 70~76쪽.

8) 省谷言論文化財團, 『省谷 金成坤傳』, 1995, 90~91쪽.

9) 蔡忠植(1892~1980)은 일제하 대구 · 왜관지역에서 청년회 · 야학운동을 전개하고, 신간회 대구지회원으로 신간회 중앙집행위원을 지냈고, 1945년 건국동맹 경북조직에 참여하고, 1946년에 민족혁명당 경북조직 총무부장, 남로당 등에서 활동한 민족주의 좌파 그룹의 인사였다(김일수, 「칠곡지역 민족운동가, 채충식」, 『근현대 대구 · 경북 49인』, 혜안, 1999, 163~168쪽). 그가 1932년에 작성한 通訃各處에는 경북 및 전국의 일제하 민족운동과 관련된 인명이 수록되어 있어, 당시 민족운동가와의 연락을 취할 명부였다.

10) 건국준비경북치안유지회는 산하에 신철수를 대장으로 하는 치안대를 두어 치안유지 및 안정에 힘썼다. 청년부는 귀환동포에게 의식을 제공하는 구호활동을 폈다. 교육부는 초등 교원 재교육을 위해 경북교육회와 연계하여 교사들에게 교육 이념, 교재 개발, 한글 문법, 역사 등을 연수할 계획으로 교육재교육강습회를 열고자 하였다. 건설부는 기계, 화학, 토건 등에 대한 기술 통계와 각 기업의 종업원 수 및 생산 상태 등에 대한 실태 조사에 착수하고자 하였다(이영도, 「1945~1948년 대구지방 우익세력의 국가건설운동과 그 성격」, 경북대 석사학위논문, 2001, 17쪽).

던 시기였다. 그 하나가 8월 31일에 창립된 조선재외전재동포구제회朝鮮在外戰災同胞救濟會에 대구의 윤홍렬尹洪烈과 함께 고문으로 추대되었다. 또한 서상일은 고문으로 추대된 김성수 · 송진우 등과 해방 후 첫 교류를 시작하였다.[11] 다른 하나는 건국준비위원회에서 제1회 위원회의 개최를 위해 초청장을 발송한 135인의 명단에 선정되었다. 여기에는 자신을 포함한 대구의 민족주의계의 최윤동 · 윤홍렬 등과 사회주의계의 정운해 · 이상훈 등도 함께 초청되었다.[12] 물론, 서상일과 대구의 민족주의계열은 건준에 참여하지 않았다.

서상일은 조선재외전재동포구제회의 고문 추대를 계기로 활동 무대를 중앙으로 옮겼다. 정당의 시기상조론을 주장하던 송진우 중심의 우익은 미군의 서울 입성 소식과 건국준비위원회의 인민위원회로의 개편을 계기로 좌익에 맞서기 위해 반공적 노선에 선 우익세력의 결집에 적극 나섰다.[13] 그 가운데 대구의 서상일은 송진우가 보낸 서상국徐相國을 통해 국민대회준비회에 대한 소식을 접하고 급히 상경하여 동 준비회의 부위원장을 맡았다.[14] 국민대회준비회는 1945년 9월 7일 동아일보사에서 열렸고, 이 대회는 대한민국임시정부 및 연합군환영준비위원회를 발전적으로 개편하여 발족한 것이었다. 서상일은 대회 의장에 선출되어 대회를 진행하였다. 대회는 김준연의 국민대회에 대한 취지를 설명하는 개회사에 이어 송진우의 경과보고에 따라 중경임시정부를 지지할 것과 연합국에 감사를 표시할 것을 결의하였다. 또 서상일은 원세훈과 함께 부위원장에 선출되고 위원장에 송진우, 상임위원에 김성수 · 윤치영을 비롯한

11) 『매일신보』, 1945. 9. 2.

12) 『매일신보』, 1945. 9. 1.

13) 심지연, 『한국민주당연구』 1, 풀빛, 1982, 48~49쪽.

14) 古下先生傳記編纂委員會 編, 『古下宋鎭禹先生傳』, 동아일보사, 1965, 312~314쪽 ; 『매일신보』, 1945. 9. 2 ; 9. 8.

대구의 이경희 · 최윤동 · 김삼규 등이 선임되었다.[15] 그리고 서상일은 송진우 등과 함께 정식으로 국민대회가 소집될 때까지 실행 책임자로 선출되었다.[16]

이후 국민대회준비회는 조선민족당과 한국국민당이 통합해 발기한 한국민주당, 임시정부, 연합군환영준비위원회, 군소 정당을 통합해 한국민주당韓國民主黨을 창당하기로 하였다.[17] 한국민주당 창당대회는 1945년 9월 16일 천도교 기념회관에서 거행되었다. 한국민주당은 이제 좌익의 인민공화국에 맞서 우익 정치세력을 대표할 만한 정당으로서의 위치를 가졌다.

이에 앞서 1945년 9월 12일에 미 제24군단 정보참모부 책임자인 니스

---

15) ▲ 결의사항 1) 在外 大韓民國臨時政府 지지에 관한 건을 상정하여 전원 총기립으로 찬동의 결의를 표명하고, 2) 연합국에 대한 감사표시에 관한 건을 상정 협의한 결과 宋鎭禹 張澤相 尹致暎 金昌淑 崔潤東 白象圭 6씨를 선출하여 일임하기로 되었다. 3) 당면의 諸問題에 관한 건과 국민대회 소집에 대한 준비는 전국 각지 각층을 총망라한 백 명의 집행 위원을 선출하여 일임하기로 하였다. 이로써 3천만 민중의 總意와 總力量을 집결할 국민대회소집과 연합국에 대한 감사표시는 착착 진행될 것으로 기대된다. ▲ 임원 委員長 宋鎭禹, 副委員長 徐相日 元世勳, 常任委員(無順) 金性洙 金俊淵 金炳魯 金智煥 金東元 金秉奎 金勝文 李仁 白寬洙 張澤相 尹致暎 安東源 林正燁 姜炳順 韓南洙 宋必滿 朱基鎔 高羲東 梁源模 白南敎 李順鐸 金良瑕 李慶熙* 崔允東* 徐相國 高在旭 高光表 曹正煥 姜仁澤 張德秀 張龍瑞 姜樂遠 金時中 趙軫九 閔重植 李熙晟 林炳哲 吳基水 李容漢 李昇泰 梁會英 陳奉燮 沈川 金東煥 敦福山 蔡廷根 羅承圭 金晋燮 金口根 李允植 金三奎(*표시는 대구 출신) ; 그런데 古下宋鎭禹先生傳에는 결의사항 2)에 대해 서상일 · 김준연 등 두 명을 포함한 8명으로 기술하고 있다.

16) 古下先生傳記編纂委員會, 『獨立을 향한 執念』, 동아일보사, 1990, 453쪽. 이들 외에 실행위원으로 김준연 · 장택상 · 김창숙 · 최윤동 · 백상규 등이 선출되었다. 그리고 서상일은 동 준비회 대회 이틀 뒤인 9월 9일에 창당된 고려청년당의 고문으로 추대되었다. 여기에는 국민대회준비회의 참여자의 상당수가 고문으로 추대되었는데, 대구의 윤홍렬도 포함되었다(『매일신보』, 1945. 9. 13).

17) 한국민주당에 통합된 정당들에 대해서는 송남헌의 『한국현대정치사』 1, 성문각, 1980을 참고할 것. 당시 우익세력의 지형에 대해서 『고하송진우선생전』에는 白寬洙 · 金炳魯 · 洪性夏 등을 중심한 畿湖派로 일명 원남동 내각 혹은 신간회 우파로 불린 세력, 張德秀 · 金度演 · 許政 · 趙炳玉 · 尹潽善 · 李榮俊 · 尹致暎 등을 중심한 해외파, 元世勳 · 金若水 · 朴瓚熙 등 사회주의 계열, 白南薰 · 咸相勳 등 황해도 그룹 등 네 개의 세력이 있었던 것으로 기술하고 있다.

트(Cecil W. Nist) 대령은 서상일 · 설의식 · 김도연 · 현동완 · 장자일 등과 회담한 후 "한민당은 한국의 일반대중을 가장 잘 대표하고 가장 많은 수의 보수분자들을 보유하고 있다"고 보고[18]하였다. 1주일 뒤에 다시 "한민당이 주요 민주정당으로서 한국인민의 대다수를 대표하는 정당"이라고 결론지었다.[19]

서상일은 1945년 9월 21일에 한민당의 당무를 맡아 볼 8인 총무의 일원으로 선출되었다.[20] 한민당의 8인 총무단은 실질적인 당무를 총괄하는 집단지도체제였다. 송진우를 수석총무로 하는 서상일 · 원세훈元世勳 · 백관수白寬洙 · 김도연金度演 · 허정許政 · 백남훈白南薰 · 조병옥趙炳玉 · 김동원金東元 등의 8인 총무는 인물과 지역을 고려하여 선출되었다. 한민당은 9월 22일에 중앙집행위원회를 열고 총무사무국 외 11부서와 중앙감찰위원 30명을 두기로 결정하였다.[21] 한민당에는 건준 · 인공에 대립되는 보수와 '친일세력'이 집결하였지만, 그 내부에는 진보적인 양심세력과 적극적 민족주의자도 포함되었다.[22]

서상일은 한민당내에서 경북지역을 대표하는 사람으로 부각되었다. 그가 한민당의 성격을 나타내는 정강 · 정책의 결정에 영향을 미쳤을 것으로 생각되지만 그 증거를 찾기는 쉽지 않다. 다만, 신도성에 회고에 따르면, 자신이 한민당의 정강 · 정책을 기초하면서 경제정책에서 '수탈 없는 경제구조'를 표방하자 김준연을 비롯한 많은 사람들이 강한 반대를 했

18) G-2,P/R, No.3, 1945. 9. 13.

19) G-2,P/R, No.10, 1945. 9. 20.

20) 『매일신보』, 1945. 9. 21.

21) 『매일신보』, 1945. 9. 22.

22) 서중석, 『한국현대민족운동연구』, 역사비평사, 1992, 264~266쪽. 이외 한민당의 결성과정 · 성격 등에 관해서는 심지연의 「한민당의 구조적 분석과 단정노선」, 『한국현대정당론』(창작과 비평사, 「보수야당의 뿌리, 한민당의 공과」, 『한국의 정당』(한국일보사, 1987) 등을 참고.

을 때 서상일만은 "지금 세계대세가 진보적인 방향으로 흐르고 있으니 구암龜岩(신도성의 아호)의 생각은 시대조류에 맞는 것"이라며 찬성을 나타냈던 것으로 기억하였다.[23] 서상일이 여타 다른 한민당의 정강·정책에 대해서 어떤 입장을 가졌는지는 분명하지 않다.

국민대회준비회는 한민당이 결성된 이후에도 해체하지 않고 조직을 계속 유지했다. 그에 따라 서상일은 국민대회준비회와 한민당 등 두 단체에서 동시적으로 활동하지만 한민당의 자매단체인 국민대회준비회를 중심으로 활동하였다.[24] 그는 일제시기부터 동아일보와 합법운동을 매개로 정치적 동지로서 가까이 지낸 송진우와 함께 정치 활동을 벌였던 것은 이미 앞에서 확인한 바 있었다. 서상일은 국민대표준비회에 주력하고 송진우는 한민당의 중심으로서 활동함으로써 두 사람 간에 일정한 역할 분담이 이루어졌다.

송진우는 한민당의 수석총무로서 정당통일에 주력하면서, 임정을 부인하는 단체나 개인과는 어떠한 회합도 거부한다는 입장을 가지고 있었다.[25] 그것은 중경임정이 임시정부의 법통성을 가진 것으로 이해한 것이 주요 동기였다.[26] 먼저, 우익 정치세력과 함께 10월 20일 동준비회 강당에서 이승만을 비롯한 임정 요인을 맞아들이기 위한 한국지사영접위원회를 결성하였다. 이때 서상일은 송진우·김성수 등과 함께 그 위원으로

23) 신도성, 「한민당창당」, 『전환기의 내막』, 조선일보사, 1982, 135~137쪽. 신도성은 김성수의 사랑채에서 진행된 그 자리에는 서상일을 백관수·조병옥·장덕수·함상훈·김준연 등이 있었던 것으로 기억했다. '수탈 없는 경제' 때문에 정강·정책은 보류되고 그 후 정강·정책 기초는 백관수를 위원장으로 하는 기초위원회로 넘겨지게 되었는데, 그 후 주로 함상훈이 기초한 안이 대부분 채택된 것으로 기억하였다.

24) 한국민주당선전부, 『한국민주당소사』, 1948 ; 심지연, 『한국현대정당론』 2, 창작과 비평사, 1984, 284쪽에서 재인용.

25) 송남헌, 앞의 책, 187~188쪽, 이런 입장에서 1945년 10월 18일 한민당·국민당·건국동맹·공산당 등 4대당 당수급 회의는 성사되지 못했다.

26) 서중석, 앞의 책, 269~270쪽.

선출되었다.[27] 이에 앞서 10월 17일에 서상일 · 장덕수 · 허정 · 조병옥 · 김병로 등의 한민당 간부들은 귀국한 후 조선호텔에 묵고 있던 이승만을 찾아가 환영의 뜻을 표하였다.[28]

다음으로 국민대회준비회 측은 좌익에 대항하는 세력의 집결에 적극적으로 나섰다. 국민대회준비회의 서상일을 비롯한 김준연 · 장택상 · 설의식 · 강병순 등과 윤형식尹亨植 · 최성환崔星煥 등은 한민당 · 조선공산당(장안파) · 국민당 등 3당 연대를 알선하였다. 이에 10월 24일에 3당 대표와 국민대회준비회의 합동 명의로 임정봉대론을 표방하고 우익 정치세력을 중심으로 하여 국민대회준비회를 준비하고자 하였다.[29] 송진우 · 서상일 등은 단일 정당보다는 이념적 동질성을 가진 범우익 세력의 통합에 주력하였고, 그 중심을 국민대회준비회로 설정하였다. 곧 그것은 장차 중경 임시정부가 환국하면 임정 주관 아래 국민대회를 소집해서 정식정부를 수립하여 임정의 법통을 계승하도록 한다는 구상이었다.[30]

다음날 10월 25일에 이들 정당을 비롯한 이승만이 참석하여 우익세력의 통합에 관한 서로간의 의견을 교환하였다. 이날 모임에는 국민대회준

---

27) 『매일신보』, 1945. 10. 22.

28) 『동아일보』, 1945. 10. 17.

29) ▲ 각 당 대표 명단 韓國民主黨代表 ; 宋鎭禹 · 元世勳 · 金炳魯 · 白寬洙 · 白南薰 · 洪性夏, 國民黨代表 ; 安在鴻 · 朴容義 · 嚴雨龍 · 金寅炫 · 白泓均 · 閔人鎬 · 綦主淵, 朝鮮共産黨代表 ; 崔益翰 · 黃郁 · 徐丙寅 · 朱鎭景, 國民大會準備會代表 ; 金俊淵 · 徐相日 · 薛義植 · 張澤相 · 姜柄順, 個人資格代表 ; 尹亨植 · 崔星煥 ▲ 決議 一. 우리는 재중경대한임시정부의 정치적 외교적 활동을 전면적 적극적으로 지지함, 一. 우리는 재외혁명단체의 수십 년간의 우리 민족해방투쟁에 공헌한 위대한 업적을 지지함, 一. 우리는 대한임시정부의 귀환을 촉진하여 국내 국외의 반민족적 분자를 제외한 민주주의적인 각층 각파와 제휴 연결하여 國民總意에 의한 정식정부의 급속한 수립을 기함, 一. 韓國民主黨 國民黨 朝鮮共産黨은 全朝鮮民族의 통일된 완전한 민주주의적 自主獨立的 정식정부수립을 위한 준비로 국민의 總意가 반영되고 집결될 수 있는 국민대회준비위원회를 구성함.

30) 고하선생전기편위원회편, 앞의 책, 320쪽 ; 신도성, 「한민당창당」, 『전환기의 내막』, 조선일보사, 1982, 132쪽.

비회에서 서상일 · 김준연, 한국민주당에서 송진우 · 원세훈 · 백관수 · 함상훈 · 박찬희, 조공 장안파에서 최익崔翰 · 최성환 · 서병조, 국민당에서 안재홍 등이 참석하였다.[31] 또한 10월 26일에 국민대회준비회는 상임집행위원회를 열고 다음해 1월 10일에 국민대회를 소집하기로 결정하였다. 국민대회에서 헌법대강을 토의하기로 하고, 이에 그 준비로 헌법연구위원을 선정하였다. 거기에는 서상일을 비롯한 김병로金炳魯 · 김용무金用茂 · 이인李仁 · 장택상張澤相 · 백남운白南雲 · 김준연金俊淵 · 이극로李克魯 · 정인보鄭寅普 · 강병순姜柄順 · 송진우宋鎭禹 등 11명 선정되었다.[32]

그런데 여기에는 많은 자금이 필요하였다. 이에 국민대회준비회는 12월 23일 국민대회 강당에서 발기인 70여 명이 참석한 가운데 애국헌금회를 결성하였다. 당일 대한독립애국금헌금회와 통합하여 애국금헌성회愛國金獻誠會라 명칭하고 본부를 국민대회준비회 내에 두기로 하였다. 여기에서 서상일은 송진우 · 김성수 등과 함께 고문으로 추대되었다.[33]

한편, 대구지역의 정치 동향을 보면 1945년 10월 17일에 미군정으로부터 건국준비경북치안유지회가 해산된 이후[34] 좌우익으로 분화되어 각기 자파세력 확대에 주력하였다. 그리하여 10월 25일 좌익은 경북 건준을 경북인민위원회로 개편하였고, 우익은 10월 30일에 국민통일회로 집결되었다. 또 우익의 국민통일회는 11월 1일에 대구출신의 중앙협의회 회원인 이갑성 · 김종태 등으로부터 정세를 들은 후 경북독립촉진회로 조직을 전환하기로 하였다.

먼저, 1945년 11월 7일에 대구향교에서 6개 정당 대표들이 모여 조선독

31) 『매일신보』, 1945. 10. 30.

32) 『서울신문』, 1945. 12. 23 ; 『동아일보』, 1945. 12. 23.

33) 『동아일보』, 1945. 12. 26.

34) 대구시사편찬위원회, 앞의 책, 77쪽.

립경북촉진회를 발족하였다. 결성대회에서 '조선의 급속한 독립완수를 기함'이라는 강령과 함께 4개항에 걸친 행동강령과 성명서를 채택하였다.[35] 그 구체적 내용은 정당 · 사회단체의 통일을 촉구하고, 신탁관리설을 비판하면서 38선을 철폐하여 민족독립을 달성하자는 것이었다. 곧 이승만의 노선을 합리적인 것으로 간주하면서 민족독립을 가장 긴급한 과제로 설정하여 정당 · 사회단체의 통합을 촉구한 것이다.[36] 그리고 동 촉진회의 임원에서[37] 대표위원 김하정은 일제하 대구노동공제회 및 신간회 활동을 벌인 인물이었다. 최성환은 실업인으로 상경대책위원회 서무부 책임[38]으로 활동하였고, 서동진은 대구전재민후원회장과 경북청년회

35) 『영남일보』, 1945. 11. 7 ; 11. 8. ▲ 행동강령 ①독립촉진을 위하여 민족의 총단결을 기함, ②생산을 장려하여 民衆生活의 安定을 기함, ③계몽활동을 진작하여 民度向上을 기함, ④일본제국주의 잔재의 일소를 기함. ▲ 聲明 일본제국주의에서 해방된지도 벌써 三朔이 가까웠다. 그동안 우리는 자기의 抱懷한 정치적 소신으로 독립에 이바지하였다. 그러나 현실의 우리의 정세는 우리 자체의 재검토를 요구한다. 국토를 兩斷하는 三十八度의 문제와 美極東部長.명의 국제공동신탁관리설은 우리로 하여금 자기의 斷懷한 政策, 主見을 버리고 한 덩어리가 되기를 요구한다. 우리는 확실히 현실을 재인식한다. 오직 독립의 완수를 위하여 단결이 필요할 것을 또한 우리 민족의 지도자 이승만 박사는 「오직 우리에게 한 덩어리가 되어서 먼저 국토를 찾자」를 부르짖고 있다. 이 현실의 정세의 擧民族的要求를 무시하고 파당주의를 고집하는 자는 민족의 반역자다. 여기에서 대구에 있는 우리 각 당은 주의와 일체의 관련을 청산하고 혼연일체가 되어서 朝鮮獨立慶北促進會를 결성하였다. 애국의 동지는 같이 손을 잡자. 그리하여 하루 속히 우리의 독립을 완수하자.

36) KTC생, 「조선독립경북촉진회의 사명」, 『無窮花』 창간호, 1945. 12, 20, 24쪽. 잡지 『무궁화』는 동 촉진회의 기관지로 발행된 것이었고, 이 글의 마지막 부분을 인용하면, "우리 促進會의 使命이 朝鮮獨立 이외에는 아모 것도 업는 것은 自他共認한 이상 자기주의와 자기정책에 미련을 가지고 참가를 躊躇함은 실로 憤함이라 思料한다. 우국지사여 여러분 高見博識은 독립이 완성된 후 襟度를 披瀝할 기회가 얼마든지 있을 것이며 당신들의 주의정책도 긍정할 여지가 있을는지도 모를 것이다. 그것은 독립된 후 우리가 해결할 문제이니 당분간 주의정책주장을 양보하시와 한덩어리가 되기를 기원하며 우리는 독립이외에 아무 주의 또는 정책이 업다는 것을 다시 聲名한다"고 하였다.

37) 『영남일보』, 1946. 12. 1 ; 1. 9. 대표위원 金夏鼎 金訓采 孔元相, 내무부장 金承煥, 재정부장 郭振滐, 선전부장 張大熙, 지방부장 崔成煥, 민생부장 鄭雲杓, 후생부장 金奉道, 청년부장 徐東辰, 부녀부장 金聖妹.

회장으로 활동하였다.[39] 김봉도와 김성매는 기독교인으로서 일제하 황국신민화정책에 호응한 친일 경력이 있었다.[40] 김성매의 경우 해방 후에는 부인동지회의 결성을 주도하고 회장이 되었다.[41]

동 촉진회는 여타 정치세력을 포함한 경북인민위원회에 즉각적인 참여를 종용하는 성명서를 발표[42]하는가 하면 김하정과 김영술을 서울에 파송하여 아놀드 군정장관과 정당을 방문하도록 하였다.[43] 또 11월 20일에 부내 각 단체대표자 60여 명이 참가한 가운데 민족통일대표자회를 개최하여, 이승만 지지·조선독립경북촉진회 지지 등을 결의하고, 통일강연회를 개최하는가 하면 경북 각 지역을 순회하며 조직 확산에 나섰다.[44]

---

38) 『영남일보』, 1945. 11. 14.

39) 『영남일보』, 1945. 11. 2.

40) 김봉도는 1920년 독립공채모집과 워싱톤회의 청원 활동을 벌인 바 있으나 중일전쟁 이후 기독교대구연합회(1937), 국민총력경북노회연맹 총무(1940), 종교보국간담회(1941) 등에서 친일활동을 벌인 목회자였다. 김성매의 경우 경북노회연합회 여전도 회장으로 있으면서, 1941년 6월 24일에 열린 국민총력경북노회연맹 여자부 결성식을 주도하였다(경북노회 100년사 편찬위원회, 『경북노회 100년사』, 1977, 97~108쪽).

41) 『영남일보』, 1945. 11. 2.

42) 『영남일보』, 1945. 11. 10, 경북인민위원회는 조선독립경북촉진회의 기관지 『무궁화』 창간호에 경북인민위원회 부의장 최문식 명의로 창간 축하문을 실었다. 또 경북인민위원회는 전체 간부진 명단을, 대구청년동맹은 선언과 강령을 실으면서 무궁화의 발간을 축하했다. 그렇지만 촉진회의 참가에 대해서는 중앙의 판단을 기다리며 유보하는 입장을 보였다.

43) 『영남일보』, 1945. 11. 11.

44) 『영남일보』, 1945. 12. 20. 이 민족통일대표자회에 참가한 단체는 다음과 같다. 유학생동맹, 학생동맹경북본부, 경북청년회, 경북구호회, 영남체육회, 영남민보단, 대구불교청년회, 중등학교동창회연합회, 대구금융비상대책위원회, 대구영화협회, 경북기독교노회, 경북토목건축협회, 대구의생회, 대구치과의사회, 대구약제협회, 경북불교협회, 대구주택대책위원회, 영남교육회, 경북불교부인회, 경북상공대책위원회 등. 통일강연회는 11월 23일 대구공회당에서 개최되었는데, 그 내용은 ①민족정당법, ②생산확보, ③민도 향상, ④日本色 拂拭 등이었다(『영남일보』, 1945. 11. 14 ; 11. 23). 조직을 선산·경산·구미·안동 등 경북 각 지역으로 확산시켜 나갔다(『영남일보』, 1945. 11. 10 ; 11. 16 ; 11. 20 ; 12. 14).

주목되는 점은 동 촉진회 간부진 및 참여단체에 종교 단체가 적극 참여하고 있다는 것이다. 특히 기독교의 경우 해방 직후 김봉도를 회장으로 하는 조선건국경북기독교협회를 결성하고, 건국 활동에 적극적으로 참여하였다.[45] 이 협회는 기독교정신에 바탕을 둔 국가의 건립을 설립 취지로 내세우면서 종교세력의 정치세력화를 꾀했다. 여기에는 대구지역 기독교계의 지도급 교역자의 대부분이 망라되었던 것으로 보인다. 또 그들은 기독교의 인물양성과 사회 활동에 중점을 둔 기독교청년회(대구 YMCA)의 임원과 대체로 일치할 것으로 생각된다.[46] 기독교계의 경북독립촉진회에의 합류는 대구지역 우익세력이 크게 강화되는 계기로 작용하였다. 이처럼 대구지역은 지역의 좌우 정치세력의 합작 형태의 건국준비경북치안유지회가 미군정에 의해 해산을 당한 후 각 정치 세력별로 조직을 강화해 나가는 가운데 우익은 경북독립촉진회로 결집되고 있었다.

이때 서상일은 최윤동과 함께 11월 3일에 미군정청의 특사로 대구를 방문하였다.[47] 그들이 대구에 온 임무는 이틀 뒤인 11월 5일 경북군정청 회의실에서 가진 기자회견을 통해 밝혔다.

▲ 성명 "우리는 금반今般에 군정청의 지시를 받어서 이곳에 온 것이외다. 첫째는 군정당국의 진로와 모든 방침을 일반 민에게 주지케 하고 동

---

45) 『基督敎會關係文書綴』, 102쪽. 활동 방향으로 ①조선건국대업의 완성에 총력 결합, ②치안유지와 국민생활향상, ③기독교정신에 합치되는 민주주의정부수립에 협력 등을 표방하였다.

46) 『基督敎會關係文書綴』, 29쪽. 그 명단은 다음과 같다. 회장 金正悟, 부회장 金奉道, 총무 鄭光淳, 종교부장 金奉道, 교육부장 李永植, 체육부장 姜連浩, 사교부장 吳玉三, 소년부장 金周悟, 이사 金宜均 崔鍾徹 白南採 李永植 金忠學 金炳旭 崔敬學 金泰默 李圭元 申泰植.

47) 군정청 고문 임명은 한민당의 미군정 정책의 일환이었고, 미군정 또한 '교양있고 전문지식을 가진 사람들로 구성된 정당'으로 한민당에 우호적 인식을 갖고 있어 가능했다(심지연, 『한국민주당연구』 1, 풀빛, 1982, 75~78쪽).

시에 우리 도민의 요구와 희원希願하는 바를 청취하야 군정청에 채택하려 하며, 다음에는 도내 각계에 신망이 높고 도민의 지도자가 될 만한 인격자를 추천케 하야 행정 기타 행정기간의 개혁에 협력코저 하는 것입니다. 우리 삼천만 동포의 기망企望하는 광복대업을 촉성함에는 우리는 우선 군정당국을 조력하야 그 운행을 민활하게 하는 동시에 우리에게 자치의 능력이 충분히 있는 것을 보여야 할 것이외다. 그러함에는 우리는 행동을 통일하야 단결을 공고히 하며 지도계급의 여러분은 가일층 협력을 아끼지 않으시기를 바라는 바입니다."[48]

곧 미군정청의 시정 방침을 일반 대중에게 주시시키고, 대중의 의견을 수렴해 군정에 반영하는 역할과 경북군정청의 고문을 추천하는 것임을 밝히는 것이었다. 결국 그들은 경북군정청의 협력자를 선발, 곧 미군정과의 협조세력을 형성하는 것이 주된 임무였다. 그중에서도 경북군정청의 행정고문과 부·과장급 실무진을 중점적으로 추천하는 것이다.

서상일과 최윤동 두 특사는 기자회견을 마친 뒤 별도로 대구의 유력자 수십 명을 초대하여 특명수행에 관한 방법을 토의하고, 그 협력과 원조를 요청하였다. 11월 6일에 각 직별, 정치단체에 특사 임무 수행에 관한 협의상대자로서 대표 1명을 추천해 달라는 초청장을 발송하였다. 추후 활동 방향에 대해서도 밝혔는데, 우선 라디오를 통해 부민府民에게 군정청 방침을 설명하고 협조를 요청할 것이라 하였다. 행정고문의 추천 자격은 비일본적이고 민주주의적이며 신망이 높은 사람을 원칙으로 하여 추천하고, 추천된 행정고문과 함께 지사대리 이하 각 부장급을 인선할 것이라고 하였다. 또 이번 행정고문은 민선고문기관에 선행하여 관선고문기관을 정돈하는 것이며, 도, 부, 군 고문까지 추천할 것으로 알려졌다.

---

48) 『영남일보』, 1945. 11. 6.

그리고 각 과장, 군수, 서장 등은 극히 악질자만 파면시키도록 처리하여 인선을 마무리할 예정인 것으로 알려졌다.[49] 두 특사의 추천 활동 결과는 다음 〈표 2〉와 같다.

〈표 2〉 서상일·최윤동 등 두 특사의 추천 부문 및 명단

발표 일자	발표 부문 및 명단	비 고
『영남일보』 1945.11.17.	도고문 : 최종철(의장) 김찬수 장기상 이상무 장인환 정운일 오기수 박노수 김관제 김재명	서상일·최윤동이 추천하고 E.A.헨 경북도지사가 발표
『영남일보』 1945.11.17.	부고문 : 김태희 정운기 박래승 김하정 이재영 윤용기 양맹식 김종구	
『영남일보』 1945.11.23.	경북군정청 각 부장 내무부장 백남채, 재무부장 허억, 경찰부장 조근영, 농상부장 서만달, 공상부장 박성배, 위생부장 조용해	

이들의 일제하 경력을 보면 관직 출신자는 거의 없으며, 정총대·학교평의회 등 경력이 있는 자 있는 자가 있으나 그 이상의 부일 경력은 나타나지 않는다. 이는 앞에서 인선 기준에 언급한 바대로 악질적 친일파는 없었다. 민족운동의 경험에서는 민족주의 계열이 다수를 차지한 반면 사회주의계열은 단 한 명도 없다. 경제적인 면에서 지주, 자본가가 상당수 포함되었다. 김찬수처럼 지주로서 소작농에게 우호적인 태도를 가진 자와 자본 규모도 중소규모의 자본가가 다수를 이룬다. 경북 군정청 부장의 경우 각 방면 전문가도 두루 포함되었다. 전체적으로 일제하 경력을 근거로 보면, 민족주의계열에 치우쳤다.

따라서 두 특사가 추천한 사람들은 극단적 친일분자를 완전 배제한 가

49) 『영남일보』, 1945. 11. 7.

운데 민족주의 계열, 곧 우익세력이 중심이었다. 이에 우익세력은 행정 운영 능력을 배양할 수 있게 되었을 뿐 아니라 지방 행정을 장악할 수 있었다. 이처럼 서상일과 최윤동 두 특사의 활동으로 행정력을 장악한 대구지역 우익 정치세력은 미군정을 통한 각종 정보를 우선적으로 획득할 수 있게 됨으로써 향후 지역 정치구도에 상당히 큰 영향을 미치게 될 가능성이 있었다. 결국, 서상일은 미군정에 협력하면서, 미군정의 협조자 동시에 우익세력의 관료화에 앞장섰다.

2) 반탁운동과 한국민주당 대구지부 결성과 활동

모스크바삼상회의의 왜곡된 결의안이 국내에 알려지면서 '찬 · 반탁 대립'이 불거지는 가운데[50] 국민대회준비회는 12월 30일의 송진우의 암살로 인해 더 이상 활동할 수 없었다.

서상일도 이를 계기로 국민대회준비회 대신 한민당의 이름으로 정치활동을 전개하였다. 그 첫 활동이 1946년 1월 9일에 임정에서 주선한 5당 회의에 참석하는 것이었다.[51] 이 회의는 임정측이 모스크바삼상회의에 대책을 강구하는 차원에서 비상정치회의소집 예비회합으로서 열린 것이었는데, 전날의 4당 회의[52]에 신한민족당을 포함시켜 5당 회의가 되었다.

---

50) 모스크바삼상회의에 대해서는 서중석, 앞의 책, 301~336쪽 참고.

51) 여기에는 임정에서 趙琬九 · 張建相 · 趙素昻 · 金星淑 4씨가 참석하고, 韓國民主黨에서 張德秀 · 徐相日, 共産黨에서 朴憲永 · 洪南杓 · 李舟河 · 趙斗元, 人民黨에서 金午星 · 李如星 · 金在榮, 國民黨에서 安在鴻 · 明濟世, 新韓民族黨에서 李圭甲 등의 참석과 중앙인민위원회에서 발언권 없이 李康國 · 鄭鎭泰 등 두 명의 방청으로 개회하였다.

52) 서중석, 앞의 책, 337~340쪽. 한민당 · 국민당 · 인민당 · 공산당의 4당 대표자의 통일간담회는 1월 7일에 각 당의 주요 간부들이 참석한 가운데 열렸는데, 여기서 모스크바 삼상회의의 조선문제 결정에 대한 부분과 테러행동에 대한 부분을 내용으로 하는 4당 코뮤니케가 발표되었다. 이 합의는 해방 이후 좌익세력 사이 최초의 합의였다는 중요한 의미를 담고 있다.

그러나 5당 회의를 비상정치회의의 예비회의로 하려는 중경임시정부와 4당 회의의 연속으로 하려는 공산당 · 인민당 측의 주장이 맞서 유회되고 말았다.[53] 그리하여 1월 16일경 인민당의 삼상회의에서 독립국가 건설 원조는 지지하나 탁치에 반대한다는 중재안이 받아들여지지 않아 우익은 비상국민회의로, 좌익은 인공의 민주주의민족전선으로 분열되었다.[54] 곧 서상일의 한민당은 김구세력과 함께 반탁운동에 적극적으로 나서기 위해 참석했다.

서상일은 한민당을 대표하여 임정에서 반탁운동을 벌이기 위해 추진한 비상정치회의주비회에 참여하였다. 그는 1월 20일에 열린 제1차 비상정치회의주비회에 한민당 대표로 참석하여 임시의장으로 선출되었다. 동 주비회 제2일 회의에 서상일을 비롯한 18인 대표가 참석했으며, 조직조례와 직책 및 회원 선정에 관한 초안 심의를 거쳐 원안을 총괄적으로 기초하기 위한 5인의 기초위원을 선정하였다. 원안 기초위원은 서상일(한민당)을 비롯한 김붕준(신한민주당) · 유림(무정부주의자총연맹) · 이종현(조선민주당) · 권태석(신한민족당) 등 5명이었다. 동 주비회 제4일(23일)에 김원봉 · 성주식 · 김성숙 등의 비상정치회의의 소집을 거부하는 탈퇴 성명이 발표된 가운데 이승만이 추진하고 있던 독립촉성중앙협의회와 합류하기로 결정하여 명칭을 비상국민회의로 개칭하고 이승만과 김구를 영수로 추대하였다.[55] 동주비회 제5일(24일) 회의에서 서상일은 본회의

53) 서중석, 위의 책, 339~340쪽.

54) 송남헌, 앞의 책, 206쪽. 비상정치회의의 소집에 대한 성명은 1946년 1월 4일 임정 김구 주석의 명의로 발표되었다. 비상정치회의는 당면한 시국대책으로 입법기관으로서의 과도정권을 수립하고자 하였다. 이 차원에서 1월 8일 4당회의가 열렸던 것이며, 4당회의는 5당회의로 확대되는 듯 했으나 '신탁'에 대한 견해 차이로 인해 좌우익로 양분되었다.

55) 비상국민회의가 좌익과 타협없이 우익 각 정파만으로 비상정치회의가 소집됨으로써 임시정부가 전민족의 영도적 입장을 포기하였다고 지적하면서 좌익과 공동의 비상정

에 참석할 각 대표를 심사하는 심사위원으로 선정되었다. 7인의 심사위원은 1월 25일에 본회의에 초청할 개인 및 정당단체를 선정하고 초청장을 발송하였다. 여기에 초청된 경상북도 대표는 김승환金承煥·김일청金一淸·최윤동崔允東·조헌영趙憲泳·이활李活 등 5명이었다.[56] 이들은 중앙에서 한민당 활동을, 지방에서는 독촉국민회에서 활동한 사람들로서 서상일과 정치적으로 긴밀한 관계를 맺고 있던 인물들이었다.

서상일은 비상국민회의주비회가 1월 31일에 준비사무를 집행할 위원을 선정할 때 과도약헌 기초위원 및 재무 책임자로 선정되었다.[57] 이렇듯 비상국민회의주비회에 적극적으로 참여하여 임정과의 연대, 반탁운동에 참가했던 서상일은 정작 2월 1일에 열린 비상국민회의에서 선정된 상임위원 및 최고정무위원의 명단에는 포함되지 못하였다. 대신 김성수가 산업경제위원장으로 선출되어, 처음으로 그의 이름이 비상국민회의에 등장하였다.[58] 이후 비상국무회의의 정무위원회는 민주의원으로 개편되어 미군정의 자문기구가 되었고, 비상국무회의는 별도로 존속하여 2월 17일에 민족통일총본부 및 독립촉성국민회와 통합하여 명칭을 국민회의로 변경하기로 결의하였다.

서상일은 한민당을 대표하여 비상국민회의에서 활동하면서 1946년 1월 15일에 열린 대한독립촉성중앙협의회大韓獨立促成中央協議會의 제2회 중앙집행위원회에서 조직부위원으로 추천되었다. 그는 1월 16일에 열린 제3회 중앙집행위원회에 참석하였고, 이 자리에서 확대된 중앙집행위원으로

치회의의 소집을 촉구하였다.

56) 송남헌, 앞의 책, 223~227쪽 ; 『조선일보』, 1946. 1. 21 ; 『조선일보』, 1946. 1. 22 ; 『조선일보』, 1946. 1. 25. 심사위원은 서상일을 비롯한 金墩·李宗鉉·金觀樺·金明濬·南相喆·權泰錫 등 모두 7명이었다.

57) 『조선일보』, 1946. 1. 31.

58) 송남헌, 앞의 책, 228~229쪽. 비상국민대회를 통해 구성된 28인의 최고정무위원회에 한민당 출신으로 김준연·김도연·백관수·백남훈·원세훈 등 5명이 선출되었다.

선출됨과 동시에 21인의 상무위원으로 선정되어 조직부원이 되었다.[59]

그는 1월 18일에 열린 제5회 중앙집행위원회에 참석하여, 신탁반대를 위한 조직 결성을 논의하였다. 이는 이승만의 제안이었는데, 원세훈은 이승만에게 임정측이 추진하고 있는 비상정치위원회와 어떤 관계에 있는지를 질의하였다. 이승만은 임정만으로 목적을 달성하기에는 부적합하다는 논리를 펼쳤다. 그 이유로서 첫째, 상해에서 군정청과의 사이에 개인자격이라는 조건으로 환국한 것, 둘째 반탁운동으로 인해 일부 위원이 군정당국으로부터 오해를 산 것, 셋째 내부에 의견대립이 있는 것 등이었다. 이에 서상일은 "임정에서 조직된 비상정치회의와 관계가 있으니 신중 고려하여야 하겠으니 기일의 여유를 줄 수 없는가"라며, 이승만에게 독자적 국민조직의 결성에 신중할 것을 요청하였다. 그리고 한민당 인사들은 임정추대진영에 분열이 발생할 수 있다는 점에서 독자적 국민조직의 결성을 신중을 기함으로써 서상일과 의견을 같이 했다. 다만, 김성수는 김구의 양해가 있다면 이승만과 김구에게 국민조직에 대한 문제를 전임하겠다는 입장을 표명하였다. 반면, 신균申均 등 이승만 추종자들은 철저히 이승만의 입장을 지지 · 옹호하였다.[60] 이 회의를 통해 볼 때, 한민당은 이때까지 임정봉대론을 충실히 수행하고 있었다. 이러한 입장에서 서상일을 비롯한 한민당 인사들은 앞서 언급했던 1946년 1월 20일에 열린 비상정치회의주비회에 참석할 수 있었다.

1946년 5월 미소공동위원회의 결렬 이후 미소공위 재개를 둘러싼 미 · 소의 대립, 국내 정치세력의 갈등, 국내 정치세력과 미군정의 갈등이 표출되면서 미군정에 의한 '정판사 위조지폐사건'이 발생하고, 미군정이 극좌 · 극우세력을 배제한 채 중도 좌우익 연합의 좌우합작을 추진하려 하

59) 『대한독립촉성중앙협의회 제3회 중앙집행위원회 회의록』(1946. 1. 15).
60) 『대한독립촉성중앙협의회 제5회 중앙집행위원회 회의록』(1946. 1. 18).

였다.[61]

이에 대비하여 1946년 5월경 한민당은 중앙당을 개편하고 지방 조직의 확대 강화에 나섰다. 이때 서상일은 한민당의 중진으로서 역할을 수행하였다. 먼저, 동월 7일에 23개 분과위원회의 식량대책위원회의 책임위원으로 선정되었다.[62] 그 다음 동월 27일에 한민당이 간부회의를 열고, 지방조직을 강화하기 위해 지방유세대를 조직하여 파견키로 결정하였다. 경북지역 유세대는 서상일을 비롯한 장덕수·조헌영(영양)·이활(영천) 등 4명이었다.[63]

1946년 5월 27일 한국민주당은 간부회의를 통해 지방 조직을 서상일은 앞에서 보았듯이 미군정청 특사로 대구·경북의 행정 관선고문과 과장급의 실무진을 선정하는 데 핵심적인 역할을 수행한 바 있었다. 우파 중심의 인물 선정은 대구지역 우익세력의 결집력 강화에 중대한 요소로 작용하였다. 조헌영[64]과 이활은 모두 해외 유학생 출신으로 영양과 영천에 막강한 영향력을 가진 집안 출신이었다. 이활은 1920년 무렵 미국 방문길에 장덕수를 만났으며, 그에게 존경심을 갖고 있었다. 이활은 장덕수의 중매로 김성수와 사돈관계를 맺을 정도로 한민당과 가까운 사이였다.[65]

서상일이 미군정청 특사로 활동한 이후 한민당 경북지역 유세대로 선발되기 이전까지 대구지역 우익세력의 동향을 보면, 미·소 공동위원회 개최에 즈음하여 조선독립경북촉진회와 조선신탁반대국민총동원 경북위원회가 통합되어 대한독립촉성경북국민회가 결성되었다.[66] 또한 대한

---

61) 이 시기의 상황에 대해서는 서중석, 앞의 책, 305~384쪽 참조.

62) 심지연, 앞의 책(2), 220~221쪽.

63) 『동아일보』, 1946. 5. 27. 한민당의 지방조직은 인천(1945. 9. 16), 광주(11월 초) 등에 만들어졌을 뿐 기반이 강하지 않았다(서중석, 앞의 책, 266쪽).

64) 김일수, 「신간회 동경지회장, 조헌영」, 『근대 대구 경북 49인』, 혜안, 1999, 186~189쪽.

65) 牧堂李活傳記刊行委員會, 『牧堂 李活의 生涯』, 1982, 84~87쪽, 100~101쪽. 이활의 아들과 김성수의 둘째 딸과의 혼인이었다.

독립촉성대구시국민회도 조직되었다.[67]

한민당 경북지역 유세대가 대구에 도착한 직후인 5월 29일 한 언론에 한국민주당 결성에 대한 보도가 실렸다. 지난 13일 공회당에서 열린 임시총회에서 당면의 긴급문제에 대해 정운기 · 김완섭 두 사람이 경과보고가 있었고, 6월 9일에 대구지부 결성식을 거행할 예정이라고 전했다.[68] 그런데 한민당 대구지부는 이미 1945년 10월 무렵에 형성되었으나[69] 그때는 정식 결성이 이루어지지 않았던 것으로 볼 수 있다. 따라서 대구의 경우, 이때를 계기로 느슨하게 형성된 한민당 조직을 완전한 조직체로 구성하려 했던 것이다. 여기에는 서상일의 영향력이 컸다.[70]

서상일은 한민당 대구지부의 결성에 맞추어 중앙당의 중진인 원세훈 · 김병로 · 김준연 · 김동원 · 홍성하 등과 함께 대구에 도착하였다. 이들은 6월 7일 오후 제일교회, 6월 8일 키네마극장에서 강연회를 개최하였다. 그들의 연설 내용은 당시 급변하는 정국에서 우익의 입장을 선전하는 것에 주력하였다. 특히, 이때는 6월 3일에 이승만이 전북 정읍에서 남조선 단독정부 수립 계획을 발표하여 큰 파문을 불러일으킨 직후였다. 6월 8일 장덕수는 한 언론사와의 인터뷰에서 "미소공동위원회는 결렬이

---

66) 『영남일보』, 1946. 3. 14.

67) 『영남일보』, 1946. 5. 14 ; 5. 16.

68) 『영남일보』, 1946. 5. 29. 이때 선정된 간부는 다음과 같다. ▲총무부 鄭雲騏 金完燮 嚴成文 李源璣 ▲당무부 白南圭 李愚恒 李義元 李景珍 朴錫元 石文圭 白南薰 ▲재정부 金兌熙 嚴琦燮 林福秀 ▲선전부 金龍翰 金龍成 金龍岩 金龍東 ▲정보부 禹根鎬 朴尙俊 尹斗基 朴錫潤 柳植榮 禹正岩 ▲노농부 金正權 蔣□燮 都建鎬 徐起源 秋幸求 鄭浣秀 崔任出 徐達洙 ▲청년부 李源萬 張仁煥 金正煥 金鍾聲 ▲감찰위원 金愚植 鄭雲騏 洪雲禎 洪在榮 朴魯益.

69) 영남일보사, 『慶北總攬』, 1946, 5쪽. 이 책에는 10월 7일에 한국민주당 대구지부가 결성되었고, 대표자에 정운기, 사무실은 조양회관에 둔 것으로 기술하고 있다.

70) 이원만, 『나의 정경 50년』, 103~108쪽. 이원만 자신은 한민당 대구지부에 운영 자금을 출연했다고 기술했다. 그가 한민당 대구지부에 입당하게 된 계기는 재종형 이원기의 권유에 의해서였다.

아니라 휴회일 뿐"이라고 하였고, "이승만의 정읍 발언의 내용은 한국인끼리 좌우 없이 총단결하자는 의미"라고 강변하였다. 또한 "경제적으로는 계획경제의 수립 및 중요산업기관의 국영 혹은 국유로 하고 농토는 유상분배 방침을 제시"하였다.[71]

한민당 대구지부의 결성은 임시의장 정운기의 사회로 진행되었고, 동 지부의 간부 명단은 다음과 같다.[72]

> 수석총무 : 백남채
> 총　　무 : 장인환 · 이원기 · 백남규 · 정종윤 · 이재영 · 엄성문 · 이원만 · 김태희 · 이정우
> 당무부장 김용동, 사무국장 김재권, 기획부장 백남부, 조사부장 김영휘, 정보부장 고희배
> 조직부장 도건호, 선전부장 이근상, 노동부장 이경진, 연락부장 이범삼, 노동부장 이성주
> 농민부장 김무근, 문교부장 이한도, 사회부장 이창노, 정치부장 우근호, 재정부장 김상곽
> 상공부장 김동하, 후생부장 박석원, 산업부장 지원일, 민생부장 안경수, 구호부장 추달수
> 운수부장 정기택, 사업부장 정인수, 외교부장 장영모, 감찰위원 김우식, 박노익, 정광순, 윤병혁, 김원휘

한민당 대구지부 임원의 특징을 살펴보면, 우선 서상일의 추천에 의해 행정고문회에 참여한 백남채 · 장인환 · 정운일 · 엄성문 · 서달수 등이 포

---

71) 『남선경제신문』, 1946. 6. 9. 이 신문은 1946년 3월 1일에 경제전문지로 창간하여 1950년 8월 1일에 『대구매일신문』으로 제호를 변경하여 지금에 이르고 있다. 이 신문은 1946년에만 두 번에 걸쳐 휴간된 바 있었다.

72) 심지연, 『한국현대정당론－한국민주당연구2－』, 창작과 비평사, 1984, 222쪽.

함되었다. 기업인으로서 이원기·백남채·이원기·엄성문·이원만·김태희·이근상·박노익 등이 대거 참여하고 있다. 경북독촉국민회에서 정운기·이원만·김우식·임복수·김완섭 등이 참여하였다. 유도회의 김우식·박노익·김원휘 등도 참여하였다. 또 연령층으로 백남채·장인환·박노익·김우식 등이 장년층이었고, 대부분은 소장층이었다. 그리고 일제하 경력으로 볼 때, 장인환·김완섭 등이 신간회대구지회에서 활동했으나 지속적으로 독립운동에 참여한 사람도 드물다. 또 고위 친일 관료 혹은 악질 친일파는 보이지 않는다. 따라서 한민당 대구지부는 행정고문회에 추천된 인물들의 성격과 유사할 것으로 보인다.[73)]

그렇다면 경상도의 주요 기반인 대구에 한민당 지부의 정식 결성이 늦어진 이유는 무엇일까. 우선, 중앙 정치세력의 명망 정도에서 한민당은 이승만과 김구에 비해 뒤떨어졌던 것으로 보인다. 그것은 한민당이 임정봉대론에서 이승만 세력과 연대해 나간 점을 고려할 때, 대구지역에서는 김구와 이승만에 대한 인지도가 높았던 것이다. 계속해서 반탁운동이 전개될 때 반탁운동의 전면에 김구, 이승만의 조직이 대구지역과 깊이 연계되어 있었던 점을 고려할 수 있다. 또한 한민당이 대중적 기반보다는 현상유지정책을 실시하면서 한민당을 적극 지원한 미군정과의 강화에

---

73) 한민당 경북지부는 대구지부 결성에 비해 훨씬 늦은 11월 22일에 결성되었다(『영남일보』, 1946. 11. 24). 서상일은 한민당 경북도당 결성준비위원장을 맡아 도당 결성을 주도하였다. 이같이 한민당 대구시당과 경북도당이 결성됨에 따라 한민당은 대구·경북에 지역 기반을 갖추었고, 서상일은 자신의 정치적 입지를 넓힐 수 있는 계기를 확보하였다. 주요 부서와 간부는 다음과 같다. 위원장 朴海克, 부위원장 林永學·李在榮·李源璣, 사무국장 郭泰珍, 상무집행위원 朴海克·李在榮·林永學·李源璣·嚴成文·白南圭·金在權·朴魯洙·金玖·金兌柱·李源萬·金兌熙·都建鎬·秋達洙·禹根鎬·朴春雨·朴永圭·金容尙·郭泰珍. 주요 간부 중 추달수·이재영·김태희·도건호·이원기·엄성문·백남규·김재권·이원만·우근호·이정호 등 11명이 중복될 정도로 대구지부와 경북도지부와의 관련성은 컸다. 따라서 한민당은 대구지부를 중심으로 경북지부 결성에 착수하였던 것이다.

주력한 채 지부 조직을 일률적으로 갖추어 나가지 않았던 점도 고려될 수 있다.[74] 그리고 대구에 정식 한민당 지부가 만들어져 있지 않지만 경북독립촉진회의 구성원이 대체로 우익적 경향을 보이고 있어 항상 연계가 가능했다는 점도 들 수 있다.

여하튼 한민당 대구지부의 결성으로 인해 대구지역의 우익세력은 한민당·한독당·이승만 세력으로 분화되지 않을 수 없었다. 이러한 사정에서 한민당 대구지부는 기존의 경북독립촉진회의 역할을 상당 부분 계승하였다. 따라서 대구지역의 정치 동향은 경북독립촉진회와 경북인민위원회와 같이 동일 정치세력의 연합기구 중심에서 좌우를 막론하고 정당이 그 역할을 대신하였던 것이다. 그 대표적 사례가 1946년 6월 한민당·한독당·조공·인민당 등 4개 정당으로 구성된 대구공동위원회이다.[75]

그런데 대구는 중앙과 여타 지역의 정치 구도와는 달리 대구공동위원회를 통해 좌우합작을 형성한 점이 특징적이다. 특히, 해방 공간에서 좌우의 대립이 심화되는 가운데 한민당에서 공산당까지 참여하는 좌우합작의 성사는 중요한 시사점을 던져 주고 있다.[76] 대구공동위원회는 대구지역 좌우익의 상설기관으로서 중앙과 달리 성공적이었다. 그것은 해방직후 건국준비경북치안유지회를 통해 좌우합작을 이룬 경험이 있었고, 1946년 3·1절 행사도 좌우 공동으로 치렀던 점을 상기할 필요가 있다.

---

74) 서중석, 앞의 책, 266쪽.

75) 대구공동위원회에 대한 명칭은 대구지방회(『동아일보』, 1946. 7. 12), 대구좌우합작회(『동아일보』, 1946. 7. 2) 등으로 다양하게 사용되었다. 이 글에서는 당시 가장 많이 사용된 대구공동위원회로 쓰기로 한다.

76) 朴重陽, 『述懷』, 295쪽. 일제강점기 친일파 朴重陽(1874~1958?)은 대구의 좌우합작에 대해 좌우세력의 주의·주장이 물과 기름 같아 좌우합작은 무리이며, 군정당국에서 찬의를 표한 것은 현하 혼란상태를 수습코자 하는 것에 불과하다며 대단히 부정적·냉소적 입장을 나타냈다. 그는 1906년 경북관찰사 서리 겸 대구군수를 거쳐 1943년 중추원 부의장, 1945년 귀족원 칙임의원을 지낸 대표적 관료 친일파였다. 그러므로 대구공동위원회가 가지는 의미는 민족국가 건설의 과제에서 대단히 크다고 볼 수 있다.

또 지역 현안 문제 등을 해결하기 위해서는 정치세력의 연대가 절실했기 때문이었다. 또한 대구의 우익은 연합체적 활동을 주로 하다가 뒤늦게 한민당 지부를 결성한 것으로 볼 때, 지역의 독자성이 견지될 수 있었던 것으로 보인다. 한민당 대구지부는 중앙당에 비해 유연성이 있었던 것으로 보인다. 이런 점을 배경으로 하여 한민당 대구지부는 중앙과는 달리 좌우합작에 나서게 되었다. 그리고 대구 좌익의 경우도 좌익세력의 통일 완성과 중간파와의 합작을 주요 활동 과제로 설정하고 있었다.[77] 여기에 대구 좌익에 대해 우호적 입장을 가지고 있던 경북군정청의 중재도 많은 도움이 되었다.[78]

그러면 대구공동위원회와 중앙의 좌우합작위원회와는 어떤 관계에 있었을까. 그것은 미 · 소공동위원회 결렬 이후 실시된 미군정의 정책과 연관되어 있다는 점에서 공통성이 있다. 그러나 대구공동위원회와 중앙의 좌우합작위원회와는 참여 범위 및 활동 기능이 크게 달랐다. 참여 범위를 보면, 대구의 경우 조선공산당 · 한민당 · 인민당 · 한독당 등 좌 · 우익이 망라되었던 반면, 중앙의 경우 극우 · 극좌를 배제한 중도 좌 · 우파만을 대상으로 하였다. 또한 활동 기능을 보면, 대구의 경우 뒤에서 살피겠지만 식량문제, 친일 잔재 청산 등 당면 문제와 일상생활과 관련된 것이 주류를 이루었다. 반면, 중앙의 경우 토지문제, 친일파 처리 등 국가건설 방향과 관련된 것이었다. 이처럼 대구공동위원회와 중앙의 좌우합작위

---

77) 그것은 경북지역 좌익세력들이 조선공산당 중앙당에 요청하여 1946년 2월 19일에서 20일에 열린 '중앙 및 지방동지 연석 간담회 회의록'에 잘 나타나 있다(한림대학교 아시아문화연구소, 『조선공산문건자료집』(1945~46), 한림대 출판부, 1993, 147~172쪽).

78) 『영남일보』, 1960. 12. 8.~10, 「대구의 좌우합작」(南巨富人). 당시 대구의 좌우합작을 알선한 경북도 2대 공보관 '하로루드 · 지 · 썩' 중위는 대구지역 좌우익 세력으로부터 우호적인 대우를 받았다. 그는 한국의 독립에 대해 "박헌영 동무는 쏘련으로, 김구선생은 중국으로, 닥터 리는 미국으로 보내면" 저절로 독립이 될 것이라 말하기도 했다. 특히 이승만에 대해 "미국에서 아는 바 그는 독재자가 된 것은 틀림없다"고 평가한 것으로 알려졌다.

원회와는 설치 동기는 공통성이 있으나 참여 범위 · 활동 기능에 있어서는 상당한 차이가 있었다. 따라서 양자간의 상호 교류나 조직적 체계성은 없었던 것으로 보인다.

서상일이 직접 대구공동위원회에 참가하지 않았고, 한민당 대구지부와 중앙당과의 연계성을 확인할 수 없지만 대구지역의 특유의 정치 동향이 당시 전국의 정치 구도에 시사하는 바가 크다는 점에서 살펴볼 필요가 있다.[79]

1946년 6월 28일 도공보과 제2회의실에서 미국인 지사 비숍 중좌와 김의균 지사 참석한 가운데 한민당 · 한독당 · 인민당 · 공산당 등 대표 20여 명이 참석하여 공보과장으로부터 동위원회의 성격에 대한 설명과 질의가 있었다. 이 자리에서 공산당 대표 손기채가 "문화, 민생문제의 실천에 있어서 정치에 관련된 부분은 상호 의결하여 정하는 동시에 그 외 일반 정치문제도 우호리에 논의할 수 있음을 목적으로 규정하자"고 제의하였고, 이를 참석자들은 만장일치로 채택하였다. 이후 아래의 참석자들이 임원선거에 들어가 위원장에 백남규(한민당), 부위원장 이상훈(공산당), 집행위원 김훈채(한독당)[80] · 최문식(인민당) 등을 선출하였다.[81]

대구공동위원회는 6월 29일에 제1회 집행위원회를 개최하고 테러방지 및 미국 독립기념일 기념행사에 관한 건을 토의하였다. 테러방지에 대해

---

79) 이 점은 조선공산당의 입장에서도 마찬가지이다. 조공 대구시위원회의 독자적이고 특유한 면이 없다면 쉽게 이루어질 수 없는 조직이다.

80) 한독당 대구지부는 1946년 6월 26일에 결성되었다(영남일보, 『경북총감』, 1947, 99쪽). 이 당의 주요 인물들인 이들 5명은 경북독촉국민회의 주요 구성원들이었고, 김훈채처럼 정치공작대 요원이 포함되어 있었다. 이들은 지역에서 김구의 임정에 대한 적극적인 지원 활동을 벌였고, 이승만의 인지도 향상에도 많은 활동을 하였다. 그러나 한민당 대구지부의 결성 이후 그들의 역할은 그만큼 위축되었다.

81) 『남선경제신문』, 1946. 6. 9. ▲ 한민당 白南圭 · 嚴成文 · 金兌熙 · 李源萬 · 金在權, ▲ 공산당 李相薰 · 黃泰成 · 申哲洙 · 李善長 · 孫基琛, ▲ 한독당 金訓采 · 孔元相 · 林相助 · 金榮玉 · 金肅元, ▲ 인민당 崔文植 · 洪承萬 · 白賢國 · 李在福 · 金相沂

서는 추후 절대방지 성명서를 발표하기로 결정하고, 독립기념일 축하에 대해서는 4개 정당 이외 정당 · 사회단체를 초대하여 7월 4일 키네마극장에서 축하기념식을 거행하기로 하였다.[82]

대구공동위원회는 지역의 현안 문제에 대해 적극적인 대책 마련에 부심하였다. 먼저, 지역사회에서 식량문제로 인한 민중들의 불만이 대중시위로 이어지자[83] 대구공동위원회는 제3호 성명서를 발표하여 그 대책에 나섰다.[84] 그 중심 내용은 도민의 적극적 협조를 당부하는 것과 수집계획량 · 할당량의 공정화를 촉구하는 것이었다. 그 한 방법으로 경남 농민에게 군정청의 하곡수집 정책에의 협력을 호소하는 입장을 밝히기도 하였다.[85]

---

82) 『남선경제신문』, 1946. 6. 10.

83) 『남선경제신문』, 1946. 7. 2. 7월 1일 아침부터 천여 명이 시민이 '식량을 배급하라', '교통을 해제하라' 등의 구호를 외치며 대구부청과 경북도청에 몰려들었다. 이 식량 시위는 4월 중순 이래 3번째 발생한 것이었다.

84) 『남선경제신문』, 1946. 7. 10. 대구공동위원회의 1호 성명은 동회가 민중의사를 대변하여 실천하는 기관임을 천명하는 것이고, 2호 성명은 테러를 민족자멸행위로 규정하고 엄중 처벌할 것을 밝힌 것이다. 식량 대책에 관한 3호 성명의 내용은 다음과 같다. 1.식량 및 하곡수집 (1)市民의 現下 식량사정이 긴급하다는 것을 道府 當局에 솔직하게 전달하는 동시에 이 문제해결에 있어서 要路 當局의 정성스러운 노력을 요망하며 우리 공동위원회로써 진솔한 협력은 不惜한다, (2)하곡수집에 있어서 군정의 요망에 도움이 되는 일체의 방법을 강구하며 그 실천에 협력하기로 함. 1.하곡수집에 관한 도민 제위에 호소함. 도민농업전사 제위에게. 現下 도시의 긴박한 사정이 飢餓死의 구렁으로 몰려들어간다는 이 기막힌 참경을 동족애적 견지에서 동족구조의 큰 의무감에서 시급한 원조 있기를 간절히 원하는 바이다. (1)일제시대의 공출과 지금의 수집이 근본적으로 相違하다는 것을 이해할 것, (2)일제시대의 제 공출은 우리 민족 사활에 아무 관계가 없다. 그는 오직 일제 자기내들의 이익만을 전적으로 도모하였다는 것, (3)우리의 수탈은 우리 민족의 식량문제를 총괄적으로 해결하라는 의도에서 출발한 식량정책이라는 것. 1.수집의 계획량에 대하여 공정화를 엄수할 것. (1)수집의 할당에 대하여는 민족적 양심과 동족애적 견지에서 세대주의 빈곤의 정도를 참작하여서 공정 부조 互讓의 정신으로써 선처하여 주실 것, (2)일제의 殘滓要習인 관리에게 회부, 사교수단 등으로써 자기의 부담량을 삭감하라는 반면 무세력, 잔약한 동포에게 그것을 전가시키라는 행위는 우리 민족의 장래를 오도하는 가장 비열한 망국적 魂行임을 깊이 인식하야 주셔서 그 할당량을 공명정대하게 하실 일. 대구공동위원회.

다음 동위원회는 위원회 내에 민생 · 문화 · 산업경제 등 3개 대책전문위원회를 구성하였다. 전문위원회는 공동위원회의 연구기획기관으로서 각 전문사항 및 구체적 실시 방법을 심사연구 기획하는 기구였다.[86] 그 다음으로 동위원회는 해방 후 첫 8 · 15기념식을 거행하기로 하였다. 특히, 대구공동위원회에 소극적이었던 경북독촉국민회와 공동으로 계획을 추진하였다. 이로써 대구에서는 8 · 15기념행사준비위원회의 구성을 계기로 명실상부한 좌우합작이 이루어졌다.[87] 동 준비위원회는 달성공원에 있는 대구신사의 석등, 신전, 도리이鳥居 제거, 대명동에 위치한 충령탑 등 대구지역의 일제 잔재 소탕에 행사의 초점을 두었다.[88] 8 · 15기념식은 최문식(인민당)의 개회로 시작되어 김하정(국민회)개회사, 이상훈(공산당) · 도지사 김의균 등의 기념사가 있었다. 또 충령탑파괴식은 도공보과장 박인세朴寅世의 개회로 시작되어 정운해의 아들 정문택鄭文澤(대구청년동맹 위원장)이 유족대표로 파괴 점화를 했다.[89]

1946년 6월 말 대구공동위원회를 통한 좌우합작이 8월 15일까지 미군정 경북도청과의 적절한 상호협조 속에 관민이 함께 지역사회의 긴급문

---

85) 『동아일보』, 1946. 7. 27.

86) 『남선경제신문』, 1946. 7. 12 ; 7. 14. 7월 12일 도공보과 회의실에서 열린 공동위원회에서 전문대책위원회를 구성하기로 결의하여 다음과 같이 전문위원을 구성하였다. ▲ 민생문제대책전문위원회 黃泰成(책임위원) · 呂圭鎭(책임위원) · 李源萬 · 白南富 · 孫仁植 · 金愚宗 · 李善長 · 李吉榮 · 白基萬 · 趙胴錫 · 金喜敬, ▲문화문제대책전문위원회 都경壎(책임위원) · 白基萬(책임위원) · 金三道 · 金龍東 · 車英二 · 文正寅 · 李鍾東 · 申哲洙 · 孫基採 · 朴賢緖 · 尹福鎭 · 李相武, ▲산업경제대책위원회 嚴成文(책임위원) · 朴明茁(책임위원) · 金兌熙 · 朴碩元 · 權淵龜 · 朴宅光 · 千在寄 · 金東煥 · 尹章赫 · 梁在소 · 申春吉 · 金相沂.

87) 『남선경제신문』, 1947. 7. 16. 8 · 15기념행사준비위원회의 부서 및 명단은 다음과 같다. 대표 정운기 · 이상훈, 총무 박석홍 · 최문식, 기획 최해청 · 황태성, 재정 엄성문 · 김상근 · 김종구, 선전 공원상 · 신철수 · 박인세, 연락 최일행 · 김선기, 동원 우전기 · 이재복, 시설 서종훈 · 윤정병, 연예 최해운 · 백기만, 체육 우천석 · 김성곤.

88) 『남선경제신문』, 1946. 8. 2 ; 8. 4 ; 8. 6 ; 8. 7 ; 8. 15.

89) 『남선경제신문』, 1946. 8. 15.

제에 대한 대책을 강구함으로써 전국적으로도 가장 모범적인 좌우합작의 선례를 남겼다. 그런데 대구지역과 달리 경북지역의 경우 포항·봉화 등의 지역에서 미군정의 지방인민위원회에 대한 탄압이 강도 높게 진행되고 있었다.[90]

대구는 경북과 달리 좌우합작이 성공리에 진행됨으로써 미군정의 좌익탄압이 유예되거나 좌우갈등이 다른 지역에 비해 약한 실정이었다. 그러나 1946년 8·15기념식 이후 행사진행 문제로 인해 상호비방이 시작되면서 좌우갈등이 재발되었다. 동시에 대구의 식량 문제가 한층 더 심각해져 폭발 일보직전이었다.[91] 또 9월 18일에 경북도청 공보과 명의로 좌익을 공개적으로 경계하는 듯한 성명서가 발표되었다. 곧 공보과에서는 5개 항에 걸쳐 '정당선택에 관심하라'며 성명을 발표하였던 것이다.[92] 조공의 '신전술' 채택 이후 9월 23일 부두철도공장의 파업을 시작으로 발생한 9월 총파업이 대구에서도 철도파업으로 나타났다.

이런 상황에서도 대구지역의 상층 통일전선의 형태인 대구공동위원회는 9월 24일 제6회 회합을 개최하여 조직 문제에 관해 논의하였다. 그 결과 대구공동위원회는 12월 31일까지 위원회를 유지하고, 신년부터 상설기관으로 발전시키기로 합의하고, 정관 기초를 마련하기 위한 8명의 위원을 선정하였다. 또한 식량문제의 대안을 마련하기로 하고, 친일파와

---

90) 『영남일보』, 1946. 7 12, 「포항인민위원회 사건 공판」; 7. 24, 「봉화인민위원회 사건 공판」.

91) 마크 게인, 『해방과 미군정 : 1946.10~11』, 까치, 1986, 91~95쪽.

92) 『남선경제신문』, 1946. 9. 18. 공보과에서 밝힌 정당 구별 요점 5개 항을 인용하면 다음과 같다. (1)그 정당이 비정치적이 비정부적인 활동에 아무 협력을 안하는가, (2)그 정당이 타정당과 불합할 때 야비한 태도를 취하는가, (3)그 정당이 타국에 의하야 조선보다도 그 나라의 이익을 목적으로 지배되지 않고 있나, (4)그 정당이 목적을 평화적으로 달성치 못할 때 폭행을 하지 않는가, (5)기회에 따라서 그 신성한 약속을 위반치 않나.

민족반역자 소탕을 위한 8명의 조사위원회를 구성하였다.[93)]

그러나 총파업의 기세가 점점 확산되어 가자 위기는 더욱 증폭되었다. 이때 도공보과에서는 두 번째로 정당선택을 신중히 할 것을 촉구하는 입장을 발표했다.[94)] 결국 파업은 10월항쟁으로 귀결되었다.[95)] 그에 따라 대구공동위원회의 지속은 불가능하게 되었고, 이후 좌익의 우익과의 합작, 미군정과의 우호적 관계는 나타날 수 없었다.

서상일은 10월항쟁 기간 동안 서울에 머물고 있었던 것으로 보인다. 그가 10월항쟁에 대해 밝힌 견해는 찾아보기 어렵다. 다만, 그와 같이 경북출신이면서 한민당의 주요 인물 중 한 사람인 조헌영을 통해 간접적으로나마 살필 수 있다. 그는 10월항쟁에 대해 '영남 소요' 혹은 '폭동'으로 규정하고, 폭동은 '파괴적 선동분자'들이 혼란한 사회심리를 이용 · 유도해서 발생한 사건이며, 그 주요 원인은 대구의 좌파를 대구공동위원회에 참여시킨 것에 있다고 강변하였다.[96)] 그 후 그는 좌익진영을 압도할 수 있는 우익진영의 행동 통일의 필요성을 강력하게 주장하였다.[97)] 물론 서상일의 입장과는 다를 수도 있지만, 그 역시 조헌영과 마찬가지로 '반공적' 성격을 내포하고 있음을 고려할 때 유사한 입장을 가졌을 것으로 생각할 수 있다.

서상일은 10월항쟁 이후 한민당의 개편에서도 중진으로서의 위치를

---

93) 『남선경제신문』, 1946. 9. 26.

94) 『남선경제신문』, 1946. 9. 29.

95) 10월인민항쟁에 대해서는 다음의 주목되는 연구 결과가 있다. 정해구, 『10월인민항쟁연구』, 열음사, 1988 ; 서중석, 앞의 책, 454~464 ; 심지연, 『대구10월항쟁연구』, 청계연구소, 1991 ; 마크 게인, 앞의 책.

96) 趙憲泳, 「영남 소요의 진상 · 원인 · 대책」, 『再建』, 1947. 2, 72~76 ; 趙憲泳(1901~1985)에 대해서는 김일수, 「신간회 동경지회장, 조헌영」, 『근대 대구 · 경북 49인』, 혜안, 1999, 186~192쪽 참고.

97) 조헌영, 「우익진영의 행동통일을 강조함」, 『再建』, 1947. 4 · 5, 56~61쪽.

확보해 나갔다. 곧 1946년 10월 14일 한민당의 당직 개편에 따라 중앙상무집행위원으로 선출되었다. 또한 이때 한민당은 중앙집행위원회를 열고 당헌 제정, 당원 이탈 방지책을 모색하면서, 종래의 수석총무제를 위원장제로 바꾸고 중앙상무집행위원 30명을 선출하여 기구 개편을 단행하였다.[98] 그것은 한민당이 좌우합작위원회가 발표한 합작 7원칙에 대해 모호한 점이 있어 반대한다는 입장의 성명을 발표[99]한 것을 계기로 좌우합작위원회의 우측대표 중의 한 사람인 원세훈이, 10월 9일에 송남헌·박명환 등이, 10월 11일 당원 김용국 등 모두 49명이 연이어 탈당하는 사태에 대응해 취해진 조치였다.

3) 남조선과도입법의원 활동

남조선과도입법의원(이하 '입법의원'으로 약칭함)은 미국의 대한정책이 '조선인화 정책' 혹은 '국가기구의 현지화 정책'으로 전환하면서 설립되었다.[100] 입법의원은 1946년 12월 12일에 개원하여 1948년 5월 20일에 폐원되기까지 약 1년 6개월 정도 존속한 입법기관이었고, 그 성격은 군정청의 하의기관이었다.[101]

입법의원의 의원 선거에서 서상일이 출마한 경북의 경우, 6개 선거구

98) 『서울신문』, 1946. 10. 12 ; 10. 16. 이날 중앙상무집행위원장으로 선출된 김성수는 앞서 발표된 한민당의 합작원칙 반대성명을 재확인하였다.

99) 『동아일보』, 『서울신문』, 1946. 10. 9.

100) 미국의 '조선인화 정책' 혹은 '국가기구의 현지화 정책'에 대해서는 다음의 연구가 주목된다. 정용욱, 「1942~47년 미국의 대한정책과 과도정부형태 구상」, 서울대 박사학위논문, 1996 ; 박찬표, 『한국의 국가형성과 민주주의』, 고려대학교 출판부, 1997 ; 김영미, 「미군정기 남조선과도입법의원의 성립과 활동」, 『한국사론』 32, 서울대 국사학과, 1994.

101) 『동아일보』, 1946. 7. 10. 러취(Leroh) 군정장관은 입법의원의 성격을 "美國의 國會와 같다. 그러나 最高決裁權이 하지 中將에게 있는 것이 다를 뿐이다"고 규정하였다.

에 7명을 선출하기로 되어 있었고, 1946년 10월 24일부터 시작되어 10월 30일에 끝난 선거 결과는 도대표에 17표의 최대 표를 확보한 서상일(한민당), 제1구에 윤홍렬(무소속) · 제2구에 이일우(국민회) · 제3구에 김광현(국민회) · 제4구에 김용모(무소속) · 제5구에 강익형(무소속), 제6구에 이활(한민당) 등이 선출되었다. 1구의 윤홍렬의 사망으로 4월 7일에 보선이 치러져 백남채(한민당)가 당선되었다.[102]

경북지역 과도입법의원 의원의 정치 성향을 보면, 한민당 · 독촉국민회 등 우익세력이 다수를 점하는 가운데 2명의 무소속이었다. 또 전체적으로 볼 때에도 민선의원의 경우 한민당 · 독촉 등 우익이 다수를 점하고, 관선에서는 중간파가 우세하였으나 전체적으로는 우익의 의원이 과반수 이상의 의석을 차지하였다.

서상일을 비롯한 한민당 소속 의원들은 미군정이 서울과 강원지역의 선거를 무효화시킨 조치에 반발하여 1946년 12월 11일에 군정청에서 열릴 예정이었던 입법의원의 예비회의에 불참하는 등 입법의원의 순조로운 개원을 지연시키고자 하였다.[103] 그러나 군정청은 입법의원의 고유권한인 법령 제118호의 정원수의 관한 규정—전의원의 4분의 3을 정원수로 구성함—을 전의원의 과반수로 변칙 변경하여, 개원을 강행하였다. 이는 입법의원 설립에 대한 미군정의 다급함도 작용했겠지만 한국에 대한 광범위한 개혁을 실행하기 위해서는 우익세력에 대한 일정한 견제가

102) 영남일보사, 『慶北總鑑』, 1947, 34~40쪽. 경북지역 입법의원의 선거구는 제1구에 대구 · 달성 · 경산 · 고령, 제2구에 경주 · 청도 · 영일 · 울릉도, 제3구에 청송 · 영덕 · 영양 · 안동, 제4구에 봉화 · 영주 · 예천 · 문경, 제5구에 상주 · 김천 · 성주 · 선산, 제6구에 의성 · 칠곡 · 군위 · 영천 등이었다. 피선거권자 무자격자는 일제하 국장급 이상의 지위자, 대구부로 볼 때 도고문 · 부고문 자격자, 일제시대 日政을 이용하여 사리사욕을 취한 악행위를 한 사람, 현재 관공리로 피선된 자는 피선되면 사임하여야 한다고 규정되었다.

103) 『동아일보』, 1946. 12. 13.

불가피했기 때문이다.[104)]

이처럼 어수선한 분위기에서 입법의원은 12월 12일에 57명의 의원이 참석한 가운데 예정대로 개원하였다. 이날 김규식 의장은 개회사를 통해 입법의원은 미주둔사령관이나 미군정청의 자문기관이 아니며, 군정연장 차원도 아니라 남북의 미소군정을 단축하는데 목적이 있으며, 완전한 행정권의 이양과 민생문제의 해결에 적극 나설 것이라는 입장을 밝혔다.[105)]

김규식의 의도와는 달리 미군정은 군정과 입법의원과의 관계, 행정권 이양 등에 관해서는 아무런 언급이 없이 입법의원이 시급히 처리해야 할 과제를 1947년 1월 9일에 열린 입법의원 제8차 회의에 군정장관대리 헬믹(G. C. Helmick) 명의의 메시지로 전달하였다.[106)] 이런 점에서 미군정 당국과 입법의원과의 대립구도를 예상할 수 있고, 법령제정 과정에서 입법의원 내 좌우파 간의 대립도 예상할 수 있다.

그는 1947년 1월 9일에 열린 제8차 회의에서 상임위원회의 법제사법위원과 특별위원회의 행정조치법기초위원으로 선정되었다.[107)] 그가 입법의원에서 벌인 활동은 정리하면 다음과 같다.

▲결의안

– 입법의원 등원 거부(1946. 12. 12)

---

104) 박찬표, 앞의 책, 169~170쪽.

105) 송남헌, 앞의 책, 322~323쪽.

106) 메시지에서 밝힌 당면과제는 ① 보통선거법을 속히 제정할 일, ② 자격심사법을 제정할 일, ③ 식량문제 해결, ④ 조림을 완성하여 농업경제를 확립시킬 일, ⑤ 예산안과의 관계를 밀접히 하여 행정기구조직을 개편할 일, ⑥ 법령 112호 아동법을 준수하여 산업경제의 발달을 도모할 일 등 6가지였다.

107) 입법의원의 상임위원회와 특별위원회의 구성 및 활동 개요에 대해서는 김혁동, 앞의 책, 80~87쪽 참고.

- 반탁결의안(1947. 1. 13)
- 가능한 지역 총선거안(제209호, 1948. 2. 19)

▲긴급동의안
- 남조선과도약헌(안)(제33호, 1947. 3. 11)
- 의장 김규식 · 부의장 최동오 징계

▲이의서 – 중앙선거위원 추천에 대한 반대(1947. 9. 1)

▲청원서 – UN총회 대표 파견(1947. 9. 24)

▲건의서 – 요리점 폐쇄의 건(1947. 8. 10)

▲발언
- 특별위원회 위원 증원 반대(1947. 1. 10)
- 미군정청 연락위원 선정 요청에 대한 건(1947. 1. 10)
- 입법의원, 미군정의 성격(제17호, 1947. 2. 3)
- 친일파 · 민족반역자 처리에 대한 입장(제36호, 1947. 3. 17)
- 군정청 행정기구 축소에 대한 건(제37호, 1947. 3. 18)
- 보통선거법 제정에 대한 건(제41호, 1947. 3. 25)
- 미소공위 대책위원회 조직에 대한 토의(1947. 5. 22)
- 식량문제, 미곡수집령, 토지개혁에 대한 입장(제46호, 1947. 4. 1 / 제117호 1947. 7. 22 / 제189호, 1947. 12. 19 / 제136호, 1947. 8. 19)
- 사찰령 폐지에 대한 건(제130호, 1947. 8. 8)
- 3등급 이상 고위관리 자격심사에 대한 건
- 중앙선거위원 추천에 대한 이의서(1947. 8. 29)

위 활동에서 가장 중요한 것은 행정권 이양 혹은 단독정부 수립에 대한 남조선과도정부약헌(안), 보통선거법 제정, 친일파 · 민족반역자 처리안, 식량문제를 포함한 토지개혁 문제 등이었다. 서상일의 입법의원 활동은 전체적으로 한민당을 포함한 우익의 정치적 입장과 이해를 대변하는 측면을 강하게 나타냈다. 그러면서도 다른 한편으로는 남조선과도정부약헌(안)에서 민생문제를 포함한 사회 · 경제적 측면에서는 우익과 달리 독자적인 입장을 나타냈다.

(1) 남조선과도정부약헌南朝鮮過渡政府約憲(안, 이하 '과도약헌'으로 약칭함)

남조선과도정부약헌은 서상일이 기초한 것으로서, 1947년 3월 3일 제24차 본회의에의 제출을 거쳐 3월 11일 제29차 본회의에 상정되었다.[108] 이 안은 서상일 등 55명의 이름으로 제출되었고, 그로부터 전문 낭독과 설명이 있었다. 그런데 과도약헌이 제출 · 상정되기 전인 1946년 12월 23일 제1회 2차 회의에 임시헌법기초위원회에서 작성한 남조선과도입법의원초안이 보고되었다.[109]

과도약헌을 낭독하고 설명한 서상일을 통해 동 법안의 특징과 의미를 살필 수 있다. 그는 입법의원이 미군정의 권한을 계승하는 주체로 간주하였다. 서상일이 제출한 약헌은 6장 45조로 구성되었다. 제1장은 총칙, 제2장은 입법의원, 제3장은 행정부, 제4장은 지방제도, 제5장은 재정, 제6장은 부칙이었다.

그는 미군정의 성격에 대해 미군정은 조선의 통치권에 있어 행정권과 인사권을 가진 최고의 행정권을 가지며, 미국무성이 그 상위에 있는 것으로 이해하였다. 곧 그는 미군정과 미국과의 관계를 고려하고 있었다. 이런 구조에서 미군정으로부터의 행정권이양은 '법적 근거'를 가져야 된다고 주장하였다. 그에 따르면 그 법적 근거란 헌법과 같은 의미의 입법권 · 사법권 · 행정권 등 삼권을 규정하는 것으로, 남조선임시통치법이었다. 그는 입법의원에 이미 그러한 법안을 입법할 수 있는 권한이 부여되

---

108) 『동아일보』, 1947. 3. 5.

109) 입법의원회의국, 「남조선과도입법의원속기록」(이하 '속기록'으로 약칭함) 제6호, 1946. 12. 23.

어 있다고 보았다.[110]

그는 과도약헌을 제안한 이유에 대해 "한민족의 숙원인 남북통일의 자주독립정부의 수립은 우리의 희망만으로 해결할 수 없는 국제 관계에 제약되어 있기에 통일정부가 수립될 때까지 임시 조치가 필요"하기 때문이라고 주장하였다.[111] 곧 조선 통치에 관한 한 군정을 민정으로 전환하는 체계, 입법, 행정, 사법의 삼권을 갖는 과도정부의 수립이 필요하다는 것이다. 나아가 그것은 군정당국이 밝힌 남한지역의 민주주의를 확대하기 위해 조선인 통치의 기초를 세우는 것이라 하였다. 이에 그는 과도약헌이 군정을 조선인이 행하는 민정으로 전환하는 기초를 가지며, 입법의원이 대표성을 갖는 것으로 설정하였다. 곧 그가 밝힌 행정권 이양의 6단계 과정인 순군정 단계 → 군민정의 합치단계 → 민정단계 → 과도적 임정단계 → 남북통일정부 단계 → 정부정식 수립에서 세 번째 단계인 민정단계에 해당되었다.

계속해서 그는 자신이 기초한 법안을 의원들과 의견 교환을 나누었을 때 다른 의원과 의견이 다른 점이 몇 가지 있었다고 설명하였다. 첫째, 자신의 법안은 단독정부설과는 다르다고 밝혔다. 당시 회자되고 있던 단독정부설은 단독국가설이라고 규정하고, 현실성이 없는 것으로 이해하였다. 그는 단독정부라는 것은 미군정이 가지고 있는 권한을 입법, 사법, 행정 삼권을 총괄해서 이양 받는 것이라고 하였다. 곧 미군정하 자치정부의 수립을 의미하면서, 통일정부의 과도 단계로 설정하는 것이다. 그는 자신이 설정한 민정단계는 이승만이 주장한 남조선과도정부수립안과 일맥상통하는 것이라고 하였다. 곧 이승만의 그것이 38선을 경계로 하는 국가 건립과 그와 연관된 단독정부를 전망하는 것이 아니라 38선의 철폐

110) 「속기록」 제17호, 1947. 2. 3.

111) 「속기록」 제33호, 1947. 3. 11.

와 남북통일정부수립의 단계적 방략으로 이해하였다. 그러나 서상일의 단독국가설 역시 남한만의 단독정부 수립 이상의 것은 아니었다. 따라서 그는 미군정의 비호 밑에 이승만 세력과의 연합을 통한 우익세력만의 단독정부 수립을 전망하였던 것이다.

둘째, 행정권 이양 후 과도정부의 구성에 대한 문제를 설명하였다. 그는 내각 구성에 있어 우익을 포함한 특정 정치세력을 중심으로 하기 이전에 법적효력을 가지는 것이 중요하기에 정당 · 사회단체의 연립이 우선한 것이라고 주장하였다. 셋째, 미군정의 인준 여부에 대한 것이다. 그는 일본을 예로 들어 일본과 조선의 국가 구성에 큰 차이점이 있지만, 남한지역에서 미군정의 권한을 침해하지 않는 범위에서 한국인이 자치권을 확보한다면 가능하다고 전망하였다.

또한 자신이 기초한 과도약헌과 행정조직법과의 차이에 대해서도 밝혔다. 그는 행정조직법은 단행법이며, 과도약헌은 입법, 사법, 행정 등 삼권의 헌법적 성질을 가지는 것으로서 과도약헌이 통과되면 행정조직법은 행정조례가 될 것이라고 하였다. 나아가 입법의원 선서의 "독립국가가 가질 수 있는 모든 법규를 제정하여 민족자주의 실實을 거擧한다"를 미군정으로부터 삼권을 이양 받아 자주성을 확보하는 것으로 이해하였다. 이 자주성의 핵심은 한국인의 자치권 행사에 있는 것이라 하였다.

서상일은 과도정부의 권력 형태에 대해서도 입장을 밝혔다. 그는 책임내각제를 전망하면서, 군정기구는 입법의원에 대해, 행정권은 입법의원에 대해 책임지는 형태를 구상하고 있었다. 그가 책임내각제를 내세운 것은 미군정하 일본정부의 권력 형태를 모델로 한 것이었다. 곧 책임내각제의 권력 형태가 미군정으로부터 행정권을 이양받을 수 있는 최적의 권력구조로 이해하였던 것이다. 그리고 행정수반의 명칭을 행정주석이라고 하였다. 그리고 그는 과도약헌에 국민의 의무, 국호, 국토, 주민에 대한 규정이 없는 것에 대해, 민주주의 국가의 헌법을 약헌한 것이기 때문이라고 설명하였다.

그러나 과도약헌은 친일파 처리안, 선거법, 하곡수집령 등에 밀려 검토되지 못하고 지연되었다. 서상일은 의견 진술을 통해 과도약헌의 긴급처리를 요구하였다.[112] 그래도 과도약헌이 검토되지 않자 그는 과도약헌이 통과되지 못하면 행정조직법안, 선거법안 등을 상정 토의할 수 없을 것이라며 강력하게 반발하였다. 이에 김규식 의장이 4월 17일 본회의에 상정할 것이라고 약속하면서 무마되었다.[113]

4월 18일 제54차 본회의에 과도약헌이 상정되었으나 행정권 이양을 골자로 하는 원법기초안[114]의 처리 문제를 놓고 민선의원과 중도파 사이에 의견 충돌이 발생하였다. 곧 박건웅 의원(민족해방동맹)이 "서상일의원 등이 과도약헌을 제기한 것은 위법이니, 다수 거수로 (약헌 상정을) 가결하는 것으로만 능사가 아니다"고 하자 이에 민선우파의 백남채 의원(한민, 대구출신)이 박건웅 의원을 징계위원회에 회부하자며 맞서기도 하였다.[115] 우여곡절 끝에 4월 21일 제56차 본회의에서 과도약헌과 임시약헌에 대한 처리 문제가 결정되었다. 양안을 법제사법위원회와 임시헌법기초위원회에 회부하여 1주일 이내 통일안을 작성하여 본회의에 상정케 하였다.[116]

그리하여 두 약헌을 통합한 수정안인 조선민주임시약헌안(이하 민주

---

112) 「속기록」 제50호, 1947. 4. 7.

113) 『서울신문』, 1947. 4. 16.

114) 임시약헌은 과도약헌이 제출·상정되기 전인 1946년 12월 23일에 제1회 2차 회의에서 작성한 남조선입법의원 초안을 말한다. 당시 임시헌법기초위원장은 윤기섭(민족혁명당)이었고, 원법기초안은 중도파의 주도로 작성된 것으로 보인다. 이에 대항하여 서상일이 과도약헌을 기초했던 것이다.

115) 『서울신문』, 1947. 4. 19 ; 4. 20.

116) 『서울신문』, 1947. 4. 23.

약헌으로 약칭함)이 7월 7일 제103차 본회의에 상정되었다.[117] 7장 57조로 구성된 민주약헌에서 가장 주목되는 조항은 권력구조에 관한 것이다. 민주약헌은 내각책임제가 아닌 대통령중심제를 채택하였던 것이다. 서상일에 따르면 그것은 중경 임정에서 요구 때문이었다.[118] 다음으로 의회 소집에 관한 규정인 제15조 3항 「정부주석은 정무회의의 결의로 회기를 정하여 입법의원의 소집을 요구할 수 있으며, 15일 이내에 정회를 명할 수 있음」은 논란 끝에 「의원 1/4 이상의 요구나 정부주석의 요청에 의하여 임시의회를 소집할 수 있음」으로 결정되었다.[119]

서상일은 민주약헌에서 대통령격인 정무주석의 권한을 강화했으나 독회讀會에서 중도파의 요구로 의회와 정무주석의 권한을 균형을 갖추게 되었다. 그 다음으로 정무주석과 부주석의 선출 방법은 법률에 의하여 국민이 선거하되 초대의 경우는 입법의원에서 선거한다는 민주약헌의 원문이 그대로 통과되었다. 다만, 그 임기를 놓고 서상일은 4년, 중도파는 1년으로 하자며 논란을 벌였으나 원문대로 4년으로 결정되었다.[120]

민주약헌의 또 다른 특징으로는 국민의 기본권과 인권을 보장하고 사회복지정책을 강조하는 것이었다. 특히, 서상일은 민선우파와 중도파 일부의 입장과는 달리 기본권과 사회복지정책의 수립에 적극적이었다. 먼저, 그는 노동자의 공장 경영 참여를 적극 주장하였다. 그것은 민주약헌 제4조 「조선의 국민은 좌기 각항 정책의 확립에 의하여 생활균등권을 향유함」의 7항 「공장의 경영관리에 노동자대표참여」에 관한 것이었다.[121]

---

117) 『경향신문』, 1947. 7. 8.

118) 「속기록」 제115호, 1947. 7. 18.

119) 「속기록」 제117호, 1947. 7. 22.

120) 「속기록」 제117호, 1947. 7. 22.

121) 「속기록」 제113호, 1947. 7. 16. 민주약헌 제4조는 7항으로 구성되어 있는데, 1항에서부터 6항까지는 원안대로 통과되었다. 그 각 항을 보면, 1항 국민의 기본생활을 확보할 계획경제의 수립, 2항 주요한 생활필수품의 통제관리와 합리적 물가정책의 수

서상일은 이 법률이 필요한 것에 대해 다음과 같이 설명하였다.

> 이 법률은 이름 그대로 약헌 즉 조선국민의 기본법입니다. 기본법의 정신은 곧 건국이념입니다. 그러면 우리의 기본정신은 어떻게 이 약헌에 반영시키느냐 이것입니다. 제4조에 "생활균등권을 향유"한다 했는데 이것은 정치적으로는 민주주의이며 경제적으로는 국가사회주의의 정신을 말한 것입니다. 이것은 건국이념이에요. 이러한 의미에 있어서 기업가본위만 생각하지 말고 노자협조 즉 자본가이건 노동자이건 다 생활 균등해야 하겠다는 것이 이 법의 기본이념이라 봅니다. 고로 정치문화상 각 방면에 평등권을 향유하는데 이 항이 필요하다고 말하는 것입니다.

이순탁李順鐸[122] 의원이 '공장'을 '기업'으로 변경할 것을 주장하고, 여운홍 의원이 이를 적극 지지하였다. 반면 김호 · 김도연 · 안동원 등이 반대하는 입장을 취했고, 특히 안동원은 7항을 삭제하자는 개의를 하였다. 이런 가운데 윤석구 의원은 자신이 공장을 운영하면서 노동자를 경영관리에 참여시켜 본 결과 오히려 생산성이 높아졌다는 의견을 진술하기도 하였다.[123] 이 4조 7항은 논란 끝에 이순탁의 수정동의－공장을 기업으로 바꿈－가 통과되면서 마무리되었다.

또한 4조 10항 「실업보험, 폐질보섬廢疾保險 기타 사회보장제의 실시」에 대해 원세훈 의원 등이 시기상조론을 내세운 것을 반박하며 즉각적인 통과를 요구하였다. 결국 이 조항도 약간의 논쟁 끝에 통과되었다. 이로써

립, 3항 稅制의 整理와 累進率의 강화, 4항 농민본위의 토지재분배, 5항 대규모 주요공업 및 광산의 국영 또는 국가관리, 6항 노동자의 생활을 안정키 위한 최저임금제의 확립, 8항 봉급자의 생활을 안정키 위한 가족급여제의 확립, 9항 주요공장 내에 보건 후생 교육 및 오락시설의 정비 등이었다.

122) 이순탁의 정치경제사상에 대해서는 홍성찬, 「한국 근현대 이순탁의 정치경제사상 연구」, 『역사문제연구』 창간호, 1996 참고.

123) 「속기록」 제114호, 1947. 7. 17.

제4조 생활균등권에 관한 각 항은 완전히 통과되었다.

민주약헌은 8월 6일 제 124차 본회의에서 재석의원 62명 중 찬성 38, 반대 0으로 가결되었다. 그러나 11월 20일에 미군정장관 대리 헬믹(G. C. Helmick)은 조선임시약헌의 인준보류를 입법의원에 통고하였다. 그 이유는 크게 두 가지였다. 첫째, 입법의원을 국민전체의 대표기관으로 보기 어려울 뿐만 아니라 전체 조선이 아닌 남조선에만 적용되기 때문이라는 것이었다. 둘째, 민주약헌은 그 약헌에 의해 현남조선정부의 재조직을 요구할 것이나 현재 정부가 안정하지 못한 상태이며 정치적으로 유동성이 있는 과도적 단계이기 때문이라는 것이었다.[124)]

이와 같이 서상일의 과도약헌은 임시약헌과 통합되어 그 수정안인 민주약헌으로 마련되었다. 민주약헌은 수립될 정부의 권력구조로 내각책임제가 가미된 대통령중심제를 채택하였고, 국민의 기본권 및 인권을 보장하고 사회복지정책을 강조하는 것으로 나타났다. 곧 민주약헌은 크게 자유민주주의 이념을 추구하면서, 경제방면에서는 사회민주주의 요소를 일정하게 지향하였다.

(2) 친일파 · 민족반역자 처리안

친일파 · 민족반역자 처리안은 민족정기의 회복, 장차 수립될 임시정부의 방향성을 정립할 수 있는 민족사적 의의를 갖는 것이었다. 중도파 의원들에 의해 1947년 3월 5일 본회의에 「부일협력자 · 민족반역자 · 전범 · 간상배 처단 특별법률안」이란 이름으로 초안이 제출되었다. 중도파의 친일파 처리안은 이미 좌우합작위원회 7원칙에 입법의원에서 처리하기로 명시되어 있었던 것이다. 이 법안은 3월 13일 제30차 본회의에 상정되

---

124) 『조선일보』, 1947. 11. 25.

어,[125] 3월 17일 제32차 본회의에서부터 검토가 시작되었다.

이 법안에 대해 극우보수 세력이 현실을 무시한 관념적인 것이라는 비판을 제기하는 가운데[126] 서상일의 입장은 어떠하였을까. 앞에서 살펴보았듯이 그는 일제의 침략정책이 확대되면서, 경제적으로 점차 예속화의 길을 걷었고, 일제말기에는 전쟁동원정책에 다소 협력하는 태도를 보였었다. 그는 친일파처리안에 대해 한민당의 입장과 동일하게 적극 반대하는 태도로 일관하였다. 제1독회 직전 "입법화할 경우가 되지 못한다"거나 "제1독회 할 필요가 없다"고 주장하다가, 중도파의 강한 반대에 부딪치자 공개리에 제1독회를 진행할 것을 요구하였다.[127] 정이형의원의 초안 낭독과 설명이 있은 뒤 서상일은 질의응답보다는 원칙문제를 논하자고 발언하였다.

그는 친일파처리 초안이 관념적이라고 지적하면서, 동 초안에서 제시된 원칙문제 혹은 근본문제를 네 가지로 이해하였다. 첫째, 민족사회의 기강을 세우고 민족의 정기를 살리자는 것, 둘째 조선은 혁명가가 영도권을 가져야 된다, 셋째 새조선을 건설하는데 대해서는 새로운 정신으로 새로운 일꾼이 새 힘을 들어서 일을 해야 한다, 넷째 증오심에서 이 문제를 취급하는 것이다 등이었다.

첫째에 대해서 그는 일제하 한국인의 행동에 관해서는 언급하지 않고, 해방 후 건국준비위원회의 행동을 빗대어 비판하였다. 곧 "8월 15일 이후

125) 『조선일보』, 1947. 3. 14.

126) 당시 이 법안에 비판적이었던 극우세력의 입장은 다음과 같다. 기초위원회의 초안은 민족반역자 및 부일협력자, 전범 등을 광범위하게 규정하고 또한 그 벌칙도 무겁게 규정하고 있었다. 그러나 초안은 일제하 행정·경찰·행정·사법기구·세관·전매국 등에 최말단에 이르는 모든 관공리를 부일협력자로 규정하고 또한 창씨개명 수창자, 생활용어 일본화한 자, 일본인과 결혼한 자 등까지도 부일협력자로 규정하는 등, 식민지하 현실을 감안할 때 또한 실제적인 법 적용이라는 측면에서 많은 무리가 따르는 내용을 포함하고 있었다(박찬표, 앞의 책, 193~194쪽).

127) 「속기록」 제36호, 1947. 3. 17.

에 총독부로부터 정권을 받아 가지고 민족사회를 혼란케 만드는 그런 일이 없지 않았단 말예요"고 하였던 것이다. 이는 그가 송진우와 함께 준비했던 국민대표회의의 활동 이유와 동일한 것이었다. 그런데 정작 자신이 해방 후 일본인 군관리와 대구의 치안 확보에 대한 논의한 것에 대해서는 언급이 없다. 따라서 서상일의 친일파 처리에 대한 근본문제는 적용기준이 모호할 뿐 아니라 해방 후에 대해서도 이중적인 잣대를 사용하였다. 때문에 그의 논리는 좌익이나 우익에 대한 반감에서 비롯된 것이면서, 문제의 핵심을 정확하게 세우지 못한 부정확한 것이었다. 둘째에 대해서 그는 한국인의 당면한 과제가 완전자주독립의 민주주의국가의 수립이기에 과거에 친일파 민족반역자였지만 한국에서 새 집을 짓기 위해서는 이들을 모두 포섭해야 한다고 주장하였다.[128] 그는 이러한 자신의 생각을 정식 정부 수립 이후로 친일파 처리 문제를 넘기자는 것으로 간단히 정리하였다. 곧 이승만이나 한민당의 구상과 같이 '선 국가수립 후 친일파 처리'를 주장하였던 것이다. 이 점에서 그는 철저히 극우보수주의의 입장을 대변하였다.

이러한 친일파 처리를 둘러싼 민선의원과 관선의원의 대립은 이남규(독촉)의원의 '이완용 발언'과 김학배(사회노동당)의원의 '특별조례 수정안 작성시 친일파가 참여했다'는 발언이 제기되는 것과 같이 대단히 첨예하였다.[129]

---

128) 「속기록」 제36호, 1947. 3. 17.

129) 이남규는 "이완용이가 자기의 이익을 위해서 일본에다가 우리 조선을 팔아먹었다고 할는지 모르겠습니다. 그는 총리대신에 있으니까 자기신분이 상당할 것입니다. 그러나 그는 그때의 국제정세하에 있어서 부득이한 사정으로 해서 도장을 찍었던 것입니다. 그러면 그 사람이 반드시 자기이익을 위해서 했다고 할 수 없습니다"라고 주장하였다(「속기록」 제39호, 1947. 3. 21). 김학배 의원은 4월 29일 제61차 본회의에서 「민족반역자 등에 관한 특별조례 수정안을 작성할 때에 친일파가 참여하였다고 발언하였다(『동아일보』, 1947. 5. 8).

이 법안의 초안을 마련한 기초위원회는 4월 22일 제57차 본회의에 수정안을 상정하였고, 4월 24일 제58차 본회의에서 질의응답이 진행되었다.[130] 수정안은 부일협력자 및 민족반역자를 경중을 가려 각각 당연범과 선택범으로 구분하고, 그 대상자도 보다 현실화하였다.[131] 수정안을 둘러싼 논쟁은 제62차 본회의로 끝내고 5월 1일 제63차 본회의에서 제2독회(축조토의)에 들어가느냐 또는 특별위원회를 구성하여 재수정케 한 후 다시 토의할 것인가를 놓고 격론이 벌어졌다.

이때 서상일은 장자일張子一(민중동맹民衆同盟)의 특별위원회 구성은 원법院法위반이란 발언에 대해 "임시약헌수정안도 재수정코자 특별위원회를 조직하여 목하 수정 중에 있지 않은가? 원법 저촉 운운은 당치 않은 말이다"며 민선 우파의원의 입장을 두둔하였다.[132] 결국, 서상일 등 민선 우파의원의 주장대로 특별위원회가 구성되었다. 그리하여 장면(독촉)·서우석(한민)·김익동(한독)·김영규(독촉)·송종옥(독촉) 등 5명이 본 법안 재수정위원에 당선되었다. 재수정특별위원회 의해 작성된 부일협력자 등 특별조례 재수정안은 5월 5일 제66차 본회의에서 토의되었다. 재수정안과 수정안과의 차이는 주임관 이상 칙임관 이하의 관리 및 도부회의원 등에 있어서는 악질자에게만 한하여 부일협력자로 규정 처단케 한다는 점과 전범자에 관한 조항을 삭제하고 이를 부일협력자에 포함시킨 점 등이다.[133] 재수정안은 기초위원회안에 비해 상당히 완화된 것이었다.

5월 6일에 비공식적으로 열린 제67차 본회의에서 재수정안을 놓고 민선의원과 관선의원 사이에 논쟁이 벌어졌다. 이에 재수정위원 5명(서우

130) 『조선일보』, 1947. 4. 25.
131) 박찬표, 앞의 책, 194쪽.
132) 『조선일보』, 1947. 5. 1(국사편찬위원회 편, 『자료대한민국사』, 4, 627~628쪽 재인용).
133) 『동아일보』, 1947. 5. 6.

석·송종옥·김익동·김영규·장면 등)과 관선의원 5명(김호·신기언·박건웅·장자일·이종근 등)으로 절충위원을 선출하고, 그 결과를 다음 본회의에 보고하게 하였다.[134)]

그 후 동 법안은 5월 8일의 제69차 본회의에서부터 재수정안을 대상으로 한 축조심의가 진행되었으나 중도에 미군정의 요청으로 의원선거법을 심의했기 때문에 심의가 일시 중단되었다. 결국, 동 법안은 7월 2일 102차 본회의에서 전문 12조로 구성된 특별조례로 통과되었다.[135)] 동 법안의 처리는 민선의원과 관선의원과의 타협의 산물이었다. 또한 기초위원회의 초안에 비해 대상이 축소되고 처벌이 완화된 것이었지만 당시의 사정을 고려할 때 우파세력과 일제관료 출신의 군정 고위관료들에게는 치명타가 될 수 있었다. 그에 따라 우파세력과 경찰의 격렬한 반격이 진행되었다.[136)]

서상일의 부일협력자 등 처리에 대한 유보적 입장은 3등급이상 자격심사에 관해서도 그대로 나타났다. 그는 그 심사에 있어 민족반역자나 부일협력자 처리 기준에 따르지 말고 개인의 인물, 학식, 역량, 신망 등을 참고로 하는 것이 바람직하다는 입장을 펼쳤다. 또 입법의원을 통과하고 군정당국으로부터 인준 받지 못한 부일협력자 특별조례의 당연범과 선택범의 분류기준을 예로 들어 당연범은 자격심사가 당연하나 선택범에 대해서는 특별재판소의 판결이 있기 전까지 자격심사 대상이 되지 않는다는 입장을 폈다.[137)] 이처럼 서상일은 친일파·민족반역자 처리에 대해

134) 『동아일보』, 1947. 5. 8.

135) 『서울신문』, 1947. 7. 4.

136) 박찬표, 앞의 책, 199~200쪽, 한 사례를 들면, 경찰의 위협시위 등에 대해 과도입법의원 내에서 관선의원들은 이에 책임을 물어 조병옥 해임을 요구하였고, 원세훈은 조병옥 대신 여운홍을 경무부장으로 임명할 것을 요구하였다.

137) 「속기록」 제167호, 1947. 10. 30.

입법의원 내에서 가장 적극적인 반대 입장을 표명함으로써 극우보수 세력의 입장에 서 있었다.

미군정은 2차 미소공동위원회 결렬 후 단정수립을 본격화하는 가운데 좌익에 대한 대대적 검거를 진행하면서 부일협력자 특별조례의 인준을 계속 지연시키다가 결국 11월 27일 인준 보류시켜 친일파 처벌법을 폐기시켰다.[138] 이로써 특별조례는 군정당국의 단정수립정책에 의해 우익의 입장이 관철되는 것으로 매듭지어졌다.

(3) 보통선거법 제정

미군정은 과도입법의원이 가장 시급히 처리해야 할 최우선 과제로 보통선거법 제정을 제시하였다. 그것은 1947년 1월 9일에 열린 입법의원 제8차 회의에 군정장관대리 헬믹(G. C. Helmick) 명의의 메시지에서 첫 번째로 명시되었다. 또한 3월 중순 군정장관 러취(Lerche, A.L)는 보통선거법 초안을 입법의원 특별위원회에 회부한 다음 선거법 제정을 독촉하는 편지를 여러 차례 보냈다.[139] 미군정의 선거법 제정에 대한 태도는 1947년 3월의 2차 미소공동위원회 재개와 맞물리면서, 장차 수립될 독립국가의 국가권력집단이 될 세력을 선출한다는 중요한 의미를 내포한 것이었다. 뿐만 아니라 한국 최초의 보통선거법 제정이라는 역사적 의의가 있었다.[140]

---

138) 「민족반역자 부일협력자 간상배에 대한 특별법」의 인준 보류 서함은 군정장관 대리 헬믹의 명의로 입법의원에 보내졌다. 그 내용은 "애매한 법률을 제정하고 시행하면 극도로 폭발적인 정치적 내지 개인적 투쟁이 유발되어 오히려 조선인민의 정신적, 도의적 결합에 불미한 영향을 미칠 염려가 있다", "원칙문제로는 이런 종류의 법률이 필요하지만 그것는 전조선민족의 일치된 의견을 명백히 표현하여햐 함으로 전의원이 민선으로서 그 의원에서 제정하게 될 것" 등이었다(「속기록」 제180호, 1947. 11. 27).

139) 김영미, 앞의 글, 285쪽.

140) 박찬표, 앞 의 책, 266~268쪽.

선거법 제정 초안이 1947년 3월 21일에 본회의에 상정되었으나 이남규 의원의 이완용 발언으로 다루어지지 못하다가 3월 25일에 상정되었다. 이 초안은 미군정에서 보낸 것을 참고로 하여 입법의원 제2특별위원회에서 마련한 것이었다. 초안의 주요 내용은 선거권자를 20세로, 피선거권자를 25세 정하고, 인구 15만 인에 의원 1인을 선출하는 소선거구제, 절대다수대표제로 한 것이었다.

서상일의 선거법 초안에 대한 입법의원의 입장은 선거의 기본을 보인 안이라며 적극 반기면서, 자세히 할 부분과 그렇지 않은 부분, 개선할 것만 처리하면 된다는 입장을 취했다. 곧 입법의원은 서상일의 선거법 초안에 대해 특별한 이의 없이 적극 찬성하는 입장을 취했던 것이다.[141] 그러나 서상일의 입장과 달리 민선의원에서는 '선 선거법 제정, 후 친일파 처리안'이란 입장을 보였고, 한민당도 선전부를 통해 입법의원에서 가장 긴급한 사안이 보통선거법 제정임을 밝혔다.[142] 이승만도 보통선거법을 지연시키는 자는 국권회복의 방해자라고 몰아 세웠다.[143]

이런 상황에서 1947년 5월 14일 제72차 본회의에 우익주도의 법사위 수정 선거 법안이 제출되었다.[144] 그 내용은 선거권자를 25세로, 피선거권자를 30세로 상향 조정하고, 특별선거구를 설치하는 등 우익에게 유리한 것이었다. 곧 이 수정안은 특정 계층을 선거에서 배제하기 위한 제헌

---

141) 「속기록」 제41호, 1947. 3. 25.

142) 『동아일보』, 1947. 5. 10. 그러나 보통선거법 심의는 친일파 처리안과 달리 계속 지연되어 제대로 심의되지 못했다. 그런 가운데 5월 8일 군정장관 러취의 친일파 규정법안보다 보통선거법을 먼저 입법하기를 바란다는 담화발표를 계기로 5월 9일 제70차 본회의에서는 민족반역자 등에 대한 특별조례를 제2독회에 부쳐 축조토의 하던 도중에 金光顯 · 千珍喆 의원으로부터 민족 반역자 조례 토의를 중지하고 보통선거법을 먼저 토의하자는 동의가 있어 민선의원과 관선의원 간에 격렬한 논쟁이 벌어졌다(『서울신문』, 1947. 5. 1).

143) 『동아일보』, 1947. 5. 14.

144) 『서울신문』, 1947. 5. 14.

선거 요소를 가진 것이었고, 또한 우익의 안정다수의석 확보를 위한 장치로서 민주적 선거규정과는 상당한 괴리가 있었다.[145]

이후 선거권 및 피선거권자의 연령문제를 핵심으로 하여 민선의원과 관선의원 사이에 첨예한 대립 상황이 빚어진 가운데 5월 22일 제79차 본회의에서 민선의원이 수정안을 표결에 부쳐 다수결로 이를 통과시켰다. 이에 관선의원이 퇴장과 함께 본회의에 불참하는가 하면, 입법의원 정부의장 3명이 사표를 제출하는 등 격렬히 반발하였다.[146]

이에 미군정이 중재하고 민선의원에서 민선의원 5명과 관선의원 5명 등 10명의 절충위원을 구성해 이 문제를 해결하자고 제의함에 따라 선거법은 재조정될 수 있었다. 서상일은 이남규(독촉) · 홍성하(한민) · 신익희(독촉) · 김영규(독촉) 등과 함께 민선의원 대표로, 문무술 · 장자일 · 김학배 · 박건웅 · 신기언 등 5명은 관선의원 대표로 선출되었다. 서상일은 선거법안에 대한 자신의 입장에서 한 발 물러나 민선우파의 입장을 대변하면서도 파국에 접어든 입법의원의 진행을 위해 5인 민선대표의원이 되었다. 절충위원회의 협상안이 6월 27일 100회 본회의에 붙여진 결과 선거권은 23세, 피선거권은 25세로 하여 통과되었다.[147]

이 선거법은 기초위원회 초안에 비해 선거 · 피선거권의 연령, 특별선거구, 자서제自書制 등이 인정되어 민선우파에게 상당히 유리한 것이었다. 그에 따라 미군정에서는 선거법안의 수정을 요구하는 서한을 입법의원에 보냈으나 입법의원에서는 극히 일부를 제외하고는 수정을 거부하였다.[148]

---

145) 박찬표, 앞의 책, 273쪽.

146) 『조선일보』, 1947. 6. 1 ; 『동아일보』, 1947. 6. 4.

147) 박찬표, 앞의 책, 272~273쪽.

148) 수정 조항은 선거권 제한 조항 중 자유형은 1년 이상으로 제한하고, 정치범 성격을 정치범이라 하였다(김영미, 앞의 글, 288쪽).

선거법에 있어 또 하나의 쟁점은 중앙선거위원회 구성문제였다. 선거위원 선정 문제는 선거업무의 장악 여부에 따라 정치세력의 이해를 반영할 수 있는 것이었기에 민선우파와 중간파 간에 첨예한 대립이 생겨났다. 선거법기초위원회 초안은 중앙선거위원을 15인으로 구성하되 입법, 사법, 행정 3부문에서 각 18인식 후보자를 추천한 중에 행정수반으로부터 15인을 전형 임명하는 것으로 되어 있었다. 그런데 입법의원에서는 8월 28일에 분과위원장회의를 통해 민선의원 백관수에 관선의원 윤기섭尹琦燮·원세훈元世勳·김붕준金朋濬·정이형鄭伊衡·김원용金元容·황진남黃鎭南·허간룡許侃龍 등 8명의 후보자를 추천하였다. 이 후보자 구성을 보면, 입법의원의 의장단과 분과위원장직의 다수를 점하고 있던 중도파가 민선우파를 배제시킨 채 선거위원회를 장악하고자 한 의도가 있었음을 알 수 있다. 이에 민선우파 의원들은 8월 29일에 김규식 의장 앞으로 중앙선거위원 추천에 대한 이의서를 제출하며 반발하였다.[149] 이 이의서는 서상일을 비롯한 백남채·이활·하상훈·홍성하 등 5명이 제출한 것이다. 그 내용은 선거위원 후보자가 합작위원회 출신이 많이 선정된 것에 반대하며, 후보추천을 무효로 하고 9월 1일 정시개원총회에서 의원총회를 통해 후보자를 추천하자는 것이었다.

이 문제는 결국 서상일을 포함한 민선우파의 주장대로 투표에 붙여졌다. 이 때 서상일은 종다수 원칙을 제기했고, 서우석·장자일·여운홍 등과 함께 감표위원監表委員으로 선정되었다. 선거 결과는 장면·박용희·김법린·변성옥·이활·박승호·이갑성· 신익희 등 8명이 다점多點으로 후보위원에 당선되었다. 결국 입법의원에 할당된 선거위원 후보자는 민선우파가 장악하여, 자신들의 정치적 이해를 반영시킬 수 있게 되었다.

---

149) 「속기록」 제137호, 1947. 9. 1.

이처럼 선거법은 선거연령, 특별선거구제, 자서自書 기표방식, 친일파의 선거 참여, 중앙선거위원 등에서 민선우파의 입장이 관철되어, 우파 정치세력의 우위를 확보할 수 있었다. 2차 미소공위의 결렬 이후 단정을 추진한 미군정은 9월 3일 군정장관 대리 헬믹(G. C. Helmick)의 서명으로 법률 제5호 「남조선입법의원선거법」을 정식 공포하였다.

서상일은 보통선거법 제정에서는 처음의 입장에서 표변하여 극우보수 세력의 정치적 이해를 옹호하는 태도를 취했다.

(4) 미곡수집법

미 군정당국의 미곡정책은 법령 제45호 「미곡수집령」(1946. 1. 25)의 공포를 통해 쌀의 유통을 전면적으로 통제하는 정책으로 전환하였다. 1946년 10월 미군정은 자신이 주도해 온 미곡정책을 입법의원의 설치와 함께 입법의원에서 처리해 나가고자 하였다.[150]

군정장관 러취(Lerche, A.L)는 1947년 3월 2일에 중앙식량규칙 제4호 「하곡수집령」을 입법의원에 보내고 그것을 기초로 4월 1일까지 하곡수집법을 만들도록 하였다. 입법의원에서는 기본적으로 군정의 하곡수집 요구를 받아들였지만, 공출액을 해당 생산량의 1/5 이내로 하고 강제공출을 못하도록 하는 내용의 하곡수집 요강을 통과시켰다.[151]

서상일은 1947년 4월 1일 제42차 본회의에서 하곡수집에 대해 자신의 입장을 밝혔다.[152] 그는 당시 가장 시급히 해결해야 할 문제가 민생문제이며, 민생문제의 가장 큰 문제가 식량문제라고 주장하였다. 특히, 자신

---

150) 『동아일보』, 1946. 10. 9. 군정사령관 하지는 10월 8일에 좌우합작과 입법기관설치에 대해 성명서를 발표하면서, "대체로 이 입법기관이 조선민중에 관한 미곡수집과 배급과세 및 토지재분배 등을 작정할 것입니다"라고 하였다.

151) 김영미, 앞의 글, 293쪽.

152) 「속기록」 제46호, 1947. 4. 1.

의 고향인 대구에서 식량문제가 주요 원인이 되어 촉발된 10월항쟁을 생각하면 더욱 그러하였다. 그에 따라 그는 식량문제의 해결은 농가와 비농가를 하나의 시각으로 보아야, 곧 전체적인 관점에서 접근해야 한다고 전제하면서 미곡정책의 경우 자유경제정책이 아닌 통제정책의 실시를 주장하였다.

서상일은 농민이 미곡수집 혹은 공출을 싫어하는 이유를 네 가지로 들었다. 첫째, 해방된 상황에서 자신의 물건을 공출해야 한다는 불만, 둘째 공출에 대한 악선전, 곧 농촌에서 공출을 반대하고 도시에 와서 배급을 받아 라는 일각의 악선전, 셋째 식량당국의 불공평한 공출량 할당, 이 문제가 가장 심각하다고 지적하였다. 넷째, 곡가의 공출가격과 구입해야할 생필품 가격의 불일치를 지적하였다.

그는 식량정책에서 공출과 배급이라는 통제정책을 쓰지 않을 수 없다는 전제하에 기술적인 문제만 시정하면 식량문제가 해결될 것이라고 전망하였다. 그 방법으로 첫째, 농민으로 하여금 공존공영의 원칙을 적절히 납득시킬 것을 제시하였다. 둘째, 불공평한 할당을 없애기 위해 농가의 경작면적을 조사하고 그 경작면적에서 나오는 생산고를 조사할 것을 제안하였다. 또 흉년에 대비하여 보존제를 실시할 것을 주장하였다. 나아가 이러한 식량정책의 원칙과 기술문제를 법률화시킬 것을 제안하였다.

그는 이러한 주장을 1947년 4월 2일의 제43차 본회의에서 계속 주장하였다.[153] 그는 공출의 원칙에 대해 "전체 경작면적의 실수액을 철저히 조사해서 경작농가의 인구에 대해 경작의 경우에 불가결한 소용량을 계산해서 남는 부분에 한해 공출을 실시하고, 부족분에 대해서는 국가가 보

153) 「속기록」 제47호, 1947. 4. 2.

상해야 한다고 주장"하였다. 다음으로 농가나 비농가나 일정한 수량의 배급을 확보하는 계획을 수립할 것을 제안하였다. 구체적으로 각 면사무소에 공출액을 게시 공고할 것을 제안하였다. 그 다음으로 공정가격에 의해서 생필품을 공출 완료할 것과 가격문제에 있어 현재의 보상제를 계속하든지 아니면 최고가격에서 현재 물가 숫자를 물가지수에 비례해서 작정할 것을 제안하였다.

요컨대 서상일은 미곡정책에 있어 공출과 배급을 내용으로 하는 통제정책을 지향하였다. 이 점에서 미곡의 강제정책을 추진한 군정당국의 미곡정책과 입장을 같이하였다. 그러나 미곡통제정책의 실시 과정에서 민생문제의 해결이라는 원칙과 농민의 피해를 최소화할 수 있는 기술적 측면을 강조하였다. 이 점에서 군정당국의 경직된 미곡정책과는 차이를 보였다.

미군정은 다시 추곡 수집을 위해서 1946년 7월 3일 「중앙식량행정규칙 제6호」를 입법의원에 보내 이를 참고로 하여 8월 13일까지 미곡수집법을 통과시켜 줄 것을 요구하였다.[154] 입법의원에서는 8월 5월 제124차 본회의에서의 하곡수집령의 제정처럼 수집 원칙만을 세워 군정당국에서 제정 시행할 것을 결정하고, 그 원칙의 입안을 산업노동위원회와 식량물가대책위원회에 위탁하였다. 그런데 두 위원회의 연석회의에서 입법기관으로서 법률을 제정치 않고 원칙만을 세운다는 것은 권한포기이며 의무불이행이라고 결의하여 전문 12조로 된 미곡수집법안을 기초하여 8월 11일 제127차 본회의에 보고하였다.[155]

127차 본회의에서 가장 논란이 되었던 것은 수집대상 문제, 할당량 문제 등이었다. 미곡수집법안 제2조에 생산된 미곡을 정부에 출하할 의무

154) 김영미, 앞의 글, 293쪽.

155) 「속기록」 제131호, 1947. 8. 11 ; 『경향신문』, 1947. 8. 12.

가 있는 자를 선정할 때 3단보 미만의 영세농가에 대해서는 수집대상에서 제외시켰다.[156] 곧 수집대상의 한계를 설정하였던 것이다.

서상일은 할당량 선정문제에서 할당량의 균등, 영세농가에 대한 면제점 부여, 비농가 고려 등을 제시하였다. 이는 미곡대책위원회[157]의 활동에서 수집량과 할당량만을 사정할 것을 개의한 김붕준 의원을 지지하는 입장이었다. 이러한 입장에 선 서상일은 공출 미곡의 가격, 공출에 반대하는 농가에 대한 벌칙, 소량미 반입 등에 대해 자신의 주장을 펼쳤다. 먼저 공출 미곡의 가격에 대해서는 입법의원에서는 미곡수집 원칙만 규정하고, 가격문제는 행정처에서 결정하도록 하자는 방안을 제시하였다. 다음으로 공출 반대 농가에 대한 벌칙 문제에 대해서는 미곡수집법이 "수집을 목적으로 하는 것이기에 벌칙을 두지 않으면 수집법을 만들 필요가 없다"고 하였다. 그 다음으로 소량미 반입에 대해서는 허용하자는 입장이었다. 이 세 가지 방안 중 미곡 가격은 입법의원에서 공출 가격을 현실 가격에 맞게 책정하도록 함으로써 서상일의 의도와는 달리 결정되었고, 나머지 두 방안은 입법의원의 결정과 동일하게 처리되었다.

그러나 미군정은 입법의원의 결정을 그대로 채택하지 않았다. 특히, 군정장관 러취는 영세농가에 대해 면제점을 둔 제2조에 대해 재의를 요청하였다. 그 이유는 농가의 단보 수를 조사할 시간적 여유가 없어, 제2조를 그대로 실시하면 1백만 석 규모의 미곡수집이 감수될 것 같다는 예상 때문이었다.[158] 그러나 입법의원에서는 식량문제로 촉발된 10월항쟁

---

156) 1. 지주, 단 소작농은 지주를 대리하여 법정소작료를 정부에 출하할 의무가 있음, 2. 미곡경작면적 3단보(900평)를 초과한 자작농가, 3. 미곡경작면적 4단보를 초과한 자작 겸 소작농, 4. 미곡경작면적 5단보를 초과한 소작농가.

157) 미곡수집대책위원회는 읍 면장(각 리에서 구장) 지주자작농 소작 또는 그 대표자 대농장대표 독농가 지방사정 정통자로써 차를 조직하며 정원은 읍면에서는 15인 이내 각 리에서는 10인 이내로 함.

158) 『경향신문』, 1947. 9. 4.

등을 고려할 때 군정당국의 요청을 쉽게 수용할 수 없었다.

미곡수집법은 9월 27일 군정장관대리 헬믹이 서명함으로써 법령 제6호로 공포 시행되었다.[159] 이 미곡수집법은 논란이 되었던 제2조의 수집대상 한계 설정, 소량미 반입 등 미군정의 입장이 철저히 관철되어, 영세농가를 보호할 수 없게 되었다. 결국, 군정당국이 식량정책을 시행함에 있어 한국인들로 구성된 입법의원을 단지 활용했을 뿐이었다.

한편, 군정장관 러취의 서한에는 적산농지 문제에 대해서도 입법의원이 심의해 줄 것을 요청하였다. 서상일은 적산농지 문제는 토지개혁과 함께 해결해야 할 문제로 생각하고, 토지개혁에 대해 원론적으로 찬성하였다. 토지개혁 문제는 산업노동위원회에 넘겨 충분히 연구한 후 다루어야 할 것이라고 주장하였다.[160] 서상일은 미곡수집령이 공포된 후 1947년 12월 19일 제185차 본회의에서 토지개혁법안의 상정에 동의했다. 그러나 통과를 전제로 하지는 않았다. 그가 미군정이 요청한 토지개혁법안 상정 동의는 미국이 실제 토지개혁에 대한 관심이 없으면서도 UN으로부터 좋은 평가를 받기 위해 취한 일종의 표정관리인 것으로 판단한 때문이었다. 곧 UN을 고려한 미국의 입장을 간접적으로나마 지원하기 위한 일단의 조치에 불과했다. 서상일은 토지개혁법안 처리에 대해서는 친일파 처리와 마찬가지로 정부 수립후로 유보하자는 입장에 서 있었다.

(5) 가능한 지역 총선거안

입법의원의 민선우파의 단독정부 수립운동은 2차 미소공위의 결렬을

159) 『경향신문』, 1947. 9. 28. 이에 대해 헬믹은 성명서를 발표하였는데 그 내용의 일부를 소개하면, "각 농가에서는 명년도 파종용의 벼와 앞으로 미곡수확기까지 각기 가족 부양에 필요한 쌀을 충분히 보유할 수 있도록 규정되어 있고, 5단보 이하의 소작농이나 3단보 이하의 자작농도 동일하게 정부에 공출하여야 한다"라고 되어 있다.

160) 「속기록」 제138호, 1947. 9. 2.

계기로 미군정당국이 단독정부 수립을 본격화하면서 활기를 띠었다. 서상일을 통해 본 입법의원 내 보수세력의 단정운동은 반탁결의, 미소공위 대책, 가능한 지역 총선거 등의 순서로 진행되었다.

신탁통치반대긴급결의안은 1947년 1월 13일 41명의 민서우파 의원 명의로 작성되어 1월 20일 제12차 본회의에 제출되었다. 이 결의안이 나오게 된 계기는 주둔군사령관 하지가 1946년 12월 24일에 미소공위 공동코뮤니케(제5호 성명서)에 서명한 것이 알려지면서였다. 민선우파는 모스크바 삼상회의 결의안의 이행을 반대하는 입장에서 하지 중장의 공동성명서 서명을 "조선 임정의 성격규정상 중대한 관계가 있다"며 결의안을 제출하였다. 그 내용은 모스크바삼상안 중 신탁통치에 대해 반대하며, 미소공위와 협의하기 위해 초청된 개인 · 정당 · 사회단체의 의사발표의 자유를 구속 내지 금지한 것을 반대한다는 것이었다.[161] 이 결의안은 제출된 당일 재석의원 54명 중 가 44, 부 1표로 가결되었다.

1947년 5월 22일, 2차 미소공위의 정식 회의가 열렸다. 이는 4월 22일에 소련 외상 몰로토프(Vyacheslav Mikhailovich Molotov, 1890.3.9~1986.11.8)가 미국에 5월 20일에 미소공위를 재개할 것을 제안하고, 5월 2일에

---

161) 『동아일보』, 1947. 1. 16 ; 「속기록」 제16호, 1947. 1. 20. 결의안의 내용과 서명의원의 명단은 다음과 같다. ▲ 決議案 1) 우리는 莫府三相會議의 조선에 관한 결정중 신탁통지에 관한 조항은 전민족의 절대 반대하는 바임에도 불구하고 하지 중장이 공동위원회성명서를 第5號에 서명한 것을 막부결정의 전면적 지지로 인정하는 것은 민족의 총의를 왜곡하는 것으로서 이에 그 부당성을 지적하여 단호 반대함, 2) 미소공동위원회와 협의하기 위하여 초청된 개인 · 정당 급 사회단체에 대하여 막부결정의 실행에 관한 의사발표의 자유를 구속 내지 금지함은 신탁통치를 조선민족에게 강요하는 것으로서 대서양헌장에 보장된 언론자유의 원칙에 위반될 뿐 아니라 작년 5월중 미소공동위원회의 결렬 당시에 발표된 하지 중장의 성명에도 배치됨을 지적하고 이에 단호 반대함. 右 提議함. 4280년 1월 13일. 李南圭 · 河相勳 · 梁濟博 · 李琮根 · 文珍校 · 崔鳴煥 · 宋鍾玉 · 金永奎 · 洪淳澈 · 柳英根 · 金昌根 · 柳昇浩 · 李源生 · 孫汶基 · 河萬僕 · 李周衡 · 愼重穆 · 徐相日 · 李一雨 · 金光顯 · 金瑢模 · 姜益亨 · 李活 · 洪性夏 · 千珍喆 · 黃保翌 · 白南鏞 · 鄭鎭熙 · 尹錫龜 · 白寬洙 · 金度演 · 俞鎭熙 · 嚴雨龍 · 吳夏英 · 金法麟 · 朴承浩 · 朴賢淑 · 黃信德 · 黃喆性 · 許侃龍 · 張連松.

먀살(Marshall) 미 국무장관이 소련외상에게 공위재개에 관한 서한을 보냄으로써 성사되었다. 이에 국내 정치세력들도 미소공위 재개에 따른 대책에 부심하지 않을 수 없었다. 특히, 모스크바삼상안의 이행에 반대 입장을 보여 온 우익은 미소공위 재개를 위한 활동을 전개해 온 좌익에 비해 훨씬 더 사정이 급박하였다.

군정당국은 5월 14일에 미 국무장관 먀살(Marshall)로부터 공위 준비 훈령을 받았다. 서상일은 5월 18일에 미소공위 미국 수석대표 브라운이 이승만, 김구 등 우익정계 요인을 초청해 공위 참가 문제에 대해 의견을 교환할 때 조소앙趙素昂 · 조완구趙琬九 · 김성수金性洙 · 백남훈白南薰 · 장덕수張德秀 등과 함께 참석하였다.[162]

입법의원 가운데 브라운소장을 만나 공위 참가 문제를 토의한 사람은 서상일이 유일하였다. 이에 우익 입법의원을 대상으로 한 공위 대책은 서상일을 통해 제기되었다. 서상일은 5월 20일 제77차 본회의에서 공위 대책위원으로 10명을 선출하여 그 대책을 강구하자는 동의를 제의하였고, 동의는 가결되었다.[163] 5월 22일 제78차 본회의에서 긴급제의로서 미소공위대책위원회 조직에 관한 토의가 진행되어 서상일을 비롯한 10명의 위원이 결정되었다.[164] 대책위는 5월 27일에 입의 결의로써 미소공위에 보내는 메시지를 보냈다.

중간파 민선의원 측은 박건웅이 미소공위 재개에 대해 공위의 성공을 위해 남북협상을 제의[165]할 정도로 공위 재개에 적극적인 행보를 취한

162) 『동아일보』, 1947. 5. 20. 다음날인 19일에는 이승만 · 김구 · 김성수 · 장덕수 · 조소앙 등은 하지 중장의 초청을 받고, 공위 참가 문제를 논의하였다.

163) 『동아일보』, 1947. 5. 21. 제77차 본회의에서 서상일의 동의가 있기 전 김호 · 이응진 등 5명이 공위에 임정수립안을 제출키 위하여 북조선인민위원회와 공동협의하자는 제안을 제출하였다.

164) 『동아일보』, 1947. 5. 24. 미소공위대책위원은 申翼熙 · 李琮根 · 金度演 · 徐相日 · 崔鳴煥(民選), 金平 · 張子一 · 黃信德 · 金法麟 · 朴建雄(官選) 등 10명이었다.

반면 민선우익은 명확한 입장을 세우지 못한 채 유보적 입장을 보였다. 다만, 우익은 이승만의 신탁안 삭제, 공위 참가 정당·단체의 의사 자유 등 공위 참가에 대한 두 가지 원칙이 관철되지 않는 이상 공위 참가를 유보한다는 입장[166]에 동조하고 있었다. 서상일의 소속 정당인 한민당은 6월 10일에 미소공위에 참가하겠다는 성명서를 발표하였다. 이로써 미소공위에 대해 공동보조를 취했던 이승만과 김구와는 다른 입장을 보였다.[167] 그렇지만 모스크바 삼상 결의안에 찬성하는 것은 아니었고, 신탁반대와 민주주의 방식에 의한 총선거 실시를 주장하였다.[168] 이처럼 서상일이 속한 한민당은 미소 공위가 재개되는 상황을 자당의 정치적 이해로 연계시켰다. 6월 23일 입법의원은 미소공위 답신안을 보냈는데, 민주주의 원칙하에 남북총선거를 통한 임수정부 수립이 주 내용이었다.

협의대상 단체명부의 작성을 놓고 미소 양국의 대립이 발생하여 결국 2차 미소공위는 7월 중순 결렬 상태에 빠졌다.[169] 미국은 이 무렵부터 자신이 구상하고 있던 임시정부 수립방안, 곧 단독정부 수립 방안을 드러내며 공위 결렬 이후를 대비하는데 보다 치중하였다. 이런 상황에서 민선우파 측은 미국의 의도에 보조를 맞추면서 UN을 통한 단독정부 수립운동을 적극적으로 전개해 나갔다.

우선, 한민당 선전부는 협의대상문제에 대해 "반탁위원회에 참가한 정당 및 단체를 공위 협의대상에서 제외하자는 주장은 결사의 자유와 민주

---

165) 『동아일보』, 1947. 5. 22.

166) 『조선일보』, 1947. 5. 23 ; 6. 1 ; 『서울신문』, 1947. 5. 31 ; 6. 10 ; 『동아일보』, 1947. 6. 3.

167) 서중석, 『한국현대민족운동연구 2－1948~1950 민주주의·민족주의 그리고 반공주의－』, 역사비평사, 1996, 27~30쪽.

168) 『동아일보』, 1947. 6. 12.

169) 2차 미소공위의 개개와 결렬에 대해서는 정용욱의 「1942~47년 미국의 대한정책과 과도정부형태 구상」(서울대 박사학위논문, 1996)을 참고할 것.

주의 원칙에 위반될 뿐 아니라 민족자존심으로 보아 불가하다"는 견해를 밝혔다.[170] 다음으로 입법의원은 1947년 9월 19일 제143차 본회의에서 마샬(Marshall) 미 국무장관이 한국문제를 UN으로 상정시키고, 신탁 없는 독립을 주장한데 대하여 감사의 뜻을 담는 동시에 한국의 정식대표가 참석할 수 있도록 해 달라는 전문을 보낼 것을 가결시켰다. 서상일은 UN의장에게도 마샬(Marshall)로부터 제안된 조선 문제를 상정시켜서 잘 처리해 달라는 뜻을 보내 줄 것을 요청하였다.[171]

9월 17일에 미국 제안에 의해 「탁치 없는 조선독립안」이 UN에 상정되자 9월 24일에 민족통일총본부를 포함한 70여 개의 우익 단체는 입법의원 서상일 등 5명을 소개위원으로 하여, 「이승만 박사를 한국대표로 UN에 파견하자」는 청원서를 입법의원에 제출하였다. 이 청원서는 10월 20일 제157차 본회의에 상정되었으나 중도파에 의해 통과되지 못하고 정무위원회에 건의하는 수준에서 결정되었다.[172]

11월 UN총회에서 한국총선거안이 가결되고, 1948년 1월 UN한국위원단이 입국하여 미군정과 우익정치 요인과 회담을 진행하였다. 이때 김구는 남북주둔군 철수 후 자유선거 실시가 가능하다는 견해를 밝히면서 남조선단독정부 수립에 반대하였다. 좌익은 UN한국위원회 활동에 반대해 2·7구국투쟁을 전개하였다. 곧 UN한국위원단의 활동을 놓고 국내 정치세력의 입장이 분명해지는 가운데 입의 민선우파들은 2월 19일 제205차 본회의에 「남조선 가능지역의 총선거 실시를 UN조선위원단에 요청하는 결의안」을 제출하였다.[173]

---

170) 『조선일보』, 1947. 7. 26.

171) 「속기록」 제147호, 1947. 9. 19.

172) 「속기록」 제161호, 1947. 10. 20.

173) 「속기록」 제209호, 1947. 2. 19. 이 긴급동의안 서명자는 다음과 같다. 徐相日 申翼熙 金度演 金永奎 金法麟 柳鼎浩 柳英根 洪淳徹 李鍾喆 李鳳九 金尙德 白寬洙 河萬漢

서상일은 이 결의안의 입의 상정에 가장 적극적이었다. 그는 입법의원에서 결의안을 낭독하고 설명까지 진행하였다. 그가 읽은 결의안의 주요 내용은 "유엔조선위원단은 우선 가능한 지역만의 총선거실시를 감시하고 법적 자주독립통일정부수립을 협조할 귀 위원단의 신속한 임무완수를 간청함"이었다. 그는 긴급동의안 상정에 관한 설명에서, 우선 미소공위의 결렬 책임이 협의대상문제를 제기한 소련에 있음을 주장하면서 한국문제가 UN총회에서 결정되는 과정을 설명하였다. 다음으로 한국문제의 UN이관에 대한 국내의 입장을 세 가지로 분류하여 반박하였다. 첫째, 미소 양군 철퇴 후 국제군의 치안 책임 아래 남북요인회담을 거쳐 자율선거를 통한 자주독립정부안이 있다고 하면서, 이는 미소 양국의 군정이나 탁치를 반대하면서 57개국의 군정이나 탁치를 찬성하는 것과 같다고 주장하였다. 또한 남북요인회담을 '빙탄불상용氷炭不相容'에 비유하며 그 가능성을 전면 부정하였다.

다음으로 가능한 지역만의 총선거 주장에 남북양분의 책임을 전가하려는 경우가 있다고 보면서, 이에 대해 남북양분은 국제적 제약성에 생겨난 엄연한 현실이라고 전제하면서, 총선거실시로 법적 자주독립통일정부를 구성하고 미소 양군정 접수와 양군 철퇴를 적극 추진하는 것이 한국독립의 유일한 노선이라고 주장하였다. 또한 입법의원 내 중도파를 겨냥하여 1947년 6월 27일 선거법 통과는 미군정하에서 선거 실시를 인정하는 것이었는데, UN하 자유총선거를 반대하는 것은 논리적 모순이라며 공박하였다. 이처럼 서상일의 입법의원 활동에서 UN을 매개로 한 남한지역 단독선거를 통한 단독정부 수립 주장이 정점이었다.

鄭鎭熙 李一雨 千珍喆 趙軫九 吳龍國 金國泰 黃喆性 高光表 朴賢淑 愼重穆 朴承浩 黃信德 安東源 徐禹錫 張勉 梁濟博 李琮根 文珍校 白南鏞 邊成玉 吳伊尙 黃保翼 洪性夏 金道鉉 孫汶岐 李南圭 등 43명.

서상일로부터 긴급동의안 설명이 끝난 후 민선우파와 중도파 간에 격렬한 공방이 진행되었으나 결론이 나오지 않았다. 2월 23일 제206차 본회의에서 다시 토론이 진행되었으나 표결 방식을 놓고 양측은 첨예하게 대립하였다. 중도파는 본 동의안의 중대성에 비추어 보통법률 안건 처리와 같이 3분의 2의 출석으로 결의하자는 입장을 주장한 반면 민선우파 측은 재석의원을 기준으로 할 것을 주장하였다. 입의 의장 김규식 등 중도파 의원 14명은 "동결의안은 국책을 결정하는 중대한 문제이니 만큼 화충공제和衷共濟하여 민족국가의 대업을 위해서 같이 토론하려고 하였지만 순純동의안動議案으로 처리하게 되었음으로 더 이상 참석할 수 없다"며 퇴장해 버렸다. 동 결의안은 "UN한국위원단은 우선 가능한 지역에서 총선거 실시를 감시하여 조선국민정부로서 승인을 얻도록 국제적 협조 아래 조선의 완전통일을 기할 것을 요청함"으로 주문을 수정하여 통과되었다.[174]

서상일을 비롯한 민선우파 측은 결의안을 수정 통과시킨 후 의장 김규식과 부의장 최동오를 원법 제12조를 위반하였기에 원법 제15조에 의거 청원징계위원회에 붙여 심사 보고하게 할 것이라는 징계동의안을 제출하였다.[175] 이 결의안으로 14명의 의원이 사임하고 19명의 의원이 제명되는 파동이 발생하여 재적입법의원은 47명에 불과하게 되었다. 이로써 입법의원의 실질적 기능은 종지부를 찍게 되었다.

요컨대 서상일의 해방정국의 활동은 일관되게 보수 우파의 입장에서 전개되었으며, 최종적으로 단선·단정 수립에 맹렬한 투사의 기질을 발휘하였다. 결국 그는 철저한 반공적 입장에서 한민당·이승만의 단독선거·단독정부 수립에 전면적으로 나섰던 것이다.

---

174) 「속기록」 제210호, 1947. 2. 23.

175) 「속기록」 제251호, 1948. 2. 27.

2. 제헌국회의원 활동과 내각책임제 개헌 추진

1) 제헌국회의원 활동

대구 · 경북지역의 단독선거에 대한 움직임은 1948년 2월 입법의원에서의 가능 지역 총선거안 통과를 전후하여 표면화되었다. 한민당 경북도당부는 2월 11일에 "현실성 없는 남북통일총선거를 고집함은 선거연장 군정연장의 결과를 초래하고 정치범석방을 요구함은 자파自派의 선거를 유리하게 할 의도이며 경찰제도개혁과 양군 즉시 철퇴 유엔 위원단의 치안확보 운운은 남한의 적화촉진과 국제 신탁을 초래할 뿐이다"는 내용의 담화를 발표하였다. 또 한민당 경북도당에서는 2월 16일에 조양회관에서 선거촉진대책협의회 결성준비회담을 개최하였다.[176] 2월 29일에는 서상일이 운영하는 조양회관 바로 앞에 있는 달성공원達城公園에서 유지회가 결성되어 선거 분위기가 형성되어 갔다. 한민당시당부는 3 · 1절 기념행사도 예년과 달리 규모를 축소하여 조양회관에서 거행하고, "자주독립은 우리 실력으로"라며 단독정부 수립에 적극 대처해 나갔다.[177]

한민당 대구 · 경북 조직은 대구의 출마자로 서상일과 백남채를 추대하고 선거전에 대비하였다.[178] 서상일은 대구 을구에 출마하여, 박성하, 손인식과 경쟁하였다. 선거전이 가열되는 가운데 서상일의 비서인 김구金坵가 대낮에 피습 당하는가 하면, 좌익의 선거 반대운동도 강했다.[179]

176) 『영남일보』, 1948. 2. 14.

177) 『영남일보』, 1948. 2. 29 ; 3. 1.

178) 『영남일보』, 1948. 3. 14.

179) 『영남일보』, 1948. 5. 6 ; 『조선일보』, 1948. 5. 11 ; 『동아일보』, 1948. 5. 12. 대구의 좌익의 선거 반대운동을 보면, 5월 8일 오전 대구부청 식량사무소, 토지행정처, 법원, 검찰청, 우편국, 전매국 등 각처에 '단선단정반대' 삐라가 살포되고, 대구방직공장에 청년 30여 명이 곤봉 · 일본도를 들고 침입하여 직공들에게 파업을 선동하다 형

이승만과 함께 한 서상일 (앞줄 오른쪽에서 다섯 번째)

선거 결과 서상일은 11,777표를 획득하여 손인식孫寅植(8,890표)과 박성하朴成夏(6,251표)를 누르고 당선되었다. 또한 대구 갑구 최윤동崔允東과 대구 병구 백남채도 당선되었다. 이로써 대구의 3석의 의석은 모두 한민당 후보가 차지하였다. 그들은 미군정기 대구지역에서 가장 강한 영향력을 행사했던 인물이다. 서상일은 민생안정에 만전을 기하겠다는 당선 인사를 하고 최윤동, 백남채 두 사람과 함께 서울로 향했다.[180]

1948년 5월 31일 중앙선거위원회의 소집에 의해 제헌국회가 개원되었다. 선거법에 따라 최고령자인 이승만 의원이 임시의장에 취임하였고, 의장 및 부의장 선거에서 이승만과 김동원金東元이 각각 당선되었다.[181] 6월 1일 국회 2차 본회의에서 헌법 및 정부조직법 기초위원 선출을 위한

사에게 1명이 사살당하고 2명이 중상당하고, 당일 오전 4시경 신천동 변전소의 변압기 도란스가 파괴되고 민성일보사 공장에 수류탄이 투척되기도 하였다.

180) 『영남일보』, 1948. 5. 13.

181) 金鎭學 · 韓徹永 共著, 『制憲國會史』, 新潮出版社, 1954, 96~97쪽.

10인 전형위원을 선출할 때 서상일은 경북 대표로 선정되었다. 서상일을 포함한 전형위원은 6월 2일 제3회 본회의에 30명의 헌법 및 정부조직법 기초위원을 선출하여 보고하기로 하였다.[182] 그리하여 6월 2일 제3회 본회의에서 30명의 헌법 및 정부조직법 기초위원회와 15명의 국회법 및 국회규칙 기초위원회를 구성하였다.[183] 이날 이윤영李允榮 의원은 헌법 및 정부조직법기초위원의 선정 기준에 대해, 첫째 균형 있는 지역적 분배원칙, 둘째 국가기본법을 제정하는 막중한 일을 감당하기 위해서는 가급적이 방면에 조예가 있는 자로 하였다고 보고하였다.

서상일은 6월 3일 헌법기초위원회의 회의에서 위원장으로 선출되고, 부위원장에는 이윤영 의원이 선출되었다. 또한 국회 상임위원회를 선출하기 위한 전형위원 19명을 선정할 때 서상일은 정현모鄭顯模·육홍균陸洪均 등과 함께 선출되었다.[184] 서상일은 산업노동위원회 위원으로 배속되었다. 그는 6월 18일 산업노동위원회의 위원장 선거에서 21표를 획득하여 17표를 얻은 조봉암을 누르고 당선되었다.[185] 그리고 특별위원회에선 시국(수급)대책위원회의 부위원장으로 선출되었다. 이처럼 서상일이 제헌국회에서 가장 중요한 헌법 및 정부조직법 기초위원회와 산업노동위

182) 헌법제정기초위원 선출을 위한 전형위원은 서울 李允榮, 강원 崔圭鈺, 경기 申翼熙, 충남 李鍾麟, 충북 柳鴻烈, 전남 金長烈, 전북 尹錫龜, 경남 許政, 제주 吳龍國 등이었다(『서울신문』, 1948. 6. 2).

183) 『동아일보』, 1948. 6. 4 ; 국회사무처, 『국회속기록』 1회 3호(1948. 6. 2). ▲憲法 及 政府組織法 기초위원 ; 李靑天·金尙德·白寬洙·李允榮·鄭島榮·吳龍國·曺奉岩·金翼基·申鉉燉·徐成達·趙憲泳·尹錫龜·洪翼杓·徐相日·吳錫柱·金庚培·延秉昊·金俊淵·朴海克·柳鴻烈·金沃周·具中會·李勳求·柳聖甲·許政·李鍾麟·李康雨·金命仁·崔圭鈺·金孝錫.

184) 국회사무처, 『국회속기록』 1회 8호, 1948. 6. 11. 상임위원회 위원 선출을 위한 전형위원 명단. 서울 金度演, 경기 李裕善 曺奉岩 金庚培, 충북 洪淳玉, 충남 陳憲植 孫在學, 경북 徐相日 鄭顯模 陸洪均, 경남 許政 金若水 文時煥, 전북 申性均 趙在勉, 전남 曺國鉉 金俊淵 李南圭, 강원 張基永.

185) 국회사무처, 『국회속기록』 1회 15호, 1948. 6. 19.

원회의 위원장을 도맡았던 점은 매우 주목할 부분이다. 그는 제헌국회에서 조헌영·서우석 등과 함께 가장 많은 발언을 할 정도로 왕성한 활동을 보인 인물이었다.[186)]

서상일이 이처럼 제헌국회에서 중요한 위치를 점할 수 있었던 것은 한민당의 당내 변화와 입법의원 활동이 배경이 되었던 것으로 보인다. 한민당은 당내에서 주요 역할을 맡았던 송진우와 장덕수의 암살 이후 그들을 대신할 인물이 필요할 때, 대구·경북지역을 강고한 지역기반으로 확보하고 있던 서상일이 점차 부각되었다. 또한 서상일은 입법의원에서 남조선과도약헌(안)의 기초와 상정을 주도하고, 친일파 처리안 등에서 우익의 이익을 대변했을 뿐 아니라 단독정부 수립에 가장 적극적인 태도를 취했던 인물이었다. 이런 점들이 제헌국회에서 서상일의 위치를 선정하는 주요 요인이 되었던 것이다.

여기에서 입법의원과 제헌국회와의 연관성에 대해 잠시 언급하고자 한다. 입법의원 의원으로서 제헌국회 선거에 입후보한 자는 모두 43명이며, 그 가운데 15명이 당선하였다. 당선율이 30%나 될 정도로 높았고, 전체 제헌국회의원의 7.5%를 차지하였다. 당선자는 서상일(한민당), 김도연(한민당), 백관수(한민당), 서우석(한민당), 백남채(한민당), 홍성하(한민당), 이주형(국민회), 신익희(국민회), 이남규(국민회), 유래완(무), 윤석구(무), 장면(무), 오용국(무), 김상덕(민족통일총본부), 김약수(조선공화당) 등이었다. 정당별 인원수를 보면 한민당 6명, 국민회 3명, 무소속 4명, 민족통일총본부 1명, 조선공화당 1명으로 무소속을 포함한 우익계가 절대 다수를 차지하였다. 이들 가운데 각 분과위원회 위원장으로는 법제사법위원장으로 백관수(1회~5회), 재무경제위원회 홍성하(2회~6회), 산업노동

186) 김진학·한철영, 앞의 책, 241쪽. 조헌영 의원은 368회로 가장 많은 발언을 했고, 다음으로 서상일과 서우석이 각각 360회 발언했다.

위원장 서상일 등이 활약하였다. 또 이남규는 전남 도지사로 임명되었고(1948. 10. 19), 장면은 주미대사로 임명(1948. 12. 22)되었다. 그리고 입법의원 출신의 국회의원이 국무위원을 겸한 자로는 재무부장관의 김도연, 체신부장관의 윤석구 등이 있었고, 이순탁은 기획처장에 임명되었다.[187]

이처럼 입법의원 내 민선우파 의원들은 제헌국회와 밀접한 연관성을 가졌고, 제헌국회 내에서 주요한 위치를 차지하는 경우가 많았다. 따라서 제헌국회의 우파의원의 활동은 입법의원의 활동과 연계되는 측면이 강했다.

(1) 헌법 및 정부조직법 기초위원회 활동

서상일의 헌법기초위원회는 1948년 6월 3일 유진오(고대 교수)를 비롯한 고경국(변호사), 노진설(대법관·국회선거위원장), 권승렬(사법부차장), 임현상(중앙경제위원), 한근조(변호사·전사법부차장), 노용호·김용근·차윤홍·윤길중(국회선거위원회사무국장) 등 10명을 전문위원으로 선정하였다. 이들의 선정에는 헌법기초위원장인 서상일과 한민당의 영향력이 발휘된 것으로 보인다.[188] 유진오에 따르면 신익희가 전문위원 추천명단을 서상일에게 제출했으나 그 명단의 일부만 선정하고 나머지는 한민당계 인물이었던 것으로 기억했다.[189] 그런데 신익희의 추천명단은 미군정하 행정연구회 회원에다가 유진오를 포함한 것이었다. 행정연구회는 1945년 12월 만들어진 것으로 보이며, 회원으로는 장경근·최하영·이상기·강명옥·김용근·박근영·윤길중 등이었다.[190] 이 가운데 김용근·

187) 김혁동, 앞의 책, 163~173쪽. 이에 반해 김영미의 연구는 입법의원과 제헌국회와의 관련성이 크지 않은 것으로 평가하였다.

188) 유수현, 「제1공화국 헌법제정과정」, 『한국의 사회와 문화』, 정신문화연구원, 1986. 7, 196~199쪽.

189) 유진오, 『憲法起草回顧錄』, 일조각, 1981, 47쪽.

윤길중 · 유진오 등이 전문위원으로 선정되었다. 미군정하 헌법제정을 위한 모임은 이 외에도 송진우 · 서상일이 주도한 국민대회의 헌법연구위원회도 있었다. 이들 가운데 김병로 · 김용구 · 이인 · 강경순 등 4명은 미군정의 남조선과도정부의 사법부에 설치된 조선법전연구회(군정 법령 제141호, 1947. 5. 17) 내 헌법기초분과위원회에 위원으로 선정되었다. 그리고 권중열도 동 위원으로 선정되었다. 이들 가운데 권중렬은 전문위원으로 선정되었다. 그 나머지 6명은 대체로 한민당계 인물이었다. 특히, 유진오는 고려대 강사로 활동하면서, 김성수와 깊은 관련을 맺었던 인물이었다. 이처럼 전문위원은 미군정하 행정연구회, 헌법연구위원 등의 출신과 한민당과 관련이 깊은 유진오 등을 새로이 보강하여 구성되었다.

동 위원회는 6월 7일까지 초안기초를 완료할 예정으로 6월 4일부터 회의를 속개하였는데, 이날 회의에는 민주의원 헌법, 입법의원에서 통과된 과도약헌, 중경임정의 헌법 등이 참고자료로 제출되었다. 헌법초안의 기초가 예정보다 늦어지자 헌법기초위원회 위원장 서상일은 중간보고를 통해 여러 차례 연기를 요청하였다.[191] 실제 한 나라의 헌법이 초안되는 데에 많은 어려운 점이 뒤따름을 감안할 때 헌법초안의 기초가 지연되는 것은 충분히 이해할 수 있는 점이다. 이런 과정을 거쳐 드디어 6월 23일 제17차 본회의에 헌법초안이 상정되었다. 헌법초안은 헌법기초위원회가 구성된 6월 3일부터 22일까지 17일 동안 16차례 회의를 거친 뒤에 나온 것이었다. 전문위원이 기초한 헌법초안은 헌법기초위원회에서 국회 구

---

190) 유수현, 앞의 글, 184~185쪽.

191) 국회사무처, 『국회속기록』 제1회 9호, 1948. 6. 12. 3. 4장만 남아 있음. 3,4일 있으면 완료 ; 국회사무처, 『국회속기록』 제1회 14호, 1948. 6. 18. 경제편에 3조가량 남아 있고, 재정 회기 부칙 등등 몇 장이 남아 있다. 來日 토요일까지 더 연기해주시면 월요일에 꼭 상정이 되도록 하겠다 ; 국회사무처, 『국회속기록』 제1회 16호, 1948. 6. 21. 지난 토요일에 제2회 독회가 끝났고, 인쇄 문제로 수요일에 초안을 상정하겠다.

성, 정부형태, 법원의 법률심사권에 관해 근본적으로 수정된 것이었다. 그밖의 규정에 대해서는 국호를 한국으로 하자던 것이 대한민국으로 수정되고, 국민경제회의의 제도가 삭제되고 악질적인 반민족행위를 처벌하는 특별법을 제정할 수 있다는 규정이 첨가된 외에는 별다른 수정 없이 통과되어 본회의에 상정되었다.[192)]

서상일은 헌법초안의 특징은 민주주의민족국가 건설, 곧 민족사회주의국가 건설을 전제로 하여 특권계급을 인정치 않는 것, 근로자의 권리와 의무를 존중한 것, 국회에서 단원제를 채택한 것, 정부조직은 대통령책임제로 정한 것, 국민경제 수립에 중점을 둔 것이라고 밝혔다.[193)] 유진오도 헌법초안의 근본정신이 정치적 민주주의와 경제적 사회주민주의체제의 실현에 있고 나아가 평등과 자유가 보장되는 국가실현에 있다고 밝혔다.[194)]

이 가운데 가장 주목된 조항은 헌법기초위원회가 구성될 때부터 정부조직 문제, 곧 대통령중심제 혹은 내각책임제의 문제였다. 주지하다시피 한민당은 내각책임제를 선호하였고, 이승만은 대통령중심제를 주장한 것으로 알려졌으나[195)] 헌법초안에서는 대통령중심제가 기초되었다. 그 과정을 살펴볼 필요가 있다.

한민당의 내각책임제 방침은 입법의원 당시 서상일이 기초한 과도약헌에서 이미 제시된 바 있었다. 그 당시 한민당이 내각책임제를 제시한 것은 미군정하 일본의 내각제를 모델로 한 것이었다. 그것은 김성수의

---

192) 유진오, 앞의 책, 6~7쪽. 헌법기초위원회의 헌법초안에서 또 하나의 논쟁은 국호 선정문제였다. 헌법초안에는 헌법기초 과정에서 한민당은 고려공화국을 주장하고, 이승만 측은 대한민국으로 할 것을 주장했는데 결국 대한민국이라 명시하였다.

193) 『조선일보』, 1948. 6. 24.

194) 俞鎭午, 『憲法解義』, 명세당, 1949, 9~18쪽.

195) 『동아일보』, 1948. 6. 4.

발언에서도 동일하게 나타났다.[196] 5월 28일 김성수 자택에서 김성수를 비롯한 서상일 · 백관수 · 김도연 · 김준연 등 한민당 중진들은 정부형태를 내각책임제로 추진해 나갈 것에 합의하였다.[197] 그리하여 서상일을 비롯한 한민당계 위원들은 격론 속에 내각책임제로의 초안을 기초해 나갔다. 헌법기초위원회가 내각책임제를 구상하게 된 가장 큰 이유는 국가의 안정 곧, 정부가 안정된 정치를 펼치자면 국회와 정부와의 긴밀한 연락을 취할 수 있도록 하는 것이 필요하다는 것에서였다.[198] 물론, 국무원이 국회의 지지를 받지 못하면 총사직해야 한다는 것이 결점이라고 지적하기도 하였다.

반면, 이승만은 6월 15일 헌법기초위원회에 출석하여 대통령제를 역설하였고, 20일에는 위원들을 이화장에 초청하여 대통령제에 관해 토의하였다.[199] 이승만은 한국과 같이 정당제가 정비되어 있지 못한 후진 국가는 내각책임제가 적절하지 못하며, 영국과 일본의 내각책임제를 군주국제도로 간주하기도 했다.[200] 다음날인 6월 21일에 이승만은 다시 헌법기초위원회에 나가 격렬한 어조로 내각책임제에 반대하는 입장을 분명히 하였다.[201] 이런 이유 때문에 6월 21일 본회의에 출석한 서상일은 헌법

---

196) 김성수는 헌법기초위원회 전문위원인 유진오에게 "일본의 헌법이 천황을 상징적 존재에 그치게 하고 실제의 행정은 내각이 책임을 지고 있다는 특수성을 유의해 주기 바라오" 또한 "그러니까 明治維新 때의 일본 헌법과 전후에 제정된 헌법을 참고로 하되, 프랑스식 의원내각제도 참고로 해 주시기 바라오"라고 하였다(서병조, 『改憲是非』, 現代文藝社, 1986, 28~30쪽).

197) 徐丙珇, 앞의 책, 23~24쪽.

198) 『조선일보』, 1948. 6. 24.

199) 인촌기념회, 앞의 책, 545~546쪽.

200) 우남실록편집위원회, 『우남실록』, 열회당, 1976, 40쪽.

201) 서병조, 앞의 책, 32~34쪽. 이 책에서 이승만은 헌법기초위원회에 나가 "내가 그동안 수차에 걸쳐 대통령 책임제로 헌법을 만들어 줄 것을 당부했는데도 끝까지 내각책임제로 헌법을 만들고 있으니 피차가 정말로 민망한 일이오. 정 그렇다면 내게도 생각이 있으니까 알아서들 하시오"라고 말한 것으로 기술하고 있다.

초안 기초에 대해 중요한 원칙문제가 모두 결정되어 있다고 하면서도 비공개회의에서 중요한 원칙문제를 한 번 더 협의해 보는 것도 무방하다고 하였던 것이다.[202] 서상일의 이 발언은 그와 이승만 사이에 대통령제 채택에 합의가 이루어졌던 것으로 이해할 수도 있는 것이었다. 그러나 국회가 이를 수용하지 않음으로써 이승만의 의도는 무산되었다.[203]

이승만은 헌법기초위원장인 서상일과 한민당의 대표격인 김성수에게 내각책임제의 폐기와 대통령제로 초안을 기초할 것을 재차 요구하였다. 특히 이승만은 서상일에게 이승만의 요구 내용은 정부형태가 대통령중심제로 되지 않는 한 하야해서 헌법에 반대하는 국민운동을 일으킬 작정이라는 내용의 편지를 쓰기도 하였다.[204] 이러한 이승만의 강력한 반발에 부딪힌 한민당은 그 대책에 부심하지 않을 수 없었다. 5·10선거에서 한민당원 가운데는 당명을 버리고 무소속으로 출마할 만큼 한민당에 대한 사회적 인식이 미약한 점과 이승만의 지지도를 고려할 때 더욱 그러하였다. 이에 따라 서상일을 포함한 한민당 중진들은 김성수의 자택에 모여 긴급회의를 가졌다. 이 자리에서 오랜 고민 끝에 내각책임제를 대통령제로 고치자는 번안동의를 내놓고 당론과 공론을 돌리기 시작하였다.[205] 그리하여 정부형태를 단원제에 의한 대통령중심제로 수정하여

---

202) 국회사무처, 『국회속기록』 제1회 16호.

203) 유진오, 『헌법기초회고록』, 1980, 70~72쪽.

204) 『매일신문』, 1962. 11. 10 ; 인촌기념회, 앞의 책, 546~547쪽 ; 서병조, 앞의 책, 34~35쪽 ; 김수선, 『누구를 위한 정치인가』, 통일청년웅변회, 1958, 서상일이 쓴 서문(서중석, 『한국현대민족운동연구』 2, 역사비평사, 1996, 74~75에서 재인용). 이승만은 서상일에게 서한을 보내 국민운동을 운운하였고, 이화장에 김성수를 초청하여 "나는 이름만의 대통령을 할 생각이 없소"거나 "한민당이 꼭 그렇게 하겠다면 다른 사람을 대통령으로 뽑아요"라고 말하였다.

205) 『매일신문』, 1962. 11. 10. 이에 대해 김도연은 자신의 회고록인 『나의 길』(1966)에서 자신이 혼자 몇 군데를 죽죽 긋는 식으로 수정하고, 유진오에게 이를 다듬어 줄 것을 요청한 것으로 회고하였다. 유진오도 자신의 『헌법기초회고록』(1980, 74~75쪽)에서 김도연의 회고와 같은 내용을 언급하였다.

6월 23일 본회의에 상정하였다. 결국, 한민당은 이승만의 요구를 수용한 것이었지만 독립된 정부의 수립이 시급하다고 판단했기 때문에 가능한 것이었다.[206] 여하튼 한민당의 정부형태에 대한 구상은 내각책임제이든 대통령제이든 이승만을 염두에 둔 것이었다. 물론 자신들의 영향력을 확보할 수 있는 내각책임제를 선호하였음은 분명하다. 이승만도 그러한 한민당의 의도를 정확히 짚었기 때문에 한민당에 정부형태를 수정할 것을 강력히 요구하였던 것이다.

헌법 초안에서 대통령에 관한 규정을 보면, 제4절 정부 제1절 대통령에서 대통령과 부통령은 국회에서 무기명투표로써 각각 선거하며, 임기는 4년이며 재선에 의하여 1차 중임은 가능하며, 국무총리와 국무위원을 임명한 권리를 가졌다. 이것을 입법의원에서 통과된 민주약헌과 비교해보면 민주약헌에서는 대통령의 선거는 1대만 국회에서 실시하고, 2대부터는 직접선거를 제시한 것만 차이가 있을 뿐이다. 또 제3절 국회에서 임시회 소집에 대한 조항 "임시긴급의 필요가 있을 때에는 대통령 또는 국회의 재적의원 1/4 이상의 요구에 의하여 의장은 국회의 임시회의 집회를 공고한다"는 것은 동일하였다. 여기에서 한민당이 대통령중심제를 채택함에 있어 민주약헌과 달리 기초한 것은 자신들이 국회의석을 장악할 수 있으리라는 기대를 갖고 있었기 때문인 것으로 생각된다.

서상일은 헌법초안에 대한 설명에서 단원제에 의한 대통령중심제를 채택하게 된 배경에 대해서 "현하現下 조선정치정세에 비추어 모든 장래를 전망해서 정치적 안정세력을 확보하는 의미에 있어서 가지고는 우리들이 여기서 대통령중심제를 채용하게 된 것입니다"[207]라고 밝혔다. 이어서 전문위원 유진오는 헌법초안의 대통령중심제가 미국의 그것과 달

---

206) 愛山同門會, 『愛山餘滴』, 世文社, 1961, 93~107쪽.

207) 국회사무처, 『국회속기록』 제1회 17호, 1948. 6. 23.

리 국회의 요구에 의해 국무위원이 국회에 출석할 의무가 있고, 국무총리를 두어 국무회의를 의결할 수 있게 한 점이 차이나는 것이라고 밝혔다. 유진오는 양원제에서 단원제로 전환한 것에 대해서도, 양원제는 중요한 국사 처리에 있어 국민의 의사결정을 재검토할 기회를 갖게 하자는 목적에서 구상되었으나 복잡다난한 현 시국에 있어 사무 처리에 신속하게 대처하기 위해서 단원제로 한 것이라고 밝혔다.[208] 그러나 대통령중심제는 소장파에 의해 특정 개인을 염두에 둔 것 정부형태이며, 대통령의 전횡이 나타날 수 있다며 반대되기도 하였다.[209]

또한 서상일과 유진오가 밝힌 헌법초안에서 특권계급을 인정치 않는 것, 근로자의 권리와 의무를 존중한 것, 국민경제 수립에 중점을 두었다는 것은 제2장 국민의 권리의무에 나타나 있다. 서상일은 이에 대한 구체적 법률 규정은 노동자의 권리 의무로 나타나 있다고 하였다. 곧 노동조건에 대한 규정, 노동 3권 보장 등을 의미하였다. 그러나 입법의원의 민주약헌에 비해 후퇴한 점도 없지 않았다. 곧 서상일이 주장한 노동자의 회사 경영 참여는 보장되지 않았다. 또한 헌법기초위원회에서 논의되었던 국민경제회의는 삭제되었다. 이런 점에도 불구하고 헌법초안에서는 "제17조 1항에 노동자의 이익분배利益分配 균할제均霑制를 규정한다, 제18조 2항에 노령, 질병 기타 노동능력이 없는 자는 국가의 보호를 받는다, 제28조에 중요한 자원과 자연력을 국유로 한다, 제85조에 농지는 농민에게 분배한다" 등의 조항이 명기되어 있었다.

한편, 정부조직법은 1948년 7월 14일 제1회 제29차 본회의에 심사결과가 보고되고, 7월 16일 제1회 제31차 본회의에서 의결되었다. 정부조직법

---

208) 『조선일보』, 1948. 6. 24 ; 국회사무처, 『국회속기록』 제1회 17호, 1948. 6. 23.

209) 송우, 『대한민국헌법개정사』, 집문당, 1980, 24~33쪽 ; 김윤영, 「1950년의 '내각책임제 개헌'논의에 대한 연구」, 성균관대 석사학위논문, 1996, 10~11쪽.

초안 기초에서 가장 핵심적 논쟁은 치안부의 내무부에의 귀속 여부였다. 7월 14일 제29차 본회의에서 정부조직법위원장 서상일은 이 문제에 대해 설명하였다. 정부조직법기초위원회에서 치안부를 내무부에서 독립시킬 것인가 아니면 예속시킬 것인가에 대해 많은 논란이 있었고, 예속시킨다면 그 이름을 공안부로 할 것인가 아니면 치안부로 할 것인지에 대해서도 논란이 있었다고 밝혔다.[210] 실제, 정부조직법 기초위원회에서는 전문위원회에서 작성한 기초안 가운데 치안부 문제를 놓고 격론이 벌어졌다. 한민당계 의원들은 장래 치안 확보를 위해서는 치안부의 독립이 불가피하다고 주장하였다. 반면 조봉암 등 무소속계 의원들은 치안부의 독립은 외국의 사례를 찾을 수 없고, 경찰국가라는 인상을 줄 수 있다면 반대의 입장의 취했다. 결국, 표결결과 14 대 5로 치안은 내무부에 포함시키기로 가결되었다.[211]

그러나 7월 10일에 열린 정부조직법기초위원회에서 한민당계 의원들이 치안을 내무부로부터 독립시키자는 번안주장을 제기하였고, 내무부에 포함시키자는 동의에 찬성한 의원들도 태도를 바꾸는 경우가 생겼다. 그렇지만 번안동의가 이루어지려면 동의자의 승인 아래 의원 2/3의 찬성을 확보해야 하나 동의자 중의 한 사람인 조봉암이 결석한 관계로 인해 성사되지 못하였다. 이날 회의를 마친 전문위원 유진오·윤길중 등과 서상일·허준 등 4명은 이승만을 방문하고, "현 시국에 비추어 치안부를 독립시킴이 가능하다고 생각하나 본회의에서 치안부를 내무부에 포함시키기로 가결한다면 민중의 의사가 그러한 것이니 따라갈 수밖에 없다"라는 입장을 밝혔다.[212]

---

210) 국회사무처, 『국회속기록』 제1회 29호, 1948. 7. 14.

211) 『동아일보』, 1948. 7. 10.

212) 『동아일보』, 1948. 7. 11.

이런 상황에서 치안부 문제는 7월 14일에 본회의에 상정되었는데, 서정희·이남규 등이 치안을 독립시키지 않은 이유에 대해 질의가 있었고, 서상일은 답변에서 정부조직법기초위원회에서 진행 상황을 설명하였다. 이승만도 치안의 독립을 희망하였으나 국회에서의 결정에 따르겠다고 말하였다.[213] 다음날인 7월 15일 제30차 본회의에서는 치안부를 독립시키자는 정현모鄭顯模 의원의 수정제안이 있었고, 신현돈申炫敦 의원의 내무부에 소속시키는 것이 오히려 안정에의 선책이 될 것이라는 반대설명이 있었다. 이에 의장이 토의동결을 선포하고 무기명투표로 가부를 물은 결과 80 대 104로 수정안은 부결되고 치안관계는 내무부에 소속하기로 되었다.[214] 이로서 치안부의 내무부 소속 처리 문제가 무소속계의 승리로 끝났다.

본회의에 상정된 헌법초안은 1948년 7월 12일 재석 160명의 만장일치로 통과되고, 7월 17일에 공포되었다. 7월 20일에 정부통령 선거가 치러져 대통령에 이승만, 부통령에 이시영이 당선되었다. 여기에서 서상일은 부통령 선거에서 1표를 획득하였다.[215] 7월 24일에 정부통령 취임식이 거행되었다.

(2) 농지개혁법 처리 입장

서상일이 위원장인 산업노동위원회의 주요 활동으로는 농지개혁법, 귀속재산임시조치법, 국유재산법, 양곡관리법 등을 입안하는 것과 정부제출의 수산물 검사법, 농산물 검사법을 제정하는 것이었다. 이 가운데

---

213) 국회사무처, 『국회속기록』 제1회 29호, 1948. 7. 14 ; 대한민국국회사무처, 『국회사』, 광명인쇄공사, 1971, 26~29쪽.

214) 『동아일보』, 1948. 7. 16.

215) 김진학·한철영, 앞의 책, 107쪽.

농지개혁법의 제정은 한국사회에 있어 반봉건적 지주제를 청산하고 농민적 토지 소유의 실현이라는 측면에서 대단히 중요한 의미를 갖는 것이었고, 농업생산관계에 중대한 영향을 끼쳤다고 할 수 있다. 동 법안은 1949년 6월 21일에 제정 공포되고, 1950년 5월에 실행되었다.

서상일은 일제하에 직접적으로 농업경영을 하지 않았고, 농지개혁법의 제정 과정에서 직접 자신의 방안을 제시하지는 않았다. 다만, 제헌국회 내 산업노동위원회 위원장으로서 농지개혁법을 입안해야 하는 입장이었다. 그에 따라 그의 농지개혁에 대한 생각은 법안의 작성 및 처리 과정에서 나타날 것이다. 그가 입법의원 활동이나 제헌국회 활동에서 한민당의 이해를 적극적으로 대변해 온 점을 상기할 때 농지개혁법안 처리도 마찬가지일 것이다. 여기서는 그가 어떠한 방식으로 지주들의 이익을 대변해 나갔는지 살펴보기로 한다.

산업노동위원장인 서상일에 따르면 여러 개의 토지개혁안이 국회를 거쳐 산업위원회에 회부되었다고 말했다. 본래에 이훈구李勳求[216]의 안이 1948년 12월 13일에 산업위원회에 제출되었고, 그 외 농림부안, 대한농총안, 개인 안 등 4, 5개 안이 제출되어 있었다고 하면서, 산업위원회에서는 다른 안을 참고로 하되 동위원회 농림분과위원회에서 독자적 안을 마련하기로 의견이 일치되었다고 했다. 그에 따라 산업위원회는 1949년 1월 26일에 이훈구의 안[217]을 동위원회 전체회의에 붙이고, 동월 28일 1회 독

216) 이훈구의 농업론에 대해서는 방기중의 「일제하 이훈구의 농업론과 경제자립사상」(『역사문제연구』 창간호, 1996)을 참고. 이 연구에서 이훈구는 미군정 · 우익진영의 이해를 대변하면서 자본주의국가 건설에 매진하였지만 지주제의 전면적 해체, 소농경제의 안정을 토대로 민주주의적 자본주의 체제의 건설과 민족경제의 자립을 추구한 것으로 분석되었다.

217) 한국농촌경제연구원, 『농지개혁사연구』, 1989, 490쪽. 이훈구 의원에 따르면, 자기의 법안과 농림부안, 대한노총안, 金俊輔案(水原農大案) 등을 참고해서 농림분과안을 작성하여 1948년 12월 초에는 산업위원회에 보고했고, 1949년 1월 26일에는 거의 산업위원회의 합의를 얻어 국회안으로 성립되었다고 했다.

회를 완료한 후 동년 3월 10일에 본회의에 상정하였다. 그런데 주목되는 것은 1월 28일 산업위원회 독회가 완료된 후 국회 본회의에 상정되기까지 무려 40여 일이 걸렸다는 점이다. 이처럼 농지개혁안의 국회 본회의에의 상정이 지연된 것은 동 안에 대한 한민당의 입장이 쉽사리 정리되지 못했음을 반증하는 것이다.

그로 인해 국회에서는 농지개혁법안의 조속한 상정을 여러 차례 촉구하였지만 산업위원회에 의해 묵살되었다. 때문에 국회에서는 농지개혁법의 국회 상정을 지연시키고 있는 산업위원회에 대해 불만이 터져 나왔다. 불만은 서상일에게 집중되기도 하였다. 곧, 최태규 의원이 "산업위원회 위원장인 서상일이 언론과의 인터뷰에서 금년에 농지개혁이 실시되기 어렵다고 발표함으로써 농지개혁법안의 실시를 고의적으로 지연시키고 있다"고 몰아붙였다.[218]

농지개혁법안의 국회 상정 논쟁은 두 차례에 걸친 표 대결로 이어졌으나 다수 의석을 차지한 극우세력의 방해로 부결처리 되었다. 이때 서상일은 정준 의원이 "지주들이 농지개혁법안의 처리를 지연시키려는 음모가 있다"며 강한 불만을 토로하자 실언失言이라고 반발하며, 발언 취소를 요구하는 일까지 벌어졌다.[219] 또 국회에서의 농지개혁법이 준비되는 것에 대해 위협을 느낀 지주들의 토지 강매가 빈번해지자 1948년 12월 초에 배중혁裵重赫 등 91명이 농지개혁이 실시될 때까지 소작지의 매매와 소작권의 박탈을 금지시키기 위한 농지개혁임시조치법을 발의하였다.[220] 그러나 이 임시조치법도 산업위원회에 의해 번번이 묵살되었다. 1949년

218) 국회사무처, 『국회속기록』 제2회 40호, 721쪽.

219) 한국농촌경제연구원, 앞의 책, 491쪽. 1차 투표 결과 재석 136에 찬성 43, 반대 48로 부결 되었고, 2차 표결에서도 50 대 40으로 역시 부결되었다.

220) 국회사무처, 『국회속기록』 제2회 50호, 881쪽.

3월에 다시 김병회金秉會 의원 등 70명이 3월 10일의 제50차 본회의에서 임시조치법을 제안하기로 의사일정을 확정하였으나 임시조치법은 보류되었다.

이와 같이 서상일은 한민당계가 농지개혁법안의 심의를 의도적으로 지연시킬 때 그 방패막이 역할을 맡았던 것이다. 그러다가 한민당은 농지개혁에 대한 입장이 어느 정도 정리되자 산업위원회에서 차지하는 의석수를 믿고 지주의 경제적 이해관계를 반영한 안을 상정했던 것이다.[221)]

1949년 3월 10일의 제2회 정기국회 제50차 본회의에 상정된 농지개혁법의 제1독회를 시작하면서, 산업위원회 위원장 서상일은 농민생활보장 및 국가경제균형으로 민주평화국가를 건설하는 목표라고 전제하면서[222)]

> "…이 법안이야말로 우리나라에 있어서 봉건잔재의 유물인 농지의 제도를 개혁하여서 농민에게 균등한 경작권을 부여하려고 하는 획기적인 역사적 일대과업인 것입니다. 여러분과 함께 삼천만 민중으로 더불어 기대함을 마지않는 바이올시다.…"[223)]

라며 농지개혁법 국회 심의에 대한 인사말을 하였다. 곧 서상일은 농지개혁법안의 국회 상정이 봉건적 토지소유구조의 타파를 통해 농민의 균등 경작권이 취해 질 것이고 기대하였던 것이다.

또한 서상일은 산업위원회의 농지개혁안에 대한 제안 설명에서 우선, 반민법안은 정치적으로 합법적인 혁명운동임에 반하여 농지개혁법안은 경제적으로 합법적인 혁명운동이라고 언급하면서, 헌법이 정치적으로는 민주주의 민족국가를 건설하려는 정신이고, 경제적으로는 민주사회주의

---

221) 崔興朝, 『民主國民黨의 內幕』, 新聞의 新聞社, 1952, 45~47쪽.

222) 『동아일보』, 1949. 3. 11.

223) 국회사무처, 『국회속기록』 2권, 880쪽.

懸案의農地改革法案上程

農民生活保障·國家經濟均衡

民主平和國家建設을目標

徐相日産業勞動委員長理由說明

제헌국회 서상일 산업노동위원회의 농지개혁법안 상정 설명
(『동아일보』, 1949년 3월 11일자)

국가를 건설하려는 이념이라고 강조하였다. 또한 민주사회주의 이념은 귀속재산처리법에 의해 기간산업을 국유화하고 농지개혁의 실시로 구현되는 것이라고 언명하였다. 농지개혁의 실시는 우리는 '계급적 무산자가 아니라 민족적 무산자'이며, 사회주의의 이상이나 만인 균등을 의미하는 것은 아니라 할지라도 '부富의 사회주의와 부富의 만민균등을 상징하는 것'이라고 언급하였다. 헌법 15조를 근거로 자본주의 발전을 기하되 헌법 84조에 의거해 독점화를 반대하면서, 농지개혁을 통해 토지자본의 산업자본으로의 전환을 꾀하고자 하였다.[224] 서상일의 제안 설명은 당시의

224) 국회사무처, 『국회속기록』 3권, 887~888쪽.

헌법 자체가 노동자의 이익균할권利益均霑權 등 사회민주주의 요소를 포함하고 있어, 당시의 이데올로기적 지형이 보수우익 일변도로 치우치지는 않았다는 점을 보여주는 것이기도 하였다.[225]

서상일은 산업위원회의 농지개혁안이 토지의 사적 소유제의 인정 위에 '유상매수 유상분배'의 원칙에서 작성된 것이라고 언명하였다. 농지개혁법안에서 가장 중요한 농지의 가격 평가와 보상에 관한 산업위원회 안을 보면, 평년작 주산물 생산량의 30할(300%)에 10년간 균분연부였다. 서상일은 농지의 비율 문제가 30할로 결정된 이유에 대해 우선, 3할 3부인 소작료를 근거로 하였고, 20할로 정할 경우 지주의 지가보상이 적절하지 못하기 때문이라고 밝혔다. 또한 체감율 적용을 반대하였다. 이러한 산업위원회의 안은 〈표 3〉과 같이 제헌국회 내 각 정치세력에서 가장 고율이었다.[226]

---

225) 신병식, 앞의 글, 263~264쪽.

226) 때문에 국회에서는 산업위원회의 농지개혁법안에 대해 "우리 민중이 용서할 리 없다"(이구수 의원, 동성회 · 기자 · 소농출신), "토지개혁의 근본정신이 아니라 농민에게 과중 부담을 지우는 것"(서용길 의원, 동성회 · 회사원 · 서민출신), "이 농지개혁법을 지주의 토지처분법으로 하는 것이 제목상 타당하다"(윤재근 의원, 이정회 · 소농출신) 등의 비판적 발언이 쏟아졌다. 반면, "농지개혁의 실효성이 없으니 북한을 통일한 후 실시하는 것이 어떠한가"(이성득 의원, 일민구락부 · 사업가), "체감율 적용은 다른 재산가에 비해 지주에게 불리한 것 아닌가"(송창식, 일민구락부 · 중지주) 등의 농지개혁법 실시의 지연 또는 지주의 이해관계 관철을 주장하는 발언도 있었다(한국농촌경제연구원, 앞의 책, 502~507쪽). 당시 언론도 농지 대가의 보상 및 상환율에 깊은 관심을 보였는데, 『동아일보』를 한 편으로 하고, 여타 언론이 다른 한 편으로 상반되었다. 우선 『동아일보』는 '경자유전'의 원칙 아래 경작권의 이동을 최소화하는 것이 합리적인 농토분배라고 강조하면서, 농지 보상율이 중요한 것이 아니라고 하였다. 이는 당시 농지개혁에서 많은 사람들이 가장 큰 관심을 보인 농지 대가의 보상에 관한 여론을 희석시키면서, 지주의 토지에 대한 이해를 유지하는 가운데 토지자본의 산업자본화로의 전환을 의도하는 것이었다. 반면, 『조선일보』 · 『서울신문』 등 여타 언론들은 농지개혁의 취지가 농민 경제의 개선에 있음을 강조하면서, 농민 입장에서 농지개혁이 실시되어야 한다고 주장하였다(농지개혁사편찬위원회, 『농지개혁사』, 농림부농지국, 1970, 405~408쪽).

〈표 3〉 농지 대가의 보상 및 상환율에 대한 국회 내 각 정파의 주장

정파	지주 보상	농민 상환	지주전업 문제
동성회同成會	10할 매상, 20년 분할보상	무상분배, 10할 10년 균분과세	기업알선 무방
이정회以政會	20할 10년 분할보상 (체감율 적용)	12할 6년 분납제	기업알선 의의무擬議無
대한노동당	15할 5년 균불 (체감율 적용)	12.5할 상환, 5년 분납	
사회당		10할 5년 분납	
한국독립당	10할 매상, 10년 분할보상	10할 상환, 10년 분납	
조선민주당	20할 매상, 10년 분할보상	20할 상환, 10년 분납	기업참여 찬성

*자료 : 『동아일보』 1949. 3. 17 ; 농지개혁사편찬위원회, 1970, 405쪽.

서상일은 대체질의(1949. 3. 10~14)에서도 분배농지 농민 소유 상한선에 대한 강선명 의원의 분배농지 농민상한선을 3정보 이상도 가능한 것 아니냐는 질의에 대해, "3정보를 초과해서는 안 된다는 정신이 있는 줄 압니다"라고 모호한 대답을 함으로써 후일 3정보 상한논쟁을 일으키는 소지가 되었다. 이같이 농지개혁에 대한 산업위원회안은 지주보상율 문제, 농민상환율, 농지의 확대 문제 등에서 다른 어떤 정치세력보다 철저하게 지주계급의 이익을 대변하였다.

그 이후 서상일은 농지개혁 처리 과정에서 모습을 보이지 않았다. 농지개혁법안은 정부의 국회 환송을 거친 후 재차 심의하여 제6회 정기국회중인 1950년 2월 2일에 통과되었다. 그 내용은 매수 제외 농지 규모는 한민당계의 3정보 안이, 지주의 농지에 대한 보상율은 산업위원회안의 절반인 15할이 가결되었다. 보상기간은 5년, 상환액은 15할로 가결되었다. 이로써 농지개혁법개정안은 즉각 정부에 이송되었으며, 정부는 1950년 3월 10일 법률 제108호로 공포하였다.

민국당은 보수적인 지주계급의 이익을 대변하는 과정 속에서 지속적인 당세의 약화를 겪었다. 민국당은 농지개혁법 중 지주보상율 문제, 매수제와 농지의 확대 문제 등에서 지주계급의 이익을 대변하였고, 귀속재산처리법 제정과정에서 지주계급에게 기존 관리인에 우선하는 불하권을 제공하고자 하였다. 이러한 민국당의 보수성 때문에 소장파 세력이 해체되면서 여타 소장파의원들이 민국당에 합류하는 경우가 극히 드물었다. 더 나아가서 민국당 내부에서도 보수적 지주계급보다는 '산업합리주의'에 가까운 정부의 입장에 동조하는 반대파가 형성되었다. 대표적인 예로서 민국당이 지배하는 국회 내 산업위원회와 재정경제위원회가 귀속재산처리법 상정과정에서 전자가 지주계급의 이익을 옹호했음에 비해 후자는 정부쪽의 주장에 동조함으로써 대립되었다. 농지개혁법 중 지주보상율 부분의 실패, 귀속재산 불하우선권 획득의 실패, 내객책임제 개헌의 실패는 민국당의 5·30선거 참패로 이어진다.[227]

2) 민주국민당 활동과 내각책임제 개헌 추진

(1) 민주국민당 활동

5·10선거 이후 제헌헌법의 제정 공포에 이르기까지 한민당과 이승만은 자유민주주의체제를 밑바탕으로 하는 남한만의 단독정부 수립을 위해 국가권력구조에 대해 상이한 구상을 갖고 있으면서도 불구하고 협력체제를 유지하였다. 한민당과 이승만은 한반도 전체를 차지하고서라도 남한지역에서 단독정부 수립에 반대하는 통일운동 세력과 좌익과의 노선 경쟁에서 승리하여 정치적 정통성을 확보하기 위해서 협력체제가 불

[227] 申柄湜, 앞의 글, 326~327쪽.

가피하였다. 이에 이승만이 국가권력을 장악하기 위해선 한민당의 지지가 필요하였다. 한민당 역시 내각책임제 아래 이승만을 대통령으로 옹립하려는 애초 계획을 내각책임제가 가미된 대통령중심제로 수정하였던 것이다. 이 과정에서 헌법기초위원장이었던 서상일도 대통령중심제의 수정에 양보하지 않을 수 없었다.

한민당과 이승만의 협력 관계는 1948년 7월 17일에 제헌헌법이 제정 공포이후 7월 20일에 치러진 대통령 선거까지 이어졌다. 대통령선거에서 이승만은 180표를 획득하여 13표의 김구, 2표의 안재홍 등을 누르고 초대 대통령으로 선출되었다. 이어서 진행된 부통령선거에서는 재투표를 거쳐 133표를 획득한 이시영李始榮이 62표의 김구와 1표의 이구수李龜洙를 누르고 부통령에 당선되었다.[228] 그런데 부통령 선거에서 서상일이 1표를 획득하였다. 이는 본인이 한 것인지 알 수 없지만 한민당과는 무관하게 이루어진 것이 아닌가 생각된다.

국무총무를 비롯한 각료 인선을 둘러싸고 한민당과 이승만 사이에 갈등 관계가 조성되었다. 한민당은 국무총리직에 자당의 김성수가 추천될 것으로 기대했으나 이승만이 이윤영을 지목한 것 뿐 아니라 국무총리 인선에 대해 협의를 거치지 않은 것에 불쾌해 했다. 이인에 따르면 이미 제헌헌법 제정 이전에 윤보선과 허정이 자신에게 김성수를 국무총리로 밀어 달라는 부탁을 했다는 것이다.[229] 또 7월 24일 유엔한국위원단장 메논(K. P. S. Menon)은 자신들이 주최한 만찬회에서 김성수를 장차 '국무총리가 될 분'으로 지칭하기도 했다.[230] 그러나 이승만은 7월 27일에 국무총리의 국회 인준에 앞서 김성수를 국무총리에 배제한 이유에 대해

228) 『조선일보』, 1948. 7. 21.

229) 李仁, 『半世紀의 證言』, 명지대학 출판부, 1974, 183~184쪽.

230) 인촌기념회, 앞의 책, 550쪽.

"국무총리에 비해 덜 중대하지 않은 책임을 맡기기 위해서"라고 말하였다.[231] 이 연설에 이어 진행된 이윤영의 국회 인준은 59 대 132이라는 큰 표 차이로 부결되었다. 한민당의 거센 반발이 이윤영의 부결로 나타났던 것이다. 이에 이승만은 7월 28일 국회 연설을 통해 "국회 내에 서로 자기가 원하는 인물이 아니면 승인을 거부하는 인사가 있는데"라며 불만을 토로하였다. 이후 국무총리는 한민당계 및 한독당계도 아닌 이범석이 지명되자 한민당은 불만을 가지면서도 이승만과의 관계를 고려해 인준에 동의하였다.

문제는 국무총리 국회 인준 통과 후 내각의 구성에 있었다. 한민당은 국무위원의 반 이상이 한민당에 배정될 것으로 기대했으나 정작 김도연만이 재무부장관에 발탁될 뿐이었다. 이에 한민당의 이승만에 대한 불만은 최고조에 달했고, 노익환盧鎰煥은 앞선 이승만의 기자회견 내용을 "제국주의 천황폐하에 유사한 언어로서"라는 표현을 쓰면서까지 강력하게 반발하였다.[232] 게다가 이범석이 국무총리직을 인준 받던 8월 3일에 한민당의 발기인이자 국회의 외무국방위원회위원장인 윤치영이 탈당하고, 뒤이어 영남지역 출신의 국회의원 9명이 동반 탈당함으로써 한민당의 분위기가 어수선하였다.[233]

---

231) 인촌기념회, 위의 책, 551쪽.

232) 문창성, 「한민당은 어데로 가나?－최근 동향과 전망－」, 『新天地』 3권 7호, 1948. 8. 노일환 의원의 발언 내용은 "국회에서 국무총리 인중을 부인한 후 대통령이 발표한 담화를 보면 그 내용이 비민주적으로 무장되어 있고 독선적이었음을 발견할 수 있다. 즉 대통령이 임명한 총리를 국회가 부결한 것은 민의에 반하리라는 뜻이 내포되어 있는데 이는 제국주의 국가에 있어서의 천황폐하에 유사한 언사로써 이것이 국내외에 파급하는 영향은 심대한 것이니 이를 철저히 규명해야 할 것이며 동시에 담화의 취소를 요구하는 바이다"라고 하였다. 이 발언에 대해 윤치영이 반발해 한민당을 탈당했던 것이다.

233) 『영남일보』, 1948. 8. 3 ; 8. 5. 탈당한 9명의 명단은 鄭顯模(안동 을구) · 李浩錫(성주) · 張炳晩(칠곡) · 徐二煥(울릉도) · 韓嚴會(상주 갑구) · 文時煥(부산 갑구) · 朴□鉉(부산 정구) · 李周衡(밀양 갑구) · 姜己文(산청) 등이었다. 이들 가운데 정현모 · 문시

이러한 한민당에 대해 당시 한 언론은 제헌헌법의 제정공포 이후 동 당은 국무총리를 비롯한 국무위원 인선과 국회 정·부의장 쟁탈전에서 실패하고, 그 과정에서 동 당내 파벌 각축이 벌여져 김성수를 중심으로 한 호남파의 지방적 섹트가 전제노력화專制勞力化하기에 이르렀다고 평가했다. 또한 이러한 한민당이 국회에서 강력한 영향력을 발휘하기 위해서는 신익희계의 3·1구락부와의 합류가 필수 요건이라고 전망하였다.[234] 곧 위축된 한민당의 처지를 극복하기 위해서는 문호개방이 필요하다고 전망하였던 것이다.

한민당은 당 체제를 재정비하고 이승만과의 관계를 새로이 설정해 나갔다. 곧 한민당은 정부수립 이후 정부와의 관계 재정립과 변화되어지는 정국 구도에 맞추어 당의 확대를 추진하였다. 한민당은 8월 7일 김성수를 무임소 국무위원으로 임명하려는 정부의 교섭을 거절하였다. 다음날 8월 6일에 한민당은 선전부를 통해 신정부에 요망하는 담화를 발표하여 신정부에 대해 시시비비주의로써 임할 것과 책선적責善的 편달과 감시를 게을리 하지 아니할 것을 언명하였다.[235] 이 담화는 정부 조각을 계기로 빚어진 한민당과 이승만의 갈등 관계를 공식화하는 의미를 가졌다. 또 이를 계기로 국회 내 새로운 정치세력의 역학구도가 조성되었다. 이를테면 한민당이 야당의 성격을 나타냈던 것이다.

환·이주형·강기문 등은 6월 25일 영남지역 제헌의원의 친목단체인 嶺友會의 회원들로 구성된 太白俱樂部 소속이었다(『영남일보』, 1948. 6. 25).

234) 김영상, 「韓民黨의 今後 盛衰觀」, 『三千里』 제4호, 1948. 8. 1(심지연, 『한국민주당연구』 1, 풀빛, 361~363쪽에서 재인용).

235) 『동아일보』, 1948. 8. 7(심지연, 『한국현대정당론』, 창비, 1984, 336쪽에서 재인용). "本黨員으로서 今般 정부에 국무위원으로 입각한 사람은 재무장관 김도연 씨 1인뿐어서 관련은 극히 박약하다. 本黨은 新政府에 대하여 是是非非주의로써 임할 것은 물론이거니와 정부로 하여금 하루 바삐 남북을 통일하고 화급한 민생문제를 해결하는 진정한 민주주의 독립국가를 건설하도록 責善的 편달과 감시를 게을리 하지 아니할 것을 이에 明言하는 바이다."

한민당은 이승만이 태백구락부 소속 의원과 독촉을 중심으로 하여 신당조직을 구상하는 것에 영향을 받아 자당세력을 확대하기 위해 문호개방을 모색하였다. 심지어 조헌영趙憲泳 의원 등은 종래의 노선을 시정하고 당의 체제를 전면적으로 개편하여 원내 무소속뿐만 아니라 원외 중간파를 포섭하자고 제기하였다.[236] 그러나 한민당의 정책 및 노선의 전면적 개편이 이루어지기 전에 중간파의 합류를 기대하기는 어려운 것이었다.

한민당은 후술하는 바와 같이 헌법 개정의 필요성을 역설[237]하는가 하면 9월 25일 전당대회를 통해 당체제의 개편을 계획하였다. 선전부장 김준연은 기자회견 자리에서

> "정당운동도 정부수립을 계기로 과거의 독립운동단계에서 정치운동단계로 변경하여야 할 것이다. 그 기능을 다하기 위하여 한민당은 종래의 기구를 정비하고 새로이 사무국과 당무, 재무, 선전의 삼부와 정무조사위원회를 설치할 것이다. 그리하여 모든 정치, 정무정세에 대한 정책의 수립은 이 정무조사위원회에서 연구될 것이다. 그리고 당 강화를 도모하여 수명의 고문과 부위원장 약간 명이 선출될 것이다."[238]

라고 밝혔다. 여기에서 한민당의 정세인식에서 중요한 대목이 발견된다. 곧 정당운동의 목적이 정부수립과 함께 독립운동에서 정치운동으로 전환해야 한다는 것이다. 그리고 정무조사위원회의 설치가 주목된다. 같은 날 같은 신문에는 무임소 국무위원을 사퇴한 이청천, 3·1구락부의 신익희 등이 한민당의 혁신파와 대동단결로서 민주적 대정당을 추진하기 위해 긴밀한 연락을 취하고 있다고 보도하였다.

---

236) 『영남일보』, 1948. 8. 22.

237) 『동아일보』, 1948. 8. 15 ; 심지연, 앞의 책, 1982, 366~367쪽.

238) 『영남일보』, 1948. 9. 26.

그러나 '여순군란사건' 발생한 후인 1948년 11월 13일, 신익희는 이승만의 지지세력인 독촉국민회의 배은희裵恩希, 우덕순禹德淳 등과 결합해 대한국민당을 결성하였다.[239] 또한 이청천은 대한국민당으로부터 최고위원 자리를 제의 받았으나 거절하고, 한민당과의 관계도 진척시키지 못하다가[240] 12월 20일 대한국민당에 입당하였다.[241] 신익희의 이탈로 인해 정당합동 추진에 차질을 빚게 되었던 한민당은 이청천의 대한국민당 입당에 큰 타격을 입었다.

한민당은 1949년 1월에 들어 개헌문제를 매개로 정부를 압박하는 동시에 원내의 동요를 부추겼다.[242] 그 가운데 한민당의 김성수는 이청천과 지속적인 교류를 갖고 신당 결성을 논의하는 과정에서 신익희 · 안재홍 · 조소앙 등과 민족진영협의체를 구성하기로 하고 공동성명을 발표하였다.[243] 이러한 행보는 1949년 1월 27일에 한민당과 대한국민당과의 합당 성명서 발표로 이어졌다. 대한국민당은 한민당과의 합당을 반대하는 내부의 반발로 인해 전체의 참여는 어려웠다.[244] 양당은 새로운 정당의 명칭을 민주국민당으로 결정하였다. 민주국민당은 2월 10일에 정식으로 결

239) 『영남일보』, 1948. 11. 16 ; 『대동신문』, 1948. 11. 16.

240) 『독립신문』, 1948. 11. 18.

241) 『자유신문』, 1948. 12. 22.

242) 『자유신문』, 1949. 1. 13, 「改憲問題를 圍繞, 國會內 各派 動向 微妙」.

243) 『자유신문』, 1949. 1. 16. 공동성명 내용 1.우리는 민족총단결에 이바지하고저 정치행동 통일을 목적으로 우리 정치노선을 함께하는 정당사회단체의 책임 있는 대표를 망라하여 협의체를 구성하기로 함, 2.정치행동의 통일은 대한민국 정부의 육성강화와 반국가적 일체 요소를 배제하기 위한 대의명분 밑에서 행하여져야 할 것이며, 당면과업으로서는 국련신한위원단에 대한 국론 및 행동의 통일 남북통일에 관한 방안의 통일 등이다. 김성수 · 신익희 · 안재홍 · 조소앙 · 지대형 ; 이 성명서의 내용은 내각책임제를 지향했다고까지 알려 졌다(서중석, 『한국현대민족운동연구』 2, 역사비평사, 1996, 164쪽).

244) 김윤영, 「1950년의 '내각책임제 개헌' 논의에 대한 연구」, 1996, 성균관대 석사학위논문, 14~20쪽.

당되었는데, 김성수 · 지대형 · 신익희 · 백남훈 등 4명의 최고위원제를 구성하고 당의 직제도 동등하게 배정하였다. 이때 서상일은 고문으로 추대되었다.

민주국민당의 결성이 갖는 의미는 상반되는 측면이 있다. 민국당은 민족의 지도적 핵심세력의 결집체라고 평가하는 경우이다.[245] 다른 한편으로 민국당의 결성에 이청천과 신익희가 참여했다 하더라도 이청천의 대동청년단과 신익희의 3 · 1구락부의 일부만 동참했기 때문에 한민당의 확대판에 지나지 않았다. 대신 신익희와 이청천이라는 거물급 정치인을 끌어들임으로써 한민당은 자신이 지주 · 자본가의 정당이라는 부정적 이미지를 해소하는데 일정한 도움이 되었을 것이다. 그에 따라 민주국민당의 정강 · 정책은 한민당의 그것과 크게 다른 점이 없었다.[246] 이런 점에서 한민당과 대한국민당과의 합당은 상승효과를 극대화하는 것에는 부족한 점이 있었다. 특히, 민주국민당이 결성되는 시점에 농지개혁법안의 국회상정을 촉구하는 움직임이 원내에서 강력하게 제기되었다. 이에 민국당은 반이승만 정치 활동을 벌여야 하는 국면에서 농지개혁법 처리를 두고 소장파 의원들과도 대립 관계를 형성하였다.

그런데 1949년 5월 24일 국회의원 3명이 검거되는 사태에서부터 시작하여 이승만정권의 '대공세'로 인해 통일운동 세력의 상징인 김구가 암살당하고, 국회 '소장파'의원들이 '국회프락치사건'에 연루되어 탄압을 받았다.

---

245) 김동명, 「民國黨의 功罪論 및 其他 問題에 關하여－조봉암씨의 내외정국관을 읽고－」, 『歷史의 背後에서』, 新進社, 1958, 18～22쪽.

246) 우병규, 「헌정 20년의 여야대립과 그 정책의 성격」, 『국회보』 1968. 7, 41～42쪽. 민주국민당이나 대한국민당의 결당 그 자체가 정책정당의 성격으로 출발된 것이라기보다 이승만 체제에 대한 지지 또는 반대라는 집점 아래 권력투쟁 방편으로써 결집된 것이기에 정당 활동의 내용이 국민복지라는 사회경제적 문제의 전개에는 극히 등한히 한데 반하여 모든 것이 권력투쟁 또는 권력구조 논쟁에 집중되어 왔다.

이런 상황에서 민국당이 이승만의 예봉을 피하기 위해서는 당세의 확장이 급선무였다. 이에 7월 25일 민주국민당을 비롯한 13개의 정치·사회단체 대표들이 모여 민족진영강화대책위원회를 조직하여[247] 이승만정권에 대항하고자 하였다. 7월 30일에 동 위원회는 민족진영 총역량을 위한 대동단결 강령을 통과시켰다.[248] 민국당의 김성수도 "이념과 정책에서 행동과 실천으로, 민족적 단결로, 완전독립과 통일에 매진"하겠다고 다짐하였다.[249] 그러나 민국당은 8월 23일에 열린 민족진영강화대책위원회의 창립총회에의 참가를 보류하였다. 이는 민국당 내부에 중간파와의 합작을 바라지 않는 세력이 다수 존재함을 의미하는 것이었다. 따라서 민국당은 당의 정책 및 성격을 근본적으로 수정하기에는 현실적으로 쉽지 않았다.

서상일은 한민당의 민국당으로 전환에 있어 두드러진 활동을 펼치지 않았던 것으로 생각된다. 한민당이 대한국민당과의 합당을 추진할 때 국회에서는 농지개혁법안의 상정을 둘러싸고 논전이 벌어지고 있었고, 사안이 중대한 만큼 산업노동위원장인 서상일은 당보다는 국회에 더 많은 신경을 쓰지 않을 수 없었다. 서상일은 국회를 통과된 농지개혁법이 정부로부터 소멸 통고를 받고, 민족강화위원회가 발족한 후 민국당에 대한 입장을 비로소 밝혔다.

> 지난 8월 20일에 13개 정당·사회단체로서 발족한 민족진영강화위원회는 대한민국에 충성을 다하고, 그 발전을 기하며, 공산주의를 배제하고 그 전향을 기한다고 하였다. 정치적 종파주의를 청산하고 민족진영의 강화를 기한다는 강령을 들고 나왔다. 그러나 이 민강民强의 성격을 약간 구명해

247) 『자유신문』, 1949. 7. 30.
248) 『자유신문』, 1949. 8. 7.
249) 『자유신문』, 1949. 8. 16.

보아야 하겠다.

민강의 행동 통일을 위한 협의체하면 상설이 필요치 아니할 것 같고, 5·10선거를 추진한 국민회, 청년단, 민국당 등 건국 단체들을 규약의 일편조문으로써 제압하려는 데에서 자체의 모순이 내포되었다고 아니할 수 없다. 차라리 진정한 민족진영 강화를 위하여는 과거를 청산하고, 현재의 여러 문제를 해산하여 장래의 발전을 위한 일원적 혼연일체의 방략으로 추진되어야 할 것이다.[250]

서상일은 민족강화위원회에 대해 부정적인 견해를 갖고 있었다. 그 이유는 성격이 다른 정치·사회단체들이 내부의 변화 없이 조문만 합의한다고 해서 진정한 통합이 될 수 없다고 보았기 때문이다. 따라서 그는 민족진영 강화를 위해서는 민국당의 환골탈태가 반드시 필요하다고 주장하였다. 그것은 이미 서상일 자신과 입장을 같이 해온 조헌영이 주장한 바였다.[251] 나아가 그는 민국당이 정치력 확장을 위한 당세 확장에 몰두할 것이 아니라 시국에 적절한 당면정책의 개발과 국민을 안정시킬 수 있는 정당으로서 거듭나길 촉구했다. 다시 말해 그는 민국당의 긴급한 과제는 당세 확장이 아니라 민심 수습에 있다고 주장하였던 것이다.

한편, 이승만은 종래 애국연맹을 해체하고 새로이 국민회운영위원회를 발족하여 대중동원체계를 정비하고, 국가보안법을 개정하여 사상통제를 강화하고, 의원 52명을 확보하여 새로이 대한국민당을 발족함으로써 국회에 대한 장악력을 강화시켰다.[252]

이에 민국당은 1949년 8월 대동청년단과 동성회 일부를 포섭하여 의원

---

250) 서상일, 「민족진영 대통합에 앞서 민심부터 수습하라」, 출처미상, 1949.

251) 『자유신문』, 1950. 1. 10. 조헌영은 1950년 5월 10일 당인생활을 청산한다며 민국당을 탈당하였다. 그 이유에 대해 "지난날 나라를 그르친 동당의 폐단이 재현하여 민중의 장래를 위험케 할 우려가 없지 않음에 …"라고 밝혔다.

252) 『자유신문』, 1949. 8. 23 ; 11. 13 ; 1958. 1. 28.

을 73명으로 늘리고[253] 10월 10일 1차 전당대회를 준비하였다. 서상일은 홍성하 · 조헌영 등과 함께 의안부 준비위원으로 위촉되었다.[254] 민국당 전당대회는 예정보다 며칠 늦게 10월 15일에 열렸는데, 김성수의 당대회 연설은 '정의와 성의의 시정, 모략분쇄코 관민일치하자'고 하여 이승만정권에 집중되었고, 당헌 · 정강 · 정책을 통과시키고 폐막하였다.[255] 특히, 민국당 전당대회에서는 당세 증강을 위해 개과자改過者에 대해 문호를 개방한다는 내용의 성명서를 발표하였다.[256] 대회 이후 민국당은 당조직을 쇄신하였다. 중앙상무집행위원을 40명으로 늘리고, 고문으로 9명을 두기로 하였다. 이에 서상일은 상무집행위원으로 선정되었다.[257] 이어 상무집행위원회를 열고 상무집행위원회 위원장에 김성수, 중앙집행위원회 의장에 백남훈, 대의원대회의장에 신익희 등을 각각 선정하였다.[258]

(2) 내각책임제 개헌 추진

민국당은 1차 전당대회를 통해 당 체제를 정비한 후 내각책임제로의 개헌을 본격적으로 추진해 나갔다. 우선, 1950년 1월 19일에 내각책임제를 추진하기 위한 추진위원으로 서상일을 비롯한 이청천 · 라용균 등을 선정하였다.[259] 이 개헌 추진에는 서상일이 앞장섰다. 서상일을 제안자로 한 내각책임제 개헌안은 79명이 연서하여 1월 27일 국회에 제출되었다. 동 개헌안은 2월 6일에 공고되고, 3월에 가부를 표결하기로 예정되었다.

---

253) 『동아일보』, 1949. 8. 2.
254) 『동아일보』, 1949. 9. 3.
255) 『동아일보』, 1949. 10. 17.
256) 『동아일보』, 1949. 10. 19.
257) 『동아일보』, 1949. 10. 22.
258) 『동아일보』, 1949. 10. 27.
259) 『동아일보』, 1950. 1. 21.

민국당이 내각책임제의 개헌안을 국회에 제출할 때는 통과에 대한 낙관적인 전망이 깔려 있었다.[260] 그러한 민국당의 입장을 반영하듯 동아일보는 개헌통과가 유망하며, 144명의 의원이 찬성 입장을 가진 것으로 보도하면서, 내각책임제 개헌이 당시의 정국에 대한 적절한 대안임을 부각시켰다.[261] 실제 소장파 의원들도 목적과 성격에 차이가 있긴 하지만 내각책임제 개헌을 거론하였다.[262]

민국당은 언론뿐 아니라 국회의장 신익희를 통해서도 내각책임제의 개헌론의 정당성을 선전하는데 주력하였다. 신익희는 개헌안이 국회에 제출된 뒤 가진 기자회견에서 민심을 수습하고 위기를 타개하기 위해서는 내각책임제 실시를 통한 민주정치의 실현이 불가피하며, 개헌론이 정치적 불안을 조성한다는 것은 기우에 불과할 뿐이라고 주장하였다.[263] 신익희는 『자유신문』에 4차례에 걸쳐 민국당의 당론인 내각책임제 개헌안의 정당성을 역설하였다.[264] 또한 민국당은 2월 말부터 3월 초까지 진행된 국정감사보고를 이용해 행정부 각료의 실책을 지적하여 제도의 결함을 드러내고자 노력하였다.[265] 이는 내각책임제 개헌의 정당성을 부각시키려는 의도였다.

---

260) 김윤영, 앞의 글, 34쪽.

261) 『동아일보』, 1950. 2. 2. 이에 반해 민국당의 내각책임제 개헌안 제출에 대해 서병조는 "그것은 꼭 통과된다는 보장도 없이 민국당에서 내각책임제의 개헌안을 제안한 것은, 이승만 대통령을 불신임한다는 하나의 방침으로 취해진 전략"이라고 평가하였다(『改憲是非』, 48쪽). 그런데 민국당이 개헌안을 제출함에 있어 낙관적 전망을 하고 있었음을 볼 때, 개헌안 가부가 양 진영에 미칠 영향을 고려할 때 서병조의 평가는 재고되어야 할 것이다.

262) 김윤영, 앞의 글, 27~34쪽.

263) 『자유신문』, 1950. 1. 29.

264) 『자유신문』, 1950. 2. 12 ; 2. 14 ; 2. 17 ; 2. 18.

265) 김윤영, 앞의 글, 27~30쪽. 이 글에서 개헌반대파들도 정부의 실책을 추궁하였으나 각료의 개별적 책임을 추궁하였다는 점에서 민국당과는 다른 입장이었다고 지적하였다.

이에 대해 이승만 진영도 강경하게 대응하였다. 이승만은 1월 21일 기자단 정례 회견에서 내각책임제는 시기상조라고 단정하며, 개헌안에 반대하는 입장을 밝혔다.[266] 개헌안이 제출되던 1월 27일 기자회견에서 "대통령직을 내놓고서라도 반대하겠다. 그래서 일국민의 입장에서 호헌운동을 하겠다"며 내각책임제 개헌에 강력히 반대한다는 입장을 분명히 밝혔다.[267] 다음날 특별담화를 통해 정부를 동요시키지 말라는 경고성의 발언을 발표하였다.[268] 또한 이승만의 지지세력인 국민회총본부에서도 대통령중심제를 지지하고 내각책임제 개헌안에 절대 반대한다는 내용의 성명서를 발표하였다.[269]

이승만은 2월 6일의 개헌 공고일에도 개헌안에 반대한다는 내용의 담화를 발표하였다. 그 골자는 자신의 권세를 누리자는 것이 아니라 민주정부의 토대를 세워 자유 복리를 누리자는 것이며, 개헌안 대신 현행 헌법에서 보장하고 있는 정부에 대한 불신임의 상정·통과를 통한 총리이하 각료의 총사직 등을 대안으로 제시하였다.[270] 이승만은 개헌안의 국회 상정일이 다가오자 담화를 통해 개헌이 통과되면 국민투표를 실시하겠다고 발표하였다.[271] 다음날 감사공개에 대한 대통령 담화에서, 감사를 통해 정부에 압력을 가했던 민국당을 겨냥해 "금후 문제 있으면 정부와 종용從容히 토론하자"며 개헌안에 우회적으로 반대하였다.[272]

정부 및 각료도 개헌안에 적극적으로 반대하는 입장을 취했다. 2월 14일

---

266) 『조선일보』, 1950. 1. 21.
267) 『자유신문』, 1950. 1. 28.
268) 『자유신문』, 1950. 1. 29.
269) 『자유신문』, 1950. 1. 29.
270) 『자유신문』, 1950. 2. 7.
271) 『자유신문』, 1950. 3. 4.
272) 『자유신문』, 1950. 3. 5.

에 공보처장 이철원은 내각책임제를 실시하기에 정당구조가 발전하지 못했으며, 그로 인해 조선시대의 사색당파가 재연될 것이라며 반대하였다.[273] 내무부는 총선거일정을 발표하여 개헌안에 대한 여론을 선거 국면으로 전환시키려 하였다. 2월 20일 내무차관이 국회에서 5월 10일에 선거를 단행할 것이라 밝혔고, 2월 24일자 『자유신문』에 정부는 선거법 초안을 중심으로 총선거를 준비하고 있으며, 2월 25일 이범석 국무총리가 기자회견에서 개헌이 용이하지 않기에 5월 10일에 선거를 단행하겠다고 밝혔다.[274]

내무부장관 백성욱白性郁은 3월 3일 개성開城지역 경찰서를 방문하면서, 개헌론에 대해 "국가와 민족의 장래에 해가 더 많은 것이다"라며 이승만의 발언을 옮기며, 방위태세를 갖추고 대통령의 명령에 대기하자고 발언하였다.[275] 3월 8일 부통령 이시영도 기자회견을 통해 "인재만 등용하면 개헌문제는 자연히 해소될 것"이라며, 개헌안에 반대하는 입장을 밝혔다.[276] 또한 개헌정국에서 급조된 대한국민당은 3월 4일 중앙집행위원회를 열고 개헌안에 반대하는 당론을 밝혔다.[277]

개헌론을 둘러싼 찬 · 반 진영의 공방은 국회 본회의에서도 벌어졌다. 2월 19일 23차 본회의에서 개헌 지지세력과 소장파 일부 진영은 개헌론 반대 벽보문제에 대해 정부가 자행하거나 방조한 것이 아닌가 하고 내무부장관에게 따졌고, 내무부장관은 개헌론에 대한 찬 · 부 의견 표시는 자유일 뿐이라고 항변하였다.[278] 3월 3일에도 국회에서 개헌론에 반대한다

---

273) 『자유신문』, 1950. 2. 14.

274) 『자유신문』, 1950. 2. 21 ; 2. 24 ; 2. 26.

275) 『자유신문』, 1950. 3. 5.

276) 『자유신문』, 1950. 3. 9.

277) 『자유신문』, 1950. 3. 7. 대한국민당의 창당과 개헌 반대 활동은 김윤영의 앞의 글(48~55쪽)을 참조.

는 성명을 발표한 공보처장의 행위에 대해 양 진영 간에 치열한 공방전이 벌어졌다.[279)]

이처럼 내각책임제 개헌안의 국회 제출 · 공고 이후 개헌안을 둘러싼 공방이 심화되는 가운데 3월 9일에 개헌반대파의 이재형 의원 외 21명이 의사일정을 변경해 즉시 개헌안을 심의해야 한다는 제안이 통과됨으로써 개헌안의 국회 상정이 이루어졌다. 개헌반대파인 대한국민당과 일민구락부가 의사일정을 변경해 속전속결로 개헌안을 부결시키기 위해 민국당의 허를 찔렀던 것이다. 이에 개헌안은 3월 9일 6회 48차 본회의에 상정되어 심의에 들어갔다. 개헌안은 3월 10일부터 13일까지 대체토론을 거친 후 14일에 표결 처리되었다.

이에 앞서 1월 27일 국회에 제출된 이 개헌안의 제안 이유는 '대통령중심제로 인한 정부의 실정에 대해 현행 헌법으로서는 그 정치적 책임을 물을 수 없으므로 책임정치를 구현하기 위해 내각책임제로 개헌하여야 한다'는 것이었다.[280)] 이에 대해 서상일은 "대통령 중심제로 된 헌법을 내각 책임제로 고침으로써 국회의원으로서 책임을 국민에게 사과하려고 했던 것이다"라고 회고하였다.[281)]

3월 9일 개헌안의 제안자인 서상일이 나와 제안 설명을 하였다. 그는 개헌안의 정당성에 대해

---

278) 『자유신문』, 1950. 2. 19.

279) 『자유신문』, 1950. 3. 3.

280) 국회사무처, 『국회사』, 1971, 258쪽. 이에 대해 신상초는 "1950년 초 민국당은 이 난점-제헌헌법의 권력구조가 내각책임제와 대통령중심제를 혼합해 놓은 것이기에 양자 간의 대립이 불가피했고, 대립이 발생했을 때 이 대통령은 대통령중심제의 입장에서 문제를 해결 짓고자 했고, 또 국회는 내각책임제의 관점에서 이 대통령의 '무책임정치'를 규탄-을 제도의 개혁을 가지고 해결 짓고 대통령이 일인정치와 전횡을 막기 위해 내각책임제 개헌안을 제출했던 것이다. 2월 13일 이 개헌안은 간단히 부결되었다"고 하였다(신상초, 「국회주변 20년의 회고」, 『국회보』, 1968. 7, 53~54쪽).

281) 서상일, 「自盡自讚」, 『민주 신보』, 1951. 12. 28.

제헌의원으로서 국리민복國利民福에 해독을 끼친 과오를 범하였다면 국민의 대표로서 당연히 그 책임을 지고 그 임기 중에 이것을 시정하여 국민 앞에 심심한 사과를 하지 아니하면 아니 될 것입니다. 헌법은 국리민복을 위한 기본법인 만큼 국리민복을 해롭게 하는 결함이 있는데도 불구하고 제헌의원 운운云云으로 개정치 못한다는 것은 이론의 근거가 없는 것입니다.[282]

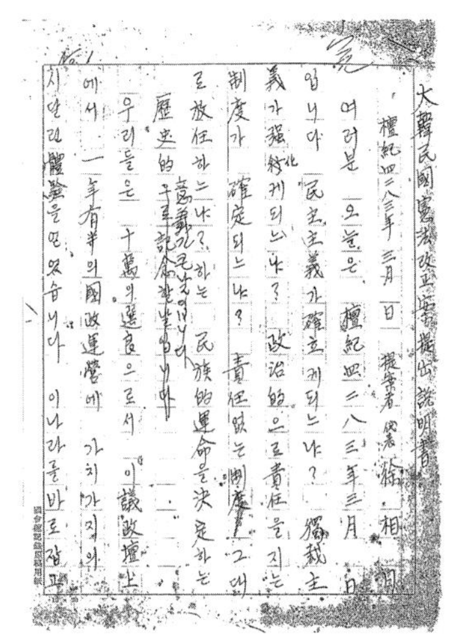

大韓民國憲法改正案提出說明書

檀紀四二八三年 三月 日 提案者 徐相日

여러분 오늘은 檀紀四二八三年三月 日입니다 民主主義가 確立케되느냐? 獨裁主義가 强化케되느냐? 政治的으로 責任을 지는 制度가 確定되느냐? 責任없는 制度로 放任하느냐? 하는 民族的運命을 決定하는 歷史的

우리들은 十萬의 選良으로서 이 議政壇上에서 一年有半의 國政運營에 가치가지의 시달린 體驗을 얻었읍니다 이나라를 바로잡고

대한민국헌법 개정안 제출 설명서

라고 주장하였다. 곧 헌법이 국리민복을 실행할 수 없는 결함이 있기 때문에 헌법의 개정은 불가피하다는 것이었다. 내각책임제 개헌안의 골자는 다음과 같다.

① 대통령을 국가원수로 하고, 국회에서 선거한 국무총리가 수반이 되어 그의 제청提請으로 국무원을 조직하고, 국무총리와 국무원의 일반 정책에 관하여 연대적 책임을 지며, 각자의 행위에 관하여서는 개별적으로 국회에 대하여 책임을 진다.

② 국회는 국무원 전체 또는 개별적인 불신임결의 할 수 있으며, 대통령은 국회에서 국무원 불신임결의를 한 때에 국회의 해산권을 갖는다.

③ 법원이 최후심판권을 가지는 예외로서 반민족행위특별재판과 군법회의 등 특별법원의 관할과 조직은 따로 법률로써 정하도록 하여 종래 위헌여부의 여지가 있던 특별법원에 대하여 명확한 헌법적 근거를 부여한다.

④ 천재天災·지변地變 기타 불가항력의 사유로 국회의원 총선거가 불

282) 국회사무처, 『국회속기록』 제6회 48차 본회의, 1950. 3. 9 ; 국회도서관, 『憲法改正會議錄』(制憲議會), 3~8쪽.

가능할 때에는 차기次期 신국회가 개회될 때까지 1개년 이내의 임기를 연기할 수 있도록 한다.

계속해서 서상일은 개헌 반대 이유 5가지를 들었다. 곧 ① 개헌은 치안이 확보되고 국토가 통일된 후에 논의할 것으로서 시기상조다, ② 정변이 빈발하여 혼란을 야기하고 정권야욕을 조장하여 붕당의 폐해가 생기고, ③ 일당독재를 초래하며, ④ 제헌의원의 임기 중 개헌은 부당하니 총선거로 국민의 의사를 물어서 해야 하고, ⑤ 의원의 임기연장을 획책하여 의도가 불순하다 등이었다. 그는 개헌반대 측이 이러한 이유를 들고 공고기간이 종료되는 3월 9일에 의사일정을 변경하여 개헌안을 상정한 후 일거에 부결시킬 것을 꾀했다고 말했다.

서상일은 이후 진행된 개헌안의 질의응답 및 대체토론에서 개헌 반대파의 주장을 반박하며, 개헌론의 정당성을 설명하였다. 그 공방에서 주목되는 점은 개헌파는 제도 자체의 잘못을 지적하여 개헌의 정당성을 주장하고, 개헌 반대파는 제도를 운용하는 사람에게 결함이 있기 때문에 개헌할 이유가 없다고 주장한 것이다. 곧 3월 9일 개헌안의 제안 설명에 이은 질의응답에서 민국당원이며 개헌 서명에 참가하지 않았던 홍성하, 대한국민당의 황두연, 무소속의 이윤영 등은 정부의 실정이 제도가 아닌 각료에 있는 것이기에 개헌안을 철회해야 한다고 주장하였던 것이다. 이에 대해 서상일은 "우리 국회가 아무쪼록 이 운용을 잘하게 하자면 사람도 옳게 놔야 되겠고 그렇게 하자면 제도를 고쳐야 되겠다. 따라서 개헌을 하여야 되겠다는 이유가 여기에 있는 것입니다"라고 응수하였다.[283)]

또한 3월 10일의 국회 본회의에서 유홍렬 의원은 내각책임제 개헌안 주장이 '공산당의 지령에 배합하는 불순한 의도'거나 '제2의 국회 내 공산

283) 국회사무처, 『국회속기록』 제6회 48호 ; 국회도서관, 『헌법개정회의록』, 22~42쪽.

당 프락치사건이 발생하지 않을 것을 보증해준다면' 등의 극렬한 용공성 발언을 제기하였다. 이에 대해 서상일은 당연히 그렇지 않다고 답변하였다. 그런데 주목되는 점은 서상일이 유홍렬 의원의 질의에 답변하는 가운데 "이 반대 찬성의 흑막을 폭로해서 국민대중에게 말하고자 하면 가슴이 타는 생각이 있습니다 만은 말이 격하다고 되는 일이 아니고 내용을 폭로한다고 되는 일이 아닙니다. 그래서 참고 내려갑니다"라는 발언이다. 이 발언은 개헌론을 제기한 민국당이나 개헌을 반대하는 대한국민당 및 일민구락부 모두 민생문제보다는 권력 장악에 몰두해 있다는 자신의 생각을 우회적으로 표현한 것이 아닐까 생각된다.[284]

조봉암은 개헌안에 반대하는 입장을 밝혔다. 그는 제헌국회에서의 개헌은 전례가 없으므로 개헌은 불가하다고 전제하면서, 첫째 개헌안에 임기연장을 획책하는 정치적 불순성이 있다, 둘째 일당 전제에 반대한다, 셋째 민국당을 겨냥해 '부패한 세력'으로 규정하였다. 이어 권태희 의원도 조봉암의 의견에 적극적으로 동조하였다. 그런데 주목되는 점은 이때 조봉암의 민국당 비판이 민국당으로서는 깊은 상처로 남아 향후 정치 활동에서 민국당이 조봉암을 불신하게 하는 계기가 된 것으로 보인다.[285] 이에 이상돈과 곽상훈 의원 등 개헌찬성파가 등단하여 대통령중심제의 결함과 민생문제의 극복을 위해 개헌이 필요하다고 주장하였다.[286]

이렇듯 개헌안에 대한 찬·반 공방은 개헌안 자체에 대한 논전을 벗어

---

284) 禹炳奎, 「憲政 20年의 與·野對立과 그 政策의 性格」, 『국회보』, 1968. 7, 41~42쪽. 민주국민당이나 대한국민당의 결당 자체가 정책정당의 성격으로 출발된 것이라기보다 이승만체제에 대한 지지 또는 반대라는 집점 아래 권력투쟁방편으로써 결집된 것이기에 정당활동의 내용이 국민복지라는 사회경제적 문제의 전개에는 극히 등한히 한데 반하여 모든 것이 권력투쟁 또는 권력구조투쟁에 집중되어 왔다.

285) 김동명, 「民國黨의 功罪論 및 其他 問題에 關하여－조봉암씨의 내외정국관을 읽고－」, 『歷史의 背後에서』, 新進社, 1958, 18~22쪽.

286) 국회사무처, 『국회속기록』 제6회 49호 ; 국회도서관, 앞의 책, 53~85쪽.

나 상대에 대한 인식공격 또는 용공성 시비까지 거론하며 가열되었다.[287] 그 가운데 3월 11일 대체토의 도중 개헌안 발언 비례 문제로 인해 싸움까지 벌어지는 난장판을 연출하기도 하였다.[288] 이후 개헌반대파는 자신들의 발언권을 포기하면서까지 빨리 표결에 들어가길 원했고, 반면 개헌파는 자신의 발언권을 최대한 활용하면서 표결을 늦추고자 하였다.

개헌안의 처리 과정에서 민국당의 김준연과 장기영 의원은 애초 찬성 날인했다가 곧 서명을 취소하고 개헌파에서 이탈하여 물의를 빚기도 하였다. 이 두 사람은 개헌이 부결된 후 법무부 장관과 체신부 장관으로 각각 임명되었다. 이는 이승만의 민국당에 대한 분열공작이 성공을 거둔 것이고, 두 사람은 당론을 반대하는 대가로 장관에 등용되었던 것이다. 반면, 개헌반대파의 대한국민당 소속의 김수선과 정준 의원도 당론에 반기를 들고 개헌에 찬성하는 입장을 표명했다.

3월 14일 드디어 내각책임제 개헌안에 대한 무기명투표에 의한 표결에 들어갔다. 결과는 찬성 79, 반대 33, 기권 66, 무효 1로 부결되었다. 그런데 개헌파에서 투표 방식에 문제를 제기하였다. 곧 개헌반대파측이 투표 과정에서 자신들의 표 이탈을 방지하기 위해 백지 투표로써 기권을 강요한 것이다.[289] 이 투표는 무효로 처리되고 다음날 재투표에 들어갔으나 66표의 기권표는 변함이 없었다. 결국, 민국당이 제기한 내각책임제 개헌 추진은 대한국민당과 일민구락부의 벽에 부딪혀 좌절되었다.

민국당은 표결에서 몇 명이 이탈했음에도 불구하고 개헌안 제출 때의

---

287) 또 한 예를 들면, 조영규 의원에 발언중 이진수 의원이 일어나 "한민당 죄악 폭로하라 인권옹호 모략중상하든 놈은 어떤 部類더냐"라고 발언하였다.

288) 『자유신문』, 1950. 3. 12.

289) 서병조, 앞의 책, 49~50쪽. 이 기권전술은 투표직전, 당의 지도부 인사들과 동료의원이 볼 수 있도록 가부의 표시가 없는 투표 용지를 그대로 치켜들어 보인 후 투표함에 집어넣는 방법이다.

서명 인원과 같은 79표를 유지하여, 대한국민당이 주도한 기권 66표보다 많았다. 민국당은 헌법 개정에 필요한 2/3의 의석수를 확보하는 데 실패했지만 국회의원 정족수의 1/3을 초과했다는 사실은 이승만정권에 상당한 부담이 아닐 수 없었다. 다시 말해 이승만정권이 차후 개헌 및 중요 국책을 입안할 경우 민국당의 당세를 고려하지 않을 수 없다는 것이다. 더구나 두 진영의 대립이 정책논쟁이 아닌 권력투쟁에서 기인한다면, 혹은 논리보다는 감정이 앞선다면 국회 내 정계 개편은 불가피할 것이기 때문이다.

5·30선거는 두 진영에 있어 향후 정국이 안정적 운영 혹은 권력 장악을 가능케 하는 절대불명의 중요한 선거였다. 때문에 민국당의 당세를 꺾지 못한다면 현실적으로 정국의 안정은 달성될 수 없는 것이기에 이승만정권의 야당 탄압은 거셌다.[290]

서상일은 자신의 지역구인 대구 을구에 출마하였다. 을구에는 7명이 입후보했지만 그는 제헌선거 당시 손인식과 박성하 등과의 재격돌이 불가피하였다. 또 민국당은 갑구에 최윤동, 병구에 백남채를 공천해 제헌의회의 선거 결과를 기대하였다. 선거 양상은 당시 정국 구도를 반영하듯 치열하게 전개되었다. 그 가운데 5월 24일에 대구를 방문한 이승만은 환영인파 앞에서 행한 연설을 통해 공산주의자, 반민족주의자, 반정부주의자 등에게 표를 찍지 말 것을 당부해 반이승만 성향의 야당 및 무소속 입후보자에 불리한 양상을 조성하였다. 이 연설의 최고 피해자는 서상일이었다.[291] 또 투표일 하루 전인 5월 29일 문인수文仁洙 대구경찰서장은

290) 서중석, 『한국현대민족운동연구』 2, 역사비평사, 1996, 312쪽. 여기에서 서중석의 연구처럼 이승만의 선거 탄압이 중도파를 겨냥하고 있다는 점은 분명하나 당시 정치계의 역학관계를 고려할 때 정부 탄압의 대상은 반이승만 세력 모두로 설정되고 있는 것으로 이해하는 것이 타당하다.

291) 정영진, 『선거는 춤춘다』, 대일, 1992, 27～28쪽.

일부 공무원이 서상일 후보의 선거운동을 하다가 발각되었고 언론에 발표하였다. 곧 비산 74구 동회장 서동환, 서울 동대문경찰서 경사 김충환, 한국청년회 대구 남구단부 감찰과장 정해봉 등이 공무원의 지위를 이용하여 서상일 후보를 위한 향응, 투표종용 등을 베풀었다는 내용이었다.[292] 이에 대해 서상일 후보 측은 즉각 반발하여 ① 우선 관련 공무원들이 관권에 의해 조작 · 개입했고, ② 몇 가지 사소한 벽보 훼손 사례를 파괴 사례로 과장했으며, ③ 관에서 암암리에 당선운동을 펴고 있는 을구의 박성하, 병구의 이갑성 후보들의 두드러진 향응 · 매표 행위는 덮어두었다고 주장하였다.

대구의 선거 결과는 서상일이 무명의 무소속후보인 박성하에게 불과 46표 차이로 낙선하는 이변이 발생하였다.[293] 그 외 민국당의 최윤동 · 백남채 등 제헌의원 각각 2,052표와 2,779표를 얻어 무소속의 조경규趙瓊奎(8,335표) · 이갑성李甲成(8,263표)에게 참패하였다. 이로써 민국당이 제헌국회 의원을 출마시켜 전원 당선을 노렸지만 기대와는 달리 모두 낙선하였다. 서상일은 6월 3일 중앙선관위원회에 160표의 개표부정이 있었음을 주된 이유로 개표 재심을 신청하였다.[294] 그러나 결과를 뒤 짚지는 못하였다.

292) 『경제신문』, 1950. 3. 50.

293) 대구 을구의 득표 결과는 다음과 같다.

성 명	연령	직 업	학력 및 경력	소속정당 · 단체명	득표수	비고
徐相日	65	국회의원	전졸	민국당	8,921	
崔榮浩	40	신문사경영	대졸, 경북문화협회장	독립노동당	1,496	
蔡洙翰	27	학생	중졸, 노총대구연맹감찰위원장	노농청년	2,854	
朴性夏	43	승려	전졸, 경북교무원총무국장	불교	8,967	당선
金鍾遠	72	광업	한문사지, 제련주식회사 사장	무소속	1,097	
孫仁植	57	의사	전졸, 기독교청년회장	국민당	5,658	
金中學	48	회사경영	경북석유주식회사 취체역회장	국민당	3,166	

294) 『경제신문』, 1950. 6. 4.

일제하의 경력이나 해방 후의 관록으로 볼 때 서상일을 비롯한 제헌국회 의원들의 낙선은 충격 그 자체였다. 대구 을구의 득표 상황을 주거지로 구분하여 구체적으로 살펴보면, 서상일은 오래전부터 자신의 지지기반이었던 성내城內의 동산동·시장북로·태평로 3가·도원동·수창동·인교동·서성로·서문로 등 대구의 서부 주거 밀집지역과 대신동 등 서문시장 주변에서는 부동의 1위였다. 손인식은 의사·기독교인이라는 점에서 이 지역의 동산병원·계성학교·신명학교 등의 표를 얻어 2위를 차지했다. 그러나 빈민촌이 형성된 달성공원 서편의 달성동·비산동 일대에서는 박성하 후보가 몰표를 얻은 반면, 서상일은 손인식에 이어 3위를 하는데 그쳤다.[295] 이처럼 서상일은 중산층으로부터는 확고한 지지를 얻은 반면 서민들로부터는 냉정한 평가를 받았다. 그나마 대구의 여타 선거구에 비해 서상일이 근소한 차이로 패배한 것은 그의 중산층 이상의 확고한 지지가 있기 때문이었다.

그의 선거 패인은 무엇이었을까. 우선, 앞에서 본 것처럼 관권의 개입이 서상일의 낙선에 큰 영향이었던 것으로 볼 수 있다. 둘째, 선거 전략의 실패에서 찾는 경우인데, 과도한 자신감에 찬 서상일이 선전을 등한시했기 때문이라는 것이었다.[296] 그러나 무엇보다 중요한 패인은 득표 양상이 보여주듯 서민층의 지지를 확보하기 못했기 때문이었다. 그것은 그의 제헌국회 활동이 부르주아의 계급적 이해를 대변하는데 있었던 것과 밀접한 관련이 있는 것으로 보아야 할 것이다. 박성하의 경우 그런 서상일의 특징을 충분히 활용하여 서민 밀집지역에 주력하였을 것이고, 관권의 협조가 덧붙여지면서 당선될 수 있었던 것이다. 이점은 5·30선거에서 민국당의 주요 인물들이 대거 낙선했던 결과와 무관하지 않는 것으

295) 『경제신문』, 1950. 6. 2.

296) 정영진, 앞의 책, 41쪽.

로 보아야 할 것이다.

5·30선거는 서상일의 입장에서 1950년 개헌투쟁은 반이승만 활동 및 야당활동의 시발점이었다. 동시에 민국당의 확장 활동을 전개한 출발점이었다. 따라서 서상일에 있어 1950년 개헌투쟁은 정치생활의 전환기였다.

제4장

1950~60년대 민주대동운동과 민주사회주의론

뿌리박힌쪽과 머리큰쪽의 對決

1. 민주대동운동의 전개와 논리

1) 이승만 반대운동과 민주국민당 확대 강화 활동

(1) 이승만 반대운동

서상일은 1951년 11월부터 반이승만 세력의 형성을 위한 '민주대동'을 주창하였다.[1] 그는 이보다 앞서 후술하는 바와 같이 1951년 4월에 『현하의 국난타개책』을 저술하여 이승만정권의 전시하 경제정책을 비판한 바 있었다.

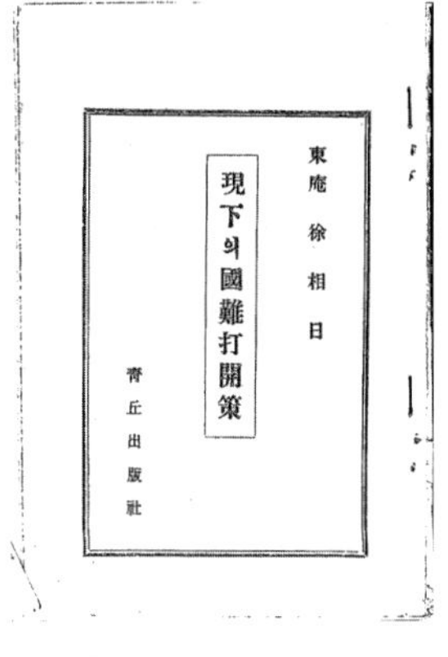

『현하의 국난타개책』

서상일의 이승만 반대 활동은 민주국민당의 활동 속에서 이루어졌다. 민주국민당은 이승만의 8·15발언[2]에 대응해 당체제를 정비하고, 문호개방을 표방하며 개헌정국에 대비해 나갔다. 민주국민당은 1951년 10월 11일, 12일 양일에 걸쳐 제2회 전국대의원대회를 개최하여, 당의 운영과 조직을 일대 쇄신하는 조치를 취했다. 이 대회에서는 남북통일·외교정책·경제부흥·전재민 구호 등의 내용을 담은

1) 서상일, 「제2해방을 전망하면서」, 필사본, 1954 ; 송원영, 「서상일론」, 『인물계』, 1959. 7 ; 서상일, 「정치인의 양식에 訴함(2)－신당 발기에 관한 문제－」, 필사본, 1954. 11.

2) 崔興朝, 『民主國民黨의 內幕』, 新聞의 新聞社, 1957 ; 대통령 이승만은 1951년 8·15 기념식사를 통해 대통령직선제 및 상·하 양원제를 골자로 하는 개헌의 필요성과 새로운 정당을 조직할 것이라고 밝혔다. 이 발언이 나오게 된 가장 큰 이유는 당시 2대 국회의원의 구성으로 볼 때 국회 간선제를 통해서는 재집권이 불가능했기 때문이었다. 2대 국회의 정당별 구성을 보면, 新政同志會(朴勝夏) 70, 共和俱樂部(金東成) 40, 民主國民黨(池靑天) 40, 民友會(申光均) 20, 그 외 무소속이었다. 이에 강력한 정쟁 상대인 민주국민당에 맞설 수 있는 정당이 필요했기 때문이었다. 이로 인해 신당의 성격은 민주국민당에 길항하는 대중정당이라고 밝혔다.

선언문이 채택되었다. 또한 당세 확충을 위한 특별 유세대를 조직하기로 결의하였다. 그리고 최고위원과 중앙상무집행위원을 선출하였는데, 이때 서상일은 홍성하 · 조재천 · 조병옥 · 임흥순 · 유진산 · 김상돈 · 김준연 등과 함께 중앙상무집행위원에 선출되었다.[3] 계속해서 민주국민당이 10월 15일 중앙상무집행위원회를 개최하여 새로이 부서 조직을 결정할 때, 서상일은 중앙상무집행위원회 9인 위원으로 선출되었다.[4]

당 체제를 정비한 민주국민당은 1951년 11월 29일에 상임위원회를 개최하고 당면한 국내정세를 검토하면서 민족대동단결문제를 토의하여 당의 문호를 개방한다는 방침을 결정하고, 성명서를 발표하였다.[5]

성명서에 밝힌 민족대동단결을 위한 문호개방이란 '반공산 민족 · 민주진영의 대단결'을 의미하였다. 그 이면에는 정부에서 제출한 개헌안을 저지시키기 위한 반이승만 세력의 대동단결이라는 의미가 깔려있었다. 민주대동 혹은 문호개방은 서상일과 조병옥의 회고에서도 확인된다. 곧 서상일은 "84년(1951년－필자) 그때 당 이름으로 성명서를 내었습니다. 민

---

3) 『동아일보』, 1951. 10. 11~10. 14까지의 기사 종합, 최고위원에는 지청천 · 김성수 · 백남훈 · 신익희 등 4명이 선출되었다.

4) 『동아일보』, 1951. 10. 17, 「民主國民黨 新部署 決定」. 핵심부서인 중앙집행위원회의 경우 의장에는 김성수, 부의장에는 서우석이 선출되었고, 중앙상무집행위원회 의장에는 백남훈, 부의장에는 조병옥이 선출되었으며, 중앙상무집행위원회 소위원회에는 서상일 · 백남훈 · 조병옥 · 김준연 · 羅容均 · 함상훈 · 安東源 · 이정규 · 임흥순 등 9명이 선출되었다.

5) 『동아일보』, 1951. 12. 2, 「민족, 민주진영 총단결을 제창」. 현실은 이 민족적 요청을 거의 역행하는 감이었고 전시하의 빈곤과 불안정과 무질서를 이용하여 공산주의 마수는 사방으로 침투하여 만연하려는 기세를 보이고 있으며 노□주의의 가장 밑에 무지한 관료주의자와 미숙된 비민주주의 □□□결탁하여 민주진영을 說□하고 공산당의 음모에 이용되려는 위기에 있다. 이에 있어서 우리 민족주의 민주주의 □□는 일대 각오와 용감력을 발휘한 시기가 도래하였다고 믿노니 국가를 도외시하고 정치가 있을 수 없으며 민족을 떠나 국체가 존재할 수 없다. 본당은 민족주의 민주주의 진영의 총망라를 제창하노니 뜻을 같이하는 □□는 허심탄회하고 다같은 기치하에 단결하여 민족혁명의 일□□□을 촉진하려 않는가!

주대동을 해야 하겠다는 것이었습니다. 그리고 그 다음에는 해마다 당대회에서 민주대동을 재확인하는 성명서를 내었습니다"라고 하였고, 조병옥도 "원래 민국당은 임시 수도 부산 때부터 문호개방의 성명서를 2차에 걸쳐서 발표하였다"고 하였다.[6]

이런 상황에서 정부가 제출한 개헌안이 1951년 11월 30일에 국회에 제출되어, 다음해 1월 18일 표에 붙여진 결과, 143 대 19라는 압도적인 차이로 부결되었다. 이 개헌안은 독재를 조장시키는데 불과하다는 반대연설이 다수를 이루는 가운데 개헌안을 보류하자는 긴급동의안 마저 동의가 성립되지 못했다. 이승만의 8·15발언을 계기로 촉발된 정부와 민주국민당을 중심으로 한 국회와의 대결에서 국회의 완승으로 끝났다. 이를 계기로 정부와 국회와의 갈등이 심화되었다.[7]

그 직후 서상일은 2월 25일에 실시된 보궐선거에 민주국민당 후보로 경북 달성군에 출마하였다. 그는 자신을 '반정부자'라는 비난하는 것에 대해 다음과 같은 말로 출마의 변을 가름했다.

> "우리 민족이 살고 우리나라가 발전하는 길은 오직 민주주의 국가를 확립하는 것입니다. 민주정치는 의회정치고 의회 정치는 곧 책임 정치입니다. 주권자인 국민의 기대에 부응하지 못하면 내각이 책임을 지고 물러나야 합니다. 그래야만 국민이 주인으로서 자유롭고 행복하게 살수가 있는 것입니다."[8]

---

6) 서상일은 덧붙여 "그 민국당 내에 민주대동추진위원회를 구성해서 고 해공 신익희 선생이 위원장이 되어 이를 추진해 왔던 것입니다"(「趙敬嬉對談, 希望放談-政治人徐相日」, 『週刊希望』, 1956. 11. 9)라고 하였고, 조병옥도 "수도 서울을 수복한 이후에도 문호개방의 성명을 한 번 발표하였을 뿐 아니라, 재야세력을 규합하기 위한 대동추진위원회까지도 구성하였다"고 하였다(조병옥, 『나의 회고록』, 어문각, 1963, 305쪽).

7) 박성철, 「장택상과 발췌개헌파동」, 『黑幕』 1집, 신태양사, 1960, 158~159쪽.

8) 「이 나라 이 겨레의 살길은 책임정치-정계의 거성 서상일씨의 열변-」, 일자미상.

신익희는 1월 31일 현풍국민학교와 월배국민학교에서 진행된 보궐선거 유세 중에 서상일을 지원하는 연설을 하였다.[9] 반면, 이승만은 대구를 방문하여 "개헌분자에게 투표하지 말라"는 연설을 함으로써 서상일의 낙선에 영향을 끼쳤다. 여하튼 서상일은 제2대 국회의원 선거에 이어 두 번째 낙선하였고, 김준연 · 조병옥 등 민주국민당의 주요 후보들도 모두 낙선하였다.[10]

이에 국회는 2월 29일에 「민주주의국가의 유일한 국민대표 기관인 국회의 직능을 부정하는 것은 독재정치의 방향으로 기울어질 위험이 있으니 호헌護憲을 위하여 결사 투쟁할 것」을 내용으로 하는 결의안을 재석의원 165명 중 100 대 49, 기권 6으로 채택하였다.[11] 그 후 국회에는 4월 17일에 123명의 연서로 성안된 내각책임제 개헌안이 제출되었는데, 여기에 서명한 각 정당과 그 인원을 보면, 원내자유당 48명, 민국당 39명, 민우회 21명, 무소속 15명이었다.[12] 그 주요 골자는 대통령은 상징적 지위의 국가원수가 되고, 행정부의 실권은 국무총리를 수반으로 하는 국무원에 귀속케 하고, 국무원은 국민의 대표기관인 국회에 대해 연대 책임을 지며, 국회는 국무원 불신임결의를 할 수 있다는 것이었다. 결국 내각제 개헌안은 대통령의 권력 전횡을 막으면서, 국회의 행정부에 대한 기능을 강화한 것이었다. 다시 말해 1950년 서상일 등이 제출한 개헌안에 비해 입법부의 권한이 약화된 형태의 내각책임제 개헌안이었다.[13]

---

9) 신창현, 『해공 신익희』, 해공신익희선생기념회, 1992, 506쪽.

10) 중앙선거관리위원회, 『대한민국선거사』 제1집, 1973, 632쪽.

11) 仁村紀念會, 앞의 책, 630쪽.

12) 박성철, 앞의 글, 160쪽.

13) 이 개헌안에 가장 많은 서명을 한 원내자유당의 경우 민국당과의 연합을 통해 내각책임제의 개헌안을 통과시키려는 노력을 진행하고 차선책으로 장면을 대통령으로 추대하려 하였다. 원내자유당의 소속의원들은 일제하 행정관료, 전문직 종사자로 구성된 공화구락부를 계승하였고, 이후 민주당 신파의 주축이었다(연정은, 「제2대 공화구락

이에 대해 이승만은 3월 6일 대통령직선제 개헌을 호소하는 담화문을 발표하고, 5월 14일에 다시 대통령직선제 · 양원제를 골자로 하는 개헌안을 국회에 제출하였다.[14] 이와 같이 국회에는 상반된 권력구조를 지향하는 두 개의 개헌안이 상정되어, 정부와 국회와의 갈등이 증폭되었다.

이후 국회에 대한 '반민의反民意 국회의원을 소환하라'는 정체불명의 벽보가 나붙고, 4월의 서민호사건에 이어 5월부터는 백골단, 땃벌떼, 민족자결단 등의 깡패조직이 '살인 국회해산'을 요구하고 나섰다.[15] 이른바 이승만정권의 '민의동원民意動員' 혹은 '관제민의官制民意'가 동원되었다.

정부는 5월 24일 이범석을 내무부장관으로 임명하고, 다음날 '공비의 준동이 심하다'는 것을 핑계로 하여 부산을 포함한 경남과 전 · 남북 일원에 비상계엄령을 선포하였다. 이때 사법 당국은 서민호 의원을 다시 구속하고, 국제공산당으로부터 정치자금을 받았다는 혐의로 야당의원 50여 명을 헌병대로 연행하였다.

이후 6월 12일 신라회[16]가 삼우장파三友莊派(옛 신정동지회계)와 함께

부-원내자유당의 활동에 관한 연구」, 성균관대 석사학위논문, 1997 참조).

14) ▲대통령직선제 개헌안 1. 국회를 상하 양원제로 한다. 상원의 권한은 하원과 같고 다만 하원은 예산안의 선심권을 가진다, 2. 상원은 道단위의 대선거구에서 선출되는 지역대표로 구성하되 임기는 6년, 2년마다 그 1/3을 개선한다, 3. 정 · 부통령은 국민이 직접 선거하고 대통령 闕位時는 즉시 그 후임을 선거한다, 4. 국무위원은 하원의 승인을 얻고 大使 公使는 상원의 승인을 얻어 임명한다, 5. 양원합동회의 및 의안의 先審權 등에 있어서는 하원에 우선권을 부여한다(연정은, 위의 논문, 57~58쪽).

15) 함상훈, 「김성수 부통령 사임과 국제구락부사건」, 『黑幕』 1집, 신태양사, 1960, 150쪽. 서민호사건이란 1952년 4월 24일 전남 순천에서 서민호 의원이 현역 대위를 사살한 사건을 말한다. 정당방위라고 주장한 서의원의 해명에 따라 국회에서는 석방 결의를 하였다. '民意動員'을 통한 국회에 대한 압박에 대해서는 서중석, 「자유당의 창당과 정치이념」, 『한국사론』 41 · 42, 1999, 868~870쪽을 참고.

16) 신라회는 개헌안을 둘러싸고 정부와 국회와의 갈등이 증폭되는 가운데 장택상 국무총리를 중심으로 하여 40여 명으로 구성된 새로운 교섭단체였다. 원내자유당 소속의 장택상은 한국 대표로 유엔총회에 파견된 이후 개헌 4개 원칙, 즉 ① 원칙적으로 개헌에 찬성한다, ② 개헌안 상정 시기를 재고려한다, ③ 개헌안 내용을 재검토한다, ④ 대통령과 국무총리의 인선에 사전합의가 있어야 한다 등을 내걸고 의원들을 포섭하

타협하여 정부안과 국회안을 절충한 발췌개헌안을 마련하였다. 그 내용을 보면 첫째, 대통령 직선제, 둘째, 상하양원제(단, 관선 상원의원은 삭제), 셋째, 국무총리의 제청에 의한 국무위원의 임명과 면직, 넷째, 국무원에 대한 국회의 불신임결의 등이었다. 그런데 이 개헌안은 정부안에 가까운 내용을 담고 있었다. 또한 장택상에 따르면 이 안의 성안이 '국제적인 모종의 계책', 곧 미국의 영향이 있었음을 암시하였다.[17]

이러한 분위기 속에서 7월 4일 경찰의 삼엄한 경비가 펼쳐지는 가운데 재석 의원 183명 중 166명의 출석으로 발췌개헌안을 기립 표결한 결과 기권 3표를 제외한 163표의 찬성으로 가결되었다. 이 발췌개헌안은 우리나라 헌정사에 있어 영구집권과 독재를 위하여 헌정을 유린하고 국회를 협박하여 통과시킨 첫 번째 개헌이라는 점에서 역사적 의의가 크다.[18]

서상일은 5 · 26 부산정치파동을 겪으면서 이승만정권을 상대로 한 정치투쟁에 있어 '선봉' 혹은 '투사'로서의 모습을 나타냈다. 정부수립 이전 이승만 세력과 함께 단독선거 · 단독정부 수립을 추진한 한민당의 '투사'로 활약했던 서상일이 이승만 반대운동의 투사로 변모했던 것이다. 그는 정부의 야당과 국회 탄압에 맞서 5월 29일 부통령 김성수가 국회에 「사임청원서」를 제출한 것과[19] 국회의 비상계엄령 해제와 체포의원 석방 결의를 계기로 본격적인 반이승만운동을 벌여 나갔다.

였던 것이다(연정은, 앞의 논문, 61쪽).

17) 서중석, 『조봉암과 1950년대』(상), 역사비평사, 1999, 50~52쪽.

18) 위의 책, 51쪽.

19) 그 내용의 일부분을 옮기면 다음과 같다. "정부에서는 여전히 違憲 憲法 不當의 처사를 거듭할 뿐 아니라 소위 新黨運動을 일으키어 우리 나라의 애국적인 민주주의 세력을 분열 약화시키기에 갖은 책략을 다하였고, 李博士는 그 자신이 과거 4년간 절대적인 권력을 장악하여 왔으므로 모든 失政의 책임은 마땅히 그 자신이 져야 할 것임에도 불구하고 도리어 그것을 남에게 전가하기에 급급하였던 것입니다. 그리고 나아가서 그의 대통령재선을 꾀하고 국회를 무력화할 노골적인 의도하에 소위 대통령 직선제 및 양원제 개헌안을 제출하였습니다."

서상일은 1952년 6월 조병옥 · 장기영 · 유진산 · 김준연 등 민국당 지도부와 함께 부산 국제구락부에서 '발췌개헌안拔萃改憲案'을 무효화하기 위한 '호헌구국선언대회 및 시위행진'을 개최하기로 하였다.[20] 이후 초대 부통령 이시영, 전 국무총리 장면, 김창숙 등 원로들도 참여하기로 하였다. 또한 민국당 지도부는 호헌구국선언대회에 참가할 인사들을 선정하기 시작하였다. 그 작업은 민국당 상임집행위원회 부위원장 서상일과 총무부장 유진산 두 사람이 은밀히 추진하였다. 이들은 서명 인사를 각 정당대표 · 흥사단계 · 불교계 · 기독교계의 지도자급으로 국한시켰다. 그 결과 서상일을 비롯한 이시영 · 김창숙 · 김성수 · 이동하 · 장면 · 백남훈 · 조병옥 · 김준연 · 유진산 · 김동명 · 최희송 · 신도성 · 이정래 · 전진한 등 66명이 서명하였다.[21]

서상일은 유진산에게 집회허가 수속을 밟도록 하고, 「반독재 호헌구국선언문」을 작성한 것으로 알려졌다.[22] 이 선언문은 이승만을 독재자로 규정하고, 정권의 타도를 주창했다는 의미를 가졌다. 그 내용을 요약하면 다음과 같다.

> "…대한민국은 바야흐로 중대한 위기에 직면했습니다. …그 독재자에게 있어서는 국가는 국민의 것이 아니라 그 자신의 사유재산이나 다름이 없고 정부는 국민의 복지를 실현하는 기관이 아니라 그 자신의 이득과 권세를 위한 도구에 지나지 아니 하였습니다.… 오늘에 있어서 이 독재자의 소위 민의民意를 칭탁稱託하고 민권에 빙자하여 애국심을 운운하는 것처럼 가소로운 일은 없습니다.…그리하여 이 개체의 시기는 드디어 박두하였습

20) 대회 준비위원은 다음과 같다. 서상일 · 이시영 · 김성수 · 장면 · 전진한 · 유진산 · 이정래 · 김동명 · 최희송 등 60여 명.

21) 부산일보사, 『임시수도 천일』(상), 1983, 388쪽.

22) 위의 책, 395~397쪽. 이 선언문을 영어로 번역한 사람은 조병옥이었다(함병훈, 「김성수 부통령 취임과 국제구락부사건」, 『黑幕』, 1960, 150~151쪽).

니다. 정상적인 헌법적 방법으로써는 도저히 그의 재선이 불가능하다는 것을 깨달은 이 독재자는 최후 발악적 폭거를 감행하기에 이르렀습니다. …이 반역적이고 망국적인 독재자를 타도하는 것만이 우리가 국운을 만회하여 순국의 영령을 위로하고 우리들 자신의 평화와 번영을 영원히 향유하도록 하는 유일한 길입니다."

대회는 6월 20일 서상일의 개회 선언으로 시작되었다. 불참한 장면 대신 김창숙이 대회 선언문을 낭독할 때 백골단이 난입하여 대회를 무산시켰다. 이것이 소위 국제구락부사건이다.[23] 이후 경찰은 계엄법을 위반했다는 혐의로 대회에 참가한 인사들을 검거하기 시작하였다. 그리하여 최규설 · 김수선 · 김형필 · 이정래 등 27명이 구속되었고, 서상일을 비롯한 이시영 · 이동하李東廈 · 김창숙 · 조병옥 등 5명이 불구속 입건되었다.

서상일은 1952년 부산 충무로에서 열린 6 · 25기념식 자리에서 발생한 대통령저격사건에도 연루되었다. 유시태가 김시현으로부터 전달받은 권총으로 연설중인 이승만을 저격했으나 미수에 그친 사건이었다.[24] 이 사건으로 인해 7월 10일 민국당의 서상일 · 백남훈 등은 계엄사령부에 의해 배후조정 혐의로 송치되었다.[25] 서상일의 배후 혐의는 대통령저격사건 공판이 시작되면서 윤곽이 나타나기 시작하였다. 곧 김창룡이 대장으로 있던 육군특무대의 조서에는 서상일이 이승만의 암살 자금으로 민국당비에서 2백만 원을 제공했다는 것이다. 그런데 정작 김시현은 그 돈이 서상일의 개인 돈이었다고 하여 사건과 무관하다는 내용의 진술을 했다.[26] 또 제3회 공판에서 진술에 나선 서상일은 특무대조서는 민국당을 탄압하

23) 함상훈, 앞의 글, 152~153쪽 ; 부산일보사, 위의 책, 389~391쪽.

24) 이 사건에 대해서는 위의 책, 398~414쪽 참고.

25) 『동아일보』, 1952. 7. 12.

26) 『동아일보』, 1952. 8. 23.

기 위해 허위 날조된 것이라고 주장하였다.[27] 사건은 제6회 공판에서 변호를 맡은 이원홍과 조재천이 김시현과 경찰의 합작 연극 혹은 조작극이기 때문에 살인 의도의 결여는 범죄가 성립되지 않은 이상 무죄라고 주장하였다. 그러나 검사측은 김시현과 유시태에게는 사형을, 서상일에게는 징역 6년, 백남훈에게는 징역 3년을 각각 구형하였다. 구형을 내리던 검사가 서상일의 형기를 7년에서 6년으로 정정하자, 서상일이 검사에게 '감사하다'며 조소하는 촌극이 있기도 했다.[28] 이후 김시현과 유시태는 무기징역으로 감형되었다가 4·19 이후에 석방되었다. 서상일은 1년 2개월간 감옥생활을 마친 후 출옥하였다.

그렇다면, 서상일이 김시현에게 2백만 원을 건네준 이유는 무엇이었을까. 검사의 주장대로 이승만을 저격하기 위해 자금을 마련한 것이었을까. 아니면 다른 이유가 있었을까. 서상일에 따르면 그것은 당시 대통령 선거개헌안과 관련이 있었다. 다시 말해 당시 국회의 구성을 볼 때 이승만이 70표를 확보하기 어렵다고 판단했고, 때문에 민국당이 70에서 80표만 확보하면 정부의 개헌안을 저지할 수 있을 것이라는 것이었다. 그 때 2백만 원은 바로 민국당 지지표를 확보하기 위한 공작금이었던 것이다.[29] 그러나 결과는 7월 4일 발췌개헌안이 통과되고, 서상일을 비롯한 민국당 간부들은 대통령저격사건에 연루되어 탄압받았다.

(2) 민주국민당 확대 강화 활동

'부산정치파동'으로 인해 큰 타격을 입은 민주국민당은 김성수의 지적처럼 '고난'의 시간을 겪게 되었다. 정치파동 직전인 1952년 5월에 김시현

27) 『동아일보』, 1953. 1. 13.

28) 『동아일보』, 1953. 3. 22.

29) 「趙敬嬉對談, 希望放談－政治人 徐相日」, 『週刊希望』, 1956. 11. 9.

등, 정치파동 직후인 1952년 6월에 지청천 등 10여 명이 민주국민당을 탈당하였다. 또한 국제구락부사건과 대통령저격사건으로 인해서도 민주국민당은 정치적 손실을 감수해야만 했다. 게다가 김성수의 건강 악화가 더욱 민주국민당을 어렵게 하였다.[30]

민주국민당은 서상일이 언급한 바와 같이 민국당의 발전적 해체를 포함한 통일야당의 결성까지 염두에 두고서 1952년 10월 13, 14일에 걸쳐 제3차 정기대의원대회를 개최하여 정치파동으로 인한 당의 침체를 만회하려 하였다. 곧 10월 11일 당 선전부장 함상훈은 기자회견을 통해 "통일야당을 전제로 한 발전적 해체 문제는 논의된 바 없지는 않으나 아직 구체적인 토론단계에는 임하지 않고 있으므로 앞으로 그러한 문제의 대두에 대비하여 이번 대회에서는 종래 전당대회에 국한되었던 그런 문제의 결의를 신축성 있게 하기 위하여 당헌 개선권한을 상임위원회에 위임하자는 결의안을 상정시키게 되었다"고 밝혔다.[31]

제3차 정기대의원대회에서는 당헌수정, 민주 확립과 준법을 표명하고, "동당과 이념을 같이하는 민주적 대야당이 수립되거나 또는 민주적 제정당·사회단체의 연합체가 생길 경우에 동당은 그에 합류 또는 가담할 필요를 느끼나 대회의 소집이 부득이한 경우 그 결정권한을 중앙상임집행위원회에 일임한다"는 결의안을 채택하였다.[32] 또한 이 대회에서 신익희는 다난여당多難與黨이라는 내용의 개회사를, 김성수는 '역경逆境에서 비약飛躍으로'라는 내용의 인사말을, 조병옥은 '고난苦難과 희생犧牲'이라는 제목의 연설을 하였다.[33]

---

30) 인촌기념회, 앞의 책, 660~662쪽.
31) 『동아일보』, 1952. 10. 13, 「黨憲修正注目, 民國黨大會 今日 開幕」.
32) 부산일보사, 앞의 책, 486~487쪽.
33) 『동아일보』, 1952. 10. 14, 「民主確立과 遵法 絕叫, 民國黨全國大會昨日開幕」.

민국당 지도부의 연설에서 동당이 처한 위기와 향후 당의 진로를 충분히 읽을 수 있다. 특히, 신익희와 김성수의 연설에서 그간 민주국민당에 대한 반성이 있었다는 점은 주목되는 점이다. 곧 신익희는 "정부의 힘을 얻는 데 초조하였다는 것과 약간의 보수적 경향에 흘렀다는 점, 그리고 광범한 대중의 침투에 부족하였다는 점 등의 단점도 없지 않았다"고 밝혔고, 김성수는 "모든 것을 실천에 옮기어 항상 자신을 반성하는 동시에 남을 우애온정友愛溫情으로 관용하여 민중 그 속에서 직접적인 민주주의 실천자가 되어 민주과업이라는 거대한 사업 달성에 튼튼한 초석이 되어 주기를 바란다"고 하였다. 이처럼 부산정치파동은 민주국민당에 대한 자기반성을 촉발하였고, 단순한 권력 투쟁에서 정책적 대안을 갖춘 정당으로 나아갈 수 있는 계기로 보았다는 점은 의미가 있었다.

대회 이틀째인 10월 14일에 민주국민당은 전국대의원대회 선언을 발표하였다. 그 내용을 간추려 보면, 국제정세와 정부에 대한 시정 요구, 민국당의 당면 과제 등으로 구분할 수 있다. 우선, 국제정세에서는 휴전회담이 최종 마무리되면 동서냉전이 심화될 것으로 내다보면서 민주우방과의 집단안보보장체제가 필요할 것으로 전망하였다. 정부에 대해서는 어떤 형태의 독재도 배격되어야 한다는 입장 아래 국민의 기본적 인권 보장과 산업금융기관에 대한 관료적 특권적 지배의 개선 그리고 불법위헌의 권력남용을 일삼는 음모정치의 타파 등을 요구하였다. 다음으로 조직체계의 확대강화와 국민의 민주주의 의식 함양이라는 긴급 과제를 실현하기 위해 대동단결을 촉구하였다.[34]

다음날인 10월 15일에 민주국민당과 관계가 깊었던 『동아일보』는 「민주국민당전국대회」라는 사설을 통해 전체적으로 동당이 자기반성과 정

34) 『동아일보』, 1952. 10. 15, 「民國黨全國大會宣言」.

당정치의 성장 발전을 촉진했다고 높이 평가하였다. 반면, 동당이 발표한 정치세력의 적극적 확대 방침에 대해서는 "너무나 세력 확대에만 초조한 나머지 신성치 못한 방법으로 각 반정부적인 정치세력과 규합을 꾀한다고 하면…(중략)…혼란을 초래할 뿐이다"라는 우려를 나타내기도 하였다.[35)]

요컨대 민주국민당은 제3회 전국대의원대회를 계기로 부산정치파동에 따른 인한 손실을 만회하기 위해 조직의 확대 강화를 꾀하고자 하였다. 그 가운데 주목되는 점은 민국당 간부 진영이 자기반성을 제기하고 정당정치의 회복을 각오한 것이다. 그에 따라 민국당은 대동단결을 제기하였고, 이를 위해 당의 발전적 해체를 통한 신당 결성까지 염두에 두었던 것으로 보인다. 민국당은 당이 추구하는 대동단결을 '혁신발전'이라 정의하면서, 그 권한을 당내 중앙상무집행위원회의 소위원회와 정책위원회에 일임하였다. 특히, 소위원회에는 서상일이 위원으로 활동하였다.

서상일이 속한 중앙상무집행위원회의 소위원회와 정책위원회를 통해 혁신발전에 대한 연구를 진행해온 민주국민당은 1953년 9월 환도還都 이후 처음으로 열린 중앙상무집행위원회에서 당의 해체 문제를 논의하였다. 결과는 당의 발전적 해체론이 부결되었다. 대신 혁신발전을 위해 현 소위원회, 정책위원, 상무집행위원 등이 총사퇴하고 새로이 혁신연구위원을 구성하자는 제안이 있었으나, 차기 중앙집행위원회 회의에서 결정하기로 하였다.[36)]

1953년 10월 8일에 열린 민국당 중앙집행위원회에서 민주대동단결을 실천하기 위한 첫 단계로서 위에서 언급된 위원이 총사퇴하고 새로이 혁신발전연구위원회와 전국대회 준비위원을 구성하기로 하였다. 동당은

---

35) 『동아일보』, 1952. 10. 15.

36) 『동아일보』, 1953. 9. 26, 「革新發展硏究 民國黨 常執」.

위원을 선출하기 위한 신익희申翼熙 · 최두선崔斗善 · 김도연金度演 · 소선규蘇宣奎 · 이정래李晶來 등 5명의 전형위원을 뽑았다. 또한 신익희를 중심으로 민국당의 혁신발전을 꾀하기로 결의하였다.[37)]

다음 단계로 민주국민당은 11월 22일에 제4회 전국대의원대회를 개최하여 혁신발전을 위한 동당의 입장을 최종 확정하였다. 우선, 동당은 소위원회 중심의 조직체계를 위원장제로 전환하고, 위원장에 신익희, 부위원장에 최두선 · 김도연 등을 선출하여, 신익희 체제로 전환하였다. 이에 서상일을 비롯한 한민당의 핵심인물이었던 김성수 · 백남훈 · 조병옥 등은 고문으로 물러났다. 이 대회에서는 '민주대동'을 당면과제로 설정한 대회선언문과 국정쇄신에 관한 결의문, 경제부흥에 관한 결의문이 각각 채택되었다. 아울러 민주대동추진에 관한 결의문도 채택하여 민주대동을 추진하기 위한 전담 기구로 중앙상무집행위원회 내에 민주대동추진위원회民主大同推進委員會의 설치를 결의하였다.[38)] 그리고 대회 다음날인 11월

---

37) 『동아일보』, 1953. 10. 10, 「혁신발전을 지향」 ; 10. 24. 민국당은 동년 10월 22일에 12명의 혁신연구위원과 5명의 대회준비위원을 선정하였다. ▲혁신연구위원 신익희 李源弘 韓東燦 최원호 박명환 김도연 소선규 이정래 김양우 趙漢相 申각休 金山, ▲대회준비위원 위원장 이영준, 총무부장 이정래, 심사부장 조한백, 의안부장 신각휴, 접대부장 박종화

38) 『동아일보』, 1953. 11. 24, 「宣言文 等 滿場一致 採擇, 民國黨 全黨大會」. ▲대회 선언 본당은 바야흐로 이 역사적 과업을 완수하기 위하여 모든 애국적 민주세력이 小異를 버리고 대동에 취하여 혼연 일체화할 것을 만천하에 호소하는 바이다. 그러기 위하여 우리는 우선 今次 전국대의원대회에 있어서 국내태세 자체에 一大改新改編을 加하게 되었다. 이는 곧 우리 자신이 舊□을 해탈하여 민주대동의 실현을 추진함으로써 조국 존망의 위기를 구출하고 민족만대의 복지를 도모할 뿐 아니라 또한 이것만이 민주한국의 건립을 위해서 귀중한 희생을 치루어 온 본당의 영예로운 역사를 더욱 빛내게 하는 唯一의 방도라고 확신하는 것이다. 전국애국동포와 당원동지의 적극적인 지원원력을 요망하는 바이다. ▲국정쇄신에 관한 결의문 1 .赤色五列 및 그 동조세력을 척결할 것, 2. 민주 민족진영에 대하여 완전한 언론 집회 결사 및 정치 활동에 자유를 부여할 것, 3. 집단안전보장의 원칙에 입각한 외교 군사정책을 확립할 것, 4. 행정기구의 간소화와 공무원 우대 개선으로 官紀를 肅正할 것, 5. 경찰을 민주화하여 선거의 자유분위기의 토대를 구축할 것. ▲경제부흥에 관한 결의문 1. 自由競爭에 의한 경제의 효율화와 경제적 발전을 위하여 통제 간섭을 배제하고 自由企業體制를 확립

23일에 민국당은 중앙상무위원회를 개최하여, 이영준 · 라용균 · 신도성 · 김산 · 김상돈 등 30명의 위원을 구성하였다. 또한 11월 27일에 열린 제1회 중앙상무위원회에서는 동위원회에 설치될 민주대동추진위원회의 구성을 마쳤다. 회장에 신익희, 부회장에 박명환, 총무부장에 이정래, 조직부장에 조한백, 선전부장에 신도성, 의원부장에 소선규 등이 각각 선출되었다.[39] 당시의 민주국민당의 체제로서는 민주대동을 통한 당면과업을 달성할 수 없다는 현실 인식에서 나온 것이었다.[40] 이로써 민주국민당의 민주대동을 위한 조직체계와 당의 진로는 모두 결정되었다.

또한 김성수와 신익희 간에도 민국당의 민주대동을 위해 영입 대상에 대한 논의가 진행되었고, 신익희는 서상일과도 민주대동단결의 실현을 위해 긴밀히 협의한 것으로 보인다. 그리하여 신익희는 우선 영입대상으로 조봉암 · 장면 · 곽상훈 · 박순천 등을 추천하였다. 이에 서상일을 비롯한 백남훈 · 나용균 · 이영준 · 조한백 · 이정래 등은 적극적으로 지지하였다. 조봉암의 참여 문제가 민국당내 민주대동추진위원회의 구성을 계기로 처음으로 논의되었다는 점은 매우 주목할 부분이다.

그러나 재야세력의 대동단결을 위한 추진 기구였던 민주대동추진위원회에 대해 민국당 내 구한민당계인 조병옥 · 김준연 · 함상훈 등의 반발이 컸으며, 특히 조봉암의 영입에 대해 더욱 반대가 심했다.[41] 이처럼 구한민당계가 민주대동추진위원회의 영입 대상에 강력한 제동을 걸자 민주

할 것, 2. 금융에 대한 관권의 압박을 제거하고 □□을 배양하여 資本蓄積을 가능하게 하는 재정정책을 확립할 것. ▲민주대동추진에 관한 결의문 : 중앙상무위원회 내에 民主大同推進委員會를 설치하여 이 문제를 연구 추진케 하고 금후 만약 우리 나라에 새로운 민주세력의 일대 集結體가 형성되는 경우에는 이에 대처할 결정권을 중앙상무위원회에 일임한다.

39) 『동아일보』, 1953. 11. 29, 「民主國民黨 中央部署 決定」.

40) 서상일, 「정치인의 양식에 訴함」(2), 1954, 1쪽.

41) 신창현, 앞의 책 참조.

대동운동은 주춤해질 수밖에 없었다. 그 활동이 지지부진해지자 조병옥은 민대동추진위원회가 간판만 내걸고 실제 활동이 없다고 지적하기도 했다. 이처럼 민국당의 민주대동운동은 영입대상을 둘러싸고 두 성향이 대립하여, 조봉암의 영입은 끝내 무산되었다. 이제 민국당은 신익희체제로 1954년 민의원 선거에 대비해 나갔다.

1954년에는 제3대 민의원 선거가 있었고, '사사오입 개헌' 파동이 있었다. 그런데 제3대 민의원 선거는 정부·여당과 야당 모두에게 대단히 중요한 선거였다. 왜냐하면 이승만정권의 입장에서는 다가오는 대통령 선거에 대비하여 삼선금지조항(혹 이차 중임 제한 조항)을 삭제하기 위해서였고, 반면 민국당의 입장에서는 이승만 독재를 붕괴시키고 내각책임제를 관철하기 위해서 반드시 승리해야 했기 때문이다.

서상일은 1954년 5월 20일 제3대 민의원선거에는 대통령저격사건에 연루되어 출마할 수 없었다. 1년 2개월의 수감생활 후 집행유예 2년에 묶여 피선거권이 없었던 것이다. 이에 그는 자신의 정치 기반이면서 제헌의회 선거 때 출마지역인 대구 을구를 조병옥에게 양보하고, 조병옥의 당선을 위해 선거 자금을 포함한 모든 지원을 아끼지 않았다.[42] 이에 대해 그는 '민주대동'을 성공시키기 위해 취한 행동이었다고 했다. 민국당내의 구한민당계가 이승만 반대운동에는 적극적인 반면, 민주대동에는 소극적 입장을 나타내었기 때문에 서상일은 자신이 추구하는 민주대동이 성사되기 위해서는 구한민당계의 협조가 필수적이라고 생각했을 것이다. 여하튼 대구의 민국당원의 출마 요청에 조병옥은 출마 결심을 굳혔다.[43]

---

42) 송원영, 앞의 글, 63~65쪽. 3대 국회의원 선거 때 서상일은 조병옥의 선거사무장으로 자기의 기반을 송두리채 바치면서까지 犬馬之役을 다한 처지였다.

43) 조병옥, 『나의 회고록』, 어문각, 1963, 304~305쪽. 그런데 그는 그가 대구에서 당선될 수 있었던 것은 자신의 정치력, 선거구민의 지지 때문이었다고 하여, 서상일의 도움에 관해서는 일절 언급이 없다.

선거에는 대구 을구의 조병옥을 비롯하여 갑구에 서동진, 병구에 김재권이 각각 민국당의 공천을 받고 출마하였다. 또 서상일이 지난 제2대 민의원 보궐선거에 나섰던 달성군에는 조재천이 민국당 후보로 출마하였다. 조재천의 경우 대통령저격사건 공판 때 서상일을 비롯한 피고들의 변호인으로 활동한 것이 계기가 되었다.

이 과정에서 민국당은 정부와 여당의 심한 견제를 받으면서 선거를 치렀다. 예컨대 4월 15일 밤 조병옥의 선거운동원 집에 누군가에 의해 폭발물이 투척되는가 하면, 4월 16일 경찰이 복명국민학교에서 행해진 북구 합동정견발표회에서 정부시책을 비난하는 연설을 행했다는 이유로 김재권 민국당 후보를 긴급 구속시켜 버리기도 하였다.[44] 또한 서상일은 선거 운동원에게 선거운동비로 6백 환을 제공한 것을 빌미가 되어 경찰에 의해 일시 구금되기도 했다. 서상일이 대구 을구 선거를 위해 선거 운동원에게 각 반의 책임자 확보와 입후로 등록이 필요한 유권자 추천을 받기 위한 활동비, 곧 점심 식사비와 담배값 명목으로 1인당 6백 환을 제공한 것이 빌미가 되었던 것이다. 뿐만 아니라 민국당 경북도당 선거대책위원 집에 「애국청년결사대」의 명의로 "너는 끝끝내 반역자의 운동을 할 것이냐, 정의의 총칼을 받으라"는 내용의 협박장이 전달되어 공포분위기가 조성되기도 했다.[45]

이러한 당국의 민국당에 대한 선거 탄압에도 불구하고 서상일의 노력이 주효하여 대구에서는 을구의 조병옥, 갑구의 서동진, 달성군의 조재천 등 3명이 당선되었다.[46] 이처럼 대구의 선거 결과는 민국당의 승리로 마

---

44) 『매일신문』, 1954. 5. 17.

45) 『동아일보』, 1954. 5. 11.

46) 민국당의 高光表 · 徐禹錫 · 金容煥 · 尹鄒燮 등은 5 · 20선거에 대해 서상일의 노고에 감사의 편지를 보냈다. "작년 겨울 전당대회장에 모셨던 일을 생각하니 꿈결 같습니다. 이번 5 · 20총선거에서 대구 선거구의 趙, 曺, 徐 세 분이 당선되었음은 실로 하늘

무리되었다. 그러나 민국당은 전체 의석의 15석 밖에 얻지 못해 소수당으로 전락한 반면, 자유당은 114석을 확보해 다수당이 되었다. 민국당의 민주대동운동이 결실을 얻지 못한 채 치러진 당연한 결과였다. 그에 따라 민국당은 무소속 의원과 연대해 겨우 원내교섭단체를 구성할 수 있었다.

민국당은 5·20선거를 통해 당의 존립 기반을 잃어버렸음을 확인하였기에 신당 결성으로 위기를 돌파하려 하였다. 그리하여 민국당 지도부는 중앙상임위원회의 동의를 얻어 신당의 가능성을 탐색하고 이를 추진하기 위해 조병옥을 위원장으로 하는 5인 특별위원회를 설치하였다.[47] 서상일이 앞서 주장하였던 신당 결성이 민국당의 선거 참패 후 현실로 나타났던 것이다. 제3대 민의원 선거에서 서상일의 도움으로 당선된 조병옥은 정상훈·장면·박순천·주요한·최희송·이용설 등과 접촉하여 신당참여의 약속을 받았다.[48] 또 2대 국회에서 원내자유당 소속 의원들이 정상훈을 통해 신당에 참여할 수 있다는 의사를 전달하였다. 이로써 민국당은 신당 창당을 통해 위기를 극복할 수 있는 계기를 마련하는 것처럼 보였다.

2) 민주대동 신당 운동론의 전개와 논리

(1) 신당운동의 계기와 구상

서상일은 민국당의 5·20선거 참패 이후 민주대동을 실현하기 위한 활

과 사람이 다 놀랄 만한 일이라 생각됩니다. 이 모두가 선생의 영향력으로 이루어진 일이라 이것은 우리 당의 경사일 뿐 아니라 또한 국가의 경사이니 어찌 기쁘지 않겠습니까."

47) 이윤기, 「한국야당의 파벌에 관한 연구-민주당을 중심으로(1955~1961)-」, 한양대 박사학위논문, 1987, 13쪽.

48) 조병옥, 앞의 책, 357쪽.

동에 나섰다. 그에 따르면 제3대 민의원 선거에 조병옥을 대구 을구에 출마케 한 것은 민주대동을 추진하기 위해서였고, 선거운동이 진행 중일 때 이미 대구에서 조병옥과 민주세력의 연대에 대해 논의했던 것으로 보인다. 그때의 중심 문제는 신당의 성격과 통일 방안이었다. 그러나 그는 선거 후 서울에서 조병옥과 만나 신당 결성에 관한 구체적 방침을 논의했으나 조병옥이 신당의 성격을 보수정당으로 할 것과 통일은 무력통일을 고집함으로써 상호간에 의견이 충돌했다는 것이다.

그 뒤 그는 대구로 돌아와 신당 결성에 관한 자신의 구상을 정리하였다. 그리하여 1954년 8월에 「정치인의 양식良識에 소訴함」을 작성하여 전국의 정치인에게 돌렸다. 또 3개월 뒤인 11월에 「정치인의 양식에 소訴함」(2)을 계속하여 작성하였다. 이 두 문건이 작성될 때의 당시 상황은 대통령 중임제 금지 조항의 철폐를 내용으로 하는 개헌안이 국회에 상정된 때였고, 또 함상훈이 터뜨린 '뉴델리 밀회사건'으로 인해 정국이 극히 혼란한 상태였다.

이 두 문건은 민주대동운동의 지지부진에 대한 자기 자신 및 민국당에 대한 비판과 반성을 제기하면서[49] 아울러 민국당의 당세 확장을 넘어 민주대동의 원칙 아래 신당 창당의 필요성을 제기한 글이다. 그리하여 두 문건에는 신당 구상에 관한 구체적 방향과 내용이 담겨져 있다. 이러한 그의 구상은 일반적으로 사사오입 개헌 파동 이후 민주대동신당운동 혹은 범야통합운동이 촉발되는 것을 고려할 때 훨씬 빨랐다는 의미가 있었다.

---

49) "民國黨은 보수 정당이니 특수 계급 정당이니 하는 등 비난도 없지 아니하지마는, 요는 黨간부층에서 일부 인사의 공리적 동향과 개인적 과오에서 精解거나 誤解를 불문하고 커다란 충격을 받아온 혐오증이 뿌리깊이 박혀 있어서, 민주국민당은 대동 단결을 기회 있는 대로 열성을 기울여 절실히 호소하여 온 지가 벌써 3년을 지났어도 일반 지식 대중의 호응을 보지 못한 것은, 심심한 자기 비판과 반성이 있어야 할 것이다"고 하였다(서상일, 「정치인의 양식에 訴함」(2), 1954, 1쪽).

서상일이 주장한 민주대동 신당운동의 핵심은 '민주정의 반공산'에 있었고, 그것을 실천하는 것이 '정치인의 양식'이었던 것이다. 그는 「정치인의 양식에 소訴함」의 서언緖言에서 당시 국내 정치 상황에 대해 육법에 불법·무법이 덧붙여져 팔법八法이 자행되고 있다고 하면서 정부·여당의 실정을 강도 높게 비판하였다. 이에 중대한 역사적 과업에 대응하기 위해서는 정부를 바로잡고 나라를 구하고 백성을 살려야 하는데, 그것을 위해서는 국회 원내외院內外의 야당적 신세력 밖에 기대할 수 없다고 하였다. 이는 신당 결성의 역사적 당위성을 제기하는 것이었다. 그는 민주대동 신당운동의 방식으로 중간파 혹은 협상파 등으로 구분하지 말고 작은 차이를 버리고 대동을 추구하는 대국적 시야가 요청된다고 하였다.

그는 당시의 국내 정세를 정의와 비정의, 민주와 비민주, 공산과 반공산의 양극 구도로 이해하고, 정의·민주·반공산을 위해서는 민주대동이 반드시 필요하다고 보았던 것이다. 그는 민주대동의 범주로 전략 전술적 견지라는 전제하에 비민주 반동세력, 비공산의 진보적 인텔리까지도 포함시켰다.[50] 비민주 반동세력이란 자유당 세력을, 비공산 진보적 인텔리란 조봉암 등 소위 중간파를 지칭하는 것으로 보인다. 따라서 그가 지향하는 민주대동이란 정부·여당에 승리할 수 있는 모든 정치세력의 총집결을 의미하는 것이었다.

그러나 민주대동의 범위는 정치역량이 집중되는 것으로도 이해할 수 있는 면이 있으나, 정치적 성격의 광범위로 인해 그 성과가 불투명해 질 수도 있을 뿐 아니라, 설령 결집된다고 하더라도 다양한 정치세력의 조합으로 인해 결속력의 약화를 피하기 어려운 문제점도 있는 것이었다.

그는 당면한 3대 과제로서 국회의 긴급문제, 정부통령 선거 문제, 남북

50) 서상일, 「정치인의 양식에 訴함」(2), 1954, 1~7쪽.

통일 선거 문제 등을 제기하였다. 먼저, 국회의 긴급문제에는 원내 신야당의 결성, 내각책임제로의 개헌, 경찰 중립화 등이 포함되었다. 그는 제3대 국회가 호헌구국국회護憲救國國會가 되어야 하는 특수 사명에 처해 있다고 주장하면서, ① 호헌구국의 이념을 같이하는 60~80명의 원내 의원과 원외 인사를 결합하여 새로운 야당을 결성하는 것, ② 내각(국무원) 책임제 개헌안을 제기하여, 정치가 정당정치·의회정치·책임정치를 지향하도록 할 것, ③ 경찰의 중립성을 위하여 공안위원회의 신설을 내용으로 하는 경찰독립법안을 국회에서 제정 통과시킬 것 등 3가지 구체적 방침을 제시하였다. 특히, 내각책임제와 경찰 중립화를 민주주의 발전상의 절대 불가결한 시급한 과제로 인식하였다. 남북통일 선거 문제는 후술하는 바와 같이 평화통일을 주장하면서, 구체적 방법으로는 유엔 감시하 남북한 총선거를 제시하였다.

신당의 구상에 대해서도 구체적으로 제시하였다. 그는 신당 결성은 우선적으로 원내에서 시작하여 원외로 확대되는 형태여야 한다고 하였다. 또한 그는 신당이 기존 정당과 차별성을 띨 것을 강조하였다. 신당의 성격은 첫째, 비민주, 비정의의 반동세력을 제압하고 반공산 세력을 주도할 수 있어야 하며, 둘째, 대중의 지지를 받는 대중정당이어야 하며, 셋째, 당의 지도부는 대중의 모범이 되어야 하며, 넷째, 기회주의를 배격하는 것이어야 한다고 주장하였다. 따라서 그가 구상한 신당은 '민주·정의·반공산'의 원칙 아래 민주대동 대단결을 지향하는 정치적 결사였다.

그는 원칙을 밝힌 뒤 신당의 명칭, 기구, 정강에 대해 제안하였다. 우선, 신당의 명칭으로는 민주정신과 대중정당의 원칙 아래 민주당民主黨, 민주동지회民主同志會, 민주대중당民主大衆黨 등을 제안하였다. 둘째, 당의 기구는 최고위원제로 하고 대표최고위원은 윤번제 혹은 호선제로 할 것을 제안하였다. 그는 일인지도체제가 아닌 집단지도체제를 제시하였던 것이다. 셋째, 당의 정강은 ① 민족 통일과 자주 독립을 완수하여 국기國基의 공고함을 기함(국가), ② 민주·책임 정치를 실현하여 도의국가道義國家로 발전케 함을 기함(정치), ③ 만민 균등의 경제 원칙을 확립하여 공생 공영케 함을 기함(경제), ④ 호혜 평등의 자주 외교를 기준하여 국위의 선양을 기함(외교), ⑤ 우리의 특수 문화를 앙양하여 세계 문화에 공헌함을 기함(문화), ⑥ 인류의 자유와 행복을 보장할 세계적 항구 평화 수립에 기여하기를 기함(평화) 등 7개 분야를 제시하였다. 이 정강 중 경제 강령에 만민 균등이라는 것의 의미는 헌법 제80조[51]에 명시된 것과 동일하며, 그 조항은 민주·민족·사회주의 국가로 지향케 하는 것이라고 주장하였다. 그러나 헌법 제85조, 제87조에는 자본주의의 독점화를 예방할 뿐이고, 이윤 추구의 기업 자유화는 확실히 보장하고 있다고 하여, 자본주의 시장경제의 논리를 부정하지 않았다. 결국, 그가 제안한 만민 균등의 경제 원칙은 민주사회주의적 이상을 의미하는 것이다.

다음으로 지도자는 민중의 모범이 되어야 한다고 주장하였다. 그는 지도자와 민중과의 관계를 이신동체二身同體라 규정했다. 신당의 당원은 민주반공산주의자라면 남녀, 노소, 우현愚賢, 귀천을 구별하지 말아야 하나, 당 지도부는 대중들의 전위부대이며 민중의 모범이기 때문에 정의의 투사라야 한다고 주장하였다. 다만, 지도부는 사상·심정적으로 개방적·대국적이어야 한다고 주장하였다.

이후 서상일은 「정치인의 양식에 소訴함」(2)를 통해 신당의 구상을 보다 구체화시켰다. 그 내용은 민주국민당의 공약·신당 발족의 핵심체 구성·신당 기구 조직의 원칙·신당 운영에 관한 해설·재정 문제·당원의

---

51) 대한민국 헌법 80조, 대한민국의 경제 질서는 모든 국민들에게 생활의 기본적 수요를 충족할 수 있게 하는 사회 정의의 실현과 균형 있는 국민 경제의 발전을 기함을 기본으로 삼는다. 각인의 경제상 자유는 이 한계 내에서 보장된다.

사상문제 등으로 구성되어 있다. 첫째, 민국당의 공약에서는 과거 민국당이 스스로 혁신을 주창했고, 그것을 위해 1953년 민주대동(단결)추진위원회를 설치했음을 주지시키는 것이었다.

둘째, 신당 발족의 핵심체 구성에서는 원내 포석 공작으로 (가칭)민주대동추진회를 구성하고, 원외는 지구당을 중심으로 당원을 모집하여, 원내·외 대표자연석회의를 통해 당명, 당헌, 정강, 정책을 심의·결정할 것을 제안하였다. 그 후 기성 정당의 발전적 해소를 준비하여 신당으로 재출발할 것을 제안하였다. 앞에서 제안한 바대로 신당 결성의 경로는 원내를 시작으로 하여 원외로 확대하는 것이었다.

셋째, 신당 기구 조직의 원칙에서 신당은 "정의의 민주세력을 총집결하여 비민주, 비정의의 반동세력을 제압하고, 반공산의 일대 민족적 총본영으로서 호헌구국과 남북통일의 양대 역사적 과업을 완수"하는 데 있음을 천명하였다. 신당 지도 운영과 지도부 구성은 위에서 언급한 바와 같이 복수지도체제인 최고위원제로 할 것을 제안하였다. 실무는 당무국, 운영국, 조직국의 3국으로 운영·담당할 것을 제안하였다. 당무국에는 총무부·재무부·선전부·정보부·섭외부·자위부·조사부·정훈부 등 8부를 설치하고, 운영국에는 정책위원회·정무조사위원회·양원위원회·재정위원회·선거대책위원회·감찰위원회·계몽위원회·지방위원회 등 8위원회를 설치하고, 조직국에는 중앙당부·각 지구별 도당부·각 구·군 당부를 두면서 청년·학생·노동·부녀부를 둘 것을 제안하였다.

넷째, 재정문제에서는 경상수입과 임시수입 등 두 방면에서 충당하되 당원의 회비에 의한 경상수입을 중심으로 마련할 것을 제안하였다.

다섯째, 당원의 사상문제에서는 대동단결을 반대하는 정치세력을 겨냥하여 대동단결의 당위성을 재차 강조하였다. 또한 제네바회담에서의 변영태 외무장관이 밝힌 통일 정책, 곧 남북통일선거로서 통일정부를 수

립하겠다는 14항목을 예로 들어 무력통일과 평화통일 중 어느 것이 옳은지 판단할 것을 제안하였다.[52)]

이와 같이 민주대동 반공산을 핵심 내용으로 하는 서상일의 신당 구상을 살펴보았다. 신당 구상에는 신당 결성의 원칙, 논리, 경로, 당명, 운영체계, 정강 등이 구체적으로 제시되었다. 그러한 신당은 민주주의 완성과 남북통일이라는 이대 과업을 실현한 전민족적 정당으로서의 위상을

---

52) 변영태 외무장관이 제시한 통일방안이 나오게 되는 과정과 그 의미는 다음과 같다. 먼저 미국은 이승만의 북진통일의 주장을 억제하기 위한 행동 방침을 NSC 167/1이라는 문서로 확정하였다. 이 문서에서는 미국정부가 즉시 공식적으로 이승만과 다른 한국 지도자들에게 만약 남한이 단독군사 행동을 개시할 경우 미국은 전혀 여기에 개입하지 않을 것이며, 한국군에 대한 군사적, 병참적 지원을 중단하고, 오직 유엔군(유엔군 사령부의 명령에 따르는 한국군 포함)만을 보호하는 조치를 취하겠다는 의사를 명백히 할 것을 규정하였다. 그리고 이를 위한 당면정책으로써 이승만으로부터 단독행동을 하지 않겠다는 문서적인 확약을 얻어낼 것을 명시하였다(〈NSC 167/1 CIA의 도움을 받아 국무, 국방성이 작성하여 국가안보회의에 올리는 보고서(1953. 11. 2)〉 FRUS 1952－54 Vol.15 part2 1583~4쪽〉 ; 홍석률, 「이승만정권의 북진통일론과 냉전외교정책」, 『한국사연구』 85, 1994, 148쪽에서 재인용). 이승만은 미국의 입장을 고려하지 않을 수 없었지만, 자신의 북진통일론을 백지화할 수도 없는 처지였다. 이에 미국의 입장을 고려하는 듯하면서도 북한을 인정하지 않는 수준에서 새로운 통일방안을 제시하였다. 그것은 1954년 제네바회담에서 변영태를 통해 드러났다. 변영태는 14개항에 걸친 통일방안을 제시하였다. 그 조항 가운데 중요한 것은 ① 통일한국·민주한국을 수립할 목적으로 종전의 유엔 재결의에 의거, 유엔감시하에 자유선거를 실시한다, ② 현재까지 자유선거가 불가능했던 북한에서 그리고 남한에서 대한민국 헌법절차에 의해 자유선거를 실시한다, ⑦ 전한국의회의 의원 수는 전한국의 인구에 정비례할 것, ⑨ 전국의회는 선거 직후 서울에서 개회한다는 것이다. 귀국 후 변영태는 국회에서 통일방안에 대한 입장을 설명하였는데, "북한에서의 총선거가 동시에 자동적으로 대한민국에서도 총선거를 한다는 의미는 아니며, 우방국가의 입장을 고려하여 이렇게 양보한 것이다"라고 하였다(국회사무처, 「제70차 본회의, 남북협상중립화배격에 관한 결의안」, 국회사). 국회에서도 1954년 11월경의 「한국통일방안에 대한 결의안」과 1955년 10월경의 「한국통일 및 안전보장에 대한 결의안」을 통해 "한국통일 방안으로서는 유엔감시하의 북한지역에서 전 공산군이 철퇴한 후 선거를 실시하여 대민주국권을 확충하는 것이 국시임을 재천명한다" 거나 "1947년 11월 14일자 유엔총회결의에 의거하여, 유엔감시하에 북한에서 자유선거를 실시하여 대한민국에 통합할 것" 등의 방안이 제시되었다. 따라서 변영태 외무장관이 밝힌 통일방안은 무력통일이 아닌 평화통일이긴 하되, 국제적 협조 아래 북한을 남한에 통합시키는 방식이었다. 서상일이 변영태의 통일방안을 사례로 든 것은 일단 북진통일을 대신해 제기된 평화적 절차에 의한 통일 때문이었다.

가지는 것이었다.

(2) 보수 정치세력 비판과 민주대동

신당운동을 추진함에 있어 가장 핵심적인 문제는 역시 민주대동의 범위였다. 곧 그가 언급하였듯이 진보적 인텔리의 참여 문제, 구체적으로는 조봉암의 참여 문제였다. 이 문제는 1950년대 야당통합운동의 가장 핵심적인 논란 거리였기에 야당의 통합과 분열의 척도였다. 서상일은 정치적 행보를 고려할 때 성격이 판이하게 달라졌지만, 조봉암의 참여를 전제로 하여 민주대동신당운동을 제기하였다.

이러한 서상일의 바뀐 정치적 행보는 자신에 대한 평가를 바꾸어 놓기에 충분하였다. 곧 송원영은 서상일에 대해 "불우한 개종자(?)"라 평가하였고,[53] 조봉암의 비서였던 이영근은 꼼꼼하고 자상한 실무형 정치가로 기억하면서 좌익청년들과 자주 토론을 벌일 만큼 정치적 폭이 넓었던 인물로 평가하였다.[54] 정태영은 연로한 보수정객치고는 보다 학구적이고 전향적인 정치인으로 인식하면서, 조봉암을 지지하고 진보당(가칭)에 참여한 의리파 또는 보수로부터 진보로, 즉 자유민주주의자로부터 민주사회주의자로 사상적 발전을 이룩한 점진적 사회주의자(Fabian Socialist)로 평가하였다.[55]

그렇다면 서상일이 조봉암의 신당 참여를 그토록 강조했던 것은 무엇 때문이었을까. 그것도 신당운동과정에서 조봉암의 참여를 주장한 '민주대동파'가 형성되기 이전에 말이다. 그렇기에 그가 취한 조봉암의 신당 참여

---

53) 송원영, 「서상일론」, 『인물계』, 1959. 7, 62쪽.

54) 『통일조선신문』, 1969. 8. 9. 이영근은 자신이 수감되어 있던 대구형무소에서 대통령 저격사건에 연루되어 입감된 서상일과 서로 대화를 나누었다고 회고하였다.

55) 정태영, 『한국사회민주주의정당사』, 세명서관, 1995, 549쪽.

의 적극적 자세는 민주대동 신당운동에 대한 이해의 폭을 넓힐 수 있을 뿐 아니라 그의 정치적 성격을 이해하는 데에도 큰 도움이 될 수 있다.

그는 앞서 보았듯이 민주정의 · 반공산 · 민주대동의 원칙 아래 범정치 세력의 통일을 주창하였던 것이다. 그는 헌법에 보장된 국민의 권리를 근거로 하여 조봉암의 신당 참여의 정당성을 제기하였다. '헌법 제9조의 모든 국민은 신체의 자유를 가진다. 동 제12조의 모든 국민은 신앙과 양심의 자유를 가진다. 동 13조의 모든 국민은 법률에 의하지 아니하고는 언론, 출판, 집회, 결사의 자유를 제한 받지 아니한다' 등을 근거로 하여 국민의 기본권을 강조하였고, 나아가 정치적 성향이 다른 사람들과의 조화와 공존을 강조하였다.

그는 그러한 생각을 새롭게 결성될 신당의 당원이 가져야 할 사상 문제로서 제기하였다. 그는 이 부분에 대해 함상훈의 '뉴델리 밀회사건' 발설을 계기로 제기된 제3세력에 대한 대응에서 구체적으로 언급하였다. 그는 함상훈이 언급한 제3세력에 대해 '민국당은 영예스러운 제3세력'이라고 응수하였다. 곧 그는 남한에서 1세력이 될 수 있는 공산당이 없고, 2세력이 자유당이라면, 민국당은 자연히 3세력일 수밖에 없다는 것이다. 곧 1세력은 공산, 2세력은 비민주, 3세력은 반공산 · 민주라고 맞받아 쳤던 것이다. 심지어 사물에 대한 비판은 적확해야 함에도 불구하고 함부로 혼란을 불러일으킨 것에 대해서는 통렬한 자기비판과 반성이 있어야 할 것이라고 꼬집었다.

그는 대동 목표를 달성하기 위해서는 비록 사상이 다르고 주의가 다르다 할지라도 합류 합작을 하지 않을 수 없을 것이라고 재삼 강조하면서, 국제 사회에서 진행되고 있는 정치세력의 합작을 예로 들었다. 곧 미국 민주당의 트루만파와 스티븐슨파와의 합작, 공화당의 테프트파와 국제주의파와의 합작, 영국 에트리와 배반 양파의 합작과 일본에서의 보수당파의 신당운동 및 좌우 양 사회당의 합당 추진 등이 그것이다. 이를 통해 민주대동에 대한 세간의 우려를 불식시키려 하였다. 덧붙여 그는 성격이 각기 다르고 정견이 불일치하며 감정이 불화한 인적 모순이 있더라도, 대동을 위하여는 호협정신互協精神으로 작은 차이를 버려야 하며 현단계적 과업을 달성한 후 소당으로 분립할 수 있을 것이라고 하였다.

그는 조봉암과 김준연을 비교함으로써 조봉암의 신당 참여를 적극적으로 표명하였다. 곧 "대한민국 치하에서 공산당 출신으로 두 사람이 모두 장관이 되고 국회의원도 하였는데, 한 사람은 관용이 되고 한 사람은 배척된 것을 상식으로 이해하기 어렵다"고 하였다.

이처럼 서상일의 민주대동신당운동은 진보적 인텔리로 상징되던 조봉암의 참여를 전제로 한 것이었고, 동시에 신당운동에 참여하는 '정치인의 양식'으로 규정하였다. 이를 통해 볼 때 '민주대동'이란 용어는 이미 1954년 사사오입 개헌 파동 전에 서상일에 의해 구체적으로 제기되었음을 알 수 있다.

서상일은 자유당이 대통령 3선 금지조항을 삭제하기 위해[56] 폭압적으로 성사시킨 사사오입 개헌 파동 이후 '반공산 · 반독재 · 민주대동'의 구호 아래 추진된 신당운동에서 조봉암의 참여를 적극적으로 주장하였다.

---

56) 1954년 제3대 민의원 선거에서 자유당은 114석을 확보하여 개헌선인 136석에는 정확히 22석이 부족하였다. 때문에 자유당은 개헌선을 확보하기 위해 무소속 의원을 대상으로 영입 · 연대를 적극 추진해 나갔다. 동시에 정부 · 여당은 개헌 작업에 착수하였다. 우선, 1954년 7월 9일 정부와 당대표로 헌법개정초안위원회를 구성하고, 8월 26일에는 개헌초안을 확정하였다. 다음으로 9월 6일에 이기붕을 포함한 136명의 연서로 개헌안을 국회에 제출하였다. 개헌안의 중요 내용은 ① 현대통령에 한하여 중임 제한을 폐지, ② 주권의 제한 또는 영토의 변경을 가져올 국가안위에 관한 중대사항은 국민투표에 의하여 최종결정 지울 것, ③ 민의원의 국무원 불신임권과 국무원의 연대책임 폐지, 국무총리제 폐지, ④ 대통령 闕位時 부통령이 대통령의 권한을 대행하되 3개월 이내에 정 · 부통령을 선거, ⑤ 경제체계를 국유국영에서 사유사영의 원칙으로 변경한다는 것이었다. 이 개헌안은 대통령 중임조항 삭제 및 국회의 기능 대폭 축소라는 의미를 내포하였다.

그 가운데 민주대동의 범위는 조봉암의 참여를 의미하는 것이었다. 이는 민주대동운동에서 가장 첨예하게 대립되었던 사안이고 분열의 최대 쟁점이었다. 특히, 조병옥·김준연·장면 등이 조봉암의 신당 참여에 극렬히 반대하였다. 조병옥은 '빙탄불상용氷炭不相容'이란 표현을 사용하면서까지 조봉암의 신당운동 참여를 극구 반대하였다.[57] 신익희도 조병옥이 조봉암의 신당 참여를 극렬히 반대했던 것으로 기억하였다.[58] 조병옥 자신도 "나는 조봉암 씨의 정치이념 문제 때문에 그의 신당가입을 완강히 거절하였다"고 밝혔다. 거절 이유는 "조봉암은 남로당 헤게모니 쟁탈전에 있어서 군정의 폭력정복을 반대했던 까닭에 박헌영에게 패배 당하여 반간파反幹派로 몰렸던 것이다. 그는 본질적으로 공산주의자요, 그의 저서 『당면과제』에서는 사회주의자로 자처하면서 자기의 정치적 이념이 변화 없음을 밝혔기" 때문이었다. 조병옥은 호헌동지회 내에 조봉암을 지지하는 사람으로서 원내에 신도성, 원외에 서상일 등이 있고, 이들 때문에 신당발족에 혼선을 일으키게 되었다고 주장하였다.[59]

이에 서상일은 조병옥에게 세 가지 제안을 하고 대구로 돌아 왔다고 하였다. 그 제안이란 "첫째, 내가(서상일-필자) 보따리를 싸서 시골로 내려가느냐, 둘째, 그대하고 합작을 해서 이것을 내 소신대로 추진하느냐, 셋째, 그대하고 나하고 나누는 정치논의는 이것으로 끝을 맺느냐 하는 것"이었다. 그는 조병옥을 반동분자라고까지 하였고, 그 후로는 개인적으로 조병옥을 만난 적이 없다고 말하였다.[60] 그는 조병옥에게 신당 추진에 관한 일종의 선전포고를 한 셈이다.

---

57) 『한국일보』, 1955. 2. 6.

58) 柳致松, 『海公 申翼熙 一代記』, 海公申翼熙先生紀念會, 1984, 716~718쪽.

59) 조병옥, 앞의 책, 318쪽.

60) 「趙敬嬉對談, 希望放談-政治人 徐相日」, 『週刊希望』, 1956. 11. 9.

이처럼 조봉암의 참여를 반대하는 세력을 '자유민주파自由民主派'라 불렀다. 서상일을 비롯한 장택상·신도성·신익희 등은 신당운동에 조봉암이 반드시 합류하여야 하며, 이것이 바로 민주대동단결의 핵심이라고 주장하면서 민주대동파民主大同派를 형성하였다. 서상일은 조봉암의 참여를 극렬하게 반대하는 자유민주파에 맞서 "죽산竹山이 좌경해 있다고 하는 말은 심하게 말해 백색테러가 아니오. 특무대장 김창용이나 헌병사령관 원용덕이 어째서 이제까지 그를 가만두었겠소. 죽산竹山이 공산당이 아니니까 손을 못 댄 것 아니오"라며 그를 적극 옹호하였다.[61]

그러나 1955년 2월 18일에 민주대동신당운동에 적극적 자세를 취했던 김성수가 사망함으로써 지지부진하던 신당운동은 더욱 어려운 처지에 빠졌다. 김성수가 조봉암에게 반공산주의자임을 천명하는 성명서를 내도록 하였고, 이에 조봉암은 지팡이를 짚고라도 야당 연합에 참가하겠다는 성명서를 내었던 것이다.[62] 그럼에도 불구하고 김성수의 사망 이후 조봉암 참여 여부를 둘러싸고 대립이 심화되었다. 곧 장면·조병옥·김준연·정일형 등의 자유민주파는 신당은 야당연합이 아니고 자유민주주의의 정당 결성이라고 주장하면서, 조봉암의 참여를 주장하는 정관파靜觀派는 사회주의 정당을 꿈꾸는 것[63]이라고 하거나 민주대동파를 사회주의파라고 비난하였다.[64] 이때부터 '색깔논쟁' 혹은 '용공성 시비'가 표면화되었다. 그 때문에 한 신문에서는 한국판 매카시즘이 대두하였다고 보도하였다.[65]

---

61) 윤길중, 『靑谷尹吉重回顧錄－이 시대를 앓고 있는 사람들을 위하여－』, 호암출판사, 1991, 150쪽.

62) 『한국일보』, 1955. 2. 24.

63) 『한국일보』, 1955. 3. 7. 당시 이 신문은 장면·조병옥 등 조봉암 배제를 주장한 사람들을 積極派로 지칭하였다.

64) 『한국일보』, 1955. 3. 16.

65) 『한국일보』, 1955. 3. 18.

이와 같이 신당운동은 조봉암의 참여 문제로 민주대동파와 자유민주파로 분열된 채 지지부진하다가 결국 1955년 3월 25일 호헌동지회 총회를 계기로 결렬되었다.[66] 곧 동 총회에서 신당촉진 18인 위원회를 자유민주파 일색의 9인 위원회로 개편하였다. 9인 위원회는 신당발기취지서에서 제시된 4대 원칙을 재확인하는 한편 일부 조직요강을 수정하였다.[67] 곧 "좌익전향자와 악질부역자를 제외한다. 단, 국무위원이나 국회의원을 지낸 자는 차한此限에 부재不在한다"는 조항에서 '단' 이하의 부분을 법적 구속력이 없다는 명분을 들어 삭제한 것이다. 이것은 바로 신당운동에서 조봉암의 배제를 공식화하는 것이었다.

이후 9인 위원회는 전국 서명 작업에 나섰으나[68] 영남지역의 서명 호응도가 가장 낮았다. 특히 서상일의 출신지인 경북의 경우 '9인 주동의 신당 사절'이라고 할 만큼 서명 작업에 강한 반대를 표명하였다.[69] 앞서 보았듯이 5·20선거에서 민국당이 전국적으로 패배한 가운데서도 서상일의 영향력이 발휘된 대구에서는 3명이 당선되었음을 상기할 필요가 있다. "혁신운동이 없으면 나라 앞날이 걱정된다"[70]라고 말한 서상일의 의지가 대구지역에 반영된 것이었다.

---

66) 『한국일보』, 1955. 4. 4, 「한국 신당운동은 왜 실패했나(1)」(신도성).

67) 『한국일보』, 1955. 4. 2. 이날 회의에는 민주대동파의 상당수가 불참하였는데, 호헌동지회 61명 중 42명이 참석하여 25명의 찬성을 얻었다.

68) 『한국일보』, 1955. 4. 24, 「護同의 署名 推進」.

69) 『한국일보』, 1955. 4. 29, 「嶺南은 九人委 新黨 絕對 謝絕」.

70) 윤길중, 앞의 책, 155쪽.

2. 혁신정당운동의 전개

1) 진보당(가칭) 창당 활동

(1) 추진위원회 위원 활동

서상일은 보수세력과의 신당운동 곧, 대동민주신당운동이 실패로 끝난 후 혁신세력의 대동단결을 표방한 민주혁신정당운동을 전개하였다. 민주대동신당운동은 1955년 7월 17일 자유민주파 세력이 민주대동파를 배제한 채 신당발기준비위원회의 개최를 강행함으로써 좌절되었던 것이다.

그 후 민주대동파 세력들은 비자유·비민주를 배제한 민주혁신정당운동을 모색하였다. 거기에는 서상일과 조봉암이 중심이 되어 진행되었고, 회합 장소도 서상일의 명륜동 소재 사랑방을 이용하였다. 회합에서 그들은 자유당, 민주당 등 보수정당과 성격을 달리하는 정당을 결성하기로 합의하였다.[71] 그 합의에 따라 1955년 9월 1일에 '광릉회합'이 이루어졌다.[72] 이 회합에는 서상일을 비롯한 조봉암曺奉岩·장건상張建相·정화암鄭華岩·최익환崔益煥·박용희朴容羲·서세충徐世忠·정이형鄭伊衡·양우조楊雨朝·남상철南相喆 등의 원로와 윤길중·신도성·김기철金基喆·이명하李明河·김수선·김경태 등의 신진세력 40여 명이 참석하였다.[73] 이 회합에 참석한 인사들은 당시 정국 상황과 보수정당과 성격을 달리하는 혁신신당운동의 필요성에 관해 각자의 의견을 개진하고 구체적인 정치행동에 대해

---

71) 위의 책, 150쪽.

72) 동일은 신당발기추진위원회(가칭 민주당)에서 시안으로 작성된 5대 정강·정책·당헌 등에 관해 재검토를 실시한 날이었다(『한국일보』, 1955. 9. 2, 「新黨發黨을 촉진」).

73) 정태영, 『한국사회민주주의정당사』, 세명서관, 1995, 424쪽. 그런데 광릉회합의 참석자의 수에 관해서 윤길중은 앞의 책에서 34명, 정화암은 『이 조국 어디로 갈 것인가』에서 40명인 것으로 회고하였다.

서는 향후 진행하기로 원칙적인 합의를 보았다.[74)]

그러나 이들은 과거 민족자주연맹, 근로인민당, 한국독립당 · 신한민족당 · 독립노동당 · 민주국민당 등의 계열에 속했던 사람들로서 정치적 지향성이 다양했다. 때문에 본격적인 신당 결성 추진에는 일정한 시간이 요구되었다.

서상일은 광릉회합을 계기로 과거 자신이 상당한 노력을 기울였던 민국당과 결별하고 민주혁신정당운동을 적극적으로 추진하였다.[75)] 그는 민주국민당이 당 차원에서 민주당에 참가하는 것에 반대하는 활동을 벌였다. 우선, 그는 민국당의 민주당에로의 참여가 대세를 점한 가운데 민국당 서울 서대문지구당을 통해 민국당의 민주당 참가 결정 방식에 이의를 제기케 한 것으로 보인다. 곧 서대문지구당 간부들은 민국당의 민주당에의 거당적 참여는 전당대회를 통해서 결정되어야 한다고 주장했던 것이다.[76)] 또한 그는 민주당 결성 하루 전인 1955년 9월 18일에 개최된 민주국민당 중앙집행위원회에 나용균과 함께 참석하였다.[77)] 이 위원회는 민국당의 거당적 신당 참여 여부를 결정짓는 자리였다. 이 위원회에서 서상일은 "신당운동은 민주세력을 총규합하는 문호의 개방 없이는 이루어질 수 없는 것이다"라고 하여 민국당의 민주당의 참여를 강력하게 반대하였다.[78)] 그러나 민주당에의 참여 논쟁은 참여 찬성 대의원들의 토론종결 동의가 통과됨으로써 더 이상 진행되지 않았다.

---

74) 정화암, 『이 조국 어디로 갈 것인가』, 자유문고, 1982, 308쪽.

75) 정화암, 『혁명가들의 항일회상』, 민음사, 1988, 380쪽. 그는 "조봉암이 앞장을 섰고, 서상일이 적극적으로 추진했다"고 회고하였다.

76) 『한국일보』, 1955. 9. 1, 「정국왕래, 신당 發黨 앞두고 민국당 분열」.

77) 『한국일보』, 1955. 9. 19, 「10年黨史에 終止符, 解體코 新黨參加 決議」.

78) 반면, 조병옥과 백남훈은 "찬연한 업적을 가진 민국당이 오늘날 처해 있는 난관을 타개하고 아울러 민족진영의 대동단결을 위하여 강력한 발언권을 갖기 위해서는 민주당에 거당적으로 가입하여야 한다"고 주장했다.

그는 민주대동운동이 민주당 세력에 의해 좌절되자 민주당을 "민중의 배신자"라 규정하였다. 또한 보수세력과 진보세력 사이에서 민주대동을 위한 중재 역할을 맡았던 호헌동지회의 윤제술尹濟述은 "인상인하하는 정치황홀政治恍惚에 현혹증眼惑症이 날 지경이다. 나의 상식도 이제는 지쳐 간다"고 심경을 토로하였다.[79)]

그 후 서상일 · 조봉암을 비롯한 윤길중 · 신도성 등은 수차례 회합을 가지면서 신당 창당을 위한 결속을 다져 나갔다. 그 가운데 1955년 10월 24일 서울시내 대관원회합을 개최한 이래 12월 22일 진보당추진준비위원회 명의의 정강 초안이 발표되기까지 10여 차례에 걸쳐 진보당을 추진하기 위한 준비 작업이 진행되었다. 준비작업의 장소로는 대관원과 명륜동에 위치한 서상일의 집이 유용하게 이용되었다. 이 기간 동안에 신당의 명칭, 이념, 조직 방식 등에 관해 논의가 이루어 졌던 것으로 보인다.[80)]

그리하여 추진 기구는 진보당추진준비위원회라는 명칭을 대체로 사용한 것으로 보이고, 그때는 1955년 10월 말에서 11월 무렵이었다.[81)] 또한

79) 『한국일보』, 1955. 9. 21, 「政治의 魔術」. 또한 민주대동신당운동에 참여했던 원내 인사 가운데 민주당에 참여하지 않은 의원들은 새로운 무소속 교섭단체의 구성에 나섰다(『한국일보』, 1955. 9. 26 ; 1955. 9. 27). 그들은 자유당에서 탈당한 의원들과 함께 비자유 · 비민주 교섭단체의 구성을 추진한 결과 9월 말에 무소속구락부가 구성되었다(『한국일보』, 1955. 9. 29. 梁一東 · 金永祥 · 金洪植 · 權五鍾 · 權仲敦 · 任興淳 · 朴海禎 · 李雨茁 · 金載晃 · 崔甲煥 · 徐寅洪 · 曺萬鍾 · 朴基云 · 閔寬植 · 金載坤 · 申泰權 · 金斗漢 · 宋邦鏞 · 卞鎭甲 · 陸完國 · 金東郁 · 文鍾斗 · 金達鎬 · 鄭濬 · 金正皓 · 錢鎭漢 · 白南軾 · 金壽善 · 朴鍾吉 · 愼道晟 · 崔榮哲 등 31명). 그리고 1955년 12월 16일 28명의 의원이 憲政同志會를 구성하였다(『한국일보』, 1955. 12. 16. 梁一東 · 金憲焌 · 金永祥 · 金洪植 · 權五鍾 · 權仲敦 · 任興淳 · 朴海禎 · 李雨茁 · 金載晃 · 崔甲煥 · 徐寅洪 · 曺萬鍾 · 黃南八 · 朴基云 · 閔寬植 · 金載坤 · 申泰權 · 金斗漢 · 宋邦鏞 · 卞鎭甲 · 尹濟述 · 陸完國 · 金東郁 · 文鍾斗 · 金達鎬 · 鄭濬 · 金正皓 등 28명).

80) 진보당이 정식으로 창당되기 이전까지 추진기구의 명칭과 과정에 대해서는 서중석의 연구에서 지적되고 있는 것처럼 자료마다 상이하다. 이에 대해서는 서중석의 『조봉암과 1950년대』(상), 역사비평사, 1999, 102쪽 참고.

81) 그것은 김성숙의 회고(『혁명가들의 항일회상』 민음사, 1988, 144쪽)와 진보당 공소장(권대복, 앞의 책, 162쪽) 그리고 진보당 1심 판결문(권대복, 213쪽)에서 확인할 수 있다.

신당결성 원칙으로 혁신세력의 규합, 정치의 혁신 및 계획성 있는 경제정책의 구현, 민주주의 승리하의 평화적 남북통일 등에 합의를 보았다.[82)]

이러한 합의에 도달하기까지에는 다소의 논란이 있었다. 정화암에 따르면, 자신과 서상일 그리고 장건상은 '선이념 후창당'을 주장한 반면, 조봉암은 '선창당 후이념'을 주장했다는 것이다. 때문에 정화암 자신은 조봉암과 사이가 멀어졌다고 회고하였다.[83)]

서상일 · 조봉암이 주축이 된 신당운동은 이승만정권의 견제와 방해를 피하기 위해 비밀리에 진행되었다. 그러나 신당운동의 추진기구가 갖추어지면서 언론을 통해 그 실체가 알려지게 되었다. 실제 당시 언론에는 장택상 · 이범석 중심의 신당운동이 자주 보도되었던 반면, 서상일 · 조봉암 주도의 신당운동은 11월말에 비로소 언급되었다. 그렇지만 언론은 서상일 · 조봉암 주도의 신당운동이 더 빨리 발족할 수 있을 것으로 내다보았다. 그 이유는 조봉암의 진보적 경제정책론과 서상일의 민주진영 대동단결론이 소극적인 지식인의 지지를 얻을 수 있기 때문이라는 것이었다.[84)]

---

82) 「진보당 1심 판결문」, 권대복, 『진보당』, 지양사, 1985, 213쪽.

83) 이때 신당조직 방식에 대해 정화암이 밝힌 자신의 입장은 "…제3차 회합(서상일의 집)에서 비로소 신당의 성격을 이념 설정 과정에서 귀일시켜야 한다고 주장했다. 창당 후의 분열을 막기 위해서는 충분한 토론을 거쳐 각자의 정치의견을 종합하고 단일화하는 과정이 밟아져야 한다는 것이 나의 소신이다"고 하였다. 그리고 정화암은 조봉암이 "현단계에서 정치사상을 가지고 의견의 일치를 기할 수는 없으니 당을 먼저 만들어 놓은 뒤 정치노선을 결정하자는 주장이다. 용광로 속에다 전부 다 털어놓고 쇠는 쇠대로 금은 금대로 가려내야 된다"고 주장한 것으로 회고하였다. 또한 정화암은 조봉암이 "자기가 농림부장관으로 있을 때 사회주의 정치노선에 입각하여 일을 해 보려고 각 방면으로 노력을 해 보았으나 우리나라의 현실에서는 불가능하다는 것을 알았다면서, 현단계에서는 이념을 가진 제3당을 꿈꾸지 말고(사상과 이념을 논하지 말고) 제3당을 만들어 활동하는 것이 훨씬 낫다고 주장하고 창당을 서둘렀다. 간단히 말해, 조봉암은 '선창당 후이념'을 주장하는 것이었다"고 회고하였다(정화암, 앞의 책, 381~382쪽).

84) 『한국일보』, 1955. 11. 29.

1955년 12월 22일에 서상일·조봉암을 중심으로 한 신당운동은 진보당 추진준비위원회동지대표 12인 명의로 (가칭)진보당 취지문 및 강령(초안)을 발표함으로써 진보당 창당을 공식화하였다. 동 취지문과 강령을 발표하기에 앞서 진보당 결성의 의의를 "국민대중이 삶이냐 죽음이냐 하는 막다른 골목에서 스스로 일어나지 않을 수 없는 것이 우리들의 신당운동이므로 이 운동은 삶을 위한 생존운동이며 동시에 나라 일을 바로 잡기 위한 구국운동이다. 애국동지 여러분의 적극적인 참가와 열성적인 원조를 바란다"고 밝혔다.[85] 동 취지문에서 진보당은 민주수호와 조국통일을 양대 과업으로 설정한 가운데 대중의 자각과 단결을 촉구하면서, 관료적 특권정치와 자본가적 특권경제를 쇄신하여 민주책임정치와 균형 있는 경제체제의 확립을 천명하였다.[86] 이 취지문에 맞추어 "혁신정치의 실현, 민족자본 형성, 조국통일 실현, 교육체제 혁신" 등 4개 항의 강령이 발표되었다.[87]

그리고 진보당의 취지문과 강령이 채택된 뒤 가진 서상일과 조봉암의 기자회견에서 진보당준비동지대표 12인이 발표되었다. 곧 서상일徐相日·

85) 『한국일보』, 1955. 12. 23, 「진보당 결성을 추진-조봉암씨 등 취지문과 강령 공개-」.

86) 권대복, 앞의 책, 12쪽. 그렇지만 위의 언론보도에서는 취지서에 "안으로는 3·1정신을 환기하여 민족정기의 터전을 바로 잡아 민생과 국가의 활로를 개척하며 국토통일의 주체를 정비 강화하고 밖으로는 세계 인류의 항구적인 평화 수립과 공동 복지 건설을 목표로 하는 국제사회의 일원으로서 세계적 추진에 참고하고자 한다"는 것이 주요 내용이었다.

87) 동당의 강령은 권대복의 자료(『진보당』, 12쪽)에 비해 『한국일보』, 1955년 12월 23일자 보도가 완전하여 그 전문을 옮기면 다음과 같다. 진보당(가칭) 강령(초안) "1. 우리는 공산독재는 물론 자본가와 부패분자의 독재도 이를 배격하고 진정한 민주주의체제를 확립하여 책임 있는 혁신정치의 실현을 기한다. 2. 우리는 생산분배의 합리적 통제로 민족자본의 육성과 농민·노동자 모든 문화인 및 봉급생활자의 생존권을 확보하여 조국의 부흥번영을 기한다. 3. 우리는 안으로 민주세력의 대동단결을 추진하고 밖으로는 민주우방과 긴밀히 제휴하여 민주세력이 결정적 승리를 얻을 수 있는 조국통일의 실현을 기한다. 4. 우리는 교육제도를 혁신하여 국가보장체제를 수립하고 민족적 새 문화의 창조로서 세계문화에의 기여를 기한다."

조봉암曺奉岩 · 김성수金星璹 · 박용희朴容羲 · 박기출朴己出 · 신숙申肅 · 신백우申伯雨 · 이동하李東廈 · 양운산梁雲山 · 장지필張志弼 · 정구삼鄭求參 · 김연태金寅泰 등이었다. 또한 기자회견에서 창당준비과정의 실무진으로 총무위원은 최익환, 선전위원은 윤길중이 각각 맡았다고 밝혔다. 특히, 서상일은 경북대학교 교수로 재직하고 있던 이동화를 직접 추천하였고, 이때부터 서상일과 이동화 두 사람은 정치적 동지가 되었다.[88]

기자회견에서 서상일과 조봉암은 각각 진보당 결성의 의미를 밝혔다. 우선 서상일은 "여기如斯한 정당운동은 필연적인 것이며 국가장래에 있어 필요하다면 자유당 또는 민주당과도 합작할 용의가 있다"고 의견을 피력하였다. 조봉암은 "우리는 비조직상태를 민주주의적으로 또는 의식적으로 조직화할 필요를 느꼈다"고 의의를 밝혔다. 두 사람의 기자회견은 진보당이 최초로 공식화되는 자리라는 점을 감안할 때, 취지문이나 강령과는 달리 원칙적인 발언이었다. 기자회견에서 주목되는 것은 두 사람이 "내년 정부통령선거에 있어 진보당(가칭)에서는 입후보자를 내지 않겠다"고 밝힌 점이다. 이러한 갑작스런 진보당 결성 추진의 공식화에 대해 한국일보는 "진보당(가칭)이 자유당, 민주당에 이은 순서적인 제3당이 아니라 취지서와 강령에 제시된 이념과 추진 인물의 성격상 제3당"이라 평가하였다.[89]

(2) 선거대책위원장 활동

서상일은 1956년 1월 17일에 구성된 진보당추진위원회에서 조봉암 · 최익환 등과 함께 총무부를 맡았다.[90] 진보당은 지난 12월 22일 발표에

---

88) 김학준, 『이동화평전』, 민음사, 1987.

89) 『한국일보』, 1955. 12. 23, 「進步黨, 今後進步가 注目」.

90) 「진보당 창당대회 경과보고」, 『죽산 조봉암전집』 4, 38쪽. 8부서와 상임위원은 다음

서 언명한 바와 같이 2월 말까지 3백여 명의 추진준비위원을 확보하기로 하고 창당 작업에 착수하였다.[91)]

진보당은 자유당이 1956년 3월 5일 전국대의원대회를 통해 정부통령 후보를 공천한 것을 계기로 3월 30일에 대표자회의를 개최하고, 4월중에 창당할 것이라고 밝혔다. 이때 조봉암은 정부통령선거의 불출마 원칙에서 한발 물러나 대표자회의에서 후보 문제가 결의되면 타당과 마찬가지로 입후보자를 지명할 용의가 있다고 언급하였다.[92)] 서상일은 예정보다 하루 늦은 3월 31일에 개최된 진보당의 전국추진위원대표자회의에서 임시의장 및 의장단의 일원으로 선정되었다.[93)] 서상일은 의장단의 연설에서 맨 먼저 등단하여 평화통일을 주장하였다.[94)]

과 같다. 총무부 서상일·조봉암·최익환, 재정부 신창균·신용순·김동석, 조직부 박노수·주기영·최희규·안경득, 선전부 윤길중·고정훈·이성진·이봉래, 의안부 김기철·온삼엽·안도명, 심사부 정구상·정재방·박지호·임갑수, 계획부 박용철·김병휘·조규택, 사무부 이명하·서진걸(『동아일보』, 1956. 1. 27).

91) 『동아일보』, 1955. 12. 23.

92) 『한국일보』, 1956. 3. 9, 「來 30日 代表者會議」.

93) 『한국일보』, 1956. 4. 1, 「政綱 등을 채택, 어제 進步黨推進委서」. 진보당(가칭) 전국추진위원대표자회의는 전국추진위원회 대표 113명과 추진위원 2백여 명이 참석한 가운데, 李明河의 사회로 개회된 대표자 회의에서 임시의장으로 서상일이 선출되었고, 의장단에는 서상일·조봉암·崔益煥·김휘제·박기출·장지필·임기봉·김규헌 등 9명이 선정되었다.

94) 이기하, 『한국정당발달사』, 의회정치사, 1961, 258~260쪽. 상임 부서 및 상임위원은 다음과 같다. 총무부 최익환·서상일·조봉암·김성숙·박기출 외 5명, 재정부 신용순·김동석, 조직부 박노수·김기철·정구삼·김두한·최희규·안경득 외 10명, 선전부 윤길중·고정훈·이성진·이봉래 외 6인, 의안부 신도성·주기영·온삼엽·안도명 외 2명, 심사부 안우석·최재방 외 6인, 연락부 신창균·음두희 외 9명, 사무국 이명하·주진건·윤기봉, 기획부 박용철·김병휘·조규택(『조선일보』, 1956. 4. 1). 윤길중은 자신의 회고록에서 진보당(조직)으로 위원장에 조봉암, 부위원장에 박기출·김달호, 간사장 윤길중, 부간사장 이명하, 총무부장 최희규, 재정부장 박준길, 노동부장 박기봉, 농민부장 임갑수, 사회부장 윤복덕, 선전부장에 조규희·김병휘 등이 선출되었다고 기술하였다(윤길중, 앞의 책, 154쪽). 서상일은 "우리는 대한민국의 민주주의를 참다운 것으로 培養·强化하여 구체적으로 反共實績을 올려 민주주의가 승리하는 방향에서 平和的으로 韓國을 統一하여야 한다"고 하여, 조국의 평화통일을 주장하였다.

이 대회에서 신도성의 긴급 제의로서 정부통령 선거에 출마할 공천후보자를 선출하기 위하여 선거대책위원회를 구성하기로 결정하였다. 후보 지명 과정에서 신도성은 조봉암에게 대통령 후보를 서상일에게 양보할 것을 간청했으나 조봉암계열의 중견간부들이 서상일을 내세워서는 표가 없다는 반발에 부딪혀 좌절되었다.[95] 이에 서상일은 자신의 부통령 후보 지명에 대해, "나는 정치인보다는 정치교육인으로서 여생을 마치겠다"며 고사하였다. 이것이 후에 조봉암계과 서상일계로 분열되는 계기가 된 면도 없지 않았다.[96] 이에 진보당(가칭)은 박기출을 부통령 후보로 지명하자 그는 한 차례 고사 후에 수락하였다.[97] 이로써 진보당의 정부통령 후보는 조봉암과 박기출으로 결정되었다.

그렇다면 후보 지명 이후 서상일은 어떻게 행동했을까. 서상일은 진보당의 선거대책위원장을 맡았고, 진보당계의 윤길중이 선거사무장이 되었다.[98] 먼저, 서상일은 선거의 최대쟁점으로 부각된 헌정동지회의 야당

뒤이어 조봉암은 "대표자 여러분은 민족의 진실한 대표이며 여러분의 노력에 의해서만 대한민국이나 전한국은 바로 잡힐 것이다. 여러분은 모든 피압박 대중의 대표이며 진보당의 기치를 높이 들음으로써 민주적 혁신정치를 실현할 수 있을 것이다"고 하여, 진보당의 성격이 민주적 혁신정치의 실현에 있음을 천명하였다. 의장단의 연설에 이어 헌정동지회의 宋邦鏞 · 金達鎬 등 두 의원의 격려사가 있었다. 이어서 윤길중의 국내외 정세보고와 최익환의 종합보고를 끝으로 오전 회의를 마쳤다. 계속된 오후 회의에서는 정강 · 정책 등을 채택하였다.

95) 서중석, 앞의 책, 112~113쪽. 서중석은 진보당 정부통령 후보 지명 논란이 후에 서상일계열과 분열되는 계기가 되었고, 조봉암의 정치생명이 단축되는데 기여했다고 보았다.

96) 이상두, 「제3세력의 역정」, 『사상계』, 1968년 8월(정태영 · 오유석 · 권대복, 『죽산 조봉암전집』 4, 세명서관, 1999, 350쪽에서 재인용) ; 이상두, 「정부수립 이후 민주사회주의정당에 대한 고찰」, 『민주사회주의란 무엇인가?』, 발표문, 1986, 60쪽 ; 김학준, 『이동화평전』, 민음사, 1987, 203쪽.

97) 『한국일보』, 1956. 4. 3 ; 『한국일보』, 1955. 9. 7.

98) 진보당(가칭)이 4월 4일에 발표한 선거대책위원회 명단을 보면, 선거대책위원장에 서상일 · 金奎現, 사무장에 윤길중, 총무 이명하, 재무 신창균, 조직 안경득, 박노수, 기획 김두한(金斗漢)은 장택상 · 이범석 중심의 3월 31일, "여야의 성격조차 애매한 공화

후보 연합 추진에 조응하여 진보당의 입장을 옹호하였다.[99] 그는 4월 4일에 후보 등록을 마친 민주당의 후보 공천을 백지화할 것을 주장하였다.[100] 이후 야당후보 연합에 있어 진보당은 양당 간의 정강·정책의 절충을 전제로 하여 접근하였다. 반면 민주당은 선거 전략에 국한되어야 한다고 주장하였다.[101] 이때 서상일은 민주당에 ① 책임정치체제의 확립, ② 수탈 없는 경제체제의 확립, ③ 평화적 방법에 의한 남북통일 등 3개 항의 구체적인 야당연합 기본원칙을 제시하고, 이에 합치하면 민주당과 야당후보 연합을 협의할 용의를 가지고 있다고 밝혔다.[102] 그러나 민주당은 크게 동요하지 않았다. 이에 서상일은 "민주당에서는 야당연합에 호응하는 척하면서, 실지로는 자당계自黨系의 두 개 일간지를 통해 본당本黨 입후보자에 대한 야비한 인신공격과 파괴적 욕설을 연일 게재하고 있다"고 비난하면서, 민주당이 연합전선 형성에 무성의한 태도를 내보이고 있다고 주장하였다.[103] 또한 조봉암도 민주당이 정강·정책의 조정에 뜻이

당에 잔류할 하등의 이유를 발견치 못했다"는 성명을 발표하고 진보당(가칭)에 입당하였다(『한국일보』, 1956. 4. 1). 정보 고정훈, 선전 신도성·김기철이 선임되었다. 진보당(가칭)의 선거 전략에 대해 사무장 윤길중은 자유·민주 양당에 투표하기를 주저하는 부동표의 흡수에 주력할 것이라고 밝혔다(『한국일보』, 1956. 4. 4).

99) 『한국일보』, 1956. 4. 6.

100) 서상일은 "民族大義 앞에는 개인도 정당도 없으니 연합전선을 爲하여는 우선 야당이 백지로 환원해야 한다"고 주장하였다.

101) 진보당의 입장은 『한국일보』, 1956. 4. 9일자를 참고하고, 민주당의 입장은 『한국일보』, 1956. 4. 7일자 「고민하는 야당연합」를 참고할 것. 그 과정에 대해서는 서중석, 앞의 책, 120~126쪽을 참고할 것.

102) 『한국일보』, 1956. 4. 10. 이어서 진보당(가칭)은 민주당에 야당연합후보를 성사시키기 위한 협의사항으로 ① 책임정치체제의 확립, ② 경찰의 행정부로부터의 중립화, ③ 기본인권의 철저한 옹호, ④ 귀속기간산업의 국유화, ⑤ 능동적 전쟁 재발의 회피 등에 대한 공식적 확약을 요청하였다(『한국일보』, 1956. 4. 12). 이에 대해 민주당은 4월 12일 진보당에 ① 책임정치란 내각책임제하의 정치이며, ② 수탈 없는 경제체제란 헌법이 보장하는 한도 내에서 필요에 따른 종합적인 경제정책이고, ③ 평화적 통일이란 유엔 감시하 북한만의 선거를 통한 남북통일이어야 한다는 것으로 통고하였다. 이러한 통고에 대해 진보당은 반발하였다(서중석, 앞의 책, 122쪽).

103) 서상일이 언급한 두 개의 일간지는 『동아일보』와 『경향신문』이었다. 급기야 진보당

없음을 계속 견지하자 '민주당이 무성의'하다는 성명을 발표하였다.

다음으로 서상일은 양당의 후보 연합 추진이 정강·정강 조정 문제로 인해 교착 상태에 빠지자 협의를 재개하는 창구 역할을 담당하였다. 그것은 4월 18일 지방유세를 마치고 돌아온 민주당의 신익희 후보의 협상 재개 발언에 이어 조봉암이 협상 가능성을 시사하면서 표면화되었다. 이에 서상일은 18일 진보당(가칭) 선거대책위원회 상무위원회를 개최하여, 주기형朱基瀅·박용철朴容喆 등 2명을 절충위원으로 보강하였다. 또 민주당 절충위원들과 직접 교섭에 나서 야당후보 단일화를 최종적으로 시도할 것이라고 밝혔다.[104)]

그러나 19일에 신익희 후보는 자신이 조봉암보다 득표하지 못한다면 사퇴하겠다는 입장을 밝힘으로써, 조봉암의 사퇴를 압박하였다.[105)] 또 민주당은 진보당의 4월 20일 양당 후보자 회담 개최 제의에 대해 동월 24일로 연기할 것을 수정 제의하였다.

이에 진보당의 선거대책위원장 서상일은 민주당의 무성의로 야당연합을 중단한다는 내용의 성명서를 발표하였다. 다만, 서상일은 이 성명이

은 4월 26일 두 신문사를 명예훼손 혐의로 고소하였다(『한국일보』, 1955. 4. 27). 서상일이 일제 시기부터 민국당 활동까지 밀접한 관계를 유지해 온 동아일보와의 관계가 진보당(가칭) 활동으로 말미암아 정치적 敵으로 바뀌었음은, 그의 정치 행보의 특징을 가장 잘 파악할 수 있는 대목이다. 『한국일보』, 1956년 4월 14일. 박기출 "13일 선거대책위에서 민주당에 대한 비판을 삼가는 것이 좋을 것이라는 의견을 진술했으나 채택되지 않았다"고 회고했다(박기출, 「민주당 내분을 보고 야당연합운동을 상기한다」, 정태영 외 2인, 앞의 책, 355~356쪽).

104) 『한국일보』, 1956. 4. 19. 신익희의 발언은 "비민주세력과 대결하기 위한 야당연합은 전국민이 소망하는 바이므로 그 성취를 위하여 노력할 방침이다"는 것이었고, 조봉암의 발언은 야당연합의 긴요성을 재확인하면서 "민주당측이 그들의 성의와 적극성을 표시한다면 진보당은 항상 허심탄회하게 야당제휴를 위하여 노력할 것이다"는 것이었다. 이로써 교착상태에 빠져 있던 야당후보 단일화를 위한 협상이 열릴 가능성이 있게 되었다.

105) 박기출, 「민주당 내분을 보고 야당연합운동을 상기한다」, 정태영 외 2인, 앞의 책, 352~353쪽. 이에 조봉암은 환영을 표하면서 신익희 후보보다 더 많이 득표할 자신이 있다는 입장을 나타냈다(『한국일보』, 1956. 4. 21).

야당연합운동의 결정적 종말을 의미하는 것이 아님을 강조하면서 민주당이 적극적인 성의를 표시한다면, 반독재운동을 위하여 대등한 노력을 앞으로도 계속할 것이라고 하여 협의 가능성을 열어 놓았다.[106] 민주당과의 후보단일화 협상을 잠정 중단한 서상일은 다음날인 4월 21일에 진보당(가칭) 각 도 책임자에게 야당연합이 민주당의 무성의와 독선적 태도로 말미암아 결렬 상태임을 알리고 당의 승리를 위하여 선거전에 한층 매진해야 할 것이라는 방침을 시달하였다.[107]

이러한 상황에서 야당연합을 촉구하는 야당계 인사의 공동성명서 발표, 민주당 조병옥 최고위원의 사퇴 의사 표명으로 야당연합운동에 새로운 활로가 생겼다.[108] 이에 진보당이 후보자 정상회담을 제의하고, 민주당의 신익희는 신창현을 서상일에 보내 4월 25일로 예정된 조봉암과의 회담이 성사될 수 있도록 해 달라고 요청하였다.[109]

그리하여 4월 25일과 4월 27일 두 차례에 걸쳐 역사적인 양당 입후보자 회담이 개최되었다. 그러나 신익희가 진보당의 입후보자 상호 양보 제안을 비효과적인 사안이라며 완강하게 거부함으로써 후보 단일화 작업은 결렬되었다.[110] 협상이 결렬된 후 양측은 서로에게 책임을 묻는 성명

---

106) 『한국일보』, 1956. 4. 21, 「야당연합 좌절 未免－진보당 독자적 행동을 선언－」. 성명서 내용, 민주당 측의 무성의한 태도로 인하여 더 이상 자당의 본격적 선거운동 전개를 보류할 수 없으므로 부득이 야당연합전선 형성을 일단 단념하고 독자적 선거운동을 추진할 것이다. 20일에 양당 후보자 회담을 개최할 것을 원내 憲同 절충위원을 통해 민주당에 공식 제안했으나 신씨는 이를 24일 이후로 연기하자고 하면서 지방유세 행각으로 떠나버렸다. 이러한 민주당의 처사는 그들의 무성의를 표시하는 것이다. 진보당은 더 이상 본격적인 선거운동 전개를 보류할 수 없으므로 부득이 야당연합전선운동을 일단 단념하게 되었다. 야당연합운동이 당과 당사이의 공적 교섭임에도 불구하고 신씨는 「내 개인으로는 찬동하나 당의에는 어찌할 수 없다」는 요지의 미온적인 태도를 보였음은 유감스러운 일이다.

107) 『한국일보』, 1956. 4. 22, 「야당연합 실질적인 결렬 상태」.

108) 『한국일보』, 1956. 4. 22 ; 1956. 4. 24 ; 1956. 4. 24.

109) 신창현, 앞의 책, 847~848쪽.

110) 양당 후보 단일화 회담에 대해서는 서중석, 앞의 책, 120~129쪽 참조. 다만, 후보연

서 공방을 펴부었다.[111]

그런데 이와 반대로 후보단일화 협상 과정에서 조봉암·신익희 간에 소위 '묵계설'이 제기되기도 하였다. 내용의 핵심은 진보당 정부통령의 후보가 모두 사퇴하고, 민주당의 정부통령 후보를 야당 연합 후보로 한다는 것이었다.[112] 이에 대해 서상일은 신익희 사거 후 묵계설은 양당 대통령후보와 자신만이 아는 비밀이었던 것으로 말했다.[113] 그러나 진보당의 입장은 공식적으로는 분명히 부인하는 입장을 취했으나 개인적 차원에서는 야당후보 단일화의 가능성을 계속 열어 놓는 등의 혼선을 빚었다.[114]

1956년 5월 5일에 민주당 대통령 후보 신익희가 갑자기 사거하면서 선거전은 새로운 양상을 띨 수밖에 없었다. 진보당은 그 대책을 강구한 끝에 공약 10장을 발표하면서 선거전에 적극 나서는[115] 동시에 후보단일화

합에 대한 진보당의 입장은 4월 26일 서상일이 발표한 성명서를 통해 확인할 수 있다. 곧 진보당은 대통령 후보를 포기하는 대신 부통령 후보는 민주당이 양보할 것을 최종적인 연합 조건으로 내세우면서, ① 신익희 후보가 단일후보로 된 후 여하한 압력과 비상사태가 있더라도 初志를 貫徹할 約束할 것, ② 신익희 후보의 당선 후 조병옥·김준연 양씨를 중용하지 말 것 등을 부대조건으로 제시하였다(『한국일보』, 1956. 4. 27). 당시 진보당(가칭) 부통령 후보였던 박기출에 의하면, 부대 조건 두 개항 외에 사사오입 개헌 이후 추진되었던 민주대동을 저해한 민주당 간부의 반성과 과오를 인정할 것 등이 포함되었던 것으로 보인다(박기출, 앞의 글, 357쪽).

111) 『한국일보』 1956. 4. 28 ; 4. 29.

112) 이 '묵계설'은 박기출, 「민주당 내분을 보고 야당연합운동을 생각한다」, 앞의 책, 359쪽 ; 이영석, 『죽산 조봉암 : 그의 슬픈 삶과 죽음의 이야기』, 원음출판사, 1983, 213~215쪽, 조봉암, 「나의 정치백서」, 『진보당』, 393쪽 등에 언급되어 있다. 그리고 박태균의 『조봉암연구』(창작비평사, 240~241쪽)와 서중석의 『조봉암과 1950년대』(역사비평사, 124~125쪽)에도 인정되고 있다.

113) 『한국일보』, 1956. 5. 10 ; 5. 11.

114) 야당 후보 단일화 부인에 대해서는 『한국일보』, 1956. 5. 3, 「野黨聯合 再會談說 擡頭」 ; 『한국일보』, 1956. 5. 3 ; 『한국일보』, 1956. 5. 3 ; 『한국일보』, 1956. 5. 4 ; 5. 5 등을 참고. 가능성에 대해서는 서중석, 앞의 책, 125쪽 ; 윤길중, 앞의 책, 156~157쪽 ; 『한국일보』, 1956. 5. 6 ; 『한국일보』, 1956. 5. 4 ; 5. 5 ; 『조선일보』, 1956. 5. 4(석) 등을 참고.

에 대해서는 선거대책위원장을 통해 조봉암의 대통령후보 공동추진을 전제로 조각組閣, 정책 등에 무조건 응할 것이라는 입장을 발표하였다.[116] 반면, 민주당은 조봉암의 대통령 후보 단일화에 반대하며, 대통령후보 없이 부통령 후보만으로 계속 선거에 임하겠다는 입장을 표명했다.[117] 그리하여 민주당은 선거구호를 '못살겠다 갈아보자'에서 '가신 신익희 선생의 뜻을 이루자! 민심은 살아있다. 장면 박사에게 표를 모으자'로 바꾸었다.

진보당은 민주당의 선거 태도를 비난하면서, 박기출 후보를 사퇴시키면 야당연합이 실현된 것으로 보고, 종반 선거전에 전력을 기울였다.[118] 선거는 자유당의 이승만 후보가 대통령으로 당선되고, 민주당의 장면 후보가 부통령으로 당선되어 종결되었다. 그렇지만 진보당(가칭)의 조봉암 대통령 후보는 2백만 표를 획득하여 세상의 이목을 집중시켰다. 그 가운데 조봉암은 서상일의 지역 기반인 대구를 포함한 경북지역에서 유효투표율을 기준으로 44.7%에 해당하는 501,917표를 획득하여 타 지역에 비해 가장 높은 득표율을 보였다.[119] 선거 직후 조봉암은 5월 18일 패배를 인정하는 담화를 발표하였다. 그리고 다음날 조봉암과 서상일은 대구의

---

115) 『한국일보』, 1956. 5. 9. 1. 국제연합 보장하의 민주방식에 의한 평화적 통일의 성취, 2. 집단안전보장체제의 수립과 호혜평등주의에 입각한 선린 외교 수립, 3. 양심과 사상의 자유 보장을 위한 책임정치체제 확립, 4. 정부의 불필요한 허가제 일소와 지방자치단체의 권한 강화, 5. 행정기구 축소와 관기의 부패 및 정실인사 폐지, 6. 내중적 수탈정책 폐지와 종합적인 年次 경제계획 수립, 7. 농촌 고리채 정리, 8. 국가산업의 신속한 건설과 사기업의 고용율 증가, 9. 국민의료제도와 국민연금제도 확립, 10. 교육의 완전한 국가보장제

116) 『동아일보』, 1956. 5. 7.

117) 신익희 사망 후 민주당의 선거전에 대해서는 서중석, 앞의 책, 126~128쪽 ; 이윤기, 「한국야당의 파벌에 관한 연구－민주당을 중심으로－」, 한양대 박사학위논문, 58~89쪽 참고.

118) 『한국일보』, 1956. 5. 11 ; 1956. 5. 14 ; 1955. 5. 15.

119) 중앙선거관리위원회, 『대한국민국선거사』 1, 1973, 1012쪽. 조봉암 후보는 경북 다음으로 전북 39.8%(281,068), 경남 37.7%(502,507), 서울 36.7(119,129) 순으로 높은 득표율을 보였고, 가장 낮은 득표율을 보인 곳은 강원도로 9.2%(65,270)를 차지했다.

선거 부정 개표에 대해 정부를 비난하는 성명을 발표하였다. 그 직후 서상일은 사태를 파악하기 위해 대구로 떠났다.[120] 이로써 진보당의 선거전은 마무리되었다.

이와 같이 서상일은 진보당(가칭) 선거대책위원장으로서의 정부통령 후보 및 당지도부와 단합된 모습을 당 내외에 보임으로써 자기 역할에 충실하였다. 특히 선거 전략을 계획하고 실현함에 있어 대통령 후보 조봉암과 대립하는 경우는 찾을 수가 없었다.

그렇다면 서상일이 진보당(가칭)의 선거대책위원장으로서 자기 역할에 성실했던 이유는 무엇이었을까. 그것은 야당 후보 연합론으로 촉발되긴 했지만 자신이 이승만 세력과 결별하면서 가졌던 반독재 세력의 연대에 무게를 두었기 때문이었다. 그리하여 그는 4월 20일경 야당연합 추진을 중단하는 성명서를 발표하면서도 민주당이 성의를 보인다면 반독재운동을 위해 대등한 노력을 계속할 것이라는 입장을 밝혔다.[121] 또한 양당 입후보자 회담이 결렬된 후에도 소위 '묵계설'을 뒷받침하는, 야당연합을 위해 진보당에서 부통령마저 양보할 용의가 있다는 입장을 보이기까지 하였다. 그리고 5월 3일, 서상일은 "민주대동과 연합전선은 민주당의 태도여하에 따라 그 가능성이 상존하고 있다"는 발언을 계속하였다. 따라서 서상일은 민주대동 반공산의 원칙에 입각해 민주당과의 연합에 무게를 두면서 선거전에 임했던 것이다. 그에 따라 그의 입장이 민주당의 선거 전략에 의해 무산되어 민주당과의 관계는 더욱 악화될 수밖에 없었다. 아울러 그러한 민주대동에 대한 자신의 입장이 선거 이후 진보당의 창당과정에서도 지속되었던 것으로 생각된다. 결국, 그는 정부통령 후보 지명을 둘러싼 갈등에서 선거대책위원장을 맡음으로써 조봉암과의

---

120) 『한국일보』, 1956. 5. 20.

121) 『한국일보』, 1946. 4. 21.

'갈등'을 일단락 짓긴 했으나, 이전의 민주대동 입장을 견지하고 있었던 것이다.

(3) 진보당과의 결별

진보당(가칭)은 제3대 정부통령 선거에서 '2백만 표'의 국민적 지지를 발판으로 하여 정식 발족에 나섰다. 이에 진보당(가칭)은 5월 23일 상임위원회를 열고 결당대회 준비와 당을 확장하기 위한 계획을 협의하였다. 여기서 주목되는 점은 조봉암의 창당 원칙이었다. 곧 그는 결당대회를 연기하고 문호를 개방하여 현재 원내의 자유당 무소속 및 헌정동지회 내의 인사들을 포섭할 것이라고 밝혔다.[122]

그러나 진보당(가칭)은 창당을 둘러싸고 조봉암과 서상일 사이에 갈등이 생기고 있었다.[123] 그 이유는 조봉암 계열의 '선창당 후 민주대동' 입장과 서상일 계열의 '선 민주대동 후 창당' 입장이 대립하였기 때문이었다. 서상일은 비자유·비민주 혁신대동을 이루기 위해 원외 인사 포섭에 적극 나섰다. 그리하여 5·15선거 당시 무조건 야당연합을 촉구했던 재야 원로 김창숙金昌淑·이명룡李明龍·장건상張建相·박용희朴容羲 등과 협의하여 민주혁신대동신당 결성을 위한 「5인 성명」을 발표하기로 하였다.[124] 그러나 김창숙의 사퇴 표명, 신도성의 탈당 선언,[125] 기독교계의 신흥우

122) 『한국일보』, 1956. 5. 22 ; 윤길중, 『앞의 책』, 160쪽. 조봉암 계열은 자유, 민주 양당에 소속되어 있지 않은 재야 모든 정파의 연합이었다.

123) 『한국일보』, 1956. 7. 2.

124) 『한국일보』, 1956. 6. 16. 그러나 김창숙이 사퇴를 표명함으로써 「4노 성명」이 되게 되었다.

125) 『한국일보』, 1956. 6. 29. 진보당추진위원 신도성이 사퇴하면서 밝힌 성명서의 내용은 "나는 내가 기도하는 정치적 방안에 대해서 당내 다수의 지지를 획득하지 못하였기 때문에 나의 旣定 목표를 달성하기 위하여 진보당추진위원을 사퇴하기로 하였다. 나는 장차 나의 정치행동에 관한 진정한 인증이 이루어질 때 다시 동지들의 품으로 돌아가고자 하는 바이다"라는 것이었다. 그러나 같은 신문 7월 2일자에는 신도

의 진보당 가담 등으로 인해 진보당 확장이 난관에 부딪혔다.

이러한 상황에서도 진보당은 8월 13일로 예정된 지방의회 선거에 대비해 선거대책위원회를 구성하였고, 서상일은 조봉암과 함께 지도위원으로 선정되었다.[126] 그러나 서상일은 조봉암계가 창당 준비에 박차를 가하자 반대 입장을 표명하였다. 곧 조봉암계가 7월 30일 상임위원회를 개최하여 8월 30일 결당대회를 개최할 것을 결의하였다. 8월 초순부터 진보당 상임위원회는 창당을 위해 분주하게 움직이면서, 5·15선거 당시의 정강·정책의 수정을 검토하였다. 이에 서상일은 상임위원회에 불참함으로써 자신의 반대 의사를 표명하였다.[127] 결국 진보당(가칭) 내 서상일계의 선대동론이 조봉암계의 선창당론과 맞서 분열될 위기에 직면했던 것이다. 이런 이유로 인해 창당 지연은 불가피했고, 8월 13일로 예정된 지방의회선거에도 참여하지 못했다.

서상일의 진보당의 창당 방향은 진보당(가칭) 추진위원, 원내 비자유·비민주 의원, 원외 비자유·비민주 등 3자를 대등한 단위로 한 것으로 보인다.[128] 이러한 서상일의 대동론과 조봉암의 문호개방론과의 차이는 진보당(가칭)을 중심으로 한 창당이냐 혹은 진보당(가칭)과 포섭세력의 대등한 관계를 인정할 것이냐 하는 것이었다. 여하튼 이러한 창당 방식은 서상일과 최익환이 진보당(가칭)에서 이탈할 것이라는 언론 보도까지 나오게 하였다.[129]

성의 탈당은 그가 여당에 유리한 지방자치법 개정안을 내놓았기 때문이라고 하였다.

126) 진보당(가칭) 7월 13일에 지방의회선거에 대비하기 위하여 선거대책위원회를 구성하였다. 그 임원은 위원장에 윤길중, 부위원장에 안우석, 지도위원에 서상일·신흥우·조봉암·박기출·최익화·김달호 등을, 총무부장에 이명하, 기획부장에 최희규, 선전부장에 고정훈, 연락부장에 안동명을 각각 선임하였다(『조선일보』, 1956. 7. 16).

127) 『한국일보』, 1956. 8. 10.

128) 『동아일보』, 1956. 8. 12.

하지만 양자가 합의를 도출함으로써 새로운 국면을 맞았다. 곧, 8월 25일에 열린 7인 간담회에서 조봉암이 이틀 전에 있었던 8월 23일의 7인 간담회의 '비민주·비자유의 민주·혁신세력 총규합을 위한 문호 개방'이라는 창당 방향에 찬성하였다. 이날 간담회에서는 5·15선거 당시 제시되었던 「평화적인 남북통일」과 「수탈 없는 경제정책」을 「정병주의에 의한 민주주의 방식의 조국통일」과 「계획성 있는 경제정책」 등으로 수정안이 채택되었다. 그리고 당명은 12인 위원회에서 결정한 바 있는 민주혁신당으로 할 것을 합의하였다. 이러한 합의 내용은 8월 26일 서상일에 의해서 밝혀졌다. 아울러 서상일은 8월 30일로 예정됐던 창당대회를 9월 중순으로 연기하기로 합의했음을 밝혔고, 원내 의원 15명을 포섭하여 9월 10일경 원내외 인사가 참가한 가운데 '민주혁신당'의 성격을 천명할 것이라고 밝혔다.[130)]

8월 27일에 7인 간담회의 합의사항의 추진을 위임받은 12인 위원회가 열렸다.[131)] 여기에 김홍식·육완국·윤길중·서상일·최익환(12인 위원회의 박기출 대리)·김성숙·안정용·김경태·조헌식 등 9명이 참석하였다. 이 회의는 7인 간담회 위원들이 동간담회에서 결정된 민주혁신당을 창당하기 위한 3개 원칙과 대동규합에 합의사항을 보고하고, 그에 따른 질의와 협의가 있었다.[132)]

---

129) 『동아일보』, 1956. 10. 6, 「서상일씨 등 이탈시 '진보당추진위' 약화」; 10. 12, 「혁신세력 대동론에 대립」; 『한국일보』, 1956. 8. 10.

130) 『한국일보』, 1956. 8. 27.

131) 『동아일보』, 1956. 8. 31. 7인간담회는 8월 25일 '민주혁신당' 결성에 합의한 후 창당의 사무적인 절차를 처리하기 위해 계속 회합하기로 하였다. 12인 위원회의 명단은 서상일·최익환·윤길중(진보당), 육완국·김홍식·신태권(헌정동지회), 金星淑·조헌식·안정용·김경태(원외 인사), 김영기·신태악(공화당) 등이었다.

132) 『한국일보』, 1956. 8. 28; 9. 3. 수정 채택된 강령은 ① 공산독재와 자본가 및 부패분자의 독재를 배격하여 민주주의 체제를 확립하여 혁신정치를 시행한다, ② 계획성 있는 경제정책을 시행한다, ③ 정병주의를 채택하여 민주주의 방식으로 국토를 통

8월 29일에도 12인 위원회가 열렸는데, 김홍식 · 육완국 · 최익환 · 윤길중 · 서상일 · 김영기 · 안정용 · 조헌식 · 김성숙 등 9명이 참석하였다.[133] 이날 회의에서는 7인 간담회의 합의 사항인 3개 원칙 즉, 당명은 민주혁신당으로 할 것, 민주주의적 방식에 의한 국토통일과 계획성 있는 경제체제의 확립 등의 기본 정강, 그리고 당면과제로서의 문호개방 등을 최종적으로 재확인하여 채택하였다. 또한 헌정동지회 소속의 김홍식을 임시대변인으로 선정하고, 원내외 공동성명서가 발표되기까지 제반 창당 준비 사무를 추진하기로 결정하고 그 추진위원으로 6명 내지 8명을 선정하기로 하였다. 그리고 한독당 · 사회당 · 민족자주연맹 · 근민당계 재야 인사 약 20명과 접촉하고 있다면서 2, 3일 내 10여 명이 가담할 것이라고 밝혔다. 특히 서상일은 인물 본위로 준비위원을 선정할 것이며, 혁신세력의 주도권 장악문제는 없을 것이라고 전제하면서, 진보당과 민주혁신당과의 관계에 대해, "진보당도 혁신세력의 총집결운동에 합류하는 것이다"고 주장하였다.

그러나 진보당계는 이범석으로 대표되는 공화당 잔류파의 신당 참여와 그에 따른 원외 인사의 조봉암과 이범석의 제2선 후퇴론에 대해 강력하게 반발하였다.[134] 그것은 9월 2일 진보당(가칭)의 중앙집행위원회가

일한다 등 3개 항이었다.

133) 『동아일보』, 1956. 8. 29, 「構成原則 尙 未決」; 『한국일보』, 1956. 8. 30.

134) 이범석으로 대표되는 공화당 잔류파의 신당 참여와 관계가 있었다. 이범석계 공화당 잔류파는 이미 8월 27일에 비밀리에 15인 수습위원회를 열고 신당 참여 여부를 토의하였다. 이 자리에는 12인위원회에 참석했던 육완국이 동위원회의 사정을 설명하였다. 때문에 8월 29일에 열릴 예정이었던 12인 위원회가 연기될 것이라는 보도가 나돌았다. 실제 8월 29일 공화당의 15인 수습위원회는 이범석의 강력한 주장으로 민주혁신당운동에 참가하기로 결정하고, 김영기와 신태악을 동대표위원으로 선정하였다. 김영기가 동일 열린 12인 위원회에 참석하였다. 그리고 이 회의에서 공화당은 ① 반공통일 재건에 효과적인 경제정책, ② 비보수, ③ 원내세력의 의한 추진 등 3개 조건을 참가의 전제 조건으로 채택하였다(이기하, 앞의 책, 287쪽). 이는 평화 통일과 수탈 없는 경제정책을 반대하고, "비보수세력의 총집결운동은 기성 정파의 재판

진보당의 백지환원설을 부인하는 동시에 진보당의 강령·정책을 수락하고, 이에 서명 날인한 7인 위원회만이 진보당의 모체라고 결의하였던 것이다.[135] 이런 방침은 9월 3일에 진보당(가칭) 대변인 윤길중의 성명으로 공식화하였다. 이는 신당운동에서 진보당(가칭)이 중심임을 강력히 표현한 것이다.[136]

서상일은 윤길중의 성명서에 대해 정확을 기하지 못한 것이라고 전제하고 동 회합에서 ① 신당운동을 추진하기 위해서 5인 위원회를 신설하고, ② 진보당내의 특별위원회를 해산하고, ③ 25일 7인 위원회에서 채택한 3대 원칙을 수수하고 이를 확인하였을 뿐이라고 밝혔다. 결국은 서상일의 해명에도 불구하고 이질적인 정치세력의 집합이 초래한 결과로 인해[137] 민주혁신신당운동은 교착상태에 빠졌다.

이러한 교착상태를 돌파하기 위해 9월 7일에 공화당을 배제시킨 채 서

이 되어서는 안 된다"는 성명서로 발표되었다. 이러한 이범석 계열의 태도가 진보당(가칭)의 강한 반발을 불러 일으켰던 것이다. 진보당은 사실 공화당의 신당참여에 대한 논의가 있을 때부터 반대 의사를 분명히 하였다. 또한 원외 인사들에서도 진보당의 조봉암 및 공화당의 이범석 등을 신당에 참가시키되 제2선으로 후퇴시키자는 주장이 제기되었다.

135) 『동아일보』, 1956. 9. 4. 9월 2일 진보당(가칭)중앙상임위원회의 협의 내용을 상세히 언급하면 다음과 같다. 민주혁신신당운동은 진보당(가칭)의 확대강화를 도모키 위한 것이라는 전제하에 3대 강령정책이 변질되지 않는 범위 내에서 문호를 개방한다는 결론이 나왔다. 윤길중은 9월 3일 성명을 통해 동 상임위원회에서 ① 진보당(가칭)의 3대 강령과 정책을 재확인하고, ② 이를 수락하는 범위 내에서 문호를 개방하며, ③ 당명엔 구애되지 않는다는 3개 항의 원칙에 서명 날인한 7인 위원회만이 민주혁신신당운동의 모체가 될 수 있고, 12인 위원회는 협의과정의 기관일 뿐 아니라 진보당의 3대 정강정책을 수락치도 않았으므로 동 위원회에서 결의된 제반사안은 무의미한 것이라고 주장하였다. 『한국일보』, 1956. 9. 4. 윤길중은 "소위 12인 위원회의 협상과정에서 본당의 기초를 말살하며, 조봉암 씨가 후퇴하여야 한다는 논의가 전개되므로, 본당은 그러한 태도를 가진 인사와는 협상할 수 없게 되었으므로 12인 위원회는 파열되었다"고 선언하면서, 민주혁신신당운동은 진보당의 당명 변경에 불과한 것이라고 주장하였다.

136) 『한국일보』, 1956. 9. 3.

137) 『동아일보』, 1956. 9. 1, 「사설: 민주혁신신당의 성격」.

상일 · 조봉암 · 최익환 · 김홍식 · 조헌식 · 김성숙 · 김성숙 등이 참석한 가운데 7인 간담회가 열렸다. 여기에서 지난 8월 25일 7인 간담회의 3대 원칙을 재확인한 후 9월 8일에 12인 위원회를 열어 명실상부한 신당의 모체가 될 10여 명의 민주혁신당추진협의회를 구성하기로 결의하였다.[138)]

그에 따라 9월 11일 7인 간담회의 합의사항을 진보당 중앙상임위원회 및 12인 위원회에서 각각 접수 재확인함으로써 동 위원회를 해체하고 신당추진 모체로서 민주혁신당추진협의회가 발족되었다. 동 협의회는 서상일 · 조봉암 · 김홍식 · 김성숙 · 조헌식 등으로 구성하고, 성명서를 발표하였다.[139)] 여기에서 서상일은 고령의 나이에도 불구하고 자신이 직접 대변인으로 나서 민주혁신당의 구성에 노력하였다.

이를 계기로 민주혁신당추진협의회는 9월 18일에 대변인 서상일을 통해 "국회가 속개되는 24일을 전후하여 약 30명에 달하는 발기인 서명을 완료하고 창당 선언문을 발표하는 동시에 정식 발기회를 구성하여 10월 중으로 결당하게 될 것"이라고 밝혔다. 이때는 공화당 잔류파(족청계)의 동 추진협의회 파견 대표 2명을 이미 15일에 소환한 상태였고,[140)] 17일에 진보당상무위원회는 민혁당의 ① 혁신정치의 확립, ② 계획성 있는 균등경제, ③ 민주 방식에 의한 조국통일 완성, ④ 국가보장의 교육제도 구현, ⑤ 민주우방과의 제휴 등 5대 강령에 대한 지지를 재확인하였다.

족청계가 빠진 상태에서 발표된 민혁당 추진협의회의 5대 강령에 진

---

138) 『동아일보』, 1956. 9. 9, 「교착상태 타개」; 『한국일보』, 1956. 9. 8.

139) 『동아일보』, 1956. 9. 13; 『한국일보』, 1956. 9. 13. 성명서의 내용은 "민주혁신당 추진운동은 5 · 15 정부통령선거 이후 민심의 귀추를 파악한 국민적 요청에 호응하는 자발적인 태동으로서 院內外의 旣成 政派 · 政黨과는 물론 재야혁신 세력 대동단결의 일대 신당운동으로, 그간의 협상과정에서 있어서는 다소 이견과 각자의 주장이 있었으나, 완전 합의 일치되어 바야흐로 新黨推進 母體 旣成 段階에 돌입하고 있다"는 것이었다.

140) 『동아일보』, 1956. 9. 21. 공화당에서는 자신이 주장한 전제조건 두 가지가 민혁당 측으로부터 거부당하자 대표파견을 취소하고 불참을 선언하였다.

보당(가칭)이 지지를 표명하였다. 이로써 민주혁신당운동은 다시 추진되는 것처럼 보였다. 그러나 민주혁신당추진협의회의 서명운동은 전혀 성과가 나타나지 않았고,[141] 진보당(가칭)의 태도도 극히 미온적이었다. 이 때문에 헌정동지회의 김홍식은 진보당(가칭)의 태도 때문에 고충이 많다고 털어놓기도 했다.[142] 이러한 상황에서 10월 2일에 진보당(가칭)이 "이념면의 不一을 免치 못하고 있음을 발견하였다"고 하면서, 민주혁신당에의 참가를 거부하고 단독으로 진보당을 결성하기로 결의하였다.[143] 동시에 민혁당추진협의회의 자당대표 서상일과 조봉암을 소환하였다. 이로써 민주혁신당 창당 작업은 결렬 직전에 처했다.

이에 대해 서상일 등 대동파는 10월 4일 진보당계를 비난하는 성명서를 발표하였다. 그 내용은 "진보당에서는 지난 10월 1일 창당준비선언문 발표예정을 앞두고 자당대표들이 참여하여 적극 추진되어 오던 이 운동으로부터 돌연 서명 부진 운운을 이유로 일부가 이탈하게 된 것은 유감"이라고 언급하면서, "신당운동을 자당확대강화라 선전하고 문호개방을 주장하면서 문호폐쇄를 획책하며 진정한 민주혁신을 표방하면서 이념의 불일치 운운하는 것은 자가당착"이라는 것이었다.[144]

그렇다면 이념의 불일치라는 것은 어떤 내용이었을까. 서상일에 따르면, 자신은 '휴머니즘'에 입각하여 보수파 중에서도 혁신세력에 공명하는 인물을 전부 포섭하는 방식을 주장하였고, 이에 반해 조봉암은 '맑시즘'

---

141) 『동아일보』, 1956. 9. 21, 「원내 호응은 1, 2명 정도」; 9. 25, 「원내반응 냉담」. 원내의 호응이 냉담한 원인을 이 보도에 의하면, 신당의 성격이 점차 사회주의적인 혁신정당으로서 윤곽이 나타났던 것과 그에 따른 신당이 진보당의 확대판이라는 인식이 확산되었기 때문이라는 것이었다.

142) 『한국일보』, 1956. 9. 20. 그는 진보당의 태도에 대해 "진보당에서는 엉뚱한 발표를 해서 죽을 지경입니다. 회의를 할 때에도 하루에 몇 번씩 퇴장하겠다고 야단법석이고 도저히 참지 못할 말도 마구 해요"라고 언급하였다.

143) 『동아일보』, 1956. 10. 4, 「진보당 독자적 발당, 민혁당운동 결국 좌절」.

144) 『동아일보』, 1956. 10. 5, 「민주혁신에 역행」.

에 입각하여 혁신세력의 순수파인 노동자 및 무산대중만으로 당원을 포섭하는 방향을 제시했다는 것이다.[145] 곧 서상일은 자신의 새로운 정치논리였던 민주사회주의론을 주장하였던 것이다. 이것은 후에 민주혁신당 결렬에 대한 밝힌 자신의 심정에서 잘 드러난다.

> "내가 진보당 조직을 발기한 것도 진보세력의 대동단결로서 앞으로의 본격적인 정계개편에 대비코자 한 것이고, 보수 · 진보의 양당제도가 확립됨으로써 한국정계가 정상적인 민주주의적 생리작용을 하게 될 것이라 믿기 때문이었다. 그럼에도 불구하고 나는 진보당내의 비현실적 정세판단에 의거한 일부 세력의 대동운동 거부로 말미암아 다시금 실패의 고배를 마셨던 것이다."[146]

이 발표를 계기로 서상일 · 최익환 등 대동파는 독자적으로 민주혁신당을 추진하기로 결정하고, 그 취지를 담은 성명서를 준비하는 동시에 서명 작업을 진행하였다. 그리하여 10월 8일 서상일 · 최익환 등 진보당(가칭) 중앙상임위원의 과반수를 넘는 23명은 성명서를 발표하고 진보당을 탈당하는 동시에 민주혁신당운동을 계속 추진하기로 하였다.[147] 이로

---

145) 『동아일보』, 1958. 1. 31.

146) 서상일, 「험난할 망정 영광스런 먼 길」, 57쪽.

147) 『동아일보』, 1956. 10. 8 ; 10. 9 ; 이기하, 『앞의 책』, 289쪽. ▲ 성명서 지난 5 · 15 정부통령선거 후 우리 진보당(가칭) 중앙상임위원회는 혁신대동운동의 추진을 전원일치로 결의하는 한편 同運動을 추진하기 위한 특별위원회를 구성하여 원내 원외의 다방면의 인사들과 절충할 것을 결의했었다. 이러한 결의는 한국의 특수한 정치적 실정을 올바르게 파악함으로써 이루어졌던 것인 故로 우리들은 진보당의 당명에 대한 애착까지도 버리고 오로지 혁신세력의 대동규합에 전력을 다하기로 했었다. 우리의 이러한 태도는 정치운동과 이념운동의 한계를 명백히 구별함에 기인한 것이었다. 그 후 허다한 우여곡절이 있기는 하였으나 혁신대동운동은 꾸준히 진보되어 10월 1일을 기하여 민주혁신당(가칭) 창당 취지에 관한 선언문을 발표하는 동시에 우리의 黨常任委員會에서도 이에 합류하는 성명서도 발표하기로 합의를 보는 단계에까지 이르렀다. 그러나 우리 당내 일부 진보당 固守派는 모처럼 진보되어 온 혁신신당에의 합류를 거부하고 독자적인 발당을 획책하여 오던 바 지난 9월 30일에 열린 상임

써 민주혁신정당운동은 와해되고 진보당 창당과 민주혁신당 결성 추진으로 분열되었다.

2) 민주혁신당 창당과 정치 활동

(1) 민주혁신당 창당과 성격

서상일·최익환 등 진보당(가칭)과 결별한 민주혁신당 추진세력은 여타 정치세력과의 합동을 추구해 나갔다. 우선 통일사회당統一社會黨과 접촉하여 민주혁신당에의 합류를 종용하였다. 하지만 두 당의 이념 차이로 인해 합동은 난관에 봉착하였다. 당의 이념으로 통일사회당이 사회혁신을 표방한 반면 민주혁신당은 민주혁신을 내세웠던 것이다.[148]

이에 민혁당(가칭)은 창당준비 선언문과 5대 창당 강령을 채택하면서 독자적으로 창당을 준비해 나갔다. 여기에는 서상일을 비롯한 김창숙金昌淑·박기운朴基云·김홍식金洪植·박재홍朴在洪 등 59명이 서명하였다.[149] 서명자 가운데 김창숙과 장건상張建相은 세칭 대중당의 지도급 인물이었다. 그에 따라 12월 2일에 민주혁신당(가칭)과 대중당은 목표하는 바가 동일하기 때문에 합동에 완전히 합의했다고 발표하였다.[150] 김창숙의 민주혁

위원회를 계기로 그들은 마침내 그 방향으로 나갈 것을 일방적으로 결의하고 말았다. 진보당 固守派의 이러한 태도는 한국의 현실을 분석하고 정치운동과 이념운동을 식별함에 있어서 우리들과 견해를 달리하는 데 그 이유가 있는 것이겠지만 국민 앞에 약속한 바 우리들의 혁신대동운동은 이것으로 좌절되어서는 안 될 것임으로 우리는 실로 뼈저린 고통을 느끼면서 부득이 민주혁신당 결성에 초지일관할 것을 여기에 宣明하는 바이다. ▲ 서명 중앙상임위원회 위원 徐相日 李東華 崔益煥 金成籌 鄭求蓡 朴魯洙 朴容喆 申容純 朱基瑩 安載煥 高貞勳 安道明 崔在邦 白泳逵 金基泰 鮮于基俊 劉天 李巴林 金욱鎭 高時賢 朴志虎 金英植 張志弼(23명).

148) 『동아일보』, 1956. 10. 8, 「推進委들 會同, 民革黨과 統社黨」.

149) 『동아일보』, 1956. 11. 9, 「단독 발당준비, 민혁당 강령 등 채택」.

150) 『동아일보』, 1956. 12. 3, 「합동결정 성명」.

신당과의 무관 성명에도 불구하고,[151] 12월 26일에 민주혁신당(가칭)과 대중당은 발당문제를 협의하여 합동창당준비위원회를 구성하고 동 위원장에 장건상, 부위원장에 서상일을 선출함과 동시에 77명의 상무위원회를 인선하였다.[152]

그러나 장건상이 일방적으로 진보당과의 합동을 추진함으로써 민주혁신당 창당준비위원회는 내분에 휩싸였다. 장건상이 조봉암과 그 측근의 제2선 퇴진을 전제로 진보당과의 합동을 추진하였던 것이다. 이에 서상일측은 상무집행위원회를 열고 만장일치로 총무위원 장건상·김창숙·오중환 등과 상무위원 김일천金日天·양재소楊在韶·윤방우尹邦佑 등 6명을 제명하였다.[153] 제명처리에 대해 장건상계는 민주혁신대동통일운동은 유효하며 장건상을 중심으로 한 민혁당중앙준비위원회는 건재하다는 성명서를 발표하였다.[154]

서상일계는 장건상의 성명에 관계없이 민주혁신당 창당 작업을 진행하였다. 우선, 서울시당 창당준비위원회를 구성하고, 위원장에 최익환, 부위원장에 이동화를 각각 선출하였다.[155] 서상일은 10월 무렵에 민주혁신당을 창당할 것이며, 당의 최고기관으로는 10여 명 정도로 구성되는 정치위원회가 될 것이라고 언명하였다.[156]

예정대로 민주혁신당은 1957년 10월 15일 서울 시립극장에서 전국 대의원 596명 중 515명이 참석한 가운데 창당대회를 개최하였다. 이 대회에

---

151) 『동아일보』, 1956. 12. 4.

152) 『동아일보』, 1956. 12. 28, 「民革黨創黨準委, 委員長에 張氏」.

153) 『동아일보』, 1957. 2. 15 ; 8. 8.

154) 『동아일보』, 1957. 8. 10, 「民革黨委 健在, 張建相氏派서 聲名」. 그 내용은 다음과 같다. "徐相日氏側에서 除名處分하였다는 것은 抱腹絕倒할 일이며, 張建相氏를 중심으로 民主革新黨中央準委는 健在하고 있다."

155) 『동아일보』, 1957. 8. 10.

156) 『동아일보』, 1957. 8. 23, 「10월중에 발당」.

는 민주당최고위원 조병옥, 진보당 간사장 윤길중, 국민주권단위원장 장택상 등이 내빈 자격으로 참석하였다. 대회에서는 임시집행부 선거를 실시하여 창당준비위원회 총무위원 서상일·신숙·최익환·김성숙·조헌식·양우조·김홍식·박진 등을 의장단으로 선출하였다. 이후 식순으로 개회사, 경과보고, 국내외 정세보고, 이대통령과 유엔총회에 보내는 메시지를 낭독하고, 당의 선언·강령·정책·당헌 등을 채택하였다. 창당대회에서 민혁당은 당의 이념으로 사회적 민주주의를 표방하면서, 피를 흘리지 않는 통일과 재야 민주세력의 완전한 통합을 당면 과제로 제시하였다. 특히 재야민주세력대동단결 추진에 관한 건을 결의하여 통과시켰다. 그 내용은 "우리는 한국의 현재 처해 있는 정치적 단계를 관권 대 민권의 투쟁 과정이라고 규정하고 종래 우리가 주장해 오던 재야 민주세력의 대동을 위하여 계속 노력할 것을 천명하는 동시에 앞으로 가능한 한 모든 기회와 계기를 포착하여 모든 민주세력을 합세케 함에 만전을 기할 것을 결의한다"는 것이었다.[157]

민주혁신당의 정치노선은 창당대회에서 채택한 선언문·강령(민주혁신당의 성격과 임무)·정책[158]에서 살펴볼 수 있다. 동당의 선언문·강령·정책은 진보당의 그것을 기초한 이동화가 마련한 것으로 알려져 있어, 민혁당과 진보당의 선언문·강령·정책과는 큰 차이가 없는 것으로 이해하고 있다.[159]

민주혁신당은 선언문에서 당의 성격을 "광범한 근로대중의 이익실현을 위하여 노력하고 투쟁하는 혁신적 진보적 민주주의 대중정당이다"라고 밝혔다.[160] 그런데 진보당의 그것에는 "광활한 근로민중의 이익실현

157) 『동아일보』, 1958. 10. 15 ; 10. 16, 「責任政治를 指向, 民主革新黨 結黨大會 擧行」.
158) 중앙선거관리위원회, 『대한민국정당사』 1집(1945~1972), 1973, 234~236쪽.
159) 김학준, 『이동화평전』, 민음사, 1987, 212쪽.

民革党

和平으로 祖國建設

自由黨은 自由·民主黨은 民衆의 背信者

民革黨幹事長

東庵 徐相日

南宮産婦人科

電話6373番

金準基整形外科

화평으로 조국건설, 민주혁신당 간사장 서상일 (『국제신문』, 1958년 1월 1일자)

을 위하여 노력하고 투쟁하는 근로대중 자신의 민주적 혁신적 정당입니다"라고 규정되어 있다.[161]

민혁당의 강령과 정책을 통해서, 민혁당이 만민평등의 복지사회를 추구하는 민주사회주의를 실현하려고 하였다는 것을 이해할 수 있다. 우선 강령은 5개 항으로 제시되었다.[162] 곧, 혁신적 정치체제의 성립, 민주적

---

160) 「민주혁신당 선언문」, 권희경, 『한국혁신정당과 사회주의인터내셔널』, 태양, 1989, 27~28쪽.

161) 「진보당 선언문」, 위의 책, 16~19쪽.

162) ▲ 강령 1. 일체의 압제적이고 반동적 전제적인 체제 및 세력－공산독재는 물론 관료전권 봉건잔재 자본전제 등등－을 급속히 또한 철저히 타파하고 진정한 민주주의 본연의 진면목을 여실히 구현할 수 있는 신체제, 즉 책임 있는 혁신적 정치체제의 수립을 위하여 싸운다. 2. 합리적이고 계획성 있는 경제체제를 수립하여 생산의 급속한 증강과 균등한 분배를 실현함으로써 국민대중에게 실질적인 자유 평등과 사람다운 생활을 보장하여 줄 참다운 민주적 복지사회 건설을 위하여 싸운다. 3. 안으로 방위태세를 확립하고 밖으로 민주우방과 긴밀히 제휴하여 민주적 평화적 방식에 의한－민주주의 승리를 확보할 수 있는－조국통일의 완수를 위하여 싸운다. 4. 교육제도를 쇄신하고 교육면에서의 국가보장을 점차로 확대하는 한편 새로운 민족문화 건설을 적극 추진함으로써 인류문화 발전에 크게 기여하기 위하여 싸운다. 5. 민족의 주체성을 견지하면서 호혜적 원칙에 입각하여 민주 제 우방과의 국교를 돈독히 하고 나아가서 인류의 항구적 평화확립에 기여하기 위하여 싸운다. ▲ 정책 1) 헌법

복지사회의 건설, 민주적 평화적 방식에 의한 통일 완수, 교육제도의 국가보장제 확대, 민족 주체적 외교정책의 수립과 인류의 항구적 평화확립 등 5개 항이었다. 이러한 강령 아래 10대 정책을 수립하였다.

민혁당의 강령과 정책은 진보당의 그것과 비교해 볼 때 형식적으로는 유사한 측면이 있는 것으로 보이나 구체적으로는 여러 부분에서 차이가 나타난다.[163)]

여기서는 민주혁신당의 정강 · 정책을 서상일과 관련시켜 살펴보되 민주사회주의론에 대해서는 후술하기로 하고, 권력 구조 및 경찰의 중립화에 대해서만 다루기로 한다.[164)] 민주혁신당의 정책에서 헌법 및 정치제도에 제시된 의회 내각제도에 의한 책임정치의 확립은 서상일이 제헌국회 당시 헌법기초위원장으로 활동하면서 내세운 것이었고, 이승만 세력과 결별한 이후 줄곧 내세운 권력구조였다. 그는 늘 민주정치는 의회정치요, 의회정치는 정당정치요, 정당정치는 책임정치에 있다고 주장하였다. 그가 주장한 책임정치는 그의 정치 지론이었던 것이다. 그의 내각책임제는 1950년대 대통령중심제하에서 이승만정권에 반대하는 정치세력이 내세운 권력구조이기도 하였다.

및 정치제도 : 의회 내각제도에 의한 책임정치의 확립, 2) 치안 및 군비제도 : 경찰의 완전중립화, 중앙 및 지방공안위원회 신설, 경찰행정 분리 그리고 현대식 핵무기로 군비, 3) 통일방안 : 유엔 감시하 자유총선거, 4) 일반산업정책 : 혼합경제 원칙하에 국유화 부문, 협동조합 부문, 개인경영 부문, 5) 농업정책 : 반봉건 민주화, 영농의 근대화 및 협동화, 6) 노동정책 : 노동조합의 단체교섭권 인정, 조합원 대중이 자주적 자치력을 발휘케 함, 7) 재정 · 금융정책 : 국가와 지방 재정의 수지 균형을 통한 통화가치 안정, 조세제도 개혁, 8) 사회보장제도 : 국민의료보험제도 채용, 국민공제제도 채용, 주택협동조합 육성, 9) 교육 · 문화정책 : 직업교육과 기술 교육에 치중, 모든 교육기관 및 장학재단은 국공영을 원칙, 10) 국제외교관계 : 항구적 세계평화 확립에 협력(권희경, 『한국혁신정당과 사회주의 인터내셔널』, 태양, 1989, 26~41쪽).

163) 서중석, 앞의 책, 343~346쪽.

164) 민주혁신당과 진보당의 정강 · 정책에 대한 비교는 진보당의 정강을 면밀히 분석한 서중석의 『1950년대와 조봉암』, 박태균의 『조봉암연구』 등이 많은 참고가 된다. 이 연구서들은 조봉암의 정책 구상에 초점이 맞추어져 있음은 물론이다.

치안 및 군비제도에서 내세운 경찰의 중립화는 서상일이 이미 1954년 사사오입개헌 파동이 벌어질 때, 곧 민주대동신당운동을 전개할 때 주장한 사항이었다. 당시 그가 경찰의 중립화를 주장하게 된 기본적인 배경은 선거 과정에서 경찰이 정부·여당의 참모본부의 역할을 자행함으로써 선거에서의 민주주의 질서를 파괴했다는 인식에서 비롯되었다. 다시 말해, 경찰은 국민의 생명과 재산을 보호하고 사회의 안녕 질서를 유지하기 위한 특수 직무를 가졌음에도 불구하고, 일당의 주구 노릇을 하는 정치적 도구로 변질되어 국민의 경찰이 아닌 일당의 경찰로 전락했다는 것이다. 그에 따라 민주주의 국가는 법치국가인데 반해 당시 한국사회는 육법六法이 아니라, 불법·무법이 횡행하여 팔법八法이 난무하게 되었다고 주장하였다.[165)]

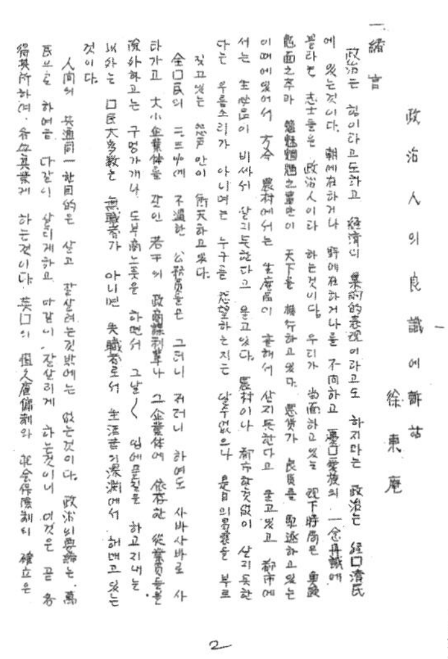
政治人의 良識에 訴함

徐東庵

一. 緒言

정치인의 양식에 소함 (1954)

이러한 인식에서 그는 경찰의 중립화가 내각책임제의 실현과 함께 국회에서 해결해야 할 당면과제로 제시하였다. 그는 한국의 경찰이 헌법으로부터 부여받은 임무는 군주 경찰 혹은 관주官主 경찰이 아닌 민주 경찰이어야 한다고 주장하였다. 그에 따라 경찰이 본연의 책무에 충실하고, 민주경찰로서의 권위를 확보하기 위해서 또 근본적인 경찰의 중립화를 구현하기 위해서 제도의 개혁이 마련되어야 한다고 보았다. 그리하여 그는

165) 서상일, 「政治人의 良識에 訴함」, 1954, 6~8쪽.

경찰제도의 개혁 방안으로 경찰독립법안을 마련해야 한다고 주장하였다. 그 핵심은 내무부로부터 경찰의 독립과 공안위원회의 신설이었다.[166)]

그는 공안위원회가 경찰 수뇌부의 인사권을 행사하도록 함으로써, 권력의 도구화를 막고자 했고, 그 감독은 대통령중심제에서는 국무총무, 내각책임제에서는 대통령이 갖도록 하여 경찰을 행정수반의 영향력으로부터 중립화시키고자 하였다. 결국 그는 경찰의 중립화가 내각책임제 개헌과 함께 민주주의 실현의 절대 불가결한 과제로 인식하였다.

민혁당의 조직에서 최고기관은 15인으로 구성된 정치위원회였다. 동 위원회에서 당 대의원회·중앙위원회·중앙상무위원회를 관장하였다.[167)] 당의 업무는 통제위원회에 두었다. 통제위원회는 간사장·재정위원회·정책심의회·국회대책위원회·선거대책위원회를 관장하였다. 그 가운데서 가장 특징적인 것은 간사장이 민혁당을 실질적으로 장악하는 체제였다. 간사장은 민혁당의 실질적 대표인 서상일이 맡았다. 이로써 서상일이 민혁당의 실질적인 대표였다고 할 수 있다.[168)]

간사장은 국차장회의, 전국위원회, 정훈원, 의회국(참의원부·민의원

---

166) 위의 글, 10~11쪽. 경찰은 내무부에서 독립케 하여 중앙과 지방에 공안위원회를 창립케 하되 중앙위원은 국회에서 2인, 행정부에서 2인, 법원에서 3인 지방위원은 도청에서 2인, 도의회에서 2인, 법원에서 3인, 각기 7인으로 구성하여 경찰 수뇌부의 임명권을 갖게 하여야 하고, 감독 계통을 대통령중심제에서는 국무총리 직속으로 하고 내각책임제에서는 대통령 직속으로 하여 경찰을 엄성 중립한 국가민수경찰로서 그 직무에 충실케 하도록 해야 한다. 그렇게 하기 위하여 각 민주국가의 경찰법안을 참고하여 경찰독립법안을 국회에서 제정 통과케 해야 한다. 現下 우리 나라 실정에 비추어서 내각책임제와 경찰의 중립화는 민주주의 육성 발전상에 있어서 車의 兩輪과 鳥의 兩翼처럼 절대 불가결한 시급한 과제의 하나이다.

167) 『동아일보』, 1958. 10. 15 ; 10. 16 ; 10. 17 ; 10. 19 ; 『한국일보』, 1957. 10. 16. ▲政治委員會 委員長 申肅, 副委員長 金成璹, 위원 徐相日 金洪植 安浩相 李東廈 ▲통제위원회 위원장 崔益煥, 부위원장 張佰山, 위원 金護石 康德模 吳雲興 劉天 金尙沃 楊益朝 金世豊 呂行列 趙明植 金文鴻 韓鎭黙 ▲간사장 徐相日 ▲정책심의회 의장 李東華 ▲국회대책위원회위원회 위원장 金洪植 ▲선거대책위원회위원회 위원장 禹文 ▲당무국 국장 安晸鏞 ▲조직국 국장 朱基瑩 ▲선전국 국장 姜偉情.

168) 서중석, 앞의 책, 329쪽.

부 · 지방의회부)을 관장하면서, 그 아래 당무국, 조직국, 선전국 등 3국을 두었다. 당무국에는 총무부 · 재무부 · 정보부 · 섭외부 · 자위부 등 5부, 조직국에는 지방부 및 서울, 각 도 상무부 · 부녀부 · 청년부 · 노동부 · 어민부 등 6부, 선전부에는 선전부 · 출판부 · 조사부 · 계몽부 등 4부를 설치했다.[169]

이러한 민주혁신당의 조직 체제는 집단지도체제의 운영을 지향하면서, 정책결정 과정에서 각 당원의 의사를 존중하고자 하였다. 이런 점은 정책결정 과정에서 최고결정권자의 영향이 막대하고 그 참여자의 비공식적인 권위에 압도당하는, 자유당과 민주당의 그것과 차별되는 것이었다.[170]

민주혁신당의 당헌 제12조 1항을 보면, 특정 개인에 의해 당권과 정책결정이 좌우되는 것이 아닌 집단지도체제의 특성을 볼 수 있다.[171] 이러한 집단지도체제의 민주혁신당은 보수당과는 다른 특징을 갖는다. 그러나 진보당과 결별하고 창당된 민주혁신당의 당시 정치적 위상은 자유당 및 민주당의 보수양당구도 속에서[172] 대단히 미약하였다. 이에 서상일은

---

169) 이기하, 앞의 책, 291~294쪽.

170) 楊茂木, 「韓國政黨의 政綱政策決定過程에 關한 硏究－제 1, 2, 3共和國을 중심으로－」, 동국대 박사학위논문 참고. 이 연구자는 한국 집권정당의 정강정책 결정에서 나타난 특징을 살폈는데, 우선 정강정책의 구체화 과정에서 최고결정자의 특성이 매우 큰 영향을 미쳤다고 보았다. 다음으로 정강정책결정 과정의 참여자들이 정강정책에 미치는 영향력의 정도는 참여자가 정당 내에서 갖고 있는 공식적인 지위보다는 최고결정권자의 신임의 정도 또는 참여자 개인의 영향력에 의해 결정되었던 것으로 분석하였다.

171) 서상일, 「당원의 상식문제－당원에게 고함－」, 1959, 4~5쪽, ① 간사장은 정치위원회의 결의에 의하여 당해 각부 차장의 추천으로 선임된 각국 차장 회의로써 당무의 능률을 기한다, ② 특별 위원회 정 · 부 위원장은 정치위원회와 중앙상무위원회에 출석하여 발언권을 가진다, ③ 전당대회대의원, 중앙위원, 중앙상무위원은 당헌에 의하여 비율제로 자격이 규정되어 있다, ④ 각부 차장이나 각 위원은 이념이 철저하고 직업적으로 당무를 실천할 수 있는 당원이라야 한다, ⑤ 통제 위원회는 당과 당원의 死活權을 가졌기 때문에 그 책임이 더욱 중차대하다.

172) 신상초, 「5 · 2총선거의 결론」, 『사상계』 1958. 6 참고. 그는 5 · 2총선거의 의의로 양당정치가 본궤도가 올랐다면서, 이것은 민주정치의 확실한 성과라고 주장하였다.

민주혁신당이 보수정당의 운영체계와 다른 특수한 부분이 있어야 한다고 강조하였다. 그것은 첫째, 간부당원은 과학적인 이론과 투철한 실천의 소유자로 구성하고 이념과 행동의 통일을 도모하여 혁신정당의 원동력으로 삼는다. 둘째, 당의 재정이 부족하므로 당원이 부담하는 당비에 의해 운영되어야 한다. 셋째, 특정 개인 중심이 아닌 당원 각자의 책임을 근간으로 한 당내 민주화의 실현에 있다 등 세 가지를 제시하였다.[173)]

따라서 서상일이 의도한 민주혁신당의 조직 체제의 특수성은 보수당에 비해 자금과 선전력이 떨어지는 만큼 집단지도체제를 근간으로 하면서 당내 민주화에 역점을 두되, 그물망과 같은 짜임새 있는 조직을 갖추면서 당원의 실천을 강조하는 것에 있었다.

(2) 혁신세력통합운동과 내분

서상일은 민주대동을 주창하며 진보당(가칭)과 결별하고 민주혁신당을 결성하였으나 당세는 기대보다 크지 않았다. 그 원인은 당 내외에서 찾을 수 있다. 우선, 1956년 제3대 정부통령 선거 이후 민주혁신정당운동이 진보당과 민주혁신당으로 분열된 것에서 찾을 수 있다. 분열의 원인이 서상일과 조봉암의 이념적 차이이거나 두 사람 간의 주도권 다툼이든지에 관계없이 민주대동신당운동의 연장선상에서 진행된 민주혁신정당운동이 실패로 귀결됨에 따라 혁신세력의 분열은 피할 수 없는 것이다. 두 당 모두 당 결성에 대한 명분을 가지겠지만 분열에 따른 혁신 정치세력의 역량의 분산과 파편화는 피할 수 없는 현실이었다. 그에 따라 민주사회주의 이념의 실현은 달성될 수 없었다.

민주혁신당은 창당 1개월 후에 터진 박정호 간첩사건과 1958년 1월에

173) 서상일, 「당원의 상식문제」, 5~7쪽.

발생한 진보당사건으로 인해 더욱 어려운 처지에 빠졌다. 박정호 간첩사건은 1957년 11월 7일자 『동아일보』에 「간첩 박정호사건 정계에 비화」라는 제목으로 보도되면서 알려졌다. 이 사건이 민혁당과 관계가 된 부분은 장건상이 민혁당에 가담할 때 박정호로부터 정치자금을 받아 사용했다는 것이다.[174] 이에 장건상과 최익환을 비롯한 구근로인민당계의 십수명이 구속 수감되었다. 때문에 이 사건은 '근로인민당재건사건'으로 알려지기도 했다.

박정호 간첩사건과 민혁당과의 관련설이 제기됨에 따라 동당의 간사장인 서상일은 서울시경 사찰과로부터 두 차례 증인 심문을 받았다.[175] 그 내용은 주로 서상일이 조봉암, 장건상과 어떤 관계인지와 동 사건에 관련된 일부 민혁당 인사들의 동향에 관한 것이었다. 이 사건은 다음해 12월에 장건상 등 주요 관련자들이 모두 무혐의 처리됨으로써 종결되었다. 그러나 이 사건은 민주혁신당의 활동에 타격을 입히기에 충분하였다.

1958년 1월 12일에 진보당 간부들에 대한 일제 검거를 신호탄으로 하여 '진보당사건'이 일어났다.[176] 진보당이 표방한 평화통일론이 국시를 위반했다는 것이다. 그에 따라 진보당 위원장 조봉암을 비롯해 박기출·김달호 부위원장, 윤길중 간사장, 조규희 선전위원장, 조규택 선전간사 및 민주혁신당의 이동화까지 구속 수감되었다. 또한 2월 25일에 공보실에서는 진보당 등록 취소를 발표하였다.

이 사건이 민주혁신당과 관련해 주목되는 점은 1월 12일의 정순석鄭順

174) 간첩 박정호사건에 대해서는 『사건의 전부를 기술한다』(원휘출판사, 1968)의 장건상편과 『혁명가들의 항일회상』(민음사, 1988)의 장건상편, 252~253쪽을 참고.

175) 『동아일보』, 1957. 11. 14 ; 11. 22.

176) 진보당사건에 대해서는 이영석의 『죽산 조봉암-그의 슬픈 삶과 죽음의 이야기-』(원음출판사, 1983), 박태균의 『조봉암연구』(창작과 비평사, 1955), 서중석의 『1950년대와 조봉암』(역사비평사, 1999)의 연구를 참조할 것.

錫 검찰총장의 기자회견 내용에서 "이미 구속된 사람들은 국시에 위반된 일을 감행한 만큼 진보당 민혁당 전반에 관한 문제가 검토될 것이며 말 안 해도 알 수 있는 길로 나아갈 것이다"라고 한 부분이다.[177] 곧 평화통일론을 내세운 민혁당도 수사 대상이라는 것이다. 그 때문에 검찰은 민혁당의 정책심의회 의장 이동화를 구속했던 것이다. 그러나 수사가 민혁당까지 확대되지는 않았다.

진보당사건의 수사 책임을 맡은 서울지검에서는 진보당사건의 방증을 수집하기 위하여 1월 29일에 1차로 민혁당 간사장인 서상일을 소환하였다. 조봉암과 함께 진보당(가칭)의 양대 거두였던 서상일의 증언은 진보당사건에 중요한 변수로 작용할 가능성이 컸다.[178] 우선, 그는 진보당의 정치노선에 대해 북한 공산당과는 성격이 다르다고 하면서도 '좌경 사회주의 정당', '맑시즘 지향' 등으로 진술하고, 민혁당에 대해서는 사회민주주의를 표방하나 진보당에 비해 우경화한 정당이라고 진술하였다. 이는 두 당의 이념적 차이를 드러낸 것이어서 주목된다. 그런데 서상일의 진

177) 이영석, 앞의 책, 17쪽.

178) ⓐ 진보당은 좌경 사회주의 정당이라 할 수 있다. 그것은 첫째, 당의 기구가 개인독재 체제이고 둘째, 유물론에 입각한 마르크스주의 이론을 토대로 했으며 셋째, 노동자·농민을 위한 계급정당이기 때문이다. 우리 민혁당은 사회민주주의를 표방하나 진보당에 비해서 우경화한 정당이다, 그렇지만 진보당 노선이 좌경이라 해도 북한 공산당과는 성격을 달리한다. 다만, 그들이 평화통일을 이룬 후 노동자, 농민들이 주도권을 잡도록 하기 위해 공산당과 합작 내지 같은 행동을 할 것인지에 대해서는 미래의 일이므로 나는 모르겠다(이영석, 앞의 책, 17쪽). ⓑ ▲ 진보당창당시 조봉암과 분열된 이유 : 진보당을 창당준비중 조씨는 혁신세력의 순수파(노동자 무산대중)만으로 당원을 포섭하여 맑시즘에 입각한 방향으로 지향하겠다고 주장하였다. 서씨는 보수파 중에서도 혁신세력에 공명하는 인물은 전부 포섭하여 휴머니즘에 입각한 방향으로 지향할 것을 주장하여 의견의 상반으로 조씨 측에서 서씨 일파를 제명한 것이다. ▲ 진보당 평화통일의 구체적인 방안 : 남한에서 주장하고 있는 북진통일은 사실상 불가능한 것이므로 유엔 감시 하 자유총선거를 실시하여 통일정권을 세우는 것이며, 통일에 대한 구체적인 방안은 수립되지 않았다. 또한 자유총선거를 실시하는 데 있어 (대한)민국 정부를 해체한다는 것은 생각해 보지 못했다(『동아일보』, 1958. 1. 31).

술은 반공극우체제의 유지 강화를 꾀하던 이승만정권에 악용될 소지가 충분히 있었다. 왜냐하면 앞에서 살펴보았듯이 범야 통합운동 과정에서 조봉암을 둘러싼 갈등, 또 1956년 대통령선거 과정 및 결과 등을 고려할 때 보수우익의 혁신세력에 대한 감정이 최악이었다. 그에 따라 맑시즘의 계급정당으로서의 성격보다는 사회민주주의의 성격을 가진 진보당이 극우보수 세력의 탄압을 받았던 것이다. 이런 점에서 서상일의 증언이 조봉암 및 진보당에 불리하게 작용할 가능성이 컸다.

반면, 서상일은 진보당 통일론에 대한 진술에서 평화통일론이라고 하였다. 실제 조봉암은 「우리의 당면과업」(1954)에서 북진통일론에 대해 "항상 비과학적인 점을 발견하게 되는 경우가 많으니"라고 하여 북진통일을 반대하였다. 또한 그는 진보당의 평화통일론은 '유엔감시하 남북한 총선거'이로되 다만, 구체적 방안에 대해서는 유보적 입장을 취하고 있는 것으로 진술하였다. 뿐만 아니라 조봉암이 총선거전 한국정부의 해체를 언급한 적이 없음은 더욱 분명하다. 따라서 진보당의 평화통일론에 대한 서상일의 증언은 객관적인 측면이 있는 것으로 볼 수 있다.[179]

이와 같이 서상일의 조봉암에 대한 진술에서 언급된 진보당의 성격에 관한 부분은 재판에 불리하게 작용할 수 있었다. 그렇지만 서상일의 증언과 관계없이 극우보수 세력은 조봉암을 탄압하려 했던 의도가 분명하였다는 점을 상기할 필요가 있다.[180]

서상일은 진보당과 결별 이후에도 진보당에 대해 우호적인 입장을 나타낸 경우가 있었다. 우선, 진보당이 창당되는 시점에 한 주간지의 기자와 가진 대담에서 추진 중에 있는 민주혁신당의 우당友黨은 진보당이라고

179) 진보당의 2인자였던 윤길중은 자신의 회고록인 『이 시대를 앓고 있는 사람들을 위하여』에서 진보당사건 관련 부분에서 서상일의 진술 내용은 전혀 언급하지 않고 있다.

180) 이영석, 『죽산 조봉암 : 그의 슬픈 삶과 죽음의 이야기』, 원음출판사, 1983 ; 박태균, 『조봉암연구』, 창작비평사 ; 서중석, 앞의 책 참고.

말하였다.[181] 또한 진보당의 정당 등록 취소에 관해서는 헌법상 위헌 소지가 있다고 하였다. 공보실에서 진보당 등록 취소의 근거로 제시한 것은 흥미롭게도 군정 법령 제55호였다. 당시 정부의 군정 법령 적용 사례는 군정 법령 제88호를 적용해 경향신문의 판권을 취소한 것에서도 찾아볼 수 있다.[182] 그는 헌법 제13조의 '모든 국민은 법률에 의하지 아니하고는 언론, 출판, 집회, 결사의 자유를 제한 받지 아니한다'의 조항과 동법 제28조의 '국민의 모든 자유와 권리는 헌법에 열거되지 아니한 이유로서 경시되지 아니한다'는 조항을 들어 헌법이 국민의 기본권을 분명히 인정하고 있다고 주장하였다. 또한 동법 제100조의 '현행 법령은 이 헌법에 저촉되지 아니하는 한 효력을 가진다'는 조항을 들어 헌법의 효력을 재삼 강조하였다. 그럼에도 불구하고 헌법의 공포로 사문화된 군정 법령을 들어 국민의 기본권을 탄압하는지 알 수 없다고 불만을 토로하였다. 설령 군정 법령을 적용하더라도, 또한 동법 제55호에 따르더라도 정당사회단체는 결사와 동시에 소요 서류를 구비하여 공보실에 등록을 신고하면 신고자의 의무는 완료된 것이라고 주장하였다. 그에 따라 서상일은 '진보당은 정당히 등록 절차가 완료된 정당'이라고 주장하였다. 그럼에도 불구하고 '판결이 종료되지 않는 진보당을 등록 취소하는 것은 분명히 헌법을 유린한 것'이라고 주장하였다.[183]

그리고 진보당사건으로 불거진 평화통일론이 국시 위반이라는 논란에 대해서, 서상일은 무력통일론을 주장하는 사람은 홍익인간이라는 건국이념을 모르는 사람들의 생각이며, 평화통일론이니 무력통일론이니 하는 것은 국책國策이 될지언정 국시國是가 될 수 없는 것이라고 강력히 주

---

181) 「趙敬姬의 希望放談-서상일 편-」, 『週刊希望』, 1956. 11. 9, 30쪽.

182) 경향신문 판권 취소는 다시 정간 처분으로 변경되었다.

183) 서상일, 「헌법 11년 제헌 당시의 감회는 완전히 소멸」, 출처미상.

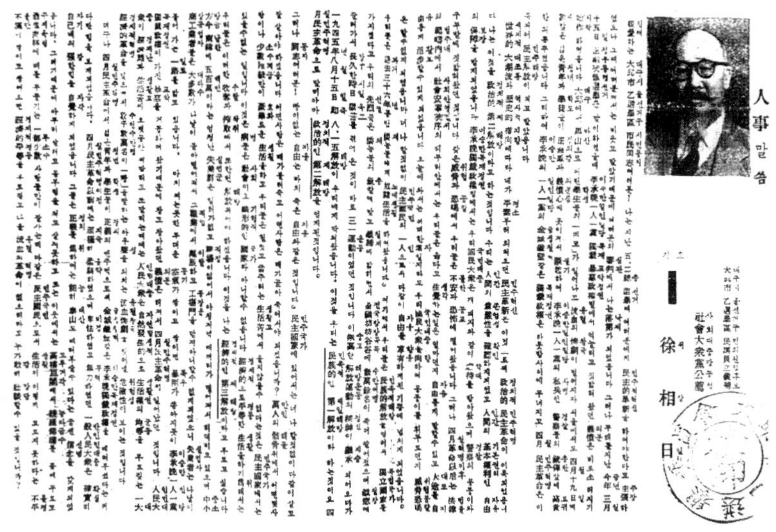

人事 말씀

大邱市 乙選擧區 民議員立候補

社會大衆黨公薦

기호 1

徐相日

1958년 제4대 민의원선거에서 대구 을구에 출마한 서상일의 홍보물

장하였다. 이런 점은 정부의 탄압으로 해체된 진보당의 통일론을 옹호하는 것이고, 민주당과의 합당 가능성을 일축하는 논리가 되기도 하였다.

서상일의 민주혁신당은 이러한 당내외적 요인으로 인해 활동이 상당히 위축되었다. 게다가 공보실의 민혁당 정당 등록이 아무런 근거 없이 지연되고 있었고, 호헌동지회 출신으로 민혁당에 참가했던 김홍식金洪植 의원이 "동당의 이념이 유권자를 설득시킬 수 없다"라는 이유를 들어 탈당하였다.[184]

서상일의 민혁당은 1958년 5월 2일에 실시된 제4대 민의원 선거에 참가했으나 당선자를 내지 못했다. 당시 민혁당은 경북에 3명, 서울에 1명, 충남에 1명, 경남에 1명 등 모두 6명이 출마하였다. 그는 대구 을구에 출

184) 『동아일보』, 1958. 3. 23.

마하여 민주대동운동의 의의와 민주혁신당의 이념을 내세우고, 보수정당의 한계를 비판하며 선거에 임하였다.[185] 그러나 민혁당의 후보는 모두 낙선하고, 민혁당은 0.4%의 극히 저조한 득표율을 보였다.[186] 이러한 선거 결과는 민주사회주의를 지향한 민주혁신대동운동이 무색할 정도의 참패였다.

이로 인해 당의 존립조차 어려울 만큼 극도의 위기에 처한 민주혁신당은 전진한의 노동당과의 합동을 추진하였다. 1958년 6월 7일에 양당 대표인 서상일, 전진한 간의 완전합의로 합당에 대한 공동성명을 발표하고 양당의 합당 주비위원을 각 5명씩 선정하였다. 민혁당은 박노수朴魯洙·우문禹文·안정용安晸鏞·김철金哲 외 1명을, 노동당은 변동조卞東祚·백근옥白瑾玉·유화룡柳化龍·김무진金武眞 등을 선정하였다.[187] 합당공동성명의 내용은 다음과 같다.

> 우리 양당은 혁신세력의 결속 태세가 갖추어지지 못한 탓으로 참패한 지난 선거의 결과에 깊이 반성한 바 있으며 이 나라가 직면하고 있는 내외정세는 정치적 자유와 아울러 경제적 균등을 이념으로 하는 혁신세력이 하루 바삐 집결되어 커다란 집단적 역량을 축성하기를 촉구하고 있다. 전국에 산재하는 광범한 혁신적 제요소를 총집결한 제3당의 출현은 역사적 요청이요, 대중적 여망인 것이다.[188]

그러나 양당의 합당공동성명은 합당의 구체적 절차 및 일정에 관해서 아무런 합의를 도출하지 못한 상태에서 나온 것이었다. 양당은 이후 소

---

185) 서상일, 「선거, 인사말씀」, 1958.

186) 중앙선거관리위원회, 『대한민국선거사』 제1집, 1973, 1148쪽.

187) 이기하, 『한국정당발달사』, 의회정치사, 1961, 294쪽.

188) 한태수, 『한국정당사』, 1961, 신태양사, 220쪽 ; 『동아일보』, 1958. 6. 10.

극적인 자세로 일관하다 끝내 합당하지 못했다. 설령 합당이 이루어졌다고 해도 두 당의 영향력을 고려할 때, 혁신세력의 통합을 이루어낼 만한 상승효과를 기대하기 어려웠을 것이다.

1958년 11월 초에 민혁당과 노동당은 여타 정치세력을 규합하여 제3당을 결성하기로 하고 제3당추진 9인위원회를 구성하였다. 여기에는 민혁당의 신숙·김성숙, 노동당의 전진한·김상덕, 전 국민당의 이인·이규갑, 전 통일당의 서상호, 사회당의 조일래, 전 한독당의 조경한 등 9명이 참가하였다. 동위원회는 1959년 4월 무렵 발기준비위원회를 구성하고, 동월 말경에 발기인대회를 개최하기로 하였다.[189)]

동위원회의 활동은 1958년 11월 24일의 국가보안법 파동을 겪으면서 양상이 바뀌었다. 국가보안법 개정은 1958년 6월 9일에 처음으로 천명되었다. 8월 9일에 국회에 제출되었으나 같은 해 11월 18일 이를 철회하고 그 대신 허위 사실유포 등을 처벌하는 언론조항 등을 추가한 새로운 개정안을 국회에 제출하였다.[190)] 같은 해 12월 24일 정부는 야당의원들을 국회내 식당과 휴게실에 감금시킨 채, 자유당 의원만이 모여 본회의를 속개하고 보안법, 지방자치법 및 예산안을 통과시켰다.[191)] 이것이 소위 '2·4 정치파동'이다.

서상일은 국가보안법 개정안이 국회에 제출된 직후 동 법안을 독재 태풍의 위협으로 간주하고 결사적인 철회 투쟁을 벌일 것을 천명하였다. 그는 당시 개정안에 대한 언론의 반응을 살폈는데, 자유당원 이외에는 거의 전부가 현 보안법과 기타 다른 법률로써 얼마든지 죄와 형을 규정지울 수 있기 때문에 신 보안법의 필요성을 절실히 느끼지 못하는 것으

189) 한태수, 위의 책, 220~221쪽.

190) 박원순, 『국가보안법연구』 1, 역사비평사, 1994, 125~137쪽.

191) '2·4 정치 파동'에 대해서는 박원순의 앞의 책, 이기하의 앞의 책 등을 참고.

로 파악하였다. 곧 개정 국가보안법이 인권을 침해하고 언론을 탄압할 우려가 있다고 보았던 것이다. 특히 동개정안의 골자인 정보 수집죄, 명예 훼손죄, 허위 또는 왜곡된 사실의 유포죄, 경찰 조사의 증거력 부여 등이 모두 인권을 극도로 유린하고 언론을 탄압하려 함에 그 근본 취지가 있다고 보았던 것이다. 또한 동 법안을 경찰관 직무집행법 개정안으로 뒤받침하려 하고, 지방자치법까지 개정하여 다가오는 대통령 선거에 대비하려는 준비 작업으로 이해하였다.

그는 동개정안을 "어리석은 생각이고, 시대를 역행하는 것"으로 규정하고, 정부당국자와 자유당 고위층을 향해 법안의 철회를 촉구하였다. 또한 그는 민주당에게 죽음을 각오한 결사투쟁에 나설 것을 촉구하면서, "당리당략에만 치우쳐 타협으로써 쥐구멍을 찾으려 해서는 안될 것이며, 신국가보안법 철회 투쟁이야말로 민주당이 죽고 사는 삶의 분수령에 서 있다는 것을 스스로 깨우쳐야 한다"며 강력한 투쟁을 펼칠 것을 요구하였다.[192]

그럼에도 국가보안법이 국회를 통과하자, 그는 1958년 12월 24일을 '민주주의의 조종弔鐘을 울린 날'로, 동 개정안 통과를 '국헌國憲을 문란케 한 반역'으로 규정하며 강력히 반발하였다. 또한 그는 신국가보안법이 폭력과 불법으로 국회를 통과한 것에 대해 "다시 일제의 노예시대로 되돌아가지나 않을까 하는 비탄에 젖어야 할 정도로 나라꼴이 말이 아니다"거나 "일인 일당 독재는 날로 폭력화 일로一路를 걷고 있다. 그 바람에 대한민국의 헌법은 여지없이 짓밟히고 우리의 모든 고귀한 자유는 또 다시 잃어버리고 말았다"며 통탄하였다.[193]

---

192) 서상일, 「보안법 비판 독재 태풍의 위협 결사적인 철회 투쟁을」, 출처미상 ; 「피거름 속에서만 민주주의는 소생한다」, 『새벽』 1960. 5, 112~113쪽.

193) 서상일, 「범국민 투쟁의 대열을 지어라」, 출처 미상.

全民族戰線으로 對決

保安法反對國民大會準委徐委員長言明

公職辭退코 싸

憲法全廢

汎民族戰線結成

전민족전선으로 대결, 보안법반대국민대회준비위원장 서상일
(『국제신문』, 1958년 12월 29일자)

국가보안법 개정안에 반대하는 정치세력들은 1958년 12월 23일 보안법안 개악반대 국민대회준비위원회(이하 국민대회)를 결성하고, 임원과 선언서를 발표하였다.[194] 위원장에는 민혁당 간사장인 서상일이 선출되었다. 이때 그의 나이는 고희를 넘긴 73세였다.

---

194) 이기하, 앞의 책, 358쪽, ▲ 임원 구성 위원장 徐相日, 부위원장 高義東 · 金八峰, 지도위원 金昌淑 · 李寬求 · 張利旭 · 錢進漢 · 白南薰 · 申肅, 총무 李錫基, 조직 金守漢, 선전 金大仲, 섭외 金東鳴, 동원 金相德, 정보 朱燾允 ▲ 宣言書 우리는 新國家保安法案을 전면적으로 거부하여 정부와 자유당은 同法案을 直視 撤回하고 國民道義政治를 요구하며 去 19일 법제사법위원회에서 통과된 동안의 무효를 주장하고 국운이 狂風앞에서 明滅하는 이때 전국민이 3 · 1정신에 입각해서 이 나라 민주주의의 명맥을 사수하고 자유권리를 수호하여 救國 大意에 決然 蹶起하고 원내 투쟁 소속의원들과 더불어 끝까지 투쟁할 것을 엄숙히 선서한다.

이처럼 국민대회는 신국가보안법의 철회투쟁을 원내외 인사와 공동으로 추진할 것과 3·1운동과 같이 대중동원 방식을 통해 투쟁할 것을 천명하였다. 또한 서상일은 일본의 경직법 개악반대투쟁을 예로 들어 대중투쟁을 천명하였다. 그 형태는 3·1운동과 같은 방식을 염두에 두었다. 그에 따라 그는 국민운동에서 폭력의 사용이 자위 수단이며, 불법은 합법 투쟁의 일환이 될 수 있다고 하였다. 그것은 그러한 국민운동을 일으킬만한 객관적 조건이 불리하다는 것을 충분히 고려한 위에서 제기되었다. 때문에 그는 국민대중에게 "이미 만가輓歌를 부른 민주주의지만 기어이 되살릴 결심으로 민주주의 희생을 위하여 과감히 투쟁할 것"을 호소하였던 것이다.[195]

그에 따라 국민대회는 신국가보안법이 국회를 통과한 후 동년 12월 26일에 간부회를 개최하고 불법 통과된 법안 일체의 무효를 요구하는 국민대회를 개최하며, 이를 위한 대규모의 발기인 서명운동을 벌이기로 결정하였다. 또 국가보안법 개정안을 비토하는 공개메시지를 대통령에게 전달하였다.

서상일은 민주당이 의원직 총사퇴를 거론하며 대여 공세를 취하는 듯했으나 원내투쟁으로만 투쟁할 것을 결정하자[196] 신국가보안법이 개악이라는 소극적 입장으로만 접근하고 있는 것이 민주당의 이데올로기라고 규정하기도 하였다.

국민대회는 민주당의 태도 변화에 따라 긴급히 대응에 나섰다. 우선, 지방에 머물고 있던 지도위원 김창숙이 급히 상경하였다. 서상일은 "자유당을 자유의 배신자, 민주당을 민중의 배신자"라 규정하고, 전민족적 투쟁을 전개할 것이라 언급하였다. 그는 민주당에 대해 "우리들은 본격

---

195) 서상일, 「범국민 투쟁의 대열을 지어라」, 출처미상.

196) 박원순, 앞의 책, 140~147쪽.

적인 민족투쟁을 전개하기 위한 전前단계적 요구의 하나로 먼저 민주당에 당적을 두고 있는 부대통령과 국회의원과 지방자치 기관의 장들은 모두 사표를 내고 일대 구족求族투쟁으로서의 민족투쟁을 전개하는 그 대열에 합류해야 된다"고 촉구하였다. 또한 그는 국민대회를 '악법전폐민주법민족전선결성 준비위원회'로 확대 전환하고 중앙과 지방에 각 전선을 결성할 것이라는 자신의 구상을 밝혔다.[197]

이런 서상일의 구상은 국가보안법 개정안의 철회 투쟁을 민생문제와 통일문제 등 당면한 역사적 과업의 실현과 연계시켜 인식하는 것과 관련이 있었다. 곧 그는 삶의 원천 문제인 민생 및 통일과업의 해결이 가장 긴급한 민족 과제이며, 그것이 정권유지나 권력쟁취의 담보물이 되어서는 안 된다는 생각을 하였던 것이다.

그러나 국민대회의 강경한 투쟁방침은 정부의 동위원회에 대한 현판 강제 철거와 시위 계획 원천 봉쇄 탄압으로 인해 난관에 부딪혔다. 이에 국민대회는 1959년 1월 13일로 예정된 국가보안법개악반대 전국국민대회의 개최가 경찰의 제지로 좌절되자, 다음날인 1월 14일에 동 대회를 민주수호총연맹民主守護總聯盟(이하 '민총')으로 개편하였다. 그리고 1월 16일에 민총에서 강령과 선언서를 발표하였다.[198]

민총의 강령과 선언서의 내용은 국민대회의 선언서에 비해 투쟁 수위가 훨씬 낮아진 느낌이다. 또한 민주당은 동년 1월 16일에 원내투쟁기구였던 보안법개악반대투쟁위원회를 민주구국투쟁위원회로 개편하고, 지

---

197) 『국제신문』, 1958. 12. 29 ; 서상일, 「범국민 투쟁의 대열을 지어라」, 출처미상.

198) 이기하, 앞의 책, 361~363쪽. ▲강령 1. 우리는 범국민적인 결속으로 공산독재는 몰론 일체의 비민주경향을 타파하고 진정한 민주주의의 구현을 기한다, 2. 우리는 범국민적인 결속으로 언론, 집회, 결사 등 국민의 기본권리의 수호를 기한다. ▲선언서 3·1정신에 입각하여 삼천만은 국민의 기본권과 국가명맥을 수호키 위하여 분연히 궐기해서 민권수호총연맹을 결성한다.

憲政十一年

徐相日

憲法은有耶無耶

制憲當時感懷는完全히消滅

徐相日氏

헌정 11년 (『대구매일신문』, 1959년 7월 17일자)

도위원으로 조병옥과 곽상훈 의원을 추대하였다. 따라서 국민대회의 민총으로의 전환과 보안법개악반대투쟁위원회의 민주구국투쟁위원회로의 개편은 투쟁수위가 낮아짐을 의미했고, 그 주도권도 민주당이 잡은 양상이었다.

이러한 상황 변화에서 서상일은 민총을 탈퇴한 것으로 보인다. 그는 민총에의 가입이 자신의 의사와는 무관하게 이루어졌고, 실제 조직 전환에 나서지 않았던 것으로 말했다. 계속해서 그는 "보안법개악반대투쟁에서 2·4사태 무효화투쟁에 이르러 그 투쟁방법이 3·1운동과 같은 적극적인 애국운동이 전개되지 않았다"고 언급하였다.[199] 그러므로 그의 민총 탈퇴는 민총의 강령과 선언서의 내용이 자신의 투쟁방향과는 일정한 거리가 있었기 때문이었다.

그는 국민대회의 위원장을 맡았지만, 고령의 나이에 고향인 대구에 머물고 있어 적극적인 행동을 보이기에는 어려웠다.[200] 그렇지만 그의 국가보안법 철폐 투쟁에 대한 생각은 당시 대구를 비롯한 부산·청주에서 발생한 국가보안법 반대시위 중 대구 시위와는 어떻게든 관련되었을 것으로 생각된다.

그렇지만 신국가보안법 철폐투쟁은 그 방향을 잡지 못한 채 1959년 1월 30일 일본의 재일교포 북송안이 발표되는 것을 계기로 흐지부지되고 말았다. 또한 민주당은 같은 해 5월 20일에 "2·4파동의 가치판단과 시비곡직是非曲直은 국민의 판단에 맡긴다"라고 하는 성명서를 발표함으로써 국가보안법 파동을 마무리 지어 버렸다.

2·4파동 이후 1959년 3월경 신국가보안법 반대투쟁에 나섰던 정치세력들은 혁신세력을 통합한 새로운 정당을 결성하고자 하였다. 서상일·

199) 『대구매일신문』, 1959. 3. 2.

200) 『조선일보』, 1959. 1. 18, 「스포트라이트, 서상일」.

신숙 · 전진한 · 조경한 · 이인 · 정화암 · 김창숙 · 김승학 등이 혁신신당발기준비위원회를 구성하여 약 50명의 발기위원을 확보하여 새로운 정당으로 사회민주당(가칭)을 결성할 계획이었다. 더욱이 신당결성의 원칙으로는 반공을 기본이념으로 한 우익사회주의를 지향할 것에 합의가 이루어진 것으로 알려 졌다.[201] 또한 신당은 노 · 농대중의 생활향상, 민주주의에 입각한 혁신사회건설, 균등경제에 의한 빈부차이 근절 등을 표방한 것으로 보도되었다.

그런데 정작 서상일은 신당운동에 대해 신중한 태도를 취했다.[202] 또한 신당운동은 각 세력별 당의 성격과 노선 차이로 인해 진행이 순탄치 못하였다. 이전의 사례에서 보듯 신당운동이 합리성이나 자발성에 의해 제기되기보다는 정부의 정치적 폭거라는 외부적 충격에 의해 진행되었는데, 그 결과는 늘 그래왔듯이 당파적 이해를 극복하지 못한 채 실패로 종결되는 경우가 많았다. 이때의 신당운동도 그런 면에서는 마찬가지였다.

신당운동의 지지부진은 오히려 민혁당의 내분을 일으키는 계기가 되었다. 1959년 8월 20일에 민혁당의 일부 간부들이 일방적으로 소위 민혁당수습대책위원회를 구성하여, 신숙 · 김성숙 · 안정용 등 3명을 제명 처리하면서 촉발되었다. 이는 신당운동이 지지부진해지자 일부 간부들이 서상일을 위원장으로 선출함과 동시에 정부통령선거에 출마할 것을 종용하고, 수락치 않을 경우 당을 해체하겠다고 나선 행동이었다. 이에 서상일은 급거 상경하여 통제위원회를 가동해 사태를 조사하였다. 조사결과에 따르면, 안일채安日彩(자위부장)가 수습대책위원장이 되어, 동당 사무실을 점거하여 금고 등을 파괴하고 관련 서류를 임의로 취급하였고,

201) 이기하, 앞의 책, 412~413쪽.

202) 『대구매일신문』, 1959. 3. 2.

또한 김달섭 등 10여 명을 상임위원으로 선임하여 수차 회의를 개최하고 동당의 상무위원회를 차지하려했던 것으로 밝혀졌다.[203] 이에 서상일은 1959년 8월 22일에 상무위원회를 통해 안도명安道明(지방부장), 안일채(자위부장), 김상갑金相甲(상무위원) 등을 '당파괴 책동분자'로 규정하여 출당 징계할 것이라고 발표하였다.[204]

이처럼 서상일은 자신을 위원장으로 추대한 수습대책위를 파당 행위로 간주하여 징계할 것이라 밝힘으로써 위원장이라는 감투에 큰 관심이 없음을 내외에 밝혀 기존의 당 체계를 고수할 것을 천명하였다. 이러한 일방적 행동을 통해 당권을 장악하려 했던 수습대책위는 같은 해 9월 초 오히려 서상일 간사장을 제명 처리하면서 내분을 격화시키기도 했다.[205] 그러나 그러한 수습대책위의 의도는 서상일의 적극적인 대응으로 인해 좌절되었다.

그 후 정세는 제4대 정부통령 선거 국면으로 접어들었다. 서상일은 8월 22일에 이미 민혁당의 정당등록을 전제로 대통령 후보로 출마할 용의가 있음을 밝혔다.[206] 이를 계기로 민혁당은 공보실에 수차례 등록을 인정할 것을 촉구하였다. 그러나 당시 최인기 내무장관이 "민혁당은 반공노선이 뚜렷하지 않다"는 의견을 내어 정당 등록에 대해 거부 입장을 밝혔다. 이에 민혁당의 신숙 위원장은 성명서를 통해 내무장관의 발언 근거가 무엇인지 질의하고 최 내무장관의 "내년 선거에서 보수당끼리 싸

---

203) 이기하, 앞의 책, 413~414쪽. 작금 소위 민혁당수습대책위원회라는 명칭으로서 幾個 당원이 본당에 대한 파당공작의 掩護下에 黨舍를 강점하고 黨印을 盜取하는 등의 불상사가 일어남으로 해서 세간에는 본당 내부에 분규가 일어나고 있는 것처럼 오인되고 있음은 크게 유감스러운 일이다. 그들은 또한 本人을 委員長으로 추대하여 당을 개편했다고 허위 선전하는 등의 그들의 발악을 다하고 있다. 본당은 소위 민혁당 수습대책위원회의 그 정체와 배후까지를 철저히 규명하고 엄중 조치할 것이다.

204) 『동아일보』, 1959. 8. 23.

205) 『동아일보』, 1959. 9. 9.

206) 『동아일보』, 1959. 8. 23.

우는 것이 옳으므로 민혁당을 제3당으로 내세우게 하지 않고 있다"는 발언에 대해 헌법정신을 모독하는 것이라 주장하였다.[207)]

3·15 선거 한 달 전인 2월 2일 재야 비민주계 정당 대표들이 모여 반독재민주수호연맹反獨裁民主守護聯盟을 결성하고, 정부통령 후보를 내세우기로 합의하였다. 여기에는 민혁당 서상일·김성숙, 반공투쟁위원회 장택상, 민사당의 이훈구, 통일사회당의 정화암, 구진보당의 박기출 등이 참석하였다. 동 연맹은 정당통합을 위한 기구가 아니라, 정부통령 선거에 단일후보를 선출하기 위한 정당연합기구였으나, 당조직으로 확대 발전시킬 것에 잠정적으로 합의하였다. 그리하여 신당발족 문제와 정당정책신당준비위원회 및 선거대책위원위원회 구성 등을 책임 맡을 서상일·이훈구·장택상·박기출·김성숙 등으로 5인 위원회를 성립시켰다.[208)] 그리하여 가칭 민정당을 결성하기로 하였다.

그러나 민혁당은 가칭 민정당이 장택상과 박기출을 정부통령의 후보로 확정한 것에 불만을 품고 민정당 창당을 위한 30인 위원회에의 대표파견을 무효화하고 개인자격참가도 인정하지 않는다고 선언하였다.[209)] 그렇지만 민정당 발족세력들은 두 후보의 등록을 추진하였다. 그러나 정부의 탄압으로 실패하였다. 이런 사정에서 야당후보 단일화는 좌절되었고, 민혁당도 후보를 내지 못했다.

서상일의 민주혁신당운동은 보수우익의 지주·자본가적 성격에 한계를 체험하면서 혁신정치운동을 전개한 것이었다. 그의 혁신정당운동은 한민당·민국당의 활동 과정의 '균열'에서 파생된 제3의 길을 모색하는 과

---

207) 『동아일보』, 1959. 11. 15.

208) 이기하, 앞의 책, 415~416쪽.

209) 당시 대통령 후보 선정에 대해서는 정화암, 『나의 회고록－이 조국 어디로 갈 것인가』, 을지문고, 1982, 319~324쪽.

정이었다. 또한 그의 혁신정당운동은 보수와 진보의 거리상의 중간 지점이라기보다는 자유민주주의를 극복하면서 새로운 정치이념으로서의 민주사회주의를 실현하려는 것이었다. 특히 민혁당은 진보당 탄압 이후 유일한 혁신정당으로 존재하며, 4·19 민주운동 이후 혁신정당운동이 재기할 수 있는 가교 역할을 담당하였다. 그리고 민혁당은 1950년대 말 보수 일변도의 정치 구도를 보수 대 혁신이라는 양대 구도로 전환시킬 수 있는 정치구도의 다변화 가능성을 보여주었다. 그러나 민혁당이 정치세력의 대동단결을 주창하였지만, 대중적 지지기반이 취약했으며, 실천력도 이론에 비해 미약하였다. 그에 따라 민혁당은 4·19라는 정치 공간이 마련된다고 하더라도 정당으로서의 존재감이 부족하여 민혁당이 아닌 다른 정당명을 가져야만 했다.

3. 민주사회주의론의 논리와 성격

1) 자유당·민주당에 대한 인식

1951년 12월 자유당과 1955년 9월 민주당의 결당으로 보수 양당이 태동하였다. 서상일은 보수 양당에 대한 비판을 통해 민주사회주의에 기반을 둔 진보정당의 필요성을 역설하였다.

먼저, 그는 1954년에 민주대동 신당운동을 전개하는 가운데 「정치인의 양식에 訴함」(1)을 통해 보수정당에 대한 자신의 인식을 드러내었다. 그는 정당에 대한 정의를 "국리민복國利民福을 증진하려 하는 정치적 주의를 같이 하는 자들의 단체, 계급 이익을 대표하는 정치적 투쟁을 위한 전위기관前衛機關, 정치적 결정력의 파악을 목적으로 하는 정강·정책 지지자의 집단" 등 3가지로 정의하였다. 이어 그는 당시 한국의 정당들은 정치적 이념을 같이 하는 자들과 정강 · 정책의 지지자의 집단이라고 보았다.

그러한 기존의 정당들은 다음과 같은 성격 때문에 한국사회의 당면 과제를 극복할 수 없다고 주장하였다. 첫째, 낡은 보수성으로 인해 기성정당들은 당면한 국난을 타개할 박력과 기백이 없는 것으로 보았다. 그 보수 자체는 비난하기 어렵다고 전제하면서, 자본주의적 보수사상도 시대에 뒤떨어진 면이 있는데 하물며 기성정당엔 봉건적 사상의 잔재가 당의 분위기를 압도하고 있다고 보았다. 때문에 인텔리층이 기성정당에의 참여를 거부하고 있을 뿐 아니라 기성정당들은 비민주 · 비정의의 반동세력을 제압하거나 반공산 세력을 주도할 수 없다고 보았다. 둘째, 기성정당들은 특수 계급 · 지주 · 자본가의 정당이라는 성향을 갖고 있어 대중적 지지를 받고 있지 못하다고 보았다. 셋째, 기성 정당들은 일부 인사의 구락부로서의 성격을 갖고 있다고 보았다. 넷째, 기성정당의 간부들은 감투에 대한 욕심이 지나치고, 사적인 이익 추구에만 매몰된 불순한 무리들의 집결체라고 비난하였다. 다섯째, 기성정당들의 기회주의적 속성을 비판하였다.[210] 따라서 기성정당은 '정동의합情同意合'한 자들이 모여 정보나 나누고 불평불만만을 털어놓아 남의 장단이나 시비是非를 하면서 그날그날을 무위무책無爲無策으로 보내는 사람들의 집단이라고 폄하하였다.

이런 기존 정당은 서구의 보수정당과 질적인 차이를 보인다고 보았다. 그는 서구의 보수정당들도 부정적인 성향을 보인 때도 있었으나 세계적 변동 속에서 자기반성과 수정을 거듭하여 공익과 국민 복리를 위한 정당으로 거듭났다고 평가하였다. 그러한 역사적 경험을 통해 독점자본가와 계급적 이익을 옹호하면서도, 국민대중의 자유와 평등, 진정한 민주주의

210) 서상일, 「정치인의 양식에 訴함」, 1954, 18~20쪽.

를 지향하고 있기에 경우에 따라서는 오히려 혁신정당을 무색케 하고 있다고 보았다.[211)]

서상일은 먼저, 자유당에 대해 구체적으로 비판하였다. 한국전쟁 중 계엄령 아래에서 태동한 자유당은 1인 독재 체제를 구축하여 성장을 해 왔다고 파악하면서, 정치파동 · 개헌파동 · 진보당사건 · 경향신문 정간파동 · 선거파동 · 2 · 4파동 등 정치적 폭거를 자행해 왔다고 지적하였다. 자유당의 정치 행태는 조선 왕조 5백 년 동안 일인 중심의 군주전제 밑에서 아부 및 출세와 집권을 위하여 모략과 사화로 일관하여 온 붕당정치의 승계가 아닐 수 없다고 비난하였다.[212)] 때문에 자유당은 보수정당으로서의 구실을 못한 채 시시비비와 선악을 구별할 가치 판단력을 실종한 정당이며, 오로지 장기 집권에 대한 욕심만 불태울 뿐이라고 강도 높게 비난하였다. 또한 그러한 정치 구조에서 경제계의 일부는 경제 재건이니 산업 재건이니 하는 미사여구를 들고 나와 특권관료층과 결탁해 소위 '사바사바'를 함과 아울러 전재민戰災民 구제에 사용될 외국 원조를 횡령 독점하고, 온갖 특혜를 독점하여 신흥 재벌을 이루었다고 주장하였다.[213)]

이러한 자유당의 독재체제에서 국민대중은 정치적 자유와 평등을 강탈당해 공포와 불안에 떨고 있은지 이미 오래이며, 빈궁 열악한 생활환경으로 인해 생존권마저 위협받고 있는 실정이라고 토로하였다. 그 때문에 자유당 정권이 장기 집권을 획책하는 정치적 폭거를 감행한다 하더라도 오래지 않아 붕괴될 것이라고 전망하였다. 그는 그러한 전망에서 자유당을 "낙조落照가 이미 서산에 저물고 있다"고 표현하였다.[214)]

---

211) 서상일, 「내가 보는 정당정치」, 1959, 4~5쪽.

212) 위의 글, 이러한 한국 정치의 분석 방법은 역사문화적 접근 방식, 곧 한국 정치가 조선조 유교 문화의 유산에 기반해 있다는 것과 관련이 있다(박충석 · 유근호 공저, 『조선조의 정치사상』, 평화출판사, 1980 참조).

213) 서상일, 「제2해방을 전망하며」, 1958, 47~51쪽.

다음으로 서상일은 민주당에 대해서도 강한 비판을 제기하였다. 그런데 그의 민주당 비판은 감정까지 섞인 면도 없지 않다. 그 이유는 과거 민주대동신당운동에서 구민국당계가 조봉암의 참여를 격렬히 반대해 결국 '범야통합운동'이 좌절된 데 대한 반발 때문이었다. 그로 인해 그는 당시 자유민주파의 조병옥을 '반동분자'라고까지 몰아 세웠던 것을 기억할 것이다.

그는 민주당이 자유당의 실정에 따른 당면과제를 극복할 수 없는 한계를 내포하고 있으면서도 반사이익을 누리고 있는 것으로 분석하였다. 이 점은 진보당사건과 민혁당의 정당 등록 유보 상태에 있는 점과, 5·2선거의 결과를 고려한 것이었고, 정당의 정강·정책과는 무관하게 보수당이 득세하고 있는 정치 현실을 인정한 것이었다. 그에 따라 민주당이 정권을 장악할 가능성을 세 가지 가설로 설명하였다. 첫째, 개헌을 하지 않는 한에서 부통령의 대통령 승계권이 발동하는 경우를 들었다. 이는 이승만의 사망을 가상한 것이었는데, 하늘의 뜻은 알 수 없는 것이기에 가능성이 희박한 것으로 보았다. 둘째, 1960년 정부통령 선거를 통해 승리하는 경우를 들었다. 그러나 자유당이 직접 선거를 감행할 것이고, 선거 파동을 일으킬 것이 분명하기에 민주당이 집권할 가능성이 없다고 파악하였다.

셋째, 1962년 제5대 민의원 총선거에서 다수 의석을 차지하는 경우를 들었다. 그러나 그는 한국의 통일 문제가 해결된다면 민주당의 집권 가능성은 희박하다고 보았다.[215] 그는 그 이유를 민주당의 과거 전력과 향후 방향에서 찾았다. 그는 민주당은 옛 민주국민당계·흥사단계·전 원내 자유당계가 이합 집산한 집단이기 때문에 동당 내에는 항상 신·구파

214) 위의 글, 9~12쪽.

215) 위의 글, 11~15쪽.

의 대립이 격화되고 있다고 보았다. 그러한 민주당의 구성원 중 극히 일부를 제외하고는 전후戰後를 통해 감투욕에 젖은 이기주의자일 뿐 아니라 기생적寄生的 기회주의자들로서 이해와 추세에 따라서만 이합 집산하는 무리라고 규정하였다. 그런 까닭에 민주당은 결당 때부터 구국 과업은 안중에 두지 않고, 오로지 자신들의 지위 획득과 유지를 위할 목적으로 보수당을 자임하고 고집하고 있다고 비난하였다.[216] 다시 말해 그는 차기 총선거에서 민주당이 승리할 가능성이 있는 것으로 보면서도, 그 가능성은 통일이 되면 물거품이 될 것이라고 보았던 것이다. 이런 그의 생각에서 통일이 한국 내 민주주의의 실현과 밀접한 관련을 맺고 있음을 알 수 있다. 곧 통일이 민주주의 실현을 달성할 수 있는 근본적 계기로 이해하였던 것이다. 물론, 그는 통일이 자립 경제 실현의 계기가 되는 것으로 이해하였다.

그는 그와 같은 민주당의 성격으로 볼 때 집권할 경우 불법·무법은 오히려 자유당을 능가할 것이라고 보았다. 여기에서 그는 그 실증으로서 몇 가지 사례를 지적하였다. 먼저, 그는 5·15선거 당시 민주당의 태도를 신랄히 비판하였다. 첫째, '못 살겠다 갈아 보자'는 민주당의 선거 구호가 신익희 급서 후 돌연히 태도를 바꾸어 잘 살겠으니 안 갈아도 좋다는 의미에서 신익희에게 유령 추모 투표를 지시한 것, 둘째, 조봉암지지 보다는 이승만을 3선시켜야 한다는 민주당 중앙선거대책위원회 성명서 발표 등에 관한 비판이었다.[217] 실제 신익희 급서 후 민주당은 '못 살겠다 갈아보자'에서 '가신 신익희 선생의 뜻을 이루자'는 선거구호를 통해 며 추모표를 종용하였다. 민주당은 타당 대통령 후보를 지지하지 않겠다는 입장을 발표하였고, 곽상훈이 부인하기도 했지만 김준연은 공식적으로 이

216) 위의 글, 1958, 15~19쪽.

217) 『한국일보』, 1956. 5. 10 ; 서중석, 앞의 책, 127~128쪽.

승만 지지 의사를 표명하였다. 이에 진보당(가칭) 선거대책위원회의 서상일은 5월 10일에 민주당의 선거 태도, 곧 종래 '못 살겠다 갈아보자던 구호를 변개한 것은 유감이다'라는 성명서를 발표하게 되었던 것이다.[218)]

다음으로 민주당의 통일정책을 비판하였다. 그는 원래 민주당의 통일 방안이 북진통일이었는데, 5 · 2선거에서 유엔감시하 평화통일로 바뀌었다고 보았다. 민주당의 통일론 변화는 민족 내적인 요구에 의해서가 아니라 국제사회에서 한국 문제가 쟁점으로 부각되는 것을 계기로 포착한 결과였다고 보았다. 곧 민주당의 기본 통일 방안이 무력통일임에도 불구하고 국제 정세에 편승해 통일론을 바꾸었다는 것이다. 실제 5 · 15 정부통령선거 당시 김준연이 이승만 지지 성명을 낸 주된 이유가 조봉암의 평화통일론에 반대하는 것이었다. 때문에 그는 민주당에 대해 통일방안은 '무정견'이며, '허수아비 집단'이라고 평가하였다.[219)]

이와 같이 그는 자유당, 민주당 등 보수당에 대해 협소한 당파적 계급적 이익을 옹호할 뿐 아니라 처음부터 협잡성과 부패성을 내포하고 있는 편협한 계급정당으로서의 본질을 갖고 있다고 규정하였다.[220)] 또한 보수당은 낡은 자본주의적인 자유주의를 금과옥조金科玉條로 내세우면서 정치운동을 하고 있는 무리들의 집결체라고 규정하였다. 이에 보수당은 인습과 극단적 보수성에 지나치게 치우쳐 있을 뿐 아니라 이기적이요, 탐욕적이며 관료특권층과 자본가 계급의 이익만을 옹호하는 집단으로서의 생리는 똑같다고 비판하였다.

---

218) 『한국일보』, 1956. 5. 10 ; 5. 11.

219) 서상일, 「제2해방을 전망하며」, 1958, 19~20쪽. 민주당의 통일 방안에 대해서는 홍석률, 「1953~61년 통일논의의 전개와 성격」, 서울대 박사학위논문, 1997, 71~87쪽 참고.

220) 서상일, 「제2해방을 전망하며」, 1958, 21~22쪽.

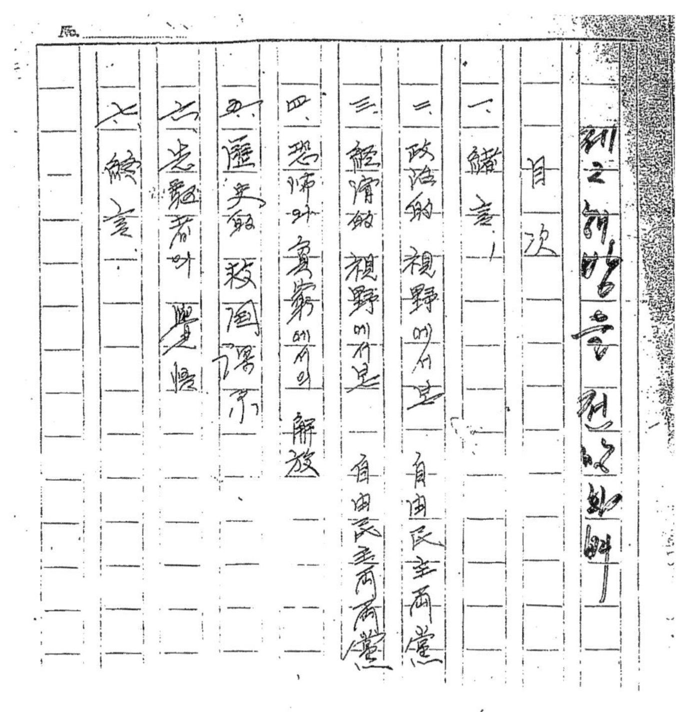

제2해방을 전망하며

目次

一、緖言 1
二、政治的 視野에서 본 自由民主兩黨
三、經濟的 視野에서 본 自由民主兩黨
四、恐怖와 貧窮에서의 解放
五、歷史的 救國課業
六、先驅者의 覺悟
七、結言

제2해방을 전망하며 (1958)

“소위 보수당 도배들은 이들로부터 떨어지는 빵 조각을 주어 먹고 앞잡이 노릇을 하고 있다. 관료 특권과 매판자본가 계급과 보수 도당이 서로 뭉쳐 삼위 일체가 되어 행정부와 국회를 장악하고 금성철벽金城鐵壁같은 보수 진루陣壘를 유지·강화하면서 자유, 민주 양당은 주도권–정권–쟁취에 혈안이 되어 정치에 영일寧日이 없다. 게다가 국민 대중을 기만 우롱하는 인기집중책으로 개인적 또는 계급적인 이익만을 획득하기 위한 자유니, 민주주의니 하는 허울 좋은 구호를 내걸고 정의니, 양심이니, 애국이니 하는 공염불을 하고 있는 것이다.”[221]

---

221) 위의 글, 4~6쪽.

때문에 양당 중 누가 집권하더라도 불안, 공포, 부패, 빈궁 등을 일소할 수 없을 것이라고 주장하였다. 다시 말해 보수당을 통해서는 국민 대중에게 철저한 자유와 평등, 진정한 민주주의 보장은 기대조차 할 수 없는 것이라고 진언하였던 것이다. 그는 이러한 보수당에 대해 "꿈에 꿈꾸는 사람에게 이야기를 하니 그 또한 꿈이더라"며, 이형동질異形同質의 것으로 단정하였다.[222] 따라서 두 당의 노선과 성격이 동일하기 때문에 두 당을 통해 한국 사회의 변화를 기대할 수 없다는 것이었다. 결국, 그는 자유·민주 양당에 대해 민주주의가 결여된 부르주아의 계급적 이해만을 추구하는 낡은 자유주의에 사로잡힌 계급정당이라고 규정하였던 것이다.

2) 민주사회주의론

서상일은 자신의 정치노선이 민주사회주의임을 강조하였다. 민주사회주의 노선은 1950년대 당시 진보당을 비롯한 혁신 정당의 정치노선이었다.[223] 우리는 앞서 서상일의 사회주의에 대한 이해는 일제하 『합동운동과 비합법운동에 관한 사견』을 통해 확인한 바 있다. 그때는 주로 신간회를 둘러싼 국내외의 논쟁을 축으로 해서 자신의 합법운동의 합리성을 강조하는 것이었다. 곧 '자치의회 획득'의 논리를 합리화하기 위해 세계 각 국의 의회 전술에 깊은 관심을 표명하였던 것이다. 그가 1950년대에 들어와서는 혁신정당운동을 전개하면서 서구의 민주사회주의에 영향을 많이 받았던 것으로 보인다. 그것은 한국 사회의 발전적 변화를 모색하는 가운데서 연계될 수 있었다.

서상일은 '혁신'에 대해, "그것은 사회주의와 다르다. 오히려 정치적인

---

222) 서상일, 「내가 보는 정당정치」, 1959, 1~5쪽.
223) 서중석, 앞의 책 참고.

면에서의 혁신, 사고 방식의 혁신, 침체와 부패에서의 탈피 등이 주조를 이루는 것이다. 이조 이래 침체를 일신하고 새로운 생기로 신질서를 세우자는 것"으로 설명하였다.[224] 또한 그는 혁신운동은 인간의 이타적으로 해방하려는 원심작용遠心作用이라 규정하고, 반면 보수운동은 인간의 탐욕생활을 이기적으로 집적하려는 구심작용求心作用을 보수운동이라 규정하였다.[225]

그의 정치적 동지였던 이동화는 혁신을 민주적 사회주의와 등치시켰다.[226] 또한 서상일은 1955년 9월 1일 '광릉회합'에서 정화암이 새로운 정당의 이념을 민주사회주의로 할 것을 제안한 것에 대해 찬성 표시를 한 바 있었다.

그렇다면 서상일은 민주사회주의에 대해 어떻게 이해하였을까. 우선, 그는 사회민주주의는 「제2인터내셔널」을 지도 원리로 하여 합법적 의회투쟁을 통해 사회주의적 자유국가를 건설하려는 것으로 이해하였다.[227] 「제2인터내셔널」이란 1914년 제1차 세계대전으로 붕괴되었다가 1920년에 재건된 것을 말한다.[228] 그는 1951년 독일 프랑크푸르트에서 열린 사회주의자 인터내셔널 대회의 선언을 신형 사회민주주의, 곧 민주사회주의로 규정하였다. 곧 그는 선언이 성격을 유물론을 거부하고 계급 투쟁을 지양한 대중정당으로서 민주주의의 철저한 종극인 사회주의사회가 필연적으로 실현될 것으로 전망하고 있다고 판단하였다.[229] 이 대회에서

224) 송원영, 「서상일론」, 『인물계』, 1959. 7, 63쪽.

225) 서상일, 「당원의 상식문제」, 1959, 1쪽.

226) 서중석, 앞의 책, 314쪽.

227) 서상일, 「정치인의 양식에 訴함」(2), 1954, 19쪽.

228) 권희경, 『한국혁신정당과 사회주의인터내셔널』, 태양, 1989, 229쪽.

229) 서상일, 「정치인의 양식에 訴함」, 1954, 5~6쪽. 실제 프랑크푸르트 선언은 민주사회주의의 목적과 임무를 규정한 것으로, 사회주의는 필연적으로 자본주의와 공산주의를 극복할 것으로 전망하면서, 민주주의의 최고형태로 규정하였다.

채택된 민주사회주의는 사회주의의 세계관을 기초로 하여 이상주의적 휴머니즘을 지향하였다.[230]

그는 공산주의와 자본주의를 부정하는 태도를 취했다. 먼저, 공산주의에 대해서는 1917년 러시아혁명으로 인해 후진자본주의 국가에서의 제4계급의 승리로써 경제적 평등을 지향하게 하였다고 전제하면서,[231] "공산주의는 제3인터내셔널을 지도 원리로 한 폭력 혁명으로써 무산자 독재정권을 획득하여 일체의 생산수단을 국유화하고 사회주의사회를 실현하려 함에 있다"고 이해하였다.[232] 또 그는 공산주의에 대해 주목할 점이 있는 것으로 이해하였다. 곧 식민지 민족해방, 계급 타파 등의 이념적 지향은 긍정적으로 보았다.[233] 따라서 그는 공산당의 장점은 과학적인 조직과 훈련과 선전 등이라고 언급하면서, 장점은 섭취하여 활용해야 할 것이라고 주장하였다.[234] 그 반면에 공산주의는 대중 억압을 자행하면서 극좌세력의 독재화를 꾀하는 것으로 보았다. 특히, 공산주의는 혁명과

---

230) 이 대회에서 민주사회주의는 "사회주의는 민주주의에 의해서만 실현되며, 또한 민주주의도 사회주의에 의해서만 실현된다"고 규정되었다. 1959년 서독의 사회민주당은 마르크스주의와 절연하고 민주사회주의를 표방했다. 이 당은 "가능한 한 경쟁을, 필요한 한 계획화를" 이라는 슬로건 아래 시장경제원리를 승인하고, 노동자의 경영 참가를 통해 공정한 경제질서의 확립을 주장했다(『브리태니커 사전』 참고).

231) 서상일, 「제2해방을 전망하며」, 1958, 83~86쪽.

232) 서상일, 「정치인의 양식에 訴함」(2), 1954, 19~20쪽, 5~6쪽. 우리는 왜 공산주의를 타도하고 있는가? 그들은 약소 민족의 해방과 계급 없는 사회 실현을 꿈꾸는 그 이념이야말로 어느 정도 수긍할 점도 없지는 아니하되, 그 이상 실현의 단계적 수단으로서의 혁명에서 독재권을 강화하고 침략을 감행하는 까닭에 우리는 이것을 타도하는 것이다. 독재에는 무법 불법이 수반되는 것은 두말할 것도 없거니와 이 불법 무법으로 말미암아 모든 인민은 魚肉이 되고 시국은 혼란하여 혁명과 전쟁으로써 무수한 유혈 참극을 연출케 되는 것이다. 그러므로 우리는 적색독재주의만이 우리의 적이 아니라 백색독재주의도 한사코 거부하는 것이 여기에 있는 것이다.

233) 위의 글, 25~29쪽, 이에 그는 "공산당 간부들은 유물철학의 세계관과 인생관에서 약소 민족해방과 계급 없는 사회 실현의 꿈을 가지고 이념에 살겠다고 하는 것이 그들로 하여금 단결과 조직을 강철같이 만들게 하는 것이다. 실로 공산당의 무기는 이것이요, 또한 자유 진영사람들이 두려워하는 것도 여기에 있는 것이다"라고 하였다.

234) 위의 글, 13~19쪽.

전쟁 등을 야기하여 혼란과 유혈 참극을 초래해 평화를 깨고 있다고 보았다. 그 때문에 그는 공산주의의 성격을 '격렬한 극좌파', '독재' 등으로 규정하였다. 그 과정에서 공산주의는 모략중상과 무자비한 잔인성, 무신의 등의 악성을 내포하고 있다고 판단하였다.[235]

다음으로 자본주의에 대해서도 부정적 인식을 나타냈다. 우선, 그는 자본주의가 봉건사회의 태내에서 싹터 나와 점차로 전 세계에 걸쳐 발전 확대되어, 사회생산력의 증대를 통하여 인류사회 발전에 크게 이바지하였음이 사실이다 거나 세계사의 전환기에 있어 1798년 프랑스 대혁명은 봉건사회에 대한 제3계급(부르주아지=필자)의 승리로서 정치적 자유를 전취하였다고 하여 그 역사성을 인정하였다. 그러나 자본주의 사회에는 다음과 같은 모순이 내재되어 있다고 보았다.

> "그러나 프랑스혁명은 피의 대가로 전치한 정치적 자유와 평등은 결국 신흥 '부르주아지' 지배 계급의 자유와 평등으로 국한되어 버렸고, 영국의 산업 혁명 결과 자본주의는 자유방임과 공리주의로 바뀌게 되어, 경제적 목적 달성을 위해 무제한의 경쟁으로 치닫게 되었다. 그 결과로 독점자본주의 계급에까지 발전하는 반면에, 경제적 평등은 여지없이 짓밟혀서 부익부 빈익빈하는 기형적인 경제사회를 이루고 말았던 것이다."[236]

곧 그는 자본주의에 내재하는 모순으로 인해 기인하는 모든 종류의 사

---

235) 서상일, 「정치인의 양식에 訴함」, 1954, 17~18쪽.

236) 서상일, 「내가 보는 정당정치」, 1959, 2쪽. 그는 서구의 민주주의의 발전 과정에는 무수한 유혈을 대가를 지불하고 난 뒤 쟁취한 것으로 이해하였다. 곧 "아메리카는 1776년 영국제국주의에 반항하여 자유 평등 정의의 깃발을 들고 영국제국주의로부터 해방을 얻어서 민주국가를 이루었으며, 불란서에서는 1789년에서 1795년간에 일어난 대혁명은 자유와 평등과 박애를 위한 인권선언을 발표하고 당시 황제 루이 16세를 단두대에서 목을 베고 부르주아 민주주의가 발전하게된 것이다"라고 하였다(서상일, 「정치인의 양식에 訴함」, 1954, 4~6쪽).

회적 · 경제적 폐단과 해악은 자본주의의 근본적 수정 내지 지양을 불가피하게 만들었다고 보았다.[237]

계속해서 그는 자본주의의 내적 모순은 독일의 히틀러, 이탈리아의 무쏘리니, 일본의 도죠 히데키東條英機 내각 등 백색 독재 테러 체제를 낳았다고 보았다.[238] 또한 자본주의는 개인 혹은 계급적 이익을 옹호하는 이미 낡은 체제로 이해하면서, '자본주의는 착취한다'는 말로 압축하였다.[239]

그는 "자유민주주의를 완고한 극우파, 공산주의에 대해 극렬한 극좌파"로 규정하면서, 극우 · 극좌는 계급을 본위로 한다고 주장하였다.[240] 또한 "자유민주주의에 기반을 둔 보수당은 정치적 자유와 평등을 자신들의 지배계급을 위하여 편중하고, 경제적 자유와 평등을 자본가계급을 위주로 하고 있으며, 공산당은 정치적 자유와 평등을 자신들의 독재계급만이 장악하고 경제적 자유와 평등은 노동자계급에 우선하려 하고 있다"[241]고 주장하였다.

이와 같이 그는 자본주의와 공산주의에 대해 비판하면서, 향후 역사발전에 대해 "자본주의 모순성은 필연적으로 몰락 과정을 밟게 되고 고도의 사회주의 사회로 전환된 역사적 발전성을 갖고 있다"[242]고 전망하였다.

그는 이러한 인식의 실례로 영국을 모범 사례로 들었다. 곧 영국의 보수당이 노동당을 누르고 정권을 장악하더라도 철강 기업의 사유제 등 몇 가지를 제외하고는 노동당의 정책을 계승한다는 것이었다. 특히 영국의 항구고용제와 사회보험제의 확립에 주목하였다.[243] 그리하여 그는 영국

---

237) 서상일, 「제2해방을 전망하며」, 1958, 84~86쪽.
238) 서상일, 「政治人의 良識에 訴함」, 1954, 5~6쪽.
239) 서상일, 「내가 보는 정당정치」, 1959, 14쪽 ; 서상일, 「당원의 상식문제」, 1959, 7~8쪽.
240) 서상일, 「제2해방을 전망하며」, 1958, 60~61쪽.
241) 서상일, 「내가 보는 정당정치」, 1959, 5쪽.
242) 서상일, 「政治人의 良識에 訴함」, 1959, 6~7쪽.

에 대해, "그 얼마나 영국인은 지식 수준이 높고 가위可謂 세계를 조종할 수 있는 위대한 사람들이라고 경탄하지 아니할 수가 없는 것이다"[244]라고 격찬하였다. 서상일과 같이 영국을 주목한 경우는 혁신정치 세력의 대표적 이론가인 이동화도 마찬가지였다. 그들은 영국의 경우에 주목하고, 그 가운데서도 보수당 내각과 직접적으로 연관시키려 하였던 것으로 보인다.

그는 그가 주장하던 민주사회주의 논리가 이승만정권 아래 강한 배타성과 강압성을 특징으로 하는 한국사회에서도 정당성이 있음을 피력하였다.[245] 그는 당시 한국사회의 현실에 근거하여 근대적 민주주의의 궁극적 목표가 사회적 민주주의의 실현에 있다고 보았다. 의회 민주주의를 근간으로 하는 사회적 민주주의가 현실 사회에서 가장 완성된 형태의 민주주의라고 정의하였던 것이다.[246]

이러한 그의 논리적 특질은 정치적 성격 규정에서도 그대로 나타난다. 그는 사회적 민주주의의 성격은 '대중적인 민주주의에 있다'고 하면서, 그러한 '대중적 민주주의를 실현하는 정당은 국민대중정당'이어야 한다고 주장하였다. 그는 민주혁신당에 대해 "우리 당의 성격은 국민대중정

---

243) 위의 글, 3~4쪽.

244) 위의 글, 23~24쪽.

245) 서상일, 「정치인의 양식에 訴함」 2, 1954, 16~23쪽. 그는 "인간의 내재적인 사상은 절대 자유이다. 종교에서 하나님을 믿거나 부처님을 믿는다하는 것은 자유인 것 같이 시대적으로 보아 봉건시대라 하여 자유 평등 박애 사상을 가질 수 없다는 것은 아니며, 자본주의 시대라 하여 사회민주주의 사상이 죄악시될 이유도 없는 것이다. 왜정시대에도 민족주의 사상이 결코 죄악은 아니었던 것이다"고 하였다. 계속해서 "시대는 부단히 유전하고 사회는 무한히 진화하고 있다. 한갓 보수 사상만이 시대의 흐름을 막아낼 수 없고 사회의 진화를 누릴 수가 없는 것이다. 한국의 땅덩어리 위에 고귀한 피거름 속에는 새 시대와 새 사회의 여명을 가져올 새싹이 움돋고 있음을 우리는 알아야 할 것이다. 만일 이것을 부정한다면 現下 비밀주주의의 반동적 보수 사상도 쌍수를 들어 찬송하지 아니하면 아니 될 자가모순을 어찌하랴"며 민주사회주의 사상의 필요성을 주장하였다.

246) 서상일, 「제2해방을 전망하며」, 1958, 79~80쪽.

당이다. 극우인 보수당도 특권층과 자본가 계급의 이익을 옹호하는 계급 정당이다. 극좌인 공산당도 노동자, 농민의 이익을 위한 계급정당이다. 그러나 우리 당은 노동자·농민·중소기업가·봉급생활자·문화인 등 일체 근로대중의 이익을 위한 광범한 국민대중정당이다"라고 밝혔다.[247] 따라서 민주혁신당의 정치노선의 궁극적 도달점은 국민대중의 철저한 자유와 평등 그리고 민주주의의 보장을 밑거름으로 한 만민균등의 복지사회의 건설 곧, 복지균등을 위한 혼합경제로서 사회민주주의, 즉 대중민주주의의 실현에 있다고 주장하였다.[248]

그는 그와 같은 한국사회의 특수성으로 인해 한국 사회에 부응할 정치이념은 '사회적 민주주의의 이론과 실천'이라고 규정하였다.[249] 곧 극좌의 북한과 극우의 국내 보수세력과의 대결에서 승리할 수 있는 새로운 이념은 민주적 사회주의의 한국적 체용體用이라고 주장했던 것이다. 따라서 그의 민주사회주의론이란 자유·민주 양당의 '자유주의적 독재'를 혁신의 대상으로 설정하고, 민주주의의 실현을 궁극적 목표로 하였던 것이다. 결국 그의 정치원리는 '한국적 민주사회주의론'이었다.

그는 그것을 '민주혁신'이란 개념으로 정의하였다. 때문에 그는 그가 주도한 민주혁신당을 민주사회당과 표현만 다를 뿐 의미는 같다고 하였다.[250] 민주 혁신이란 첫째, 불안 공포·부패·빈궁 등 삼악三惡을 제거하고 자유·청신·균등 복지 등 삼선三善으로의 혁신革新, 둘째 대중민주주의, 곧 사회민주주의의 실현, 셋째 평화·민주적 방식에 의한 혁신 등으로 요약되었다.[251] 그는 또 다른 글에서 민주혁신당의 노선은 민주정치

247) 서상일, 「당원의 상식문제」, 1959, 4쪽.
248) 서상일, 「내가 보는 정당정치」, 1959, 5~6쪽.
249) 서상일, 「제2해방을 전망하며」, 1958, 75~77쪽.
250) 서상일, 「내가 보는 정당정치」, 1959, 4~6쪽.
251) 서상일, 「당원의 상식문제」 1959, 1쪽.

의 실현에 있다고 했다. 그때의 민주정치란 정치 · 경제 · 교육 · 통일 · 외교 등 5분야의 민주주의이며, 이는 정치 · 경제 · 교육 · 통일 · 외교 등 5분야의 혁신을 통해 이루어지는 것이라 하였다.[252] 또한 그는 혁신이란 인간의 탐욕생활을 이기적으로 집적하려는 구심작용을 하는 보수운동에 반해, 인간의 의식생활을 이타적으로 해방하려는 원심작용이라 하였다.[253] 그에 따라 그는 한국사회에서의 민주사회주의의 당면한 과제로 민주혁신과 민족통일을 제기하였다.

또한 그는 경제적인 측면에서 민주사회주의의 지향성을 제헌헌법에서 찾았다. 제6장 「경제」에서 제84조는 민족사회주의를 지향하는 것으로 이해하였다. 또한 제85조 및 제87조를 근거로 자본주의의 최후 단계인 자본의 독점화를 국가적으로 제압해야 할 것이라 주장하였다. 따라서 그의 경제정책은 사적 사유 · 자본 활동을 인정하는 위에서 계획 · 통제경제의 실시를 조망하였다.

이러한 인식 위에서 보수 대 혁신 정당 구조를 내용으로 하는 양당정치의 정상화를 지향하였다. 이때의 혁신 정당이 바로 기존 한국 보수정당의 한계를 극복한 것을 의미하는 것으로서 자유 · 민주 양당의 성격과 차별시킨 개념이었다. 어쨌든 그는 양당정치의 정상화가 갖는 이유에 대해 보수 대 보수의 양당정치는 이욕利慾투쟁을 되풀이 할 뿐이지만, 보수 대 혁신 양당 정치는 계급 대 대중의 입장에 선 정책 대결이 벌어질 것이고, 그에 따라 서로 충격과 견제를 통해 자기반성과 수정을 함으로써 대중 본위의 정치가 실현되기 때문이라고 주장하였다.[254]

그러나 그는 당시 한국사회에서 처한 혁신정당의 실정이 낙관적이지

---

252) 서상일, 「인생회고록－나의 정치생활은 이렇게 흘러가고」, 129쪽.

253) 서상일, 「당원의 상식문제」, 1959, 1쪽.

254) 서상일, 「내가 보는 정당정치」, 1959, 6~7쪽.

는 않는 것으로 보았고, 그러한 상황을 객관적 조건과 주관적 조건으로 나누어 설명하였다. 먼저 객관적 조건으로는 첫째, 분단 현실에서 혁신운동이 용공성 시비로 인해 지지도가 높지 않다는 점, 둘째 정치 현실에서 보수당이 차지하고 있는 비중이 높다는 점, 셋째 인민대중의 사회 · 정치 의식이 희박하여 비판력이 결여되어 있다는 점, 넷째 2 · 4 파동 이후 국가보안법의 법적 폭력성이 강한 점을 들었다. 주관적 조건으로는 첫째, 보수세력의 반동의 강도에 조응해 혁신세력이 성숙하고는 있으나 그것을 지도할 지도세력의 부재, 둘째 혁신세력의 기반이 될 노동 조합의 취약과 그에 따른 노동운동의 미약, 셋째 혁신세력이라 자처하는 자들의 기회주의적 성향과 경제적 빈궁 상태, 넷째 정치계의 지도급 인사들의 종파적인 심리와 감상적인 우월감으로 인한 융합력의 결여를 지적하였다.[255)]

그럼에도 불구하고 그는 한국사회가 나아갈 방향으로 '민주사회주의'를 제시하였다. 보수 정당의 폐해를 극복한 것이 '민주적 사회주의'이며 민주적 사회주의를 실현하는 운동체가 바로 혁신정당이었던 것이며, 한국사회의 특수성을 극복할 수 있는 유일한 대안으로 간주하였던 것이다.

그러나 서상일은 민주사회주의에 대한 이해가 철저하지 못한 면도 내포하고 있었다. 먼저, 그는 민주사회주의를 자유민주주의와 등치시켜 이해하는 경우가 있었다.

"독점자본주의가 변질하여 영국 수준에 오고, 공산주의가 변질하여 유고 수준에 오게 되면 세계는 자유민주주의 노선에서 세계 연방이 실현되며, 사해일가四海一家에서 만민공락萬民共樂이 멀지 않으리라 믿어 마지않는다."[256)]

---

255) 위의 글, 9~10쪽.

256) 위의 글, 6~7쪽.

"자본주의적인 낡은 자유 민주주의를 배격하여 철저하고도 진정한 자유 민주주의를 이 땅에서 실현하자는 것이다. 다시 말하여 개인적이나 계급적인 자유 민주주의가 아니고, 대중 민주주의 곧 사회 민주주의로 혁신하자는 것이다. 그런 까닭에 철저하고도 진정한 민주주의 마지막 도달점은 사회 민주주의 실현에 있는 것이다. 사회 민주주의 최종의 목표가 진정한 자유 민주주의의 획득에 있기 때문이다. 이러한 모든 혁신은 평화적이고 민주주의적인 방식으로써 혁신은 평화적이고 민주주의적인 방식으로써 혁신하자는 것이다."

이처럼 그는 사회민주주의의 최종 목표를 자유민주주의 노선으로 간주하는 오류를 범했던 것이다.

이런 인식의 연장선상에서 당시 한국사회의 당면한 역사적 과제로서 8·15 해방의 연장선상서 '제2해방'을 제시하였다. 제2해방이란 "세계적 추세를 따라서 우리는 보수진루保守陣壘의 정치적 강압의 공포에서 해방되어 자유를 누려야 하고, 경제적 빈궁에서 해방되어 넉넉한 삶을 공유해야 할 것"이었다. 또한 반공산 논리가 제시되었다. 그는 혁신운동은 "유심철학唯心哲學의 세계관과 인생관을 가졌기에 반공산 동족 해방을 위하고 자유와 인권을 확보하여야 할 일념 정신 운동에 살아야 하겠다"고 하였고, 혁신운동의 참여 자격은 반공산주의자이면 남녀·로소·우현·귀천을 가리지 않는다고 하였다.[257] 이를 종합하면, 그의 혁신운동 논리의 골자는 민주·정의·반공산을 지향하는 것이었다. 따라서 그는 민주사회주의의 성격이 '유물철학唯物哲學'에 기초하고 있으며, 유물철학이 아니기에 '우경화한 사회민주주의의 의미를 내포하고 있는 것으로 간주하였다.

257) 위의 글, 24~25쪽.

다음으로 그와 같은 인식은 정치론에도 그대로 반영되어 복지사회의 실현을 사회민주주의인 것으로 소박하게 생각하는 단면을 보였다. 곧 "정치의 요체는 만민으로 하여금 다 같이 살리게 하고 다 같이 잘살게 하는 것이니, 이것은 곧 각득기소各得其所하여 각안기업各安其業케 하는 것이다"(「정치인의 양식에 소訴함」)라고 하였다. 또한 사회적 민주주의의 지도 원리는 '정치적 자유는 무산대중을 경제적으로 해방시키기 위한 불가결의 선행 조건'이라고 규정하면서, "일체의 폭력 내지 독재를 거부하고 인민 대중의 의사를 존중하는 정치적 민주주의 곧 평화적 민주적 방식에 의거하여 참다운 민주적 복지 사회를 실현하는 데 있는 것이다"[258]라고 주장하였다.

그 다음으로 그는 민주사회주의의 기반이 노동자·농민을 포함하는 근로대중에 있다고 하면서도, '청년대중'[259]에 주목하여, 여전히 엘리트 중심의 정치론을 내포하고 있었다. 다시 말해 근로대중을 의식적으로 조직하여 그들이 직접 정치의 전면에 나설 수 있도록 조건을 성숙시킬 의도는 고려되고 있지 않았던 것이다.

이와 같이 민주사회주의에 대한 이해의 소박한 오류는 민주사회주의 이념을 '유심철학'이나 '우경화한 사회민주주의' 등에서 찾은 것에서 기인하는 것이었다. 물론, 그가 언급한 자유민주주의는 자유당·민주당의 이념을 말하는 것은 결코 아니었다. 두 당의 성격을 극복하고, 정치·경제·사회의 민주주의가 실현되는 사회를 지향하였던 것이다. 이런 점을 종합해 볼 때, 결국 서상일의 민주사회주의 이념의 불철저성에도 불구하고, 한국사회의 특수성에 조응하는 사회 개혁을 지향한 '한국적 민주사회주의론'이라고 볼 수 있다.

---

258) 서상일, 「제2해방을 전망하며」, 1958, 79~80쪽.
259) 서상일, 「제2해방을 전망하며」, 1958, 78~79쪽.

3) 경제정책

민주혁신당은 민주사회주의에 기반을 둔 경제정책을 내세웠다. 민혁당의 경제정책은 일반산업정책과 농업정책으로 나누어 볼 수 있다. 일반산업정책은 계획경제와 공동경제 우선을 원칙으로 하였다. 그러나 사회주의 계획경제가 아닌 자유시장경제와 계획경제를 혼합한 혼합경제에 초점이 맞추어져 있었다. 계획경제는 국유화부문, 협동조합부문, 개인경영부문 등 3대 부문으로 나누어 실행하고자 했다. 경제의 종합적 계획화가 추구하는 바는 생산의 근대화와 확대를 실현하여 경제자립을 달성하고 고용의 확대, 국민소득의 증대와 그 생활수준의 향상에 있었다. 이를 위해 산업발전을 위한 연차 계획을 수립·실시하고, 그 감독은 국가계획위원회를 설치하여 담당하도록 하였다. 민간기업의 소유권을 보장· 육성한다는 방침을 내세웠다. 그리고 독점적 산업구조의 파행성을 극복하기 위한 방안으로 중소기업을 육성하며, 그 육성은 자금의 국가적 지원과 협동조합 조직을 통해 실행하고자 하였다.

이러한 민주혁신당의 일반 산업정책은 서상일의 경제정책 구상에서도 확인되고 있다. 우선, 서상일은 한국전쟁 중 1951년 4월에 『현하의 국난타개책』을 발간하여 자신의 경제정책에 관한 구상을 담았다. 전쟁의 특수 상황이 고려되어야 하겠지만, 그의 경제노선의 단초를 파악할 수 있다는 점에서 대단히 유용한 자료이다. 그 핵심은 만민균등의 민족사회주의 국가를 지향하는 것에 있었다. 그는 이것을 헌법 제84조의 "균형 있는 국민경제의 발전을 기함을 기본으로 한다"는 조항에서 구했다. 곧 그는 균형 있는 국가를 이루기 위해서는 정부가 국민 개개인의 평등을 보장하며 훈련시킬 의무를 져야 할 것이라 하였다.[260]

그는 전시하 한국경제의 위기를 타개하기 위해서는 중앙경제위원회를 강화가 필요하다고 강력히 주장하였다. 중앙경제위원회의 역할에 대해서는 통화정리·금융정책·물자수급계획·물가문제 등 경제 재건과 복구 계획에 관한 재정적 전반에 걸친 조사·연구·검토·심의 등을 담당하여 경제 재건을 위한 강력하고도 권위 있는 추진체로 설정하였다.[261] 곧 중앙경제위원회는 자유방임경제정책이 아닌 국가주도의 경제정책의 실시를 위한 조직이었다. 이런 점에서 위원회는 계획경제로 나아갈 수 있는 단초가 되었다.

또한 그는 협동조합의 실시를 강력하게 주장하였다.[262] 그는 이미 일제하 중소자본을 진흥하기 위한 방략으로서 협동조합론을 제시한 바가 있었다. 그의 협동조합론은 전쟁 인플레이션을 억제하기 위한 물자수급계획의 일환으로 제시된 것이었는데,[263] 농업·상업·공업·광업·임업 각 산업별동업협동조합의 설립을 법령으로 제도화할 것을 주장하였다. 각 산업별동업협동조합을 道연합회, 중앙연합회로 통합하고, 이것을 다시 일원적인 총연맹으로 조직하여 상공회의소의 기능을 대행케 하자는 것이었다. 이를 통해 전국적인 각종 동업협동조합의 일원적 조직체계화를 구상하였던 것이다. 주목되는 점은 총연맹이 자본가의 이익단체라 할

---

260) 서상일, 『現下의 國難打開策』, 1951, 청구출판사, 26~27쪽.

261) 위의 책, 40쪽.

262) 위의 책, 13~15쪽.

263) 전시하 한국경제의 과제로서 통제경제의 실시를 주장한 경우는 서상일 외에도 더러 있었다. 그중 安霖을 예로 들어보면, 그는 전쟁으로 인한 인플레를 극복하기 위해서는 금융재정 조작을 위주로 한 통화안정책만으로써는 그 성과를 얻기 곤란하며, 물자수급과 가격의 안정에까지 또는 생산, 유통, 소비부문에까지 정책적 대안이 요구된다고 하였다. 그에 따라 그는 통제경제정책의 필요를 제기하면서, 전후의 산업재건을 위해서도 더욱 필요한 것이라고 주장하였다. 특히 그는 통제경제가 전쟁중 전쟁의 효율적인 수행, 전후 경제재건에만 한정되는 것이 아니라, 경제적 민주주의의 창달을 위한 복지국가의 건설 도표로서 요청되고, 아울러 과거 역사상의 자유경제의 진보성에 상응하는 타당한 평가를 받아야 할 것이라 주장하였다(안림, 『동란후의 한국경제』, 백영사, 1954, 3~57쪽).

수 있는 상공회의소의 기능과 역할을 대신한다는 것이었다. 따라서 그의 협동조합론은 농촌조직 뿐만 아니라, 일반 산업을 포함한 전산업분야에 걸친 광범위한 것이었고, 생산수단을 결합한 생산자 중심의 협동조합을 추구하였던 것이다.

생필품의 분배는 조합을 통하지 않고 별도로 현존하는 행정단위를 조합화해서 실행하고자 하였다. 도, 시, 군, 동, 반 등의 행정조직을 통해 농림부의 설탕배급 조합과 같은 유령조합을 근절하고자 하였다. 그 외의 물자는 상업협동조합을 통해 분배하고자 하였다. 전쟁이란 특수한 사정이 사회주의적인 경제 정책의 필요성을 제기했던 것이다.

그는 이러한 협동조합을 통해 생산의 증대, 물자수급의 균형, 물가의 안정, 실업자 구제 등을 지향하였다. 그에 따라 그가 추구한 협동조합은 독점산업자본의 요구를 충족시키는 조합과는 성격이 달랐다.[264] 이에 따라 그는 협동조합을 다음과 같이 규정하였다.

> "협동조합은 중소상공업자의 경제적 지반을 닦는 것이요, 국민의 경제적 유대를 이루는 것이다. 제정러시아 시대에 조직된 협동조합의 세포망은 그대로 공산주의 소련으로 계승되어 사회주의경제의 기초가 되었던 것이다. 사회적 상층구조는 경제적 하부구조의 조직적 기반이 없이는 질서 있는 경제적 사회로 발전할 수 없다."[265]

결국 그는 전시하 경제 방안으로서 협동조합을 매개로 한 국가통제경제의 실시를 주장하였다. 그것은 만민평등의 경제생활의 실현을 위한 중

---

264) 협동조합의 현실적 기능은 자본주의발전의 단계와 사회경제구조의 차이에 따라 다른데, 선진자본주의국가에서의 협동조합은 독점산업자본의 요구를 충족시키는 기능을 한다(풀빛편집부, 『경제학사전』, 풀빛, 1988, 601~602쪽 참고).

265) 서상일, 앞의 책, 15쪽.

요한 도구였으며, 민족사회주의를 지향했던 것이다. 당시 그가 지주·자본가 정당으로서의 성격이 강했던 민주국민당의 핵심 구성원이었던 점을 고려할 때, 그의 경제정책에 대한 구상은 민주국민당의 그것과 분명히 차별되는 것이었다. 또한 그의 그러한 경제 정책 구상은 혁신정당운동을 펼칠 때에도 큰 마찰 없이 연계될 수 있었다.

서상일의 그러한 경제 정책 구상은 1958년에 쓴 「제2해방을 전망하며」에 잘 나타나 있다. 특히 이때는 진보당사건, 국가보안법 파동, 민주혁신당의 정당 등록 보류 등 반공 극우주의가 강세를 보이던 때였다. 그는 1950년대 한국 경제구조의 특징을 다음과 같이 규정하였다.

> 정치는 상부 구조라 하고, 경제는 하부구조라고 한다. 모든 경제적 생산관계가 대중적 기반 위에서 구조된 것과 소수 계급적 기반 위에서 구조된 것이 있다. 정치적 기본 질서가 자본가 계급을 기반(생산 기관의 독점)으로 하고 잇는 테두리를 벗어나지 못한 조건 밑에서는 그 정치적 기본 질서는 개인적 또는 계급적 성격을 띠지 않을 수 없는 것이다. 경제적 기본 질서가 대중적 기반 위에 선 진정한 민주주의는 곧 사회적 민주주의인 것이다.
>
> 정권을 담당하고 있거나 또는 담당하려는 자유당이나 민주당이 개인이나 계급의 이익만을 수호하고, 대중에게 균등한 복지를 보장할 수 없다고 한다면 그것은 국민에 대한 반역이라고 아니할 수 없다. 이기적 탐욕만이 강하고 역사적 감각을 갖고 있지 않는 그들은 아무런 방략도 계획도 없이 덮어놓고 자유방임경제를 금과옥조로 구가하고 있다.
>
> 우리나라 경제 체제가 외국 원조의 절대액에 의존하고 있을 뿐만 아니라 이 원조 증여국이 낡은 경제 체제를 고집하려 하면서 후진국들도 이를 모방하도록 희망하고 있다는 것이 주요 이유의 하나일 수도 있을 것이다. 그러나 외국 원조도 기한이 있을 것이오. 설사 어느 기한 동안 계속된다 할지라도 후진국인 우리나라에서는 생산을 급속도로 증강하여 빈궁을 하

> 루 빨리 추방해야 함에도 불구하고 우보적 건설牛步的 建設로써는 하청백일河淸百日이 아닐 수가 없는 것이다.[266]

이처럼 그는 1950년대 한국 경제 구조의 특징이 자유방임경제를 근간으로 하여 자본가 계급이 생산수단을 독점함으로써 소수 개인이나 계급만을 위할 뿐 대중의 균등 복지를 보장할 수 없다고 파악하였던 것이다. 또한 경제체제가 원조경제에만 의존할 뿐 생산력 증대를 통한 국민경제 확립을 위한 정책적 뒷받침이 부족하다고 분석하였다.

그는 그러한 정부·여당이 추구한 경제구조로 인해 한국 경제는 개인기업이 독점화 단계에 들어서고, 관료는 무능부패하고, 국민생활은 빈궁 속에서 허덕이는 파행적 현상을 초래하였다고 파악하였다. 우선, 그는 정부의 예산 구조를 예로 들어 국민경제의 파행성을 지적하였다. 곧 일반회계의 세입 총액이 약 2천8, 9백억 환인데, 세입 항목 가운데 조세 수입이 1천2, 3백억 환, 대충 자산수입이 1천2, 3백억 환, 관업 및 공채 기타 잡수입이 3, 4백억 환인데 반해, 세출 항목과 그 금액을 보면 국방비에 1천2, 3백억 환을 비롯하여 각 부처 소관 세출을 계상하고 있다고 언급하였다. 이러한 정부 예산 구조로서는 도저히 국민경제, 국민 대중의 균등 복지는 이루어 질 수 없는 것으로 보았다.[267]

그가 사례로 든 정부의 일반회계 연도는 1958년의 것으로 보인다. 1958년 정부의 일반 회계예산 집행 상황표를 보면, 세입 총액이 2,870억 환이었고, 그중 조세 수입 총액이 1,400억 환, 그 외국채, 대충자금, 전매수익, 잡수입, 차입금 등을 합해 1,400억 환이었다. 세출 총액은 2,870억 환이었고, 항목별로 보면, 국방비에 1,270억 환, 자체 세출이 1,230억 환, 국채 상

266) 서상일, 「제2해방을 전망하며」, 1958, 22~26쪽.
267) 서상일, 「제2해방을 전망하며」, 1959, 24~26쪽.

환비 39억 환, 부흥국상채환비復興國債償還費 94억 환, 대체정리비對替整理費가 220억 환이었다.[268] 특별회계를 포함한 1958년도 정부 예산은 124억 환에 달하는 적자 예산이었다. 이처럼 서상일이 파악한 정부 예산의 구조는 실제와 거의 동일하였다. 곧 1958년 정부 예산의 구조는 국방비와 자체 세출이 거의 대부분을 이루는 것이었고, 그러한 현상은 1956년 1957년도 거의 같은 수준이었다.

둘째, 그는 원조경제하 재벌의 등장에 따라 시설 과잉이 초래되었고, 그에 따른 운영 자금은 은행으로부터 대출 특혜를 받음으로써 해결하고 있다고 비판하였다. 곧 "게다가 특수 재벌로 변신한 40, 50명은 국민의 피땀 어린 세금과 국민의 피의 대가로 받은 원조의 국재國財를 횡령하여 오늘의 기업망을 벌여 놓고 과잉 시설과 운영 자금은 특수은행(산업은행, 농업은행 등) 이외의 4개 시중은행에서만 총대출액 약 6백 수십 억 중 33%의 중점 융자 특혜를 받고 있다"고 지적하였던 것이다.

실제 1950년대 한국 공업화의 계기는 귀속재산 불하, 원조 그리고 이 과정을 포함한 정부의 정책적 지원 등에서 찾을 수 있다. 귀속재산 불하는 1958년에 이르러 대체로 종료되었는데, 그 과정에서 나타난 특혜의 한 사례를 들면, 조선방직 대구공장의 경우 정부사정가가 7억이었으나 불하가격이 그것의 51%에 불과한 3억 6천만 환이었다.[269] 이처럼 귀속재산 불하는 정치권력과의 밀접한 관계를 가진 특정인에게만 이루어졌던 것이다.

다음으로 시설의 과잉이 나타나는 계기를 보면, 제당공업의 경우 소요시설은 원조자금과 정부보유외환으로 각각 도입하여 갖추어졌으며, 사용원료는 원조자금으로 도입되는 원당原糖이었고, 그 경우 원조배급원칙

---

268) 자유당중앙당부정책위원회, 『정책참고자료』 상, 1959, 580~586쪽.

269) 김대환, 「1950년대 한국경제의 연구」, 『1950년대의 인식』, 1981, 182~184쪽.

은 실수요자배정방식에 따랐다. 그것이 막대한 특혜를 누리게 되어 원조원당을 배정 받기 위하여 먼저 시설부터 갖추게 됨으로써 공장이 난립하여 시설 과잉상태를 초래했던 것이다.[270] 이러한 시설 과잉상태는 당시 제당산업을 비롯한 방직공업, 제분공업 등 '삼백공업三白工業'의 일반적 현상이었다.

이런 공업 현상에서는 자금의 안정적 확보가 무엇보다 중요했다. 그에 따라 정부는 외화자금과 내자융자를 통해서도 기업에 대하여 정책적 지원을 제공했는데, 산업은행이 그 역할을 주로 맡았다. 1958년 산업은행의 대출 실적을 보면 대출총액에서 제조업 대출이 차지하는 비율이 63.3%를 차지하였는데, 사회간접 부분의 비중의 두 배 이상이 된다. 또한 동년 일반은행의 대출총액에서 제조업 대출이 차지하는 비중은 60.8%나 되었다. 여기에 대출금리가 산업은행의 경우 정부보증의 산업자금이 1957년 말 기준으로 10% 이하, 일반 은행의 경우 1958년을 기준으로 18.52%였다. 당시 사채 금리가 연리 20~25%에 달할 정도로 높았던 점을 감안하면 기업에 대한 대출 금리는 금융특혜였다.[271]

그 다음으로 그는 그러한 과정을 통해 커진 삼백공업의 기업들이 카르텔을 형성하고 있고, 정치자금을 형성하고 있다고 지적하였다. 그러한 예가 바로 1952년 5월 초순에 발생한 중석불重石弗사건과 원면原綿사건이었는데, 이는 모두 정치파동을 위한 정치자금확보 차원에서 이루어진 정경유착의 부정사건이었다.[272] 또한 1958년 5·2 선거 자금을 마련하기 위해 벌어진 연계자금방출사건連繫資金放出事件이다.[273]

---

270) 이대근, 『한국전쟁과 1950년대의 자본축적』, 까치, 1987, 162~165쪽.

271) 김대환, 앞의 글, 194~198쪽.

272) 김인식, 「백두진과 중석불사건」, 『흑막』, 1960, 166~169쪽 ; 박제일, 「손세일과 원면사건」, 『흑막』, 1960, 202~205쪽.

273) 이병도 외, 『解放三十年史』, 1975, 962~965쪽.

그는 이처럼 한국 경제의 파행성을 지적하면서도 그것에 연동된 통화량 증가에 따른 인플레이션, 정부직할 기업체의 경영 부실, 극소수 대기업의 독과점에 따른 중소기업의 성장 저해 현상 등을 적나라하게 비판하였다. 우선 통화량 증가에 따른 인플레이션에 대해서는 정부 및 자유당의 경제정책으로서는 극복할 수 없는 구조적 요인으로 파악하였다.[274] 실제로 일부 대기업은 대외 의존성에 크게 기대면서 유통과정에서 인플레를 비롯한 저환율 등 각종 정책적 특혜를 통해 막대한 부를 축적하였다.[275]

다음으로 그는 정부직할 기업체의 경영 부실을 지적하였다. 곧 "정부직할 기업체로서 돌광산, 남전南電, 대한중석大韓重石, 전업電業, 대한산공업大韓産工業, 대성광업三成鑛業, 대한철광大韓鐵鑛, 삼화제철三和製鐵, 장항제련소長項製鍊所 등은 모두가 부채 투성이로 운영난에 허덕이고 있는 것은 관료의 무위무능에서 비롯된 일이다." 이는 관료독점체제에 따른 기업운영의 비효율성과 생산성 저하를 초래하여 경쟁력 약화로 귀결되는 것이었다.

그 다음으로 극소수 대기업의 독과점에 따른 중소기업의 성장 저해 현상을 지적하였다. 먼저 극소수 대기업의 독과점 현상의 한 예를 보면, 제당의 경우 제일제당이 차지하는 시장점유율이 무려 50%를 초과하고, 동양제당, 삼양제당, 한국제당을 제외한 나머지 업체는 1959년 이래 조업을

274) "…근본 대책이 없이는 한갓 물가를 자극하고 '인플레'를 조작할 뿐이다. 김 재무장관은 금년 6월 말까지는 통화량을 1천3백50억 선을 유지하는 재정안정책을 기한다고 호언하고 있는데 이것은 제39차 임시 국회에서 특혜 융자의 증언으로서 중소기업은 우승열패한다는 '다윈'적 진화론을 말하고 連繫資金이 특별 융자에 대하여 사료나 영화계도 기간산업이라 하는 정도로 천재적 머리를 지닌 김 장관으로서는 가능할지 모르겠으나 우리의 상식으로는 모두가 矯角殺牛 같이 보인다. 여러 가지는 다 그만두고라도 다음에 통화량 추세 하나만 보아도 넉넉히 짐작할 수 있는 일이다. 1952년 14,425(단위 백만), 1953년 30,316, 1954년 58,279, 1955년 93,522, 1956년 120,925, 1957년 145,188, 1958년 149,000"

275) 홍성유, 『한국경제의 자본축적과정』, 고려대 아시아문제연구소, 1965, 383쪽.

중단하였다. 이처럼 대기업과 중소기업의 불평등은 해를 거듭할수록 심화되었다. 그러나 양자를 경영구조, 재무구조, 수지비율과 비용·수익관계에서 비교하면, 열악한 경제구조를 감안하더라도 대기업에 비해 중소기업이 견실하였다.[276] 그럼에도 불구하고 정부·여당의 경제정책으로 인한 공업간 불평등성의 심화로 인해 "대한상공회의소에서 27개 업종별 단체 소속하에 있는 2,757개 기업체의 조업 실적을 조사한 결과 완전 가동이 35.3%, 완전 휴업 33.7%, 조업 단축 30.9%라니, 이것으로서 중소기업의 이면 실정을 알고도 남음이 있다"고 하였다. 이러한 실정에서 그는 자유당이 제시한 중소기업 육성책을 "각 도시에 산재한 9,984 업체에 달하는 중소기업체의 생산량을 1957년도 실적에 대비해서 44.7% 증산시킬 목적으로 중소기업 자금 총 소요량으로 1,613억 4천만 환을 책정하고 있다. 그중에서 1959년도부터 228억 4천만 환을 대출할 계획이라고 했다. 그러나 이 재원이 과연 계속해서 확보될 수 있으며, 당국이 특혜 시책을 지양하고 중소기업 육성에 주력하려는 성의와 용기가 의문시되지 않을 수 없다"고 비난하였다.

그는 한국산업구조의 불균형으로 인한 실업 사태와 농촌의 피폐를 지적하였다. 우선 독점재벌구조 아래 산업 간 불평등 혹은 불균형이 필연적으로 실업률을 증가시키고 있다고 보았다. 뿐만 아니라 각종 정책적 특혜를 입은 대기업의 중소기업에 대한 압박이 중소기업의 감소를 일으켜 결국 잠재 실업군을 양성하고 있다고 보았다.

다음으로 공업과 농촌의 불균형으로 인한 농촌 경제의 파탄을 지적하였다. 그는 도시와 농촌의 상호 연관성을 언급하였다. 곧 "경제적으로 보는 농촌과 도시는 상호 연쇄작용을 하고 있다. 농촌의 생산품은 도시에

---

276) 김대환, 앞의 글, 225~232쪽.

서 소비되고, 도시의 생산품은 농촌에서 소비되고 있다. 도시의 대중소기업大中小企業을 성장케 하려면 먼저 농촌을 부유하게 만들어야 한다. 농촌이 빈궁하면 구매력이 없어지기 때문에 도시가 자연히 위축되는 것은 말할 나위도 없는 일이다"라고 하였다. 그는 당시 농촌 현실을 "농촌 총경작 면적은 약 200만 정보가 된다. 농가는 약 220만 호로서 농가당農家當 평균 경작 면적은 1정보 미만이다. 그중에도 빈농이 약 42만여 호인데 이들 가운데 이농자離農者는 해마다 증가하고 있다. 이들 농민은 교육비, 세금, 잡부금, 고리채, 그리고 생산비도 못 되는 곡가穀價 등으로 처절한 실정에 놓여 있다"고 파악하였다.

그런데 그는 앞서 언급했다시피 과거 한민당·민주국민당의 주요 구성원이면서 제헌국회의 산업위원회 위원장으로서 농지개혁을 깊이 관여한 바 있었다. 그때 그 자신이 직접 농지개혁법안을 작성하지는 않았지만 자신이 책임을 맡고 있는 산업위원회가 법안 상정을 의도적으로 늦추었던 점과 지주 보상율을 300%로 제시했던 점을 고려하면, 한국 농촌의 영세소농화로 인한 피폐화에 책임이 전혀 없지 않다. 그런 점 때문인지는 알 수 없지만 그는 농촌현실의 구조적 원인에 대해서는 적극적인 언급이 없다. 그렇지만 한국 농촌의 피폐화가 전쟁과 그 이후 원조경제체제로 인한 파행적 구조의 심화를 고려하면 그에게 비난만 할 수는 없을 것 같다.

한국농촌의 영세소농화는 농지개혁의 결과였다. 실제 한 통계에 따른 농지개혁 후 경지규모별 농가분포를 보면, 1956년의 경우 0.5정보 미만 42.8%, 0.5~1정보 미만 30.7%, 1~2정보 20.4%, 2~3정보 5.7%, 3정보 이상 0.4%를 차지했다.[277] 1정보 미만의 영세농이 전체 농가의 3/4, 곧 73.5%

---

277) 한국산업은행 10년사 편찬위원회, 『산업은행 10년사』, 1964 ; 황한식, 「한국농지개혁연구」, 『한국현대사』 1, 열음사, 1985, 497쪽에서 재인용.

에 달했다. 거기에다 전쟁상태에서의 농업 파탄과 농민 수탈 구조가 농촌 경제의 몰락을 가속화시켰다. 곧 전쟁인플레를 억제시키기 위해 농산물 가격의 억제를 통한 협상가격차 넓히기, 누적적인 재정적자와 재정인플레라는 특성을 갖는 전시재정의 중압을 오로지 농업에 전가하기, 금융정책에서 농업이 소외된 채 전근대적 고리채 금융에 의존함으로써 농민파탄 등이 발생하였던 것이다.[278]

그는 이러한 농촌경제 파탄의 주요 원인을 정부예산에서의 공업과 농업의 불평등에서 찾고 있다. 이에 그는 자유당정권이 공업, 그 가운데서도 소수 독점재벌에 온갖 정책적 특혜를 제공한 결과 전인구의 다수가 살고 있는 농촌이 파탄지경에 이르렀다고 보았다. 나아가 농촌 경제의 파탄의 영향이 결국 전체 사회에 파급되어 국민의 다수가 생활난, 취직난을 겪으며 고통 받고 있다고 지적하였다.[279]

그는 자유당의 경제정책뿐만 아니라 민주당의 그것에 대해서도 비판하였다. 그는 민주당이 1958년 8월 24일에 발표한 신년도 예산 정책 19개조[280]를 중심으로 동당의 경제정책의 모순을 비판하였다. 그는 그 신년 예산정책을 보수적 혁신을 자임하는 것 같다고 평한 뒤 "동당으로서 정부에 육박할 수 있는 자료도 될 수 있으려니와 동시에 인기 집중 전술의

278) 이대근, 앞의 책, 195~196쪽.

279) 서상일, 「제2해방을 전망하며」, 1958, 37~39쪽. 전 인구의 8할을 차지하고 있는 농촌이 이렇게 피폐한 것을 그대로 보고 있을 수가 있겠는가. 당국의 시책으로서 영농의 혜택이라고는 약간의 비료 외상(55% 대 45%)과 양곡 담보 융자 같은 것이 있기는 하다. 영농 자금이라고 해서 지난 1952년에서 57년까지 5년간에 회수된 대충자금 총액 2855억 6천만 환 중에서 국방비가 47.5%이고 官民 부흥 사업비가 44.9%인데 특히 영농 자금은 1.8%에 불과한 39억 4천5백만 환이라 한다. 농가 2백 수십만 호를 상대로 하는 영농 자금 대출로는 너무 빈약하다. 제일모직을 비롯한 18기업의 특혜층에는 168억 5천3백만 환을 방출했다. 지난 5년간에 ICA시설 자금에 있어서도 농촌관계분은 총투자액의 4.7%밖에 안 되는 2,228만 불이라 한다.

280) 『동아일보』, 1958. 8. 25. 동당 발표는 경제 부흥, 국방비 조절, 행정기구 재편, 경찰감축 등을 골자로 하였다.

하나일 수 있다"고 전제하면서, "동당이 공약한 정책을 집권 뒤에 과연 실시할 수 있을 것인가는 그의 과거의 발자취를 더듬어 볼 때 저윽이 의문시되지 않을 수 없다"며 불신하였다.

그 비판을 보면, 우선 민주당이 대충자금 500억을 증수하기 위하여 현실 환율로 변경한다는 정책에 대해 재정 안정은 그만두고라도 인플레가 조장되어 5천억으로도 부족할 수 있다고 지적하였다. 또 전매업의 민영화를 통한 하대금下代金과 종업원 전폐와 세금수입으로서 국가 재정에 도움이 될 수 있는 것이라는 것에 대해 정부직할 기업이나 전매업의 민영화는 그것을 이권화하려는 속셈에 불과하다고 일축하였다. 결국 그는 민주당의 신년도 예산정책이 민주당의 당리당략에 따른 미봉책에 불과하다고 파악하였던 것이다.

이러한 민주당의 경제 정책에 대한 비판의 근저에는 한국경제의 발전을 꾀하려면 사회민주주의의 기반에 서지 않으면 안 된다는 생각이 깔려 있었다. "문제는 사회적 민주주의 이론 위에 서지 않고서는 기간산업이나 대공업을 중지하고 농업과 중소기업에 치중한다고 할지라도 경제적 기본 질서가 대중적 기반 위에 구조되지 못하는 한에 있어서는 그것은 한낱 잠꼬대에 불과할 것이다"라고 간주했던 것이다.[281] 이러한 경제구조 위에서 기간산업이나 대공업도 유지될 수 있을 것이라고 보았던 것이다.

이와 같이 그는 자유주의에 입각한 보수 정치세력의 경제정책을 비판하고 사회민주주의의 경제정책을 지향하였다. 그는 그 대안으로 자유와 계획을 병용하는 혼합경제체제의 확립을 제시하였다. 그 구체적 방안으로서는 강력한 국가경제계획위원회를 설치할 것을 제시하였고, 그 아래

---

281) 서상일, 「제2해방을 전망하며」, 1958, 42~45쪽.

관영기업, 민영기업, 중소협동기업 체계로 나누어 산업 각 분야를 육성 발전시켜야 한다고 주장하였다. 또한 생산성 향상과 부업의 장려 등으로 농촌경제의 안정을 최우선으로 하여 농촌과 도시 경제의 균형적 발전을 추구하여야 할 것이라고 주장하였다. 그는 이러한 경제구조를 독점과 갈등 관계가 아닌 '상보적 순환경제체제'의 확립이라 정의하였다.[282)]

따라서 서상일의 경제정책은 만민평등의 국민경제를 한국적 특수성으로 하는 사회민주주의의 노선에 기반하고 있었다. 그러한 노선은 일찍이 전쟁 중 국가 주도의 통제경제의 실시를 주장하는 것에서부터 단초가 마련되었고, 혁신정치를 펼치면서 확정되었다.

4) 평화통일론

민주혁신당의 선언문 · 강령 · 정책에서 평화통일론이 제시되었다. 이 평화통일론은 보수정당과의 가장 분명한 차별성을 드러내는 것이었다. 때문에 진보당이 국가권력으로부터 직접적인 탄압을 받는 근본적인 계기가 되었던 것이다. 진보당의 통일방안은 '민주주의 승리에 의한 조국의 평화적 통일'이라는 평화통일 원칙만 있었고 구체적 통일방안은 없었다. 다만 구체적 통일방안을 든다면 유엔 감시하 총선거안이 가장 가까운 것이었다.[283)] 민주혁신당의 통일방안의 골자를 보면 다음과 같다.

> 선언문 : 양단된 우리 국토의 합일과 양분된 우리 민족의 통일은 우리 민족 전체의 가장 열렬한 염원이고 숙망이다. 민주혁신당은 유엔 및 미국을 비롯한 민주우방과의 긴밀한 협조하에 우리

---

282) 서상일, 「헌정 10년」, 1958.

283) 서중석, 앞의 책, 283쪽.

민족의 염원인 남북통일을 민주적이고 평화적으로 실현할 수 있도록 노력할 것이다.

강 령 : 3. 민주혁신당은 안으로 방위태세를 확립하고 밖으로 민주우방과 긴밀히 제휴하여 민주적 평화적 방식에 의한－민주주의 승리를 확보할 수 있는－조국통일의 완수를 위하여 싸운다.

정 책 : 국토통일을 성취하는 방법으로서 유엔감시하 자유총선거를 통하여 할 것을 우리는 지지한다.

여기에서 나타난 바와 같이 민주혁신당의 통일방안은 민주적 평화적 방식에 의한 유엔감시하 남북한 총선거였다. 이 민혁당의 통일 방안은 평화통일의 원칙만을 강조한 진보당의 통일 방안에 비해 '유엔 감시하 자유총선거'를 명시했다는 점에서 구체적인 측면을 가졌다.

민혁당 통일론의 특징을 언급하면, 우선 통일을 자유와 평등의 새로운 복지사회의 건설의 한 과정으로 보았다. 곧 전쟁에 반대하면서, 자유 · 평등이 보장되고 실현되는 사회를 건설하고자 하는 세계관이 반영되었던 것이다. 또한 민혁당은 민족을 통일의 주체로 설정하고 있다. 이에 "우리 국토통일의 민주적 달성을 위한 민족적 주체적 역량을 확립 · 강화할 것이다"라고 선언하면서, 그것을 위해 "남북한에서의 외세 의존적 사대주의적 정치세력의 준동을 봉쇄 · 제거한다"고 하였다. 그리고 민혁당은 자유총선거를 실시하되 북한의 치안은 유엔군이 담당하여야 한다고 주장하였다.[284)]

그렇다면 민주혁신당의 대표적 인물인 서상일은 어떠한 통일방안을 갖고 있었을까. 기존의 연구 성과에서는 1950년대 평화통일론을 분석함

284) 서중석은 민혁당의 통일 방안을 진보당에 비해 부정적으로 평가하고 있다. 서중석은 「좌담 : 4정당의 선거 연두대결」(『현대』 1958. 3)에 참석한 민혁당 선전부장 고정훈의 말을 빌어 "민혁당은 진보당과 달리 평화통일을 내세워 북진통일론자들과 싸우려는 의사가 미약하였던" 것으로 파악하였다(서중석, 앞의 책, 281～282쪽).

에 있어 진보당, 그 가운데서도 조봉암의 통일론에 초점을 맞추고 있다. 민주대동파에 속하면서 진보당(가칭)운동에 참가했던 서상일의 통일에 대한 입장은 주변적이거나 부수적으로만 처리되고 있는 실정이다. 아니면 아예 언급이 되고 있지 않는 경우도 있다.

서상일은 미군정기에 한국민주당의 당원으로서 과도입법의원으로 활동하면서, 가능한 지역에서만의 선거를 주장했던 경험이 있다. 남한만의 단독정부 수립에 앞장섰던 인물이었던 것이다. 이 점이 1950년대 서상일의 통일론을 이해함에 있어 일정한 선입견을 갖게 했던 것으로 볼 수 있다.

그는 민족통일을 민주혁신과 함께 한국사회의 이대 당면과제로 제시하였다. 그의 통일론의 핵심은 민주적·평화적 원칙에 의한 통일이었다. 서상일이 분단 이후 통일에 대한 생각을 드러낸 때는 1949년 무렵이었다. 그는 당시 한국사회가 처한 당면 급선무로 남북통일을 들었다. 그것이 정부가 가진 역사적 임무라고 언명하였다.[285] 또한 이즈음 국회 산업분과위원장으로서 민생문제의 근본대책에 대해 설명하면서 통일을 언급하였다. 그는 이 글에서 민생문제의 해결 대책 5가지를 제시했는데, 그 첫 번째가 국토통일이었다. 그는 국토통일이 좌익의 무장 활동을 근본적으로 제거할 수 있는 방법이며, 통화·물가·생산·실업 등 민생의 근본문제의 해결책이라고 주장하였다. 통일 방안으로는 국제적 해결, 곧 유엔한국위원회의 활동에 기대를 걸었다.[286] 여기에서 그는 분단된 민족현실을 극복해야 한다는 것을 우리 민족의 과제로 인식하고 있다는 것이 확인된다. 그 인식 위에 통일이 민생문제의 근본해결책, 곧 경제적 문제의 타개책으로 제시되고 있다. 이때 그의 통일 논리에서 주목되는 점은 적어도 무력에 의한 북진통일이 아닌 유엔을 통한 평화적 해결의 단초를

285) 『동아일보』, 1949. 5. 13, 「議政壇上의 一年回顧」.

286) 서상일(국회 산업분과위원장), 「민생문제의 근본대책」(출처 미상).

보였다는 점이며, 통일 방안으로는 유엔의 역할에 기대하고 있었다는 것이다.

그렇지만 통일방안의 구체성은 부족하였다. 또한 자신의 통일문제 인식이 한국문제의 유엔으로의 이관 이후 남북협상운동, 제헌국회 소장파 의원의 평화통일론 주장과 어떤 관계에 있는지에 대해 설명하고 있지는 못하다.

그러한 그의 통일 논리는 1951년에 출간된 『현하現下의 국난타개책國難打開策』을 통해 좀 더 구체화되고 있다. 그는 결론에서 "작년(1950－편집자) 10월 18일 UN총회의 결의[287]로써 자유롭고 민주적인 통일독립 한국 재건이 하루바삐 실현되기를 바라마지 않는 바이다"라고 언급하였다. 곧 그는 자유·민주적인 원칙하에 유엔을 통한 한반도의 통일을 꾀하고자 하였던 것이다. 그가 이런 통일론을 내세우게 된 배경으로서는 파괴와 소모적 속성을 보였던 한국전쟁이 주요한 원인이 되었다. 그는 전쟁의 책임 공방 혹은 복수심보다는 "자유스럽고 평화스러운 민주국가의 낙원"을 염원하며, 전쟁이 그것을 실현해야 하는 값비싼 대가였다고 생각하였다.[288] 이 결의에서 가장 주목되는 점은 국제연합한국통일부흥위원단의 참가국이 미국을 비롯한 유엔의 실세가 아니라는 점과 선거에 남북한이 동시에 참가한다는 점이었다. 이러한 점은 서상일은 통일론의 전개에서 대단히 주요한 부분을 차지하는 것으로서 주목해야 할 부분이다.

---

287) 대한민국건국십년지간행회, 『대한민국건국십년지』, 1956, 155～156쪽. 1950년 10월 7일의 결의 「국제연합한국통일부흥위원단 설치 및 경제 사회 이사회에 대한 구호계획 요청에 관한 결의문」에 보인다. 이 결의문에서는 총회 결의의 근본 목적이 한국의 통일독립과 민주정부를 수립하는 데 있다고 전제하였다. 동 결의문의 골자는 국제연합주권하에 평화회복과 선거실시, 통일정부 수립에 있어서 남북한 민중이 모든 당파와 대표단체를 초청할 것, 그리고 파키스탄·태국·토이기 등으로 구성되는 국제연합한국통일부흥위원단이 현국제연합 한국위원단으로 지금까지 행사하여 오던 제반 기능을 담당한다는 것이었다.

288) 서상일, 『現下의 國難打開策』, 청구출판사, 1951, 46～47쪽.

서상일의 통일에 대한 입장은 당시 전쟁 중이라는 국내외 정세를 고려할 때, 더욱이 이승만정권이 관제 데모를 통해 휴전회담에 반대하면서 북진통일을 주창하고 있었음을 고려할 때, 그의 정치적 식견에 주목할 수 있는 대목이다. 서상일의 소속 정당인 민주국민당의 경우에도 유엔에 의한 남북한 선거를 부정하였다. 1950년의 유엔 총회의 결의는 1949년 10월 21일의 것을 계승하고 있는 것이었는데, 1949년 9월경 유엔한국위원단이 총회에 남북한 선거안을 보고한 것에 대해, 민주국민당은 선전부를 통해 유엔 한국위원회의 보고는 모순이라며 강하게 반발하였다. 곧 남북한을 동일시하는 것은 부당하다는 것이었다.[289] 이처럼 서상일과 민국당의 통일에 대한 견해는 서로 달랐던 것이다.

1954년 4월에 열린 제네바회담은 한국 내 북진통일론을 대체할 평화통일론이 본격적으로 제기될 수 있는 계기를 마련해 주었다. 또한 서상일의 경우 그는 동년 하반기에 자신이 추구해 온 민주대동신당운동에 관한 구상을 마무리한 때이기도 하였다. 제네바 회담을 통한 국제사회에서의 한반도 평화통일론의 대두와 국내 정계 변화 노력에 조응해 서상일의 통일론은 구체화되었다.

서상일은 자신의 평화통일론은 「정치인의 양식에 소訴함」 1(1954. 8), 「정치인의 양식에 소訴함」 2(1954. 11)에서 언급하고 있다. 우선, 남북통일을 호헌구국의 국회 문제, 정부통령 선거 문제 등과 함께 3대 당면 과제로 설정하였다. 그는 제네바회담의 최고 성과로서 남북총선거를 통하여 민주독립통일정부를 수립하자는 데에 쌍방이 합의한 것은 한국 통일 문제 전망에 일단의 전진이라고 이해하였다. 이것은 4월 27일 북측대표 남일에 의해 발표된 3개 항목의 통일방안과 5월 15일 남측대표 변영태에

289) 『동아일보』, 1949. 9. 10.

의해 발표된 14개 항목의 통일방안에서 확인할 수 있는 내용이다. 다만 서상일이 지적하고 있듯이 감시권 문제, 곧 한국이 주장하는 바 대로 유엔 감시로 할 것인지 아니면 북한이 주장하는 것과 같이 중립국 감시로 할 것인지 하는 문제가 남아 있을 뿐이다. 그러나 이 감시권 문제가 제네바 회담의 가장 큰 요인이었던 점을 감안하면 양측이 쉽게 타협할 수 없는 것이었다. 서상일은 그 외에도 양측이 통일선거의 전제 조건으로 제시한 외국군 철수 문제, 국군 축소 문제, 전조선 위원 회원수 비율, 대한민국 헌법 절차 문제 등 많은 어려움이 있을 것이라 예측하였다. 그 가운데서도 감시권 문제가 가장 해결하기 어려운 문제일 것으로 분석하였다. 또한 이런 점 때문에 제네바 회담이 결렬되었지만, 통일 선거 문제가 9월 다시 유엔총회에 부의될 예정이고, 미 · 소 양국 외상이 각각의 성명을 통해 한국 문제를 계속 협의 대상으로 설정하고 있다는 점에 그는 일단의 기대를 표했다.

그는 한국문제가 전쟁이 아닌 평화적 정치적 방식에 의해 해결되어야 함을 국제 정세의 동향에서 찾았다. 주목되는 점은 무력통일의 주장이 국제정세를 객관적으로 파악하고 있지 못한 것이며, 이성에 근거하는 것이 아니라 감성에 의한 것이라고 파악한 것이다. 첫째, 3차대전이 발생하면 전쟁은 원자전이 될 것이므로, 동서 양진영이 원하지 않을 것이라고 보았다. 원자탄의 사용은 전 인류의 멸망을 초래하는 결과밖에는 아무런 소득이 없을 것이기에 동반 패망을 원치 않는 이상 전쟁의 가능성은 적을 것이라고 보았던 것이다. 둘째, 위에서 보았듯이 미 · 중 · 소 · 영 · 인도 등 세계의 주요국가의 이념, 국가정책, 외교정책 등을 고려할 때 전쟁보다는 평화공존을 선택할 것이라는 전망이었다. 셋째, 그는 인도지나 반도의 휴전으로 인해 열전熱戰만은 일단 종결되었던 것으로 이해하였다. 넷째, 미국의 국방정책도 지역 동맹 체제를 강화해 전쟁을 억제하는 방향으로 나아가고 있다고 분석하였다. 다섯째, 공산 측은 냉전 상태에서 평화공세를 적극 추진할 것으로 보았고, 동시에 영·불의 평화공존, 인도의 중립 노선이 미국의 패권적 세계 전략에 제동을 거는 일련의 과정으로 보았다. 그는 냉전구도의 양축을 이루고 있는 미·소가 대립관계에 있지만 제네바 회담, 유엔총회 등 국제회의 통해 힘의 공존을 도모하고 있다고 보았다. 그는 단적인 예로 일본의 문화 경제 사절단과 국회의원의 중국 및 소련 방문을 들었다.[290]

이러한 국제정세 인식에서 서상일은 국제정세의 동향이 평화공존으로 나아갈 것이라는 낙관적 전망 속에서 무력에서 평화적·정치적 해결 방식의 전환이 이미 대세를 점하고 있는 것으로 보았다. 이런 사고 위에서 한국이 국제적 척도인 것으로 간주하면서, 한국통일 문제 역시 무력적인 해결은 요원한 것이며, 시간적 문제가 있다 하더라도 평화적·정치적 해결밖에 다른 방도가 없다고 파악하였다. 그에 따라 한국의 독자적인 북진통일론은 세계정세에 반하는 것으로 이해하였다.

그는 1956년의 5·15 정부통령 선거에서 진보당(가칭)의 선거대책위원장으로 활동하는 가운데, 3월 3일에 개최된 전국추진위원대표자회의의 연설 중 "민주주의가 승리하는 방향에서 평화적으로 남북통일을 이루는 것이 당의 중요 목표"라고 발언하였다.[291] 또 4월 9일 서상일은 야당 후보 단일화를 환영하는 성명을 내고 '평화적 방법에 의한 남북통일'이 포함된 3개 원칙을 발표하였다.[292]

그는 통일 문제의 해결책으로서 3가지의 가능성을 제시하였다. 첫째, 무력 통일을 들었는데, 이것은 제3차 대전을 각오해야 할 것이라고 언급

---

290) 서상일, 「정치인의 양식에 訴함」 2, 1954, 13~19쪽.
291) 『한국일보』, 1956. 4. 1.
292) 『조선일보』, 1956. 4. 14.

하였다. 곧 전쟁을 통한 통일방식이 초래할 엄청난 재앙을 전망하였기에, 무력통일을 강력하게 부정하였다. 둘째, 평화적 통일 방식을 들면서, 이는 정치적 해결 방식이라고 이해하였다. 여기에서 그는 유엔을 통한 남북한 총선거에 찬의를 표했다. 중국이 유엔에 가입하면 자연 해결될 문제라고 보았다. 설령 중국이 유엔에 가입하지 않는다 하더라도 소련이 유럽에서, 중국이 아시아에서 평화 공존을 위해 노력하고 있듯이 소 · 중 양국이 한국의 평화정착에도 성의를 보일 것이라는 낙관적 국제 정세 인식을 나타냈다.[293] 셋째, 서독을 예로 들어 경제적 방식에 의한 통일 가능성을 제시하였다. 서독의 경제력을 발판으로 동독의 문호를 개방시켜, 동 · 서독 사이에 경제 · 문화 등의 교류를 계기로 통일 분위기를 형성한다는 것이었다. 이후 외국군 철수 및 국제 정세의 변화 곧 냉전의 종식에 따라 동서독이 통일될 수 있을 것으로 전망하였다.

이상의 3가지 방안 가운데 서상일은 두 번째의 유엔감시하 남북한 총선거안을 가장 현실적인 통일방식으로 이해하였다.[294] 그의 통일방안은 민혁당 결성 이후에도 그대로 이어졌다. 그는 위에서 언급된 바와 같이 평화통일만이 실현 가능한 것으로 간주하였다. 평화통일 방안을 다시 자주적인 방식과 타주적인 방식으로 구분하면서, 자주적인 방식은 남북한 당사자의 합의를 도출하기에는 현실적으로 어려운 점이 많아 가능성이

---

293) 그는 다음과 같이 국제 사회에서 평화 정착의 분위기가 형성되고 있다고 보았다. "구라파에서 EDC(구주공동방위기구)에 대항하여 소련 '몰로토프'는 새로운 구주 안전보장 기구를 결성하자고 제안하고 있으며, 중공의 주은래는 6월 25일 뉴델리에서 인도 수상 '네로'와 회담하고 아세아는 아세아인의 아세아라 하여 영토 불가침, 주권존중, 내정 불간섭, 호혜 평등, 평화 공존이라는 5개 원칙을 제창하고 SEATO(동남아세아 공동방위기구)의 결성에 대항하여 아세아 안전 보장 기구를 의도하고 있는 것이다. 구라파는 소련, 아세아는 중공이 각기 분담하고 적극 평화 공세를 추진하고 있는 만큼, 구주의 독일 통일과 아세아의 한국 통일에 소 · 중은 각기 평화 공존을 위한 성의를 실천으로 보일 단계가 불원하리라고 보지 않을 수도 없는 것이다."

294) 서상일, 「정치인의 양식에 訴함」 1, 1954, 20~25쪽.

희박한 것으로 이해하였다. 이 방안에 대해서는 구체적 설명을 유보하였다. 그것은 당시 한국 사회의 통일인식에 대한 정치적 현실을 감안하면 신중한 태도를 취할 수밖에 없었기 때문이다.[295] 그는 국제적 합의에 의한 타주적 방식만이 남북통일을 이룰 수 있다고 보았다. 당시 국제정세를 고려하면 길지 않은 시간 내에 통일원칙에 관한 합의나 결정이 이루어 질 것으로 낙관하였다. 그렇지만 통일원칙이 합의된 이후에도 실질적인 통일에는 많은 시간이 소요될 것이라 내다보았다.[296] 따라서 그의 평화통일론은 기존 보수정당의 통일방안과 차별되면서, 제네바회담에서 한국 대표로 참가했던 변영태의 남한 헌법에 따른 절차와도 질적 차이가 있었다. 남북 교류를 포함하는 민족 자주적인 통일방식에 회의적 태도를 취하고 국제 사회에 의한 통일 방식을 주장하였던 것이다. 물론 당시 남한 내 극우반공체제를 고려하면, 남북 교류설을 언급하기에는 많은 제약이 따른다. 이런 점에서 진보당의 통일론과는 차이가 있는 것이었다.[297]

그 같은 평화공존의 대세적인 분위기에서 한국에서도 평화공존에 대비해야 한다고 강조하였다. 그 방식은 "정치인을 핵심으로 하는 총력전이 아니고는 아니 될 것이다"라고 하여, 정치인을 중심으로 한 국민총력체제의 확립을 촉구하였다.[298] 그는 그러한 대비의 유무가 민주국가가

295) 홍석률, 앞의 글, 57쪽.

296) 서상일, 「제2해방을 전망하며」, 1958, 55~71쪽.

297) 조봉암의 통일론과 비교할 때 통일방안의 형식에 있어서는 유사한 측면을 보이고 있으나 내용면에 있어서는 질적인 차이가 있었다. 곧 진보당은 당의 정책으로 채택되지 않았지만 당내 일각에서 남북교류를 통한 통일방안이 제시되었음을 상기할 필요가 있다.

298) 서상일, 「제2해방을 전망하며」, 1958, 55~71쪽. 그는 "민주혁신과 조국통일은 우리 민족의 역사적 구국 과업으로서 이를 훌륭히 완수할 책임과 의무는 이 나라 혁신 동지들에게 부과된 신성스런 임무이다"라고 천명하였다. 조봉암 역시 '국민 총력의 집결'을 주장하였다. 조봉암은 평화통일에 대비한 '총력전'의 당위성을 한국전쟁을 예로 들어 설명하였다. 곧 전쟁에 대한 대비가 부족했기에 비극이 초래되었다고 보았던 것이다. 계속해서 무력전에도 철저한 대비가 요청되듯이 평화전에서도 철두철미

되느냐 아니면 공산국가가 되느냐 혹은 노예가 되느냐 아니면 자유민이 되느냐 하는 분수령에 서 있다고 보았다. 그의 '총력전'은 또 다른 한편으로 책임정치의 구현과 복지사회의 건설을 내용으로 하는 민주대동 신당 운동을 실현하고자 하는 논리로서도 활용하였다.

그는 남북통일을 경제발전의 주요 방안으로 이해하였다. 그는 민주혁신당 결성 이후 작성한 「제2해방을 전망하며」(1958)에서 현실 가능한 유일한 통일방법은 국제 협조에 의한 민주적 통일밖에 없다고 주장하면서 민족통일은 단순한 국토의 통합이 아닌 경제적 자립의 기본적인 전제 조건인 것으로 간주하였다. 곧 남북통일이 경제 발전을 통한 민주복지사회 건설의 첩경인 것으로 보았던 것이다.[299)]

그런데 그의 남북한 경제통합론은 당시 한국경제의 성격이라 할 수 있는 미국에 의존하는 원조경제체제를 벗어나 민족 자립경제의 실현을 지향하는 것이었다. 곧 대외 외존적인 경제구조를 탈피하는 민족경제를 전망하는 것이었다. 이런 경제 자립은 사회구성의 하부구조를 이루는 것이기에 상부구조인 정치의 자립에도 영향을 미치지 않을 수 없는 것이었다. 때문에 그의 민족 자립경제 논리는 그가 지향하는 자유민주주의와

한 대비가 필요하다고 강조하였다. 그 점을 "우리는 무력전에 있어서의 혈투와 마찬가지로 평화전에 있어서도 사투를 각오하여야 하겠다"는 표현으로 압축하여 강조하였다. 이 점에서도 형식적으로는 서상일과 유사한 측면이었다.

299) 서상일, 「제2해방을 전망하며」, 1958, 55~71쪽. 그는 남북한의 경제 현실을 전력, 비료, 시멘트 등과 지하자원을 비교하면서 남북통일의 당위성을 부각시켰다. 우선 전력의 경우 당시 남한의 발전량은 겨우 13만 kw에 불과한 데 비해 북한은 총 1백 4, 5십 만 kw에 달하니 남북한을 합하면 1백6, 7만 kw를 발전할 수 있어 전력난을 덜 수 있다고 보았다. 다음 비료의 경우 남한의 비료 생산량은 필요량의 1/3 수준밖에 되지 않는다고 보면서, 북한의 흥남질소의 생산량을 활용할 수 있으면 부족량을 해결할 수 있을 뿐 아니라 해외 수출까지도 가능할 것이라 전망하였다. 시멘트의 경우도 남한 생산량으로서는 수요를 충족할 수 없기 때문에 북한의 평양시멘트와 합함으로써만이 부족분을 해결할 수 있다고 보았다. 또한 제철, 제지, 무연탄 등 북한의 기간산업 및 지하자원과 남한의 경공업이 산업적으로 연관될 때 경제적 발전이 가능할 것이라 전망하였다.

밀접한 연관성을 맺었다.

그런데 그의 통일방안의 한계점을 지적하지 않을 수 없다. 곧 UN을 통한 남북총선거안이 하나의 통일방안이 될 수는 있겠지만 통일의 주체는 여전히 우리 민족이 되어야 하는 점을 간과하고 있다. 또 통일의 필연성이 낙후한 남한 경제를 보완하는 정도에서 찾고 있다는 점이다. 따라서 그의 통일방안은 실현성이 낮다고 할 수 있다. 이러한 한계는 4 · 19 이후 치러진 7 · 29선거에서 남북교류설을 제시함으로써 극복될 수 있었다. 그러나 그의 통일론이 오히려 용공성 시비를 불러오고, 혁신정당 내부에서도 파열음이 끊이지 않았다.

4. 4월혁명 이후 혁신정당운동의 전개와 논리

1) 사회대중당 창당과 7 · 29총선거

(1) 사회대중당 창당 추진

서상일의 민주혁신당은 '진보당사건'으로 혁신세력의 활동이 크게 위축된 가운데 4월혁명까지 명맥을 유지한 혁신정당이었다. 4월혁명의 발생은 혁신정치 세력이 활동을 재개할 수 있는 공간이 마련되는 계기가 되었다.

4월혁명 이전까지 서상일의 활동을 먼저 살펴보자. 서상일은 진보당과 결별하고 민주혁신당을 창당했으나 조봉암이 법살法殺 당한 '진보당사건'의 영향과 민주혁신당의 내적 한계로 인해 정상적인 정당 활동을 할 수 없을 정도로 위축되었다. 서상일은 침체된 국면을 탈피하기 위해 1960년 2월 2일에 외교구락부에서 농업경제학자로 미군정의 농무부장을 지낸 이훈구(민주사회당)·장택상(반공투쟁위원회)·박기출(구진보당)·김성숙(민혁당)·정화암(통사당발기위) 등과 함께 자유·민주 양당을 제외한 비보수 세력의 연합전선을 모색하려 하였다.[300]

2월 2일에 장소를 변경하여 아서원雅敍園에서 열린 '6인 회동'에서 참석자들은 반독재민주수호연맹을 조직하고 정·부통령 후보자를 내세우기로 합의하는 한편 비보수 세력의 정당 결성을 모색하기로 하였다. 서상일도 "앞으로 매일 회합하고, 4, 5일 내로 정·부통령 후보를 결정하고, 10일 내에 등록을 끝낼 것이라"고 밝혀 반독재민주수호연맹에 대한 강한 기대감을 나타냈다.[301] 그렇지만 동 연맹은 제4대 정·부통령 선거에 대비해 성향이 매우 다른 정파간의 급조된 단체일 뿐 이념이나 노선에서 분명한 자기 입장을 가지고 있지 못했기 때문에 후보 선정을 둘러싸고 난항을 거듭하였다.

그로 인해 2월 5일에 열린 5인 전형위원회에서 장택상과 박기출을 정·부통령 후보로 결정했으나 이내 분열되었다. 곧 장택상이 후보 수락에 미온적인 태도를 취하고, 박기출은 서상일과 장택상에게 자신이 후보로 지명되더라도 사퇴할 것임을 밝혔다. 또 서상일은 반독재민주수호연맹에 참석하지 않음으로써 정·부령 후보 지명에 반대 의사를 표명하였고, 민주혁신당은 정·부통령 후보가 결정된 그날 저녁에 비공식 부차장

300) 『동아일보』, 1960. 2. 3, 「非保守聯合 摸索」. 民社黨 당수인 錢鎭漢과 統一黨의 委員長인 金俊淵이 배제된 이날 회의에서 논의될 의제는 ① 정·부통령선거에 대비하여 非保守勢力의 총집결, ② 헌법에 보장된 국민주권의 가해자 타도, ③ 언론자유의 수호 등으로 알려졌다. 또 비보수계에서의 단일 정·부통령 후보의 추진 문제와 非共産主義的인 社會主義와 平和統一論이 검토될 가능성도 점쳐 졌다.

301) 『동아일보』, 1960. 2. 4, 「정·부통령 후보내기로」. 이날 '6인 회동'에서 참석자들은 다음과 같은 공동성명서를 발표하고, 소집책임자 李勳求, 위원 朴己出·張澤相·鄭華岩·金成璹 등으로 5인전형위원회를 구성하였다. "우리들은 앞으로 非保守政黨 조직을 摸索하기로 하고 국가□□□□좌우할 당면한 □□□□선거에 임하여 反獨裁民主守護聯盟이라는 組織體를 구성하고 우리들은 이 조직체를 기반으로 하여 正·副統領立候補者를 내세우기로 합의하였다."

급 회의를 열고, 반독재민주수호연맹에 가담하지 않을 것과 민혁당의 파견 대표인 김성숙을 소환하기로 하였다.[302] 결국에는 장택상과 박기출이 후보 지명을 수락했으나 '후보등록서류 피탈被奪사건'으로 인해 후보 등록을 하지 못했다.[303]

한편 진보당계의 김달호金達鎬도 대통령 후보로 나설 의향을 내보이는 동시에 신당 조직을 모색하면서 정계에 적지 않은 파문이 일었다. 당국은 진보당계의 동향을 예의 주시하였다. 검찰과 경찰의 정보관계자가 비밀리에 모여 진보당의 재조직이 신국가보안법 제17조(약소 · 협의 · 선동 · 선전 등) 위반에 해당되는 범죄의 구성요건이 충족될 수 있는가를 점검하는 잦은 특별 회의를 가졌다.[304] 그에 따라 검찰은 진보당식 평화통일론을 내걸면 정당 · 정치인을 막론하고 입건 수사키로 방침을 결정하고, 나아가 당 재건을 위해 규합하는 행위에 대해 국가보안법을 적용할 것임을 밝혔다.[305] 이는 당국이 진보당계의 재건에 대해 국가보안법까지 적용해 국가 폭력을 가할 것임을 밝히는 동시에 그 외 혁신세력에 대해 진보당계와 함께 정당 결성을 하지 못하도록 하는 규제를 가하는 것이었다.

---

302) 『동아일보』, 1960. 2. 5, 「張澤相씨로 合意?」; 2. 6, 「張澤相, 朴己出 兩氏 選定」; 2. 7, 「反獨裁聯 流産 危機」. 정태영은 "대통령 후보로 서상일, 김병로 등을 내자는 안이 있었고, 장택상과 박기출은 반공투쟁위원회의 장택상을 선택하고, 김달호는 윤길중과 함께 정부통령 선거에 대비하고자 했으나 윤길중의 거부로 실패"하였다. 그 이유는 "그들은 조봉암 법살 이후 개인적 성향이 강고하여 조직적 구성력이 취약했던 관계로 정부통령 후보 선정에 아무런 합의를 보지 못했기 때문"이라고 하였다(정태영, 앞의 책, 534쪽; 이정식 면담, 김학준 편집, 『혁명가들의 항일 회상』, 민음사, 1988, 384~385쪽).

303) 『동아일보』, 1960. 2. 9, 「張 · 朴 兩氏 指名 受諾」; 2. 11. 민혁당의 부위원장 김성숙의 부인이 반독재민주수호연맹의 정 · 부통령 후보인 장택상 · 박기출의 추천장에 날인한 것이 이유가 되어 자칭 용산경찰서 형사에게 연행된 적이 있었다.

304) 『동아일보』, 1960. 2. 10, 「진보당계서 신당조직설」, ; 2. 11, 「정부통령선거와 유관?」; 2. 12, 「前進步黨系列의 新黨組織說도 정계에 적지 않은 파문」.

305) 『동아일보』, 1960. 2. 12, 「진보당식 평화통일론 내걸면 입건, 검찰서 방침 결정」; 2. 28, 「국가보안법 적용」.

이와 같이 반독재민주수호연맹의 정 · 부통령 지명 문제로 인한 내분과 진보당계의 정치 활동에 대한 정부의 탄압으로 인해 혁신세력은 3 · 15선거에 참여하지 못했다. 또 서상일의 민혁당은 독자적인 정 · 부통령 후보를 내지 못하는 무기력한 모습을 보였다.

서상일은 4월혁명에 대해 어떻게 인식하였을까. 그는 우선, 그는 8 · 15를 '민족적 제1해방'으로 규정하면서, 3 · 1운동의 숭고한 해방운동의 정신이 계승되어 8 · 15해방이 오게 되었다고 하였다. 다음으로 그는 4 · 19를 '4월 혁명' 혹은 '4월 민주혁명'으로 규정하면서, 그 역사적 의의를 이승만 독재정권을 타파하고 자유를 향유케 된 '정치적 제2해방'으로 규정하였다. 잠깐 그의 4 · 19에 대한 인식을 보면 다음과 같다.

> 세계적 대조류와 역사적 지향에 따라 내가 평소부터 외쳐 오던 민주혁신은 이것으로써 정치적 민주혁명이 이룩되었습니다. 나는 이것을 정치적 제2해방이라고 하는 것입니다. 우리는 인간의 존엄성을 확인하게 되었고 인간의 기본권리인 자유의 보장을 받게 되었습니다. 이승만 독재정권 밑에서는 우리 국민대중은 개, 돼지와 같이 학대를 받아왔으며 경찰의 몽둥이와 구두 발에 짓밟혀 왔던 것입니다. 갖은 위협과 공갈에서 우리들은 옳다고 생각하는 일은 얼마든지 자유롭게 말할 수 있고, 대도 자유롭게 활보할 수 있게 되었습니다. 너 나 할 것 없이 민주국민의 일인으로서 다같이 자유를 향유하게 된 기쁨에 넘치게 되었습니다.[306]

그 다음으로 그는 "빵이 없는 자유는 죽은 자유와 같다"며, 4 · 19운동 이후 우리 국민이 가져야 할 역사적 과제로 '경제적 해방의 달성'임을 강조하고, 그것을 '경제적 제3해방'으로 규정하였다. 그 내용을 축약하면, 실업자 구제를 통한 고용 창출, 중소기업의 활성화, 생활권 균등 등 경제

306) 서상일, 「인사말씀」, 1960.

적 평등을 이룩하자는 것이었다. 다시 말해 노동자 · 농민 · 중소상공업자 · 봉급생활자 · 문화인 등 광범한 근로대중을 경제적 수탈과 착취에서 해방시키는 복지사회의 건설을 강조하였다.[307] 결국 그는 민족의 역사적 발전을 '해방'에 초점을 맞추고, 8 · 15 민족해방을 제1해방으로, 4 · 19 민주운동을 제2해방으로 규정하고, 경제적 자유를 제3해방으로 간주하여 실현해야 할 과제로 설정하였던 것이다.

서상일은 4 · 19 이튿날에 김병로 · 이인 · 정화암 등 13명과 함께 정부의 책임을 추궁하는 결의문을 발표했다. 그는 뒤이어 각계각층의 망라한 68명과 함께 이승만의 하야와 체포학생의 석방을 요구하는 경고문을 발표하고, 내각에 전달하였다.[308]

4 · 26 이후 혁신세력은 민주사회주의의 우파인 민주혁신당과 좌파인 진보당계가 양대 세력을 형성하는 가운데 혁신세력을 자처하는 정화암의 민주사회당, 전진한의 민족주의민주사회당, 장건상의 근민당, 고정훈의 구국청년당 등으로 난립되었다.[309] 이에 혁신세력은 1960년 5월 7일 태고사(조계사)에서 혁신연맹결성대회革新聯盟結成大會를 개최하여 통합을 추진하려 하였다. 그러나 이 대회는 이념의 불일치와 주도권을 둘러싼 대립으로 인해 유산되었다. 특히, 진보당계는 이 대회가 민혁당과 민족주의민주사회당이 주도하는 것으로 이해하여 강한 불만을 표시하면서, 서상일과 전진한을 불순세력으로 규정하여 동 대회에서 배제할 것을 주장하였다. 이에 민혁당을 비롯한 비진보계의 대회 강행 입장과 구진보당 중심의 결성준비대회 입장이 팽팽히 대립하여 결국 혁신연맹결성대회는 무산되었다.[310] 결국 민혁당계와 진보당계의 갈등이 이 시기에도 그대로

---

307) 위의 글.

308) 이인, 『반세기의 증언』, 명지대학교 출판부, 1974, 218쪽.

309) 『동아일보』, 1960. 5. 5, 「제2공화국에의 고동」 ② 在野政黨.

나타났던 것이다.

서상일의 민혁당과 김달호·윤길중 등의 구진보당은 근민계·민족민사당(이훈구) 등과 함께 혁신연맹결성대회가 무산된 직후인 5월 12일에 일단 갈등을 봉합하여 가칭 사회대중당을 발기하였다. 동시에 4월 혁명의 완수와 국토통일의 실현과 민주적 복지국가의 건설을 역사적 과업으로 설정하고, 혁신정당의 역사적 사명, 혁신정당의 정치적 의미 등이 제시된 발기문을 발표하였다.[311] 서상일은 이때를 계기로 이동화와 함께 민주혁신당을 탈당함으로써, 진보당과 결별하고 창당한 민주혁신당을 스스로 무효화하였다.[312] 반면, 5월 8일에 사회대중당 발기에 충격을 받

---

310) 『동아일보』, 1960. 5. 8, 「각파 이념에 차이, 혁신연맹결성대회 유산」. 혁신연맹 결성대회 준비위원의 명단은 다음과 같다. 尹泰榮(前韓獨黨)·李昌根(獨勞黨)·曺圭澤(前進步黨)·金武眞(민족주의민주사회당)·金在弘(근민당)·金善積(민주사회당)·金鎭湜(민주사회당)·金哲(민주혁신당)·張洪琰·安晸鏞·昇明天. 이정식, 『한국현대정치사－제2공화국－』, 성문각, 1986. 5대 국회의원 후보추천만을 위한 협의기구로 하고 정당으로의 발전은 선거 후 논의하기로 한다는 결성취지'를 둘러싸고 두 세력으로 분열되어 '혁신연맹'결성대회는 좌절되었다. 정태영, 『한국사회민주주의운동사』, 세명서관, 1995, 535～536쪽.

311) 정태영, 앞의 책, 537～538쪽 ; 『동아일보』, 1960. 5. 14, 「민족적 입장 고수」 ▲ 창당 발기 취지문 …진행 중에 있는 4월 민주혁명은 명실상부한 참다한 민주혁명이어야 한다.…중략…이 혁명을 계기로 하여 참다운 민주적 복지사회에로의 거대한 전진은 이룩되지 않는다.…중략…완수할 자는 광범한 근로민중을 기반으로 하는 우리 나라의 혁신적인 민주세력이어야 하고 이들 혁신적 민주세력의 견고한 집결체인 민주적인 혁신정당이어야 한다.…중략…대동적 혁신정당은 4월 민주혁명의 완수와 국토통일의 실현과 민주적 복지국가의 건설이라는 역사적 대과업을 옳게 담당 완수할 수 있고 또 대행하게 될 농민·근로자·노동인텔리·중소상공업자 및 양심적 자본가 등을 사회적 기반으로 하는 광범한 근로민중의 국민 대중적 혁신정당이 아니면 아니 된다.…중략…보수양당제도를 거부 배격하는 한편 보수혁신양당제도의 조속한 확립을 위하여 분투할 것이다.…중략…우리의 민주적 혁신정당은－소비에트적 독재 및 확장주의를 철저히 반대하는 한편－미국을 비롯한 서방세계의 민주적 諸우방과 긴밀히 제휴 협력하면서 세계평화의 유지와 인류복지의 증진과 민족만대의 번영을 위하여 온갖 정력을 기울일 것이다. 단기 4293년 5월 12일. ▲ 발기인 서상일(민혁당)·최근우(근민당)·김달호(진보당)·김성숙(근민당·민혁당)·유병묵(근민당)·유한종(한독당·근민당)·이동화(민혁당)·이훈구(민족주의민주사회당)·박기출(진보당)·윤길중(진보당)·윤우현(부산혁신세력총집결).

312) 『동아일보』, 1960. 5. 14. 서상일의 민주혁신당에 대한 장악력이 떨어지면서, 1960년

은 혁신연맹준비위원들은 혁신동지협성회革新同志協成會를 구성하였다.[313]

그러나 사회대중당 발기위원회의 내부 갈등은 쉽게 가라앉지 않고, 창당대회의 개최를 어렵게 하였다. 김달호가 독자적으로 사회대중당의 창당 추진에 박차를 가하자 박기출·이동화·유병묵 등이 노골적으로 반발하였다.[314]

또한 창당대회를 며칠 앞둔 5월 8일에 서상일계와 김달호계 사이에 당 결의기관을 둘러싸고 주도권이 벌어져 서상일계가 김달호를 발기위원회에서 제명하는 사태가 벌어졌다.[315]

111——피거름 속에서만 民主主義는 蘇生한다

피거름 속에서만 民主主義는 蘇生한다

徐相日 (政治家)

피거름 속에서만 민주주의는 소생한다
(『새벽』 7, 1960년 5월)

5월 13일에 개최된 동당 상무위원회는 당의 결의 없이 사회대중당의 결성발기위원이 될 수 없다는 입장을 밝혔다. 이 때문에 민혁당은 사회대중당 참여세력과 잔여세력으로 분열되었다.

313) 편집부, 「國內情勢의 焦點」, 『세계』 1960. 6, 218~221쪽 ; 김성열, 「혁신정당의 전모」, 『새벽』 1960. 11, 99~100쪽. 혁신연맹준비위원들은 5월 8일 인화루에 모여 혁신연맹을 다시 추진하기로 하였으나 조규택·이창근·이광진 등이 권오순 등과 손을 잡고 김창숙(유도회)·장건상(근민당)·유림(독로당)·조경한(한독당)·정화암(민주사회당)·김학규(한독당) 등을 추대하여 5월 12일에 혁신동지협의회의 발기를 선언했다. 이후 이 단체는 김창숙·조경한·김학규·정화암 등이 이탈한 가운데 5월 27일에 혁신동지총연맹을 결성하였다. 이외에 5월 12일에 혁신구국연맹(일명 아서원파)와 전진한, 민혁당의 김성숙이 제휴하여 한국사회당을 발기하고, 5월 14일에 시공관에서 창당준비위원회를 개최하였다. 6월 2일 고정훈이 추진해 오던 구국청녕당준비위원회는 사회혁신당을 결성하였다.

314) 『동아일보』, 1960. 5. 12, 「김달호·박기출씨계 대립」. 김달호 측이 오는 선거에 대비하여 사회대중당을 결성할 준비를 갖추고 있으며, 11일에 창당발기준비위원회를 열고 각 도에 3명의 조직책임자를 선출했다는 것이 알려졌다.

315) 『동아일보』, 1960. 6. 11, 「사대당 반목 노골화」. 5월 8일에 17명의 발기위원 중 12명

이는 서상일계가 당의 최고결의기관이 총무위원회이라고 주장한 반면, 김달호계는 총무위원회는 당의 한 부서에 불과하기 때문에 각 부서의 구성원으로 이루어지는 주비위원회가 최고의결기관이라고 주장한데서 비롯되었다. 당시 총무위원회 12인 위원 가운데 윤길중·김기철 등 두 사람을 제외한 나머지는 서상일계였고, 주비위원회의 대부분은 김달호계였다. 이에 대해 김달호는 자신의 제명 결의는 불법이라 주장하였고, 윤길중 역시 불법이라고 규정하였다. 이 불법이 민혁당의 공작에서 비롯된 것으로 간주하였다. 반면 같은 진보당계인 박기출은 과거의 동지를 제명한 것은 슬픈 일이기는 하나 제명결의는 합법적인 것이어서 따를 수밖에 없다는 입장을 밝혔다.[316] 한편, 김달호는 5월 9일에 105명 중 57명이 참석한 주비위원회를 개최하여 서상일을 제명하고, 총무위원회를 해체하고자 하였다.[317]

이렇듯 당을 창당하기도 전에 당내 주도권 문제로 서상일계와 김달호계가 극도의 분열을 보이자 윤길중·김기철이 중재에 나섰다. 이때 자신의 입장을 완강하게 주장한 서상일은 두 진보당 측의 중재 노력으로 당의 모든 조직을 당내 여러 계열의 세력에 안분按分할 것과 김달호의 제명을 백지화하는데 합의하였다.[318] 이로써 가칭 사회대중당의 분열 위기는

이 참석한 가운데 열린 발기위원회에서 10 대 2로 김달호의 제명을 결의하였다.

316) 『동아일보』, 1960. 6. 10, 「창당 앞서 분열 위기」; 김성열, 앞의 글, 100~101쪽.

317) 『동아일보』, 1960. 6. 11; 『경향신문』, 1960. 6. 9; 한승주, 『제2공화국과 한국의 민주주의』, 종로서적, 1983, 94~95쪽에서 재인용, 김달호는 서상일과 그의 지지자들이 "과거 진보당 인사들에 대한 시기와 열등감으로 인하여 정치적 음모"를 꾸미고 있다고 주장하였다.

318) 『동아일보』, 1960. 6. 11, 「사대당 반목 노골화」. 서상일은 윤길중·김기철에게 ① 김달호를 모든 당직에서 떠나게 할 것, ② 김달호가 □□으로 받아들인 □□□□를 당의 입당 수속기관에 제출할 것, ③ 김달호가 임의로 조직한 경기도당준비위원회와 동대문을구당준비위원회를 해소시킬 것, ④ '주비위원회'를 해산할 것 등을 전제조건으로 요구하였다.

가까스로 넘기게 되었으나 갈등의 불씨는 여전히 남아 있었다.[319)]

당의 분열 위기를 넘긴 가칭 사회대중당은 예정보다 늦은 1960년 6월 17일에 삼일당에서 전국 대의원 700명 중 650명이 참석한 가운데 창당준비위원 대표자회의를 개최하였다.[320)] 서상일은 대표자회의에서 13명으로 구성된 임시의장단에 선출되었다.[321)] 그러나 동 대표자회의에서 사회자인 윤길중이 대표총무위원에 서상일이 선출되었다고 발표하자마자 김달호계가 격렬히 반대하여 소란이 발생하였다.[322)]

소란이 진전되자 동 대표자대회는 중앙당 경과보고, 각 도당 경과보고, 국내외 정세보고, 과도정부 · 유엔에 보내는 메시지 · 선언 · 강령 · 정책 · 약헌 채택의 순서로 진행되었다. 과도정부에 보내는 메시지의 골자는 진보당사건과 김구암살사건의 진상 규명, 고정훈의 구속 등은 과도내각이 모정당의 전위내각이 아닌가 하는 의혹을 일으키고 있다는 것이었다. 반혁명 행동을 국민은 감시하고 있다는 것이었다.[323)] 유엔에 보내는 메시지에는 유엔의 인도주의와 평화주의가 사회대중당의 이념과 같으며, 평화통일이 사회대중당의 통일방침이라는 내용이 담겨져 있었다.

'경과보고'에서 사회대중당을 '보수당과 대결할 일대 혁신정당'으로 규

---

319) 『동아일보』, 1960. 6. 11, 「분열 위기 모면한 사회대중당」. 이 사태의 장본인인 김달호는 자신을 제명한 "발기인회란 지날 달 말에 발전적 해체를 하였고, 주비위원회가 구성되었으므로 이것이 유일한 당결의기관이라고 말하면서, 서씨 일파는 반당행위자이므로 마땅히 징계해야 할 것이나 중대한 시기이므로 관대히 처리할 것이라"고 말했다. 또한 서상일파는 "주비위원회란 구성된 일 조차 없으며, 발기인회가 당결의기관"이라고 주장하였다.

320) 이정식, 『한국현대정치사 3－제2공화국－』, 성문각, 1976, 329~331쪽.

321) 이 명단은 서상일 · 김달호 · 김성숙 · 조헌식 · 유병묵 · 송남헌 · 이동화 · 이훈구 · 박기출 · 정화암 · 조규하 · 윤길중 · 최근우 등이다.

322) 『동아일보』, 1960. 6. 18, 「社會大衆黨準備大會, 徐黨首選出로 騷亂」. 동대회 사회자이 윤길중이 서상일이 대표최고위원으로 선출되었음을 발표하자 김달호계는 그가 ① 진보당을 빨갱이로 보았으며, ② 조봉암 씨에게 불리한 증언을 하였고, ③ 김달호 씨 제명 소동을 일으켰으므로 혁신세력을 대표할 수 없다고 주장하였다.

323) 『동아일보』, 1960. 6. 18, 「사회당준비대회에서 메시지 채택」.

정하였다. 창당선언문을 통해 사회대중당의 지향점을 "민주혁명의 완수와 평화적 통일의 실현과 민주적 복지사회의 실현이라는 역사적 대과업을 옳게 담당 완수할 것을 이에 결의하고 맹세하고 선언하는 바이다"라고 제시하였다.[324]

내분에도 불구하고 사회대중당은 과거 진보당과 민혁당의 지방조직을 이용하여 혁신 정당 가운데 가장 성공적인 지방조직을 갖추어 보수 정당과 견줄 수 있을 정도의 준비를 마쳤다. 그 가운데 서상일의 정치적 기반인 경북지역의 경우를 보면, 6월 15일에 대구에서 경북도당준비위원회가 결성되었다.[325] 동 준비위원회에는 반보수정당 전선의 구축의 기치 아래 진보당계 · 근민당계 · 민혁당계 · 한독당계 등 모든 혁신세력이 결집되었다. 결성대회에서 이동화는 사회대중당의 정치 노선에 대해 "사회대중당은 민주사회주의의 당이며 그것은 노동자 · 농민 · 인텔리 · 중소상공업자 등 광범위한 근로대중의 권익을 위해 독재와 자본의 힘과 대결하는 정치세력"이라고 규정하였다. 축사에 나선 박기출(당발기인)은 "4 · 19혁명으로 제기된 민주과업은 사회대중당에서 담당해야 된다"고 역설하였고, 이상두(영남일보논설위원)도 "과거 몇 번인가 씨가 뿌려졌던 혁신운동은 김구 · 조봉암 씨 등의 예와 같이 싹도 트이기 전에 총탄에 쓰려졌으나 이제 뿌려질 혁신의 씨는 기어코 성장해서 결실될 것"이라고 주장하였다. 사회대중당 경북도당의 조직 체계는 중앙당과 같이 보수당의 보스정치를 지양하기 위해 집도지도체제의 11인 총무위원회를 구성하고, 그

324) 이정식, 앞의 책, 333~337.

325) 『대구매일신문』, 1960. 6. 16. 총무위원에는 이영옥(진보당계) · 尹志和(진보당계) · 朴知帥(진보당계) · 宋箕讚(민혁계) · 金永達(민혁계) · 柳漢鍾(근민당계) · 梁在韶(근민당계) · 金永元(한독계) · 梁好民(학계) · 洪亨義(학계) 등이 선정되었고, 각 위원회의 위원장에는 재정위원회에 양재소, 당무위원회에 이영옥, 조직위원회에 유한종 등이 각각 선임되었다.

밑에 선전 · 재정 · 통제 · 당무 · 조직 등의 위원회 및 선거대책위원회 · 인권옹호위원회 등을 두기로 결의하였다.

이처럼 사회대중당 경북도당은 대구지역의 반보수 정치세력을 포함해 학계 · 언론계 등 저명인사가 참여해 전국적으로 가장 탄탄한 인적 기반을 갖춘 명실공이 혁신세력의 집결체였다. 이후 경북도당은 7 · 29총선거에 대비해 나갔다.

(2) 7 · 29총선거와 그 결과

4월혁명으로 내각책임제와 양원제를 권력구조로 하는 헌법이 개정된 후 제4대 국회는 해산되었다. 새헌법에 따라 국회를 구성하기 위한 제5대 국회의원 선거는 7월 29일에 민의원 233명과 참의원 58명을 선출하기로 되어 있었다.

사회대중당은 7 · 29선거에 선명성을 내세워 다른 혁신정당과 제휴하지 않고 독자적으로 후보를 공천하기로 결정하였다.[326] 그에 따라 사회대중당은 당무위원장 송남헌을 통해 동당이 후보를 내지 않은 지역에서만 혁신진영의 조정이 이루어질 수 있다는 입장의 성명서를 발표하였다.[327] 이는 혁신정당의 제휴 없이도 독자적인 선거를 통해서 선거의 성과를 확신할 수 있다는 사회대중당의 자신감이었다. 그러나 이것은 참패한 혁신세력의 선거 결과와 무관하지 않았다.

사회대중당은 새로운 내각의 구성 등 실질적인 권한을 가진 민의원 선거에 121명의 후보를 내고, 참의원 선거에는 단 7명만 내보냈다. 지역별 후보 수를 보면, 민의원의 경우 경남 34명, 경북 29, 전남 21명 순이었고,

326) 『동아일보』, 1960. 6. 14, 「혁신세력연합전선체 불고려」 ; 6. 29, 「연합공천에 실패」. 한국사회당과 혁신동지총연맹은 혁신세력 연합공천을 위해 혁신진영선거대책협의회를 구성하고 사회대중에 참여할 것을 권고했다.

327) 『동아일보』, 1960. 6. 30, 「당선가능자만 공천경쟁 조정」.

서울은 제주와 같이 단 1명이었다. 참의원의 경우 경북 2명, 서울·경기·충남·전남·경남에 각 1명이었다. 이처럼 사회대중당은 민의원 선거에 주력하면서, 경남·경북·전남 등 3개 도道에 집중하였다. 이 3개 도道의 선거구를 보면, 경남 40개, 경북 38개, 전남 32개로서 전체 민의원 의석 수 233석 중 47.2%에 해당하는 110개가 몰려 있었고, 선거 유권자 수도 11,593,432명의 40%인 4,638,561명에 달했다.[328] 이 3개 도道는 공교롭게도 사회대중당 주요간부의 출신 지역과 일치하는 특징을 보였다. 또한 사회대중당은 농촌보다는 도시화가 진전된 약 120선거구에 집중적으로 나섰다.[329] 그런데 사회대중당은 다른 혁신정당과 후보 공천의 단일화에 반대한 결과로 인해 혁신세력 사이에 경쟁을 해야 하는 경우가 있어 선거에 불리한 요소로 작용할 가능성이 높았다.[330]

여기서 사회대중당의 주요 거점의 하나로 설정된 대구의 사정을 살펴보자. 서상일은 사대당의 대표총무위원이라는 자신의 영향력을 활용해 6개 선거구의 후보를 당내 주요 인사와 대구의 유명인사로 공천하였다. 서상일 자신은 자신의 텃밭인 을구에 출마하고, 갑구에는 대구매일신문 주필로서 '학생을 정치의 도구로 활용하지 말라'는 사설을 빌미로 일어난 필화 사건의 주인공인 최석채崔錫采를, 병구에는 1950년대 말 전국반독재민련 중앙조직부장과 민권수호국민총연맹 중앙조직부장을 지낸 김수한金守漢을, 정구에는 대구대학 정치학 교수로 재직하면서 학생들로부터 신망이 두터웠던 양호민梁好民을, 무구에는 경북대 교수로 재직한 바 있고, 진보당과 민주혁신당 그리고 사회대중당의 강령·정책을 기초했던 혁신

328) 중앙선거관리위원회, 『대한민국선거사』, 1973, 1157~1204쪽.

329) 윤천주, 『한국정치체계』, 366~367쪽.

330) 社會大衆黨이 23개 선거구에서, 혁신동지연맹이 2개 선거구에서 당내경합을 벌였고, 20개 선거구에서 혁신정당들끼리 경합함으로써 혁신세력들은 총 45개의 선거구에서 경쟁하였다.

이념의 이론가인 이동화를, 기구에는 대구의 유일한 여성후보로서 구진보당계의 사회대중당 경북도당 당무위원장인 이영옥李榮玉을 각각 출마시켰다. 그리고 서상일의 선거사무장은 김영달이 맡았고, 이동화의 선거사무장은 경북도당 조직위원장 유한종이 맡았다.

이처럼 서상일은 대구에 저명인사를 공천하여 선거에서 혁신계 바람을 일으키려 하였다. 이를 통해 주도권 다툼으로 불안한 당내 위치를 확고히 하고, 대구를 기반으로 하여 보수 대 혁신의 정치 구도를 확립하려 하였다. 대구의 선거는 다른 지역과 사회대중당과 민주당 두 당의 대결로 압축되었다. 이에 대구의 갑구 · 을구 · 정구 · 무구에 민주당의 후보로 나선 서동진 · 황병갑 · 조재천 · 조일환 등은 사회대중당의 거물급 인사와 맞붙게 되어 역대 선거에 비해 총력전을 기울이지 않을 수 없게 되었다.[331]

사회대중당의 선거 전략을 살펴보자. 우선, 선거 공약을 보면, 4월 혁명의 완수, 유엔감시하 남북한 총선거의 통일방안, 계획경제와 자유경제를 혼합한 경제와 계획성 있는 경제체제의 확립, 농업정책, 복지정책, 교육 · 문화 정책 등을 내어놓았다.[332] 그렇지만 사회대중당의 선거 공약은 명료하게 정리되어 있지 못한 상태에서 자유당 · 민주당의 과거 정치 형태와 보수적 한계를 폭로하는 공세에 치중하였다.[333]

---

331) 정영진, 앞의 책, 136~137쪽.

332) 중앙선거관리위원회, 『대한민국선거사』, 1973, 496~497쪽.

333) 『동아일보』, 1960. 7. 1, 「선거운동 선전전에 치중」. 민주당의 '독재와 싸운 정당 마음 놓고 찍어주자'거나 '정치적 안정 위에 경제개혁 이룩하자'는 선거 구호에 비해 대중들에게 호소력 있게 다가가지 못했던 것으로 보인다. 『동아일보』, 1960. 7. 6, 「인기 노린 선전책」. 사회대중당은 나아가 "민주당은 이정권하에서 혁신세력이 주창하 평화통일논자들을 빨갱이로 몰았으며, 자유주의경제정책을 내세웠음에도 불구하고 4 · 19 이후 평화통일을 남북통일방안으로 제시하였고, 계획성 있는 경제 운운으로 혁신정당이 내건 경제정책을 도용하고 있는 것이다"라고 비난하였다. 또한 민주당에 대해 "민주당의 선거공약이 4월 혁명 후 급격한 정세에 따라 대중의 인기에 조합하

그런 가운데 서상일을 비롯한 사회대중당 후보들은 상대방의 허물을 들추기보다는 민주사회주의 이념을 선전하고, 혁신 정당의 역사적 정당성을 부각시키려 노력하였다.[334] 서상일은 자신의 정치적 지향성이 민주혁신에 있다고 강조하면서, 우리 민족의 역사적 발전 단계를 민족적 제1해방, 정치적 제2해방, 경제적 제3해방으로 설정한 것과 같이 4월혁명 이후 경제해방의 달성을 최우선 과제로 설정하였다.

또한 이상두가 논설위원으로 있던 영남일보의 경우 혁신정당인 사회대중당의 정치노선을 보수정당인 민주당과 비교할 수 있는 기획 기사를 여러 차례 실었다.[335] 곧 양당의 통일방안, 경제 정책, 국회 활동 등에 관해 비교하여 소개하였다. 특히, 영남일보가 사회대중당의 정치 노선을 지지하는 경향을 보여, 사회대중당은 자당의 정치노선을 대중에게 선전하는데 대단히 유용하였다.

보수·혁신의 정치적 이념이 부각되는 가운데 선거일이 가까워지면서 후보들 간의 갈등도 고조되었다. 특히 대구 무구의 경우 민주당 후보 조일환趙逸煥은 7월 18일 합동연설회에서 사회대중당의 정책을 북한의 정책과 동일시하여 사회대중당을 '용공정당'으로 단정하고, 이동화 후보를 '용공분자'로 몰아세웠다. 곧 보수세력이 혁신세력에 대해 메카시즘적 용공시비를 불러 일으켰던 것이다. 이에 이동화 측의 사회대중당社會大衆黨은 조일환 후보를 허위사실 공포죄와 명예훼손죄 그리고 국가보안법 위반

려는 전술에서 나온 것이며, 실천하기 위해서 내세운 것이 아니다"라고 비난하였다.

334) 편집부, 「7·29 총선을 이렇게 본다」, 『사상계』 1960. 9, 38쪽(金相浹).

335) 『영남일보』는 1960년 7월 7일부터 12일까지 「선거전략 대담」을 기획하여, 社會大衆黨과 민주당의 「남북교류문제」를 비롯한 「통일문제」, 「경제정책」, 「국회 활동」 등의 정책을 소개하였다. 또한 7월 17일과 18일 양일에 걸쳐 「伏中의 激戰地」를 실었다. 그리고 사설을 통해 「살인귀 이승만을 도피시킨 허정권은 책임을 지라」(1960. 5. 30), 「혁신정치인들은 먼저 자기혁신부터 하라」(1960. 6. 12), 「차라리 선거 前에 결별하라—민주당 구파의 분당 선창을 보고—」(1960. 7. 13), 「보수·혁신의 양당정치체제를 확립하자」(1960. 7. 28) 등을 실었다.

統一方案싸고正面對立

保守·革新兩勢力,7·29總選政見發表서

“中立國監視案과折衝”

徐相日·崔錫采兩氏, 注目할發言

“社大黨의容共性” 保守側非難

現地調整키로 社大黨競合區

15次유엔總會 九月20日開幕

7·29선거 때 서상일이 언급한 사회대중당의 통일방안 (『동아일보』, 1960년 7월 8일자)

협의로 고소하였다.

특히, 용공성 시비는 서상일과 최석채 후보가 유엔 감시하 총선거안과 북한의 중립국감시안은 절충될 수 있으며, 가장 현실적이고 유일한 방안이라고 주장한 것이 빌미가 되었다.[336] 또 서상일은 북한과의 경제, 문

336) 『동아일보』, 1960. 7. 8. 서상일은 “양당의 공약에서 말한 적당한 유엔감시란 제네바 회의 때 우리 정부가 주요한 순수한 유엔감시와 공산 측이 내놓은 중립국 감시라는 방안을 절충하려는 것으로 이는 우리의 동맹국 중의 모국이 찬성한바 있는 안이다”

화, 인사 교류를 주장하였다.[337] 곧 서상일은 남북한통일 방안의 절충과 남북간의 교류를 주장하였던 것이다. 진보당의 조봉암이 법살 당한 것을 고려할 때 통일방안이 몰고 올 파장은 예측 가능한 것이었다. 이에 민주당은 곧바로 "아름다운 꿈이기는 하나 전쟁상태라는 한국의 현실성을 전혀 도외시한 망언"이라며 날을 세웠다.

서상일이 제시한 통일방안은 사회대중당 내에서도 논란이 되어 당원끼리 서로 대립하는 양상으로 악화되었다. 김기철金基喆은 사회대중당이 제시하고 있는 '적당한 유엔 감사하 총선거'의 감시국이란 "한국전쟁에 참전한 나라를 제외한 비참전국가만의 감시"라고 해명하였다. 사회대중당 대변인은 서상일의 통일방안은 '개인적 사견私見'일 뿐이라고 해명하였다. 이에 반해 김달호는 "중립국감시안과의 절충론으로 대표되는 남북협상론은 애국적일는지는 모르나 비합법적이며, 적당한 유엔감시 운운하는 표현도 동당 조직위원장 김기철의 사견에 속하는 것으로, 개인적인 방안의 제시는 정당인으로서 무책임한 발언이라고 주장하였다.[338] 이처럼 사회대중당은 명확한 통일 방안을 제시하지 못한 상태에서 개인적 성향에 따라 각각 언급됨으로써 혼란을 자초하였다.

뿐만 아니라 통일 방안에 대해 혁신정당 사이에서도 용공성 시비가 불거졌다. 혁신동지총연맹의 장건상과 이광진 등이 '중공 유엔가입', '공산국가라고 해서 적성국가로 단정할 수는 없다'고 주장한 것에 대해 사회대

라고 밝혔다. 또 최석채는 "우리나라의 지나친 반공성향을 공산 측 안이라면 무조건 반대 내지 기피하려는 버릇을 만들어 놓았으나 그것은 옳지 못하며 현실을 바탕으로 이성적인 해결을 요한다. 절충방안만이 통일을 가져올 수 있는 유일한 안"이라고 강조하였다.

337) 『동아일보』, 1960. 7. 14, 「통일방안 또 논쟁」.

338) 『동아일보』, 1960. 7. 14, 「통일방안 또 논쟁」. 김달호는 계속해서 "①통일방안문제는 통일 가능성이 현실적으로 나타날 때 역사의 그 단계에서 합법적이고 타당한 방안을 제창한다, ②혁명완성문제 합법적 평화적 방법으로 점진적인 경제정책을 해야 하며 서상일 씨가 말했다는 혁명론은 어불성설이다"고 주장하였다.

중당과 한국사회당은 '국제정세와 국내정세를 무시한 몰각한 언사'라고 비난하였다.[339]

이처럼 통일방안이 선거의 주요 쟁점으로 떠오르면서 검찰이 조사방침을 정했다는 사실이 언론에 알려지면서 사태는 더욱 악화일로로 치달았다.[340] 이에 대해 사회대중당은 즉각적으로 송남헌을 통해 관권의 혁신세력에 대한 고의적 압력이라고 단정하고, 당국에 엄중 항의하였다. 또 서상일은 7·29선거는 한국의 정치에 있어 가장 중요한 선거이기에 공명선거가 치러져야 함에도 불구하고 용공성을 불러일으키는 고루한 보수세력의 비열한 행동을 단호히 배격 규탄한다는 내용의 성명을 발표했다.[341] 또 자신의 정견을 담은 선거 인쇄물에서도 사회대중당을 빨갱이로 모는 것은 보수당의 자기 본색을 드러내는 것이라고 주장하였다.[342]

이처럼 사회대중당의 통일 방안은 객관적 현실성에도 불구하고 오히려 용공성 시비로 비화되었다. 그러한 악영향은 경북 안동에서 사회대중당 당원의 대거 탈당과 강원도 혁신세력의 악전고투로 현실화되었다.[343]

사회대중당은 지역에 따라 선거 전술을 달리 사용하기도 하였다. 대구의 경우 사회대중당은 피학살자를 위한 위령제를 계획하였다. 이는 정구에 출마한 양호민梁好民이 유일한 상대자인 민주당의 조재천曺在千 후보를 공략하기 위한 선거 전술이었다. 한국전쟁 당시 경북 지사였던 조재천이 양민학살에 가담했다고 공격하였던 것이다. 그러나 조재천은 사회대중

339) 『동아일보』, 1960. 7. 19.

340) 『동아일보』, 1960. 7. 20.

341) 『영남일보』, 1960. 7. 20.

342) 「선거, 인사말씀, 서상일」, "우리 社會大衆黨을 빨갱이라고 중상하는 것은 과거 이승만 독재정권이 툭하면 빨갱이라고 몰아 댔던 수법인 것입니다. 이것은 보수당 본질과 생리에서 온다고도 할 수 있으며 자유당 재판 노릇을 하는 보수당의 자기본색을 드러내는 것입니다."

343) 『동아일보』, 1960. 7. 9.

당 갑구 후보인 최석채가 한국전쟁 당시 경북 도경 사찰과 과장이었던 사실을 폭로하며 맞대응하였다. 이에 양민학살의 쟁점화는 선거에 미칠 영향을 분석하느라 일단 유보되었다.[344]

부산의 경우 몽양 여운형의 추도식을 통해 바람몰이를 시도하였다.[345] 그러나 모인 청중이 5백여 명에 불과해 오히려 대회 주최 측을 당황하게 만들었다. 이처럼 사회대중당은 지역의 특성을 살려 선거의 쟁점화를 시도했으나 충분한 사전 조사나 면밀한 예측을 못해 성과를 얻는데 한계가 있었다.

사회대중당은 자당 출신 후보 사이에 경쟁과 여타 혁신정당 후보 간 경쟁을 해야 하는 경우가 있어 민주당의 신·구파 대립과 마찬가지로 내부 대립을 피할 수 없었다. 사회대중당 후보 간의 경쟁이 가장 심했던 곳은 대구 을구였다. 이 선거구에는 사회대중당의 서상일과 동당 출신 무소속의 윤지화尹志和, 민주당의 황봉갑黃鳳甲과 동당 출신 무소속의 이근상李根庠 등이 출마하였다. 곧 사회대중당 출신의 후보 2명과 민주당 출신의 후보 2명 등 4명이 경합을 벌였던 것이다. 특히, 진보당 경북도당에서 활동하다가 사회대중당 경북도당의 총무위원으로 선정된 인물이었던 윤지화의 원래 지역구는 대구 갑구였으나 서상일이 선거 전략상 최석채를 끌어들이는 바람에 공천에서 탈락하고 무소속으로 출마하였던 것이다.[346] 이에 대해 사회대중당은 윤지화를 해당 당위로 간주하여 제명 처리하였다.[347]

---

344) 『동아일보』, 1960. 7. 9 ; 7. 20 ; 7. 27.

345) 『동아일보』, 1960. 7. 20, 「몽양추도식에 불과 5백 명 참집」. 혁신동지총연맹의 장건상이 주도하였는데, 사회대중당의 박기출도 참가하였다.

346) 『영남일보』, 1960. 7. 8, 「선거전략 대담」에서 윤지화의 말 ; 정영진, 『선거는 춤춘다』, 대일, 1992, 137쪽.

347) 『동아일보』, 1960. 7. 5.

選擧戰略 對談

李根庠 尹志和 徐相日 黃鳳甲 (無順)

合理的인 經濟政策을 樹立……徐氏

中·小企業育成이 急先務……黃氏

革命課業完遂에 할 일

참된 民主主義爲해 努力……李氏

健全한 保守·革新이 必要……尹氏

7·29선거 때 대구 을구에 출마한 서상일 (『영남일보』, 1970년 7월 7일자)

윤지화는 서상일에 대해 서상일은 당을 5번이나 옮긴 변절자이기 때문에 혁신정당의 지도자가 될 자격이 없고, 당내 불순분자의 우두머리라고 비난하였다.[348] 경북 상주에 출마한 진보당계의 김달호는 서상일이 자신의 출마한 선거구의 문중 사람에게 민주당 후보를 찍을 것을 선동했다며 비난하였다. 이처럼 사회대중당내 진보당계와 민혁당계의 대립 · 갈등이 선거 막판에 여지없이 불거져 서상일은 자신의 명망에도 불구하고 긴장을 풀 수가 없었다. 또한 대구 을구의 경우 서문시장을 끼고 있어 중소상인층의 동향이 사실상 당락을 결정할 수 있는 선거구였기에 재력가인 민주당의 후보 황병갑과 무소속 이근상의 영향력을 가볍게만 볼 수 없었다. 이처럼 서상일은 당내외로부터 공격을 받아 예상외로 고전하였고, 을구 외 5개 선거구의 사회대중당 후보의 선거운동자금이 부족해지면서 상황이 불리하게 작용하였다.[349]

이에 사대당경북선거위원회는 7월 21일에 수성천변에서 대구 · 경북의 후보자가 모두 참석하고, 윤길중과 박기출이 참석한 가운데 연설회를 개최하여 선거 초반의 붐을 다시 조성하고자 하였다. 여기에서 서상일은 '새로운 경제혁명을 일으켜야 한다'고 주장하였다. 곧 자신이 주장한 제3해방을 달성해야 한다는 취지의 강연을 행했던 것이다. 또 다른 참석자들은 보수 · 혁신의 양당제의 필요성을 강력히 주장하였다.[350] 이 연설회의 효과로 대구지역은 보수와 혁신 간에 백중지세를 보이고 있다는 전망이 나오기도 하였다.[351]

---

348) 『동아일보』, 1960. 7. 22, 「사대당 내분 심각」. 윤지화는 계속해서 당내 불순분자의 제거 운운이 선거에 미칠 영향을 고려해 덮어두고 있는 것이라고 말하였다.

349) 『동아일보』, 1960. 7. 9 ; 7. 20, 「혁신 붐 퇴조 현저, 대구서 1, 2석 확보도 어려울 듯」 ; 7. 28, 「혁신계 거물 고전, 대체로 민주당 공천자 지지 경향」.

350) 『동아일보』, 1960. 7. 22, 「대구선 혁신 붐?」. 윤길중은 "4월혁명을 완수하고 계획경제 체제를 확립하여 국민을 잘 살수 있게 할 수 있는 정당은 사대당뿐이며 보수세력은 이 과업을 실행할 수 없다"고 주장하였다.

선거 초반만 하더라도 사회대중당은 선거 결과에 대해 상당한 자신감을 갖고 있어, 경북지역에서만 20여 석을 확보할 수 있을 것이라는 낙관적 전망을 가졌다. 또 서상일은 사회대중당이 전국에서 30여 석을 확보할 수 있을 것으로 전망하였다.[352] 그러나 선거가 종반에 다다르자 사대당은 경북지역에서 10석만 확보해도 큰 성과라며 기존의 전망치를 낮추었고, 박기출은 전국에서 20석을 확보하여 혁신계 교섭단체 구성을 기대하였다.[353] 이처럼 사회대중당은 선거일이 가까워지면서 당선 예상 의석을 줄여 잡을 정도로 초반의 상황과는 많이 달랐다.[354]

7·29총선거 결과 사회대중당은 전국에서 민의원에 4명, 참의원에 1명 등 5명만이 당선되어 참패하였다. 또한 혁신계의 한국사회당은 민의원에 1명, 참의원에 1명이 당선되었고, 혁신동지총연맹은 참의원에 1명만이 당선되었다. 사회대중당은 민의원에 대구 을구의 서상일, 전북 남원 갑구의 박환생, 경남 밀양의 박권희, 강원도 원성군의 윤길중 등이었고, 참의원에 충남의 이훈구가 당선되었다. 반면, 보수야당인 민주당은 민의원에 175명, 참의원에 35명을 당선시켜 집권당이 되었다.

사회대중당의 선거 결과를 분석해 보면, 사회대중당은 전체유권자 9,077,835명에서 불과 6%의 지지를 얻는데 그쳤다. 정당 단체별 의원후보

351) 『동아일보』, 1960. 7. 27.

352) 『동아일보』, 1960. 7. 30.

353) 『동아일보』, 1960. 7. 20 ; 편집부, 「選擧前後」, 『새벽』 1960. 8, 사회를 맡은 宋元英은 혁신 정당의 20석 확보에 대한 전망에 대해 대구의 경우를 들어 龍虎相搏의 선거 양상을 보이고 있어 당락을 쉽게 예측할 수 없다고 보았다.

354) 편집부, 「落穗錄」, 『사상계』 1960. 7, 152~153쪽. 『사상계』는 7·29선거에서 혁신계의 선거 결과를 다음과 같이 예상하였다. "적게 잡아도 三派로 나누어진 혁신세력은 표면상 기세를 올리고 있듯이 보이지만 5대 국회에서 교섭단체를 형성할 수 있을 것이지는 의문이다. 사회대중당에서 당선 가능성이 있어 보이는 사람으로는 서상일·윤길중·김성숙·김달호 등 자기 선거구가 있는 몇 사람뿐이며 그밖에는 조규희 씨처럼 조봉암 씨의 연고를 찾아 인천 병구라 간다든가, 도박성을 띄운 대결(장면 씨와 맞서겠다는 유병묵 씨 같은 이)을 시도한다든가 하는 정도이다."

자 수 대 당선 수 비율에서는 121명에 4명이 당선되어 겨우 3%에 지나지 않았다. 또한 당선자의 학력은 서상일을 제외한 모두가 대학 졸업자이고, 직업도 변호사(윤길중), 의사(박권희), 지주(박환생), 정미업(서상일)이었다.[355] 곧 사회대중당의 민의원 당선자는 지식인이면서 전문직이거나 재력을 갖춘 자들이었다.

더욱이 사회대중당은 대구에서 당운을 걸고 총력전을 폈음에도 불구하고 보수의 벽을 넘지 못한 채 6개 선거구에서 을구를 제외한 나머지 5개 선거구에서 참패하였다. 곧 을구의 서상일이 15,348표를 얻어 11,662표를 얻은 민주당의 황봉갑 후보를 3,686표 차이로 누르고 당선되었다. 무소속의 이근상은 6,444표, 윤지화는 798표를 얻었다. 앞에서도 언급했듯이 서상일의 선거 결과는 그 자신의 명망에도 불구하고 큰 차이를 내지 못하고 당선되었다. 다만, 서상일만이 '막대기만 꽂아 놓아도 당선된다'던 민주당의 바람을 가까스로 막은 셈이었다.[356] 나머지 선거구의 경우, 갑구의 최석채는 7,530표를 획득해 21,208표를 얻어 당선된 민주당의 서동진에게, 병구의 김수한은 5,818표를 획득해 20,750표를 얻어 당선된 민주당의 임문석에게, 정구의 양호민은 11,610표를 획득해 31,672표를 얻어 당선된 민주당의 조재천에게, 무구의 이동화는 7,152표를 획득해 22,772표를 얻어 당선된 민주당의 조일환에게, 기구의 이영옥은 2,506표를 획득해 11,207표를 얻어 당선된 장전모張顚模에게 완패했다.[357] 이로써 대구의 선거 결과는 사회대중당의 참패와 민주당의 완승으로 마무리되었다. 이런

355) 중앙선거관리위원회, 『대한민국선거사』, 1973, 1157~1204쪽. 정당단체별 의원후보자 득표 상황에서 민주당 41.7%, 자유당 2.7%, 무소속 46.8%, 한사당 0.6%, 통일당은 0.2, 기타단체 1.7%였다. 또 정당단체별 의원후보자수 대 당선수비율표(후보자수, 당선자수, 비율) 민주당 301 175 58.1%, 자유당 52 2 3.8%, 무소속 977 49 5.0%, 한사당 18 1 5.6%, 통일당 1 1 100%, 한독당 12 0 0%, 기타단체 36 1 2.9%를 나타냈다.

356) 정영진, 『선거는 춤춘다』, 대일, 1992, 141쪽.

357) 정영진, 앞의 책, 243~245쪽.

결과에 대해 대구의 언론계는 의외의 사태로 받아들였으며, 서상일은 기자의 면담 요청에도 휴식중이라며 일체의 면회를 사절한 채 침통한 심정을 감추지 못했다.[358]

이와 같이 4월혁명이 혁신계의 정치적 공간을 확장시켰음에도 불구하고 7 · 29선거에서 사회대중당의 전면적 참패는 사회대중당이 지향하는 민주사회주의 실현과 보수 대 혁신의 양당 정치 구도의 좌절을 의미하였다. 이에 따라 사회대중당은 향후 정치 활동에 큰 제약을 가지게 되었고, 민주당이 신 · 구파로 분당된다면 한국사회당 및 무소속의원과 연대해 '캐스팅 보트'를 행사할 가능성만이 미약하게나마 남았다. 이제 사회대중당은 선거 참패원인을 반성적 입장에서 분석하고, 당내 통합력을 높여 향후 방향성을 정립해야 하는 과제를 가졌다. 따라서 사회대중당은 명확한 정치노선의 정립과 실천적 정치 행동을 펼쳐야 만이 정당으로서의 자기 역할을 할 수 있다는 역사적 경험을 실감했던 것이다.

(3) 선거 참패 원인과 사회대중당의 분열

사회대중당의 참패 원인은 무엇이었을까. 몇 가지로 나누어 분석할 수 있다. 먼저, 외적 요인에서 찾는 경우이다. 첫째, 사회대중당의 형식적 한계를 지적하는 경우이다. 곧 정식으로 창당을 하지 못한 사대당이 선거에 임하기에는 시간이 절대적으로 부족했다는 것이다.[359]

둘째, 사대당의 선거 자금과 조직의 열세를 지적하면서, 강한 지역 연고주의로 인해 타지방 출신들이 고전을 면치 못했다는 것이다.[360] 선거 자금과 조직의 열세 문제는 한국 선거 형태의 전근대성에서 찾을 수 있

---

358) 『영남일보』, 1960. 7. 31.

359) 편집부, 「7 · 29 총선을 이렇게 본다」, 『사상계』 1960. 9, 39쪽.

360) 편집부, 「落選國會」, 『새벽』 1960. 7, 86~87쪽.

다. 그러나 그 원인의 근저에는 혁신세력의 선거 방식이 돈과 조직에 의지하는 보수 정치인의 그것과 거의 다르지 않았다는 데서 찾을 수 있지 않을까 싶다. 또한 선거에서 지역주의가 투표의 주요 변수로 작용할 수 있는 충분히 인정할 수 있는 요인으로, 그것이 사회대중당 후보에 불리하게 작용할 수 있을 것이다. 그런데 그것이 7·29선거에서 모든 정당에게 동시적으로 작용하지 않았다면 어떻게 분석해야 할 것인가. 다시 말해 지역주의가 보편적 주요 변수이긴 하지만 가변성을 지닌 것임을 고려할 때 선거에 참패한 사회대중당의 변명에 가깝다고 볼 수 있다.

셋째, 둘째의 현상이 나타나는 원인으로 국민의 정치의식이 박약하다고 지적하는 경우이다. 유권자의 정치의식의 낙후성은 일반 사회와 언론 및 혁신계에서 동일하게 지적하는 것이다. 특히, 대구에 출마한 사대당의 후보들은 당내 주요인사들이었음에도 불구하고 완패한 것이 그만큼 충격이 더 컸을 것이다. 더구나 대구가 1956년 정부통령 선거에서 조봉암 지지표의 비율이 전국에서 가장 높았던 점을 고려할 때, 또 좌익에 대한 반정부 감정과 정치 성향이 높은 도시로 알려진 점을 고려할 때 더욱 그러하였다.[361)]

그리하여 낙선한 대구의 사대당 후보들은 선거 패배의 원인을 대구 유권자의 정치의식에서 찾았다. 곧 양호민은 "그러나 보수의 벽은 두텁고 강했어요. 혁신을 외치는 목소리는 컸지만 수효는 많지 않았다"고 했다. 이동화는 "민중의 정치의식 수준은 생각보다 높지 못해 당선은 무리였다"

361) 탁희준·이정재, 「대구 사회의 분석」, 『사상계』 1961. 4. 이 글에서 대구의 정치 성향에 대해 긍정적으로 평가하는 근거는 전국 어느 도시보다 신문구독율이 높고, 교육 정도가 높으며, 공장 노동자 및 저소득층의 비율이 높고, 농촌으로부터 유입되는 인구가 많은 도시라고 지적하고 있다. 또 대구는 한국전쟁 당시 비점령지역이기에 좌익이 다른 지역에서처럼 제거되지 않았다고 언급하였다. 그 이후 한승주와 홍석률의 연구에서도 이러한 입장을 1960년대 대구의 특징으로 간주하는데 주저하지 않았다.

라고 하면서, 민주당이 압승한 것에 대해 "4월 혁명을 짓밟은 사람들의 승리"라고 간주하였다.[362]

그러나 그러한 결과는 사회대중당의 선거 방식이 이성보다는 감정적 고려에 압도되어 있던 유권자에게 사대당이 머리에만 호소했지 말이나 생활 감정을 파악하지 못했던 것에서 기인한 것으로 볼 수 있다.[363] 또한 대구가 한국전쟁 당시 비점령지역이긴 했지만, 전쟁을 전후하여 많은 양민이 학살된 것을 볼 때 좌우 갈등이 없었다고 단정하기에는 무리가 따른다. 다시 말해 양민 학살의 진상이 밝혀지지 않은 상태에서 양민학살을 선거 쟁점으로 부각시켰을 때 보수세력의 자기 방어적 저항이 그 만큼 강할 것은 쉽게 예상할 수 있을 것으로 생각된다. 따라서 사대당은 자신들의 입장만 강조했을 뿐 유권자의 정치의식이 어느 정도인지, 어떻게 해야 표로 연결시킬 수 있을 것인지에 대한 현실적 정치 감각이 부족했던 것이다. 그러한 이유로 인해 사회대중당은 대구뿐 아니라 전국적으로도 강고히 온존되어 있던 보수세력의 두터운 벽을 넘을 수가 없었던 것이다.

다음으로 사회대중당의 내적 구조에서 찾을 수 있다. 첫째, 사회대중당의 정책 중 통일론이 용공성 시비를 불러 일으켜 선거에 역작용을 초래했다. 사대당 내부와 혁신정당 사이에도 통일론을 둘러싼 공방 또한 선거에 불리하게 작용했다는 것이다. 이는 반공 의식이 온존한 유권자에게 '남북교류론', '중공 유엔 가입' 등의 주장이 오히려 혁신정당이 공산당의 아류가 아닌가 하는 의구심을 불러 일으켰다.[364] 나아가 그러한 통일 방안이 보수정당에 비해 객관적이긴 하나 당시 국내 정세를 고려한 정치

362) 정영진, 앞의 책, 137~138쪽.

363) 편집부, 「7·29총선을 이렇게 본다」, 『사상계』 1960. 9, 37~38쪽.

364) 박동운, 「총선을 통해 본 국민의 정치의식」, 『새벽』 1960. 9, 121~122쪽.

현실이 되지 못했다는 것이다.[365] 또한 민족통일 달성에 대한 공약은 당시 유권자의 정치의식 수준을 고려할 때 그다지 변수로 작용하지 못했던 점도 지적되었다. 유권자의 관심은 국내 민주주의의 달성과 사회 복지 확립에 쏠려 있었던 것이다.[366] 결국, 통일 방안이 용공성을 야기하는 한편 유권자의 관심을 거의 끌지 못했던 것이다.

둘째, 혁신정치 세력의 비혁신적 형태이다. 혁신운동이 혁신적 인물답지 못한 사람들에 의해 압도당하고 있기 때문에 혁신 정치인들에게는 정강정책의 바탕이 되는 사회과학적 이론이 박약할 뿐 아니라 실천이 뒤따르지 않았다는 것이다.[367] 이러한 혁신정당의 영도력 결핍은 민주사회주의의 지향성을 대중들에게 호소하지 못하고 자유당이나 민주당의 구태악습을 폭로하는 수준에 머물게 했다는 것이다.[368] 그리고 사회대중당이 선거전에 보인 진보당계의 김달호와 민혁당계의 서상일의 내부 분열과 대립이 선거에 역작용을 미쳤다고 볼 수 있다. 사회대중당은 당의 운영이 보수 정당과 달라야 했음에도 불구하고 민주당의 신·구의 주도권 다툼과 다를 바 없었던 것이다. 뿐만 아니라 민주당에 비해 선거 자금과 조직력이 취약해 당내 단결이 무엇보다 필요했던 사회대중당이 오히려 자중지란을 일으켜 유권자의 냉담한 반응을 초래했던 것이다.

셋째, 사회대중당은 혁신정당의 정치적 기반이 되어야 할 근로대중의 권익을 위해 투쟁하거나 사회·경제구조를 사회민주주의 방식으로 개혁하는 데 앞장서지 못했다.[369] 물론 서상일은 당시의 한국 사회의 역사적 과제를 경제 해방으로 설정하고, 윤길중 또한 경제 개혁의 필요성을 주

365) 송건호, 「혁신은 혁신되어야 한다」, 『새벽』 1960. 10, 87~88쪽.
366) 한승주, 앞의 책, 101~102쪽.
367) 송건호, 앞의 글, 87~89쪽.
368) 위의 글, 88~89쪽 ; 박동운, 앞의 글, 122쪽.
369) 신도성, 「한국의 혁신운동, 무엇이 문제인가」, 『민족지성』 1987. 2, 124~126쪽.

장하긴 했으나 정작 선거에서는 통일방안 논쟁, 당원끼리의 반목 등이 주요 쟁점으로 부각되었던 것이다. 따라서 사회대중당은 노동자·농민 등 근로대중을 지지 기반으로 설정하지 않고 보수 정당과 마찬가지로 중산층을 주요 득표 대상으로 설정했다고 볼 수 있다. 이러한 한계는 노동자·농민 등 대중의 지지를 기반으로 정치 활동이 전개되어야 하는 혁신정당의 성격을 스스로 져버리는 결과가 되고 말았다.[370]

따라서 7·29총선거에서 사회대중당이 참패하게 된 주요 요인은 외적 요인으로 선거 자금과 조직력의 결핍, 유권자의 정치의식의 낙후성 등을 지적할 수 있고, 내적 요인으로 후보들의 명확한 이념제시 부족과 정치 감각의 부재, 내부 분열과 대립, 근로 대중을 등한히 한 것과 경제 개혁 방안 부족 등으로 정리할 수 있다. 때문에 '혁신세력은 혁신되어야 한다'는 반성이 촉구되었던 것이다.

7·29 총선거 이후 사회대중당은 선거 참패로 인한 침체 국면을 벗어나기 위해 당을 재정비할 필요가 있었다. 선거 직후 사대당은 다른 혁신정당과의 재편을 통한 혁신세력의 통일보다는 사대당을 중심으로 한 혁신운동의 확대 강화를 꾀했다.[371]

그러나 선거 패배의 원인을 밝힌다는 명분 아래 책임 소재를 밝힌다는 구실을 들어 상대 진영의 해당행위를 들추게 됨으로써 내분이 재연되었다. 서상일의 비진보계는 10월 9일에 김달호가 선거 도중 서상일이 자신의 당선을 방해한 것 같다고 말한 것을 빌미로 하여 제거 공작을 벌

---

370) 유재일, 「4·19시기 혁신정당운동의 전개과정과 그 성격에 관한 연구」, 고려대 석사학위논문, 1988. 12, 68~70쪽.

371) 『동아일보』, 1960. 8. 4, 「혁신계 단일화 난항」. 사대당의 선전위원장 유병묵은 한국사회당 및 혁신동지총연맹에서 주장한 혁신정당 단일화를 어불성설이라고 일축하고, 진정한 혁신세력의 성장은 이번 선거에서 얻은 경험을 토대로 혁신의 주류인 사대당을 모체로 하여 광범위하게 뭉쳐야 한다고 말하였다. 또 구자유계나 민주당계라도 양심적인 인사는 받아들일 것이라고 덧붙였다.

였다. 진보계의 김달호는 통제위원회로 하여금 선거 도중 서상일이 제시한 중립국 감시안과의 절충설과 남북교류설을 내용으로 하는 통일방안과 후보 공천을 둘러싼 뇌물 수뢰설을 조사하게 하였다. 이같이 사회대중당의 내분은 진보계와 비진보계와의 상호 제거를 위한 행동으로 나타났다.[372]

두 진영의 반목과 대립은 당내 진보계가 총무위원제에서 당수제로의 당헌 개정과 노년층의 제2선 후퇴 및 구보수계의 제거를 추진함으로써 새로운 분쟁으로 이어졌다.[373] 이것의 목표점은 바로 서상일이었다. 진보계의 소장층은 서상일에 대해 과거 '반혁명적'이었으므로 지도자가 될 수 없기에 고문으로 물러날 것과 7·29선거 참패의 책임을 지고 대표최고위원직에서 물러나야 한다고 주장하였다. 이에 김성숙金星淑을 비롯한 십수 명의 비진보계 인사들은 김달호의 제명으로 대응하고자 하였다.

결국 두 진영의 반목 대립은 9월 15일에 비진보계의 메별 선언 발표를 계기로 둘로 분열되고 말았다. 그 전 9월 12일에 비진보계의 최근우·정화암·송남헌·조헌식 등은 윤길중과 김기철을 만나 메별 선전을 전하고, 쌍방 간에 깨끗이 갈라서되 상대방의 허물을 들추지 않기로 합의하였다.[374] 비진보당계가 밝힌 결별 이유는 진보당 재건을 꿈꾸는 분파주의자와 소영웅주의자와 당을 같이 할 수 없다는 것이었다.[375]

그런데 비진보당계가 장악하고 있는 당내 최고의결기관인 총무위원회를 통해 김달호계를 제명시키지 않고 결별 선언을 밝힌 것은, 자신들이

372) 김성열, 앞의 글, 101쪽.

373) 『동아일보』, 1960. 9. 11, 「사대당에 새 분규, 黨首制 黨憲 改正 등 싸고」.

374) 『동아일보』, 1960. 9. 17, 「사대당의 분열」.

375) 『동아일보』, 1960. 9. 15. 결별성명서에 서명한 비진보계 인물은 다음과 같다. 최근우·이훈구·정화암·김성숙·조헌식·유병묵·송남헌·구익균 등이었고, 박기출은 서명은 하지 않았지만 서상일계를 지지하였다.

7 · 29선대 이후 사회대중당의 분열을 그린 삽화 (『동아일보』, 1960년 9월 17일자)

진보당계를 배제시킨 채 한국사회당 · 혁신연맹 · 한독당 · 독로당 등과 함께 혁신정당 통합을 추진하는 것과 관련이 있었다.[376] 이후 두 진영은 각각 사회대중당의 간판 아래 사무실을 열고 지방조직 장악 및 세 불리기에 나섰다.

사회대중당의 분열에 대해 7 · 29총선거에서 혁신세력에 우호적이었던 대구지역의 영남일보는 동당에 대해 몸은 하나인데 머리는 여러 개인 괴물에 비유하는가 하면, "적에 대해서 가장 비겁하고 내부끼리는 가장 용감하다고 비판하였다."[377] 또한 "사회대중당社會大衆黨은 정당의 가식假飾

376) 김성열, 앞의 글, 101~102쪽.

377) 『영남일보』, 1960. 9. 14, 사설「혁신세력은 내부훼방밖에 할 일이 없는가－입으로가 아니라 행동으로써 혁신을 하라－」.

하에 이루어진 오합지중烏合之衆의 집단이었고, 각종 정치세력의 진열장이었다"고 격렬히 비난하였다.[378]

이처럼 사회대중당 내 서상일과 김달호 사이의 대립과 갈등이 증폭되는 나름대로의 원인이 있었다. 첫째, 진보당(가칭) 결성 과정에서 진보당과 민주혁신당으로 분열된 것이다. 둘째, 4월혁명을 계기로 같은 조직에 결집되었다 하더라도 총선 참패로 인해 정치적 행태의 차이에 따라 분열된 것에서 찾을 수 있다. 셋째, 두 사람 간의 노선 차이, 곧 서상일계의 민주사회주의 우파적 경향과 김달호계의 민주사회주의 좌파적 경향에서도 기인하였다.[379]

결별을 선언한 서상일의 비진보계는 자신들의 정치적 노선을 재조정하였다. 곧 정치적으로는 민주적 민주자주노선을, 경제적으로는 자립경제를 지향하는 혼합경제를 채택하기로 하였다.[380] 이것은 이후 통일사회당의 정치 노선의 단초가 된다. 또한 비진보계는 9월 23일에 서상일이 동당의 대표로 있는 것을 이용해 사회대중당창당준비위원회라는 이름으로 정당등록을 하였다.[381]

이제 사회대중당은 당내 세력별로 분열되는 길을 걸었다. 비진보당계가 여타 혁신 정당 · 단체와 제휴하기로 한 합의를 이끌어냈다. 그리하여 1960년 10월 15일 비진보당계 사회대중당 · 한국사회당 · 혁신동지총연맹 · 한독당 · 독로당 등 각 단체별 5인 대표로 구성된 '혁신5당통합추진위원회'를 구성하기로 합의하였다. 동월 25일에 동위원회는 "민족적 주체성에 입각한 민주사회주의의 실현을 기하는 국민대중정당을 발족한다"고 선

378) 『영남일보』, 1960. 9. 17, 「社會大衆黨은 어디로-멸종하는 '아이누'족이 되려는가?-」.
379) 정태영, 앞의 책, 589~592쪽.
380) 『동아일보』, 1960. 9. 19, 「좌 · 우 경향 노골화」.
381) 김성열, 앞의 글, 102쪽.

언했다.[382] 동 위원회에서는 당명은 독립사회당으로 결정하고, 창당을 추진하였다.[383] 이러한 중앙의 분열은 사회대중당 경북도당준비위원회에도 그대로 반영되어 진보계와 비진보계로 분열되었다.[384] 이 과정에서 진보당계의 윤길중은 장건상을 당수로 하는 혁신당을 창당하여 김달호와 결별하였다. 이처럼 7·29총선거에서 참패한 혁신세력들은 군소 혁신정당으로 분열되었다.[385]

서상일은 독립사회당의 결성을 이끌어 낸 뒤 의회로 진출한 혁신세력의 통합에 적극적 나서 혁신계 의원을 설득하는데 성공하였다.[386] 그리하여 서상일을 비롯한 김성숙(한국사회당)·윤길중(혁신당)·박권희(혁신) 등의 민의원과 이훈구(전사회대중당)·정상구(혁련) 등은 박환생(전사회대중당)이 참가하지 않은 가운데 1960년 12월 초에 혁신구락부를 결성하였다. 이들은 당시 창당을 추진하고 있던 독립사회당과 혁신당을 통합에 의한 신당을 결성하기로 하고, 각기 소속 정당에서 통합신당을 위해 노력하기로 하였다.[387]

---

382) 『민국일보』, 1960. 10. 21. 그러나 결별파 내에서도 분열이 발생하여 전근로인민당계의 최근우·유병묵·유한종·문희중·최백근 등은 11월 27일 사회당 결성을 선언하고, 인도식 민족자주노선에 입각한 민족통일을 표방하였다. 또한 1960년 11월 24일에는 7·29 이전의 社會大衆黨 결성을 추진하던 김달호계가 社會大衆黨 결성대회를 가졌다. 그리고 윤길중계는 장건상을 영수로 하는 혁신당을 발족을 선언하였다.

383) 『동아일보』, 1960. 11. 18.

384) 『대구매일신문』, 1960. 10. 30.

385) 진보당계 사회대중당은 1960년 11월 24일에 전국대의원 530명 중 362명이 참가한 가운데 창당대회를 개최하였다(『동아일보』, 1960. 11. 25). 사회대중당은 11월 29일에 중앙집행위원장에 김달호를 추대하고, 각 부서 책임자를 결정하였다(『동아일보』, 1960. 11. 30).

386) 박기출, 『한국정치사』, 1974, 207쪽 ; 구익균, 『새 역사의 여명에 서서』, 일월서각, 1994, 206~209쪽.

387) 『동아일보』, 1960. 12. 9, 「'革新俱'를 결성」.

2) 통일사회당의 결성과 그 활동

(1) 통일사회당 창당 참여

서상일의 노력으로 1960년 12월에 합의된 통합 신당은 1961년에 접어들어 준비위원회를 구성한 뒤 1월 21일에 통일사회당을 발기하였다.[388] 통일사회당에는 서상일계의 민혁당계와 윤길중의 진보당계, 김성숙을 중심으로 한국사회당, 정상구계의 혁신연맹, 고정훈의 사회혁신당 등 혁신세력의 지도급인물이 망라되었다. 예컨대 이동화 · 윤길중 · 송남헌 · 고정훈 등이 핵심이 되고, 원내 의원 6명(서상일 · 이훈구 · 박권희 · 정상구 등의 민 · 참의원), 원로(김성숙金成淑 · 박기출 · 정화암 · 조헌식 등), 중견(김기철 · 임갑수 · 신창균 · 구이균 · 안필수 · 윤동명 · 박성환 · 박준길 · 구익균 · 황빈 · 김철 · 정태영 등), 한왕균 등이 포함되었다.

혁신정치 세력이 통일사회당으로 집결하게 된 계기는 서상일의 통합 노력 외에도 진보당계의 내분과 관계가 있었다. 앞에서 살펴본 바와 같이 박기출은 김달호계의 사회대중당 창당 독주에 반발한 이후 김달호와 멀어졌고, 김성숙 · 정화암 등 원로들은 7 · 29총선거 이후 김달호계가 원로들의 제2선 후퇴를 주장한 것에 반발하였다. 이 과정에서 윤길중 또한 김달호와 주도권을 놓고 갈등을 빚었던 것이다.[389] 따라서 구진보당계의 3거두인 김달호 대 박기출 · 윤길중의 대립과 김달호계 대 원로들의 갈등이 서상일이 주도하는 혁신세력의 통합운동에 합류하여 통일사회당을 결성하게 되었고, 동 당은 대표적 혁신 정당이 되었다.

그렇다면 진보당계의 대표적 인물인 윤길중이 당내 경쟁 상대였던 서

---

388) 『민국일보』, 1961. 1. 21.

389) 정태영, 앞의 책, 553~558쪽.

상일과 합류하게 된 계기는 무엇이었을까. 그것은 윤길중이 장건상계와 함께 결당한 혁신당의 혁신정당 통합 지침과 관련이 있을 듯하다. 그 방안은 "① 객관적으로 수긍할 수 있는 순수한 중견층으로 핵심을 형성하여 불편부당의 중용적 위치를 견지한다, ② 대표적 지도자 추대에 있어서는 객관적인 선배서열을 최대한 존중하되, 선의의 경쟁원칙을 취한다"는 것이었다.[390] 이 방침은 당의 실무는 소장파가 맡고, 선배에 대한 예의를 갖춘다는 것으로서 4월혁명 이후 서상일계와 김달호계의 내분을 해결할 수 있는 방안이었다. 따라서 그러한 내용이 윤길중과 서상일의 연대의 한 기준이 되었을 것으로 생각된다.

이런 점은 통일사회당의 조직체계에 그대로 반영되었다. 통일사회당의 조직 체계의 핵심은 정치위원회였고, 여기에서 당의 모든 활동이 결정되었다. 또한 결정된 당의 방침은 특별위원회를 통해 실행되었다. 그러므로 통일사회당의 정치위원회 위원과 특별위원회 위원장이 당의 핵심이자 실질적인 당대표였다.[391] 서상일은 통일사회당의 당수격인 정치위원회 위원장으로 활동하다 이동화에게 그 자리를 넘겨주었다. 특히, 이동화는 1950년대 (가칭)진보당 활동에서부터 서상일의 정치적 행보와 같이 해 온 인물이었다. 또한 이동화는 (가칭)진보당과 민주혁신당의 정강·정책을 기초했을 뿐 아니라 혁신정당의 이념과 노선에 대해 많은 글을 발표한 혁신세력 가운데 최고의 이론가이기도 하였다.[392] 이를 계기

---

390) 곽순모, 『민주사회주의란 무엇인가』, 예지사, 1984. 132쪽(유재일, 앞의 논문, 74~76쪽에서 재인용). 그 외에도 "③ 지도자 간의 석연치 못한 감정문제는 주위의 정성어린 성의와 또한 대화 과정을 통해 해소하도록 노력한다, ④ 통합된 정당의 당명과 당지도체제는 다수의견에 따라 정한다, ⑤ 정강정책은 원칙적으로 원래의 사회대중당의 것을 취하되, 특히 통일방안은 국제법상 보장하고 있는 유엔강국대의 보장을 전제로 한 영세중립화안을 기본으로 한다"는 방침이 제시되었다.

391) 「중앙통일사회당 사건」, 『한국혁명재판사』 3, 1962, 878쪽.

392) 김학준, 『이동화평전』을 참고.

로 '노정객'으로 불리던 서상일은 건강이 나빠지면서 업무를 이동화 · 양호민 · 고정훈 · 김기철 등 혁신정치 세력 2세대에게 넘겨주고, 자신은 2선에서 정국운영을 지도 · 자문하는 역할을 수행했던 것으로 보인다.[393] 곧 서상일은 2선후퇴 뒤에도 당의 주요 간부들과 당 운영 및 활동 방향에 대해 지속적으로 논의했을 것으로 보인다.[394]

동 당은 중앙당 창당에 앞서 지방조직부터 다져 나갔다. 대구에서는 1961년 2월 1일경 통일사회당경북도당 결성주비대회가 열릴 것으로 알려졌다. 여기에는 사회대중당 경북도당 준비위원회에 참여했던 양호민(대구대학 교수)과 홍형의(청구대학 교수)를 중심으로 전국의 지방의회의 단 두 석을 차지하고 있던 사대당 출신 경북도의원 유성환兪成煥 · 최일崔一 두 명도 참가할 것으로 전망되었다.[395]

통일사회당의 정치 노선은 민주사회주의였다. 통일사회당은 정강에서 당의 이념과 성격은 "우리 당은 주체성에 입각한 민주적 사회주의의 실현을 지향하는 국민대중정당이다"고 밝혔다.[396] 동 당은 스스로 혁신우

393) 통일사회당의 부서와 간부. ▲ 정치위원회 위원장 李東華, ▲ 위원 徐相日 · 鄭華岩 · 金成淑 · 金星淑 · 이훈구 · 박기출 · 尹吉重 · 정상구, ▲ 당무위원회 위원장 宋南憲, 부위원장 李明河, ▲ 총무국장 신창균, 조직국장 박권희, 선전국장 고정훈, 기획국장 현익재, 국제국장 김철, 의회국장 黃貧, 특별위원회 재정위원회 具益均, 통일촉진위원회 金基喆, 정책심의위원회 정상구, 국민대중운동위원회 이강훈, 국회대책위원회 趙憲植, 중앙상인통제위원회 선나훈.

394) 김학준, 『이동화평전』, 민음사, 1987, 241쪽. 이 책에 따르면, 서상일은 5 · 16군사쿠데타가 일어난 때에도 당원들과 당 운영에 관한 문안을 펴 보고 의논하고 있었던 것으로 서술하고 있다.

395) 『영남일보』, 1961. 1. 27, 「흑백 통일사회당」.

396) 「토론, 민주사회주의를 말한다」, 『세계』, 1960. 7. 이동화는 이때의 민주적 사회주의는 "민주주의가 전면적으로 관철된 사회주의 또는 사회주의 형태로써 최고의 발전을 이룬 민주주의이다. 민주주의와 사회주의라는 이원적 개념이 아닌 일원적 개념이다"고 의미를 규정하였다. 또한 민주적 사회주의는 "사회주의적 사상의 유산을 정당하게 계승하여 발전"시켰으며, 민족주의와 결부되어 있다고 주장하였다. 이러한 민주적 사회주의는 "인간의 존엄을 무엇보다 중시"하면서, 궁극적으로 자본주의를 폐기하고 공공의 이익이 사적 이윤이 이해에 우선하는 제도를 지향하고, 근로대중

파(사회주의우파)정당임을 밝혔다.[397] 이 정치노선은 서상일이 진보당사건 때 이미 진술한 바와 같이 민족적 양심과 휴머니즘에 입각한 것이었고, 윤길중도 스스로를 민족적 양심과 휴머니즘를 가진 진보적 지성인으로 평가하였다.[398] 또한 통일사회당은 통일 방안에 대해 자주 · 민주 · 평화통일 원칙 아래 제시된 구체적 방안을 보면, 통일 준비 작업, 남북 교류, 남북총선거안, 중립화 등을 제시하고 있다. 그 구체적 통일방안의 요체는 '한국의 중립화론'이었다.[399]

통일사회당은 통일원칙에서 자주를 표명하였다. 통일사회당은 한국의 외교 관계를 '굴욕적이며 불평등한 대외관계' 혹은 '주권의 침해' 등으로 규정하였다. 이러한 인식에서 통일사회당은 대미의존외교를 지양하고, 국가이익을 보장하는 기초 위에서 일본과의 외교 정상화를 표명하였다. 덧붙여 인도를 포함한 아시아 · 아프리카 등 제3세계와의 외교 관계 수립을 표명하였다. 특히, 대미 관계에서의 자주를 근간으로 하였다.[400] 이는 한국전쟁 이후 미국의 대한반도 정책에 수정을 요구하는 것이고, 한 · 미 관계의 재설정의 필요성을 제기하는 것이었다. 이러한 통일사회당의 정책은 동북아시아 · 태평양지역에서 대소반공을 위한 극동방위전략을 가진 미국의 입장과 충돌되는 것이었다. 여하튼 통일사회당은 자주라는 원칙 아래 외교관계의 편중성을 탈피하고 전방위적 외교 관계의 수립을 통

이 평등하게 공동으로 일하는 사회를 건설하는 것을 목표로 한다고 주장하였다. 그러한 사회를 건설하기 위해서는 당의 지도에 의한 대중투쟁의 실천이 전제되어야 할 것이라고 주장하였다.

397) 이상두, 「민주사회주의」, 『민족지성』 1987년 6월호, 183~185쪽.

398) 윤길중, 앞의 책, 263~264쪽.

399) 이동화, 「민주적 사회주의의 길」 하(『민족일보』, 1960. 2. 20) ; 『민족일보』, 1961. 4. 21.

400) 유엔군 소속의 외국군인에 대한 재판관할권 및 관세권 등을 규정하는 행정협정의 체결, 유엔군 사령관에게 이양된 한국군작전지휘권의 회복, 한국군비예산에 대한 미국부담의 증액 요구, 유도탄기지 설치 반대, 중공 · 일본 · 한국을 포함하는 극동비핵무장지대 실현을 위한 모색.

해 국제사회의 일원으로 나아가자는 의미를 내포하였다.

통일사회당은 통일방안을 추진하기 위해 통일촉진위원회의 지도 아래 당과는 별도단체로서 중립화조국통일총연맹을 결성하였다.[401] 중통련은 민자통의 정식 결성에 앞서 2월 21일에 서상일 · 이동화 등을 비롯한 253명을 준비위원으로 하여 발기되었다. 여기에는 민족자주통일협의회[402]를 탈퇴한 통일사회당을 비롯한 사회대중당 간부 · 혁신당 · 삼민당 · 광복동지회 일부 · 대종교 일부 · 무소속 인사 등이 참여하였다. 이처럼 혁신세력의 통일운동 단체가 둘로 분열되어 나타나자 대구지역 언론인 대구일보에 의해 "혁신계 통일추진체의 분열 작용은 통일을 지연시킬 뿐이다"는 비난이 제기되기도 하였다.[403]

중통련은 민자통의 결성에 대해 "통일을 위한다는 국민운동체가 통일의 기본방안도 없이 결성대회를 갖는 것 자체가 모순일 뿐 아니라 협의체가 하부세포조직까지 가진다는 것은 더욱 이해가 가지 않는다."[404] 거나 "대안 없이 통일의욕만 고취한다는 것은 위험한 일"[405]이라며 비판적인 입장을 표명하고, ① 국제회의를 통한 국제적 보장하에 영세중립화를 기할 것, ② 영세중립화 통일을 성취하기 위해 국민서명운동을 전개할 것을 주장하였다.[406] 중통련의 중립화통일론에 대해 민국일보는 국제회

401) 「중앙통일사회당 사건」, 『한국혁명재판사』 3, 1962, 876쪽.

402) 민족자주통일협의회에 대해서는 「민족자주통일중앙협의회 사건」(『4 · 19혁명론』 2, 일월서각, 1983) ; 정태영, 앞의 책, 766~768쪽 ; 홍석률, 「1953-61년 통일논의의 전개와 성격」, 서울대 박사학위논문, 143~158쪽 ; 김광식, 「4월혁명과 혁신세력의 등장과 활동」, 『한국사회변혁운동과 4월혁명』, 한길사, 1990 ; 김낙중, 「4월혁명과 민족통일운동」, 앞과 같은 책을 참고.

403) 『대구일보』, 1961. 2. 23.

404) 성명서 「민자통의 무원칙한 통일운동을 비판하고 범국민운동체로서의 중립화조국통총연맹(가칭)주비에 즈음하여」, 이정식, 『한국현대정치사－제2광화국－』, 성문각, 1976.

405) 『민족일보』, 1961. 2. 22.

406) 노중선, 『민족과 통일』(자료편), 사계절, 1985, 399쪽. 3월 7일 중통련은 발기선언문

담을 통한 국제적 보장하의 영세중립화통일이라는 구체적 방안에 입각한 국민운동을 주장하였다고 평가하였다.[407] 또한 민족일보는 "중립화통일이 가장 그 실현성을 많이 가지고 있다고 주장하고 나서는 것을 우리는 정당하게 평가해야 할 것"이라고 했다.[408]

요컨대 중립화통일론의 가장 중요한 기능은 파괴적인 내부의 갈등을 막을 뿐만 아니라 외부 열강들로부터의 개입을 끌어들일지도 모르는 정치적, 이념적 투쟁을 완화시키는 의미를 담고 있었다.[409]

(2) 장면정권 반대운동

서상일의 장면정권 반대운동은 한·미 경제협정 반대와 이대악법 반대로 구체화되었다. 먼저 한·미 경제협정 반대운동을 살펴보자. 혁신세력에서 유일하게 의원을 확보한 통일사회당은 1961년 2월 8일에 '한미경제협정'이 체결되자, 이 협정을 불평등조약 혹은 내정간섭으로 규정하고, 반대 입장을 분명히 하였다. 불평등조약 혹은 내정간섭으로 규정한 조항을 보면, "① 제3조 1항, 원조자원 사용에서 한국정부는 미 당국자들에게

을 발표(1961. 3. 7)하였는데 그 요지는 다음과 같다. "4월혁명의 거센 물결은 '북진통일'이라고 하는 허구를 무너뜨리고 혁명을 일으킨 젊은 세대의 가슴속에 '평화통일에의 불같은 염원'을 불러일으켰으며 … 이와 같은 민족의 통일의욕을 선도하고 평화통일과업을 완수할 수 있는 정확하고 합리적인 지도이념의 확립과 고무적인 영도력의 형성이다. 통일의욕이 무원칙한 방황을 계속할 때 평화통일은 이룩되지 않고 오히려 '공산주의자의 편승' '보수정권의 반동화'를 초래하여 예기하지 않았던 '혼란과 비극' 나아가서는 민주주의를 송두리채 파괴하는 중대한 사태에까지 이를 충분한 위험이 내포되어 있기 때문이다. 우리들이 소위 '민자통'의 '민주 자주 평화'란 개념적 통일론을 배격하고 이제 '중립화통일'의 뚜렷한 지표를 앞세운 민족운동의 역사적 거보를 내디디는 이유가 또한 바로 여기에 있는 것이다....." 「중립화조국통일운동총연맹」 성명서(정태영, 앞의 책, 768~772쪽).

407) 『민국일보』, 1960. 2. 26.

408) 『민족일보』, 1961. 3. 26 ; 홍석률, 앞의 글, 209~220쪽. 중립화 통일론은 전쟁이라는 한국 분단의 특수한 현실에서 가장 적합한 논리였다.

409) IN K.황 지음, 정대화 옮김, 『중립화통일론』, 신학문사, 1988, 120~121쪽.

사업 및 그 계획과 관계기록을 제약 없이 관찰하고 재검토할 것을 허용한다. ② 제6조 2항, 미국정부 또는 동 정부에 의하여 재정지원을 받고 있는 계약자가 본 협정에 의하여 사업이나 계획을 수행할 목적으로 한국에 도입할 또는 한국 내에서 취득할 공급물자 · 원료 · 기구 · 물자 또는 기금은 원조사업에 관련되어 사용할 경우에는 면세조치를 한다." 이외에도 제6조 6항과 제7조 7항 등이 그 사례이다.

그런데 통일사회당은 1961년 2월 2 · 8한미경제협정반대공동투쟁위원회(이하 '경협반대투위') 결성에[410] 참여하고, 경협을 반대하는 공동투쟁 선언에 참가[411]했으나 사회대중당과는 달리 우익 반동으로 장면 정부가 타도된다면 혁신운동에 대한 위험이 커질 것으로 보고, 한 · 미 경제협정에 대해 수동적인 저항만을 전개했을 뿐이었다.[412] 그리하여 서상일을 비롯한 통일사회당의 윤길중 · 김성숙金成淑 의원 등은 한 · 미 경제협정이 국회에서 표결에 붙여졌을 때 강렬하게 반대하기보다는 의사당을 퇴장하는 정도로 반대의사를 표현하는데 그쳤다.[413]

---

410) 『민족일보』 1961. 2. 15. 이 대회에서는 한 · 미 경제협정을 "2 · 8한미경제협정은 이정권때부터의 예속화정책이 더욱 노골화한 것"이라고 규정하였다. 참가단체는 다음과 같다. 사대당, 혁신당, 조국통일민족전선, 전국학생조국통일추진위, 전국학생혁연, 전국실업구호대책위, 통민청, 민민청, 한국실업자협회, 전국고학생연맹, 전국피학살자유족회, 4월혁명단, 민족통일연맹(상대), 동경구례학우회, 서울대민족통일연맹 등 17개 정당 및 사회단체 대표.

411) 『민족일보』, 1961. 2. 19. 선언문의 요지는 "미국의 대한원조자체를 무조건 반대함이 아니고 오직 민족의 자주성이 침해된 식민주의적 원조만을 한사코 배격한다"는 것이었다. 여기서 4월혁명단, 전국실업자협회가 탈퇴하고 사회당이 새로 가입하여 16개 정당 및 사회단체로 구성되었다. 이날 선출된 간부명단은 다음과 같다. ▲지도위원 장건상 · 최근우 · 김달호 · 이동화 · 이정우 · 文容彩 · 김민호 · 노현섭 · 김판임 · 박신 ▲기획위원 문희중 · 趙仲贊 · 곽현산 · 권대복 · 이병일 · 강민호 · 윤성식 · 하상연 · 김배영 · 서세원 · 최만리 · 최정윤 · 조태욱 · 민영완 · 최백근 · 황관손 · 하태환, ▲총무부장 윤성식 · 차장 김백사, 조직부장 최백근 차장 임병기 · 이병일 · 김배영, ▲동원부장 황관손 차장 조태욱 조성대, ▲선전부장 하태환 차장 이규영, ▲섭외부장 곽현산, ▲재정부장 민영완.

412) 한승주, 앞의 책, 175~176쪽.

이러한 통일사회당의 '한미경제협정'에 대한 반대 입장은 여타 혁신세력과 연대해 '경협반대투위'는 2월 17일에 민자통 회의실에서 "미국의 대한원조자체를 무조건 반대함이 아니고 오직 민족의 자주성이 침해된 식민주의적 원조만을 한사코 배격한다"는 공동투쟁선언문을 발표했다.

혁신계의 대표적 정당인 통일사회당과 사회대중당은 장면정권이 한·미 경제협정 반대운동을 계기로 대중 시위가 광범위하게 발생하는 것에 대응해 데모규제법과 반공특별법을 제정하고자 할 때 서로 연대할 수 있는 기회를 마련하였다.

1961년 3월 8일과 9일, 각 신문을 통해 "정부는 '집회와 시위운동에 관한 법률안'을 각의에 상정하기 위해 심의 중에 있으며, 내무·법무 양장관이 '반공을 위한 특별법'을 별도로 구상 중에 있다"는 사실이 보도되었다. 먼저, 데모규제법안[414]의 목적은 "(제1조)집회와 시위운동의 자유를 보장하고 이를 합리적으로 규제함으로써 공공의 복리와 질서를 유지함을 목적으로 한다"는 것이었다. 그 내용은 "목적·규제준칙·집회의 신고·규제사항·위험발생의 방지·무기사용 명령·벌칙" 등 8개 조로 이루어졌다. 다음 반공특별법안의 목적은 "공산주의의 강령과 행동이 국헌을 문란케 하며 국가안전에 대한 명백하고 계속적인 위험이 됨을 확인하고 그 활동을 규제하여 국가의 안녕과 국민의 자유를 확보한다"는 것이었다.[415] 그 내용은 "정의·가입 및 가입권유·찬양 고무·탈출 잠입·편의제공·법적용의 배제·국군방첩기관의 조사권" 등 8조로 구성되었다. 특히, 반공특별법안에는 "반국가단체의 이익이 된다는 점을 알면서 그 구성원을 찬양·고무 또는 이에 동조했거나 기타의 방법으로 반국가단체

413) 『민족일보』, 1961. 3. 1.

414) 『민족일보』, 1961. 3. 9, 「데모규제법안 전문」.

415) 『민족일보』, 1961. 3. 9, 「반공특별법안 전문」.

의 목적 수행을 위한 행위를 한 때는 엄벌에 처한다"는 조항이 들어가 있었다.

이 반공임시특별법은 혁신진영의 통일운동뿐 아니라 혁신진영 자체를 불법화하여 탄압하려한 법안이었다. 그리고 탄압에 대한 혁신진영의 대응이 데모형태로 전개될 것을 예상하고 시위를 철저히 봉쇄하려는 차원에서 데모 제한법을 마련한 것이었다. 결국, 이대법안은 4월혁명에서 나타난 대중들의 민주 · 자주화에 대한 열망, 대중들의 자발적인 집회, 표현의 자유를 박탈한 반민주적 악법으로서의 성격을 가졌다. 따라서 민주당은 집권당을 비롯한 보수진영보다 훨씬 앞서가고 있던 혁신세력에 대한 규제 필요성을 갖게 되었다. 동시에 통일에 대한 주도권을 고수하려는 입장에서 이대법안을 계획한 것이었다.

서상일은 「장총리에게 보내는 공개장」을 통해, 이대법안을 악법으로 규정하며, "법망과 몽둥이보다 현실판단을 냉철히, 시국해결 첩경은 민생고 해결"거나 "경제계획위원회 구성과 시국선언이 필요, 악법 철회하고 사상진보 꾀하도록" 바란다는 입장을 밝혔다.[416] 또한 그는 공개장에서 정부의 이대법안 실시를 "도소공적 미봉책刀小工的 彌縫策"으로 간주하고, 당시 한국사회의 당면과업에 대해 "민생문제의 해결을 위한 근본대책의 확립 실시, 승공을 위한 이론 무장, 정책적 제승制勝, 이들 세 가지만이 현하 국난을 타개하고 시국을 광정匡正하고 민주국가를 확립할 수 있는 길입니다"라고 주장하였다. 계속해서 그는 당시 사회문제를 대국적 견지에서 정치적으로 다루어야 한다고 하면서, 경제정책의 성공을 위해 중앙경제계획위원회를 구성할 것을 제안하였다. 결국, 그가 7 · 29총선거에서 주장하였듯이 당시 한국사회의 당면 과제는 경제해방에 있음을 천명하

416) 『한국일보』, 1961. 4. 29.

는 것이었다.

또한 통일사회당정치위원장 이동화는 "반공법은 망민법이다"고 규정하면서, "혁명에 편승하여 반동의 역코스를 달리는 장면정권의 반민주적 흉계를 규탄폭로 한다"는 내용의 글을 발표하기도 하였다.[417)]

정부의 이대법안 실시 계획은 혁신세력으로부터 엄청난 저항에 부딪쳤다. 3월 14일에 통일사회당을 비롯한 혁신당 · 사대당 · 사회당 · 사민당 등 5개 혁신정당과 중통련 · 민자통 · 조통전 등 3개 사회단체, 그리고 피학살자유족회 · 광복동지회 등 총 10개 정당 및 사회단체도 김창숙 · 김성숙 · 장건상 등 혁신계 원로들을 지도위원으로 추대하고 '반민주악법반대공동투쟁위원회'를 결성하였다.[418)] 이후 반민주악법반대공동투쟁위원회는 대구 · 부산 · 광주 · 대전 등 전국 각지에도 결성되었다. 이때 서상일은 지병인 간장염이 악화되어 직접적인 행동을 벌일 수 없어 활동을 자제하였던 것으로 보이다.

이대악법 반대 투쟁에서 가장 대표적인 대중 시위는 3월 22일 서울 시위와 4월 2일의 대구 시위였다. 4월 2일 대구의 시위는 정당 · 사회단체 · 노동단체 · 학생단체 등의 연합단체인 이대악법반대 경북공동투쟁위원회, 이대악법반대 경북학생투쟁위원회, 이대악법반대 노조연합투쟁위원회 등이 공동 개최한 것이었다. 이에 당국은 장소 사용 불허 방침 세우고 대회를 원천봉쇄하기 위해 대구역 및 시내 중심에 경찰 병력을 배치하여, 4 · 19 이후 최대의 긴장감을 불러 일으켰다. 대회 주최 측은 당국의

417) 『민족일보』, 1961. 3. 16.

418) 『민족일보』 1961. 3. 15. 그리고 투쟁강령으로서 "① 민주수호정신에 입각해서 반민주악법을 제정을 반대하고 원내외 투쟁을 효과적으로 단행하기 위하여 광범하고 강력한 대중운동을 추진한다, ② 원내투쟁의 실제적 효과를 거두기 위하여 일반대중에 호소하는 원외투쟁을 활발히 전개한다, ③ 원외에서는 과감한 거족적인 극한투쟁을 전개한다"를 제시하였다.

집회 불허에도 불구하고 대회를 강행하여 "반공이란 구실보다 배고프다 통일하여 잘 살아보자. 노동자 농민이여 일어서라. 학생들이여! 시민들이여!"라는 슬로건과 "국회는 해산하라"는 반정부 구호를 외쳤다. 이 과정에서 2천여 명이 동원된 경찰 병력은 시위 군중을 무리하게 강제 해산시켰다. 이후 4월 14일 수성천변에서 재차 학생층의 이대악법 규탄대회가 개최되었다. 이처럼 대구의 이대악법반대투쟁은 전국에서 가장 맹렬한 시위였다.[419]

통일사회당은 장면정권이 4월 9일 이대법안 처리를 포기하고 국회회기를 일방적으로 연장하자 국회 회기연장은 이대법안을 통과시킬 술책에 불과하다며 공세를 늦추지 않았다.[420] 이와 함께 통일사회당을 비롯한 혁신세력들은 그들의 역량을 이대법안 반대투쟁에서 통일운동으로 전환시켜 나갔다. 그러나 통일사회당을 비롯한 민족 · 민주운동의 혁신세력은 어떠한 결실을 맺지 못한 채 5 · 16군사쿠데타로 인해 좌절되고 말았다.

그렇지만 대구의 혁신세력은 확산되는 대규모 시위에 비해 크지 않았던 것으로 보인다.[421] 그것은 이미 7 · 29총선 결과로 증명된 바 있었다. 그 원인은 대구 시민의 정치적 의식의 미성숙에서 찾을 수도 있지만 혁신정당이 국민의 지지를 받을 수 있는 신뢰성의 부족과 급조된 인물이 많았던 한계에 있었다.[422] 물론 이 자체를 혁신세력의 자기발전의 과도

---

419) 김일수, 「2 · 28의 4 · 19민주운동으로의 계승」, 『2 · 28민주운동사』, 2000, 137~140쪽.

420) 『민족일보』, 1961. 4. 13.

421) 탁희준 · 이경제, 「대구사회의 동태」, 『사상계』 1961. 5. 혁신계 세력은 社會大衆黨에 뚜렷이 태도를 표명한 통일사회당, 사회당, 민족통일연맹, 민주자주연맹, 구국동지회, 민민청(주로 청대학생), 통민청, 피학살자유가족회, 민족통일촉진학생연구회(경대중심) 등 수십 명이 되나 동일인이 수 개 단체에 동시에 관계를 가짐으로 실수는 적을 것이라는 것이 통설이었다.

422) 『대구일보』, 1960. 9. 16, 사설 「사대당의 분열과 혁신정당운동의 앞길」. "…혁신정당에 대한 국민의 지지도가 낮았던 것은 국민의 정치적 수준이 낮은 탓만은 아니었다.

기로 설정할 수도 있고, 5·16군사쿠데타가 일어나지 않았다면 혁신세력이 성장할 수도 있다. 그러나 혁신세력이 보수세력과 양대 정치구도를 이루려면 단결력이 무엇보다 필요하나 한국 혁신세력의 가장 큰 문제로 부각된 지도부의 분열을 고려할 때 그 한계는 분명하였다.

5·16군사쿠데타 이후 서상일의 동향에 대해 살펴보자. 서상일의 통일사회당에 대한 군부의 탄압은 5월 18일부터 나타나기 시작하였다. 5월 18일 오전에 헌병대가 민족일보사에 들이 닥쳐 사무실을 폐쇄하고 직원들을 중부경찰서로 연행하였다.[423] 이날 서상일은 자신의 집에서 당원들과 함께 당 운영과 장래에 대해 논의하였던 것으로 보인다.[424] 5월 19일 민족일보사의 주요 간부를 구속하고, 폐간을 통고하였다. 5월 20일부터 윤길중을 비롯한 통일사회당 관계자들이 체포되기 시작하였다.[425] 체포되지 않은 이동화는 5월 25일 군부에 자수하였다. 그런데 이동화에 따르면 서상일을 비롯한 통일사회당 관계자의 대다수가 군의 동향에 무관심했던 것으로 보인다. 이와는 대조적으로 고정훈의 경우는 군부 내에 쿠데타 세력이 있음을 알고 있었다고 회고하였다.[426]

통일사회당은 기소마감날인 1961년 12월 11일에 기소되어, 다음해 1월 6일에 첫 공판이 열렸다. 여기에는 서상일·김성숙金星淑·김성숙金成淑·정화암·이동화·윤길중·송남헌·구익균·조헌식·김기철·이명하·고정훈·황빈·한왕균 등이 피고인의 자리에 앉았다. 이들은 '특수범죄처벌에 관한 특별법위반' 혐의로 재판을 받았다. 주요 위반 사실은 반민

혁신정당이 정당답게 국민의 신뢰를 얻기에는 부족한 점이 많았다는 것과 혁신계에는 급조 이류 정객이 많았다는 것이 중요한 이유였던 것이다.…"

423) 윤길중, 앞의 책, 209쪽.

424) 김학준, 『이동화평전』, 민음사, 1987, 241쪽.

425) 윤길중, 앞의 책, 209~211쪽.

426) 위의 책, 239쪽.

주이대악법공동투쟁위원회의 구성과 규탄대회 개최, 영세중립화 조국통일운동총연맹의 결성, 민족일보 발간의 참여와 7·29선거 전후 사장 조용수로부터 선거자금의 수수 등이었다.[427] 이때 서상일은 지병인 간장염이 악화되어 서울대 병원에 입원 치료 중이었기 때문에 불구속 상태로 재판을 받았다.

서상일은 1월 9일 통일사회당 관계자이면서 민족일보사의 상임논설위원 고정훈의 심리가 열렸을 때 민족일보사의 운영 자금에 대해 진술하였다. 그는 민족일보사의 운영 자금이 조총련과 무관함을 진술하였다.[428]

서상일을 비롯한 통일사회당 관계자들은 2월 12일에 결심공판을 받았다. 재판부는 그들에게 '장정권의 무능을 틈타 중립화 평화통일론을 주장하고, 이대악법반대투쟁을 하는 한편 민족일보에 그 주장을 실리는 등 반국가행위를 하였다'고 언급하면서, 서상일에게 징역 5년을 구형하였다.[429] 그리고 이틀 뒤인 2월 14일에 통일사회당에 대한 결심공판이 열렸다. 여기에서 서상일은 징역 3년, 집행유예 5년을 선고받았다. 그밖에도 김성숙·김성숙·정화암·구익균·조헌식 등도 서상일과 같은 형량을 선고받았다. 재판부는 이들 피고인들이 독립운동에 공이 있고, 54세부터 75세까지의 고령을 고려해 형량을 선고했다고 밝혔다.[430]

그 후 서상일은 상소를 제기했던 것으로 보인다. 그러나 4월 18일 반백 년 이상을 지침 없이 정치 활동에 전념했던 서상일은 75세의 나이에 악화된 간장염으로 인해 사망하였다.[431] 4월 24일 그의 많은 동지들이 조

---

427) 『동아일보』, 1962. 1. 6, 「6일에 첫 공판」; 『동아일보』, 1962. 1. 7, 「사회혼란시켰다, 통사당사건」; 한국혁명재판사편찬위원회, 『한국혁명재판사』 3집, 1962, 831~888쪽.

428) 『동아일보』, 1962. 1. 10.

429) 『동아일보』, 1961. 2. 13, 「최고 15년 구형, 중앙통사당사건」.

430) 한국혁명재판사편찬위원회, 앞의 책, 842~852쪽.

431) 『동아일보』, 1962. 4. 19, 「東菴 徐相日翁, 18일 간장염으로」.

계사에서 투옥된 상황에서 '서상일선생우인장례위원회'의 진행으로 장례식이 거행되었다.[432] 그 위원장에는 백남훈, 부위원장에는 김성숙 · 전진한, 위원에는 정화암 · 장면 · 김도연 외 130여 명이었다. 장례식이 거행되던 날 재판부는 서상일에 대해 사망에 따른 공소기각 판정을 내렸다.[433] 이로써 한말 개진협회에서 시작되어 1961년 통일사회당에 이르기까지 무려 70여 년에 걸친 동암 서상일의 정치 · 사회 활동의 대장정이 마무리되었다. 한국 근현대 백 년의 역사와 함께 해 온 서상일의 인생 여정이 마침내 마침표를 찍게 되었던 것이다.

동암 서상일 영결식 (『동아일보, 1962년 4월 25일자)

432) 『동아일보』, 1962. 4. 23, 「서상일씨 장례」.

433) 위의 책, 853쪽.

동암 서상일 묘소 (서울 우이동)

결 론

서상일은 한말 개진협회에서부터 군사쿠데타가 발생한 1961년까지 다방면에 걸쳐 지속적인 활동을 벌인 대단히 정력적인 역사인물이었다. 그는 정치 활동가로서 직접 기업 활동을 벌인 자본가였고, 이론까지 갖춘 특징적 인물이었다. 그의 정치 활동을 외형적·현상적으로만 보면, 일관되지 못하고 아주 많은 변화가 많은 것처럼 느껴질 수 있다. 그런데 내용과 내면으로 살펴보면, 크게 부르주아 노선 시기와 민주사회주의 노선 시기로 구분할 수 있다. 그 사이 반이승만 노선이 가로 놓여 있었다. 부르주아 노선의 경로는 계몽운동 → 문화운동 → 합법운동과 예속화 → 해방 후 단선·단정 노선으로 귀결되었다. 그 직후 이승만과 한민당의 권력배분 갈등이 빚어져 반이승만 노선을 보였다. 여기서 민주사회주의 노선으로 전환하였던 것이다. 그 활동 경로는 민주국민당 확대강화 → 민주대동신당운동 혹은 범야통합운동 → 민주혁신정당운동에서 4월혁명을 계기로 사회대중당 → 통일사회당으로 귀결되었다. 따라서 그는 부르주아 노선에서 반이승만 노선을 지렛대로 하여 민주사회주의 노선으로 전환한 특징을 보인 인물이었다. 이제 서상일의 정치·경제 사상과 그 행위 양식으로서의 실천 활동을 시기별로 정리하고, 마지막으로 그 성격을 정리하기로 한다.

1.

서상일의 한말·1910년대 민족운동에 관해서는 가계·학력과 대구지역 계몽운동의 영향 그리고 달성친목회의 활동을 중심으로 살펴보았다. 서상일은 대구의 유력 가문인 달성 서씨 집안에서 태어났고, 대한협회 대구지회장을 역임한 아버지 서봉기 밑에서 청소년기를 보냈다. 서상일의 정치 활동은 1908년 대한협회 대구지회와 밀접히 관련되어 있던 달성친목회에서부터 시작되었다. 대한협회 대구지회는 교육 활동에 중점을 두면서, 애국부인회 · 교육부인회 · 교남교육회 등의 계몽운동 단체와 연계된 대구지역 계몽운동의 중심 기관이었다. 이를 통해 대구에는 일찍부터 근대사상과 근대문명을 익힐 수 있는 기반이 마련되어, 많은 근대적 청년을 양성할 수 있었다. 이러한 인적 기반은 이후 대구지역의 대중운동과 사회운동의 토대가 되었다. 또한 그의 형제들은 중국 · 러시아 · 일본 등 국외에서 민족운동에 참여하여 '형제 모두 불평객'이라는 평가를 들었다. 이러한 대구지역의 계몽운동과 집안을 영향을 받고 성장한 서상일은 대구의 달성학교를 거쳐 서울의 보성법률학교에서 신학문을 배웠다. 이때 그는 대동청년단에 가입해 명망가들과 교유하였고, '한일합방'에 격분해 '9공사사건'을 일으켰다.

그는 '합방' 이후 1913년 시회詩會를 계기로 달성친목회를 재건하여 본격적인 활동을 펼쳐 나갔다. 달성친목회는 대종교의 이념과 관련되면서 민족독립을 전망하였다. 그 직후 그는 두 차례에 걸쳐 중국 만주, 러시아 등을 여행하며, 친형제들을 만나는가 하면 독립운동 인사와도 만났다. 이 과정에서 그는 국외 독립운동의 동향을 파악하면서, 자신의 독립운동 방향을 현실주의에 입각하여 전개하고자 하였다. 그 방향은 국외 순방 후 대구에서의 활동을 통해 가늠할 수 있다. 그는 침체에 빠진 달성친목회를 재건하고, 강유원간친회를 조직해 실력양성론적 입장에서 독립 의지를 다지고, 경남 · 경북 지역으로 인맥을 넓혀 나갔다. 그러던 중 두 단체 모두 일제 당국에 의해 강제 해산 당하는 아픔을 맛보았다.

그 후 서상일 등은 새로운 결사를 조직하지 않은 채 활동의 중심을 태궁상점으로 전환하였다. 이는 비밀 유지, 독립운동 자금 모집과 관련되는 것이었다. 그러던 중 달성친목회 회원이 '대구권총사건'을 일으켜 태궁상점 활동에 위축을 가져 왔다. 이를 통해 달성친목회의 활동이 상인층의 경우 상업을 통해 독립자금을 모집하였고, 비상인층의 경우 무력 방법을 사용하여 독립자금을 모집하였음을 알 수 있었다. 또한 '대구권총사건'의 판결 직후 대구를 방문한 이광수가 총독부에 청년 지도에 대한 정책을 건의하고, 지역의 명망가, 청년에게 독립운동보다는 수양운동을 중요성을 강조하였다. 이런 상황에서 태궁상점을 통한 독립운동은 자연스럽게 위축되었다. 서상일은 3·1운동을 계기로 민족자결주의와 파리강화회의에 대해 높은 기대감을 가졌고, 그것에 연관해 독립운동 자금 모집과 파리강화회의에 관여할 수 있었다. 따라서 서상일의 1910년대 민족운동은 달성친목회를 중심으로 독립운동 자금을 모집하는 동시에 국외 민족운동 세력과의 연계를 추구하였다.

이 가운데 기존의 연구 성과에서 실체로 인정하고 있던 '조선국권회복단'이 일제에 의해 조작된 단체임을 밝힐 수 있었다. 일제는 정진영의 밀고를 바탕으로 하여 1913년 안일암의 시회에서 '조선국권회복단 중앙총회 및 마산지부'가 결성된 것으로 간주하고, 태궁상점과 '대구권총사건'을 포함해 3·1운동 시기 독립운동자금사건·독립청원서사건·마산지역 만세시위운동 등을 하나로 묶어 '조선국권회복단사건'으로 일괄 처리하려 하였다. 이를 통해 일제는 1910년대 대구를 중심으로 하여 경남의 마산·통영지역에 대한 대대적인 탄압을 가해 민족운동이 발생할 수 있는 여지를 제거하려 하였다.

이 사건이 조작인 근거는 다음과 같다. 첫째, '조선국권회복단'의 단체명의 결성 과정, 단체 결성 시점, 조직 체계의 결정이 불분명하다. 둘째, 연구자들이 재판 기록에 매몰되어 달성친목회 회원을 국권회복단으로 오인했다. 셋째 구체적 활동에 대해 당시 일제 당국 및 연구자들도 제대로 밝히고 있지 못하다. 넷째 관련자 모두가 구류 또는 불구속 처리됨에 따라 재판 결과에 대한 신뢰성이 떨어진다. 따라서 일제는 조선인 밀고자의 밀고 내용을 근거로 하여 달성친목회를 조선의 국권회복을 모색한 비밀결사로 간주하고, 그 이름을 '조선국권회복단'이라 붙였다.

서상일의 1920년대 이후 문화운동에 입각한 활동을 전개하였다. 그는 문화운동의 중심기관으로 청년회에 주목하였고, 인격주의 · 개인의 내적 개조에 입각하여 '자아혁신'과 '자아독립'을 강조하였다. 이것은 민족 독립에 우선하는 조선의 당면 과제로 간주하였다. 그의 이러한 생각은 1927년 조양동우회의 설립으로 구체화되었다. 조양동우회는 '문화창조=생활창조'를 중심 논리로 하여 일제로부터 구속되지 않은 자유로운 '경제해방'과 조선에 대한 '정치보장'을 목표로 하였다. 그는 이 과정에서 자치운동에 참여하고, 자치론을 심화시킨 합법운동론의 원형을 갖추어 나갔다.

그는 경제면에서 조선인의 경제는 조선인에 의해 이루어져야 한다는 민족경제권 혹은 경제자립운동에 대한 논리를 갖고 있었다. 여기에는 자작자급에 기초하여 개인생계의 독립을 기도하며, 식산흥업을 통해 생활기초를 공고히 하여야 한다는 경제관이 깔려 있었다. 그는 1920년대 초 조선인산업대회에 적극 참여하고, 산업조합 · 이상촌 건설을 추구하여 대동사회의 구현을 지향하였다. 그의 이상촌은 개별경영의 자립성을 높이고 농가경제의 안정을 도모하는 수준을 넘어서서 '태평건곤太平乾坤, 요순세계堯舜世界'의 전통적 농촌이상세계를 지향한 '이상농촌건설 구상'이었다. 나아가서 그의 이상촌은 농업개혁론의 맥락에서 보더라도 '비자본주의적' 농업 발전을 지향할 뿐 아니라 '비자본주의적' 삶의 세계를 지향하였다. 따라서 그의 이상촌은 경제적 공동체 지향뿐만 아니라 삶의 공동체를 전망한 대동주의의 표현이었다.

이러한 지향성은 1925년에는 대구농촌사, 1927년 대구상공협회의 건립으로 이어졌다. 대구농촌사는 지역의 사회주의자 및 민족주의자와 연합해 농촌의 상황을 조사 연구하여, 농촌의 개량발달을 도모하는 것을 목적으로 한 농촌연구기관이었다. 대구농촌사는 지주적 농업 경영을 비판하고 민족적 경제 자립 및 농민대중의 경제 자립을 실천적으로 해결하고자 하였다. 또한 대구상공협회는 일본인·조선인 대자본가 주도의 대구상업회의소에 맞서는 중소자본가의 경제 단체였다. 대구상공협회가 출범하게 되는 필연성은 금융 경색, 기술의 후진성, 비합리적 경영 방법, 대자본의 압박 등 지역 경제의 파행적 구조에 있었다. 대구상공협회는 낙후된 경제의 극복 방안으로 우선 '산업전'을 치를 단결을 강조하였다. 따라서 대구상공협회는 대구지역 동업조합의 총결합체로 결성되어, 중소자본가의 이익단체로서의 성격을 가졌다. 그의 경제 논리는 중소자본의 육성을 통한 조선자본주의의 발전을 꾀하는 것에 집중되었다.

또한 그는 미곡업을 중심으로 한 태공상회와 그것과 연관된 대구곡물신탁주식회사·대구운송주식회사·조양무진주식회사 등에 투자한 자본가였다. 그 가운데 대구미곡상조합의 조합원으로서 대구미곡거래소의 설립을 위해 노력하였다. 그는 토지 경영을 하지 않고, 미곡유통에 종사한 전형적인 상업자본가로서, 상대적으로 규모가 큰 중소자본가층에 속했다.

서상일의 일제하 가장 큰 특징은 합법운동론에 있었다. 그것은 그의 일제하 정치적 입장과 행동 양식의 귀결점이었다. 그의 합법운동론에서는 여타 자치론자와 달리 사회과학에 깊이 있는 수준을 엿볼 수 있다. 그것은 증대하는 국내 사회주의 세력의 영향력에 맞설 수 있는 대항 논리를 찾아낼 필요성을 인식했기 때문이었다. 그는 조선운동의 전략전술이 '1단계 민주주의 획득단계, 2단계 분리 자유의 획득 단계, 3단계 무산자 권력의 획득단계' 등 3단계의 발전 과정 중 제1단계에 처한 것으로 이해하였다. 결국 1단계에 처한 조선운동의 목표는 합법운동=자치운동=조선의회를 별립한 자치 획득에 있다고 주장하였다. 그는 이에 대해 조선의 궁극적 과제인 해방을 쟁취하기 위한 현단계적 특수 임무라고 규정하였다.

그는 자치 획득을 위한 조선운동은 종단운동과 횡단운동이 통일적으로 결합되어야 한다고 주장하였다. 종단운동은 노동자 · 농민의 계급의식 고양과 조직화를 통한 대중적 지지 기반의 확보에, 횡단운동은 초超계급 · 범국민적 국민운동에 주안점을 둔 것이었다. 그는 다시 종단운동을 '부문운동', 횡단운동을 '통일운동'이라 불렀다. 곧 종단운동은 계급적 대중운동, 횡단운동은 통일전선전술을 의미하였다. 결론적으로 그는 종단운동과 횡단운동을 결합해 합법적 수단으로 자치를 획득해야 하는 것으로 이해하였다. 이를 바탕으로 비합법적 투쟁무기를 준비해야 한다고 주장하였다.

그는 합법운동론을 제기한 시기에서도 조선경제의 자립을 지향했으나 일제의 만주침략, 중일전쟁으로 이어지는 일제의 대륙침략전쟁이 확대되는 가운데, 민족자본의 존립기반이 점차 위축되는 것과 함께 경제자립의 관한 지향성이 동요되면서, 전쟁동원정책에 협력하는 모습을 보이기도 하였다.

해방 이후 한국전쟁까지 한국민주당 창당과 제헌국회 활동을 거쳐 이승만과의 정치적 균열로 인한 이승만 반대운동을 해명하는 데 중점을 두었다. 그는 우선, 해방 직후 대구에서 좌우합작을 이루어냈으나 그 직후 상경하여 보수우익의 정치적 입장을 전면에서 대변하였다. 그것은 해방 직후 미소의 한반도에 대한 규정력, 국내 정치세력 간의 주도권 갈등이 표면화되는 가운데 자신이 선택한 길이었다. 그것은 반탁운동과 보수우익의 입장을 나타낸 남조선과도입법의원 활동에서 잘 드러났다. 곧 친일파 처리안, 보통선거법, 단선 · 단정 활동에서 '투사'로 불릴 정도로 강한 면모를 보여주었다. 그는 일제하 중소자본가층을 민족의 중심세력으로 설정했다가 해방공간에서 철저한 부르주아지의 입장과 반공적 입장을 나타냈다. 그는 국내의 국내 부르주아지 · 친일 관료 및 경찰 · 예속 부르주아지 층과 미국을 보조 축으로 하는 지배연합을 통해 단독정부 수립을 현실화시키는 데 중요한 역할을 담당하였다. 이데올로기적으로는 사회주의와 대적 관계에 있었다. 이처럼 서상일은 해방 후 부르주아의 정치 · 경제적 이해에 조응하는 한국자본주의 국가 건설을 지향하였다.

5 · 10선거 이후 제헌국회 의원으로 활약하면서 헌법기초위원장 및 산업분과위원장이 되어 정부 수립에 핵심적인 역할을 담당하였다. 헌법기초위원장으로서 한국의 국가적 성격과 지향성을 담아 냈다. 특히 제헌헌법의 경우 자유민주주의 성격을 잘 보여주는 것이라 할 수 있다. 그에게 있어 가장 주목되는 부분은 국가권력 구조, 곧 대통령제와 내각책임제 중 어느 것으로 할 것인가 하는 점이다. 그는 대통령 책임제로 변화되는 그 순간까지 내각책임제의 입장에 서 있었다. 또 산업분과위원장으로서 농지개혁법 처리를 지연시키고, 지주의 이익을 대변하는 데 앞장섰다. 그에 따라 서상일은 정부 수립 시기에 자본주의적 국가 건설 방향에 서 있었다.

그는 정부수립 이후 한민당과 이승만정권 사이에 정부 권력의 배분을 둘러싼 갈등이 발생하자 한민당을 민주국민당으로 개편하고 내각책임제로의 개헌을 매개로 이승만반대운동을 벌여 나갔다. 이러한 활동이 제2대 국회의원 선거에서 이승만정권의 강한 견제를 받아 낙선하는 직접적인 계기가 되었다. 1952년 6월 내각책임제 개헌의 추진이 좌절되고 발췌개헌안이 통과되자, 발췌개헌안을 무효화하기 위한 '호헌구국선언대회와 시위행진' 계획을 주도하고 「반독재호헌구국선언문」을 작성하였다. 또한 6 · 25기념식장에서 발생한 대통령저격사건에 연루되어 1년 2개월의 징역에 집행유예 2년을 선고받았다. 그는 출옥 직후 민국당의 중앙상무집행위원회 소위원회 위원으로 활동하며, 동당 정책위원회와 함께 동당 확대 강화 방안을 강구하였다. 여기에서 서상일은 민국당의 확장을 넘어 서서 신당 결성을 생각하기 시작하였다. 따라서 서상일의 이승만 반대운동의 계기와 과정을 파악할 수 있다. 또한 그 결과 서상일의 정치 성향이 변화하여 신당 결성을 모색하게 되는 내적 구조를 해명하였다.

서상일이 지향한 신당운동의 정치적 원리는 '민주·정의·반공산'의 원칙 아래 반이승만 세력의 민주대동을 지향하는 정치적 결사였다. 새롭게 결성될 신당은 민주·민족·사회주의 국가 건설을 지향하여, 제헌 헌법의 민족사회주의의 요소를 복원하고자 하였다. 그런데 신당운동의 추진에 있어 가장 핵심적인 문제는 민주대동의 범위였다. 여기에서 그는 보수우익 세력과 달리 조봉암의 참여를 적극적으로 주장하였다. 결국 이 문제로 인해 신당운동은 분열되었고, 그가 보수우익과 결별하는 직접적인 계기가 되었다. 그런데 이 문제는 단순히 한 개인의 참여에 그치는 것이 아니라 진보세력을 포함한 정치세력의 재편을 시도한다는 점에서 1950년대 한국 정치구조의 성격을 드러내는 무척 중요한 사안이었다. 따라서 서상일은 신당운동에서 한국 정치구조의 재편을 추구한 대표적 인물이었다.

서상일은 이 과정에서 신당운동의 이념적 배경으로서 민주사회주의를 수용하였다. 그는 조봉암과 같이 진보당(가칭) 창당에 나섰고, 1956년 5·15 정부통령 선거에서 진보당(가칭)선거대책위원장직을 수행하였다. 그러나 그는 선거 후 조봉암계와는 달리 '민주혁신 대동'의 명분을 내세워 '선 세력 결집, 후 창당'을 주장하였다. 이것이 조봉암계와 서상일계가 분화되는 계기가 되었다. 그런데 이 분화의 계기는 민주사회주의에 대한 이념적 차이가 깔려 있었기에 가능한 것이었다. 다시 말해 서상일은 민주사회주의를 구현하기 위한 정당의 성격에 대해 대중적 기반을 언급하면서도 정치 엘리트의 결합에 중점에 두었다. 이에 그를 점진적 사회주의자(Fabian Socialist) 혹은 사회민주주의의 우파 등으로 평가케 하였다. 그에 따라 그는 그러한 이념적 차이에다가 파벌적 대립이 더해져 조봉암계와 결별하고 독자적으로 민주혁신당을 창당하기에 이르렀다.

그러나 서상일의 민주혁신당은 소위 '진보당사건'과 정부의 정당등록 유보 조치 및 결당 당시 당세의 약화로 인해 정치적 입지가 크게 축소되어 겨우 명맥을 유지할 정도였다. 그리하여 민주혁신당은 당세를 확대시켜 나가지 못한 채 오히려 당 주도권을 둘러싼 갈등이 발생하여 당세가 더욱 위축되었다.

1960년 4월혁명은 이승만 독재정권을 붕괴시키고, 혁신정치 세력의 자유로운 정치 활동을 가능케 하였다. 서상일은 4월혁명을 정치해방의 제2해방으로 규정하고, 앞으로 경제해방의 제3해방을 달성해야 한다고 주장하였다. 그는 진보당의 김달호와 전격 합류하여 사회대중당을 결성하기로 합의하였다. 혁신세력 가운데 가장 규모가 큰 사회대중당은 7·29총선거에서 동당의 영향력이 크다고 판단된 대구·부산·광주에 집중하였다. 그는 선거과정에서 대구지역에 동당의 유력한 인물을 공천하여 많은 의석을 확보하고자 하였고, 민주사회주의를 선전하고 통일방안으로 남북교류를 주장하였다. 그러나 선거 결과는 서상일을 포함한 4명만이 당선됨으로써 기대와는 달리 완전한 참패였다.

선거의 패인으로는 내외적 요인이 작용하였다. 먼저, 외적 요인으로 미창당 상태에서 선거에 대비할 시간의 부족, 선거 자금과 조직의 열세, 국민의 정치의식 박약 등을 지적할 수 있다. 다음으로 내적 원인으로 당내 내부 분열, 명확한 정책 부재 및 선거 정책의 미비, 보수정당과 차별성 부각 실패 등을 지적할 수 있다.

이 과정에서 사회대중당은 선거 패인을 규명한다는 명분 아래 갈등만 심화시켜 결국 서상일계와 김달호계로 양분되었다. 서상일은 옛 진보당의 윤길중·박기출 등과 혁신정당 출신의 민의원까지 포괄하여 통일사회당의 결성을 주도하였다. 그는 통일사회당 결성 직후 당의 주도권을 이동화 등 혁신운동 제2세대에 넘겨주고, 고문 역할을 담당하였다. 그가 속한 통일사회당은 민주사회주의 우파적 성격을 표방하면서, 장면정권 반대운동·이대악법 반대운동 한미경제협정 등을 반대하는 활동을 펼쳤다. 또한 통일사회당은 통일방안으로서 중립화통일을 주장하였다. 고문역으로 물러난 뒤 서상일은 공식적인 활동은 자제하였다. 그러나 통일사회당은 5·16군사쿠데타로 말미암아 더 이상 진행할 수 없었다. 서상일은 당시 간장염으로 앓고 있었고, 이내 서울대 병원에 입원하였다. 이로 인해 그는 통일사회당사건 재판 중 불구속으로 재판을 받고, 일제하 활동 경력이 감안되어 징역 3년에 집행유예 5년이 선고되었다. 그러나 서상일은 1962년 4월 18일에 간장염으로 사망하였다.

2.

한말에서부터 일제 시기·해방 시기·1950년대를 거쳐 5·16군사쿠데타가 발생하기 이전까지 서상일의 정치·경제 이념과 활동에 관해 구명해 보았다. 그러면 한국근현대사에 있어 서상일의 정치·경제 이념과 활동에 대한 성격은 어떻게 규정할 수 있을까.

먼저, 그는 '한일합방'에 대한 저항하는 인식을 보였고, 그에 대해 대동청년단, 구인결사동맹 등의 활동을 벌였다. 또한 달성친목회를 재건하고 중국 및 노령 등지를 방문하고 난 뒤 이상적 사회를 건설하기 위한 논리로서 현실주의를 모색하였다. 현실주의적 논리에서 독립을 실현하기 위한 방안으로서 국내에서 독립운동 자금 모집과 운동세력을 확보하기 위해 노력하였다.

그의 현실주의적 논리는 1920년 이후 한국사회에 파급된 문화운동의 영향을 받아 자아개조와 민족자본 육성을 구체적 내용으로 하는 실력양성운동론으로 이어졌다. 그 논리의 근저에는 전통적 대동사상이 깔려 있었다. 또 목적은 민족경제권의 확립 혹은 경제자립의 건설이었고, 구체적으로는 이상촌의 건설에 있었다. 이러한 지향을 구체화해 나가는 과정에서 한편으로는 민족에 호소하고, 다른 한편으로는 일제의 협조를 요청하는 행위 양식을 나타냈다. 특히, 중소자본을 중심으로 한 조선자본주의의 발전을 위해 노력하였다. 이 가운데 민족독립이라는 목표는 현실 속에서 동요하는 양상을 보였고, 그 연장선상에서 자치운동에 참여하게 되었다. 무엇보다도 그의 자치권 획득=조선의회 설립 등을 목표로 한 합법운동론이 바로 그것이다. 그의 합법운동론은 궁극적 목표로서 독립을 지향한 현단계적 특수 임무로도 설정될 수 있었다. 그렇지만 그것이 지속적이지 못하거나 일제 당국이 허용하지 않는다면 민족운동을 탈정치화하거나 체제내적인 운동으로 전락시킬 수도 있는 것이었다.

그러나 이러한 논리는 1930년 이후 만주침략, 중일전쟁 등 일제의 침략정책이 강화되는 가운데 민족자본의 기반이 허약해지는 것과 함께 전쟁동원정책에 편승하는 것으로 귀착되었다. 결국, 서상일의 일제시기 이념과 활동은 현실주의적 논리의 연장선상에서 대동사회의 구현과 문화운동 논리로 전환되었다가 자치운동을 거쳐 일제에 협조적인 태도를 내보여 종속적인 자본주의 발전을 지향하는 노선을 걸었다. 그러면서도 서상일의 경우 전통사상과 서구사상이 일정하게 결합된 형태의 논리 구조를 내재하고 있었던 점은 매우 독특한 특징으로 간주할 수 있다.

일제강점기 기업 활동을 통해 자본주의 발전을 지향한 노선은 해방 후로 이어져 자본주의 국가 건설 논리를 대변하였고, 종극적으로는 단독선거 · 단독정부 수립 활동으로 나타났다. 그의 국가건설 논리는 남조선과도입법의원 및 제헌국회 활동을 통해 구체적으로 드러난다. 그는 새롭게 건설될 국가의 권력구조로서는 권력의 분립이 강한 내각책임제를 지향하였고, 적극적인 노동정책과 사회복지정책의 수립을 구현하고자 하였다. 이러한 국가건설론은 민주주의의 실현을 강조하는 것이었다. 그러한 그의 국가건설론은 제헌국회에서 채택된 헌법이 전체적으로는 자유민주주의 성격을 띠면서도 경제 · 사회 정책에서는 사회민주주의 혹은 민주사회주의 요소를 내포하는 것으로 평가되는 것과 관련되었다. 이 점을 그의 일제 시기 논리와 결부시킨다면, 자본주의 사회를 지향하면서도, 전통적 대동사회를 전망한 것이 해방공간에서 현실화된 것으로 간주할 수 있는 것이었다.

그런데 그의 자본주의 국가건설론은 이승만 정부와의 권력배분을 둘러싼 갈등을 빚으면서 여당적 입장에서 야당적 입장으로 변모되었다. 그의 야당 활동은 민주국민당의 결성으로 나타났고, 내각책임제로의 개헌 추진으로 구체화되었다. 그러한 그의 야당 활동은 초기 우익세력의 결집 수준에서 점차 조봉암으로 상징되는 사회민주주의 세력과의 정치적 연합으로까지 발전하였다. 보수세력의 독재적 정치성향과 반대중적 사회경제적 성향에 한계를 느끼면서, 보수세력에서부터 조봉암으로 상징되는 진보세력을 하나의 정치세력으로 묶으려 하였다. 서상일은 이를 민주대동운동이라 규정하였다.

여기에서 서상일은 한국사회를 개혁시킬 수 있는 정치 논리로 민주사회주의 이념에 주목하였다. 그는 세계사의 보편적 역사발전이 낡은 자유민주주의와 공산주의를 넘어서서 민주사회주의로 귀착될 것으로 전망하면서, 휴머니즘(Humanism)을 강조하였다. 그리하여 그는 자신의 일제시기의 사회운동 노선과 해방 이후 국가건설 노선을 회복시키려는 길을 걷게 되었던 것이다. 이 점이 해방 이후 서상일의 가장 두드러진 특징으로 간주할 수 있다.

그렇지만 그러한 정치적 연합은 정치적 노선과 성격에서 조봉암계열과 일정한 차이를 노정시켰고, 이것이 주도권 갈등으로 증폭되어 양자가 결별하는 주된 요인으로 작용하였다. 특히, 서상일은 기존 보수 정치세력을 포괄하는 엘리트 중심의 정치노선을 주장하였던 것이다. 여기에서 대중은 혁신정치 세력의 대상으로 남을 수밖에 없었다. 그러한 그의 정치노선은 당시 진보당사건 이후 자유당 대 민주당이라는 보수양당 구도에서 활동 공간을 마련하지 못한 채 명맥만 유지하는 정도에 그치게 하였다.

이처럼 서상일의 민주혁신당이 정당으로서의 기능을 제대해 수행하지 못한 내적 한계는 4월혁명의 발생으로 새로운 발판을 마련할 수 있게 되었다. 이때에도 혁신세력은 완전한 통합을 이루지 못한 채 이전의 진보당(가칭)의 두 축을 형성했던 서상일계와 진보당계를 중심으로 여타 정치세력이 참여한 가운데 사회대중당을 결성하였다. 1950년대에 이어 4월혁명을 계기로 두 진영이 정치적으로 결합하여 7·29선거에 임했다. 그러나 기대와는 크게 어긋나는 선거 결과를 보였던 사회대중당은 선거 패인을 둘러싼 내부 갈등이 일어나 또 다시 분열의 길을 걷게 된다. 그런데 이러한 결과는 진보당(가칭) 결성 과정에서 벌어졌던 앙금을 극복하지 못했음을 반증하는 것이었고, 한국 혁신정치 세력의 특징으로 각인되는 것이었다. 그 후 서상일은 김달호계와 결별한 진보당계와 민혁당계를 중심으로 통일사회당을 결성하여 장면정권 반대운동을 중심으로 정치 활동을 전개하였다.

결국, 서상일은 해방 이후 자유민주주의 노선에서 이승만 반대운동을 지렛대로 하여 민주사회주의로의 전환하였다. 이에 극우반공주의와는 차별되고, 사회민주주의와는 차이를 표출한 독특한 특징을 보였다. 그러나 그의 민주사회주의 이념과 활동은 그 자신이 지향했던 한국사회의 개혁에는 미치지 못하였다.

따라서 한국근현대사에 있어 서상일의 정치 · 경제 사상과 활동은 전통적 대동사상과 서구의 문화운동의 영향 아래 형성된 노선으로 특징지을 수 있으며, 그의 노선과 활동은 내외적 조건의 변화 속에서 계속적인 변화를 추구하는 노선을 걸었다. 나아가 서상일은 해방 이후 자유민주주의 노선에서 이승만 반대운동을 지렛대로 하여 민주사회주의로 전환하여, 극우반공주의와는 차별되면서 사회민주주의와는 차이가 있는 독자적 정치노선을 걸었다. 특히, 민주사회주의 노선으로 귀결된 그의 정치노선은 현대한국사회에서 민주주의를 실현하기 위한 모색 과정이었다. 그 과정은 독점적 권력구조를 형성했던 '보수 정치'에 대한 '내적 반성'을 촉구하여 한국사회가 나아가야 할 새로운 한 유형을 제시했다는 점에서 역사적 의의가 있다.

서상일 연보

1886. 7. 9.	대구에서 서봉기와 이영천 사이 삼남으로 출생
1895.	한문사숙 졸업
1899.	대구공립소학교 졸업
1903.	달성학교 보통과 졸업
1905.	달성학교 졸업
1905.(?)	박소선朴小仙과 결혼
1906. 3. 28.	장녀 서쇄주徐釗周 출생
1907.	탁지부 측량과 졸업, 탁지부 기수
1907. 12. 6.	차녀 서정주徐丁周 출생
1908. 9. 12.	달성친목회 가입
1909.	보성전문학교 입학
1909.	대동청년단 입단
1910.	'구인결사동맹' 결성
1912. 6. 17.	장남 서인형徐仁炯 출생
1913. 1.	달성군 대명동 안일암에서 시회 개최, 달성친목회 재건
1913. 3.	중국과 러시아 등 국외 방문
1913.	강유원간친회 가입
1914.	태궁상점 설립
1914. 6. 17.	삼녀 서금주徐金周 출생
1915. 6. 3.	삼녀 서금주徐金周 사망
1915. 9. 4.	장남 서인형徐仁炯 사망
1915. 9.	달성친목회, 일제 당국에 비밀결사로 간주되어 강제 해산됨
1916. 2. 3.	삼녀 서병주徐丙周 출생

1916. 4. 강유원간친회 강제 해산됨

1917. 태궁상점를 주식회사로 전환하고, 달성친목회 활동을 계승

1917. 대구미곡상조합 결성에 참여

1919. 독립운동자금 모집 활동 및 원조 활동, 독립청원서 전달사건 연루.

1919. 12. 10. 차남 서병호徐丙鎬 출생

1921. 4. 4. 서병호徐丙鎬 사망

1921. 대구청년회 총무

1921. 대구곡물신탁주식회사 설립에 참여

1921. 대구운송주식회사 설립에 참여

1921. 6. 조선인산업대회 위원

1921. 9. 경북청년회연합회 결성 추진

1922. 1. 8. 사녀 서태주徐台珠 출생

1922. 5. 대구청년회 회장

1922.10. 조양회관 준공

1923. 대구상업회의소 제5대 의원(1923~1925)

1923. 2. 조선민립대학기성회 대구지방부 설립 발기인, 감사

1923. 7. 7. 대구구락부 창립

1923. 7. 동아일보 대구지국 운영(17년간)

1923. 12. 자치운동단체 연정회 결성에 참여

1924. 조양무진주식회사 설립

1925. 7. 대구농촌사 설립

1927. 조양동우회 설립

1927. 5. 19. 차녀 서정주徐丁周, 대구 한규택韓奎澤의 장남 한준갑韓駿甲과 결혼

1927. 8. 24. 장녀 서쇄주徐釗周, 대구 출신의 독립운동가 우재 이시영又齋 李始榮의 아들 이응창李應昌과 결혼

1927. 9. 18. 대구상공협회 설립

1928. 『중외일보』 창간 참여 좌절

1931. 3. 『합법운동과 비합법운동에 관한 사견』 작성

1931.12. 대구미곡거래소 감사

1937.	경북상공주식회사 설립에 참여
1938. 5. 15.	삼녀 서병주徐丙周, 충남 아산 출신의 윤유선尹裕善과 결혼
1942. 1.	조선임전보국단 부인부 경북지부 생활부장
1942?	학병 지원 연설
1942. 8. 8.	부인 박소선 사망
1943. 12. 1.	사녀 서태주徐台珠, 경남慶南 창녕昌寧의 박판암朴判岩과 결혼
1945. 8. 15.	조선군 대구지구 헌병대장 간다(神田)과 면담
1945. 8. 16.	경북치안유지회 조직
1945. 8. 22.	건국준비경북치안유지회 총무
1945. 8. 31.	조선재외전재동포구제회 고문
1945. 9. 7.	국민대회준비회 부위원장
1945. 9. 21.	한국민주당 총무 위원
1945. 10. 17.	한국민주당 주요 간부와 함께 이승만 방문
1945. 10. 20.	한국지사영접위원회 위원
1945. 10. 26.	국민대회준비회 헌법연구위원
1945. 11. 3.	미군정청 특사로 대구 방문
1945. 12. 23.	애국금헌성회 고문
1946. 1. 9.	5당회의 한민당 대표 일원으로 참석
1946. 1. 15.	대한독립촉성중앙협의회 조직부 위원
1946. 1. 20.	제1차 비상정치회의주비회 임시의장 및 원안 기초위원
1946. 1. 31.	비상국민회의주비회 과도약헌 기초위원 및 재무 책임자
1946. 5. 7.	한국민주당 식량대책위원회 책임위원
1946. 5. 27.	한국민주당 경북지역 유세대 위원
1946. 6. 9.	한국민주당 대구지부 결성
1946. 10. 30.	남조선과도입법의원 경북대표로 당선
1946. 11. 22.	한국민주당 경북도당 결성준비위원장
1947. 1. 9.	남조선과도입법의원 법제사법위원 · 행정조치법기초위원
1947. 3. 3.	남조선과도정부약헌(안) 제출
1948. 2. 19.	유엔조선위원단에 남조선 가능지역의 총선거 실시 요청 결의안 제출

1948. 5. 10.	제헌국회 선거에서 대구 을구에 출마하여 당선
1948. 6. 3.	제헌국회 헌법기초위원회 위원장으로 선출됨
1948. 6. 18.	제헌국회 산업노동위원회 위원장으로 선출됨
1949. 2. 10.	민주국민당 고문
1949. 8.	민주국민당 1차 전당대회 의안부 준비위원
1949. 10. 15.	민주국민당 전당대회에서 상무집행위원으로 선출됨
1950. 3.	내각책임제 개헌안 제출 주도
1950. 5. 30.	제2대 국회의원 선거에서 낙선
1950. 6.	최순덕崔順德과 재혼
1951. 4.	『현하의 국난타개책』(청구출판사), 출판
1951. 10.	민주국민당 중앙상무집행위원
1952. 2. 25.	보궐선거에서 경북 달성군에 출마하여 낙선
1952. 6.	호헌구국선언대회 및 시위행진 주도, 대통령 저격사건에 연루됨
1952. 11. 22.	민주국민당 제4회 전국대의원대회에서 고문으로 추대됨
1952.	재단법인 원화학원 설립
1953. 3.	'대통령저격사건' 제6회 공판에서 징역 6년의 검사 구형 받음.
1954. 8.	「정치인의 양식에 소함」 작성
1954.11.	「정치인의 양식에 소함」(2) 작성
1955.	신당운동에서 민주대동파 주도
1955. 9. 1.	광릉회합 참석
1955. 9. 18.	민주국민당 중앙집행위원회에 참석하여 민국당의 민주당의 참여 적극 반대
1955. 12. 22.	진보당추진준비위원회 동지대표 12인
1956. 1. 17.	진보당추진위원회 총무부 위원
1956. 3. 31.	진보당(가칭) 제3차 전국추진위원대표자회의에서 부통령 지명 거부
1956. 4. 4.	진보당(가칭) 선거대책위원회 위원장
1956. 5. 23.	진보당(가칭) 상임위원회에서 혁신대동 주장
1956. 8. 23.	진보당(가칭) 분열을 막기 위한 7인 간담회에 참석
1956. 8. 29.	진보당(가칭) 12인 위원회 참석

1956. 9. 7. 민주혁신당추진협의회 구성 결의
1956. 9. 11. 민주혁신당추진협회의 발족
1956. 10. 8. 진보당 탈당
1956. 12. 26. 민주혁신당(가칭)과 대중당과의 합동창당준비위원회의 상무위원
1957. 10. 15. 민주혁신당 창당대회, 간사장
1957. 11. 박정호 간첩사건 연루
1958. 1. 진보당사건 증인
1958. 6. 7. 민혁당과 노동당과의 합당 추진
1958. 11. 민혁당 · 노동당은 제3당을 결성하기로 하고 3당추진구인위원회 조직
1958. 11. 국가보안법 반대 입장 표명
1958. 12. 23. 보안법안 개악반대 국민대표준비위원회 결성
1959. 1. 14. 민주수호총연맹 결성
1959. 3. 사회민주당(가칭) 창당 추진
1959. 8. 민혁당 내부 발생, 민혁당수습대책위원회 구성
1959. 「내가 보는 정당 정치」 작성
1960. 2. 2. 비보수 세력의 연합전선 모색 위한 반독재민주수호연맹 조직
1960. 5. 7. 혁신연맹결성대회 개최
1960. 5. 12. 사회대중당 발기, 민주혁신당 탈당
1960. 6. 17. 사회대중당 창당준비위원 대표자회의에서 대표총무위원으로 선출
1960. 7. 제5대 민의원 · 참의원선거에서 남북통일방안의 절충과 남북교류설 제기
1960. 7. 29. 제5대 민의원 · 참의원선거에서 대구 을구에 출마하여 민의원 당선
1960. 9. 15. 사회대중당에 대해 메별 선언
1960. 12. 혁신구락부 결성
1961. 1. 21. 통일사회당 결성
1961. 2. 한 · 미 경제협정 반대
1961. 3. 반공특별법 · 데모규제법 반대
1961. 5. 군부구테타 세력에 검거
1961. 12. 11. 특수범죄처벌에 관한 특별법 위반 혐의로 기소, 건강 악화로 불구속

1962. 2. 14. 결심공판에서 징역 3년, 집행유예 5년을 선고받음

1962. 4. 18. 서울에서 간장염으로 사망

1962. 4. 24. 조계사에서 '서상일선생우인장례위원회'의 진행으로 장례식 거행

참고문헌

1. 서상일 주요 저작

「朝鮮青年會의 理想과 事業」, 『新民公論』 2-6, 1921. 6.

「中外日報社에 對한 前後關係」(필사본), 1927.

「朝陽同友會 槪要」(팜플렛), 1927.

「大邱朝陽會館 槪要」(팜플렛), 1928.

「大邱商工界一瞥」, 『別乾坤』 5권 9호, 1930. 10.

『合法運動과 非合法運動에 關한 私見』(필사본), 1931.

「南朝鮮 過渡約憲(案)」, 『東亞情報』 1-1, 1947. 4.

『민족시보』, 1949. 11. 25.

「大韓民國憲法改正案提出說明書」, 1950.

『現下의 國難打開策』, 青丘出版社, 1951.

「自畵自讚」, 『민주신보』, 1951. 12. 28.

「조경희대담, 희망 방담, 정치인 서상일」, 『週刊希望』, 1956. 11. 9.

「政治生活 半世紀記」, 『三千里』 2-1, 1957. 1.

「험남할 망정 영광스런 이 길」, 『신태양』, 신태양사, 1957.

「선거, 인사말씀」(팜플렛), 1958.

「제2해방을 전망하며」(필사본), 1958.

「전민족전선으로 대결－보안법반대국민대회준비 서위원장언명」, 『국제신문』, 1958. 12. 29.

「政治人의 良識에 訴함」 1(필사본), 1959.

「政治人의 良識에 訴함」 2(필사본), 1959.

「당원의 상식문제」(필사본), 1959.

「내가 보는 정당정치」(필사본), 1959.

「헌정 11년」, 『대구매일신문』 1959. 7. 17.

「피거름속에서만 民主主義는 蘇生한다」, 『새벽』 7:111-114, 1960. 5.

「선거, 인사말씀」(팜플렛), 1960. 7.

「서간문 －송진우, 김성우, 한용운, 신익희, 조봉암 등－」

「화평으로 조국건설－민혁당간사장 동암 서상일」, 『국제신문』 ?. 1. 1.

송원영, 「서상일론」, 『인물계』, 1959년 7월호.

「중앙통일사회당사건」, 『한국혁명재판사』, 1961.

「곡 동암 서상일」(윤제술의 弔詩), 1962.

서태주, 『역사의 강을 거슬러 올라가며』, 미출간원고.

「동암 서상일선생 10주기추모식」(팜플렛) 1972. 4. 18.

김준헌, 「大邱商工協會의 實體－會報를 통해서 본－」, 『성곡논총』 14, 1983. 4.

「대구인 열전－동암 서상일」, 『대구일보』 1994. 9. 8.(신태철)

「특별기획, 모교를 빛낸 교우들14－동암 서상일」, 『고대교우회보』, 1996. 4. 5.

「백산의 동지들－동암 서상일－」, 『부산일보』, 1996. 8. 2 ; 1996. 8. 9 ; 1996. 8. 16. (이춘우)

2. 신문 · 잡지

『慶南日報』『東亞日報』『中外日報』『時代日報』『大韓每日申報』『皇城新聞』『每日申報』『朝鮮中央日報』『嶺南日報』『每日新聞』『大邱日報』『朝鮮日報』『韓國日報』『民族日報』『國際新聞』『南鮮經濟新聞』『自由新聞』『민주신보』

『大韓自强會 月報』『大韓協會 月報』『大韓協會大邱支會錄』『嶠南學會報』『學之光』『青年』『我聲』『別乾坤』『新民』『現代評論』『第一線』『大邱商議』『共濟』『日帝下雜誌拔萃 植民地時代 資料叢書』(啓明文化史)『新世界』『世界』『世界』『開闢』『思

想界』『人物界』『月刊 朝鮮』『新天地』『新世界』『新東亞』『政經文化』『月刊 다리』『民族知性』『新太陽』

3. 관계 문헌

「대한독립촉성중앙협의회 집행위원회 회의록」(1946)

『광복 30년 주요 자료집』(『월간중앙』 1975. 1. 별책 부록)

『基督敎會關係文書綴』

『남조선과도입법의원 속기록』(1～5)

『大邱商工業繁榮策 論文』

『大韓協會大邱支會錄』, 1910.

『事實의 全部를 記述한다』, 元輝出版社, 1968.

『서울연감』 1960, 서울신문사.

『제헌국회 속기록』(1～10)

『朝鮮産業調査會會議錄』(1937)

『朝鮮總督府 官報』(각 년도)

『해방 20년』 1965, 세문사.

『해방 20년사』 1965, 희망출판사.

『解放 十年』, 1955.

岡崎遠光, 『朝鮮金融及産業政策』, 1911.

강덕상 편, 『現代史資料』 25 · 26 · 27, 1967.

경남대 극동문제연구소 편, 『지방미군정자료집』, 한국현대사 자료집, 1993.

慶尙北道, 『慶尙北道産業調査』, 1912.

_______, 『慶尙北道勢一斑』, 1928 · 1929 · 1938 · 1940.

京城商工會議所, 『家庭工業調査』, 1927.

국방부 정훈국 전사편찬위원회, 『韓國戰亂 1年誌』, 1951.

국방부, 『한국전쟁사』(개정판) 1, 1977.

國史編纂委員會 編, 『大韓民國史 年表』 上, 1984.

________________, 『韓民族獨立運動史資料集』 7~9, 1989.

________________, 『資料 大韓民國史』 1～12.

________________, 『韓民族獨立運動史資料集』 7～9, 國權回復團.

국회 민의원사무처, 『국회 10년지』, 1958.

________________, 『대한민국국회개관』, 1959.

국회도서관, 『헌정사 자료, 헌법개정회의록』, 1968.

__________, 『제헌～제3대 국회회의록 색인』(제1회～제28회), 1982.

국회사무처, 『政黨의 機構 機能과 政綱·政策·黨憲 등』, 1965.

__________, 『大韓民國政黨史』 1, 1968.

__________, 『國會史』, 1971.

__________, 『制憲國會經過報告書』, 1986.

국회타임스사, 『국회의정사』, 1954·1955년판.

국회특별위원회, 『특별위원회 활동보고』, 1992.

逵捨藏, 『慶北大鑑』, 1936.

김국태 옮김, 『해방 3년과 미국』 1, 돌베개, 1984.

김정명 편, 『朝鮮獨立運動』 1권, 原書房, 1967.

내무부 치안국, 『韓國警察史』, 1972.

농지개혁사편찬위원회 편, 『農地改革史』 상, 농림부 농지국, 1970.

大邱府, 『大邱地方經濟事情』, 1911.

______, 『大邱府豫算』, 1935.

, 『大邱府社會事業要覽』, 1936

______, 『大邱府勢一班』 1936·1937.

______, 『大邱府史』, 1943.

大邱商業會議所, 『大邱要覽』, 1920.

______________, 『大邱案內』, 1928.

大邱消防組, 『大邱消防二十五年史』, 1933.

大邱日日新聞社, 『慶北年鑑』, 1941.

______________, 『慶北年鑑』, 1942.

대한민국 국방부 전사편찬위원회 편, 『한국전쟁사』 1, 1967.

대한민국건국10년지간행회 편, 『대한민국건국 10년지』, 1956.
大興電氣株式會社, 『大興電氣株式會社發達史』, 1934.
동아일보사 편, 『근대한국명논설집』(『신동아』 1966. 1. 별책 부록)
____________, 『동아일보사설선집』 1~2, 1977.
미국무성 비밀외교문서, 金國泰 역, 『해방 3년과 미국』 1, 돌베개, 1984.
민주당, 『투쟁의 족적』, 1957.
방일영문화재단, 『한국신문사설선집』 1~5, 1995.
三輪如鐵, 『增補改正 大邱一斑』, 1911.
서울시경 사찰과, 『査察要覽』, 1955.
小林英夫, 『植民地の企業進出－朝鮮會社令の分析－』, 柏書房, 1994.
시인사 편집부, 『강령 · 정책－한국의 주요정당 · 사회단체－』, 1988.
안용식 편, 『대한제국관료사연구』 1~5, 연세대학교 사회과학연구소, 1994~1996.
애국동지원호회, 『한국독립운동사』, 1956.
嚴祥燮, 『勸力과 自由』, 耕久出版社, 1959.
嶺南日報社, 『慶北總鑑』, 1946.
__________, 『慶北總鑑』, 1947.
__________, 『韓國年鑑』, 1954.
宇屋德夫, 『朝鮮殖産銀行十年誌』, 1928.
俞鎭午, 『憲法解義』, 明世堂, 1949.
李如星, 金世鎔, 『數字朝鮮硏究』(1집~5집), 1931~1933.
李昌洙, 『增補 大韓民國憲法大意』, 東亞印書館, 1948.
임명삼, 『유엔조선위원단 보고서』, 국제신문사, 1949.(돌베개 문고판)
자유당, 『自由黨의 業績과 施策』, 1960.
자유당중앙당부정책위원회, 『政策參考資料』, 1959.
정일형, 『유엔과 한국문제』, 신영문화사, 1961.
趙璣濬, 『韓國企業家史』, 博英社, 1973.
朝鮮工業協會, 『朝鮮工場名簿』(1932, 1934, 1936, 1938, 1940, 1942).
朝鮮圖書刊行會, 『朝鮮公職者明鑑』, 1927.
朝鮮民報社, 『慶北産業誌』, 1920.

朝鮮商工研究會編, 『朝鮮商工大鑑』, 1929.
朝鮮銀行, 『滿鮮經濟十年史』, 1919.
조선일보사(편), 『전환기의 내막』, 1982.
朝鮮總督府, 『産業調査委員會會議錄』, 1921.
竹尾款作, 『大邱讀本』, 1937.
中央選擧管理委員會, 『大韓民國選擧史』 1, 1973.
中村資良編, 『朝鮮銀行會社要錄』 1921~1942
崔正福, 『大邱天主教會史』, 1952.
河井朝雄, 『大邱物語』, 1931.
한국군사혁명사편찬위원회, 『韓國革命裁判史』 1~5, 1963.
韓國農村經濟研究院, 『農地改革時 被分配地主 및 日帝下 大地主 名簿工會議所, 1985.
한국은행대구지점, 『慶尙北道 産業變遷史』, 1957.

4. 회고록

『나의 人生白書－常山回顧錄－』, 1967.
『獨立義士 宋斗煥－그의 思想과 鬪爭－』, 1960.
畊夫 신백우선생 기념사업회, 『畊夫 申伯雨』, 1973.
古下先生傳記編纂委員會編, 『高下宋鎭禹先生傳』, 동아일보사, 1965.
______, 『巨人의 숨결』, 동아일보사, 1990.
______, 『獨立을 向한 執念』, 동아일보사, 1990.
김도윤, 『유석 남형우 선생』, 고령문화원, 1983.
金少影 編, 『申翼熙先生一代記』, 早稻田大學同窓會出版部 刊, 1956.
김학준, 『이동화평전』, 민음사, 1987.
______, 『혁명가들의 항일 회상』, 민음사, 1988.
______, 『古下 宋鎭禹評傳』, 동아일보사, 1990.
도산기념사업회 편, 『安島山全書』 상 · 중 · 하, 범양사 출판부, 1990.

獨立志士金光濟先生遺稿集, 『民族解放을 꿈구던 先覺者』, 日新堂, 1995.
동아일보사, 『評傳 仁村 金性洙』, 1991.
牧堂李活傳記刊行委員會, 『牧堂 李活의 生涯』, 1984.
박중양, 『述懷』, 1956(?).
박진목, 『내 조국 내 산하』(원제 : 지금은 먼 옛 이야기), 계몽사, 1994.
변영태, 『나의 祖國』, 자유출판사.
省谷言論文化財團, 『省谷 金成坤傳』, 1995.
신창현, 『海公 申翼熙』, 해공신익희선생기념회, 1992.
심산사상연구회 편, 『김창숙』, 한길사, 1981.
雲石先生紀念出版委員會, 『한 알의 밀이 죽지 않고는－張勉博士 回顧錄－』, 1967.
유진산, 『해뜨는 地平線』, 한얼문고, 1979.
柳珍山先生記念事業會, 『玉溪 柳珍山－生涯와 思想과 政治－』, 1984.
유진오, 『憲法基礎回顧錄』, 일조각, 1980.
유치송, 『海公 申翼熙 一代記』, 海公先生紀念會, 1984.
윤길중, 『이 시대를 앓고 있는 사람들을 위하여』, 호암출판사, 1991.
윤보선, 『구국의 가시밭길－나의 회고록－』, 한국정경사, 1967.
윤치영, 『윤치영의 20세기』, 삼성출판사, 1991.
愛山同門會, 『愛山餘滴』, 世文社, 1961.
이경남, 『雪山 張德秀』, 동아일보사, 1981.
이영석, 『죽산 조봉암』, 원음출판사, 1983.
이원만, 『나의 정경 50년』, 코오롱20년사편찬위원회, 1977.
이원순 편저, 『인간 이승만』, 신태양사, 1965.
이 인, 『반세기의 증언』, 명지대학출판부, 1974.
仁村紀念會, 『仁村 金性洙傳』, 1976.
임병직, 『임정에서 인도까지』, 여원사, 1964.
장병혜 편, 『상록의 자유혼』, 영남대박물관, 1973.
정화암, 『이 조국 어디로 갈 것인가』, 자유문고, 1982.
趙炳玉, 『나의 회고록』, 해동, 1987.
중앙일보사, 『維民 洪璡基 傳記』, 1993.

최석채, 『庶民의 항장』, 범조사, 1956.
_____, 『속 서민의 항장』, 형설출판사, 1990.
허　정, 『내일을 위한 증언』, 샘터, 1979.

5. 연구 논저

1) 저서

C.L.호그 지음, 신복룡·김원덕 옮김, 『한국분단보고서』, 풀빛, 1992.
IN.K. 황 지음, 정대화 옮김, 『중립화통일론』, 신학문사, 1988.
강동진, 『일제의 한국침략정책사』, 한길사, 1980.
강만길, 『조선시대 상공업사연구』, 한길사, 1984.
강만길·성대경, 『한국사회주의운동인명사전』, 창작과 비평사, 1996.
岡澤憲芙 著, 이명남 譯, 『現代政黨論』, 문원, 1997.
고승제, 『韓國金融史研究』, 一潮閣, 1970.
권대복, 『進步黨』, 지양사, 1985.
권희경, 『한국혁신정당과 사회주의 인터내셔날』, 태양, 1989.
건국청년운동협의회, 『대한민국건국청년운동사』, 1989.
경북노회 100년사 편찬위원회, 『경북노회 100년사』, 1977.
慶北大觀編纂委員會 編, 『慶北大觀』, 1958.
그란트 미드, 안종철 옮김, 『주한 미군정 연구』 공동체, 1993.
김광운 『통일독립의 현대사』, 지성사, 1995.
김기원, 『미군정기 경제구조』, 푸른산, 1990.
김남식·이정식·한홍구 편, 『한국현대사자료총서』 1~15, 돌베개, 1986.
김도형, 『大韓帝國期의 政治思想研究』, 知識産業社, 1994.
김도형 외, 『근대 대구·경북 49인』, 혜안, 1999.
金東鳴, 『敵과 同志』, 昌平社, 1955.
_____, 『歷史의 背後에서』, 新進社, 1958.
金昞哲, 『人物銀行史』(上), 銀行界社, 1978.

金三根, 『釜山出身獨立鬪士集』, 太和印刷社, 1982.
김삼웅 · 이헌종 · 정운현 편, 『친일파』, 학민사, 1990.
김상웅 · 정운현 편, 『친일파』 2, 학민사, 1992.
김운태, 『한국현대정차사－제2공화국』, 성문각, 1976.
김윤식, 『한국현대 현실주의 소설 연구』, 문학과 지성사, 1990.
金鎭學 · 韓徹永, 『制憲國會史』, 新潮出版社, 1954.
김인호, 『태평양전쟁기 조선공업연구』, 신서원, 1998.
김진화, 『일제하 대구의 언론 연구』, 영남일보, 1978.
김혁동, 『미군정하의 입법의원』, 범우사, 1970.
노중선 편, 『민족과 통일』 1(자료편), 사계절, 1985.
________, 『4 · 19와 통일논의』, 사계절, 1989.
大邱商工會議所, 『대구상공회의 칠십년사』, 1977.
____________, 『大邱經濟總攬』, 1985.
____________, 『大邱商議八十年史』, 1986.
____________, 『국채보상운동사』, 1997.
大邱市史編纂委員會, 『大邱市史』 1, 2, 3, 1973.
데이비드 콩드 지음, 편집부 역, 『분단과 미국』 1(1945～1950), 사계절, 1988.
도진순, 『한국민족주의와 남북관계』, 서울대학교출판부, 1997.
동아일보사편, 『현대사를 어떻게 볼 것인가』, 동아일보사, 1987.
마크 게인, 까치편집부 역, 『해방과 미군정 1946. 10～11』, 까치, 1986.
마　한, 『한국정치의 총비판』, 한국정치연구원, 1959.
민중운동사연구회, 『해방후 한국변혁운동사 1945～1953』, 녹진, 1990.
박경식, 『일본제국주의의 조선지배』, 청아, 1986.
박명림, 『한국전쟁의 발발과 기원』 1 · 2, 나남출판사, 1996.
박원순, 『국가보안법연구』 1～2, 역사비평사, 1989 · 1992.
박은경, 『일제하 조선인 관료 연구』, 학민사, 1999.
박정수 편저, 『암살의 현장』, 대호출판사, 1986.
박찬승, 『한국근대정치사상사연구』, 역사비평사, 1992.
박찬표, 『한국의 국가형성과 민주주의』, 고려대 출판부, 1997.

박태균, 『조봉암연구』, 창작과 비평사, 1995.
박희범, 『한국경제성장론』, 고려대학교 출판부, 1968.
반민족문제연구소 편, 『친일파 99인』 1~3, 돌베개, 1993.
___________________, 『청산하지 못한 역사』 1~3, 청년사, 1994.
배은희, 『나는 왜 싸웠나』, 一韓도서주식회사, 1955.
백광하 편, 『壇上壇下』, 세계출판사, 1955.
__________, 『壇上壇下』 2, 昌平社, 1955.
__________, 『壇上壇下』 3, 白文社, 1958.
__________, 『壇上壇下』 4, 白文社, 1958.
__________, 『壇上壇下』 5, 文宣閣, 1962.
卞志燮, 『慶南獨立運動小史』, 三協印刷社, 1966.
釜山名士錄刊行會 發行, 『釜山名士錄－附 銀行會社名鑑－』, 1937.
부산일보사, 『秘話 臨時首都 天日』, 1983.
사월혁명청사편찬위원회, 『사월혁명사』, 성공사, 1960.
서대숙 외, 『한국현대사의 재조명』, 돌베개, 1982.
徐東九 역편, 『韓半島 緊張과 美國』, 대한공론사, 1977.
서병조, 『주권자의 증언』, 모음출판사, 1963.
______, 『정치사의 현장－제1공화국－』, 중화출판사, 1981.
서중석, 『한국근현대의 민족문제연구』, 지식산업사, 1989.
______, 『한국현대민족운동연구』, 역사비평사, 1991.
______, 『한국현대민족운동연구』 2, 역사비평사, 1996.
______, 『조봉암과 1950년대－조봉암의 사회민주주의와 평화통일론－』, 역사비평사, 1999.
______, 『조봉암과 1950년대－피해대중과 학살의 정치학－』, 역사비평사, 1999.
선우기성, 『한국청년운동사』, 錦文社, 1973.
선우종원, 『사상검사』, 啓明社, 1992.
송건호, 『분단과 민족』, 지식산업사, 1986.
송건호 · 강만길 편, 『한국민족주의론』 1~2, 창작과 비평사, 1982 · 1983.
송건호 · 박현채 외, 『해방 40년의 재인식』, 돌베개, 1985.

송남헌, 『한국현대정치사－제1공화국』, 성문각, 1986.
송　우, 『韓國憲法改正史』, 集文堂, 1980.
송원영, 『제2공화국』, 샘터, 1990.
스토운, 백외경 역, 『비사 한국전쟁』, 신학문사, 1988.
심지연, 『한국민주당연구』 1, 풀빛, 1982.
______, 『한국현대정당론－한국민주당연구2－』, 창작과 비평사, 1984.
______, 『해방정국논쟁사』 1, 한울, 1986.
______, 『대구 10월항쟁연구』, 청계연구소, 1991.
______, 『인민당연구』, 경남대학교 극동문제연구소, 1991.
안　림, 『동란후의 한국 경제』, 백영사, 1954.
안병직 · 中村 哲, 『近代朝鮮工業化의 硏究－1930～1945년－』, 一潮閣, 1993.
안재홍선집간행위원회 편, 『민세안재홍선집』 2, 지식산업사, 1983.
안　진, 『미군정기 억압기구 연구』, 새길, 1996.
알렌, 윤대균 역, 『한국과 이승만』, 합동통신사, 1961.
양한모, 『조국은 하나였다』, 日善기획, 1990.
역사문제연구소 편, 『한국현대사의 라이벌』, 역사비평사, 1992.
________________, 『인물로 보는 친일파역사』, 역사비평사, 1993.
________________, 『한국의 지배이데올로기와 대항이데올로기』, 역사비평사, 1994.
________________, 『분단 50년과 통일시대의 과제』, 역사비평사, 1998.
________________, 『1950년대 남북한의 선택과 굴절』, 역사비평사, 1999.
올리버, 김봉호 역, 『한국동란사』, 문교부, 1959.
______, 박일영 역, 『이승만비록』, 한국문화출판사, 1982.
위기봉, 『다시 쓰는 동아일보사』, 녹진, 1991.
유진오, 『憲法解義』, 明世堂, 1949.
윤기정, 『한국공산주의운동비판』, 통일춘추사, 1959.
윤보현, 『慶北版獨立運動實錄』, 중외출판사, 1974.
이균영, 『신간회연구』, 역사비평사, 1993.
이극찬, 『政治學』, 법문사, 1994.
이기택, 『韓國野黨社』, 백산서당, 1987.

이기하, 『한국정당발달사』, 의회정치사, 1961.
이기하 외, 『한국의 정당』, 한국일보사, 1987.
이대근, 『韓國戰爭과 1950年代의 資本蓄積』, 까치, 1987.
이대근·정운영 편, 『한국자본주의론』, 까치, 1984.
이만규, 『여운형투쟁사』, 총서각, 1946.
이삼성, 『미국의 대한정책과 한국민족주의』, 한길사, 1993.
이수인 엮음, 『한국현대정치사』 1, 실천문학사, 1989.
이영석, 『죽산 조봉암』, 원음출판사, 1983.
_____, 『야당 40년사』, 인간사, 1987.
李一九, 『現瞬間政治問題小辭典』, 國際新報社, 1960.
이종률, 『민족혁명론』, 들샘, 1989.
이종오 외, 『1950년대의 한국사회와 4·19혁명』, 태암, 1991.
日刊內外經濟, 『大河는 흐른다』, 三亞印刷公社, 1976.
임종국, 『일제침략과 친일파』, 청사, 1982.
_____, 『실록 친일파』, 돌베개, 1991.
전진한, 『이렇게 싸웠다』, 무역연구원, 1996.
정영진, 『폭풍의 10월』, 한길사, 1990.
_____, 『선거는 춤춘다—총선으로 본 대구 정치인물사』, 대일, 1992.
정원택 저, 홍순옥 편, 『志山外遊日誌』, 탐구당, 1983.
정일형, 『유엔과 한국문제』, 신명문화사, 1961.
정태영, 『조봉암과 진보당』, 한길사, 1991.
_____, 『韓國 社會民主主義政黨史』, 세명서관, 1995.
정해구, 『10월 인민항쟁연구』, 열음사, 1988.
조기준, 『한국자본주의성립사론』, 대왕사, 1973.
진덕규 외, 『1950년대 인식』, 한길사, 1981.
최민지·김민주 공저, 『일제하 민족언론사론』, 일월서각, 1978.
최상룡, 『미군정과 한국민주주의』, 나남, 1988.
崔興朝, 『民主國民黨의 內幕』, 新聞의 新聞社, 1957.
커밍스, 김주환 역, 『한국전쟁의 기원』 상·하, 청사, 1986.

커밍스 · 할리데이, 차성수 · 양동주 역, 『한국전쟁의 전개과정』, 태암, 1989.
편집부, 『4 · 19혁명론』 2, 일월서각, 1983.
_____, 『경제학사전』, 풀빛, 1988.
필중서관 편, 『명인옥중기』, 필중서관, 1970.
한겨레신문사, 『발굴 한국현대사 인물』 1~3, 1991 · 1992.
한국사회사연구회, 『해방후 한국의 사회변동』, 문학과 지성사, 1986.
_____________, 『해방 직후의 민족 문제와 사회운동』, 문학과 지성사, 1988.
한국사회학회 편, 『한국전쟁과 한국사회변동』, 풀빛 1992.
한국역사연구회 현대사연구반, 『한국현대사』 1~4, 풀빛.
한국현대사연구회 편, 『한국현대정치사』, 공동체, 1988.
한배호 편, 『한국현대정치론』 1, 나남, 1990.
한승주, 『제2공화국과 한국의 민주주의』, 종로서적, 1983.
한태수, 『韓國政黨史』, 신태양사, 1961.
홍성유, 『한국경제의 자본축적 과정』, 고려대 아세아문제연구소, 1965.
홍성찬 등, 『일제하 식민지 금융의 전개』, 世經社, 1996.
홍성찬, 『韓國近代農村社會의 變動과 地主層』, 지식산업사, 1992.
홍성찬 편, 『농지개혁연구』, 연세대학교 출판부, 2001.
홍순두, 『大邱藥令市』, 藥令市復活推進委員會, 1984.

2) 논문

KFC생, 「조선독립경북촉진회의 사명」, 『무궁화』 창간호, 1945. 12.
강만길, 「한국민족운동사에 대한 기본시각」, 『한국민족운동의 이념과 역사』, 한길사, 1986.
강성천, 「1947~48년 유엔조선임시위원단과 통일정부 문제」, 서울대 석사학위논문, 1994.
姜永壽, 「민주당의 꿈, 자유당의 고민」, 『신태양』 1957. 7.
_____, 「통일방안에 대한 양당 논쟁」, 『신태양』 1958. 6.
강영심, 「조선국민회연구」, 『한국독립운동사연구』 3, 1989.
_____, 「조선국권회복단 연구」, 『한국독립운동사연구』 4, 1990.

강정구, 「5 · 10선거와 5 · 30선거의 비교연구」, 『한국과 국제정치』 1993봄, 여름호. 경남대 극동문제연구소.

高在旭, 「5 · 15선거의 교훈」, 『신세계』 1956. 6.

郭尙勳, 「신당과 애국운동」, 『새벽』 1955. 5.

權大雄, 「1910년대 경상도지방의 독립운동단체연구」, 영남대 박사학위논문, 1993.

______, 「韓末 慶北地方의 私立學校와 그 性格」, 『國史館論叢』 58, 1994.

______, 「韓末 嶠南教育會 研究」, 『重山鄭德基博士華甲紀念韓國史學論叢』, 1996.

권태억, 「식민지초기 일제의 경제정책과 조선인상공업」, 『3 · 1민족해방운동연구』, 청년사, 1989.

김광식, 「4 · 19시기 혁신세력의 정치활동과 그 한계」, 『역사비평』 봄호, 1988.

______, 「4월혁명과 혁신세력의 등장과 활동」, 『한국사회변혁운동과 4월혁명』, 한길사, 1990.

金基喆, 「자유당의 舊태를 벗어라」, 『신태양』 1956. 8.

김낙중, 「4월혁명과 민족통일운동」, 『한국사회변혁운동과 4월혁명』, 한길사, 1990.

김남식, 「정부수립 전후 중요정당의 정강정책 연구」, 『국사관논총』 11, 1990.

김대환, 「1950년대 한국경제의 연구」, 『1950년대의 인식』, 한길사, 1981.

김도현, 「1950년대 이승만론」, 『1950년대의 인식』, 한길사, 1981.

김도형, 「한말 대구지방 상인층의 동향과 국채보상운동」, 『啓明史學』 8, 1997.

김도형(국민대), 「日帝의 農業技術 普及과 農民들의 對應」, 『韓國民族獨立運動史研究』, 1997.

김득중, 「제헌국회의 구성과정과 성격」, 성균관대 석사학위논문, 1993.

김병태, 「농지개혁의 평가와 반성」, 『한국경제의 전개과정』, 돌베개, 1981.

김보영, 「대한독립촉성국민회의 조직과 활동」, 한양대 석사학위논문, 1993.

김상태, 「일제하 신흥우의 '사회복음주의'와 민족운동론」, 『역사문제연구』 창간호, 1996.

김성보, 「입법과 실행과정을 통해 본 남한 농지개혁의 성격」, 『농지개혁연구』, 연세대학교 출판부, 2001.

金性悅, 「혁신정당의 전모」, 『새벽』 1960. 11.

金壽善, 「내각책임제는 민주당만의 염원이 아니다」, 『신태양』 1956. 8.

———, 「나의 개헌안주장의 이유 · 개략」, 『신세계』 1956. 10.
김영미, 「미군정기 남조선과도입법의원의 성립과 활동」, 『한국사론』 32, 1994.
김윤영, 「1950년의 '내각책임제 개헌' 논의에 대한 논의」, 성균관대 석사학위논문, 1996.
김일수, 「1920년대 경북지역 청년운동」, 『한국근현대청년운동사』, 풀빛, 1993.
______, 「1930년대 경북지역의 조공재건운동과 혁명적대중운동」, 『한국근현대지역운동사』 1, 여강, 1993.
______, 「1920～1930년대 대구지역 학생운동」, 『大邱史學』 51, 1996.
______, 「2 · 28의 4 · 19민주운동으로의 계승」, 『2 · 28민주운동사』, 2000.
______, 「1920년대 경북지역 사회주의운동」, 『한국현대사와 사회주의』, 역사비평사, 2000.
金俊淵, 「통일론 시비 비판」, 『자유공론』 1959. 2.
金峻憲, 「大邱商業協會의 實體－會報를 통해서 본－」, 『省谷論叢』 14, 1983.
김지형, 「민족자주통일협의회 연구」, 경기대 석사학위논문, 1994.
金昌順, 「평화통일론」, 『신태양』 1958. 3.
김창진, 「1950년대 한국사회와 진보당」, 『1950년대 한국사회와 4 · 19혁명』, 태암, 1991.
金　哲, 「한국혁시정당운동의 회고와 전망」, 『민족지성』, 1987. 2.
김혜수, 「일제하 조선인 중소자본의 동향 연구(1920～1945)」, 『역사문제연구』 창간호, 역사비평사, 1996.
노경채, 「韓國獨立黨硏究」, 고려대 박사학위논문, 1991.
노영택, 「민립대학 설립운동 연구」, 『국사관논총』 11, 1990.
도진순, 「1945～1948년 우익의 동향과 민족통일정부수립운동」, 서울대 박사학위논문, 1993.
류승렬, 「한말 일제초기 상업변동과 객주」, 서울대 박사학위논문, 1996.
류정임, 「이승만정권의 기반과 성격」, 『한국현대사(2)』, 풀빛, 1991.
문창성, 「한민당은 어데로 가나?」, 『신천지』, 1948. 8.
梶村秀樹, 「일본제국주의하의 조선부르조아지의 대응－평양 메리야쓰 공업을 중심으로－」, 『한국근대경제사연구』, 사계절, 1983.

朴己出, 「혁신세력의 패인」, 『새벽』 1960. 10.
朴東雲, 「총선을 통해 본 국민의 정치의식」, 『새벽』 1960. 9.
박영호, 「한국의 식민지적 자본주의화 과정에 대한 일연구－한말 화폐정리사업을 중심으로－」, 『한국자본주의론』, 한울, 1990.
박태균, 「해방 직후 한국민주당 구성원의 성격과 조직개편」, 『국사관논총』 58, 1994.
_____, 「미군정의 인사충원쟁책과 친일파」, 『역사와 현실』 10, 1994.
박현채, 「민족운동을 어떻게 볼 것인가」, 『한국민족운동의 이념과 역사』, 한길사, 1986.
_____, 「세계자본주의의 성격과 한국민족운동의 과제」, 『한국민족운동의 이념과 역사』, 한길사, 1986.
_____, 「일제식민지시대 민족운동을 보는 시각」, 『일제식민지시대의 민족운동』, 1988.
박　환, 「대한광복회에 관한 새로운 사료」, 『義勇實記』, 一志社, 1986 가을.
방기중, 「日帝末期 大同事業體의 經濟自立運動과 理念」, 『韓國史硏究』 5, 1996.
_____, 「일제하 이훈구의 농업론과 경제자립사상」, 『역사문제연구』 창간호, 1996.
_____, 「농지개혁의 사상 전통과 농정이념」, 『농지개혁연구』, 연세대학교 출판부, 2001.
배성준, 「日帝下 京城지역 工業 硏究」, 서울대 박사학위논문, 1998.
裵永穆, 「植民地 朝鮮의 通貨 金融에 관한 硏究」, 서울大 博士學位論文, 1990.
배준성, 「戰時體制期 纖維工業의 統制와 工業組合」, 『韓國民族獨立運動史硏究』, 1997.
백운선, 「민주당과 자유당의 정치이념 논쟁」, 『1950년대의 인식』, 한길사, 1981.
_____, 「제헌국회내 '소장파'에 관한 연구」, 서울대 박사학위논문, 1992.
서중석, 「이승만 대통령과 한국민족주의」, 『한국민족주의론(2)』, 창작과 비평사, 1983.
_____, 「4월혁명운동기의 반미, 통일운동과 민족해방론」, 『역사비평』 가을호, 1991.
_____, 「조봉암 진보당의 진보성과 정치적 기반」, 『역사비평』 가을호, 1992.
_____, 「민주당 · 민주당정부의 정치이념」, 『한국정치의 지배이데올로기와 대항이데올르기』, 역사비평사, 1994.
_____, 「이승만 북진통일론」, 『역사비평』 여름호, 1995.

손도심, 「내가 존경하는 야당지도자」, 『신태양』 1957. 5.

손병선, 「이대악법 반대 운동」, 『한국사회변혁운동과 4월혁명』, 한길사, 1990.

손봉숙, 「한국자유당의 정당정치 연구」, 『한국정치학회보』 제19집, 1985.

손영원, 「1950년대 반공이데올로기의 사회적 성격」, 『한국현대사를 어떻게 볼 것인가』, 열음사, 1987.

송건호, 「이승만」, 『한국현대인물사론』, 한길사, 1984.

_____, 「한국보수주의의 병리」, 『새벽』 1960. 9.

_____, 「혁신은 혁신되어야 한다」, 『새벽』 1960. 10.

申基碩, 「정국안정에의 길」, 『새벽』 1960. 7.

愼道晟, 「한국의 혁신운동, 무엇이 문제인가」, 『민족지성』 1987. 2.

신병식, 「제1공화국 초기국가형성과 정치균열에 관한 연구」, 『한국과 국제정치』 1992년 봄호, 경남대 극동문제연구소.

_____, 「한국의 토지개혁에 관한 정치경제적 연구」, 서울대 박사학위논문, 1992.

申相楚, 「진보－민혁당론」, 『신세계』 1956. 10.

_____, 「진보당 운동의 관념 성격」, 『신세계』 1957. 1.

_____, 「5 · 2총선거의 결론」, 『사상계』 1958. 6.

신용하, 「한국근대민족운동의 전개과정」, 『한국민족운동의 이념과 역사』, 한길사, 1986.

심지연, 「5 · 10선거와 제헌국회」, 『월간조선』 1986. 8월호.

_____, 「보수야당의 뿌리, 한민당의 공과」, 『한국의 정당』, 한국일보사, 1987.

안태정, 「1920년대 일제의 조선지배논리와 이광수의 민족개량주의 논리」, 『史叢』 35, 1989.

楊茂木, 「韓國政黨의 政綱政策決定過程에 관한 硏究 －제1, 2, 3공화국을 중심으로－」, 동국대 박사학위논문, 1983.

연정은, 「제2대 국회내 공화구락부－원내자유당의 활동에 관한 연구」, 성균관대 석사학위논문, 1997.

오미일, 「韓末~1920年代 朝鮮人 資本家層의 形成 및 分化와 經濟的 志向」, 성균관대 박사학위논문, 1998.

오유석, 「진보당 사건 분석을 통한 1950년대 사회운동연구」, 『경제와 사회』 여름호,

1990.
유수현, 「제1공화국 헌법제정과정」, 『한국의 사회와 문화』, 정신문화연구원, 1986. 7.
유시현, 「1910년대 대한광복회 활동」, 『殉國』, 1997.
유영렬, 「대한자강회의 애국계몽운동」, 『한국근대민족주의운동사연구』, 일조각, 1987.
유인호, 「해방후 농지개혁의 전개과정과 성격」, 『해방전후사의 인식(1)』, 한길사, 1979.
유재일, 「4·19시기 혁신당정당운동의 전개과정과 그 성격에 관한 연구」, 고려대 석사학위논문, 1988.
_____, 「4월혁명 직후 민자통의 통일운동」, 『사회와 사상』 5월호, 1989.
윤경로, 「1910년대 독립운동의 동향과 특성」, 『한국독립운동사연구』 8, 1994.
윤병석, 「1910년대 독립운동사론」, 『사학연구』 27, 1983.
윤해동, 「일제하 물산장려운동의 배경과 그 이념」, 『한국사론』 27, 서울대, 1992.
이경숙, 「한국농지개혁의 결정과정에 관한 연구」, 『한국자본주의와 농업문제』, 아침, 1987.
李寬求, 「신·김 개헌안의 불순성」, 『신세계』 1956. 10.
이기명, 「5·10선거의 전개과정과 국내정치세력의 대응」, 연세대 석사학위논문, 1990.
李東華, 「보수주의론」, 『세계』 1960. 5.
_____, 「한국혁신정당운동의 인맥과 활동평가」, 『민족지성』 1987. 2.
李相敦, 「정·부통령선거의 전망」, 『신세계』 1956. 5.
이상두, 「제3세력의 역점」, 『사상계』 1968, 8.
_____, 「정부수립 이후 민주사회주의정당에 대하 고찰」, 『민주사회주의란 무엇인가』, 1986.
_____, 「민주사회주의」, 『민족지성』 1987. 6.
이승렬, 「일제하 조선인 고무공업자본」, 『역사와 현실』 제3호, 1990.
李榮昊, 「1894~1910年 地稅制度 研究」, 서울대 박사학위논문, 1992.
이우관, 「4·26에서 7·29총선까지」, 『한국사회변혁운동과 4월혁명』, 한길사, 1990.
이원식, 「잃어버린 나의 반세기 노트」, 1964.(필사본)
李源赫, 「내가 아는 조박사」, 『세계』 1960. 4.

李潤甲, 「한국근대의 상업적농업 연구－경상북도지역의 농업변동을 중심으로－」, 연세대 박사학위논문, 1993.

_____, 「日帝下 社會性格論」, 『韓國史 認識과 歷史理論』, 知識産業社, 1997.

이윤기, 「한국야당의 파벌에 관한 연구－민주당을 중심으로－(1955-1961)－」, 한양대 박사학위논문, 1987.

이임하, 「1950년 제2대 국회의원 선거에 관한 연구」, 성균관대 석사학위논문, 1993.

이종훈, 「한국자본주의 형성의 특수성」, 『한국경제의 전개과정』, 돌베개, 1981.

이지원, 「일제하 안재홍의 현실인식과 민족해방운동론」, 『역사와 현실』 제6호, 1991.

이철승, 「내가 존경하는 여당지도자」, 『신태양』 1957. 5.

이현희, 「1920년대 초의 민족실력양성운동－자작회 · 조선물산장려회의 활동」, 『대구사학』 7 · 8호, 1973.

이혜숙, 「미군정의 경제정책에 대한 정치사회학적 연구」, 서울대 박사학위논문, 1992.

이훈상, 「朝鮮後期의 鄕吏와 近代이후 이들의 進出; 仲裁엘리트의 談論과 그 歸結」, 『歷史學報』 141, 1994.

一書生, 「産業組合槪論」, 『我聲』 4, 1921. 10.

임송자, 「미군정기 대한독립촉성노동총연맹에 관한 연구」, 성균관대 석사학위논문, 1993.

임종국, 「제1공화국과 친일세력」, 『해방전후사의 인식(2)』, 한길사, 1985.

_____, 「일제시대 민족개량주의운동의 논리와 성격」, 『일제식민지시대의 민족운동』, 한길사, 1988.

장상수, 「일제하 1920년대의 민족문제 논쟁」, 『한국의 근대국가형성과 민족문제』, 문학과 지성사, 1986.

장상환, 「농지개혁 과정에 관한 실증적 연구」, 『해방전후사의 인식(2)』, 한길사, 1985.

장석홍, 「1920년대 초 국내 비밀결사의 성격」, 『한국독립운동사연구』 7집, 1993.

장시원, 「일제하 대지주의 존재형태에 관한 연구」, 서울대 박사학위논문, 1989.

張澤相, 「실정의 책임자는 누구냐?」, 『신태양』 1957. 7.

張厚永, 「자유 · 민주 양당은 과연 정책의 대결이어떤가?」, 『신세계』 1956. 5.

전강수, 「식민지 조선의 미곡정책에 관한 연구－1930~1945년을 중심으로－」, 서울대 박사학위논문, 1993.

全遇容, 「19世紀末~20世紀初 韓人 會社 研究」, 서울대 박사학위논문, 1997.

정계정, 「'4월혁명'기 학생운동의 배경과 전개-학원민주화운동과 국민계몽운동을 중심으로-」, 성균관대 석사학위논문, 1995.

정병욱, 「1910년대 농공은행의 상업금융과 조선인 상인의 주변화」, 『역사문제연구』 2, 역사비평사, 1997.

정연태, 「일제의 한국농지정책 : 1905~1945」, 서울대 박사학위논문, 1994.

정용욱, 「1942~47년 미국의 대한정책과 과도정부형태 구상」, 서울대 박사학위논문, 1996.

정윤재, 「"자아준거적 정치학"과 한국 정치 사상 연구 : 문제해결적 접근의 탐색」, 『한국정치사상의 비교 연구』, 한국정신문화연구원, 1999.

鄭寅俊, 「언론인이 본 5·15선거」, 『신세계』 1957. 1.

정진상, 「일제하 한국인 토착자본의 성격」, 『한국근대농촌사회와 일본제국주의』, 문학과 지성사, 1986.

정창현, 「1950년대 미국의 대한정책」, 『한국현대사(2)』, 풀빛, 1991.

______, 「4월민중항쟁 직후 혁신정당운동과 민족자주통일중앙협의회」, 『한국현대사(2)』, 풀빛, 1991.

조동걸, 「일제식민지시대 국내 독립운동의 이해와 과제」, 『일제식민지시대의 민족운동』, 1988.

______, 「대한광복회의 결성과 그 선행조직」, 『한국민족주의의 성립과 독립운동사 연구』, 지식산업사, 1989.

지수걸, 「1930년대 전반기 부르주아민족주의자의 '민족경제건설전략'」, 『국사관논총』 51, 1994.

______, 「日帝下 公州地域 有志集團 研究-事例 1 : 徐悳淳(1892~1969)의 '有志基盤'과 '有志 政治'-」, 『歷史와 歷史教育』 創刊號, 웅진사학회, 1996.

______, 「日帝下 公州地域 有志集團 研究-사례 2 : 金甲淳(1872~1960)의 '有志基盤'과 '有志政治'-」, 『韓國民族獨立運動史研究』, 1997.

진덕규, 「이승만시대 권력구조의 이해」, 『1950년대의 인식』, 한길사, 1981.

최문성, 「합법 비합법 정당의 변혁론에 관한 연구」, 서울대 박사학위논문, 1991.

최봉대, 「미군정의 농민정책에 관한 연구-농민층 통합과 한국 국가의 기반 형성과정을 중심으로－」, 서울대 박사학위논문, 1994.
崔瑗浩, 「朝鮮人의 생활과 산업조합의 필요」, 『學之光』 12(6-2), 1917. 4.
최한수, 「민주당의 성립과 변천과정에 관한 연구」, 건국대 박사학위논문, 1984.
탁희준 · 이정재, 「대구사회의 동태」, 『사상계』 1961. 5.
편집부, 「좌담회, 우리들의 투쟁 선언」, 『신태양』 1957. 5.
편집부, 「이번 선거와 정계분석」, 『신태양』 1958. 3.
편집부, 「국내정세의 집점」, 『세계』 1960. 6.
편집부, 「낙선국회」, 『새벽』 1960. 7.
편집부, 「토론, 민주사회주의를 말한다」, 『세계』 1960. 7.
편집부, 「좌담회, 선거전후」, 『새벽』 1960. 8.
한규선, 「신채호와 이광수 : 민족적 저항과 현실주의 타협의 논리」, 『한국정치사상의 비교 연구』, 한국정신문화연구원, 1999.
한배호, 「한미군사동맹의 정치 : 그 사상과 현실」, 『한국과 미국』, 박영사, 1983.
한중전, 「산업조합경영의 기초관념을 논함」, 『개벽』 33, 1923. 3.
咸尙勳, 「나의 정치독백」, 『신태양』 1956. 8.
홍석률, 「4월민주항쟁기 중립화통일론」, 『역사와 현실』 10, 1993.
______, 「1953~61년 통일논의의 전개와 성격」, 서울대 박사학위논문, 1997.
홍성찬, 「한국 근현대 이순탁의 정치경제사상 연구」, 『역사문제연구』 창간호, 1996.
홍순권, 「일제시기의 지방통치와 조선인관리에 대한 일고찰－일제시기 군 행정과 조선인 군수를 중심으로－」, 『국사관논총』 64, 1995.
황한식, 「미군정하 농업과 토지개혁정책」, 『해방전후사의 인식(2)』, 한길사, 1985.

찾아보기

ㄱ

ㄴ

ㄷ

ㅂ

ㅣㅇㅣ

ㅈ

ㅍ

ㅎ

▎기타▎

김일수 金日洙

계명대교 문과대학 사학과를 졸업하고, 계명대학교 대학원 사학과에서 문학석사 학위를, 성균관대학교 대학원 역사학과에서 문학박사 학위를 취득했다. 현재 경운대학교 벽강교양대학 교수로 있다. 한국근현대 정치 · 사회 변동과 한국근현대 지역학, 일상사 등에 관심을 가지고 있다.

저서로는 『근대 한국의 자본가 - 대구의 은행 회사를 중심으로 -』, 『시대를 앞서 간 사람들』(공저), 『남과 북을 만든 라이벌』(공저), 『한국현대사와 사회주의』(공저), 『한국근현대청년운동사』(공저), 『한국근현대지역운동사』(공저), 『영주독립운동사』(공저), 『근대 대구경북 49인』(공저), 『한국사회주의운동인명사전』(공저) 등이 있다.

연구논문으로는 「지오 이경희의 생애와 민족독립운동」, 「3 · 1운동 전후 독립에 대한 인식과 독립운동」, 「일제강점기 김천의 일본인사회와 식민도시화」, 「역사가 김석형의 역사학」, 「대한제국 말기 대구지역 계몽운동과 대한협회대구지회」, 「Colonial Modernization of the Traditional City of Daegu」, 「1920~1930년대 전반기 경북지역 학생운동의 전개와 성격변화」, 「김일식 일가의 독립운동과 국가건설운동」, 「일제강점기 경북 예천지역의 민족운동」, 「동화사 지방학림의 3 · 1운동」, 「모스크바삼상회의 결정에 대한 대구지역 정치세력의 대응」, 「1945년 8월 15일 해방, 대구의 기억」 등 다수가 있다.